Annette Kowalski

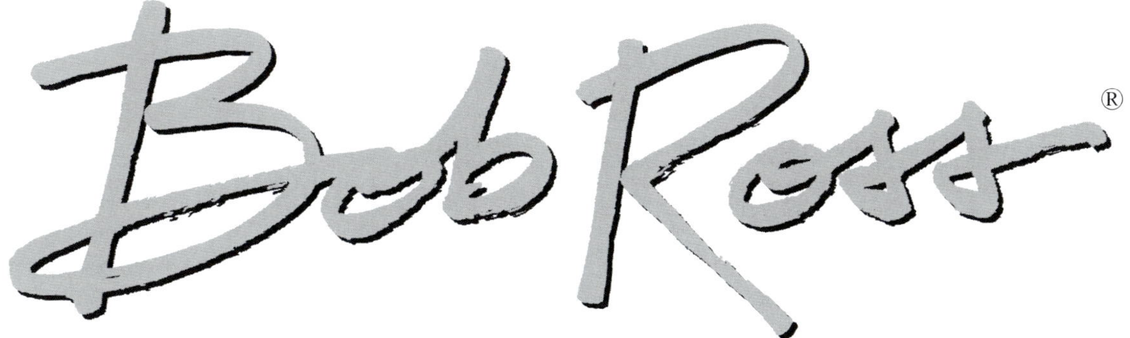

Freude am Malen

Der große Sammelband

Bassermann

AN DEN KÜNSTLER

Für viele Menschen ist Malen ein Hobby – für Einige sogar noch viel mehr: nämlich so etwas wie ein magischer Teppich, der sie an jeden nur vorstellbaren Ort bringen kann. Wenn Sie ein bisschen üben, werden Sie dank der Anleitungen in diesem Heft schon bald über Ihren eigenen magischen Teppich verfügen, um mit ihm Orte zu bereisen, die vorher einzig dem Reich der Phantasie angehörten.

Ich bin der festen Überzeugung, dass es jedem – der bereit ist, auch immer wieder ein wenig zu üben – gelingen wird, ein Bild zu malen, auf das er mit Recht stolz sein kann. Wir erhalten wöchentlich Hunderte von Zeichen der Anerkennung, die belegen, dass ich damit Recht habe. Das Medium Fernsehen hat das Tor zur Kunst für Millionen von Menschen aufgestoßen. Es vermittelt meine Malmethode in einer Art und Weise, dass die Leute an der Anleitung Spaß haben und sich darauf freuen, ihre eigenen Meisterwerke zu erschaffen. Ich bin überglücklich, zu jenen zu gehören, die die erfolgreichste Mal-Fernsehshow aller Zeiten ins Leben gerufen haben und meine Kunst mit so Vielen teilen zu können. Es ist der Traum eines jeden Künstlers, dass die Öffentlichkeit von seiner malerischen Leistung Notiz nimmt und diese anerkennt. Und ich persönlich hatte das ungeheure Glück, dass mir mithilfe des Fernsehens dieser Traum erfüllt wurde. Die größte Freude bereitet mir die Tatsache, dass es unsere kleine Fernsehsendung schafft, Millionen von Menschen zu motivieren, einen Pinsel in die Hand zu nehmen und die Freude am Malen zu entdecken.

Zu einem derart großen Erfolg tragen immer mehrere Menschen bei. Deshalb möchte auch ich ein paar ganz speziellen Freunden danken, die die „Freude am Malen" möglich gemacht haben. So der ebenso talentierten wie reizenden Annette Kowalski, die sich in allen Bereichen unseres Großprojektes eingebracht und dabei insbesondere der Heftreihe angenommen hat. Daneben danke ich Walt Kowalski, einem meiner engsten Freunde, der als Geschäftsführer von Anfang an sehr erfolgreich um die wirtschaftliche Seite unseres Unternehmens bemüht war. Mein besonderer Dank gilt auch Jane Ross für ihre langjährige Unterstützung und Treue. Jane ist eine ganz besondere Frau – denn sie ist nicht nur meine Frau und mein Geschäftspartner, sondern auch eine gute Freundin.

Außerdem möchte ich dem gesamten Team der WIPB-Fernsehcrew für seine Freundschaft und Unterstützung danken. An dieser Stelle seien vor allem James Needham, Bob Smith, Sally Schenck, Jim Miller, Jerry Morton und Bob Fairchild, Richard Collins und Cathy Morton genannt sowie die Kameraleute, Techniker und alle, die an der Produktion unserer Sendung beteiligt sind.

Wir haben uns alle Mühe gegeben, dieses Buch so lehrreich wie möglich zu gestalten, und zwar sowohl was den Text als auch was die Bilder anbelangt. Anhand der Schritt-für-Schritt-Anleitungen lernen Sie, wie sich spezielle Effekte erzielen lassen. Damit geben wir Ihnen ein Medium an die Hand, mit dessen Hilfe Sie optimale Ergebnisse erzielen und wunderbare Bilder schaffen werden.

Fröhliches Malen

Bob Ross

INHALT

EINLEITUNG

Malen ist kein Hexenwerk. Entsprechende Begeisterung vorausgesetzt, benötigen Sie nur ein paar Grundtechniken und etwas Übung. Wenn Ihnen die Nass-in-Nass-Technik unbekannt ist, sollten Sie die Einleitung genau studieren, bevor Sie mit einem Bild beginnen. Betrachten Sie sorgfältig die Fotos in der Rubrik „Grundlagen – Step-by-Step“ und die fertigen Bilder. Nutzen Sie jedes Bild, um daraus zu lernen. Steuern Sie Ihre eigenen Ideen bei und Ihr Selbstvertrauen wird genauso wie Ihre Fähigkeiten um ein Vielfaches wachsen.

Die Farben

Diese phantastische Maltechnik basiert auf der speziellen, festen Konsistenz der Basisfarben. Farben, die vorwiegend verwendet werden, um Glanzlichter und Akzente zu setzen (wie Gelbtöne), haben eine dünnere Konsistenz, damit Sie sich leichter mischen und auftragen lassen. Alle in diesem Buch vorgestellten Bilder wurden mit Bob-Ross-Produkten gemalt. Wenn sie über die richtige Ausstattung verfügen, werden Sie auch bestmögliche Ergebnisse erzielen.

Die Bob-Ross-Technik ist eine Nass-in-Nass-Technik. So tragen Sie zunächst mit dem 2-Zoll-Pinsel eine dünne, gleichmäßige Grundierung (Flüssigweiß, Flüssigschwarz oder Flüssigtransparent) auf. Mit langen waagerechten und senkrechten Strichen verteilen Sie die Farbe sorgfältig auf der Leinwand. Mithilfe der Grundierung, die eine glatte und feuchte Oberfläche ergibt, lassen sich die Farben direkt auf der Leinwand verblenden.

Mit Flüssigweiß, -schwarz und -transparent lassen sich auch andere, nämlich dickere Farben verdünnen. Dünne Farbe haftet auf dicker Farbe – auf diesem Gedanken basiert die Nass-in-Nass-Technik. Dieses Prinzip ist eine unserer goldenen Regeln, an die Sie immer denken sollten und kommt bei der Akzentuierung von Büschen und Bäumen durch Lichter am deutlichsten zur Wirkung. Bei Flüssigweiß, -schwarz und -transparent handelt es sich um eine zähe, langsam trocknende Farbe, die Sie im Vorfeld kräftig verrühren müssen.

Flüssigtransparent ist für die Nass-in-Nass-Malerei besonders interessant, da es die Intensität anderer Farben (speziell die der dunklen, die beim Malen von maritimen Landschaftsbildern von großer Bedeutung

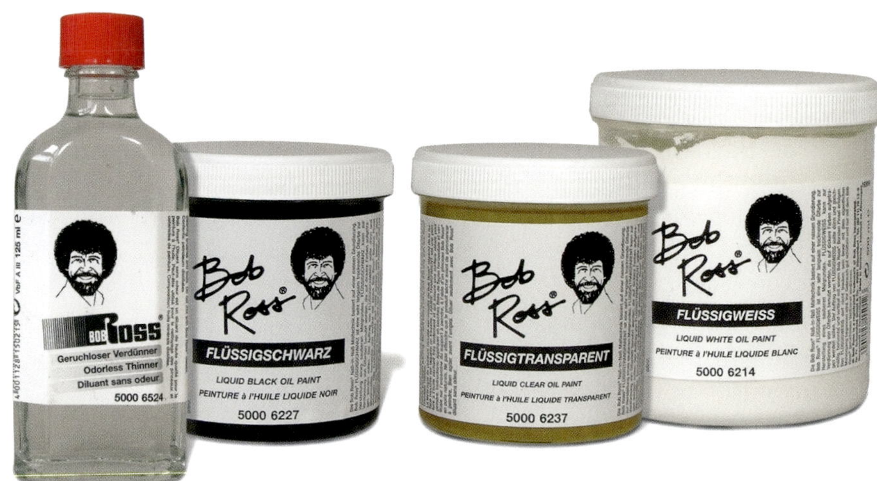

sind) nicht beeinträchtigt. Flüssigtransparent sollte immer nur sehr sparsam aufgetragen werden. Machen Sie sich diese Tatsache immer wieder bewusst, denn man tendiert gern dazu, größere Mengen aufzutragen als nötig – weil es auf der Leinwand kaum sichtbar ist.

Sollte Ihr Flüssigweiß,-schwarz oder -transparent eindicken, verdünnen Sie es mit geruchlosem Verdünner (nicht mit Terpentin oder anderen Substanzen).

Für die Bilder in diesem Buch habe ich nur 13 Farben gebraucht. Mit diesen 13 Farben können Sie unzählige neue Farben mischen. Da nur eine begrenzte Anzahl Farben verwendet wird, lernen Sie schnell die Eigenschaften jeder Farbe kennen und wie sie effektiv eingesetzt werden kann. Darüber hinaus belastet es auch Ihren Geldbeutel so wenig wie möglich. Die Farben, die wir verwenden, sind folgende:

Karmesinrot *
Hellrot
Dunkelsienna *
Kadmiumgelb
Indischgelb *
Mitternachtsschwarz *
Preußischblau
Saftgrün *
Phtaloblau *
Phtalogrün *
Titanweiß
VanDykeBraun *
Ockergelb

(*transparente oder semi-transparente Farben, die dort als Untergrund genommen werden, wo Transparenz erwünscht ist.)

Das Mischen der Farben

Das Mischen der Farben kann einer der effektivsten und lustigsten Arbeitschritte beim Malen sein – aber auch einer der gefürchtetsten. Nehmen Sie sich etwas Zeit, verschiedene Farbkombinationen auszuprobieren. Auf diese Weise werden Sie mit den gebräuchlichsten Mischungen vertraut. Studieren Sie die Farben in der Natur und versuchen Sie, die Farben zu reproduzieren, die Sie jeden Tag um sich herum sehen. Binnen kurzer Zeit werden Sie problemlos Farben mischen und jedes neue Bild mit Freude als spannende Herausforderung sehen.

Vermeiden Sie es, Ihre Farben zu stark durchzumischen und eine homogene Farbwirkung zu erzielen. Bei der Mischung sollte vielmehr ein „Marmor"-Effekt entstehen, damit die Farben lebendig und kraftvoll bleiben. Ich versuche, viele Farben direkt auf dem Pinsel zu mischen; manchmal nehme ich mehrere Schichten Farbe mit einem einzigen Pinsel auf. Mit der zwei- oder dreimaligen Aufnahme von Farbe lässt sich eine Wirkung erzielen, wie Sie beim Mischen auf der Palette niemals möglich wäre. Achten Sie genau darauf, wie die Farbe mit dem Pinsel bzw. dem Palettenmesser aufgenommen wird.

Painter's Glove

Nach Fertigstellung eines Bildes ist es häufig schwierig, die Hände von der Farbe zu reinigen. Aus diesem Grund habe ich einen flüssigen Schutz namens PAINTER'S GLOVE (Malerhandschuh) entwickelt. Diese Lotion wird aufgetragen, bevor Sie mit dem Malen beginnen. Später waschen Sie sie einfach mit warmem Seifenwasser ab.

Die Palette

Für mich ist die Palette eines der wichtigsten Malzubehöre. Ich habe in ihre Gestaltung viel Zeit investiert, denn sie sollte funktionell und handlich sein. So bietet die Bob-Ross-Palette eine große Arbeitsfläche, ist zugleich aber federleicht. Ich empfehle Ihnen in jedem Fall eine Palette aus weichem, nicht porösem Material, wie etwa durchsichtigem Plexiglas. Meiden Sie unlackierte Holzpaletten ebenso wie Paletten aus Faserplatten oder Pappe. Da die Oberflächen dieser Paletten nicht absolut glatt sind, sondern offenporig, entziehen sie Ihrer Farbe Öl. Daher kann eine falsch gewählte Palette der Grund sein, dass Ihre Farbe möglicherweise trocken und bröckelig wird. Meine Kunststoffpalette ist absolut glatt, sodass sich die Farben mit einem Pinsel oder Palettenmesser problemlos aufnehmen lassen. Auch die Reinigung der Palette ist so kinderleicht. Da die Palette durchsichtig ist, bleibt der Farbeindruck vollkommen unverfälscht.

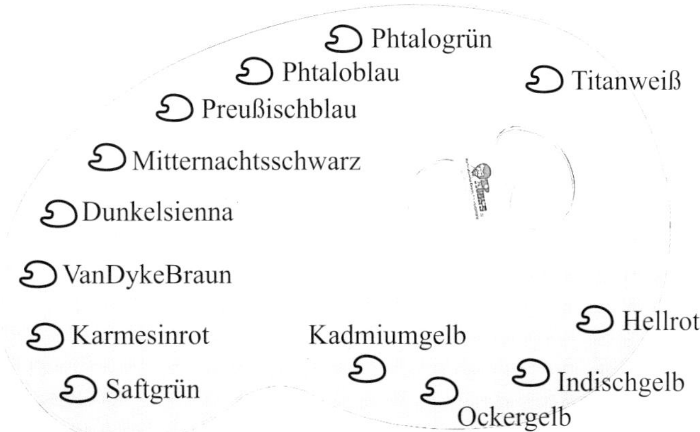

Gewöhnen Sie sich daran, die Farben immer an dieselbe Stelle der Palette zu setzen, wenn Sie malen, sonst verschwenden Sie eine Menge Zeit, um die Farben auf Ihrer Palette zu suchen. Die Abbildung oben zeigt Ihnen die Farben und ihre Anordnung auf meiner Palette wie sie in den Fernsehfolgen benutzt werden.

Farbreste lassen sich mehrere Tage lang verwenden, wenn Sie sie mit Plastikfolie bedecken. Sollten die Malpausen länger dauern, packen Sie das Ganze in Folie und frieren Sie es ein. Die Reinigung Ihrer Palette ist ganz einfach. Schaben Sie überschüssige Farbe ab und säubern Sie die Palette mit Verdünner. Die Farben dürfen keinesfalls auf der Palette antrocknen. Denn auf einer glatten, sauberen Oberfläche fällt die Arbeit viel leichter.

Die Pinsel

Achten Sie bei den Pinseln auf höchste Qualität. Einige der Pinsel, mit denen ich male, sehen den Haushaltspinseln sehr ähnlich, sind aber für die Nass-in-Nass-Technik speziell entwickelt worden. Die aus Naturhaar hergestellten Pinsel gibt es in vier Grundformen: 2-Zoll-Pinsel, 1-Zoll-Pinsel, 1-Zoll-Rundpinsel und 1-Zoll-Ovalpinsel. Verwechseln Sie bitte die Bob-Ross-Pinsel aus Naturhaar nicht mit Synthetikpinseln.
ACHTUNG! REINIGEN SIE IHRE PINSEL NIE MIT WASSER UND SEIFE! Reinigen Sie sie ausschließlich mit geruchlosem Verdünner!
Die vier großen Pinsel werden am meisten benutzt. So tragen Sie mit ihnen Flüssigweiß, Flüssigschwarz und Flüssigtransparent auf, malen Wolken, Himmel, Wasser, Berge, Bäume und Büsche. Zudem lassen sich mit ihnen zahlreiche verblüffende Effekte erzielen.
Der 2-Zoll-Pinsel ist klein genug, um mit ihm all jene Effekte zu erzielen, für die der 1-Zoll-Pinsel eingesetzt wird. Auch kann man mit ihm rasch große Flächen grundieren. Ein anderer Vertreter der „großen

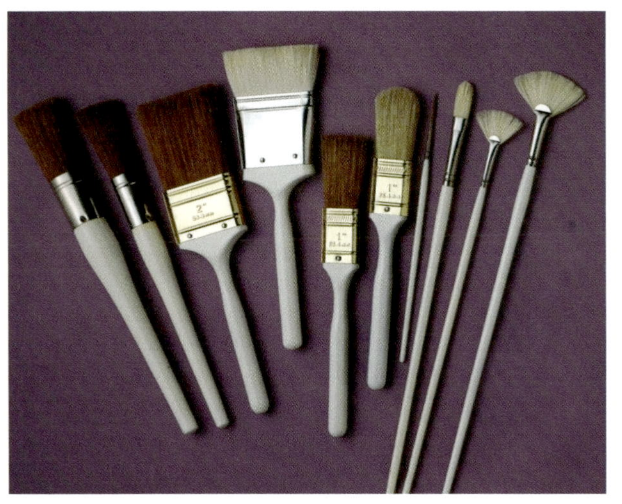

Von Links nach Rechts: 1-Zoll-Rundpinsel, kleiner Rundpinsel, 2-Zoll-Pinsel, 2-Zoll-Mischpinsel, 1-Zoll-Pinsel, 1-Zoll-Ovalpinsel, Schriftenpinsel Nr. 2, Filbertpinsel Nr. 6, Fächerpinsel Nr. 3, Fächerpinsel Nr. 6

Pinsel" ist der 1-Zoll-Rundpinsel. Mit ihm lassen sich wunderbare Wolkengebilde, Gebirgsausläufer, Bäume und Büsche auf die Leinwand zaubern. Wenn Sie mehrere gleichartige Pinsel verwenden – einen für dunkle, einen für helle Farben – müssen Sie nicht so viel Zeit darauf verschwenden sie zu reinigen. Außerdem sparen Sie eine Menge Farbe.

Einen Filbertpinsel Nr. 6 benötigen Sie meistens für maritime Landschaftsbilder. Aber auch Baumstämme und andere Details lassen sich damit perfekt ergänzen. Der 1-Zoll-Ovalpinsel wird in erster Linie für Nadelbäume, Gebirgsausläufer und die Akzentuierung von Bäumen und Büschen benutzt. Mit dem kleinen Rundpinsel können Sie Bäume, Büsche und Laubwerk ganz individuell gestalten.

Bei den beiden anderen von mir oft verwendeten Pinseln handelt es sich um die Fächerpinsel Nr. 6 und Nr. 3. Mit dem Fächerpinsel malen Sie Wolken, Berge, Baumstämme, Gebirgsausläufer, Boote, sanfte Graslandschaften und verschiedene tolle Effekte. Nehmen Sie sich etwas Zeit zum Üben und Sie werden erstaunt sein, welch schöne Ergebnisse Sie erzielen.

Den Schriftenpinsel Nr. 2 benötigen Sie, um dem Bild feine Details hinzuzufügen. Dieser Pinsel hat lange Borsten, damit er viel Farbe aufnehmen kann. In der Regel wird die Farbe verdünnt bis sie eine wässrige Konsistenz aufweist – und zwar mit dünnflüssigem Öl (etwa Leinöl) oder geruchlosem Verdünner. Drehen Sie den Pinsel langsam, während Sie ihn durch die Farbe ziehen. So bilden die Pinselborsten eine exakte Spitze. Diesen Pinsel brauchen Sie auch, um Ihrem Bild eines der wichtigsten Details überhaupt hinzuzufügen, nämlich Ihren Namenszug!

Das Reinigen der Pinsel

Das Reinigen der Pinsel muss kein notwendiges Übel sein, sondern kann richtig Spaß machen. Es ist eine sehr effektive Art, sich von angestautem Frust zu befreien und Spannungen abzubauen, ohne dass dabei etwas zu Bruch geht. Ich benutze eine alte Kaffeekanne mit einem Metallsieb, das sich ungefähr 2,5 cm über dem Boden befindet. Dann gebe ich so viel von dem geruchlosen Verdünner von Bob Ross hinein, dass die Füllhöhe etwa 2 cm oberhalb des Reinigungsgitters liegt. Zum Reinigen Ihres Pinsels ziehen Sie die Borsten mit festem Druck über das Drahtgitter, um die Farbe zu entfernen. (Nehmen Sie auf jeden Fall ein Drahtgitter mit Gummiummantelung, damit die Pinselborsten nicht beschädigt werden.) Dann schütteln Sie den überschüssigen Verdünner aus den Borsten und schlagen den Pinsel zum Schluss fest gegen einen soliden Gegenstand damit er trocknet. Sorgen Sie vorab dafür, dass Sie dabei nicht ungewollt Kleidungsstücke oder Einrichtungsgegenstände beschmutzen.

Den einfachsten und effektivsten Weg, die Pinsel zu reinigen, zeigt die Abbildung unten: Der mit geruchlosem Verdünner gereinigte Pinsel wird im Papierkorb ausgeschüttelt und anschließend fest gegen das Pinselreck geschlagen. (Die Maße der Pinselhalterung betragen etwa 27,5 x 13,5 x 14,5 cm.)

Geruchloser Verdünner lässt sich beliebig oft wiederverwenden. Er muss sich lediglich ein paar Tage setzen, dann können Sie ihn erneut benutzen. Kleinere Pinsel werden mithilfe des Verdünners gereinigt und mit Küchenpapier oder einem Lappen getrocknet.

Nach dem Reinigen können Ihre Pinsel mit der PAINTER'S GLOVE-Lotion behandelt und so geschützt werden. Gehen Sie mit Ihren Pinseln sorgsam um und Sie werden viele Jahre lang Freude daran haben.

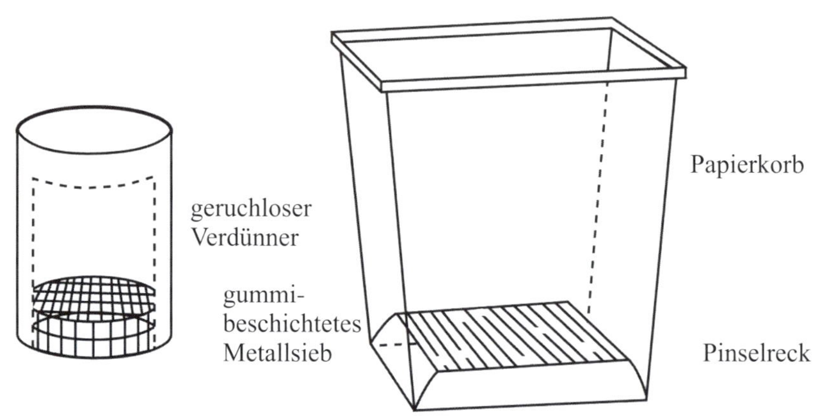

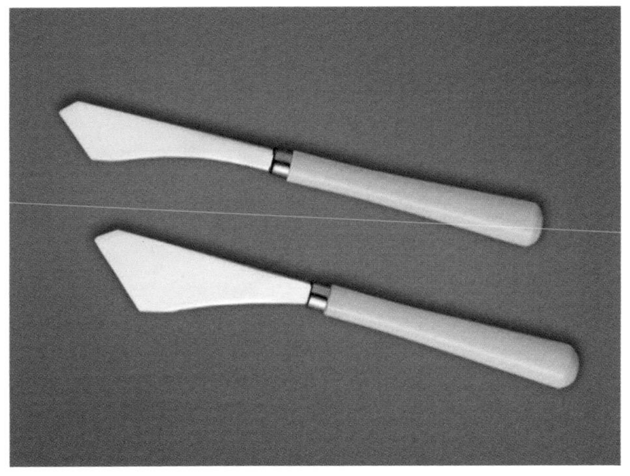

Die Farbspachtel (klein und groß) kommen bei den einzelnen Malprojekten häufig zum Einsatz.

Farbspachtel

Die Farbspachtel, die ich benutze, unterscheiden sich deutlich von den handelsüblichen Palettenmessern. Sie sind größer und stabiler. Es dauert ein wenig und bedarf einiger Übung bis man mit diesen Spachteln so richtig vertraut ist. Beschäftigen Sie sich also eine Weile mit diesem Handwerkszeug, damit Sie es sicher handhaben und mit ihm die entsprechenden Effekte erzielen können.

Ich verwende zwei verschiedene Farbspachtel – einen großen und einen kleinen. Der kleinere eignet sich insbesondere für Flächen, die mit einem normal großen Palettenmesser schwer zu malen sind. Da die Spachtel gerade Kanten haben, ist die Farbaufnahme sehr einfach.

Diese Spachtel kommen zum Einsatz, wenn es darum geht Berge, Bäume, Zäune, Felsen, Steine, Wege, Gebäude etc. zu gestalten. Sie können sogar ganze Bilder ausschließlich mit den Palettenmessern fertigstellen. Je häufiger Sie die Farbspachtel benutzen, desto sicherer werden Sie im Umgang mit ihnen werden und damit schon bald unglaublich viele tolle Effekte auf die Leinwand zaubern.

Gesso zum Grundieren der Leinwand

Bob-Ross-Gesso wird in Weiß, Schwarz und Grau (siehe Abbildung rechts) angeboten. Dabei handelt es sich um eine matte, flüssige Acrylgrundierung, die für Projekte benötigt wird, bei denen eine trockene, vorbehandelte Leinwand als Ausgangspunkt dient. Diese wasserlösliche Farbe sollte sehr dünn mit einem Schaumschwamm (NIEMALS MIT DEM PINSEL!) aufgetragen werden und vollständig trocknen, bevor Sie mit dem Malen beginnen. Säubern Sie den Schwamm mit Wasser.

Die Staffelei

Eine stabile Staffelei, auf der die Leinwand sicher steht, ist sehr wichtig, wenn Sie mit großen Pinseln arbeiten. Bei den Bob-Ross-Staffeleien wird die Leinwand sicher fixiert und so befestigt, dass sie – auch mit größerem Druck – „randlos“ bemalt werden kann.

Die Leinwand

Auch die Art der Leinwand ist für ein optimales Malergebnis von größter Bedeutung. So benötigen Sie eine Leinwand von guter Qualität, die das Flüssigweiß, Flüssigschwarz bzw. Flüssigtransparent nicht aufgesaugt (schließlich brauchen Sie eine nasse Oberfläche).

Aus diesem Grund bin ich gegen einfach grundierte Leinwände und mit Leinwand beklebte Malgründe. Ich benutze ausschließlich fertig bespannte Keilrahmen. Die Leinwand ist sehr glatt und mit Gesso Grau doppelt grundiert. (Die graue Grundierung ermöglicht es Ihnen, sich auf Anhieb zu vergewissern, dass Sie Ihr Flüssigweiß richtig aufgetragen haben.) Es kann sein, dass Sie eine Leinwand mit leicht angerauhter Oberfläche bevorzugen, insbesondere wenn Sie viel mit dem Spachtel arbeiten. Ob die Leinwand nun extrem glatt ist oder aber leicht angerauht, ist eine Frage des individuellen Geschmacks.

Meine in diesem Buch und in der Fernsehserie vorgestellten Originalbilder habe ich auf 45,7 cm x 60,9 cm großen Leinwänden gemalt. Welches Maß Sie für Ihre Bilder wählen, ist Ihnen selbst überlassen.

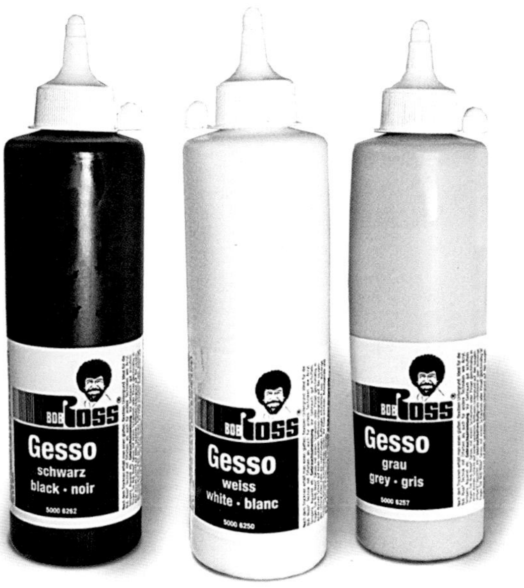

Grundlagen – Step-by-step: Machen Sie sich mit folgenden Gestaltungstechniken vertraut, denn Sie werden sie für die Arbeit an den unterschiedlichen Gemälden benötigen.

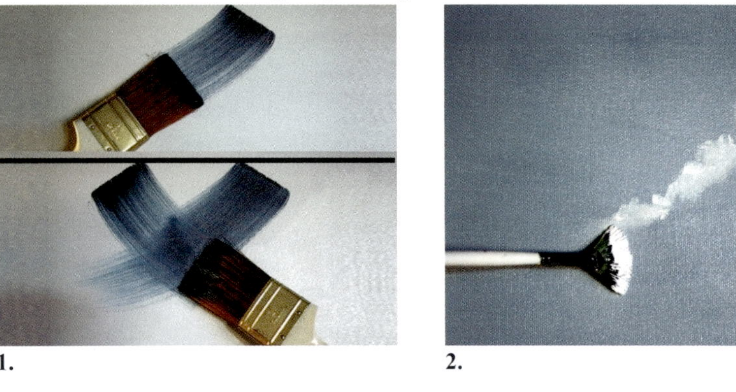
1. 2.

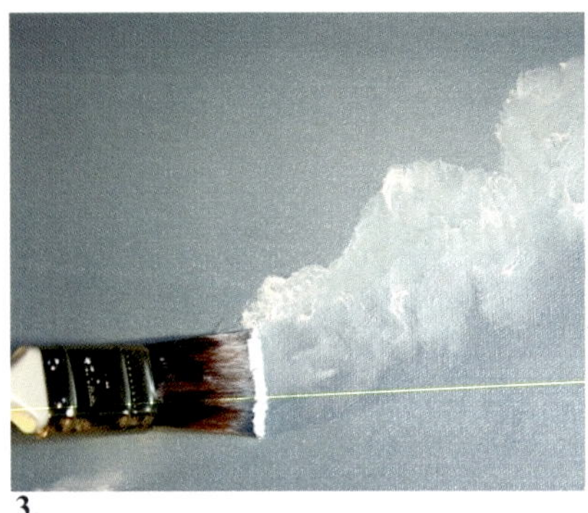
3.

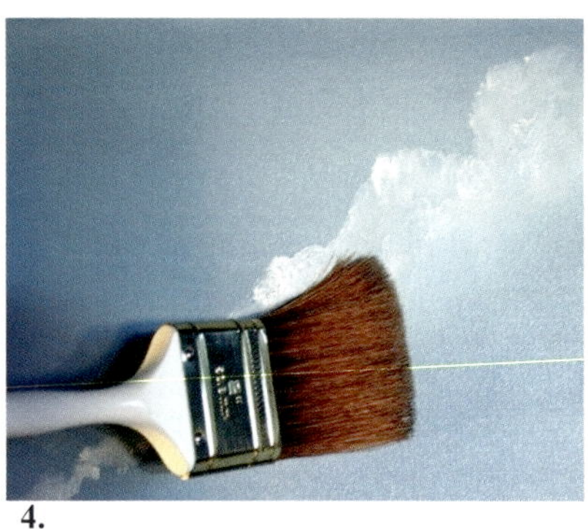
4.

Himmel
Nehmen Sie mit dem 2-Zoll-Pinsel ein wenig Farbe auf. Stupfen Sie dazu den Pinsel ein paar Mal auf die Palette, damit sich die Farbe gleichmäßig in den Borsten verteilt. Mit winzigen sich kreuzenden Strichen beginnen Sie am oberen Bildrand, den Himmel zu malen und arbeiten sich dann abwärts zum Horizont vor (Abb. 1). Für die Wolken machen Sie mit dem Pinsel kleine kreisende Bewegungen. Verwenden Sie hierzu den Fächerpinsel (Abb. 2), den 1-Zoll- (Abb. 3) bzw. den 2-Zoll-Pinsel oder den Rundpinsel. Mit einem sauberen, trockenen 2-Zoll-Pinsel verblenden Sie die Unterseite der Wolken. Setzen Sie den Pinsel zu diesem Zweck ausschließlich mit der oberen Ecke an (Abb. 4).

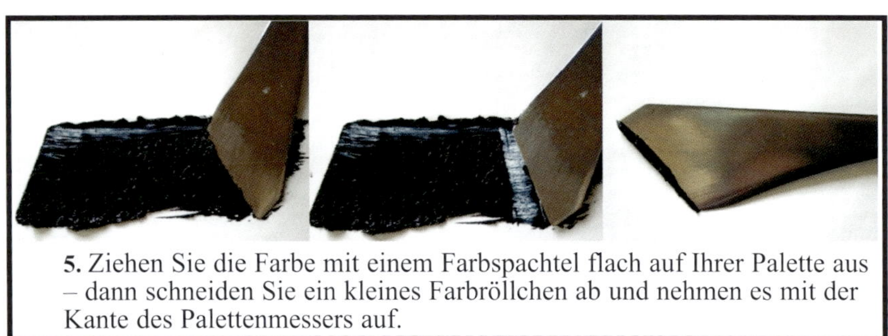
5. Ziehen Sie die Farbe mit einem Farbspachtel flach auf Ihrer Palette aus – dann schneiden Sie ein kleines Farbröllchen ab und nehmen es mit der Kante des Palettenmessers auf.

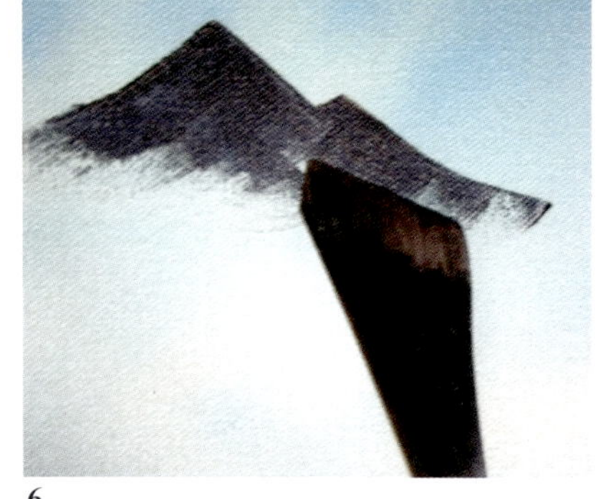
6.

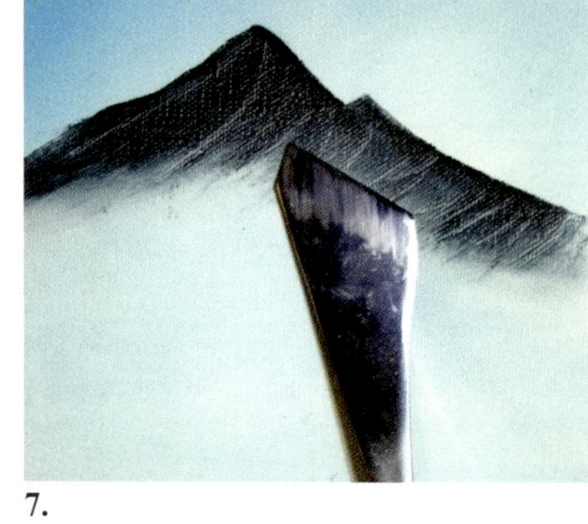
7.

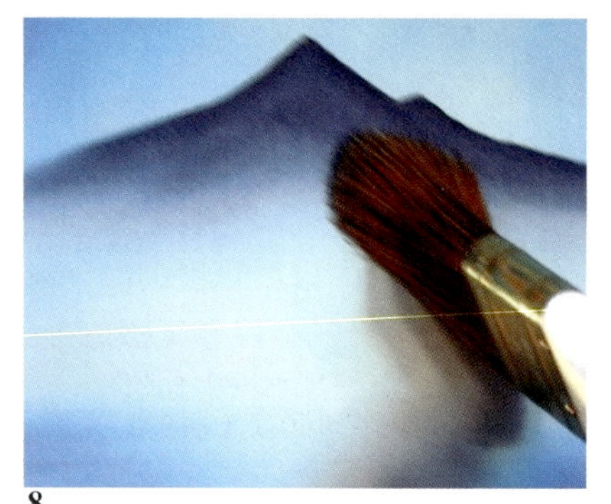
8.

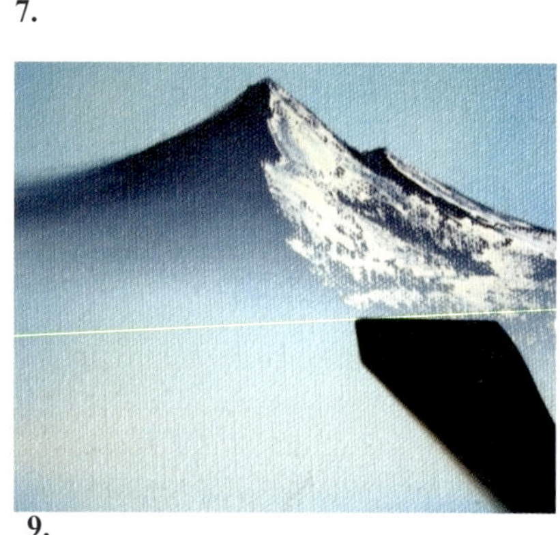
9.

Berge
Nehmen Sie mit der Kante des Farbspachtels ein Farbröllchen auf und legen Sie unter leichtem Druck die Kontur von Berggipfel und -rücken an (Abb. 6). Überschüssige Farbe mit dem Spachtel abschaben (Abb. 7). Mit dem 2-Zoll-Pinsel ziehen Sie die Farbe nach unten aus, sodass sich ein sanfter Verlauf bildet (Abb. 8). Für Glanzlichter und Schatten nehmen Sie ein entsprechendes Farbröllchen auf. Den Spachtel mit der Spitze ansetzen und nach unten breiter werden, sodass die Farbe „bricht" (Abb. 9). Mit einem sauberen, trockenen 2-Zoll-Pinsel im unteren Teil stupfen (dabei stets den Winkeln des Berges folgen) und die Farbe leicht nach oben ziehen. So wirkt der Fuß des Berges als würde er im Dunst liegen.

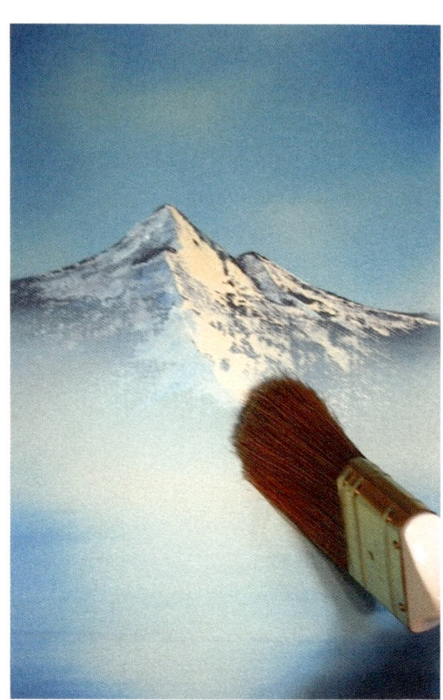
10.

Grundlagen – Step-by-step:

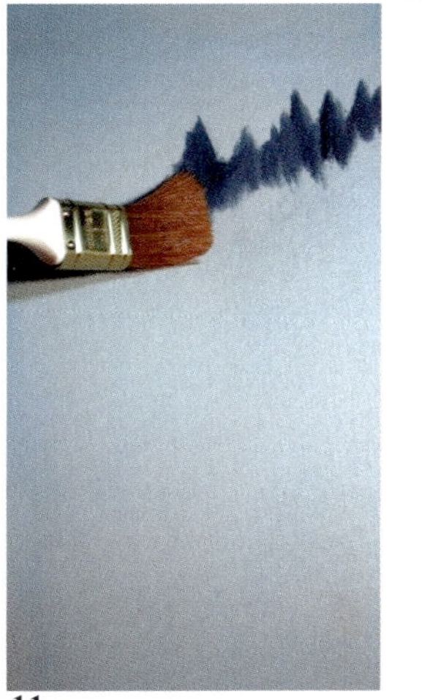
11.

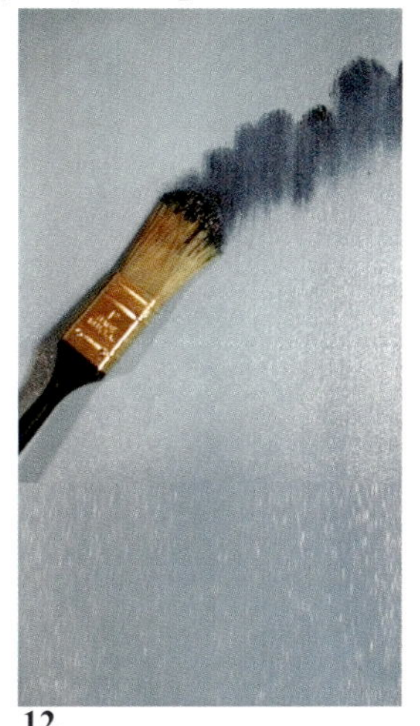
12.

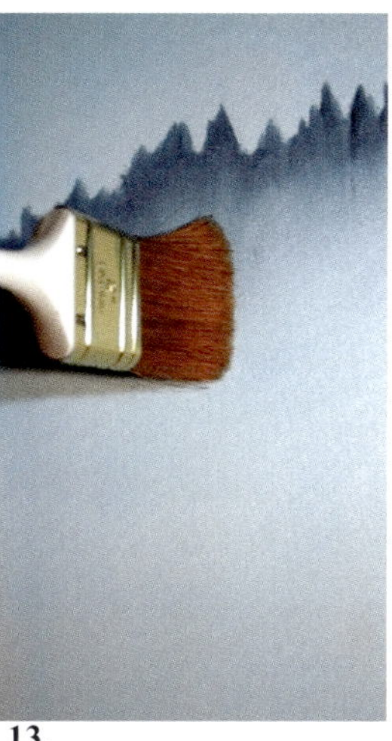
13.

Gebirgsausläufer
Die Gebirgsausläufer skizzieren Sie mit dem 1-Zoll-Pinsel (Abb. 11) oder dem Ovalpinsel (Abb. 12) und tupfen die Farbe – wie auf den Fotos zu sehen – von oben nach unten auf. Mit der oberen Ecke des 2-Zoll-Pinsels die Farbe nach unten verwischen. Auf diese Weise erzeugen Sie im unteren Bereich der Gebirgsausläufer die Illusion von Nebel (Abb. 13).

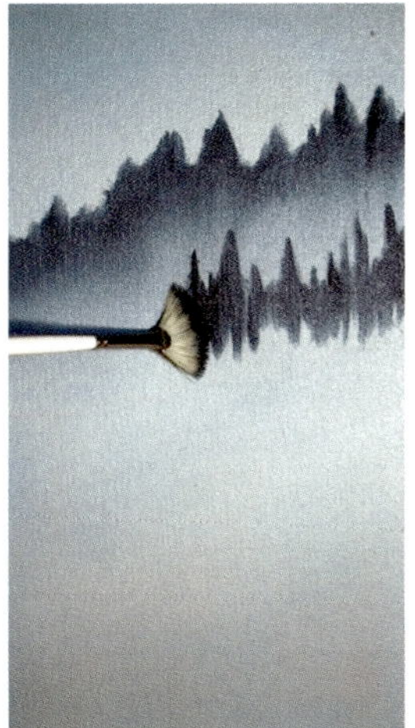
14.

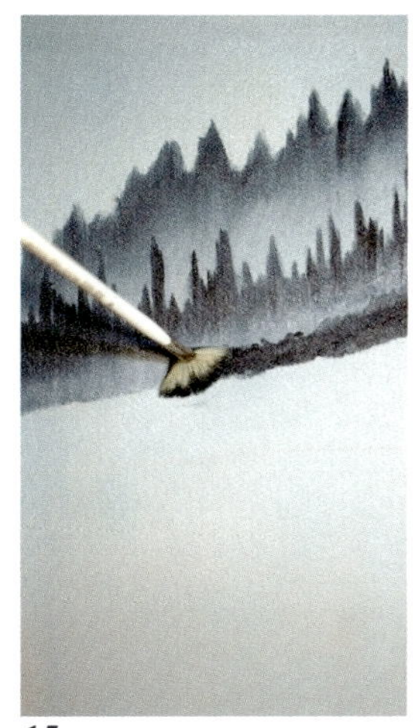
15.

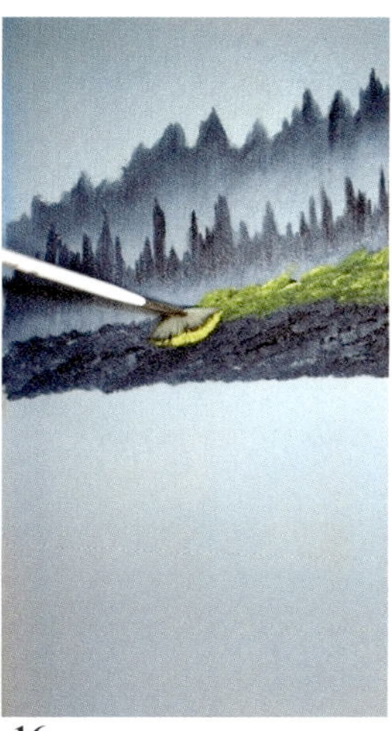
16.

Etwas weiter im Vordergrund deuten Sie mithilfe des Fächerpinsels kleine Nadelbäume an. Zu diesem Zweck halten Sie den Pinsel senkrecht zur Leinwand und tragen die Farbe wieder von oben nach unten auf (Abb. 14). Für die Grasflächen am Fuß der Berge verwenden Sie erneut den Fächerpinsel und setzen ihn dabei an wie auf den Fotos gezeigt (Abb. 15 und 16).

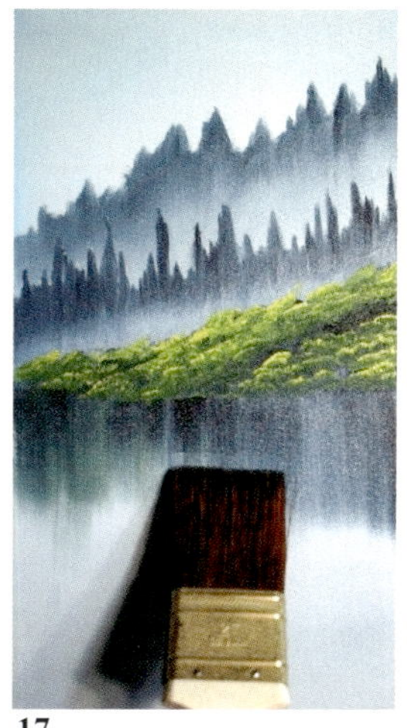
17.

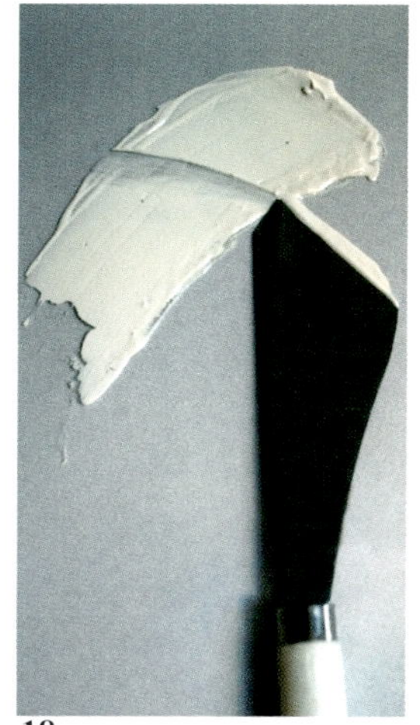
18.

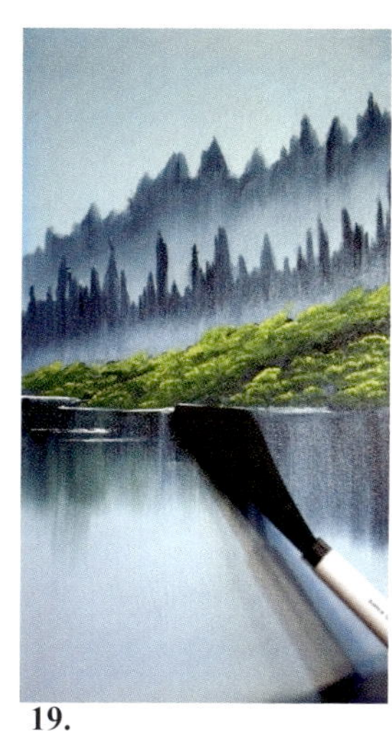
19.

Spiegelungen
Wenn Sie die Farbe mit dem 2-Zoll-Pinsel sanft nach unten ausziehen (Abb. 17) und dann horizontal darüber streichen, erhalten Sie eine schöne Spiegelung. Mit dem Farbspachtel ein Röllchen Flüssigweiß aufnehmen (Abb. 18) und die Wasserlinien unter festem Druck „einritzen" (Abb. 19). Die Linien müssen absolut waagerecht sein, damit das Wasser nicht aus der Leinwand „herausfließt".

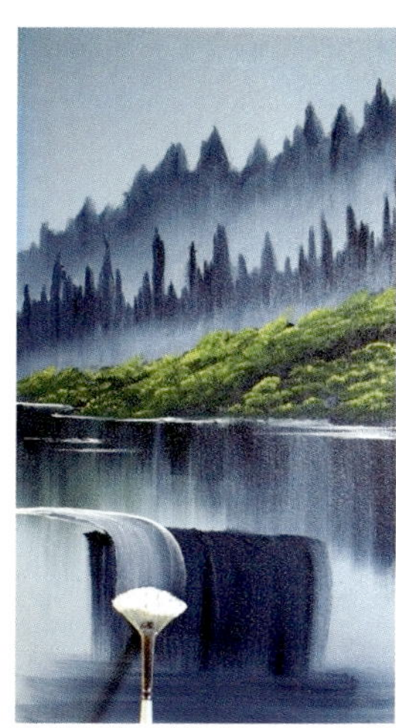
20.

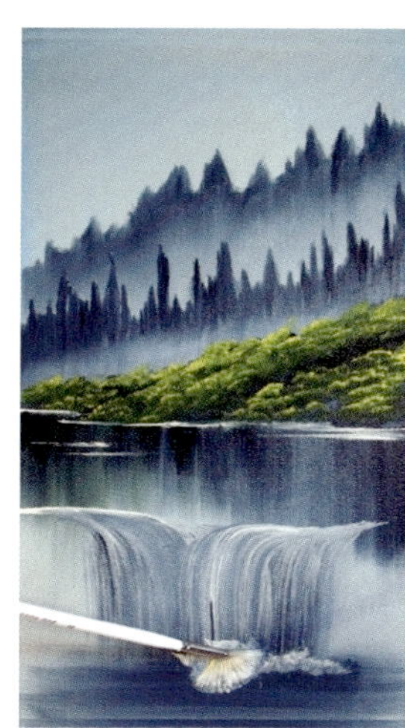
21.

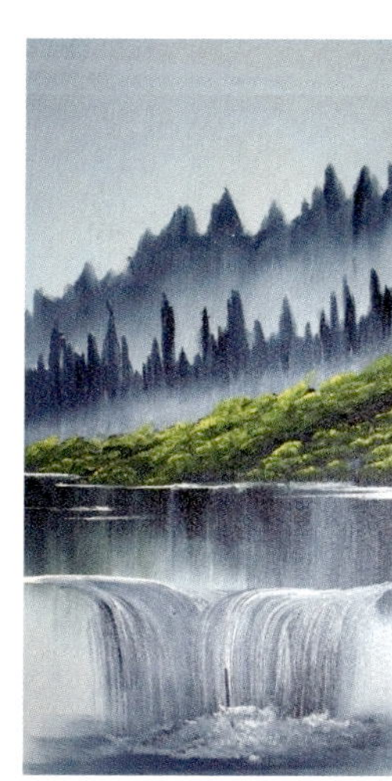

Wasserfälle
Für den Wasserfall im Vordergrund ziehen Sie die Farbe mit dem Fächerpinsel nach unten, sodass der Eindruck von Gefälle entsteht (Abb. 20). Danach lassen Sie das Wasser am Fuße des Wasserfalls „brodeln", indem Sie an dieser Stelle mit kurzen, nach oben gezogenen Pinselstrichen arbeiten (Abb. 21).

Grundlagen – Step-by-step:

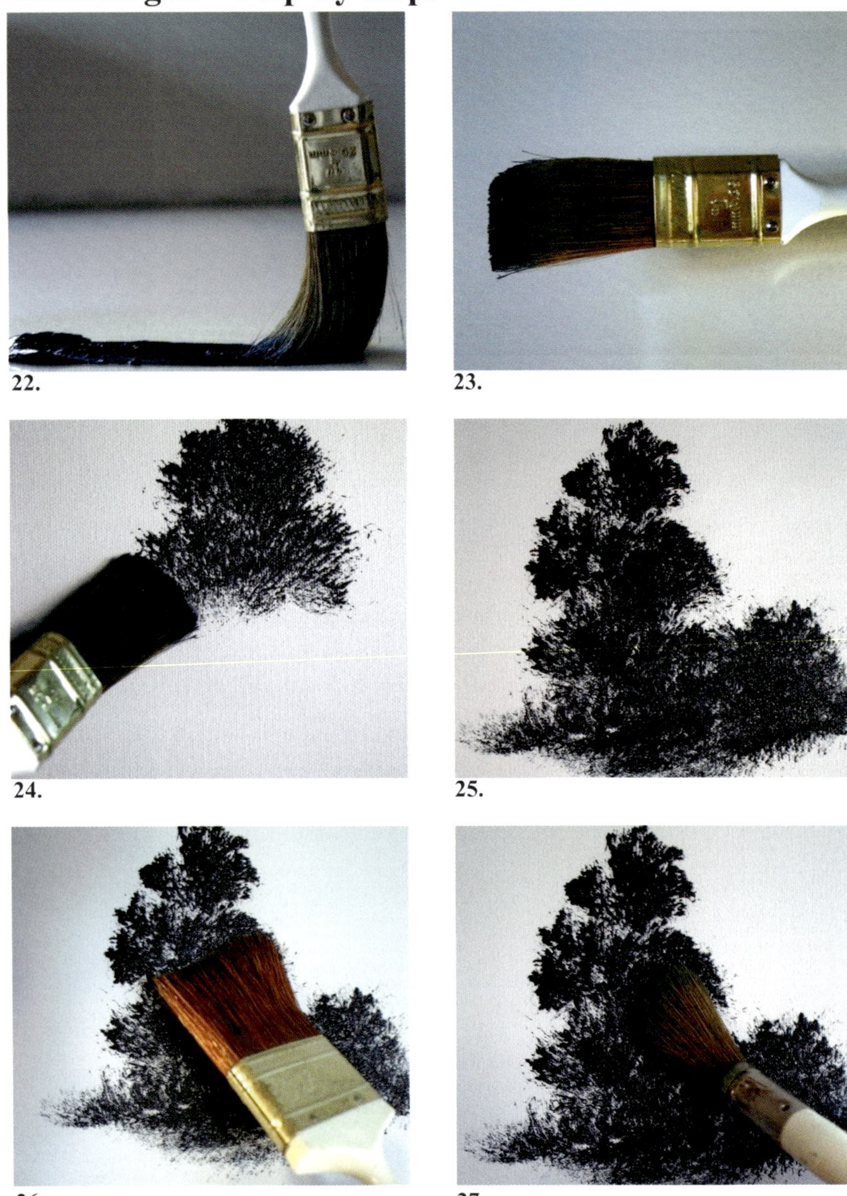

22. 23. 24. 25. 26. 27.

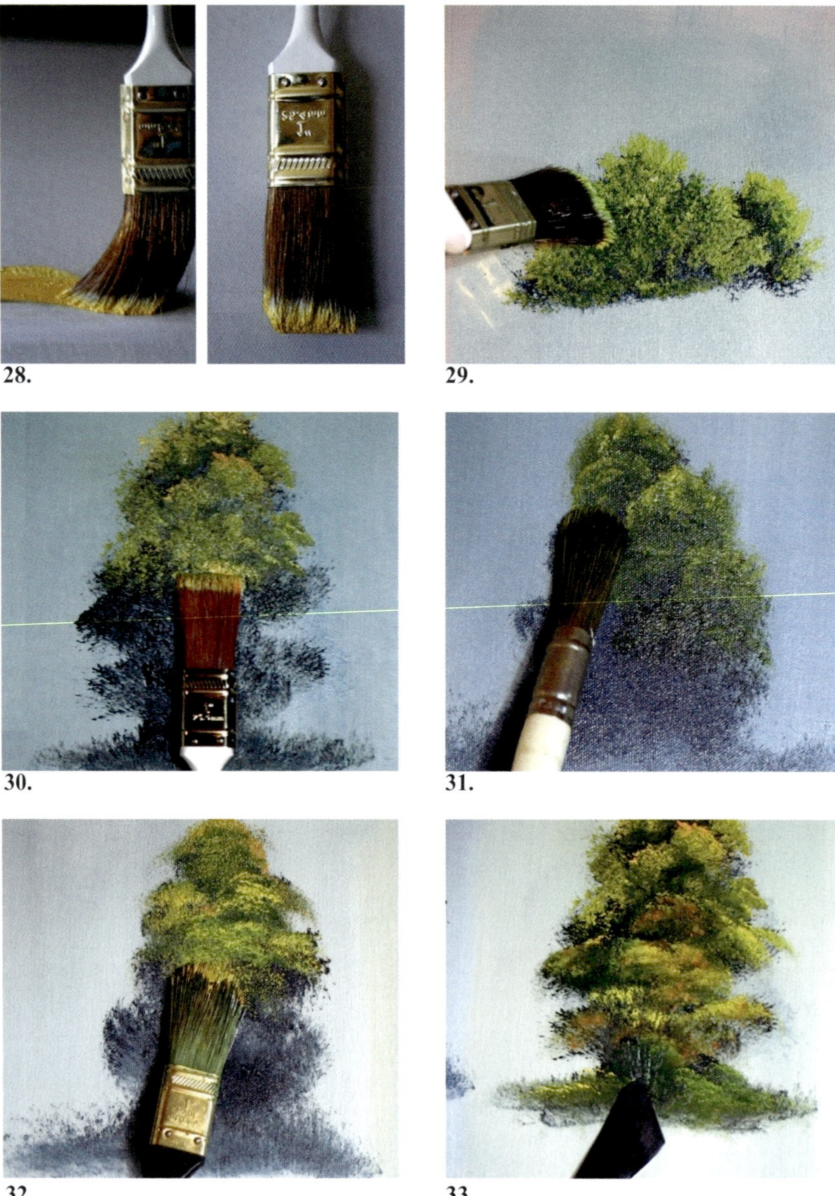

28. 29. 30. 31. 32. 33.

Laubbäume und Büsche

Ziehen Sie den 1-Zoll-Pinsel so durch die Farbmischung (Abb. 22), dass er sich sanft in eine Richtung biegt (Abb. 23). Mit der abgerundeten Ecke nach oben, stupfen Sie kleine Bäume und Büsche auf die Leinwand, indem Sie den Pinsel dabei immer nach oben drücken (Abb. 24 und 25). Sie können sich aber genau so gut mit dem 2-Zoll-Pinsel (Abb. 26) oder mit dem Rundpinsel nach unten vor arbeiten, indem Sie immer seitwärts – vor und zurück – stupfen (Abb. 27).

Laubbäume und Büsche – Akzente und Lichter setzen

In gleicher Weise gehen Sie vor, um dem Blattwerk durch Lichter Lebendigkeit zu verleihen. Verwenden Sie hierzu erneut den 1-Zoll-Pinsel, nehmen Sie Farbe auf (Abb. 28) und stupfen Sie sie mit leichtem Druck nach oben auf (Abb. 29 und 30). Arbeiten Sie sich langsam nach unten. Sie können auch den Rundpinsel (Abb. 31) oder den Ovalpinsel benutzen (Abb. 32). Mit der Spitze des Farbspachtels fügen Sie kleine Stämme, Äste und Zweige hinzu (Abb. 33).

Grundlagen – Step-by-step:

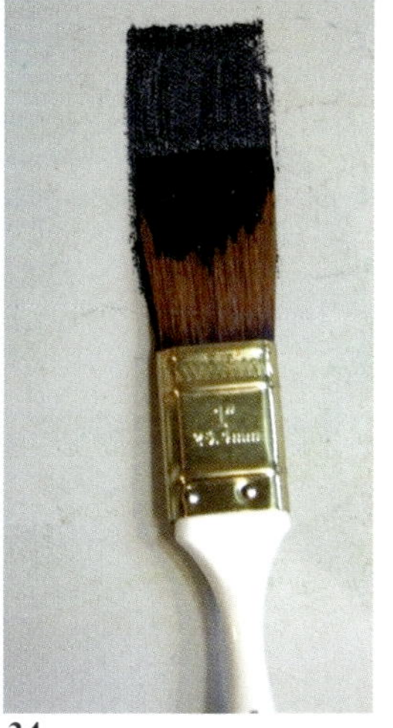
34.

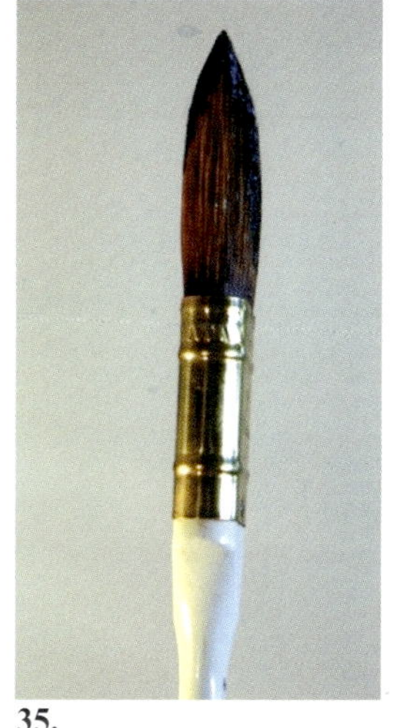
35.

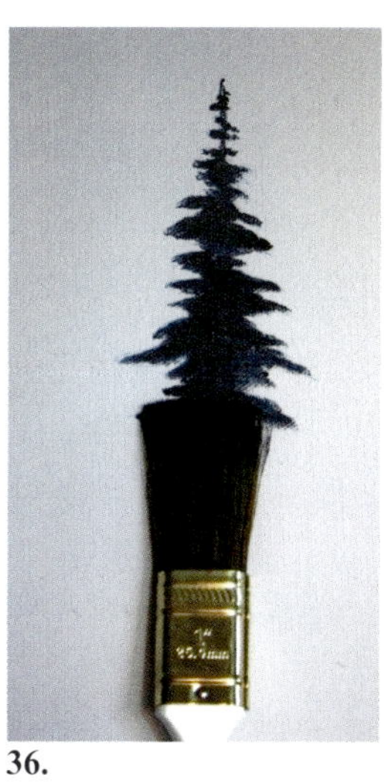
36.

Nadelbäume
Tauchen Sie den 1-Zoll-Pinsel großzügig in die Farbe ein und ziehen Sie ihn schlängelnd durch die Farbe (Abb. 34) bis er eine richtig scharfe Kante aufweist (Abb. 35). Am Baumwipfel beginnen und nach unten hin immer mehr Druck ausüben, damit die Äste ausladender werden (Abb. 36).

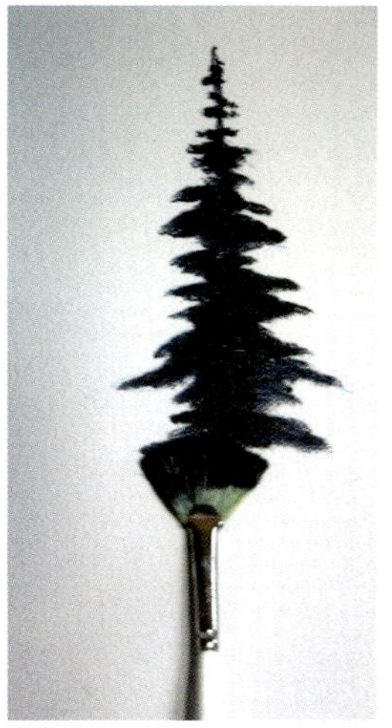
37.

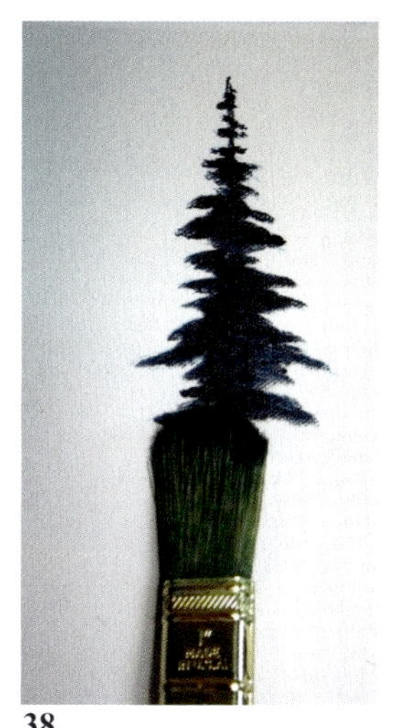
38.

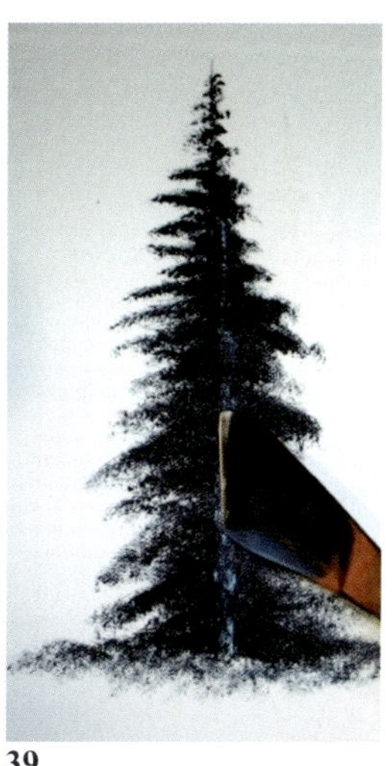
39.

Sie können Nadelbäume auch mithilfe des Fächerpinsels (Abb. 37) oder mit dem Ovalpinsel auf der Leinwand gestalten (Abb. 38). Um den Stamm zu malen, nehmen Sie mit dem Farbspachtel ein wenig Farbe auf und tragen sie an den entsprechenden Stellen vorsichtig auf – nicht durchgehend, da der Stamm ja, wie Sie wissen, zwischendurch immer wieder von Ästen verdeckt wird (Abb. 39).

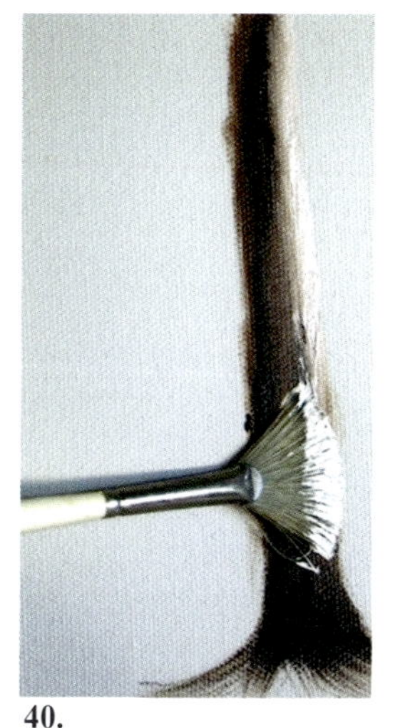
40.

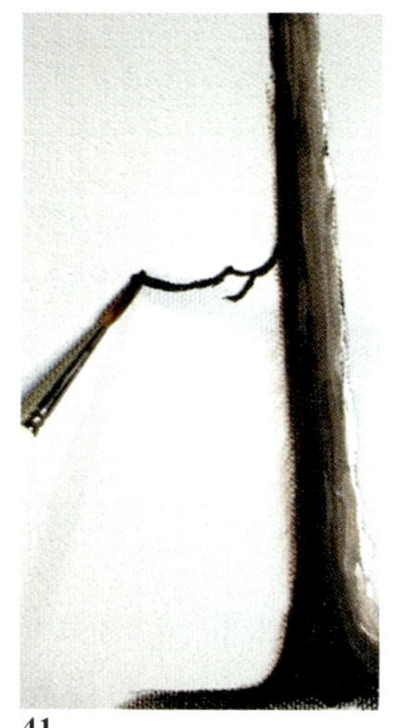
41.

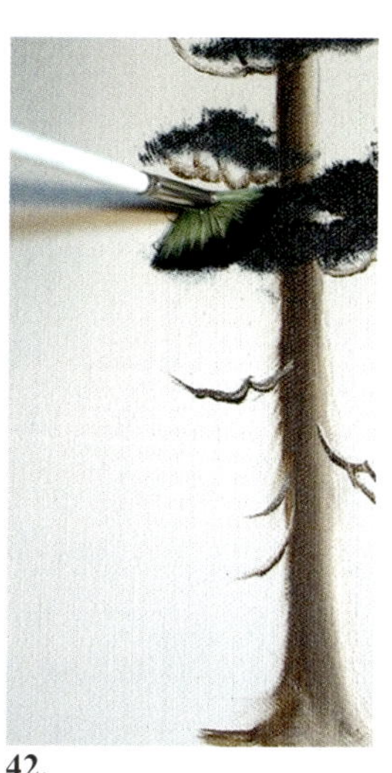
42.

Große Nadelbäume
Stupfen Sie mit dem Fächerpinsel von oben nach unten Farbe auf, sodass sich die Borke aufzuwerfen scheint (Abb. 40). Dann mit Flüssigweiß Lichter setzen. Mit verdünntem Flüssigschwarz auf einem Schriftenpinsel fügen Sie die Äste hinzu (Abb. 41), mit dem Fächerpinsel ergänzen Sie das Blattwerk (Abb. 42).

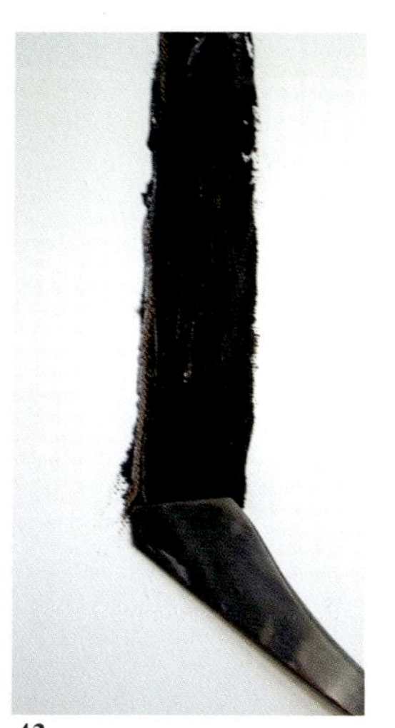
43.

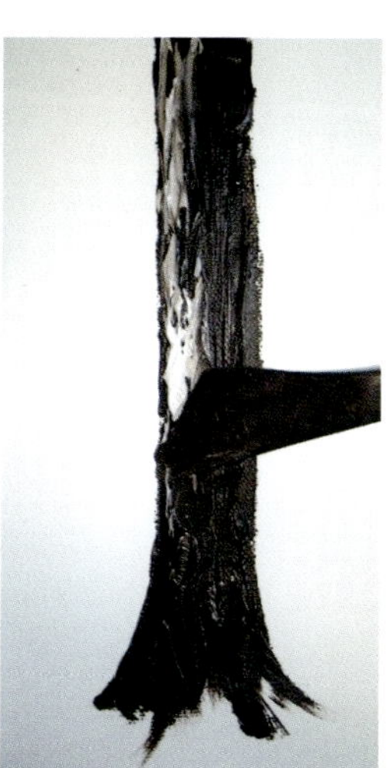
44.

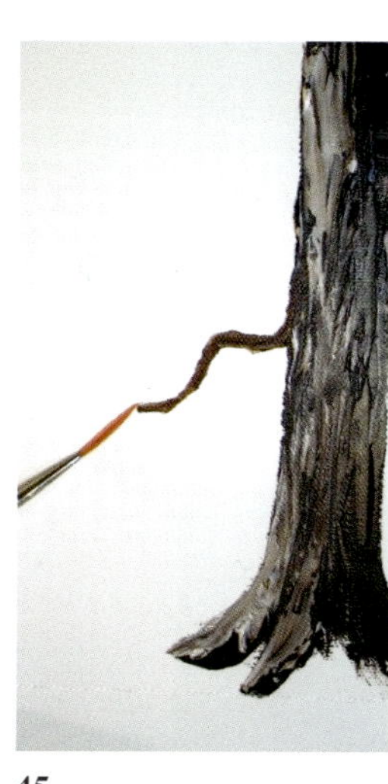
45.

Große Baumstämme
Nehmen Sie mit der langen Kante des Farbspachtels Farbe auf, setzen Sie das Palettenmesser oben an und ziehen Sie es von der Baumspitze nach unten (Abb. 43). Die Lichter setzen Sie mit so viel bzw. wenig Druck, dass die Farbe „bricht" (Abb. 44). Mit stark verdünnter Farbe auf dem Schriftenpinsel fügen Sie Äste und Zweige hinzu (Abb. 45).

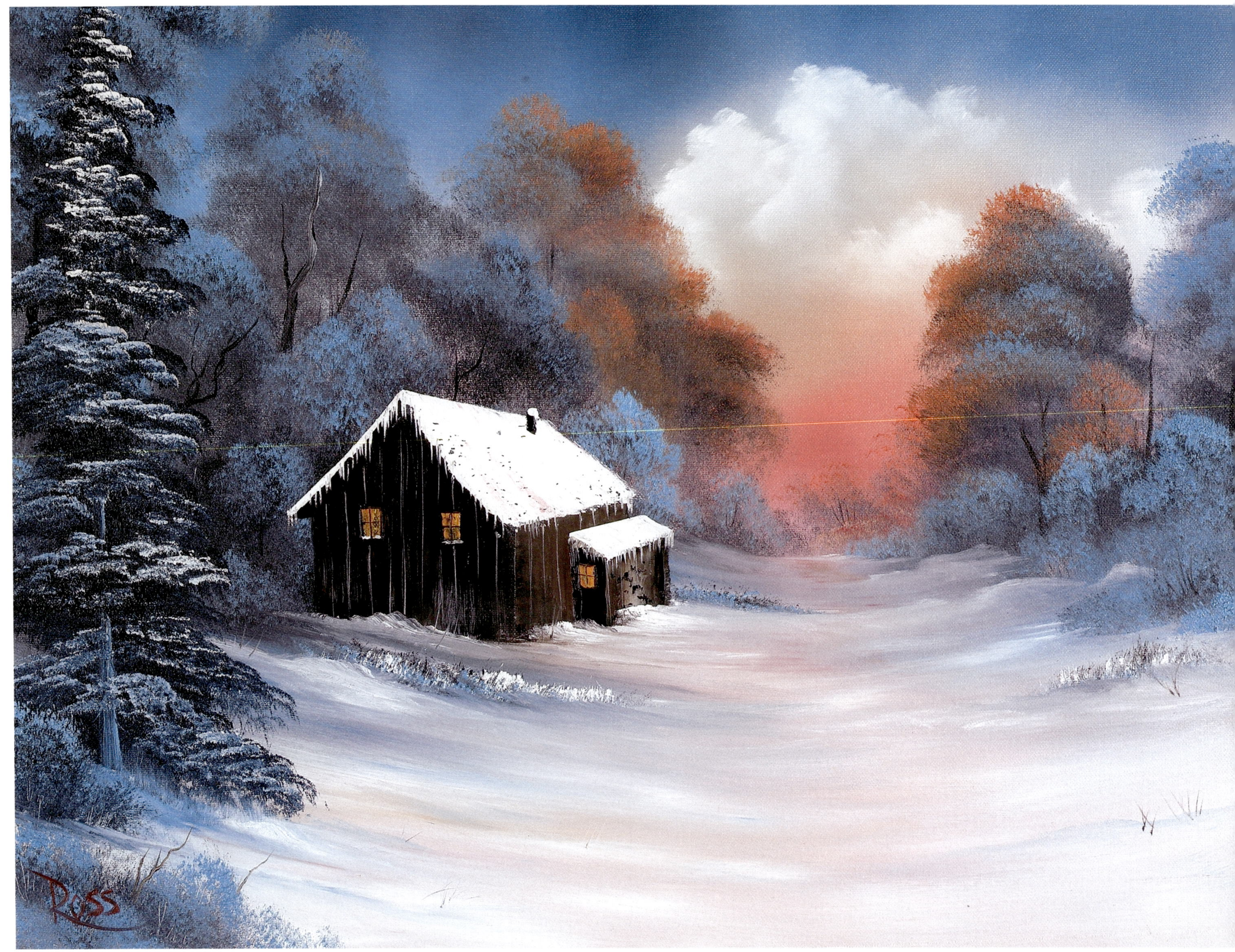
Ross

ABGESCHIEDENE IDYLLE

Material

2-Zoll-Pinsel	Mitternachtsschwarz
1-Zoll-Rundpinsel	Dunkelsienna
Fächerpinsel Nr. 6	VanDykeBraun
Schriftenpinsel Nr. 2	Karmesinrot
Farbspachtel Nr. 10	Kadmiumgelb
Flüssigweiß	Ockergelb
Flüssigschwarz	Indischgelb
Titanweiß	Hellrot
Phtaloblau	

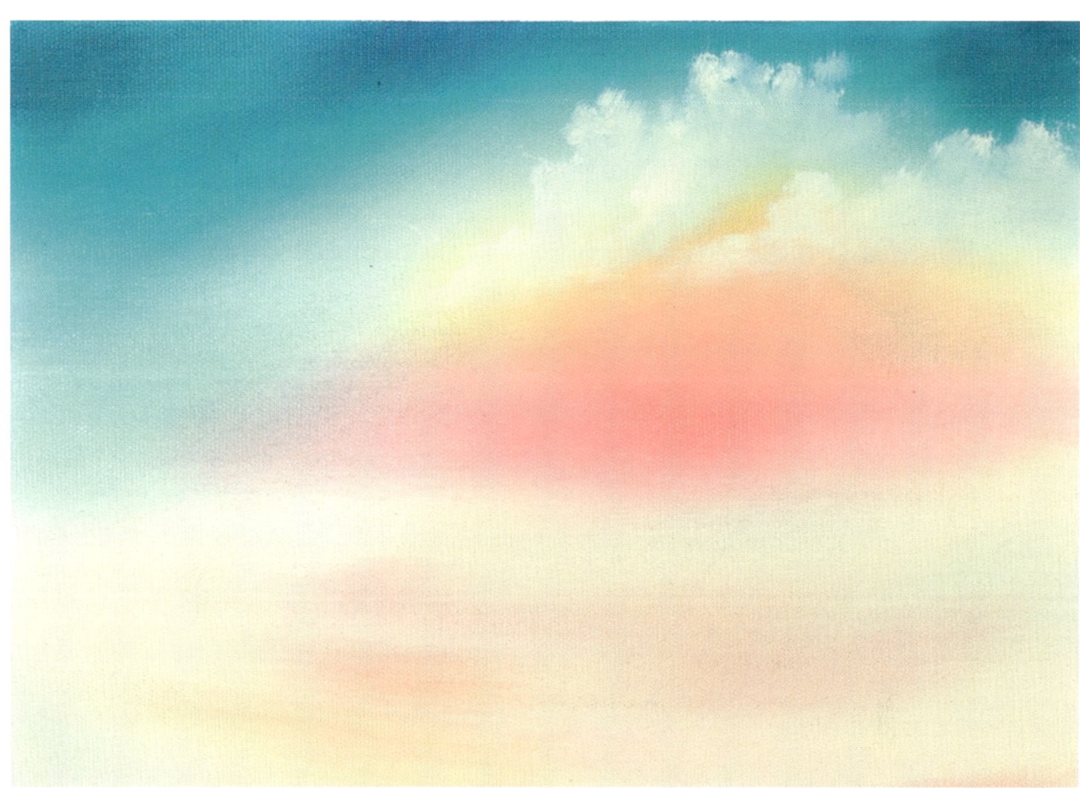

Bedecken Sie zunächst die ganze Leinwand mir einer dünnen, gleichmäßigen Schicht Flüssigweiß und verwenden Sie dafür den 2-Zoll-Pinsel. Tragen Sie die Farbe in langen, waagerechten und senkrechten Strichen auf und streichen Sie vor und zurück, damit sich die Farbe gleichmäßig in den Borsten verteilt. Das Flüssigweiß muss noch feucht sein, wenn Sie mit dem Malen anfangen. Reinigen und trocknen Sie nun Ihren 2-Zoll-Pinsel.

Himmel

Nehmen Sie mit dem 2-Zoll-Pinsel ein wenig Hellrot auf, indem Sie ihn kräftig in die Farbe tupfen. Um einen leuchtenden Himmel zu erhalten, tragen Sie die Farbe mit kleinen sich kreuzenden Strichen direkt über der Horizontlinie auf. Mit waagerechten Strichen tragen Sie ein wenig von der roten Farbe unterhalb des Horizontes auf. Nehmen Sie mit demselben Pinsel – ohne ihn zuvor auszuwaschen – etwas Indischgelb auf und tragen Sie es mit sich kreuzenden Strichen oberhalb der roten Farbpartie am Himmel auf.

Geben Sie von dieser Farbe auch etwas in den Bereich unter der Horizontlinie. Sie füllen den Pinsel nun mit einer Mischung aus Phtaloblau und Mitternachtsschwarz und bedecken damit den restlichen Himmel, indem Sie die Farbe wieder mit sich kreuzenden Strichen auftragen. Mit einem sauberen und trockenen 2-Zoll-Pinsel verblenden Sie den gesamten Himmel, besonders dort, wo die Farben aufeinander treffen. Nehmen Sie mit dem Fächerpinsel Titanweiß auf, setzen Sie ihn nur mit einer Ecke auf der Leinwand auf und kreisen Sie. Auf diese Weise entstehen wunderschöne Wolken. Einen sauberen und trockenen 2-Zoll-Pinsel waagerecht aufsetzen und die Unterseite der Wolken mit den äußersten Borstenspitzen sanft verblenden. Dann ziehen Sie die Farbe mit dem Pinsel leicht nach oben. Abschließend streichen Sie mit dem Pinsel noch einmal über den gesamten Himmel.

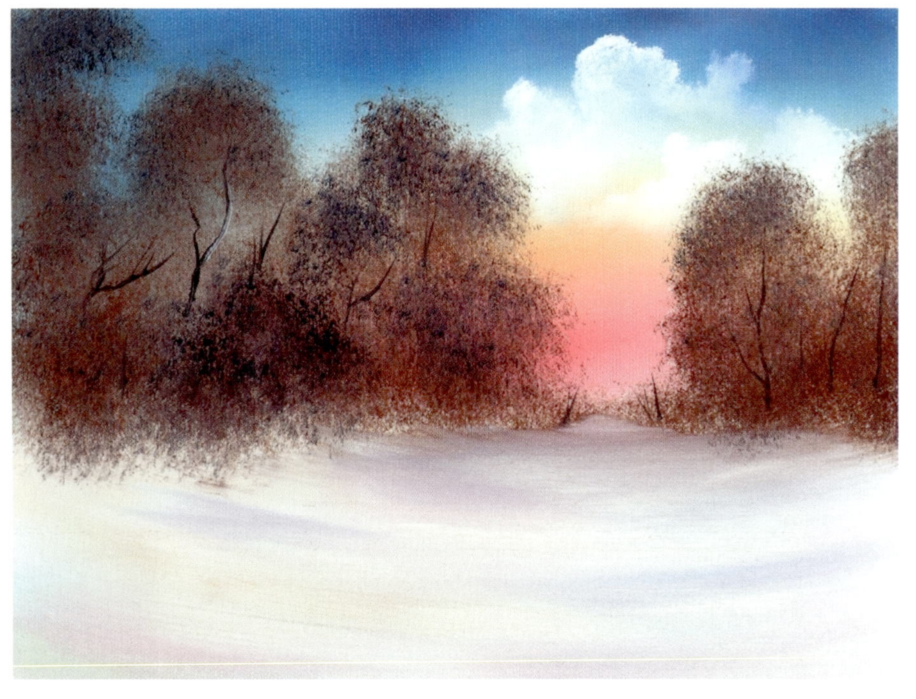

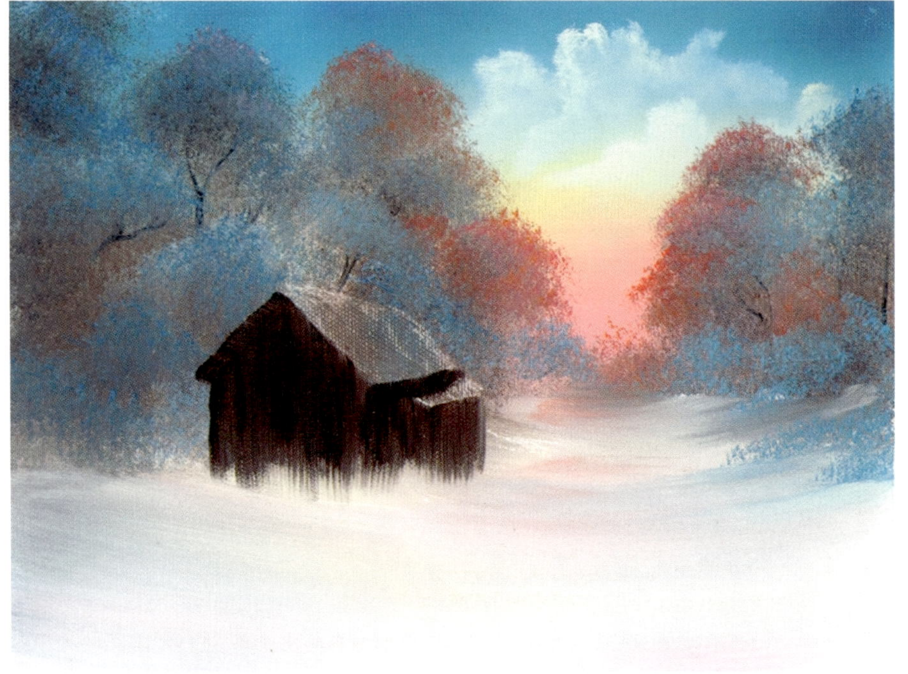

Hintergrund

Nehmen Sie mit dem 1-Zoll-Pinsel großzügig VanDykeBraun und Dunkelsienna auf, indem Sie die Borsten kräftig in die Farbe tupfen.

Die Bäume im Hintergrund gestalten Sie, indem Sie ihre Grundformen auf die Leinwand stupfen. Beginnen Sie mit dem Fuß des Baumes. Je mehr Sie sich den Wipfeln nähern, desto heller wird der Baum, da sich die dunkle Grundfarbe immer mehr mit dem Flüssigweiß auf der Leinwand vermischt. Für die Baumstämme nehmen Sie mit dem Schriftenpinsel eine Mischung aus Farbverdünner und VanDykeBraun auf. Schlängeln Sie den Pinsel leicht über die Leinwand, um den Baumstämmen ein knorriges Aussehen zu verleihen. Benutzen Sie sowohl warme als auch kühle Farben, um Akzente auf die Bäume in Hintergrund zu setzen. Mit dem 1-Zoll-Pinsel und einer Mischung aus Phtaloblau und Titanweiß schaffen Sie die kühlen Farbakzente. Setzen Sie den Pinsel nur mit den Borstenspitzen auf und wenden Sie wenig Druck auf. Arbeiten Sie dabei in Schichten und achten Sie darauf, die dunkle Grundfarbe nicht vollständig zu überdecken. Wenn Sie sich dem stärker vom Sonnenlicht beschienen Bereich nähern, wechseln Sie zu warmen Farben und benutzen verschiedene Mischungen aus Gelbtönen und Hellrot.

Verwenden Sie Phtaloblau und Titanweiß, um mit dem Rundpinsel Schatten anzulegen. Für den darüber liegenden Schnee tragen Sie mit dem Fächerpinsel Titanweiß auf. Achten Sie dabei auf den Verlauf des Geländes.

Hütte

Nehmen Sie mit dem 2-Zoll-Pinsel reichlich VanDykeBraun und Dunkelsienna auf, bis die Pinselborsten eine ganz scharfe Kante bilden. Dann beginnen Sie mit der hinteren Dachtraufe. Nehmen Sie zusätzlich Farbe auf und verleihen Sie der Hütte durch Front und Seitenwand mehr Gestalt. Fügen Sie Titanweiß und Phtaloblau hinzu, um die Seitenwand entsprechend dem Lichteinfall aufzuhellen. Schlängeln Sie den Pinsel dabei hin und her, um den Effekt von verwittertem Holz zu erzielen. Wiederholen Sie diesen Vorgang an der Hüttenfront mit einem dunkleren Farbton – diese erhalten Sie, wenn Sie weniger Titanweiß als zuvor zu der braunen Farbe hinzufügen. Mit der langen Kante des Farbspachtels nehmen Sie Titanweiß auf, um das schneebedeckte Dach zu gestalten. Geben Sie ein wenig Schnee auf die hintere Dachtraufe. Verwenden Sie das Palettenmesser auch, um mithilfe von VanDykeBraun die Bretter der Hüttenwand anzudeuten. In gleicher Weise können Sie auch einen kleinen Schuppen an die Hütte ansetzen. Für die Fenster verwenden Sie Kadmiumgelb und gliedern sie mit Flüssigschwarz, das Sie mit dem Schriftenpinsel aufbringen. Mit dem Fächerpinsel tragen Sie Titanweiß im Sockelbereich der Hütte, sodass sich der Schnee an den Wänden leicht auftürmt.

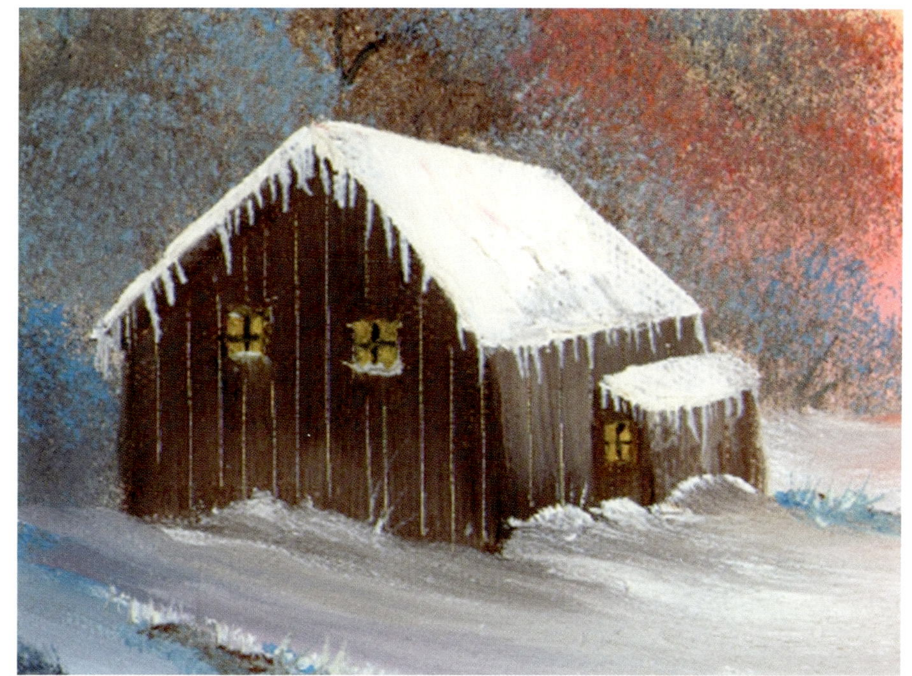

Vordergrund

Für den großen Nadelbaum im Vordergrund nehmen Sie mit dem 2-Zoll-Pinsel eine Mischung aus Mitternachtsschwarz, VanDykeBraun, Karmesinrot und Phtaloblau auf. Die Pinselborsten sollen wieder eine ganz scharfe Kante bilden. Halten Sie den Pinsel senkrecht, setzen Sie am oberen Bildrand an und ziehen Sie ihn nach unten. Drehen Sie den Pinsel in die waagerechte Position und tupfen Sie mit der Pinselecke die Äste entlang der Mittelachse des Baumes auf. Je mehr Sie sich dessen Fuß nähern, desto mehr Druck wenden Sie auf, um die Äste ausladender werden zu lassen. Mit einer Mischung aus Titanweiß und Phtaloblau auf dem 2-Zoll-Pinsel versehen Sie die Äste mit etwas Schnee. Für die übrigen Schneeflächen verwenden Sie Titanweiß, das Sie mit dem Fächerpinsel auftragen. Nehmen Sie noch etwas Phtaloblau mit dem Pinsel auf und legen Sie ein paar Stellen an, an denen das Gras hervorschaut.

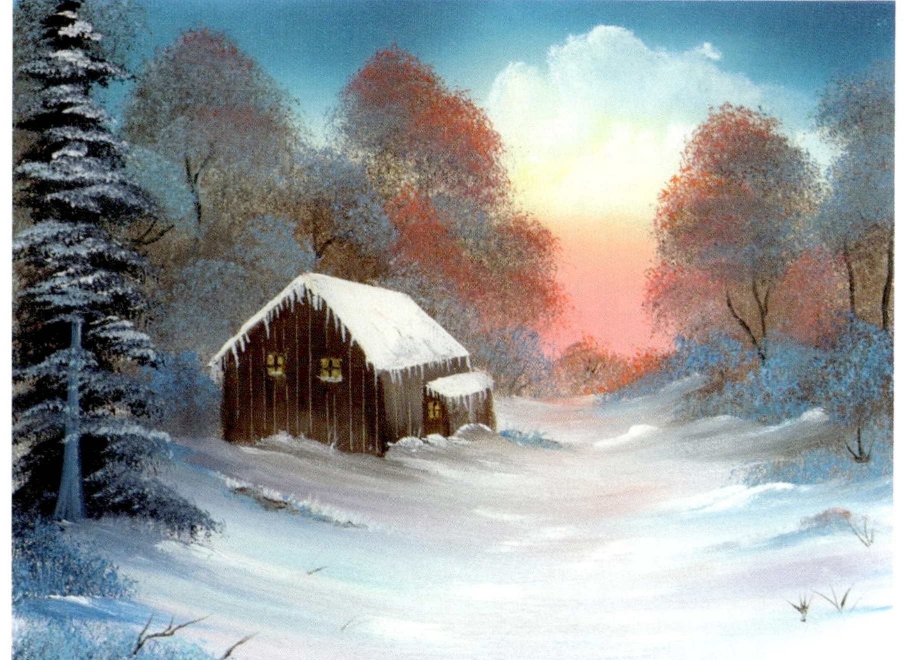

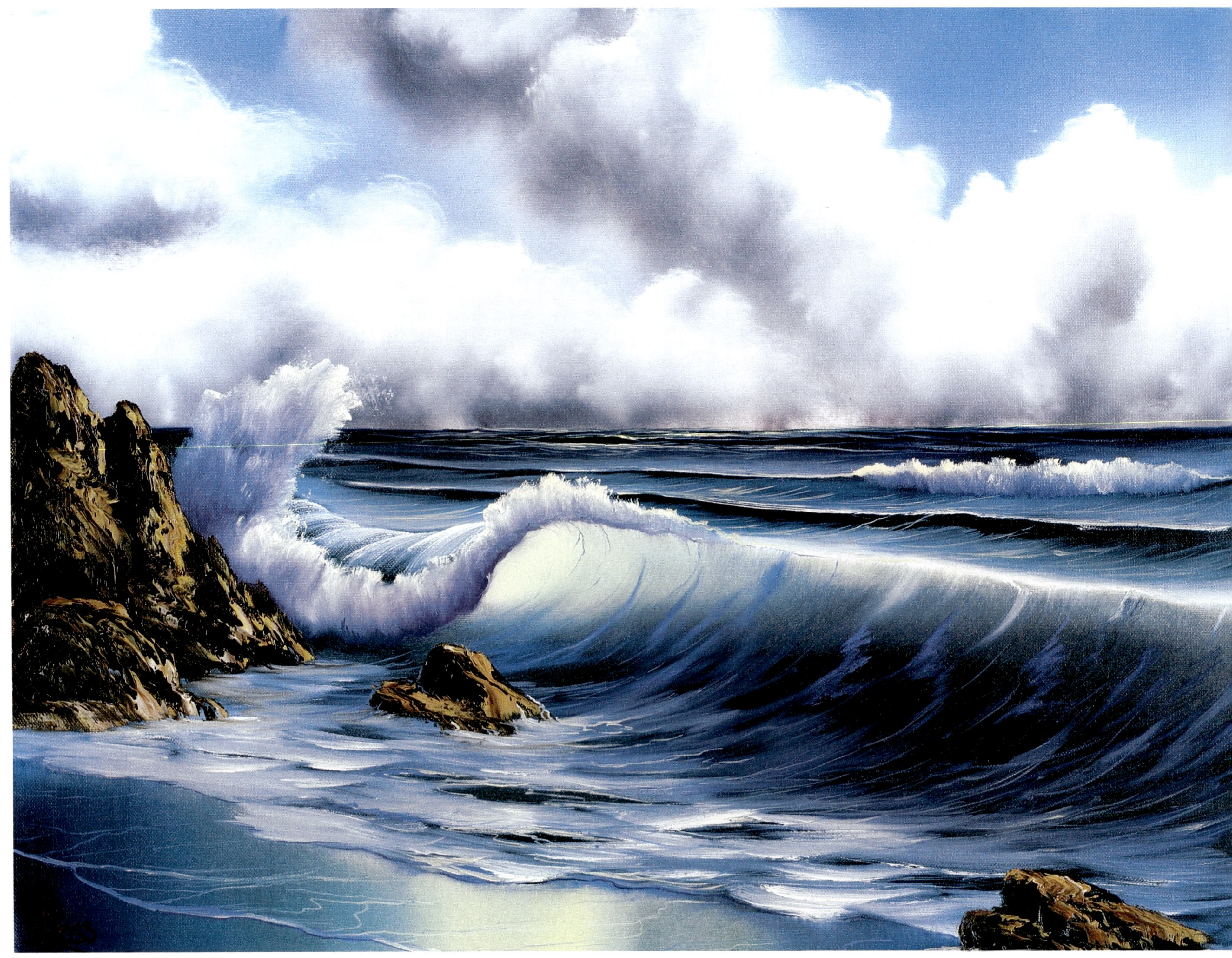

Material

2-Zoll-Pinsel	Preußischblau
Fächerpinsel Nr. 6	Mitternachtsschwarz
Filbertpinsel Nr. 6	Dunkelsienna
Schriftenpinsel Nr. 2	VanDykeBraun
Farbspachtel Nr. 10	Karmesinrot
Flüssigweiß	Kadmiumgelb
Flüssigtransparent	Ockergelb
Titanweiß	Hellrot
Phtaloblau	

In diesem Gemälde liegt der Horizont etwa 20 cm unterhalb des oberen Bildrandes. Tragen Sie auf dem oberhalb der Horizontlinie liegenden Bereich der Leinwand mit dem 2-Zoll-Pinsel eine dünne Schicht Flüssigweiß auf – mit langen, waagerechten und senkrechten Strichen, damit sich die Farbe ganz gleichmäßig auf der Leinwand verteilt. Für den Bereich unterhalb der Horizontlinie verwenden Sie einen sauberen, trockenen 2-Zoll-Pinsel und Flüssigtransparent.

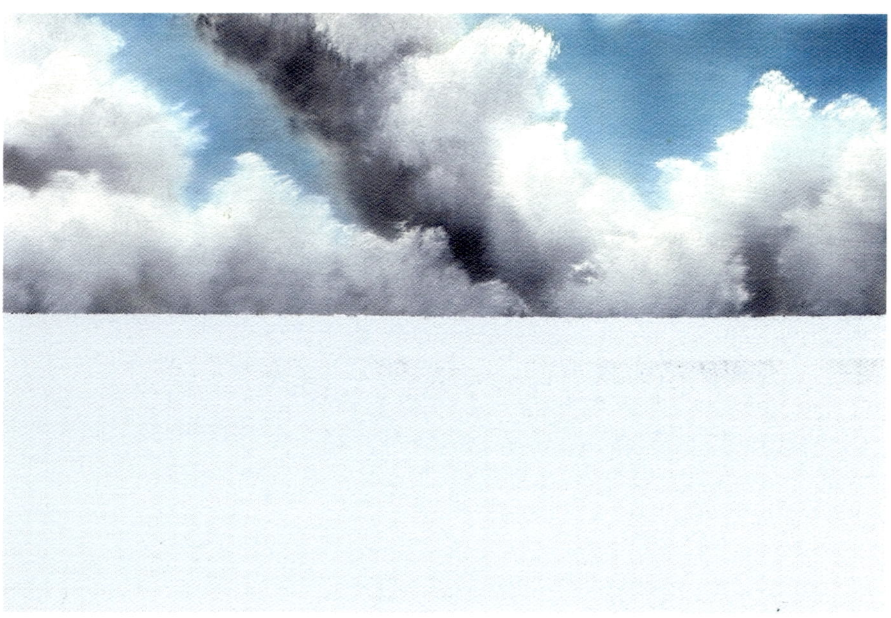

Himmel

Mithilfe des 2-Zoll-Pinsels und einer Mischung aus Mitternachtsschwarz und Karmesinrot gestalten Sie eindrucksvolle dunkle Wolken. Bedecken Sie den Himmel zwischen den Wolken mit einer Mischung aus Phtaloblau, Titanweiß und einem Hauch Hellrot, die Sie mit dem 2-Zoll-Pinsel auftragen. Durch kleine kreisende Bewegungen mit den Borstenspitzen eines sauberen, trockenen 2-Zoll-Pinsels setzen Sie mit einer Mischung aus Titanweiß und ein ganz klein wenig Hellrot Lichter auf die Wolken. Überdecken Sie aber nicht alle dunklen Bereiche Ihrer Wolken. Verblenden Sie die Wolken mit kreisförmigen Bewegungen, die Sie mit einem sauberen, trockenen 2-Zoll-Pinsel ausführen und ziehen Sie die Farbe dann nach oben, um die Wolken „aufzuschütteln“.

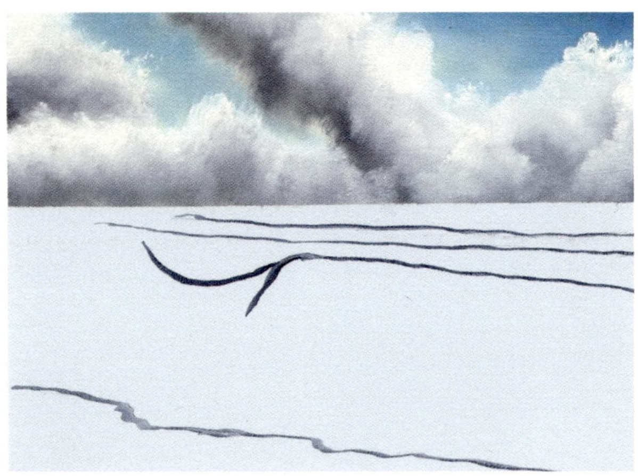

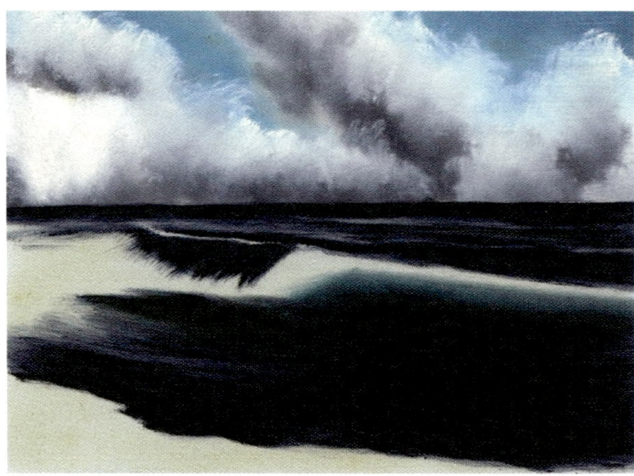

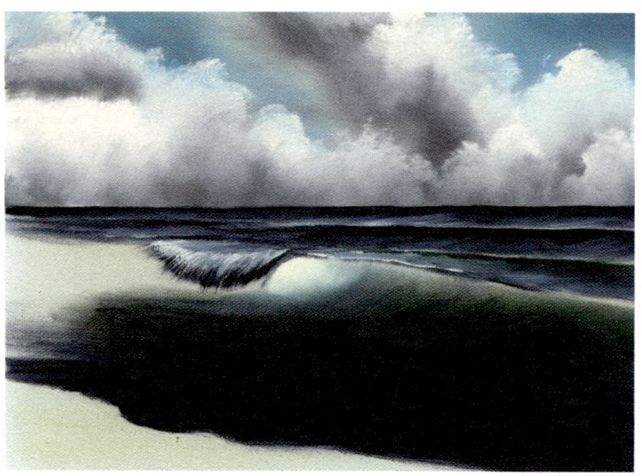

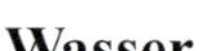

Wasser

Nehmen Sie mit dem Filbertpinsel eine Mischung aus Farbverdünner, Phtaloblau und Karmesinrot auf und skizzieren Sie grob die Umrisse der großen Welle.

Mit dem 2-Zoll-Pinsel gestalten Sie den Bereich des Wassers, der hinter der großen Welle liegt und sich zum Horizont erstreckt. Mischen Sie hierfür Preußischblau und Karmesinrot. Tragen Sie die Farbe mit langen horizontalen Strichen auf und lassen Sie eine Stelle für die kleine Welle im Hintergrund frei. Für das Wasser im Bildvordergrund fügen Sie der Farbmischung auf dem Pinsel ein wenig Ockergelb hinzu.

Sie verwenden weiterhin den 2-Zoll-Pinsel – ohne ihn zu reinigen –, nehmen damit Mitternachtsschwarz und Ockergelb auf und setzen mit langen, waagerechten Strichen Schatten unter die große Welle. Lassen Sie das Wasser auf den Strand laufen. Tragen Sie Phtaloblau und Ockergelb auf die große Welle auf. Dabei sparen Sie den Wellenkamm und das transparente „Auge“ der Welle aus. Mit demselben Pinsel ziehen Sie die dunkle Farbmischung über die Stelle, an der sich die Welle bricht.

Die weiter hinten liegenden Wellen gestalten Sie, indem Sie mit Titanweiß auf dem Fächerpinsel zwei lange, waagerechte Linien einfügen. Tragen Sie das Weiß auch auf den Wellenkamm auf und entlang der Stelle, an der sie sich bricht.

Greifen Sie mit einem sauberen, trockenen Fächerpinsel den oberen Rand dieser weißen Linien auf und ziehen Sie sie nach hinten, in die dunkle Grundfarbe des Wassers hinein. Wenn Sie genau auf die Winkel und die Pinselstriche achten, können Sie die Illusion von kleinen Wellen erzeugen, die hinter der großen Welle liegen. Beachten Sie insbesondere, dass die dunklen Bereiche zwischen den kleinen Wellen erhalten bleiben.

Nehmen Sie mit dem Fächerpinsel etwas Titanweiß auf und setzen Sie auf der Wasseroberfläche am Horizont einige Lichter. Zerstören Sie auch hierbei nicht alle dunklen Bereiche, die dem Bild Tiefe verleihen.

Mischen Sie mit dem Farbspachtel Titanweiß und einen Hauch Kadmiumgelb. Nehmen Sie die Mischung mit dem Filbertpinsel auf und füllen Sie damit das transparente „Auge“ der Welle. Tragen Sie ein wenig von dieser hellen Farbe ebenfalls auf den Wellenkamm auf. Mit dem 2-Zoll-Pinsel verblenden Sie ganz leicht das „Auge“ der Welle. Halten Sie den Pinsel waagerecht und vollenden Sie die Welle, indem Sie die Farbe von der hellen oberen Stelle aus in den dunklen unteren Bereich hineinziehen. Achten Sie dabei immer auf die Winkel, die das Wasser bildet und darauf, dass keine dunkle Farbe in den von innen heraus „leuchtenden“ Bereich der Welle gelangt.

Nehmen Sie mit dem Fächerpinsel Titanweiß auf und setzen Sie einzelne Lichter auf den Wellenkamm. Dann streichen Sie sanft noch etwas Titanweiß über die Stelle, an der sich die Welle bricht.

Mischen Sie aus Phtaloblau, Titanweiß und Karmesinrot einen Lavendelton. Nehmen Sie von dieser Mischung auf den Filbertpinsel auf und gestalten Sie damit den dunklen Hintergrund vor dem später die Gischt sprühen wird. Zu diesem Zweck tragen Sie die Farbe kreisförmig auf.

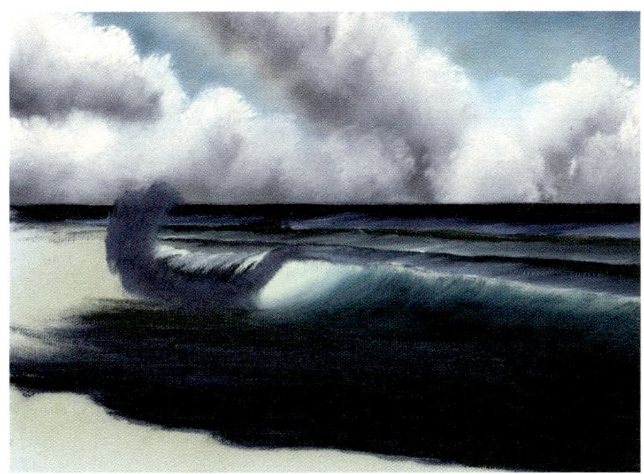

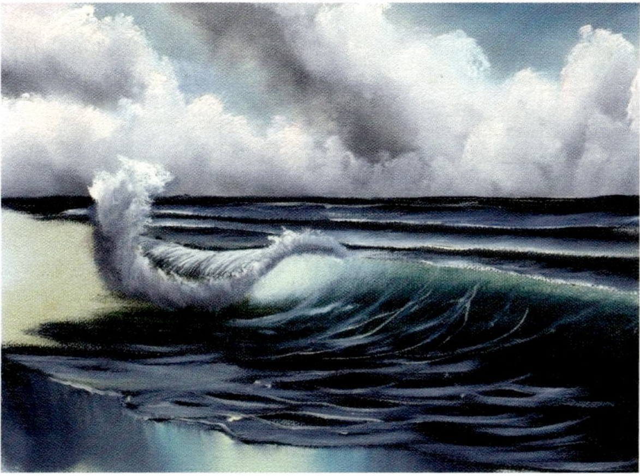

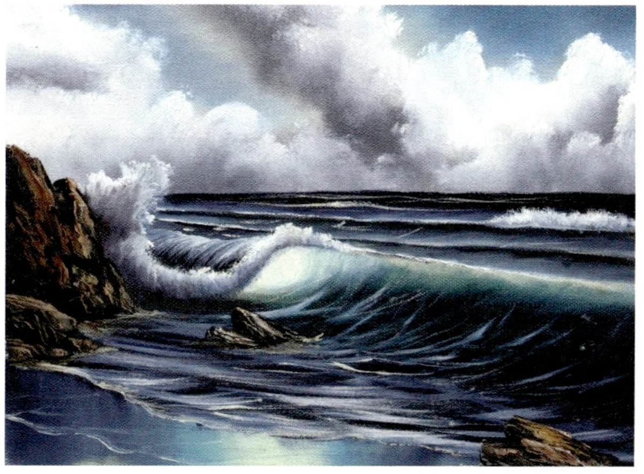

Mit einer Mischung aus Titanweiß und Kadmiumgelb hellen Sie nun die Bereiche der Gischt auf, die vom Licht getroffen werden. Benutzen Sie hierfür einen sauberen, trockenen Filbertpinsel und machen Sie auch hier kleine Kreisbewegungen. Mit einem neuen Filbertpinsel verblenden Sie ganz sanft nur jene Partien, an denen die helle und die dunkle Farbe der Schaumkronen aufeinander stoßen. Dann verblenden Sie den gesamten Gischtbereich mit einem sauberen, trockenen 2-Zoll-Pinsel, indem Sie locker kreisend darüber streichen.

Nehmen Sie mit dem Fächerpinsel eine Mischung aus Phtaloblau, Titanweiß und Karmesinrot auf und setzen Sie kleine, sich kräuselnde Linien auf die große Welle. Weiter im Vordergrund lassen Sie das Wasser mithilfe von Titanweiß schäumen.

Für die Reflektionen im nassen Sand benutzen Sie den Fächerpinsel. Beginnen Sie mit den hellen Stellen, für die Sie eine Mischung aus Titanweiß und Kadmiumgelb verwenden. Damit die Reflektionen zu den Seiten hin entschieden dunkler erscheinen, fügen Sie Phtaloblau, Karmesinrot und Mitternachtsschwarz hinzu. Setzen Sie zunächst an den hellen Stellen an und arbeiten Sie dann zu den dunklen Partien hin. Ziehen Sie die Farbe mit dem Pinsel nach unten aus und streichen Sie anschließend sanft quer darüber, um auf diese Weise die Illusion von Spiegelungen im Sand zu erzeugen.

Nehmen Sie mit dem Schriftenpinsel etwas vom Farbverdünner und der Mischung aus Titanweiß und Kadmiumgelb auf und setzen Sie Lichter auf den Wellenkamm der großen Welle. Um die Stellen am Wellenkamm zu betonen, die nicht von der Sonne beschienen werden, fügen Sie ein wenig Phtaloblau hinzu.

Mit dem Lavendelton auf dem Filbertpinsel und kleinen Kreisbewegungen gestalten Sie den Gischt-Hintergrund des kleinen hinteren Brechers. Hellen Sie den Gischtrand mit der Mischung aus Titanweiß und Kadmiumgelb auf, indem Sie den Filbertpinsel kreisförmig bewegen. Verblenden Sie die beiden Farben sanft mit einem sauberen Filbertpinsel.

Mit dem Schriftenpinsel fügen Sie diverse kleine Details und Lichter auf dem Wasser hinzu. Mit Phtaloblau akzentuieren Sie ganz leicht die Ränder der am Strand sanft auslaufenden Wellen.

Felsen und Steine

Damit die Welle an einem großen Felsen auftrifft, gestalten Sie diesen mit einer Mischung aus VanDykeBraun und Dunkelsienna, die Sie mit der langen Kante des Farbspachtels auftragen. Sie können auch gleich ein paar kleinere Felsen und Steine hinzufügen.

Mit einer Mischung aus Titanweiß, Dunkelsienna und Ockergelb, die Sie mit dem Farbspachtel auftragen, hellen Sie die Felsen und Steine auf. Setzen Sie das Palettenmesser dabei mit gerade soviel Druck an, dass die Farbe „bricht".

Letzte Feinheiten

Nehmen Sie Titanweiß mit dem Fächerpinsel auf und gestalten Sie Wasser um Felsen und Steine herum. Mit Flüssigweiß auf dem Farbspachtel „ritzen" Sie Wasserlinien hinein.

Signieren Sie Ihr Gemälde und treten Sie einen Schritt zurück, um die herrliche Meereslandschaft ausgiebig zu bewundern!

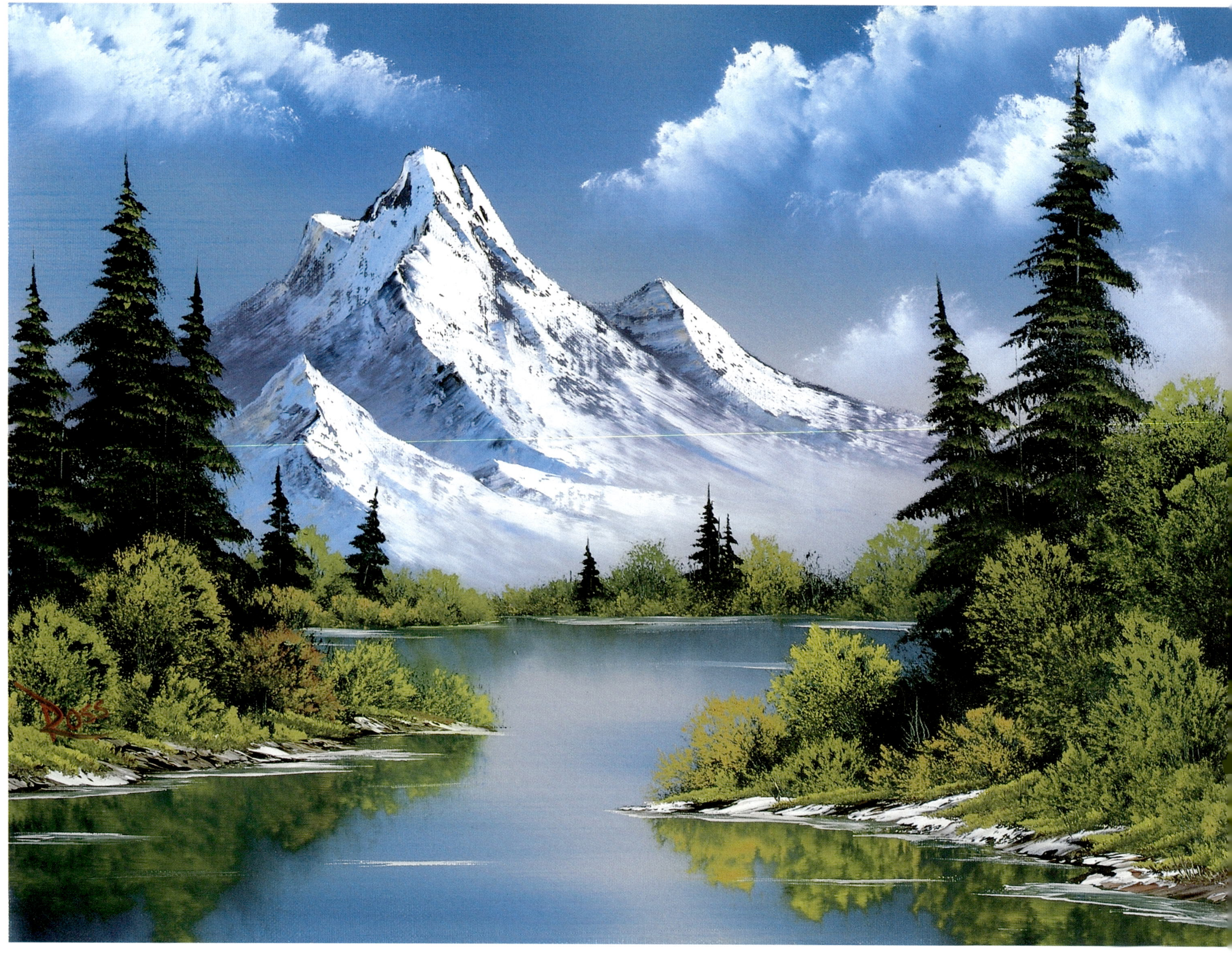
Ross

GEBIRGSSPIEGELUNG

Material

2-Zoll-Pinsel	Dunkelsienna
1-Zoll- Pinsel	VanDykeBraun
Schriftenpinsel Nr. 2	Karmesinrot
Farbspachtel Nr. 10	Saftgrün
Flüssigweiß	Kadmiumgelb
Titanweiß	Ockergelb
Phtaloblau	Indischgelb
Preußischblau	Hellrot
Mitternachtsschwarz	

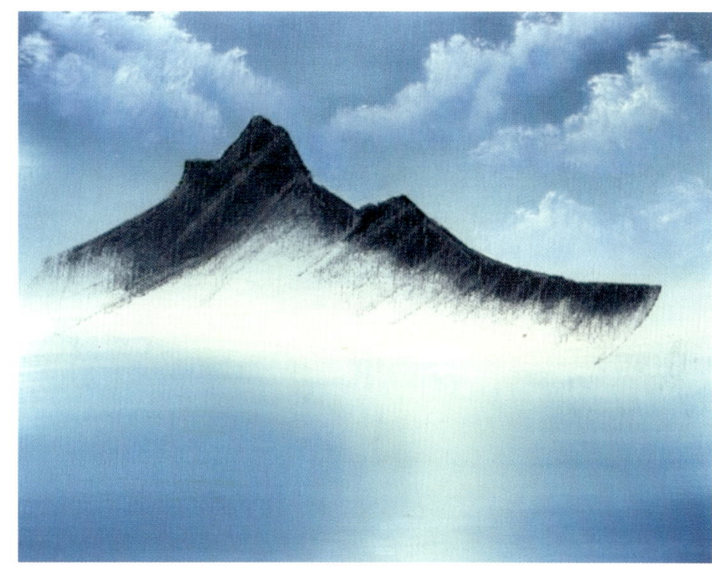

Bedecken Sie zunächst die ganze Leinwand gleichmäßig mir einer dünnen Schicht Flüssigweiß und verwenden Sie hierfür den 2-Zoll-Pinsel. Tragen Sie die Farbe in langen, waagerechten und senkrechten Strichen auf und streichen Sie vor und zurück, um sicher zu gehen, dass die Farbe gleichmäßig verteilt ist. Lassen Sie das Flüssigweiß NICHT trocknen bevor Sie mit dem Malen beginnen.

Himmel und Wasser

Nehmen Sie mit dem 2-Zoll-Pinsel eine Mischung aus Phtaloblau und Mitternachtsschwarz auf, indem Sie ihn kräftig in die Farbe tupfen. So können Sie sicher sein, dass die Farbe auf den Borsten gleichmäßig verteilt ist. Beginnend am oberen Rand der Leinwand, tragen Sie die Farbe mit sich kreuzenden Strichen auf. Der Himmel wird zum Horizont hin automatisch heller, da sich die Farbe mit dem Flüssigweiß auf der Leinwand vermischt.

Nehmen Sie erneut Farbe auf und setzen Sie den Pinsel am unteren Bildrand an. Verwenden Sie für das Wasser lange, waagerechte Pinselstriche. Streichen Sie dabei von außen nach innen und lassen Sie die Mitte unbemalt. So entsteht der Eindruck, als würde das Wasser im Licht schimmern. Beachten Sie, wie auch hier der Farbton zum Horizont hin ganz automatisch heller wird. Mit einem sauberen, trockenen 2-Zoll-Pinsel wischen Sie nun mit langen, waagerechten Strichen über die gesamte Leinwand.

Nehmen Sie mit dem 1-Zoll-Pinsel Titanweiß und ein klein wenig Hellrot auf. Mit kleinen kreisenden Bewegungen gestalten Sie die Wolken. Mit einem sauberen, trockenen 2-Zoll-Pinsel, von dem Sie nur die obere Ecke über die Leinwand kreisen lassen, verblenden Sie die Unterseite der Wolken. Mit einer lockeren Aufwärtsbewegung „schütteln" Sie die Wolken anschließend auf.

Berge

Für die Berge brauchen Sie eine Mischung aus Mitternachtsschwarz, Preußischblau, VanDykeBraun und Karmesinrot. Streichen Sie die Mischung sehr flach auf Ihrer Palette aus und schneiden Sie mit dem Farbspachtel quer durch, um ein kleines Farbröllchen abzunehmen. Nun formen Sie zunächst nur die Berggipfel, indem Sie die Farbe mit dem Spachtel über die Leinwand ziehen. Setzen Sie das Messer dabei ruhig fest auf und kratzen Sie die überschüssige Farbe anschließend ab. Schaben Sie richtig über die Leinwand.
Mit einem sauberen, trockenen 2-Zoll-Pinsel ziehen Sie die Farbe nach unten aus. Auf diese Weise nimmt der Berg immer mehr Gestalt an.

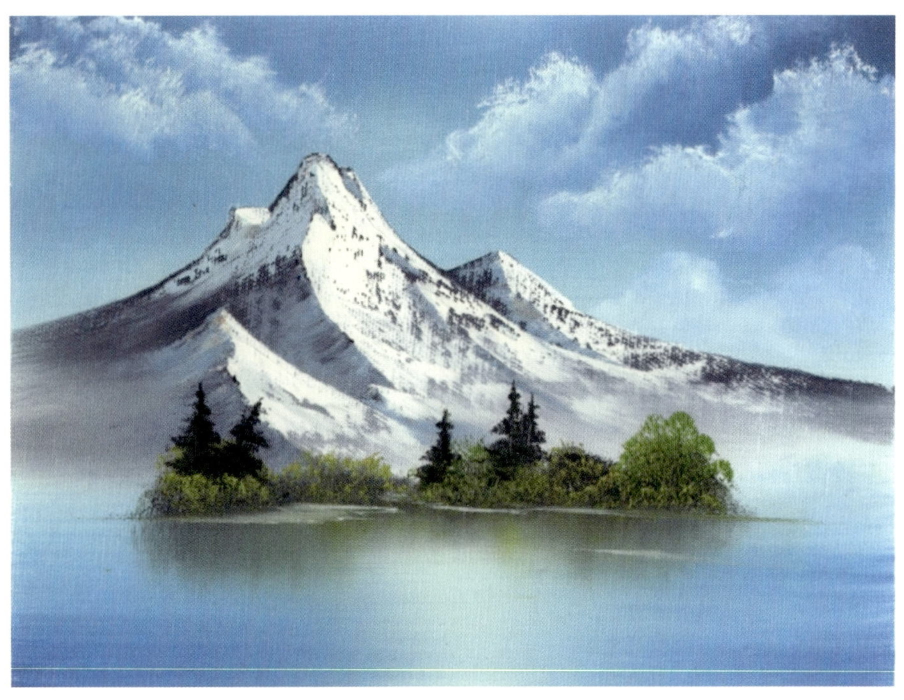

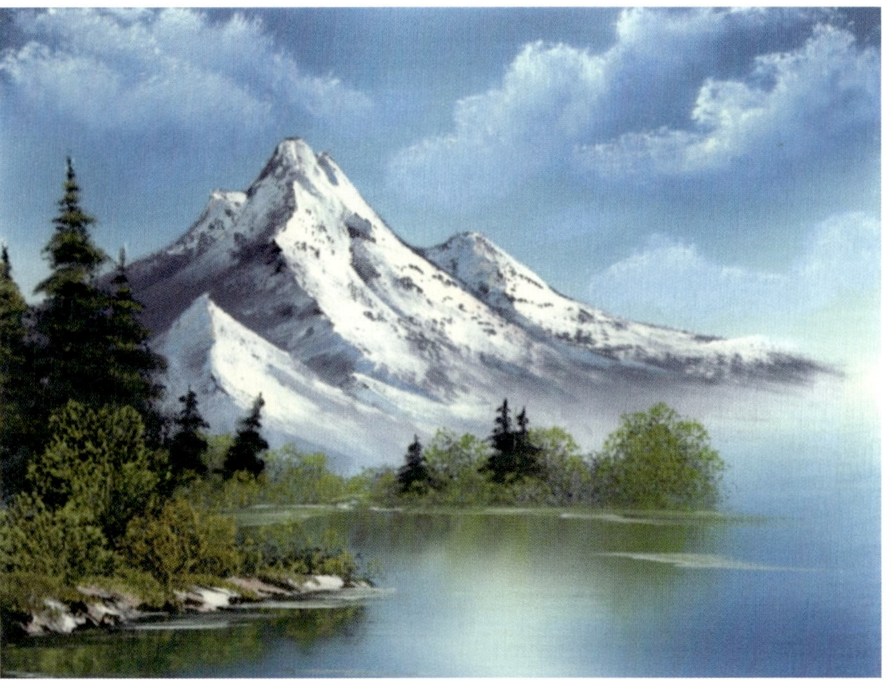

Mischen Sie auf Ihrer Palette Titanweiß und SEHR wenig Hellrot für den Schnee. Streichen Sie die Farbmischung mit dem Farbspachtel aus und schneiden Sie sich ein Farbröllchen ab. Halten Sie das Palettenmesser senkrecht, setzen Sie es an den einzelnen Gipfeln dort an, wo das Licht auftrifft (hier fällt das Licht von rechts ein) und ziehen Sie es nach unten. Üben Sie dabei gerade so viel Druck aus, dass die Farbe „bricht". Folgen Sie dabei immer den Winkeln. Für den Schnee auf den Schattenseiten der Gipfel mischen Sie Titanweiß und Preußischblau. Mit dem Farbspachtel schneiden Sie wieder ein Farbröllchen ab und tragen die Farbe auf der im Schatten liegenden, linken Bergseite auf.

Mit einem sauberen, trockenen 2-Zoll-Pinsel tupfen Sie über die Farbe im unteren Bereich der Berge. Achten Sie darauf, dass die Winkel immer gleich verlaufen. Dann heben Sie die Farbe leicht an, indem Sie mit dem Pinsel in diesem Bereich ganz sanft von unten nach oben streichen. Nun liegt der Fuß der Berge ganz wunderbar im Dunst.

Hintergrund

Für die Grundfarbe der in der Ferne am Fuß der Berge liegenden Bäume fügen Sie der bereits fertigen Farbmischung aus Mitternachtsschwarz, Preußischblau, VanDykeBraun und Karmesinrot ein wenig Saftgrün hinzu. Ziehen Sie den 1-Zoll-Pinsel so in einer Richtung durch die Farbmischung, dass sich die Borsten sanft nach oben biegen und eine Ecke abgerundet ist. Mit der abgerundeten Ecke nach OBEN, stupfen Sie kleine Bäume und Büsche auf die Leinwand, indem Sie den Pinsel dabei immer nach oben drücken. Drehen Sie den Pinsel kopfüber und tragen Sie etwas von der dunklen Farbmischung dort auf, wo sich das Wasser befinden soll. Ziehen Sie die Farbe mit einem sauberen 2-Zoll-Pinsel nach unten und streichen Sie dann leicht quer darüber.

Um die kleinen Bäume und Sträucher zu akzentuieren, indem Sie Lichter setzen, tauchen Sie den 1-Zoll-Pinsel in Flüssigweiß und ziehen ihn dann durch verschiedene Mischungen aus Saftgrün und Gelbtönen. Dabei richten Sie die abgerundete Ecke wieder nach oben und drücken den Pinsel beim Farbauftrag nach oben. (Achten Sie darauf, dass Sie nicht die ganze dunkle Grundfläche bedecken, denn Sie brauchen den Kontrast, damit Sie die einzelnen Bäume und Sträucher voneinander trennen können). Drehen Sie den Pinsel kopfüber und tragen Sie die Lichter spiegelverkehrt auf die Wasserfläche auf. Ziehen Sie die Farbe GANZ SANFT mit einem sauberen, trockenen 2-Zoll-Pinsel nach unten und streichen Sie dann ganz behutsam quer darüber. So gelingt Ihnen eine perfekte Spiegelung!

Mischen Sie ein wenig Flüssigweiß und Dunkelsienna. Streichen Sie die Farbe flach aus, schneiden Sie mit dem Farbspachtel quer durch und nehmen Sie ein Farbröllchen auf. Mit Druck ritzen Sie nun diverse Linien ins Wasser. Achten Sie darauf, dass die Linien gerade und parallel zum unteren Rand der Leinwand verlaufen. So bleibt die Wasseroberfläche glatt.

Vordergrund
Die Nadelbäume gestalten Sie mit dem 1-Zoll-Pinsel und der dunklen Mischung aus Mitternachtsschwarz, Preußischblau, VanDykeBraun, Karmesinrot und Saftgrün. Ziehen Sie beide Seiten des Pinsels schlängelnd durch die Farbe bis die Borsten eine richtig scharfe Kante bilden. Nehmen Sie dabei viel Farbe auf.

Halten Sie den Pinsel senkrecht und legen Sie vorsichtig die Mittelachse des jeweiligen Baumes fest. Berühren Sie die Leinwand nur mit der Pinselecke, um einige Äste in den Wipfeln einzufügen. Arbeiten Sie sich langsam nach unten vor, indem Sie mit dem Pinsel vor und zurück tupfen und zunehmend mehr Druck ausüben, damit die Äste nach unten hin breiter werden. Nehmen Sie mit dem 1-Zoll-Pinsel von der Farbmischung auf. Richten Sie die abgerundete Ecke nach oben und tragen Sie die Farbe für die Laubbäume, Sträucher und den Grasboden zu Füßen der großen Nadelbäume auf. Nun spiegeln Sie das Ganze auf der Wasseroberfläche im Vordergrund. Sie wissen ja bereits, wie das geht.

Um die Nadelbäume mit Stämmen zu versehen, nehmen Sie mit dem Palettenmesser ein wenig Farbe auf – hierfür mischen Sie zuvor ein wenig Titanweiß und Dunkelsienna – und tragen sie an den entsprechenden Stellen vorsichtig auf. Sie können auch mit der Messerspitze leicht in die Farbe ritzen, um Baumstämme und Äste anzudeuten.

Ziehen Sie einen neuen 1-Zoll-Pinsel durch eine Mischung aus Mitternachtsschwarz und Ockergelb bis die Borsten wieder eine scharfe Kante bilden. An den Stellen, an denen das Licht auf die Nadelbäume trifft, setzen Sie gefühlvolle Farbakzente. (Falls Ihre Farbe nicht haften will, fügen Sie ein wenig Farbverdünner oder Flüssigweiß hinzu.)

Verleihen Sie auch den Laubbäumen und Büschen im Vordergrund Akzente, indem Sie verschiedene Mischungen aus Flüssigweiß, Saftgrün und Hellrot verwenden. Arbeiten Sie schichtweise, um die einzelnen Pflanzen hervorzuheben. Achten Sie erneut darauf, dass Sie nicht die gesamte dunkle Grundfarbe bedecken. Drehen Sie den Pinsel kopfüber und geben Sie die Spiegelungen der Lichter im Wasser wieder. Mit einem sauberen, trockenen 2-Zoll-Pinsel ziehen Sie die Farbe SEHR leicht nach unten und streichen dann sanft quer darüber.

Mit dem Palettenmesser nehmen Sie VanDykeBraun auf und fügen die Uferränder entlang der Wasserfläche ein. Achten Sie darauf, dass Sie immer den Winkeln folgen. Um am Ufer einige Lichter zu setzen, verwenden Sie eine Mischung aus Titanweiß, Dunkelsienna und VanDykeBraun. Üben Sie dabei mit dem Farbspachtel genau so viel Druck aus, dass die Farbe „bricht“. Nun haben Sie ein schönen, steinigen Uferbereich.

Mit einem Farbröllchen Flüssigweiß auf dem Farbspachtel ritzen Sie im Vordergrund einige Linien ins Wasser.

Letzte Feinheiten
Tauchen Sie den Schriftenpinsel in verdünnte Farbe und fügen Sie kleine Zweige, Halme und andere kleine Details ein.
Abschließend nehmen Sie mit dem Schriftenpinsel erneut stark verdünnte Farbe auf und signieren stolz Ihr Gemälde!

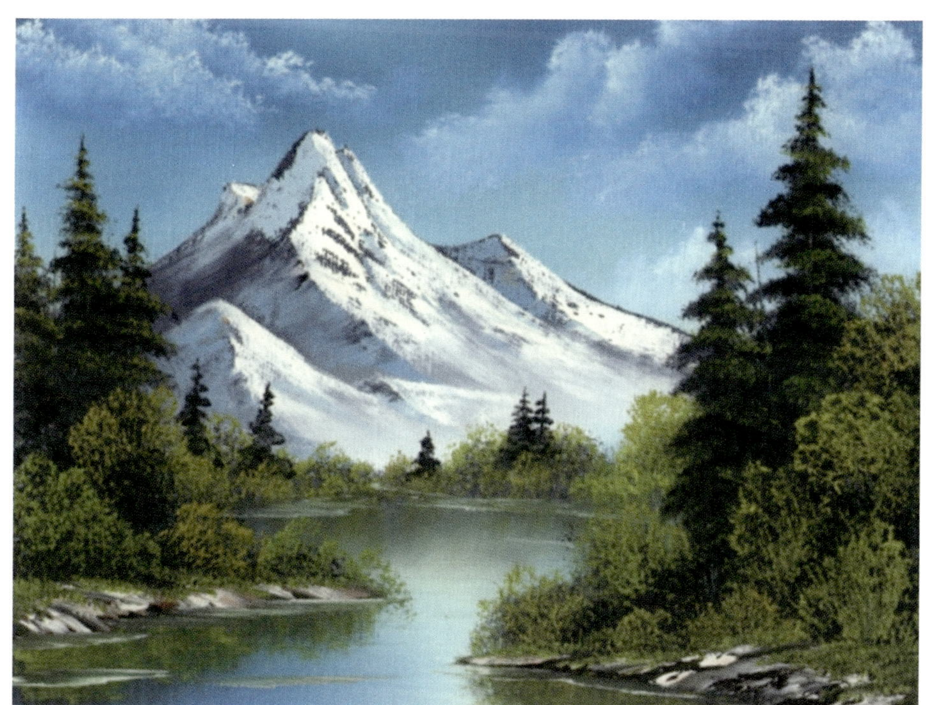

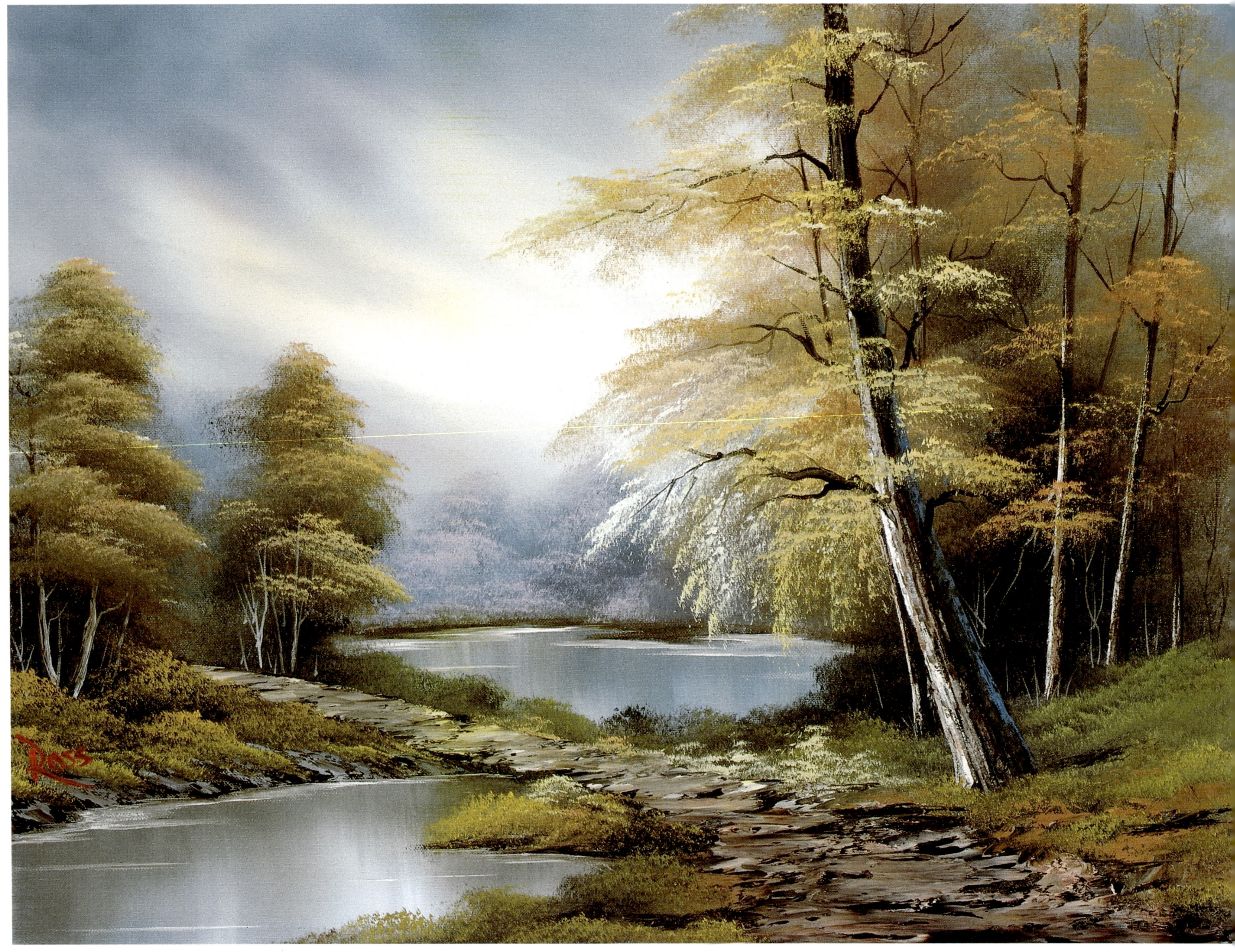
Ross

STRAHLENDE HERBSTBÄUME

Material

2-Zoll-Pinsel
Fächerpinsel Nr. 6
Schriftenpinsel Nr. 2
Farbspachtel Nr. 10
Flüssigweiß
Flüssigschwarz
Titanweiß
Phtaloblau
Preußischblau
Mitternachtsschwarz
Dunkelsienna
VanDykeBraun
Karmesinrot
Saftgrün
Kadmiumgelb
Ockergelb
Indischgelb
Hellrot

Bevor Sie beginnen, mischen Sie zu gleichen Teilen Flüssigweiß und Flüssigschwarz in einem Behältnis und rühren gut um.

Tragen Sie mit dem 2-Zoll-Pinsel eine dünne, gleichmäßige Schicht Flüssigweiß in der Mitte der Leinwand auf. Zu den Rändern streichen Sie eine dünne Schicht der Flüssigweiß-Flüssigschwarz-Mischung auf. Um einen sanften Übergang zwischen dem Flüssigweiß und der Flüssigweiß-Flüssigschwarz-Mischung zu schaffen, verblenden Sie die Trennlinie mit großzügig sich kreuzenden Pinselstrichen. Streichen Sie abschließend mit langen, senkgerechten und waagerechten Strichen über die gesamte Leinwand, um die Farbe wirklich gleichmäßig zu verteilen. Das Flüssigweiß/Flüssigschwarz darf NICHT trocken sein, wenn Sie mit dem Malen anfangen.

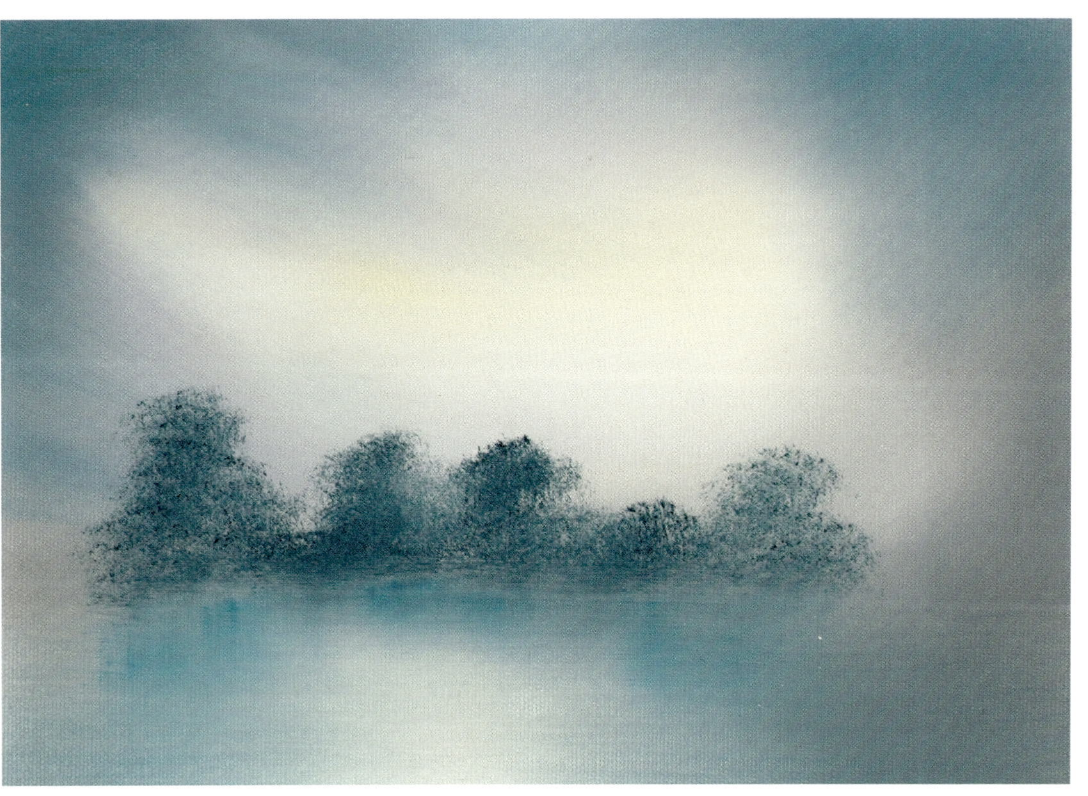

Himmel

Nehmen Sie mit dem 2-Zoll-Pinsel Ockergelb auf, indem Sie die Borsten kräftig in die Farbe tupfen. Von der Mitte des Himmels ausgehend, tragen Sie die Farbe mit diagonalen, schwingenden Strichen auf. Fügen Sie Mitternachtsschwarz und einen Hauch Phtaloblau auf dem Pinsel hinzu und tragen sie die Farbe mit sich kreuzenden Strichen im oberen und seitlichen Bereich des Himmels auf. Nehmen Sie mit demselben Pinsel zusätzlich etwas Karmesinrot auf und fügen Sie in den Himmel rosafarbene Partien ein. Durch Tupfen deuten Sie im hellen Bereich des Himmels schemenhaft weitere Wolken an. Verblenden Sie den Himmel anschließend mit einem sauberen, trockenen 2-Zoll-Pinsel und mit sich kreuzenden Strichen.

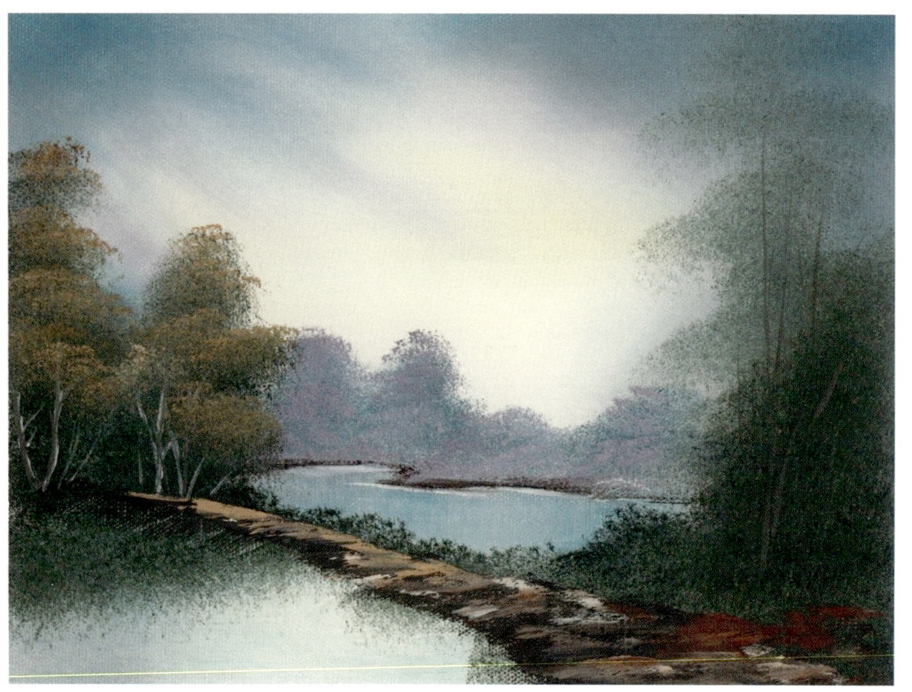

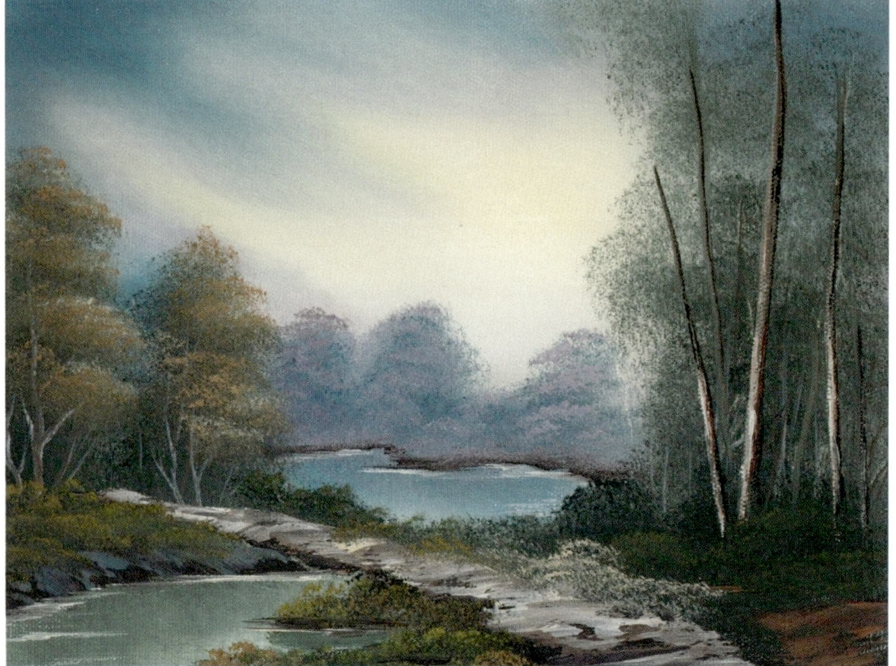

Hintergrund

Nehmen Sie mit dem 2-Zoll-Pinsel eine Mischung aus Mitternachtsschwarz, Dunkelsienna, VanDykeBraun und Preußischblau auf. Tupfen Sie mit der nach unten gerichteten Pinselecke die kleinen, in der Ferne liegenden Bäume hinein. Beginnen Sie dabei jeweils am Fuß des Baumes und arbeiten Sie von dort aufwärts. Mit langen, waagerechten Strichen tragen Sie unterhalb der Bäume Phtaloblau auf und legen so eine Wasserfläche an. Dann nehmen Sie etwas von der Farbmischung für die Bäume und tragen sie entsprechend auf die Wasserfläche auf, um die Spiegelung der Bäume zu erzeugen. Ziehen Sie die Farbe sanft mit einem sauberen, trockenen 2-Zoll-Pinsel nach unten und streichen Sie ganz behutsam quer darüber, damit die Spiegelungen verschwimmen.

Nehmen Sie mit demselben Pinsel Phtaloblau, Karmesinrot, Titanweiß und ein wenig Flüssigweiß auf und tupfen Sie mit der Pinselecke Lichter auf die Bäume.

Streichen Sie mit dem Farbspachtel etwas VanDykeBraun flach auf der Palette aus, schneiden Sie quer durch die Farbe und nehmen Sie mit der langen Kante ein Farbröllchen auf. Mit ganz wenig Druck legen Sie unterhalb der im Hintergrund des Bildes liegenden Bäume die Uferregion an. Mit einem Röllchen Flüssigweiß auf dem Palettenmesser ritzen Sie einige Linien und andere kleine Details ins Wasser.

Vordergrund
Für die Bäume und Sträucher im Vordergrund benötigen Sie erneut den 2-Zoll-Pinsel sowie eine Mischung aus VanDykeBraun, Dunkelsienna, Mitternachtsschwarz und Saftgrün. Beginnen Sie jeweils am Fuß des Baumes und tupfen Sie mit der nach unten gerichteten Pinselecke aufwärts. In die Wipfel geben Sie noch verschiedene Mischungen aus Dunkelsienna, Ockergelb und Karmesinrot.

Setzen Sie den Pinsel flach an und ziehen Sie ihn gerade nach unten, um die Spiegelungen auf der Wasserfläche im Vordergrund zu erzeugen. Anschließend streichen Sie mit sanften waagerechten Strichen darüber.

Nehmen Sie mit dem Fächerpinsel VanDykeBraun und Dunkelsienna auf. Halten Sie den Pinsel senkrecht, setzen Sie an den Baumwipfeln an und ziehen Sie ihn nach unten. Und schon haben Sie ein paar schöne Baumstämme.

Vermischen Sie Farbverdünner und VanDykeBraun, bis die Farbe eine wässrige Konsistenz hat. Ziehen Sie den Schriftenpinsel durch die Farbe und drehen Sie ihn dabei, um eine scharfe Spitze zu bekommen. Mit ganz wenig Druck fügen Sie Äste und Zweige der Bäume ein.

Tupfen Sie den 2-Zoll-Pinsel in verschiedene Mischungen aus Gelbtönen, Dunkelsienna, Titanweiß und Hellrot. Verwenden Sie nur die Pinselecke, um Akzente im Laub zu setzen. Platzieren Sie die Lichter nicht willkürlich, sondern arbeiten Sie die Belaubung einzelner Zweige sorgfältig aus. Denken Sie über verschiedene Formen nach. Sollte Ihre Farbe nicht haften, fügen Sie Ihrer Farbmischung ein wenig Flüssigweiß hinzu. Für die ganz hellen Laubfarben mischen Sie Kadmiumgelb und Flüssigweiß.

Mischen Sie Mitternachtsschwarz und Gelbtöne. Setzen Sie damit Farbakzente auf die kleinen Sträucher und gestalten Sie den Boden unter den Bäumen, indem Sie wieder mit dem 2-Zoll-Pinsel tupfen. Betonen Sie einzelne Sträucher, achten Sie dabei darauf, die dunkle Grundfarbe nicht vollständig zu bedecken. Arbeiten Sie in Schichten und gestalten Sie den Verlauf des Geländes.

Nehmen Sie mit dem Farbspachtel etwas VanDykeBraun auf und bringen Sie die Farbe mit horizontalen Strichen auf die Leinwand auf, um den Pfad anzulegen. Mit dem Palettenmesser und einer Mischung aus Titanweiß und Dunkelsienna setzen Sie dann einige Lichter. Üben Sie dabei gerade so viel Druck aus, dass die Farbe „bricht“. Das kennen Sie ja schon. Nun nehmen Sie mit dem Farbspachtel etwas Flüssigweiß auf und gestalten die Wasserfläche durch einige Linien und Details.

Für den großen Baumstamm im Vordergrund verwenden Sie den Fächerpinsel, mit dem Spachtel und einer Mischung aus Titanweiß und VanDykeBraun setzen Sie die Lichter. Mit dem Schriftenpinsel ergänzen Sie Äste und Zweige. Diese Farbe verwenden Sie auch für das Laub, tragen sie aber mit dem 2-Zoll-Pinsel auf.

Letzte Feinheiten
Verwenden Sie verdünntes VanDykeBraun und fügen Sie mit dem Schriftenpinsel ab und an kleine Zweiglein hinzu. Abschließend nehmen Sie mit dem Schriftenpinsel erneut verdünnte Farbe auf, um das wichtigste Detail einzusetzen: Ihren Namen.

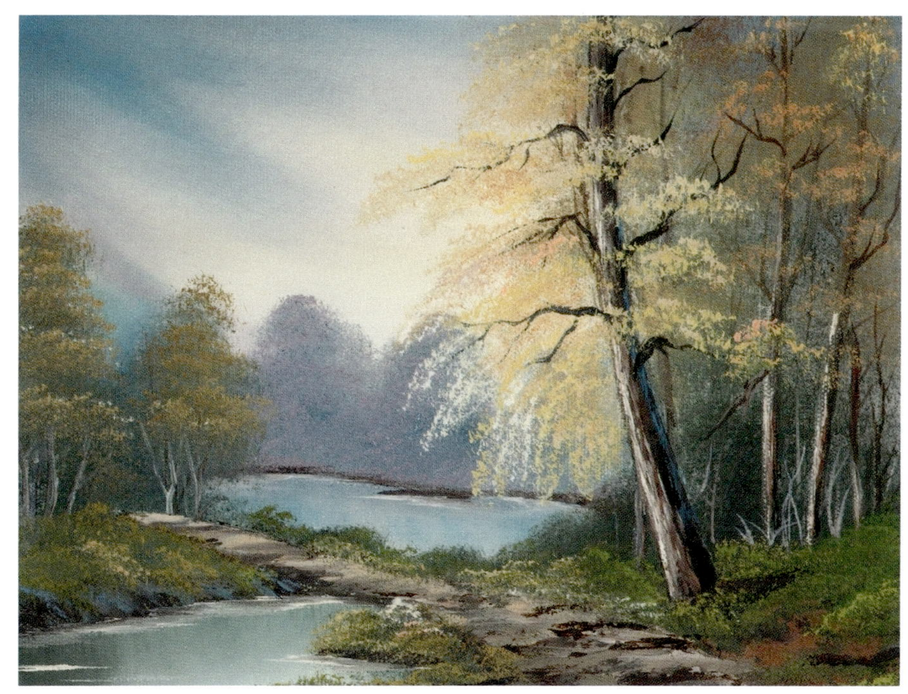

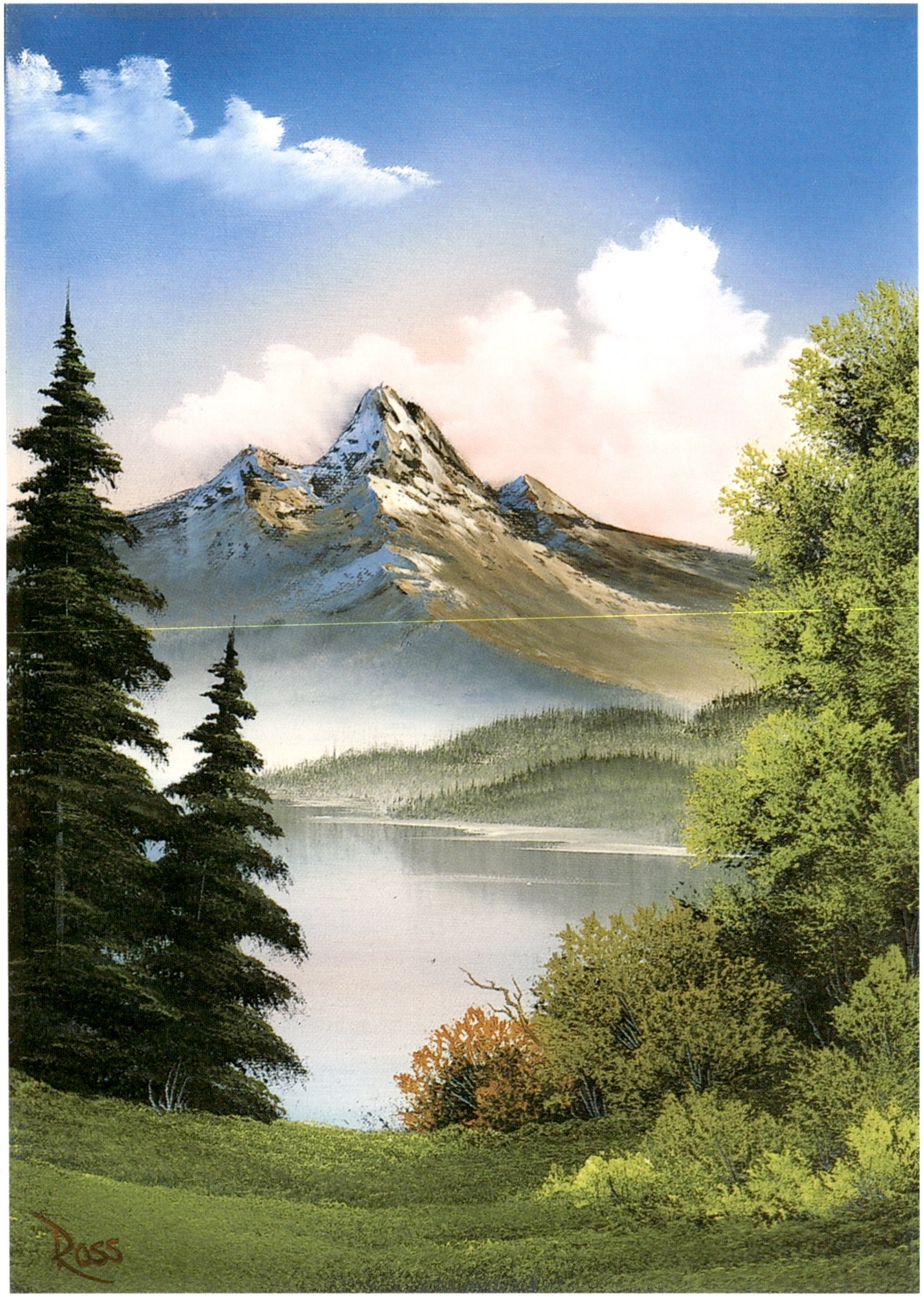

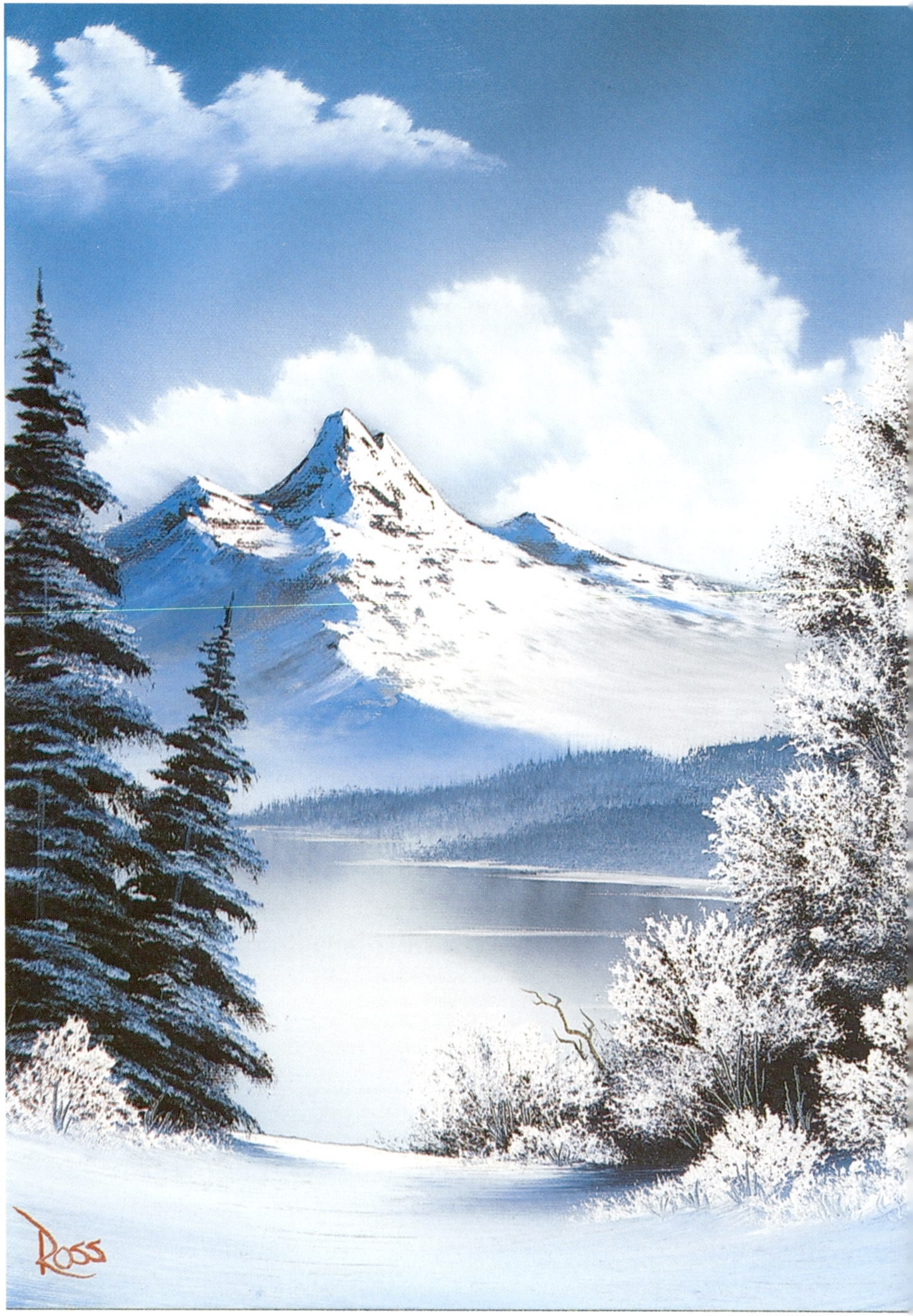

ZWEI JAHRESZEITEN

Material

2-Zoll-Pinsel	Preußischblau
1-Zoll-Pinsel	Karmesinrot
Fächerpinsel Nr. 6	Dunkelsienna
Schriftenpinsel Nr. 2	VanDykeBraun
Farbspachtel Nr. 10	Mitternachtsschwarz
Flüssigweiß	Saftgrün
Titanweiß	Kadmiumgelb
Phtaloblau	Ockergelb
Phtalogrün	Indischgelb
	Hellrot

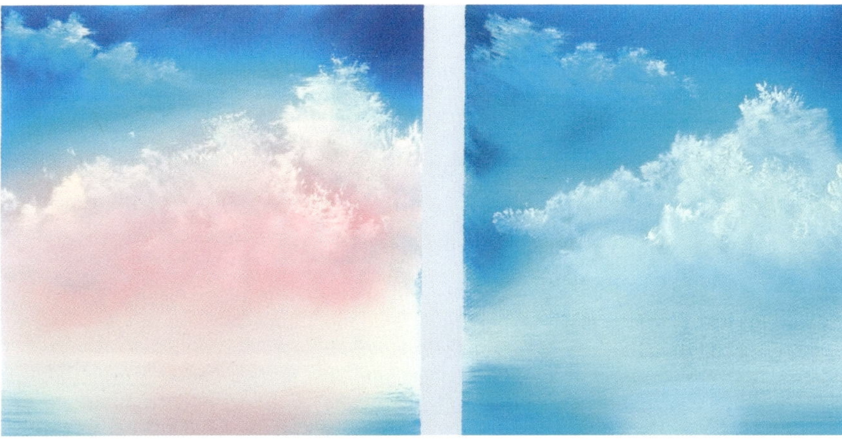

Diese beiden Bilder werden auf zwei kleine Leinwände gemalt. Die Szenen sind identisch, aber das eine stellt den Sommer und das andere den Winter dar. Die folgende Anleitung betrifft das Sommerbild. Die Änderungen für das Winterbild stehen in Klammern. Hilfreich wäre es, wenn Sie zwei gleiche Pinsel verwenden würden – einen für die Sommer- und einen für die Winterfarben.

Bedecken Sie zunächst beide Leinwände mit einer gleichmäßig dünnen Schicht Flüssigweiß. Benutzen Sie hierfür den 2-Zoll-Pinsel. Machen Sie lange, waagerechte und senkrechte Striche. Arbeiten Sie vor und zurück, um die Farbe gleichmäßig auf der Leinwand zu verteilen. Ganz wichtig: Das Flüssigweiß darf NICHT trocken sein, wenn Sie anfangen zu malen.

Himmel

Nehmen Sie mit dem 2-Zoll-Pinsel Preußischblau auf (für den Winterhimmel nehmen Sie noch etwas Mitternachtsschwarz dazu). Tupfen Sie den Pinsel fest auf die Palette, damit die Borsten die Farbe gleichmäßig aufnehmen. Beginnen Sie am oberen Ende der Leinwand und tragen Sie die Farbe mit sich kreuzenden Strichen für den Himmel auf. Während Sie nach unten arbeiten, vermischt sich die Farbe mit dem Flüssigweiß und der Himmel wird automatisch immer heller, je näher Sie dem Horizont kommen. Fügen Sie mithilfe von etwas Karmesinrot einen rosaroten Schimmer in den Sommerhimmel ein und zwar genau oberhalb der Horizontlinie. Jetzt ist es an der Zeit, die Wasserfläche zu malen. Zu diesem Zweck mischen Sie Phtaloblau und Phtalogrün. Setzen Sie mit dem 2-Zoll-Pinsel waagerechte Striche auf die Leinwand, die Sie von den Bildrändern zur Mitte hin ziehen. (Das Wasser im Winterbild ist eine Mischung aus Phtaloblau und Mitternachtsschwarz.) Lassen Sie eine kleine Fläche in der Wassermitte frei, damit sie schön schimmert. Nehmen Sie einen sauberen Pinsel und verblenden Sie die gesamte Wasserfläche mit langen, waagerechten Strichen.

Die Wolken werden mit kleinen kreisen Bewegungen gemalt. Tauchen Sie den 1-Zoll-Pinsel in eine Mischung aus Titanweiß und ganz wenig Hellrot. (Für das Winterbild fügen Sie der „Wolkenfarbe“ einen Hauch Mitternachtsschwarz hinzu.) Machen Sie mit der Spitze eines sauberen, trockenen 2-Zoll-Pinsels kleine Kreise und verblenden Sie die Unterseite der Wolken. Anschließend ziehen Sie den Pinsel leicht aufwärts, um die Wolken „aufzuschütteln“.

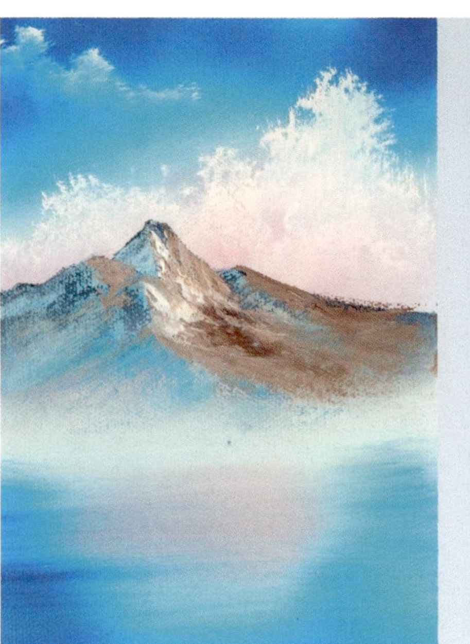
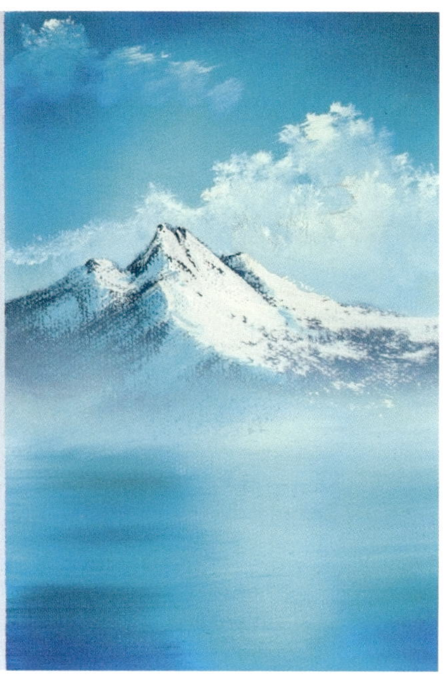

Berge

Für die Berge stellen Sie eine Mischung aus folgenden Farben her: Mitternachtsschwarz, VanDykeBraun, Preußischblau und Karmesinrot. (Verwenden Sie die gleiche Mischung für das Winterbild.) Ziehen Sie die Farbe flach auf Ihrer Palette aus und schneiden Sie mit der langen Kante des Spachtels ein Farbröllchen ab. Formen Sie nun mit leichtem Druck die obere Spitze beider Berge. Ziehen Sie dann mit dem 2-Zoll-Pinsel die Farbe herunter zum Fuß des Berges. Automatisch wird sie sich mit dem Flüssigweiß vermischen und einen nebligen Effekt hervorrufen.

Betonen Sie den Sommerberg mit einer Mischung aus Titanweiß und Dunkelsienna. Achten Sie darauf, die Farben nicht zu gleichmäßig zu vermischen. (Für das Winterbild verwenden Sie Titanweiß und nur ganz wenig Mitternachtsschwarz.) An der Bergspitze beginnend, lassen Sie den Farbspachtel die rechte Seite jedes Gipfels heruntergleiten. Üben Sie genau so viel bzw. wenig Druck aus, dass die Farbe „bricht".

Die Schattenfarbe ist eine Mischung aus Titanweiß, Dunkelsienna und Preußischblau. (Für das Winterbild nehmen Sie Titanweiß, Phtaloblau und Mitternachtsschwarz.) Sie wird in gewohnter Weise auf die im Schatten liegende, linke Seite des jeweiligen Gipfels aufgetragen. Mit einem sauberen, trockenen 2-Zoll-Pinsel im unteren Teil stupfen (dabei stets den Winkeln des Berges folgen) und die Farbe leicht nach oben ziehen. So wirkt der Fuß des Berges, als würde er im Dunst liegen.

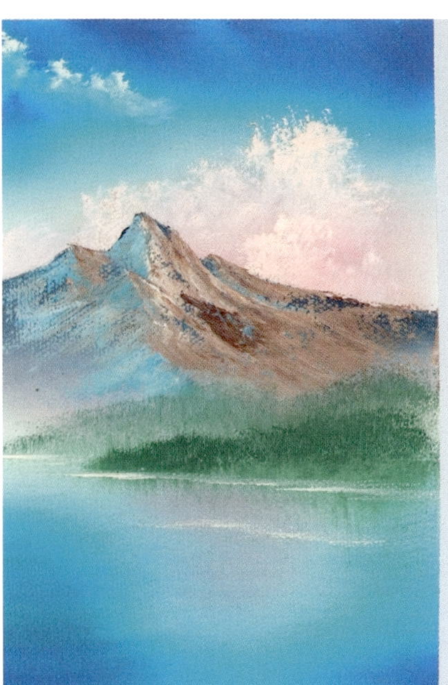
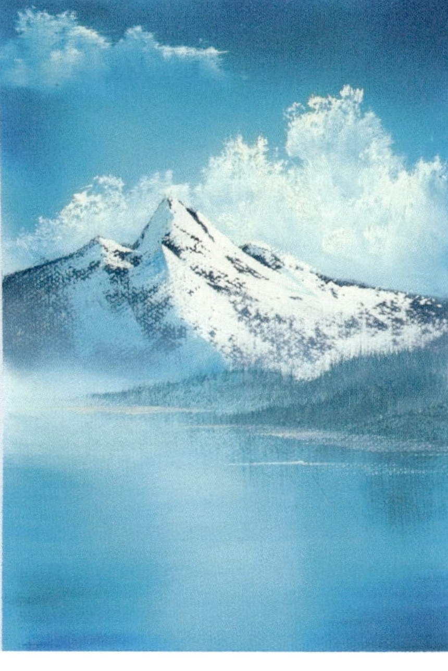

Gebirgsausläufer

Nehmen Sie mit dem 2-Zoll-Pinsel eine Mischung aus Mitternachtsschwarz, VanDykeBraun, Saftgrün und Titanweiß auf. (Für das Winterbild verwenden Sie eine Mischung aus Titanweiß, Mitternachtsschwarz und Preußischblau.) Mit der oberen Ecke des 2-Zoll-Pinsels die Farbe nach unten verwischen. So entstehen schöne Ausläufer des Gebirges. Ziehen Sie in beiden Bildern etwas von der Farbe in den Bereich des Wassers hinein – anschließend den Pinsel ganz gerade nach unten ziehen und behutsam quer darüberstreichen, um eine optimale Spiegelung zu erzielen.

Nehmen Sie nun mit der langen Kante des Farbspachtels Flüssigweiß und Karmesinrot auf und ritzen Sie Wellen sowie Wasserlinien ein. (Für das Winterbild nur Flüssigweiß verwenden.) Jetzt ist der Hintergrund in beiden Bildern fertig.

Vordergrund
Nehmen Sie mit dem 2-Zoll-Pinsel eine Mischung aus folgenden Farben auf: Mitternachtsschwarz, Preußischblau, Phtaloblau, VanDykeBraun und Karmesinrot.

Nadelbäume
Um die Nadelbäume in beiden Bildern zu malen, nehmen Sie mit dem Fächerpinsel eine Mischung aus Mitternachtsschwarz, Preußischblau, Phtaloblau, VanDykeBraun und Karmesinrot auf.

Betonung des Vordergrundes
(Für das Winterbild geben Sie Titanweiß auf den 2-Zoll-Pinsel und malen mit langen, waagerechten Strichen Schnee unter Büsche und Bäume im Vordergrund. Ziehen Sie ruhig etwas von der dunklen Farbe mit dem Pinsel in den Schnee, um Schatten zu erhalten.)

Zum Betonen der Büsche und Bäume brauchen Sie für beide Bilder den 1-Zoll-Pinsel. Tupfen Sie ihn in Flüssigweiß und ziehen Sie ihn dann in einer Richtung (um eine gerundete Ecke zu erhalten) durch verschiedene Gelb-, Saftgrün- und Hellrottöne. (Für das Winterbild verwenden Sie Mischungen aus Flüssigweiß, Titanweiß und Phtaloblau.) Mit der abgerundeten Ecke nach oben, stupfen Sie nun Bäume und Büsche auf die Leinwand, indem Sie den Pinsel dabei immer nach oben drücken.

Verwenden Sie eine dunkle Gelb-Grün-Mischung und setzen Sie auf die rechte Seite jedes Nadelbaumes mit dem Fächerpinsel Akzente. (Für das Winterbild verwenden Sie Titanweiß und Phtaloblau.)

Für die Graslandschaft im Sommerbild verwenden Sie verschiedene Mischungen aus Saftgrün und all den herrlichen Gelbtönen. Halten Sie den 2-Zoll-Pinsel im 45°-Winkel und tupfen Sie ihn in die verschiedenen Farbtöne. Lassen Sie den Pinsel richtig in die Farbe eintauchen, denn so können die Borsten genug Farbe aufnehmen. Halten Sie den Pinsel waagerecht und tupfen Sie ihn leicht nach unten, um den Verlauf des Geländes anzulegen und zu strukturieren.

Letzte Feinheiten
Mit der Spitze des Farbspachtels ritzen Sie Stöckchen und Zweige ein. Mit verdünntem Dunkelsienna auf dem Schriftenpinsel fügen Sie weitere kleine Details hinzu. Jetzt haben Sie zwei Bilder zum Preis von einem.

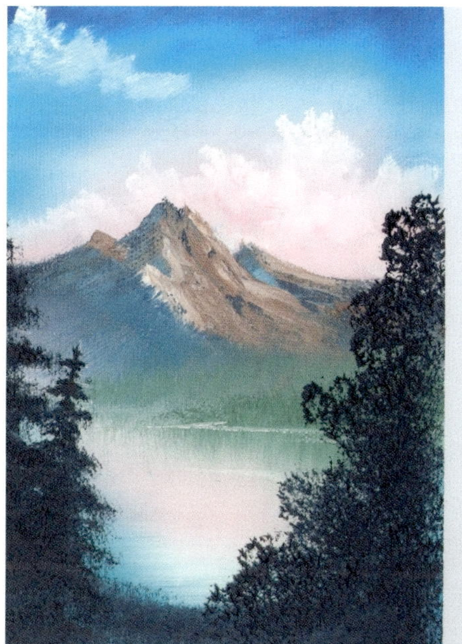

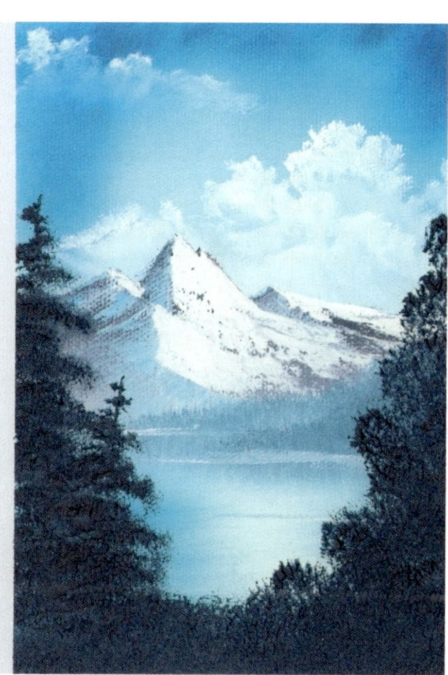

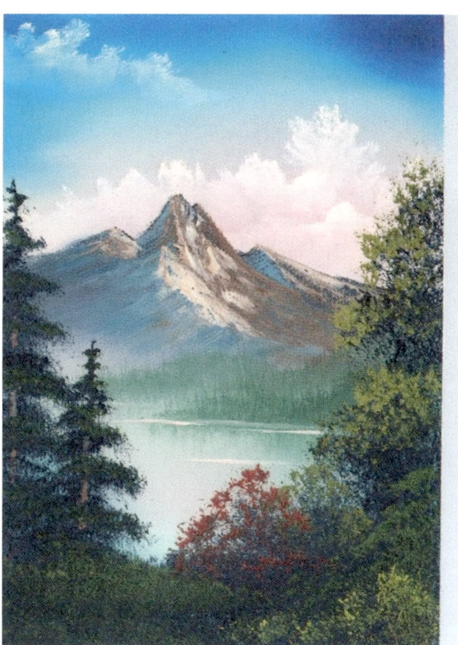

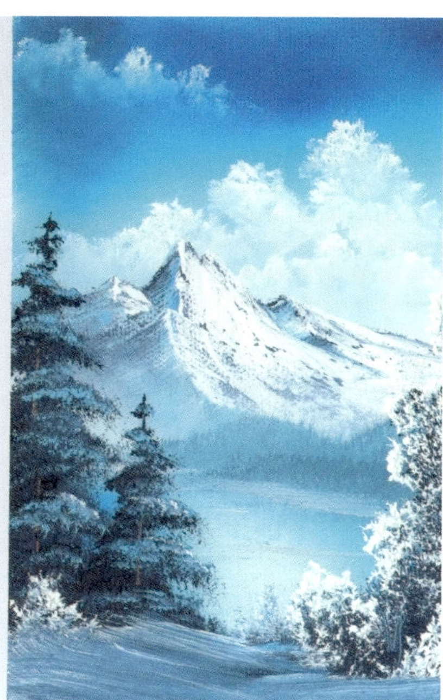

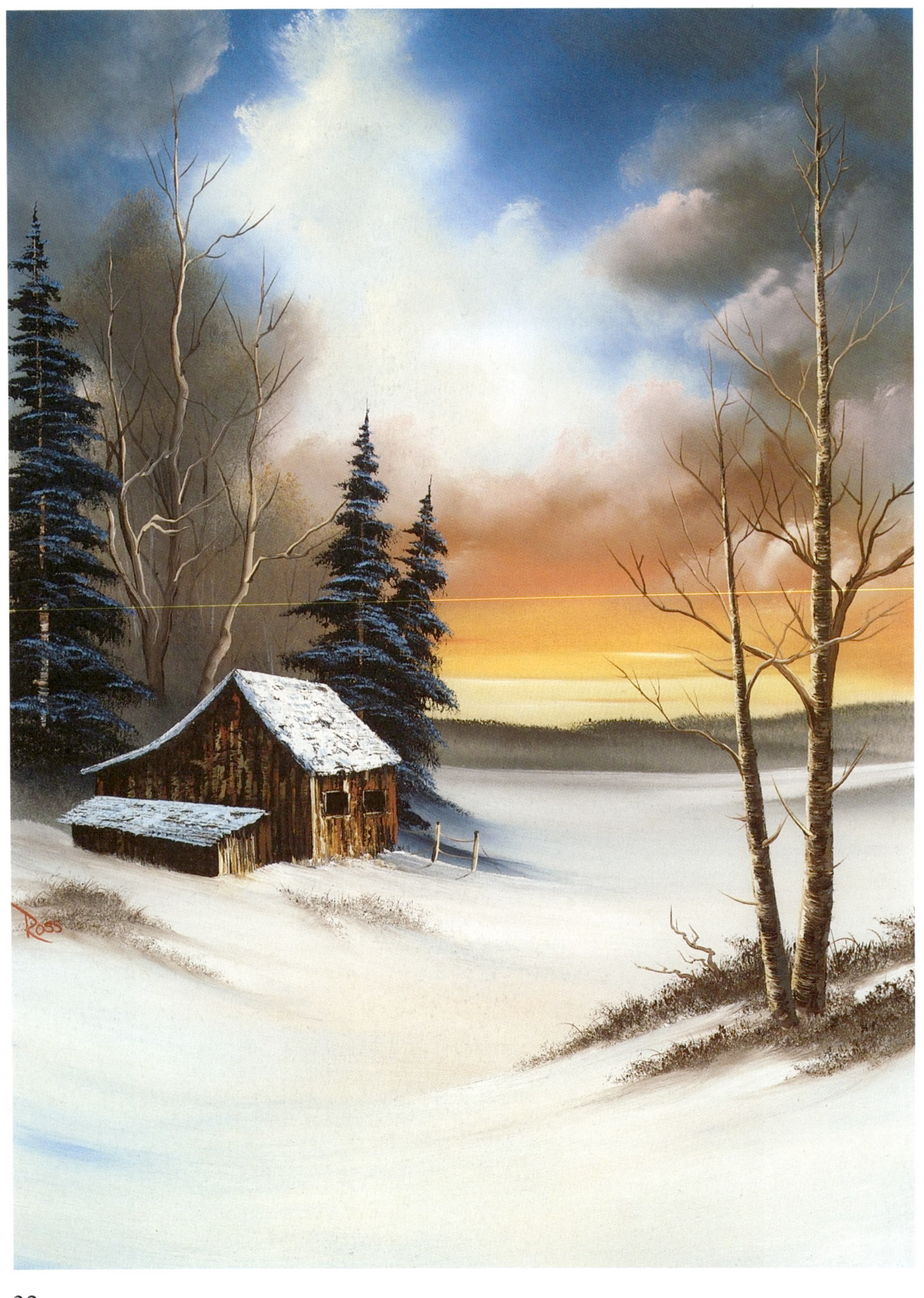

Material

2-Zoll-Pinsel
1-Zoll-Pinsel
Fächerpinsel Nr. 6
Schriftenpinsel Nr. 2
Farbspachtel Nr. 10
Flüssigweiß
Titanweiß
Phtaloblau
Mitternachtsschwarz
Dunkelsienna
VanDykeBraun
Karmesinrot
Kadmiumgelb
Ockergelb
Indischgelb
Hellrot

Bedecken Sie zunächst die gesamte Leinwand mit einer gleichmäßig dünnen Schicht Flüssigweiß. Verwenden Sie hierfür den 2-Zoll-Pinsel. Machen Sie lange, waagerechte und senkrechte Striche. Arbeiten Sie vor und zurück, um die Farbe gleichmäßig auf der Leinwand zu verteilen. Das Flüssigweiß darf NICHT trocken sein, wenn Sie anfangen zu malen.

Himmel

Tupfen Sie den 2-Zoll-Pinsel in Indischgelb. Machen Sie kleine sich kreuzende Striche über der Horizontlinie. Ohne den Pinsel zu säubern, tauchen Sie ihn in Kadmiumgelb und arbeiten sich in gleicher Weise weiter nach oben. Zum oberen Ende der Leinwand hin geben Sie zunächst Ockergelb und anschließend Hellrot dazu. Nehmen Sie mit einem sauberen, trockenen 2-Zoll-Pinsel eine Mischung aus Phtaloblau und Mitternachtsschwarz auf. Beginnen Sie am oberen Ende der Leinwand und tragen Sie diese Farbe bis zum Hellrot auf. Verblenden Sie den ganzen Himmel anschließend mit einem sauberen, sehr trockenen 2-Zoll-Pinsel. Diese „Himmelsfarben" können Sie auch im unteren Teil der Leinwand einsetzen. So erhalten Sie Spiegelungen im Schnee.

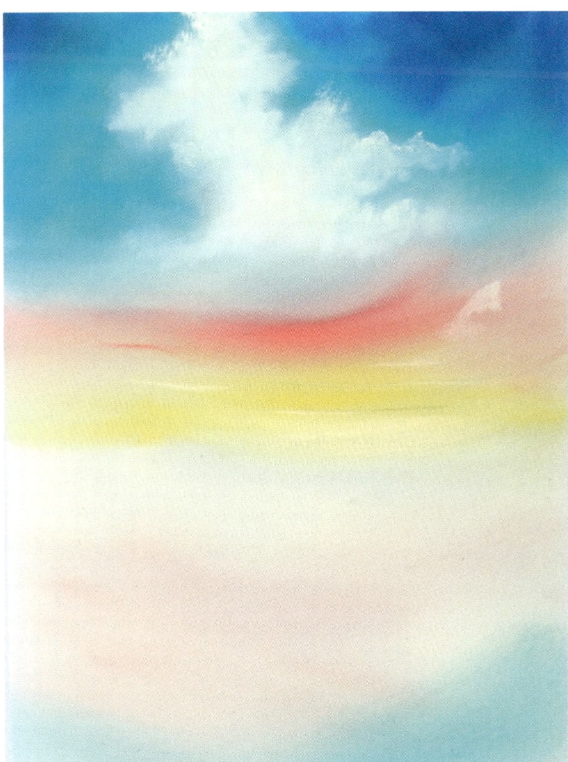

Die kleineren Wolken über dem Horizont bestehen aus einer Mischung aus Kadmiumgelb und Ockergelb. Diese Farbmischung wird mit dem Palettenmesser aufgetragen. Verblenden Sie die Farben schließlich mit einem sauberen, trockenen 2-Zoll-Pinsel. Der Himmel direkt über der Horizontlinie lässt sich mit dem gleichen Pinsel und etwas Titanweiß aufhellen.

Für die großen Wolken nehmen Sie wieder Titanweiß mit dem 2-Zoll-Pinsel auf. Malen Sie mit einer Ecke des Pinsels kleine Kreise, um die Wolken zu formen. Nehmen Sie nun einen sauberen, trockenen Pinsel und verblenden Sie vorsichtig die Unterseite der Wolken mit kleinen kreisenden Bewegungen. Anschließend ziehen Sie die Farbe leicht nach oben, um die Wolken „aufzuschütteln".

Die kleineren, dunklen Wolken werden mit dem 1-Zoll-Pinsel und einer Mischung aus Dunkelsienna und Mitternachtsschwarz gemalt. Auch hier entstehen die Wolken, indem Sie mit dem Pinsel kleine Kreise ausführen. Überlassen Sie nichts dem Zufall, sondern denken Sie über die verschiedenen Formen nach. Verblenden Sie die Farben wieder mit dem 2-Zoll-Pinsel. Für die Lichter mischen Sie Titanweiß mit Karmesinrot und tragen die Farbe mit dem Fächerpinsel in kleinen Kreisen auf.

Lockern Sie die Unterseite dieser Lichtpartien mithilfe des 2-Zoll-Pinsels etwas auf. Anschließend streichen Sie mit einem sauberen, trockenen 2-Zoll-Pinsel leicht über den gesamten Himmel.

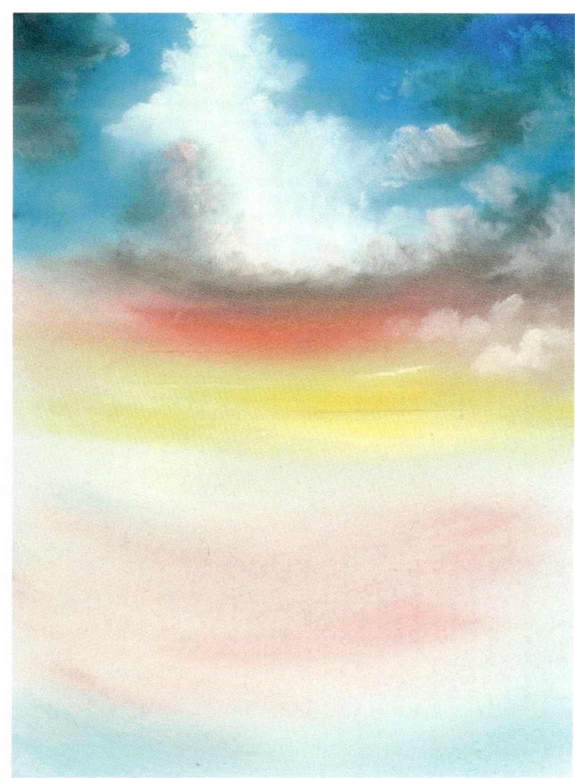

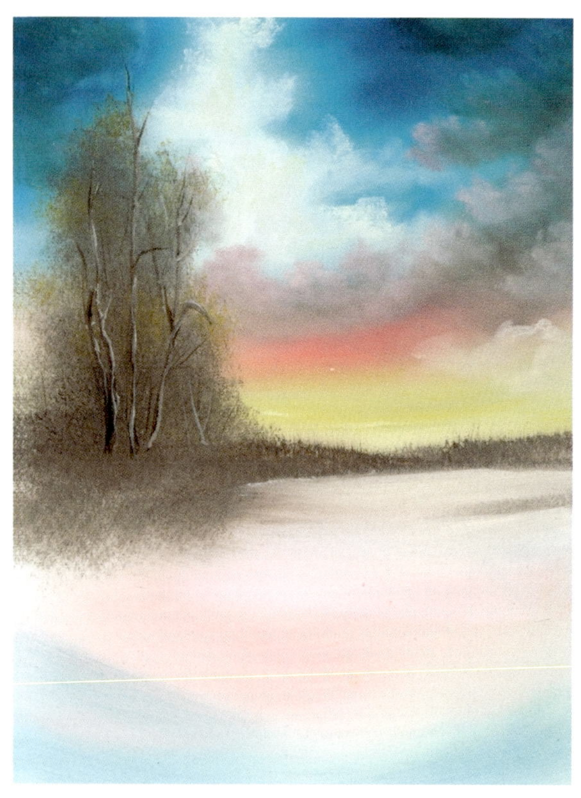

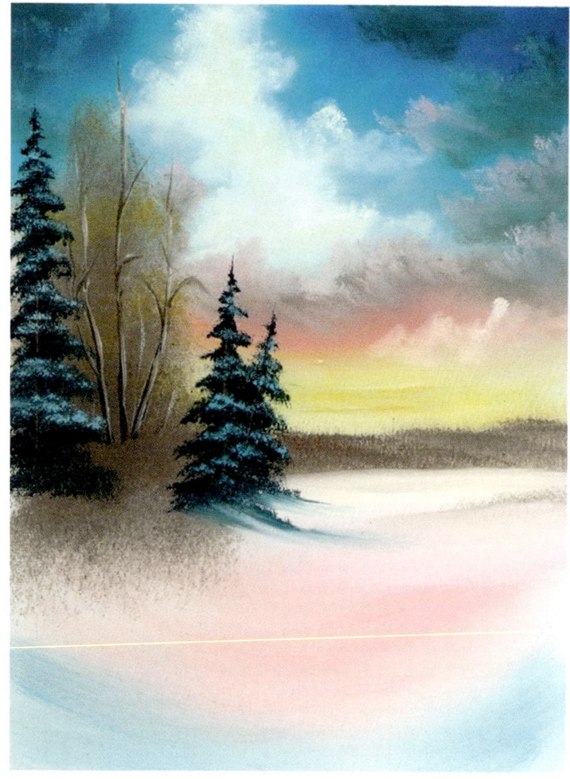

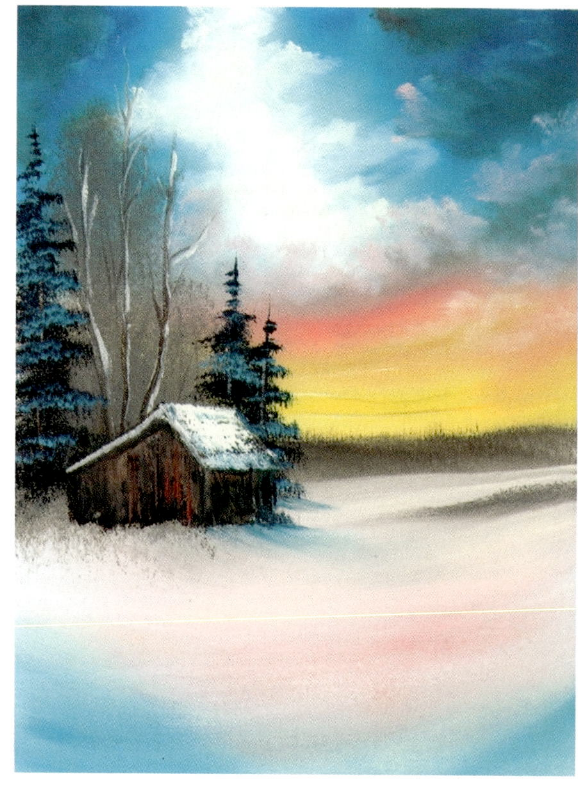

Hintergrund
Stellen Sie eine Mischung aus Dunkelsienna, Mitternachtsschwarz und Titanweiß her und stupfen Sie Ihren 2-Zoll-Pinsel hinein. Um die sanften Hügel im Hintergrund zu formen, brauchen Sie nur mit dem Pinsel nach unten zu tupfen. Nehmen Sie nun einen sauberen, trockenen Pinsel und tupfen Sie den so wie von selbst im Nebel liegenden Fuß der Hügelkette.
Die sich vor den Hügeln ausbreitende Schneefläche wird folgendermaßen gemalt: Nehmen Sie mit dem großen Pinsel Titanweiß auf und ziehen Sie einen langen, waagerechten Strich. Formen Sie jetzt die kleinen Bäume im Hintergrund mit Dunkelsienna, indem Sie mit nur einer Ecke des 2-Zoll-Pinsels nach unten tupfen. Fügen Sie anschließend mithilfe des Schriftenpinsels Baumstämme, Äste und Zweige hinzu. Zu diesem Zweck stellen Sie verschiedene verdünnte Mischungen aus VanDykeBraun, Ockergelb und Flüssigweiß her.

Nadelbäume
Mischen Sie Mitternachtsschwarz, Phtaloblau und VanDykeBraun. Nehmen Sie mit dem Fächerpinsel Farbe auf. Halten Sie den Pinsel senkrecht und berühren Sie die Leinwand dort, wo sich die Mittelachse der Bäume befinden soll. Mit einer Ecke des Pinsels tupfen Sie die kleinen oberen Zweige. Tupfen Sie abwechselnd links und rechts der Mittelachse. Je weiter Sie nach unten kommen, desto mehr Druck üben Sie aus. (Die Borsten des Pinsels müssen sich dabei nach unten biegen.) So werden die Zweige automatisch ausladender. Ritzen Sie mit der Spitze des Farbspachtels die Baumstämme ein. Mischen Sie nun Flüssigweiß, Titanweiß und Phtaloblau und setzen Sie mit dem Fächerpinsel auf den Zweigen Akzente. Nehmen Sie mit dem 2-Zoll-Pinsel Titanweiß auf, setzen Sie ihn am Fuß jedes Baumes an und ziehen Sie etwas von der dunklen Farbe nach unten, um so die Schatten der Bäume im Schnee zu zeigen. Achten Sie dabei darauf, wie die Landschaft bzw. das Gelände verläuft.

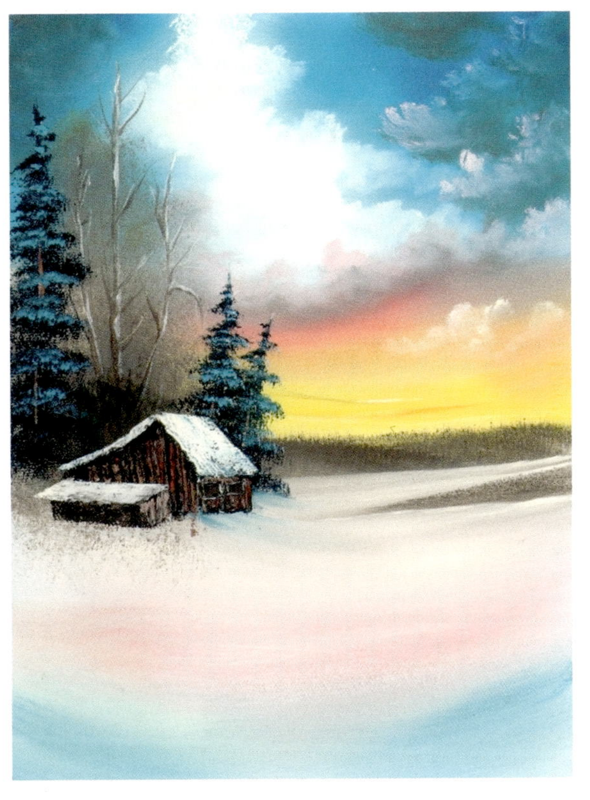

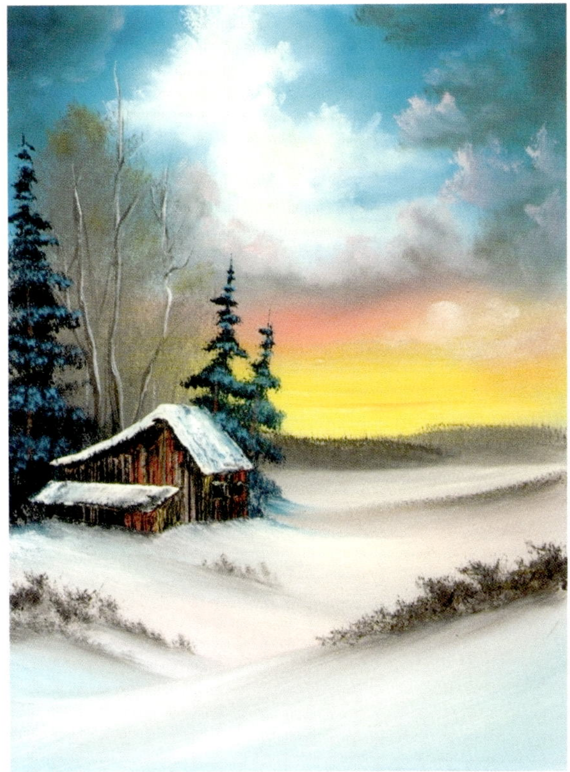

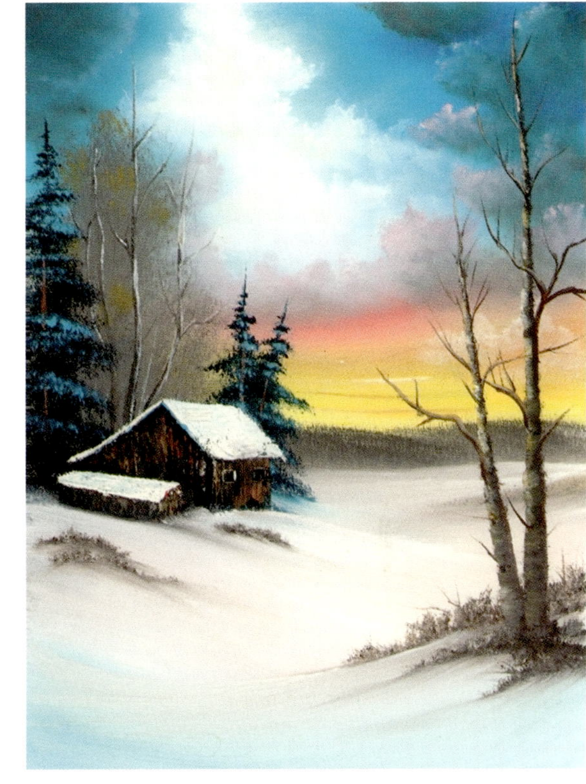

Hütte
Entfernen Sie mit einem sauberen Farbspachtel die Farbe an der Stelle von der Leinwand, an der die Scheune stehen soll. Ziehen Sie eine Mischung aus VanDykeBraun und Dunkelsienna ganz flach auf Ihrer Palette aus und schneiden Sie mit der langen Kante des Palettenmessers ein Farbröllchen ab. Setzen Sie auf der Leinwand an und ziehen Sie die Farbe herunter, um Seite und Front der Scheune zu gestalten. Mischen Sie Hellrot, Ockergelb und Titanweiß, um damit Lichter auf die Seiten zu setzen. Halten Sie den Spachtel dabei senkrecht und üben Sie gerade soviel Druck aus, dass die Farbe „bricht". Um die stärker im Schatten liegende Front mit einzelnen Lichtern zu versehen, verwenden Sie eine Mischung mit einem geringeren Anteil an Titanweiß. Den Schnee „sprenkeln" Sie mit dickflüssigem Titanweiß auf das Dach der Hütte. Für den kleinen angrenzenden Schuppen verwenden Sie VanDykeBraun. Auch dort setzen Sie Lichter und geben etwas Schnee auf das Dach. Nun fügen sie noch Fenster in VanDykebraun ein. Mit einem sauberen Farbspachtel entfernen Sie überschüssige Farbe im unteren Bereich der Hütte.

Bäume
Die großen Bäume im Vordergrund werden mit dem Fächerpinsel und einer Mischung aus VanDykeBraun und Dunkelsienna gemalt. Beginnen Sie jeweils mit der Baumkrone und tupfen Sie von dort nach unten. Setzen Sie Lichter auf jeden Baumstamm, indem Sie auf die linke Seite Titanweiß tupfen und die Farbe dann nach rechts ziehen. Äste und Zweige ergänzen Sie mit einer sehr dünnen Mischung aus Farbverdünner und VanDykeBraun auf dem Schriftenpinsel.

Letzte Feinheiten
Für die Zaunpfähle nahe der Hütte tauchen Sie den Schriftenpinsel in stark verdünntes VanDykeBraun und setzen die Lichter mit Flüssigweiß. Weitere Details ritzen Sie mit dem Farbspachtel ein oder fügen Sie mit verdünnter Farbe auf dem Schriftenpinsel hinzu.

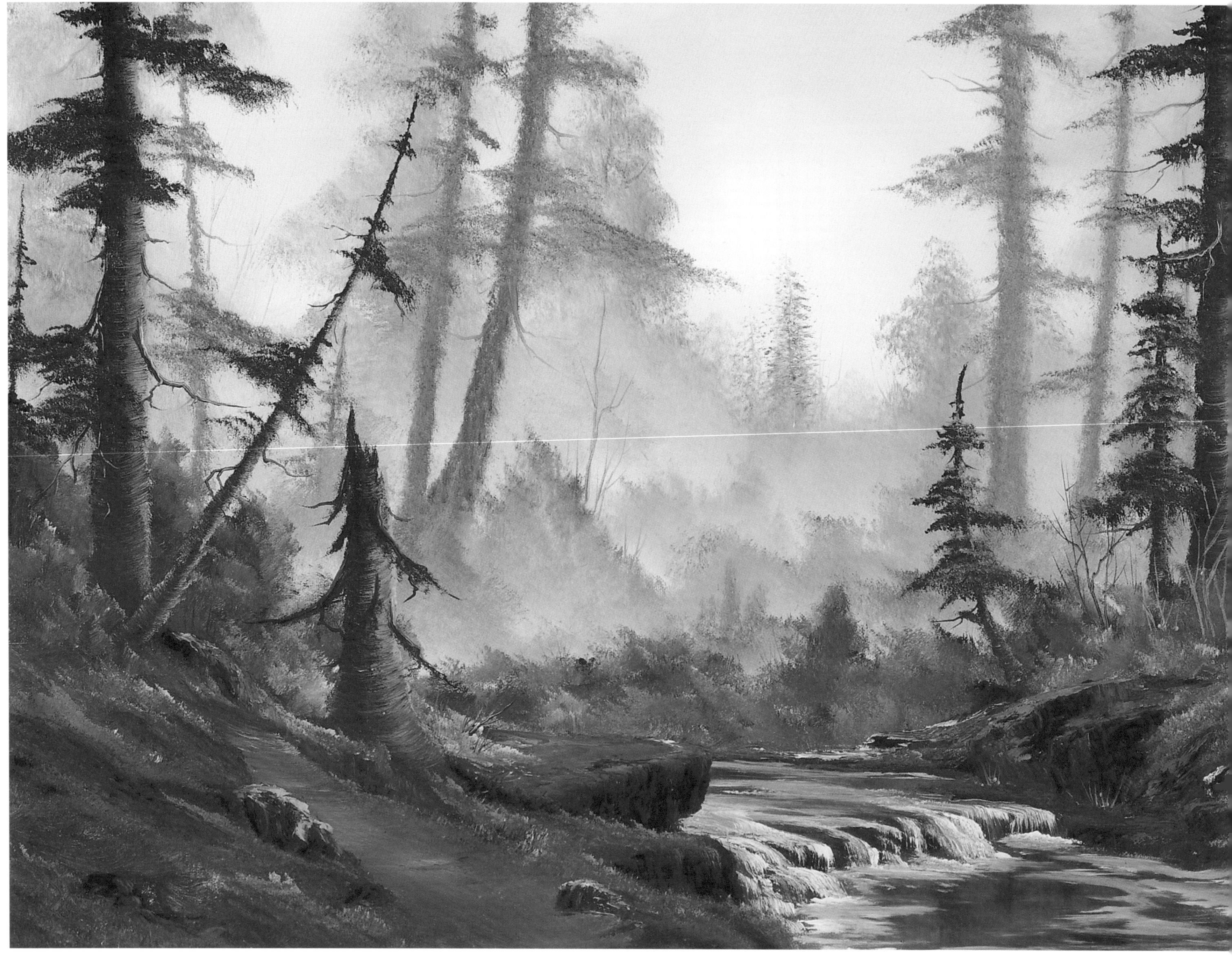

TIEFER WALD

Material

2-Zoll-Pinsel	
1-Zoll-Pinsel	Mitternachtsschwarz
Fächerpinsel Nr. 6	Dunkelsienna
Schriftenpinsel Nr. 2	VanDykeBraun
Farbspachtel Nr. 10	Karmesinrot
Farbspachtel Nr. 5	Saftgrün
Flüssigweiß	Kadmiumgelb
Titanweiß	Ockergelb
Phtaloblau	Hellrot

Beginnen Sie damit, die gesamte Leinwand mit einer gleichmäßig dünnen Schicht Flüssigweiß zu bedecken. Das Flüssigweiß darf NICHT trocken sein, wenn Sie anfangen zu malen.

Himmel

Nehmen Sie mit dem 2-Zoll-Pinsel eine Mischung aus Dunkelsienna und Ockergelb auf und tragen Sie die Farbe mit sich kreuzenden Strichen in der Mitte des Himmels auf. Fügen Sie der Mischung etwas Saftgrün bei. Lassen Sie die Farbe sich im oberen Teil der Leinwand ausdehnen und die verschiedenen Bereiche des Himmels miteinander verschmelzen. Mit einem sauberen, trockenen 2-Zoll-Pinsel nehmen Sie Titanweiß auf, fügen die hellste Partie mit sich kreuzenden Strichen ein und verblenden die Farben des Himmels erneut.

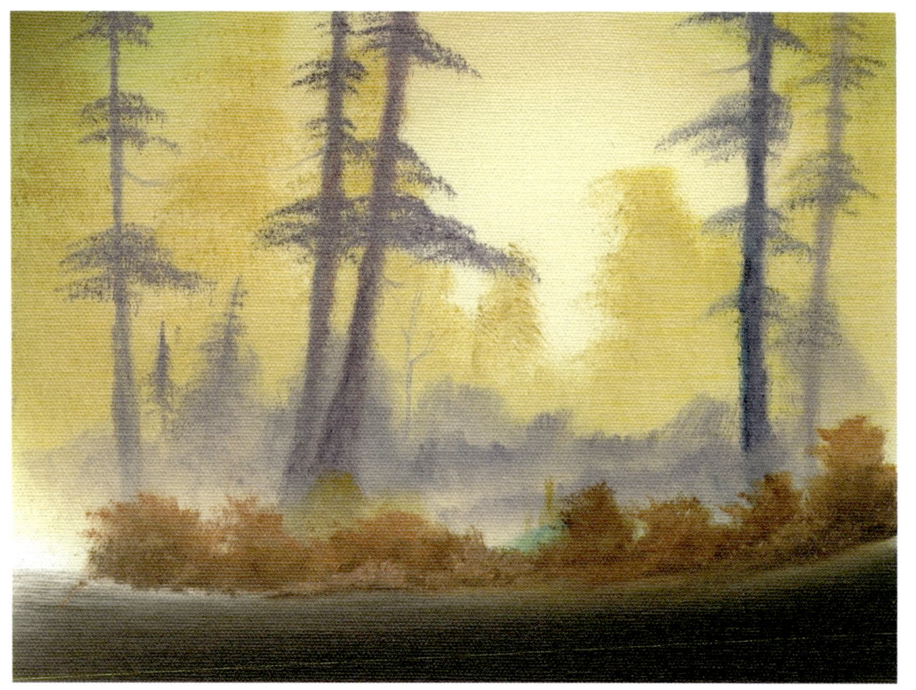

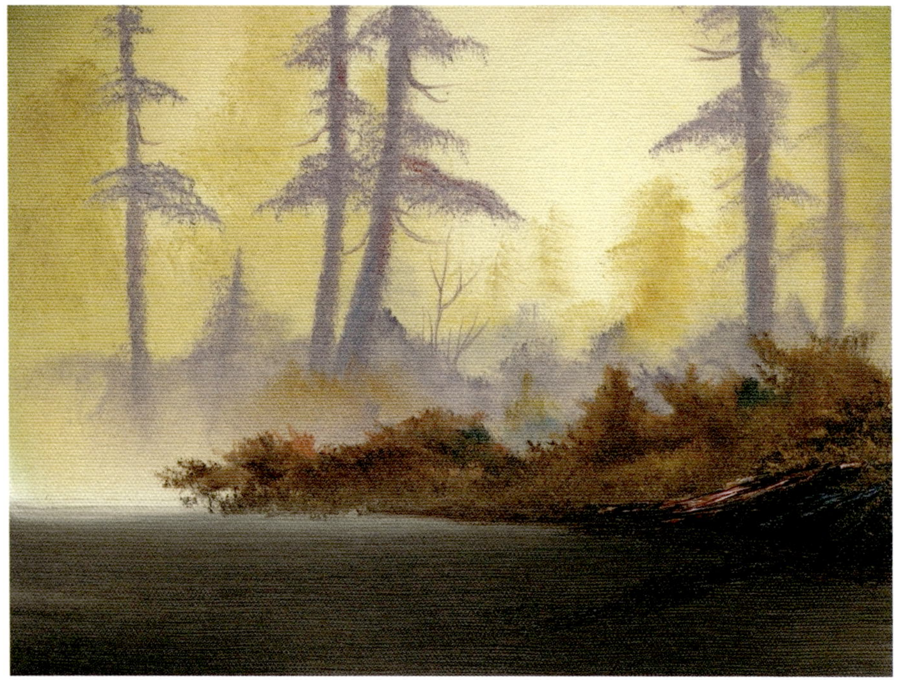

Hintergrund

Für die im Dunst liegenden Bäume im Hintergrund des Bildes benötigen Sie verschiedene Farbmischungen aus Dunkelsienna, Ockergelb und Saftgrün. Drücken Sie jede Seite des mit Farbe gefüllten 2-Zoll-Pinsels auf die Leinwand oder tupfen Sie nur mit der oberen Ecke des Pinsels nach unten, um die kleinen Bäume zu formen. Indem Sie anschließend mit dem Pinsel in gleicher Weise im unteren Bereich der Bäume tupfen, lassen Sie den Fuß des jeweiligen Baumes im Dunst verschwimmen.

Nehmen Sie mit dem Fächerpinsel eine Mischung aus Hellrot, Titanweiß und Phtaloblau auf – das ergibt einen schönen Lavendelton – und nutzen Sie nur eine Ecke des Pinsels, um die Farbe aufzutragen und einige dunklere Bäume anzudeuten. Auch in diesem Fall lassen Sie die Bäume im unteren Bereich im Dunst liegen. Nun formen Sie mit einer Ecke des Fächerpinsels einige kleine Nadelbäume. Verwenden Sie hierfür die eben bereits gemischte Farbe.

Für die großen Baumstämme im Hintergrund fügen Sie der Lavendelmischung einfach noch etwas Phtaloblau hinzu. Nehmen Sie mit dem Fächerpinsel Farbe auf und setzen Sie am oberen Rand der Leinwand an. Den Pinsel fest nach unten ziehen. Mit demselben Pinsel ergänzen Sie an manchen Stämmen etwas Blätterwerk und ein paar Schößlinge. Schaffen Sie im unteren Bereich erneut den Eindruck von leichtem Nebel, indem Sie dort mit dem Pinsel auftupfen. Fügen Sie der Farbmischung nun Farbverdünner hinzu und ergänzen Sie mit dem Schriftenpinsel an den Hintergrundbäumen kleine Äste und Zweige.

Arbeiten Sie sich im Bild langsam nach vorn. Stellen Sie verschiedene Mischungen aus Saftgrün, Karmesinrot und Titanweiß her und gestalten Sie mit dem Fächerpinsel die dunkleren Schößlinge zu Füßen der Bäume.

Mittelgrund

Mit dem 2-Zoll-Pinsel nehmen Sie VanDykeBraun auf und grundieren mit langen, waagerechten Strichen den Vordergrund, den Sie unter Verwendung des Farbspachtels mit VanDykeBraun weiter ausgestalten. Akzente setzen Sie mit einer Mischung aus Titanweiß, Dunkelsienna und Mitternachtsschwarz. Durch kleine Aufwärtsstriche mit dem Fächerpinsel fügen Sie einige Grasnarben hinzu.

Wasserfall
Mit dem Farbspachtel Nr. 5 nehmen Sie VanDykeBraun auf und legen den kleinen Felsabbruch unter dem Wasserfall an. Das Wasser selbst malen Sie mit dem Fächerpinsel. Zu diesem Zweck mischen Sie Flüssigweiß mit Titanweiß und geben einen Hauch Phtaloblau hinzu. Machen Sie zuerst eine Reihe kurzer, ausholender waagerechter Striche; dann ziehen Sie die Farbe gerade herunter, damit der Eindruck von Wasser entsteht, dass über Felsen und Steine fließt. Mit kleinen aufwärts gerichteten bzw. wirbelnden Strichen stellen Sie das lebhafte Treiben des Wassers unter dem Wasserfall dar.

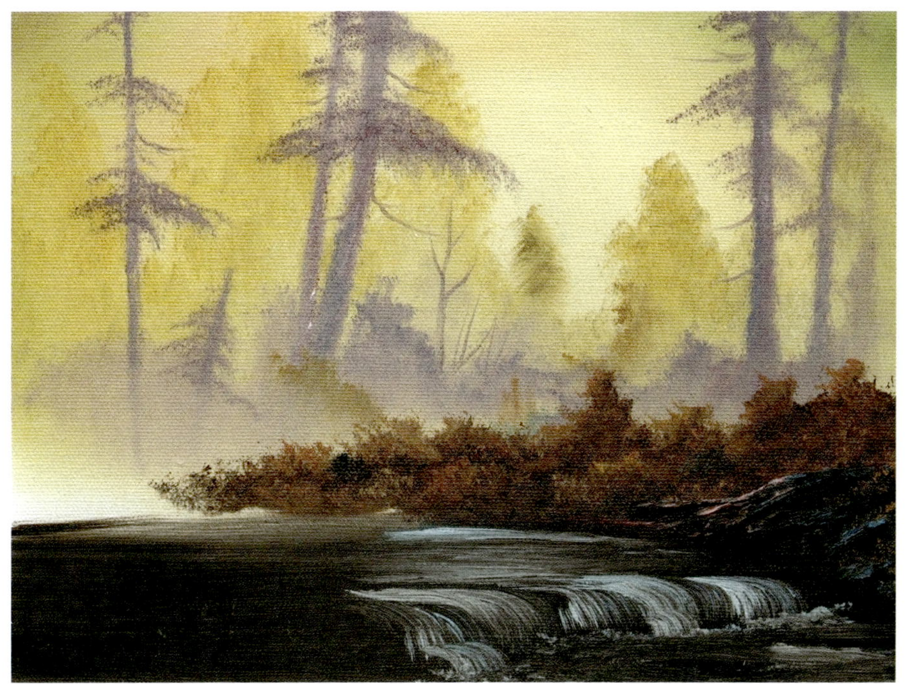

Vordergrund
Für den großen Felsen brauchen Sie den Farbspachtel Nr. 10 sowie etwas VanDykeBraun. Dann stellen Sie eine Mischung aus VanDykeBraun, Dunkelsienna und Titanweiß her und fügen mit dem Fächerpinsel das Buschwerk oberhalb der Felsen ein. Diese helle Farbmischung verwenden Sie auch, um mit dem Spachtel Glanzlichter auf die Felsen zu setzen.

Malen Sie den Weg mit kurzen, schwungvollen waagerechten Strichen des Fächerpinsels und setzen Sie mit etwas Titanweiß einige Lichter. Beachten Sie hier die Perspektive: der Weg wird breiter, je weiter Sie sich vorarbeiten und sich dem unteren Rand der Leinwand nähern. Nehmen Sie mit dem Farbspachtel VanDykeBraun auf und ergänzen Sie kleine Steine am Wegesrand. Anschließend setzen Sie mit der Braun-Weiß-Mischung Akzente.

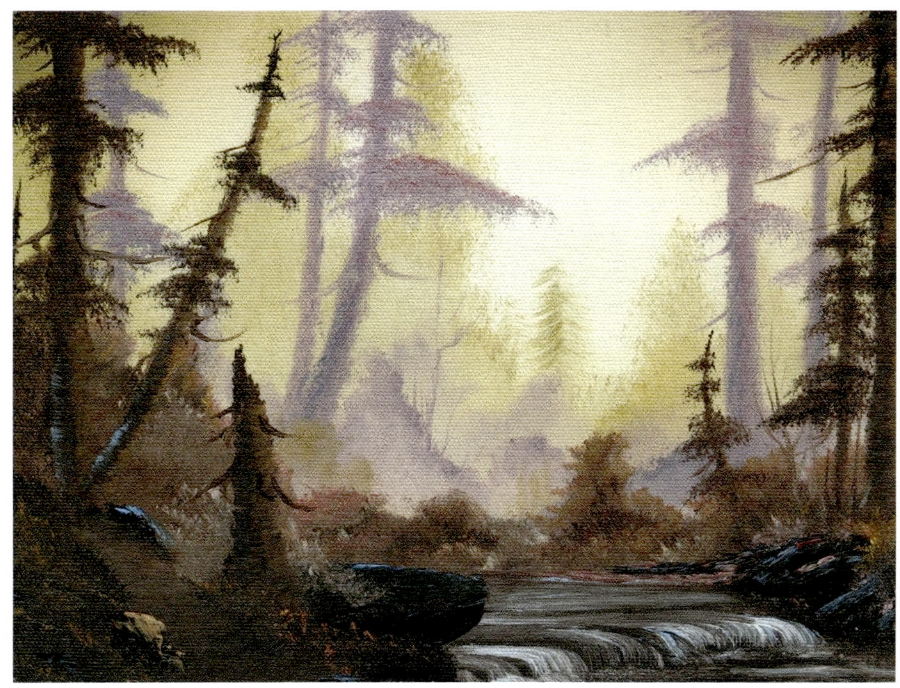

Große Bäume
Die großen Baumstämme malen Sie mit dem Fächerpinsel. Beginnen Sie am oberen Rand der Leinwand und tupfen Sie VanDykeBraun von oben nach unten auf. Geben Sie auf die jeweils rechte Seite der Stämme Titanweiß und ziehen Sie dann die Farbe zur linken Seite hinüber. Die Blätter fügen Sie mit VanDykeBraun auf dem Fächerpinsel hinzu.

Letzte Feinheiten
Verwenden Sie eine Mischung aus Farbverdünner und VanDykeBraun und ergänzen Sie mit dem Schriftenpinsel kleine Äste und Zweige, Stöcke, Reisig und beliebige weitere Details. Ihr Bild ist nun vollendet und bereit von Ihnen signiert zu werden.

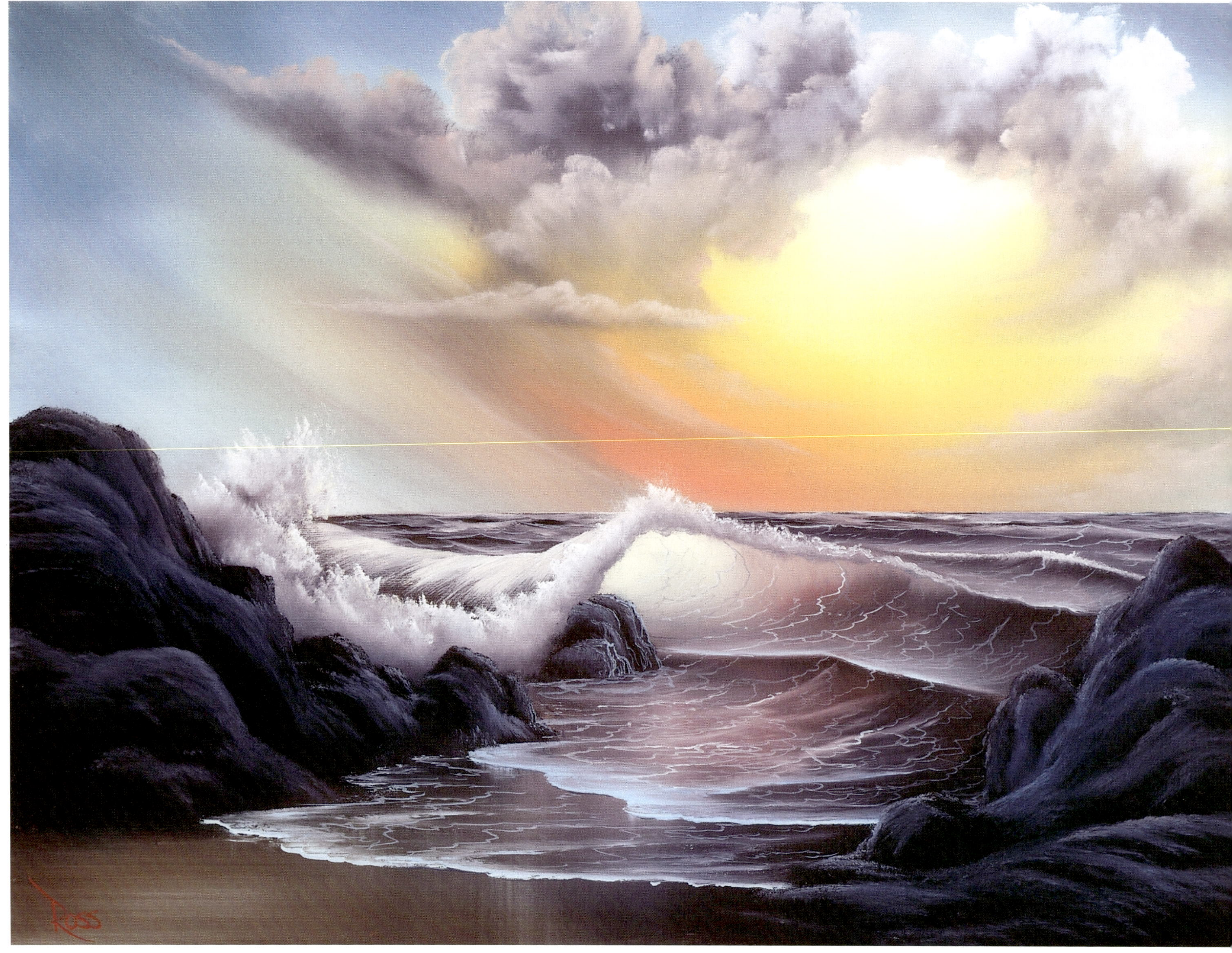
Ross

STÜRMISCHE SEE

Material

2-Zoll-Pinsel	Phtaloblau
Fächerpinsel Nr. 6	Mitternachtsschwarz
Fächerpinsel Nr. 3	Dunkelsienna
Schriftenpinsel Nr. 2	VanDykeBraun
Farbspachtel Nr. 5	Karmesinrot
Gesso Schwarz	Kadmiumgelb
Flüssigweiss	Ockergelb
Titanweiß	Hellrot

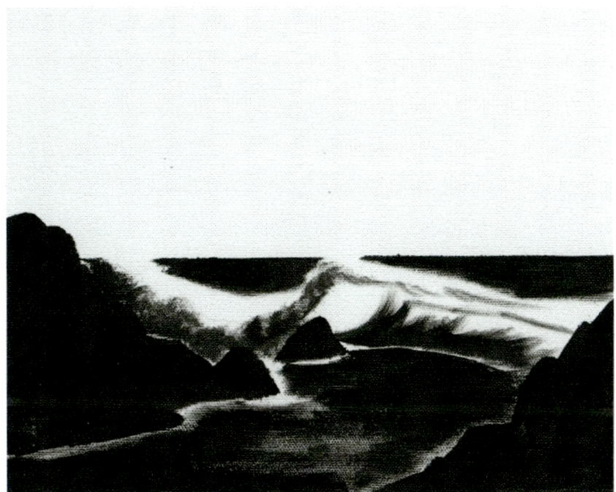

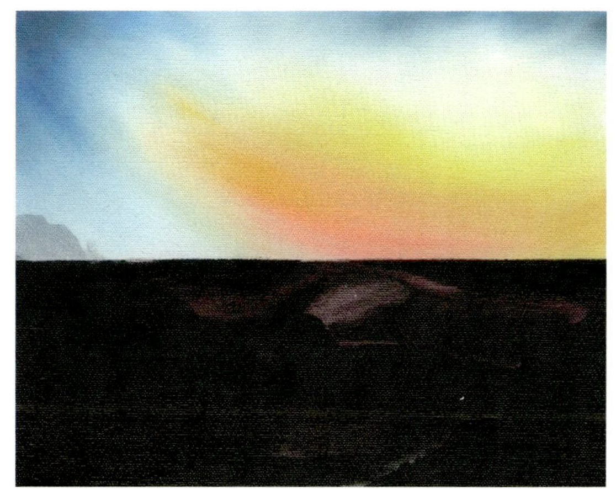

Bevor Sie mit dem Malen beginnen, markieren Sie den Horizont, der direkt unter der Mittellinie liegt, mit einem Maskierband. Mit einem Schaumschwamm tragen Sie dann eine gleichmäßig dünne Schicht Gesso Schwarz auf die untere Leinwandhälfte auf. Sparen Sie die hellsten Partien des Seestücks dabei aus: das „Auge" der Welle, die Gischt etc. Lassen Sie das Gesso Schwarz vollständig trocknen.

Verändern Sie nun die Position des Maskierbandes derart, dass es jetzt mit der Oberkante des trockenen Gessogrundes abschließt. Nehmen Sie den 2-Zoll-Pinsel und bedecken Sie die schwarze Fläche in der Mitte mit Karmesinrot, an den Seiten mit einer Mischung aus Karmesinrot und Phtaloblau, am unteren Leinwandrand mit einer Mischung aus VanDykeBraun und Dunkelsienna.

Mithilfe eines sauberen, trockenen 2-Zoll-Pinsels grundieren Sie den oberen Teil der Leinwand mit einer dünnen, gleichmäßigen Schicht Flüssigweiss. Verteilen Sie die Farbe dabei mit langen, waagerechten und senkrechten Pinselstrichen – streichen Sie vor und zurück – gleichmäßig auf der Leinwand. Die zuletzt aufgetragenen Farben dürfen NICHT trocknen, bevor Sie mit dem Malen beginnen.

Himmel

Nehmen Sie mit dem 2-Zoll-Pinsel Kadmiumgelb auf. Den Pinsel fest auf die Palette tupfen, damit sich die Farbe gleichmäßig zwischen den Borsten verteilt. Beginnen Sie in der Mitte des Himmels und tragen Sie die Farbe mit sich kreuzenden Strichen auf. Ohne den Pinsel zu säubern, nehmen Sie für die Partie unter dem Kadmiumgelb etwas Ockergelb dazu und für die Fläche darunter, genau über dem Horizont, ein wenig Hellrot.

Hellen Sie den Himmel in der Mitte mit Titanweiß auf, das Sie mit einem sauberen, trockenen 2-Zoll-Pinsel auftragen. Entlang des oberen Leinwandrandes und für die seitlichen Partien des Himmels verwenden Sie eine Mischung aus Phtaloblau und Mitternachtsschwarz (der Farbauftrag erfolgt noch immer mit sich kreuzenden Strichen). Mit einem sauberen, trockenen 2-Zoll-Pinsel verblenden Sie den Himmel.

Mit dem 1-Zoll-Pinsel nehmen Sie eine Mischung aus Karmesinrot und Phtaloblau auf und ziehen für die Wolken kleine Kreise auf der Leinwand. Die unteren Konturen der Wolken verblenden Sie mit der oberen Ecke eines sauberen, trockenen 2-Zoll-Pinsels.

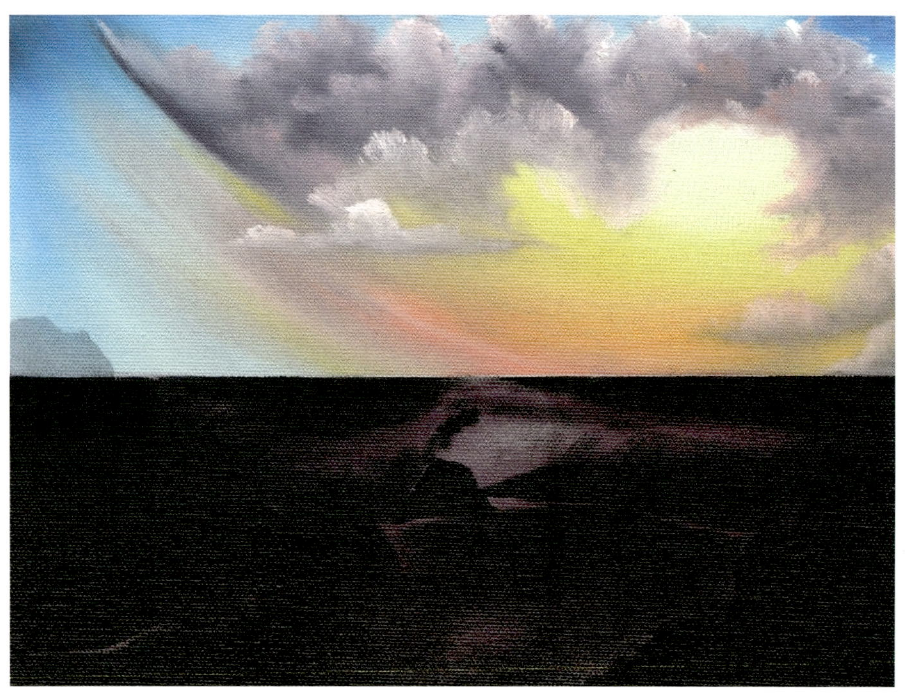

Durch kleine kreisende Bewegungen mit dem 1-Zoll-Pinsel setzen Sie mit einer Mischung aus Titanweiß und einem Hauch Hellrot Lichter auf die Wolken. Anschließend verblenden Sie die Wolken mit dem 2-Zoll-Pinsel. Wenn Sie mit Ihrem Himmel zufrieden sind, entfernen Sie das Maskierband von der Leinwand. Nun haben Sie eine schöne gerade Horizontlinie. In diesem Bereich, der ja noch nicht grundiert wurde, tragen Sie etwas Karmesinrot auf.

Wasser im Hintergrund

Für die direkt unterhalb der Horizontlinie liegende Wasserfläche nehmen Sie Titanweiß mit dem Fächerpinsel auf und tragen die Farbe mit kurzen, schwingenden Strichen auf. Nun fügen Sie die Wellen im Hintergrund hinzu, die Sie mit langen, waagerechten Strichen gestalten. Nehmen Sie einen sauberen Fächerpinsel und ziehen Sie die kleinen Wellenkämme mit kurzen Strichen zurück, um sie auf diese Weise zu verschmelzen. Zerstören Sie dabei auf keinen Fall die dunkle Farbe, die Wellen und Wellenkämme im Hintergrund voneinander abgrenzt und dem Bild Tiefe verleiht.

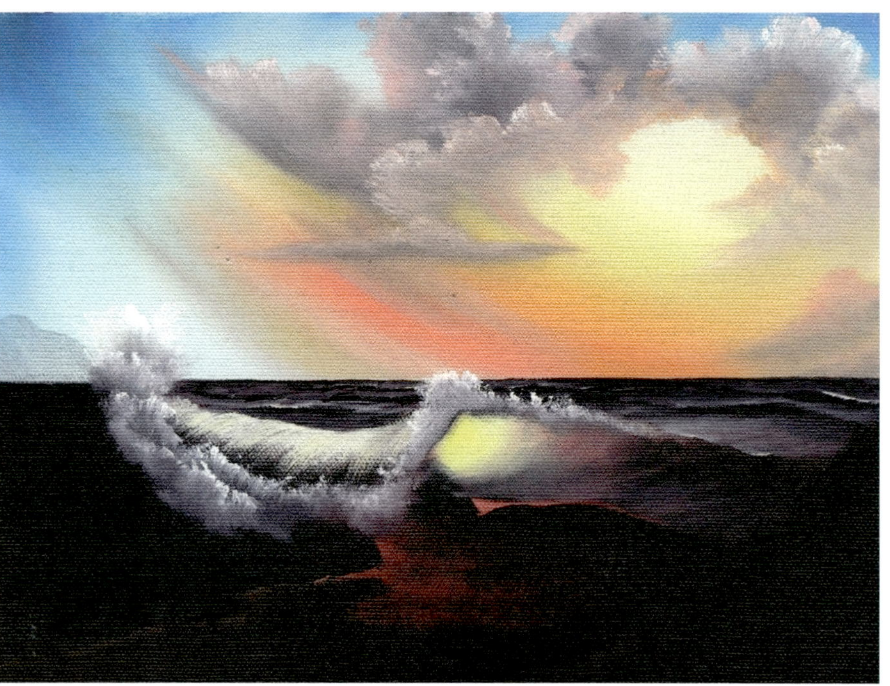

Große Welle

Das „Auge“ der Welle wird mit einer Mischung aus Titanweiß und Kadmiumgelb gemalt, die Sie an entsprechender Stelle mit einer Ecke des Fächerpinsels in die Leinwand reiben. Danach vermischen Sie die Farbe mit einem sauberen, trockenen 2-Zoll-Pinsel, den Sie kreisen lassen. Achten Sie dabei auf die Form Ihrer Welle.

Nehmen Sie eine Mischung aus Titanweiß und einem Hauch Kadmiumgelb mit dem Fächerpinsel auf, um das Wasser der sich brechenden Welle herunterzuziehen. Achten Sie hierbei auf den Blickwinkel.

Nehmen Sie mit dem Fächerpinsel Nr. 3 eine Mischung aus Phtaloblau, Karmesinrot und Titanweiß auf. Mit kleinen kreisenden Pinselstrichen malen Sie entlang dem Wellenkamm der großen Welle die Gischt. Säubern Sie den Fächerpinsel und nehmen Sie Titanweiß auf, um dort, wo das Licht auftrifft, Glanzlichter auf Gischt und Schaumkronen zu setzen. Mit der oberen Ecke des 2-Zoll-Pinsels kreisen Sie locker über diese Partie, sodass die einzelnen Bereiche der Gischt miteinander verschmelzen.

Vordergrund
An der hellsten Stelle des Vordergrundes setzen Sie lange, senkrechte Striche mit dem 1-Zoll-Pinsel und Titanweiß. Ziehen Sie diese Farbe mit dem 2-Zoll-Pinsel nach unten aus und streichen danach leicht quer darüber, um die Lichtspiegelung im Vordergrund zu erzeugen.

Die kleine Woge vor der großen Welle fügen Sie mit einem langen, waagerechten Pinselstrich ein (verwenden Sie den Fächerpinsel und Titanweiß) und ziehen dann die Kontur zurück, damit sie verwischt.

Mischen Sie Titanweiß und Phtaloblau, ziehen Sie die Farbe mit dem Farbspachtel flach auf Ihrer Palette aus und nehmen Sie mit der langen Kante des Spachtels ein Farbröllchen auf. Halten Sie das Palettenmesser waagerecht und drücken Sie fest auf, wenn Sie mit langen, waagerechten Strichen das schäumende Wasser am Strand malen. Benutzen Sie einen sauberen Fächerpinsel um die Farbe in Richtung der großen Welle zurückzuziehen und so den Eindruck kleiner Strudel und Schaumkrönchen zu erhalten.

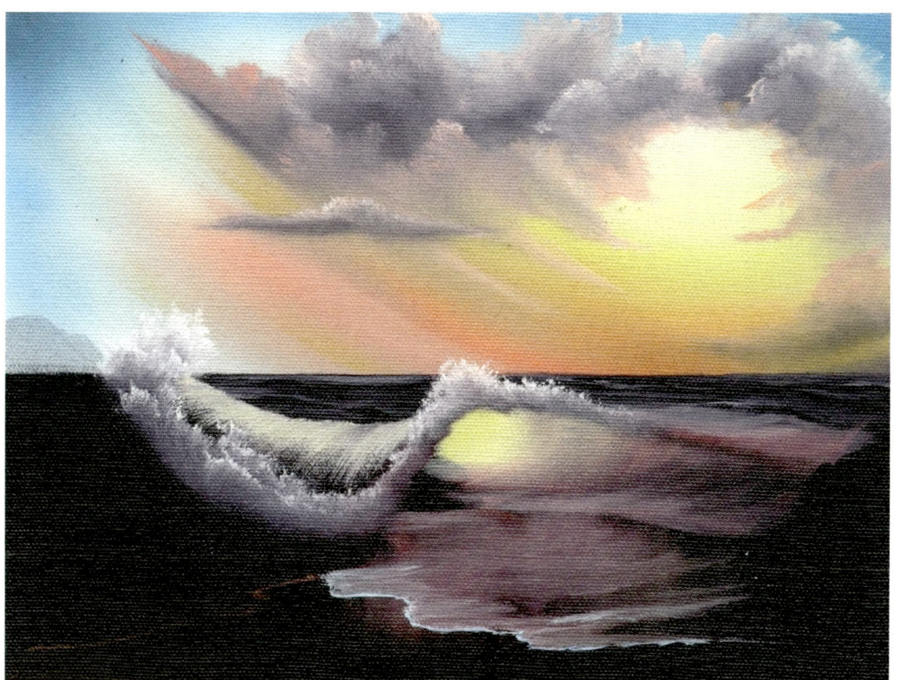

Felsen
Mit dem Fächerpinsel und verschiedenen Mischungen aus Dunkelsienna, VanDykeBraun und Mitternachtsschwarz fügen Sie die Felsen hinzu.
Den Strand malen Sie mit ganz wenig Titanweiß auf dem 2-Zoll-Pinsel und langen horizontalen Strichen. Damit der Strand feucht aussieht, ziehen Sie die Farbe senkrecht nach unten aus und streichen anschließend leicht quer darüber.
Mit verschiedenen Mischungen aus Titanweiß, Karmesinrot und Phtaloblau auf dem Fächerpinsel verleihen Sie den Felsen mehr Kontur, Struktur und setzen einige Lichter. Mit einem trockenen, sauberen Pinsel ganz leicht verblenden. Achten Sie dabei stets auf die Winkel.
Für das Wasser, das leicht schäumend im Vordergrund auf den Strand trifft, verwenden Sie erneut eine Mischung aus Titanweiß und Phtaloblau, die Sie mit dem Farbspachtel auftragen.

Letzte Feinheiten
Benutzen Sie eine stark verdünnte Mischung aus Titanweiß, Karmesinrot und Phtaloblau, um mit dem Schriftenpinsel noch einige kleine Details im Bereich der großen Welle einzufügen und Ihr Bild ist fertig. Signieren Sie es und erfreuen Sie sich daran.

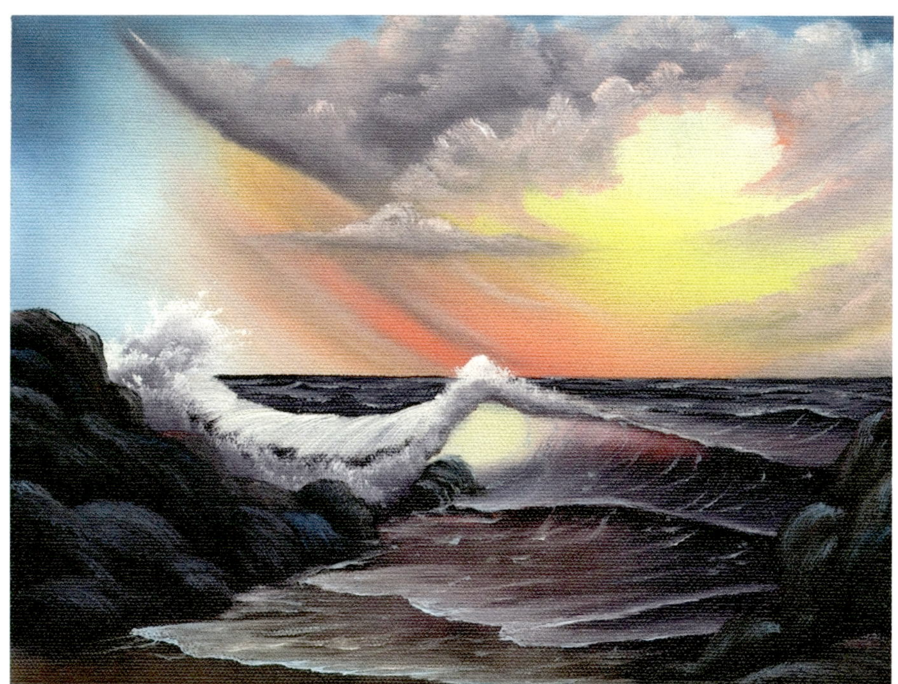

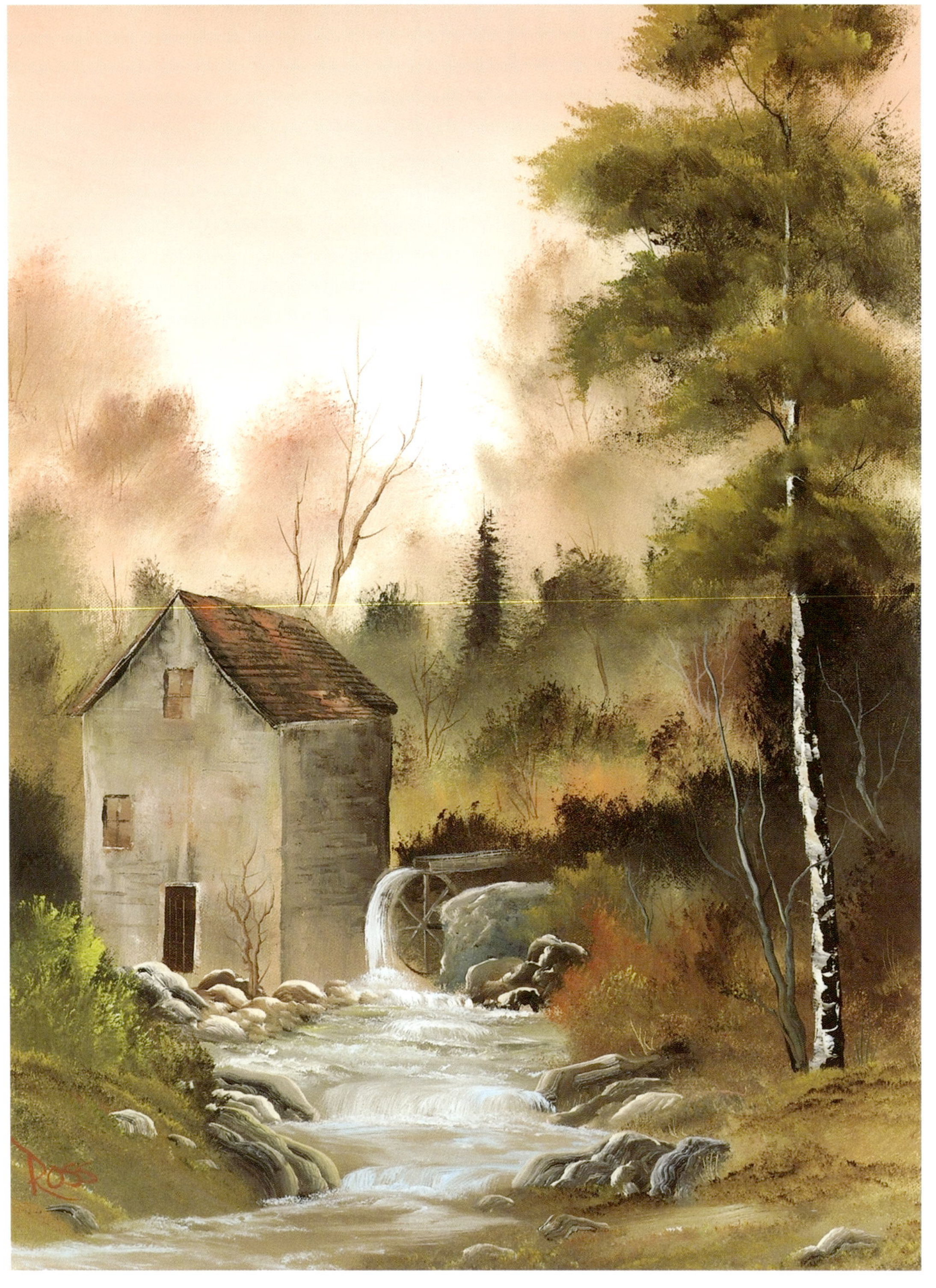

Material

2-Zoll-Pinsel
1-Zoll-Pinsel
Filbertpinsel Nr. 6
Fächerpinsel Nr. 6
Schriftenpinsel Nr. 2
Farbspachtel Nr. 10
Farbspachtel Nr. 5
Flüssigweiß
Titanweiß
Phtaloblau
Mitternachtsschwarz
Dunkelsienna
VanDykeBraun
Karmesinrot
Saftgrün
Kadmiumgelb
Ockergelb
Indischgelb
Hellrot

Bedecken Sie zunächst die gesamte Leinwand mit einer gleichmäßig dünnen Schicht Flüssigweiß. Das Flüssigweiß darf NICHT trocken sein, wenn Sie anfangen zu malen.

Himmel

Nehmen Sie mit dem 2-Zoll-Pinsel eine Mischung aus Dunkelsienna und Karmesinrot auf. Stupfen Sie den Pinsel fest in die Farbe, damit sich diese gleichmäßig in den Borsten verteilt. Beginnen Sie am oberen Rand der Leinwand und tragen Sie die Farbe für den Himmel mit sich kreuzenden Strichen auf. Je weiter Sie sich nach unten arbeiten, desto stärker vermischt sich die Farbe mit dem Flüssigweiß. Auf diese Weise wird der Himmel zum Horizont hin automatisch heller. Mit einem sauberen, trockenen 2-Zoll-Pinsel streichen Sie nun ganz leicht, wirklich nur leicht, über den Himmel und verblenden ihn ein wenig.

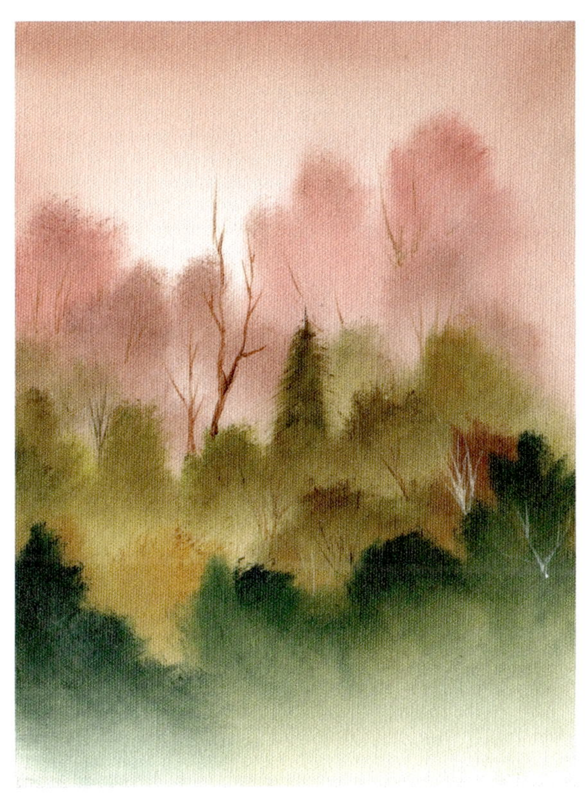

Hintergrund
Nehmen Sie mit dem 2-Zoll-Pinsel Dunkelsienna und Karmesinrot auf und stupfen Sie mit einer Ecke des Pinsels zunächst die Kronen der im Hintergrund liegenden Laubbäume auf die Leinwand und arbeiten dann etwas weiter nach unten.
Mit der Ecke eines sauberen, trockenen 2-Zoll-Pinsels tupfen sie im unteren Bereich in die Farbe und heben Sie anschließend leicht an, sodass die Konturen wie im Nebel verschwimmen.
Nehmen Sie mit dem 2-Zoll-Pinsel erneut Farbe auf: VanDykeBraun, Mitternachtsschwarz, Saftgrün und Phtaloblau. Damit gestalten Sie die weiter im Vordergrund stehenden Bäume. Schaffen Sie auch hier wieder den Eindruck, als würden sie im unteren Bereich im Dunst liegen.

Für die Nadelbäume halten Sie den Pinsel senkrecht und drücken die Borsten leicht auf. Mit dem Spachtel deuten Sie die Baumstämme an. Während Sie sich in Schichten nach vorn arbeiten, können Sie Ihrer Mischung verschiedene Gelbtöne und Hellrot beifügen. Mit verdünntem VanDykeBraun, Dunkelsienna oder Titanweiß auf dem Schriftenpinsel fügen Sie im Hintergrund Baumstämme, Äste und Zweige ein.

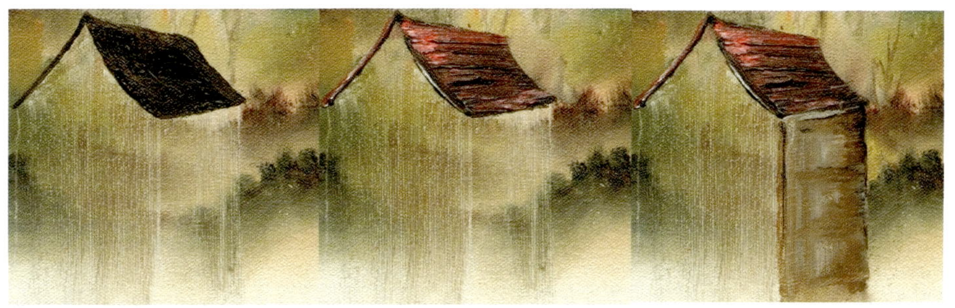

Wassermühle
Mithilfe des Farbspachtels entfernen Sie die Farbe an der Stelle der Leinwand, an der die Mühle stehen soll. Achten Sie auf die Winkel, wenn Sie das Dach sowie die hintere Dachkante mit VanDykeBraun einfügen. Verwenden Sie eine Mischung aus VanDykeBraun, Hellrot und Titanweiß, um Lichter auf das Dach zu setzen.

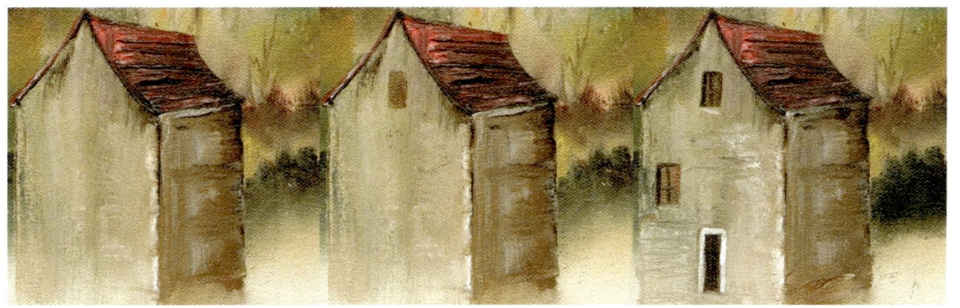

Für die Seitenwände der Mühle mischen Sie Dunkelsienna, Titanweiß und Ockergelb, für die Vorderfront fügen Sie noch mehr Titanweiß hinzu. Diese Flächen werden nun mit einer dunkleren Mischung aus Dunkelsienna, VanDykeBraun und Titanweiß leicht übermalt.
Nehmen Sie mit dem kleinen Spachtel eine Mischung aus Dunkelsienna oder Titanweiß auf, um damit die Fenster einzufügen und heben Sie die Konturen mit VanDykeBraun hervor. Diesen Farbton verwenden Sie auch für die Tür, den Türstock heben Sie mit einer helleren Mischung hervor.

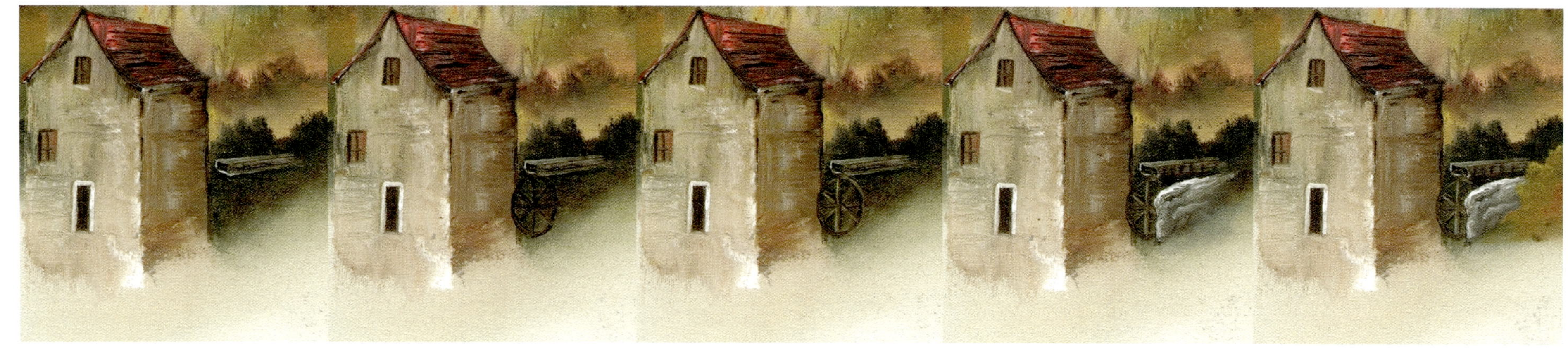

Fluss

Nehmen Sie mit dem Schriftenpinsel eine verdünnte Mischung aus Dunkelsienna und Titanweiß auf und malen Sie den Wasserlauf (an der Rückseite der Mühle) und das Wasserrad. (Beachten Sie, dass das Rad eine ovale Form hat.) Tauchen Sie den Schriftenpinsel in eine hellere Mischung aus Flüssigweiß und Dunkelsienna und setzen Sie ein paar Lichter auf das Rad.

Nehmen Sie mit dem Filbertpinsel Mitternachtsschwarz auf, dann ziehen Sie eine Seite des Pinsels zusätzlich durch eine sehr dünne Mischung aus Flüssigweiß, Dunkelsienna und Ockergelb. Mit einzelnen Strichen fügen Sie die Felsen mit einigen Glanzlichtern nahe des Wasserrades hinzu.

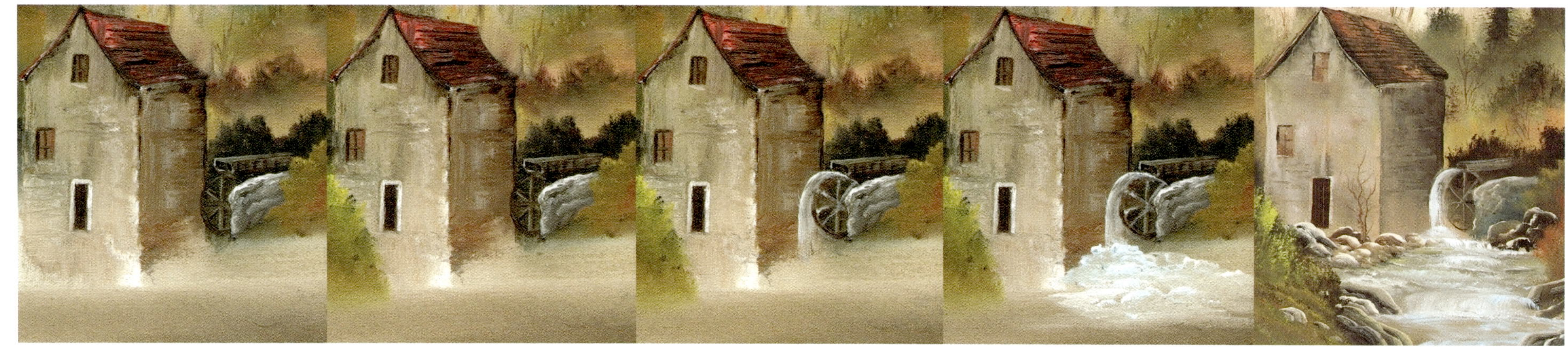

Verwenden Sie die Farbmischungen, die Sie für das Laubwerk angefertigt haben und den 2-Zoll-Pinsel, um den Vordergrund zu grundieren.
Mit nur einer Ecke des Pinsels ergänzen Sie nun einige Büsche bei den großen Felsen und an der Mühle.
Nehmen Sie mit dem Fächerpinsel eine Mischung aus Flüssigweiß, Titanweiß und Phtaloblau auf und ziehen Sie die Farbe bzw. das Wasser mit einem abwärts gerichteten Pinselstrich über das Rad nach unten. Mit winzigen aufwärts gerichteten Strichen lassen Sie das Wasser sprudeln und spritzen, mit wirbelnden, waagerecht verlaufenden Strichen, bringen Sie den Wasserverlauf im Bild nach vorn. Für die Felsen und Steine entlang des Wasserlaufs verwenden Sie erneut den zweifach gefüllten Filbertpinsel (s.o.). Nehmen Sie mit dem 2-Zoll-Pinsel verschiedene Mischungen aus Gelbtönen und Saftgrün auf. Halten Sie den Pinsel senkrecht und tupfen Sie nach unten, um die Grasflächen hinzuzufügen.

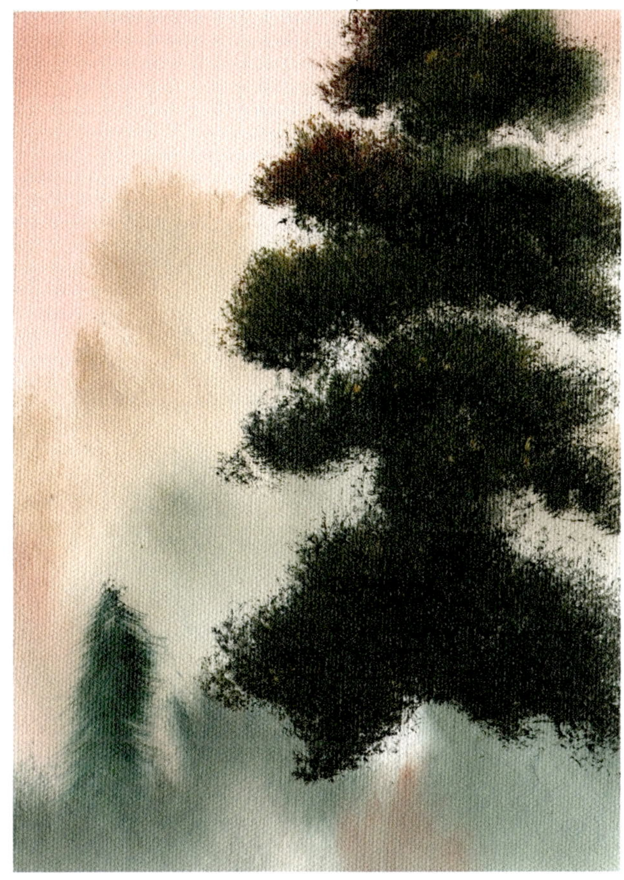

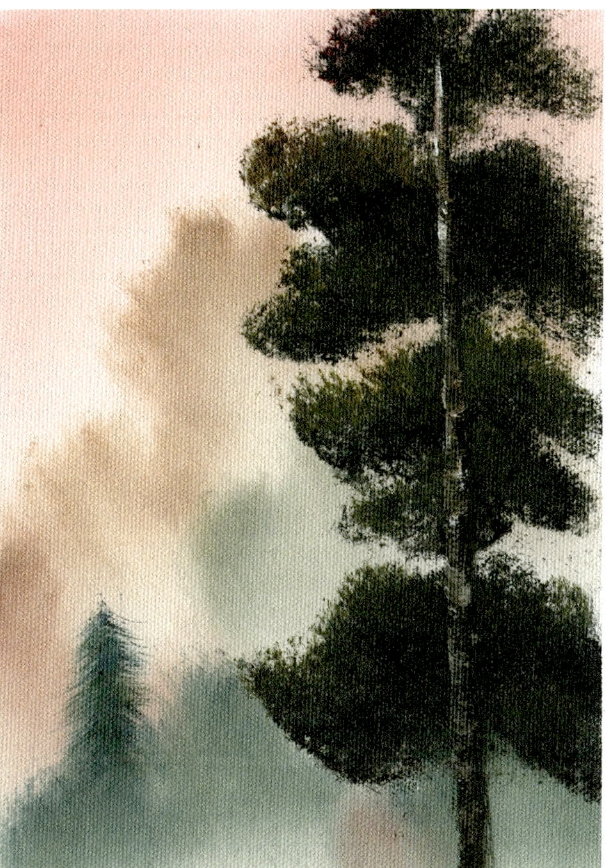

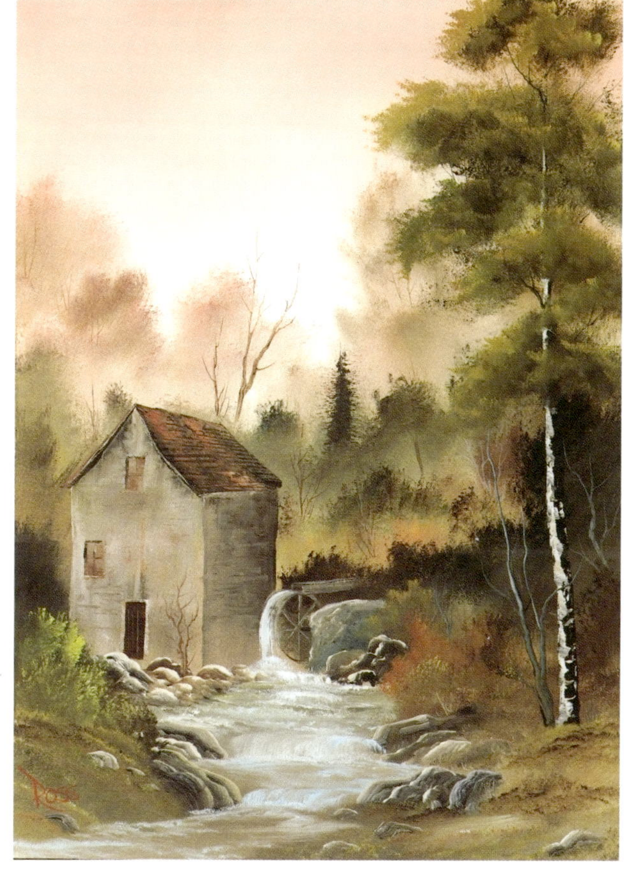

Großer Baum
Nehmen Sie mit dem 2-Zoll-Pinsel eine dunkle Mischung aus Mitternachtsschwarz, VanDykeBraun und Dunkelsienna auf und grundieren Sie den großen Baum im Vordergrund.

Den Baumstamm fügen Sie mit einem beidseitig gefüllten Fächerpinsel (VanDykeBraun und die verdünnte, helle Farbmischung) ein. Halten Sie den Pinsel senkrecht und ziehen Sie ihn von oben nach unten. Verstärken Sie nach unten hin den Druck, sodass der Stamm kräftiger wird.

Mit verdünntem VanDykeBraun auf dem Schriftenpinsel ergänzen Sie Äste sowie Zweige am Baum. Stupfen Sie den Fächerpinsel in Ockergelb und setzen Sie mit kleinen aufwärts gerichteten Strichen einige Lichter auf das Laubwerk.

Letzte Feinheiten
Weitere Felsen lassen sich ganz einfach mit dem erneut zweifach gefüllten Filbertpinsel ergänzen. Kleine Stöckchen und Reisig fügen Sie mithilfe des Schriftenpinsels ein, den Sie in stark verdünnte Farbe tauchen.

Vergessen Sie nicht, Ihr Meisterwerk zum Schluss zu signieren! Tun Sie dies mit einer Mischung aus Farbe und Farbverdünner, die so dünn wie Tinte sein sollte. Drehen Sie den Stiel, während Sie den Pinsel durch die Farbe ziehen. So nehmen Sie viel Farbe auf und es entsteht eine Spitze. Üben Sie beim Signieren nur wenig Druck aus und nehmen Sie erneut Farbe auf, falls nötig. Treten Sie nun einen Schritt zurück und betrachten Sie Ihr Meisterwerk voller Stolz!

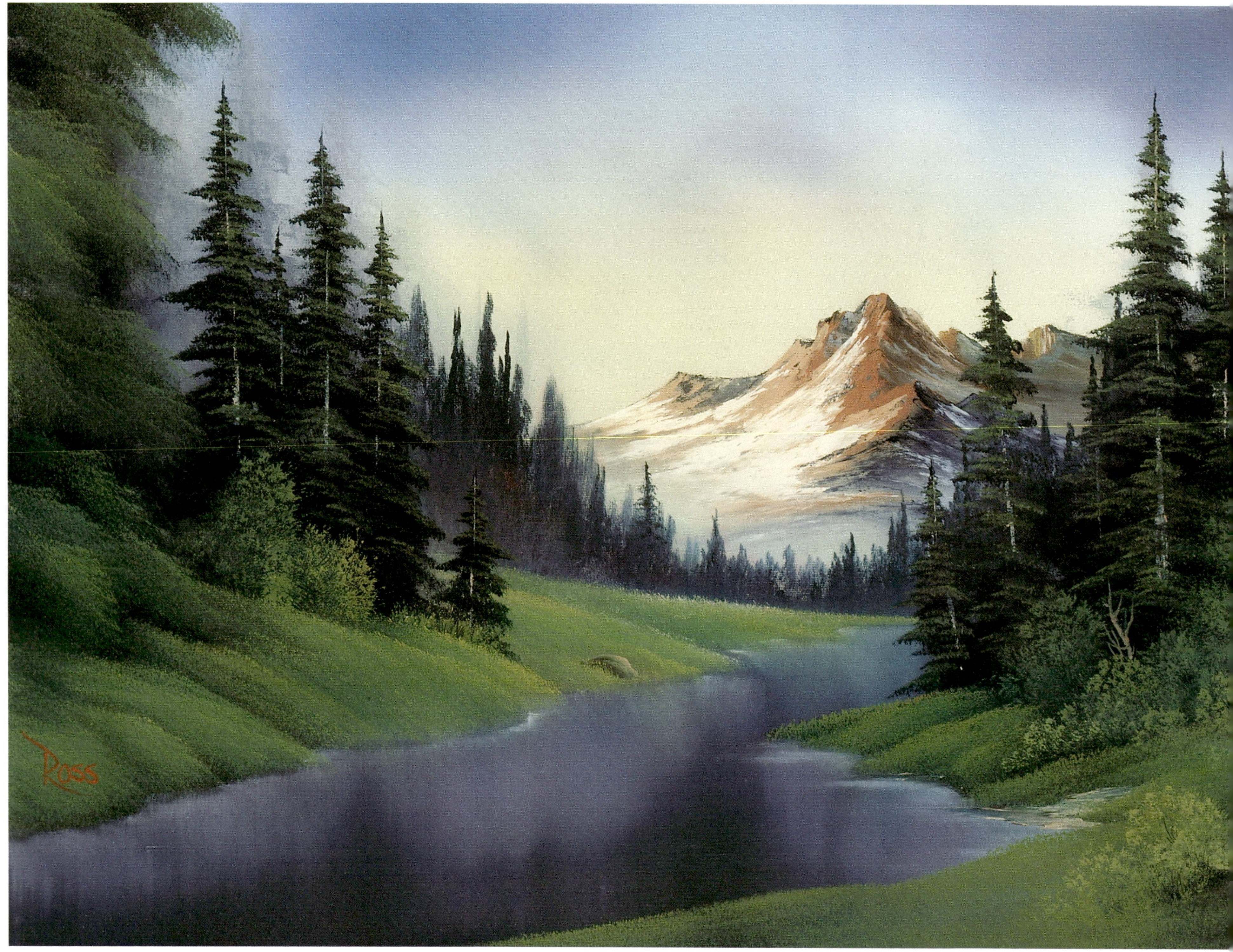
Ross

Material

2-Zoll-Pinsel
1-Zoll-Pinsel
Filbertpinsel Nr. 6
Fächerpinsel Nr. 6
Schriftenpinsel Nr. 2
Farbspachtel Nr. 10
Gesso Schwarz
Flüssigweiß
Flüssigtransparent
Titanweiß
Phtaloblau
Preußischblau
Mitternachtsschwarz
Dunkelsienna
VanDykeBraun
Karmesinrot
Saftgrün
Kadmiumgelb
Ockergelb
Indischgelb
Hellrot

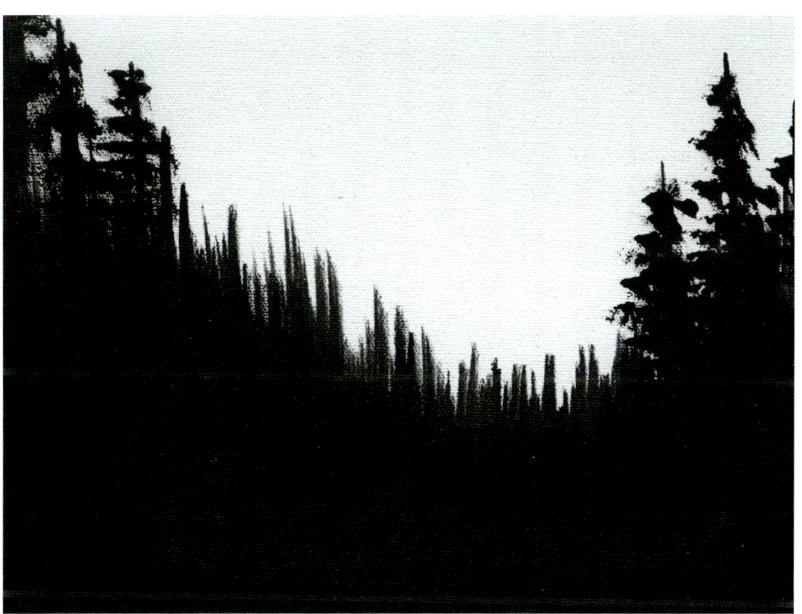

Tragen Sie mit einem Schaumschwamm in der unteren Bildhälfte eine Schicht Gesso Schwarz auf und verwenden Sie die Farbe zugleich, um die wesentlichen Konturen der Nadelbäume am Horizont anzulegen. Lassen Sie die Grundierung vollständig trocknen.

Nehmen Sie den 2-Zoll-Pinsel und bedecken Sie die vorab grundierte Fläche mit einer SEHR DÜNNEN Schicht Flüssigtransparent. Während das Flüssigtransparent noch feucht ist, tragen Sie mithilfe des 2-Zoll-Pinsels eine Mischung aus Karmesinrot und Phtaloblau auf die dunkle Leinwandfläche auf. Die unbemalte Fläche im oberen Teil der Leindwand grundieren Sie nun mit einer gleichmäßig dünnen Schicht Flüssigweiß. Diese Farben dürfen NICHT TROCKEN sein, wenn Sie zu malen beginnen.

Himmel

Nehmen Sie mit dem 2-Zoll-Pinsel Phtaloblau auf. Stupfen Sie den Pinsel dabei fest auf die Palette, damit die Borsten die Farbe gleichmäßig aufnehmen. Beginnen Sie am oberen Rand der Leinwand und tragen Sie die Farbe für den Himmel mit sich kreuzenden Strichen auf. Während Sie sich nach unten arbeiten, wechseln Sie zu einer Mischung aus Karmesinrot und Phtaloblau, die einen schönen Lavendelton ergibt. Säubern Sie den Pinsel und fügen Sie mit einer Mischung aus Titanweiß und Ockergelb den Streifen direkt über dem Horizont ein. Mit einem neuen 2-Zoll-Pinsel den Himmel sanft verblenden.

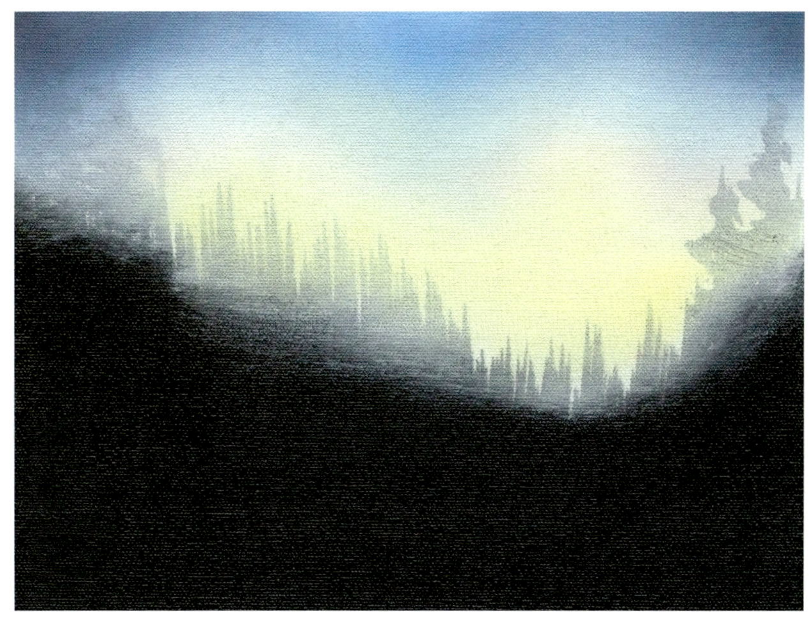

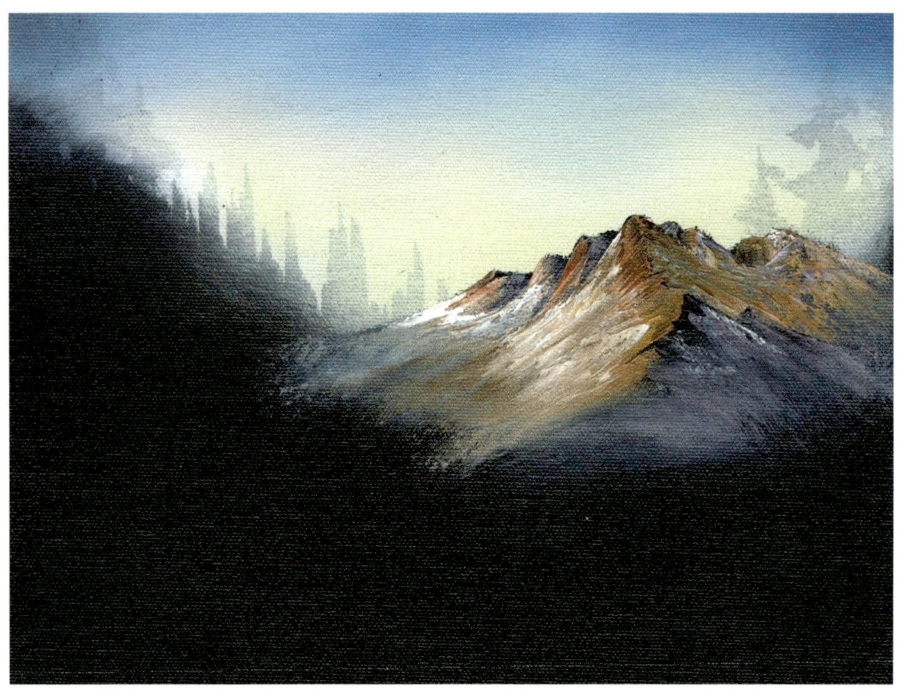

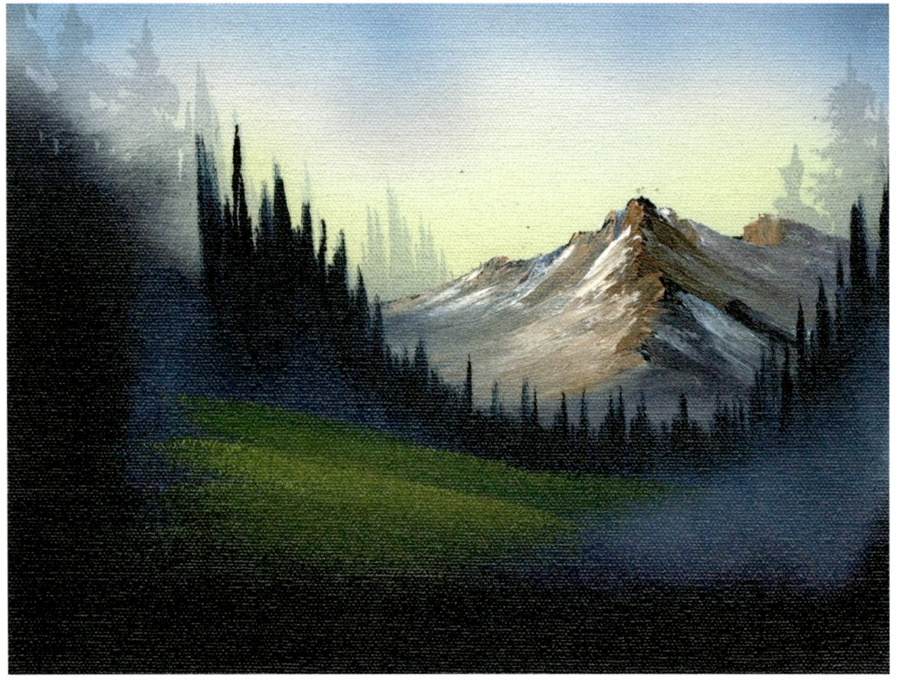

Berge

Für die Berge nehmen Sie mit dem Farbspachtel eine Mischung aus Mitternachtsschwarz, Karmesinrot und Preußischblau auf. Drücken Sie fest auf, um die Berggipfel zu formen. Überschüssige Farbe entfernen Sie mit dem Palettenmesser. Dann ziehen Sie die Farbe mit dem 2-Zoll-Pinsel nach unten bis zum Fuß des Berges. Die Schatten auf der rechten Seite des Berges fügen Sie mit einer Mischung aus Titanweiß, Karmesinrot und Phtaloblau hinzu. Zu diesem Zweck schneiden Sie mit dem Palettenmesser ein Farbröllchen ab und lassen es den jeweiligen Gipfel hinuntergleiten. Üben Sie gerade so viel Druck aus, dass die Farbe „bricht“. Auf der linken Seite des Berges tragen Sie eine Mischung aus Titanweiß, Dunkelsienna, Ockergelb und Hellrot auf, Lichter setzen Sie mit Titanweiß. Auch hier entsprechend Druck ausüben, damit die Farbe „bricht“. Mit einem sauberen, trockenen 2-Zoll-Pinsel stupfen Sie im unteren Teil des Berges – achten Sie dabei auf die Winkel! – und ziehen die Farbe dann leicht nach oben. Und schon liegt der Fuß des Berges im Dunst.

Hintergrund

Nun brauchen Sie eine dunkle Mischung aus Mitternachtsschwarz, Preußischblau, VanDykeBraun, Karmesinrot und Saftgrün. Einem kleinen Teil dieser Farbmischung fügen Sie Ockergelb und Titanweiß bei und hellen sie auf diese Weise auf.
Nehmen Sie die hellere Mischung mit dem Fächerpinsel auf. Halten Sie den Pinsel senkrecht und tupfen Sie einfach nach unten, um die kleinen Bäume unterhalb des Berges anzudeuten. Hie und da können Sie einzelne Zweige mit einer Ecke des Pinsels hinzufügen. Mit einem Hauch Titanweiß auf dem 2-Zoll-Pinsel tupfen Sie im unteren Bereich der Bäume – und schaffen so eine dunstverhangene Landschaft.

Für die saftigen Grasflächen im Hintergrund verwenden Sie Mischungen aus allen Gelbtönen, Saftgrün und Hellrot, die Sie mit dem 2-Zoll-Pinsel auftragen. Achten Sie darauf, dass Sie den dunklen Untergrund nicht vollständig übermalen – dann erhalten Ihre Grasflächen ein samtiges Aussehen.
Während Sie sich in Schichten vorarbeiten, setzen Sie Titanweiß für das Wasser im Hintergrund ein: Ziehen Sie den 2-Zoll-Pinsel senkrecht nach unten und streichen Sie danach leicht quer darüber. Anschließend tupfen Sie mit dem Pinsel lichte Grasflächen in den Vordergrund.
Um den großen Stein am Ufer zu gestalten, stupfen Sie den Filbertpinsel in VanDykeBraun und ziehen dann eine Seite des Pinsels durch eine Mischung aus Flüssigweiß, Ockergelb und Dunkelsienna.

Nadelbäume

Die größeren Nadelbäume malen Sie mit dem Fächerpinsel und einer dunklen Mischung aus Mitternachtsschwarz, Preußischblau, Karmesinrot, VanDykeBraun und Saftgrün. Ziehen Sie beide Seiten des Pinsels schlängelnd durch die Farbe, bis die Borsten eine richtig scharfe Kante bilden. Halten Sie den Pinsel senkrecht und legen Sie vorsichtig die Mittelachse des jeweiligen Baumes fest. Berühren Sie die Leinwand nur mit der Pinselecke, um einige Äste in den Wipfeln einzufügen. Arbeiten Sie sich langsam nach unten vor, indem Sie mit dem Pinsel vor und zurück tupfen und zunehmend Druck ausüben, damit die Äste nach unten hin ausladender werden.

Für die Baumstämme nehmen Sie mit dem Farbspachtel ein wenig Farbe auf – hierfür mischen Sie zuvor Titanweiß und Dunkelsienna – und tragen sie an den entsprechenden Stellen vorsichtig auf. Fügen Sie der zuvor gefertigten dunklen Mischung (Mitternachstschwarz, Preußischblau etc.) verschiedene Gelbtöne hinzu und setzen Sie mit einem Fächerpinsel Glanzlichter auf die Äste.

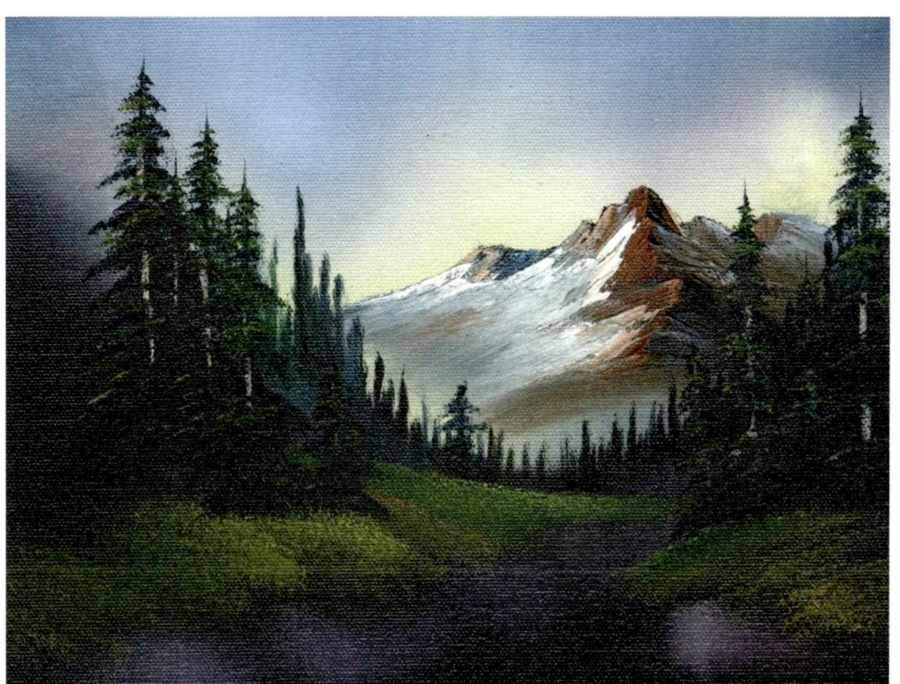

Kleine Laubbäume und Büsche

Für die kleinen Bäume und Büsche zu Füßen der Nadelbäume verwenden Sie Mischungen aus Titanweiß, Saftgrün, allen Gelbtönen und Hellrot. Ziehen Sie den 1-Zoll-Pinsel so durch die jeweilige Farbmischung, dass er sich sanft in eine Richtung biegt. Mit der abgerundeten Ecke nach oben stupfen Sie Bäumchen und Buschwerk auf die Leinwand. Drücken Sie den Pinsel dabei immer nach oben.

Vordergrund

Mit einer Mischung aus Titanweiß und Dunkelsienna auf dem Farbspachtel ritzen Sie kleine Details in die Wasseroberfläche und gestalten den Uferbereich. Um die noch ausstehenden Grasflächen in der Uferzone mit dem 2-Zoll-Pinsel einzufügen, verwenden Sie die lichten Gelbtöne. Für den großen Laubbaum im Vordergrund links benötigen Sie noch einmal etwas von der dunklen Farbmischung für die Bäume, die Sie mit dem 2-Zoll-Pinsel auftragen. Nehmen Sie mit diesem jetzt noch etwas Kadmiumgelb auf und setzen Sie Lichter auf das Blattwerk.

Letzte Feinheiten

Fügen Sie so viele Büsche und kleine Nadelbäume ein, wie Sie möchten. Danach können Sie Ihr Bild voller Stolz signieren. Ich hoffe sehr, Sie haben viel FREUDE AM MALEN erfahren!

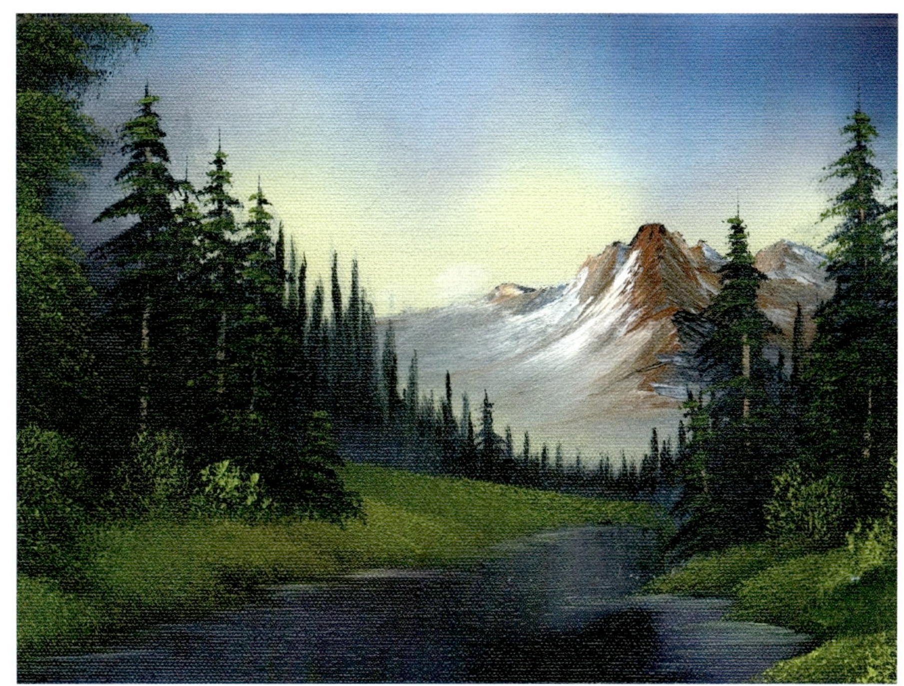

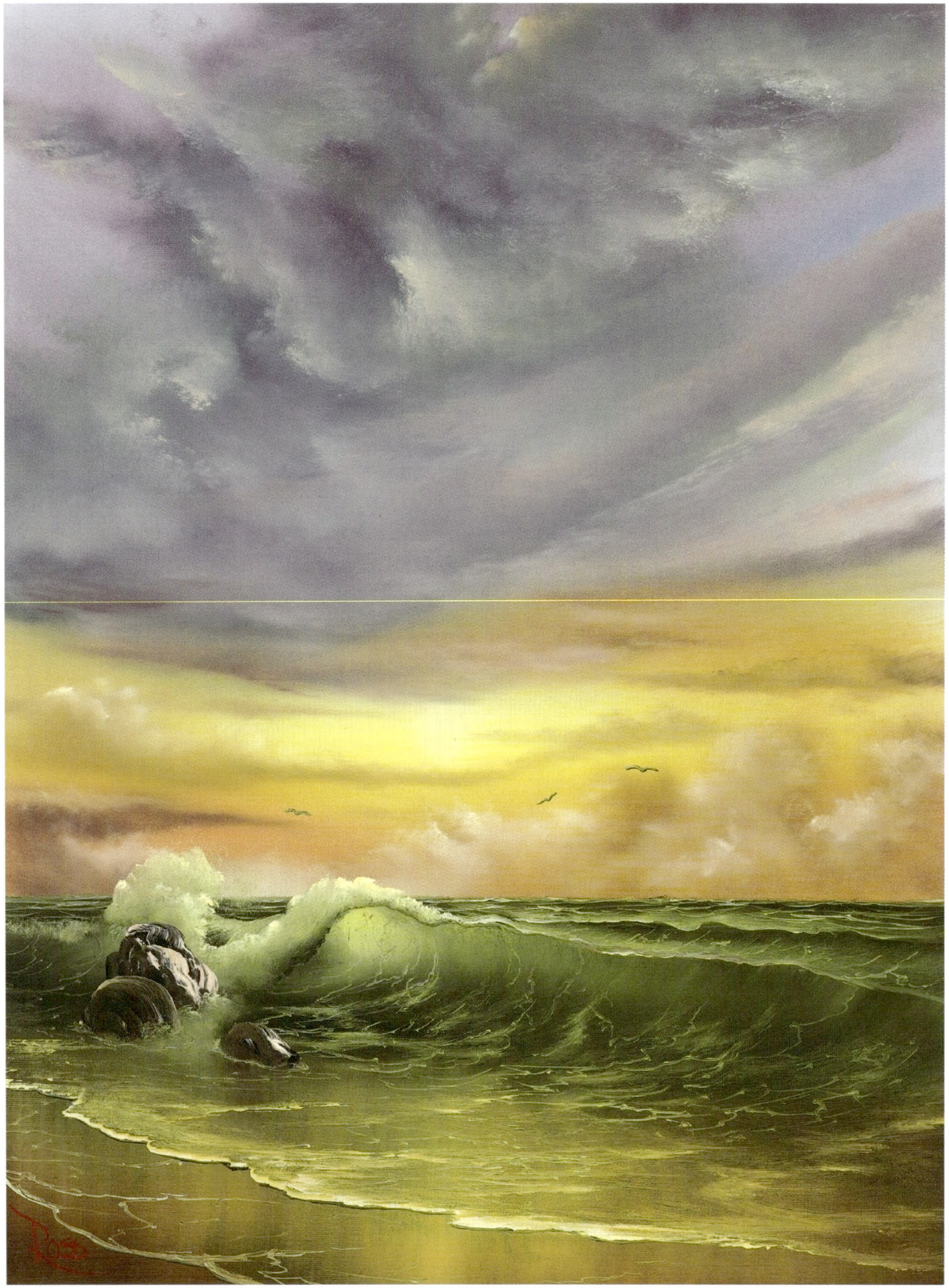

Material

2-Zoll-Pinsel
Filbertpinsel Nr. 6
Fächerpinsel Nr. 3
Schriftenpinsel Nr. 2
Farbspachtel Nr. 5
Gesso Schwarz
Flüssigweiss
Titanweiß
Phtaloblau
Mitternachtsschwarz
Dunkelsiena
VanDykeBraun
Karmesinrot
Saftgrün
Kadmiumgelb
Ockergelb
Indischgelb

Bevor Sie mit dem Malen beginnen, markieren Sie den Horizont in der unteren Bildhälfte mit einem Maskierband. Mit einem Schaumschwamm tragen Sie dann eine gleichmäßig dünne Schicht Gesso Schwarz auf die untere Leinwandhälfte auf und legen die Form der dunklen Wolke in Grundzügen fest. Lassen Sie das Gesso VOLLSTÄNDIG TROCKNEN.

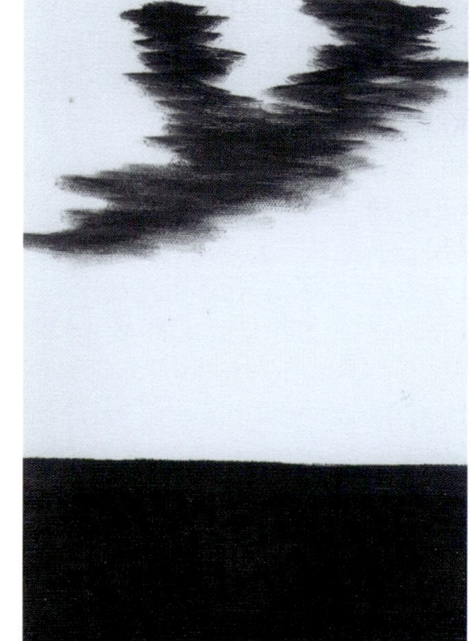

Nehmen Sie den 2-Zoll-Pinsel und tragen Sie auf die schwarz grundierte Fläche zunächst direkt unterhalb des Horizonts eine Mischung aus VanDykeBraun und Saftgrün auf, gefolgt von Indischgelb, das sich bis zum unteren Rand der Leinwand erstreckt. In die untere linke Ecke geben Sie eine dünne Schicht Dunkelsiena.

Den gesamten oberhalb des Horizonts gelegenen Bereich der Leinwand grundieren Sie mit einer gleichmäßig dünnen Schicht Flüssigweiß. Und denken Sie daran: Diese Farben dürfen NICHT trocken sein, wenn Sie mit dem Malen beginnen.

Himmel
Nehmen Sie mit dem 2-Zoll-Pinsel eine Mischung aus Ockergelb und Kadmiumgelb auf. Dabei stupfen Sie den Pinsel ein paar Mal auf die Palette, damit sich die Farbe gleichmäßig in den Borsten verteilt. Sie beginnen direkt über dem Horizont und arbeiten sich mit sich kreuzenden Strichen nach oben. Ohne den Pinsel zu säubern, nehmen Sie für die Fläche über dem Gelb etwas Karmesinrot auf.

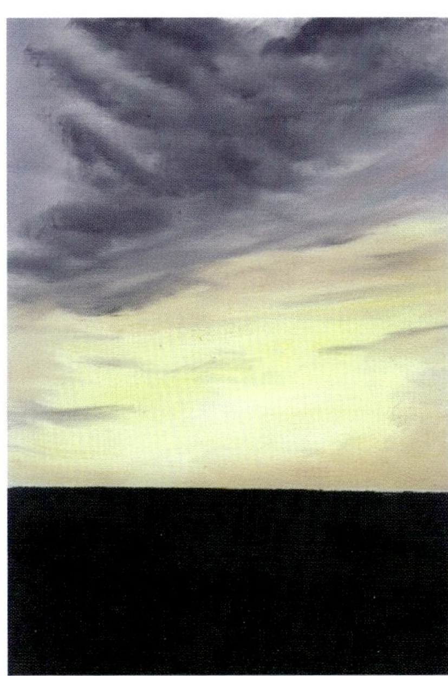

Mit dem Fächerpinsel und einer Mischung aus Karmesinrot und Phtaloblau, die einen schönen Lavendelton ergibt, gestalten Sie die Wolken im oberen Teil des Himmels. Für die Wolken direkt über dem Horizont ziehen Sie mit dem Pinsel kleine Kreise.

Die helle Fläche im Zentrum des Himmels gestalten Sie mit dem 2-Zoll-Pinsel, mit dem Sie in diesem Bereich Titanweiß aufbringen. Wenn Sie etwas von dieser Farbe auf Ihre Fingerkuppe geben und sie mit dieser an der hellsten Stelle in die Leinwand „reiben", können Sie auf diese Weise eine Sonne hinzufügen. Mit einem sauberen, trockenen 2-Zoll-Pinsel verblenden Sie den Himmel.

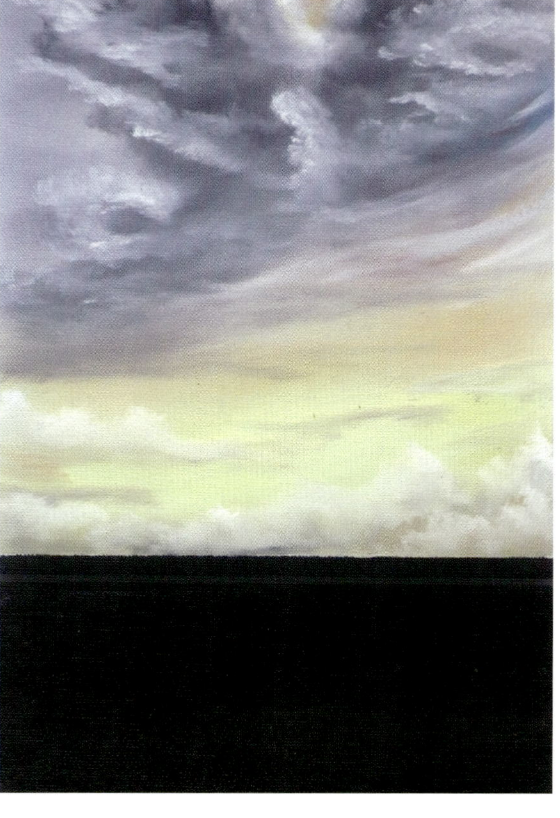

Arbeiten Sie in Schichten, während Sie mit Titanweiß auf dem Fächerpinsel und kleinen kreisförmigen Pinselstrichen die einzelnen Wölkchen gestalten. Danach verblenden Sie die Unterseite der Wolken mit der oberen Ecke eines sauberen, trockenen 2-Zoll-Pinsels. Wenn Sie mit Ihrem Himmel zufrieden sind, entfernen Sie das Maskierband.

Übermalen Sie den bisher durch das Maskierband verdeckten und noch nicht grundierten Leinwandstreifen mit einer Mischung aus Saftgrün und VanDykeBraun. Danach nehmen Sie mit dem Filbertpinsel Titanweiß auf und skizzieren grob die große Welle.

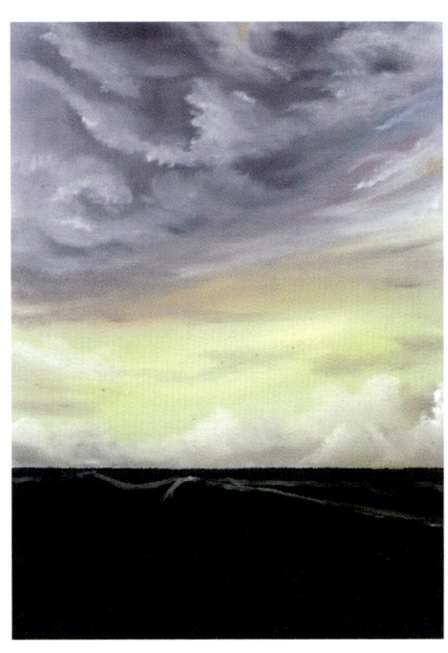

Wasser im Hintergrund
Nehmen Sie für die im Hintergrund liegenden Wellen den Fächerpinsel und tragen Sie Titanweiß mit langen, waagerechten Strichen auf. Mit einem sauberen Fächerpinsel und kurzen Strichen ziehen Sie die Wellenkämme zurück. (Bemerken Sie, wie sich das Weiß mit der schon auf der Leinwand vorhandenen Farbe mischt und Sie grünes Wasser erhalten?) Achten Sie darauf, dass die dunklen Farbpartien, die die einzelnen Wellen und die Wellenkämme voneinander abgrenzen erhalten bleiben. Sie geben dem Bild die notwendige Tiefe.

Große Welle
Das „Auge" der Welle wird mit einer Mischung aus Titanweiß und Kadmiumgelb gemalt, die Sie an entsprechender Stelle mit dem Filbertpinsel in die Leinwand reiben. Danach vermischen Sie die Farbe mit der oberen Ecke eines sauberen, trockenen 2-Zoll-Pinsels, den Sie kreisen lassen. Achten Sie dabei auf die Form Ihrer Welle.

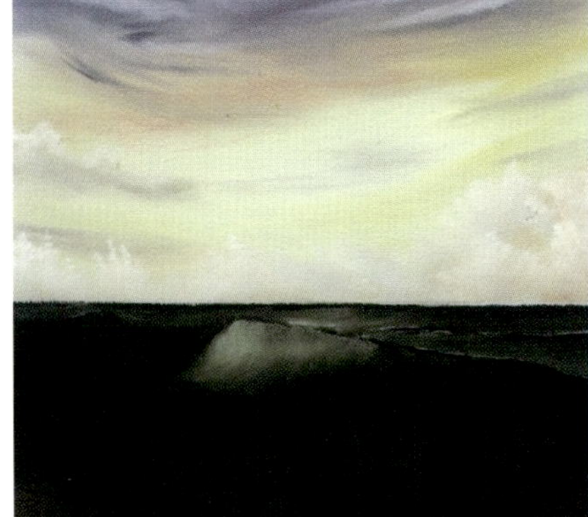

Nehmen Sie mit dem Fächerpinsel Titanweiß auf und ziehen Sie das Wasser über die sich brechende Welle. Achten Sie hierbei auf den Blickwinkel!

Nehmen Sie mit dem Filbertpinsel eine Mischung aus Phtaloblau und Karmesinrot auf. Mit kleinen kreisenden Pinselstrichen malen Sie entlang dem Wellenkamm der großen Welle die Gischt. Säubern Sie den Pinsel und nehmen Sie Titanweiß auf, um dort, wo das Licht auftrifft, Glanzlichter auf Gischt und Schaumkronen zu setzen.

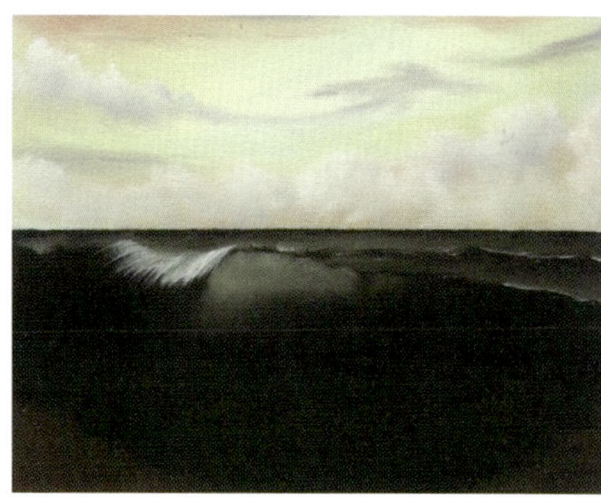

Mit der oberen Ecke des 2-Zoll-Pinsels kreisen Sie locker über diese Partie, sodass die einzelnen Bereiche der Gischt miteinander verschmelzen.
Mit einer sehr dünnen Mischung aus Titanweiß und Farbverdünner auf dem Schriftenpinsel betonen Sie die Wellenkämme und fügen verschiedene kleine Details hinzu.

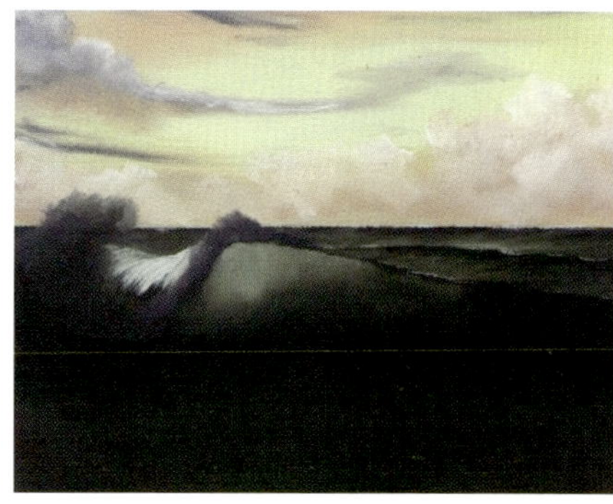

(Um mit dem Schriftenpinsel Farbe aufzunehmen, verdünnen Sie die Farbe bis sie eine tintenähnliche Konsistenz hat. Dazu tippen Sie den Pinsel zuerst in Farbverdünner; dann drehen Sie ihn langsam, während Sie ihn durch die Farbe ziehen. So bilden die Pinselborsten eine exakte Spitze. Drücken Sie nur ganz schwach auf, um die Farbe mit dem Schriftenpinsel aufzutragen. Falls Ihre Farbe nicht richtig fließen will, müssen Sie noch mehr Farbe aufnehmen.)

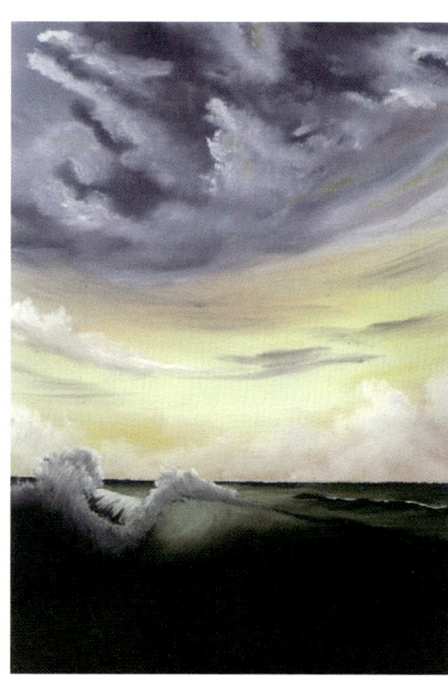

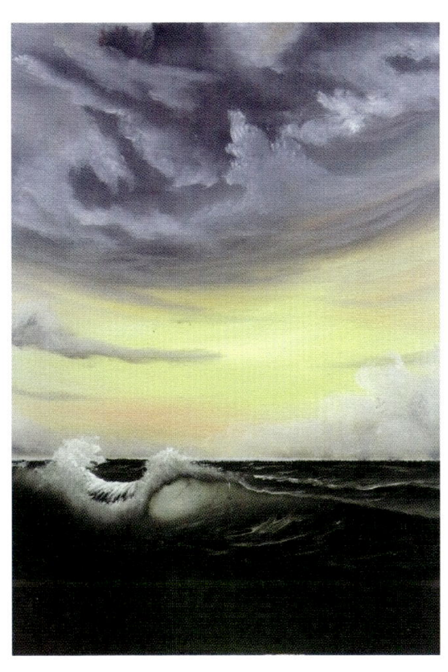

Vordergrund
An der hellsten Stelle des Vordergrundes setzen Sie lange, senkrechte Striche mit dem 2-Zoll-Pinsel und Titanweiß. Ziehen Sie diese Farbe nach unten aus und streichen Sie danach leicht quer darüber, um die Lichtspiegelung im Vordergrund zu erzeugen.

Ziehen Sie mit dem Farbspachtel etwas Titanweiß flach auf Ihrer Palette aus und schneiden Sie mit der langen Kante ein Farbröllchen ab. Halten Sie den Spachtel waagerecht und drücken Sie fest auf, wenn Sie mit langen, waagerechten Strichen das schäumende Wasser am Strand malen. Benutzen Sie einen sauberen Fächerpinsel, um die Farbe in Richtung der großen Welle zurückzuziehen und so den Eindruck kleiner Strudel und Schaumkrönchen zu erwecken.

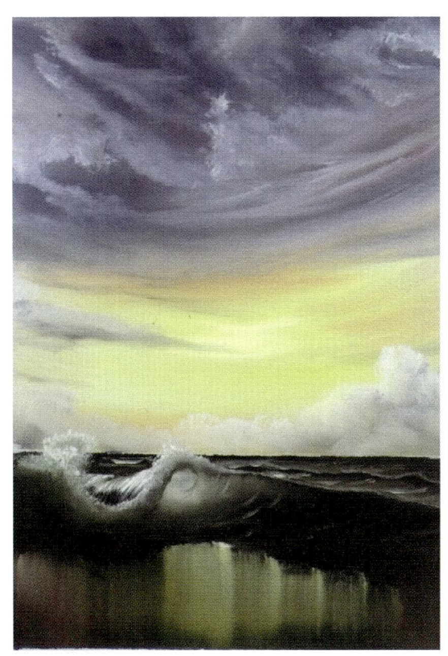

Mit verdünntem Titanweiß auf dem Schriftenpinsel zeichnen Sie einzelne Linien ein, die zeigen, wo und wie das Wasser am Strand auftrifft. Dann verwenden Sie verdünntes VanDykeBraun und malen mit dem Schriftenpinsel und „M-förmigen“ Pinselstrichen kleine Vögel.

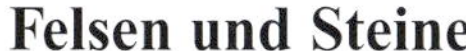

Felsen und Steine
Nehmen Sie mit dem Filbertpinsel beidseitig VanDykeBraun auf und ziehen Sie ihn dann mit einer Seite durch eine Mischung aus Flüssigweiß, Dunkelsiena und Ockergelb (um den Pinsel beidseitig zu laden). Mit der hellen Pinselseite nach oben und einer Reihe einzelner Pinselstriche gestalten Sie die Felsen und Steine in der linken Ecke des Bildes und setzen zugleich Glanzlichter darauf.

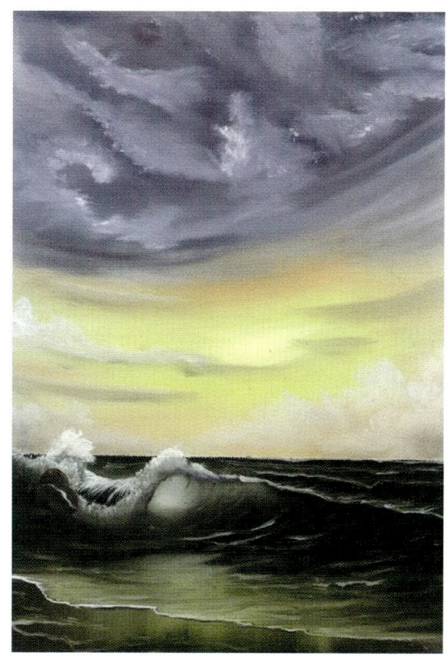

Letzte Feinheiten
Benutzen Sie stark verdünntes Titanweiß, um mit dem Schriftenpinsel noch einige kleine Details am Fuß der Felsen einzufügen und Ihr Bild ist fertig.
Signieren Sie es und erfreuen Sie sich daran!

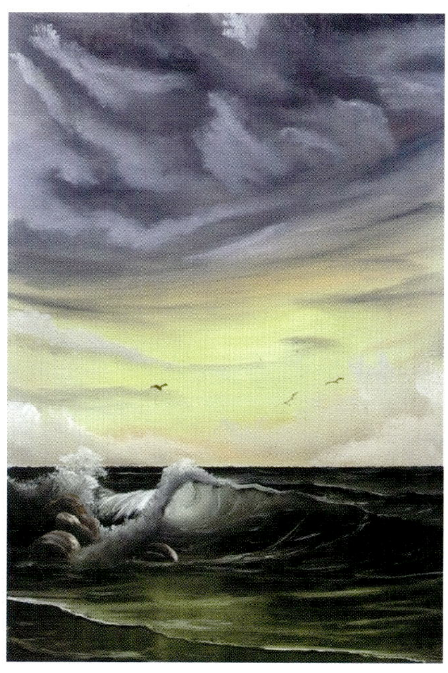

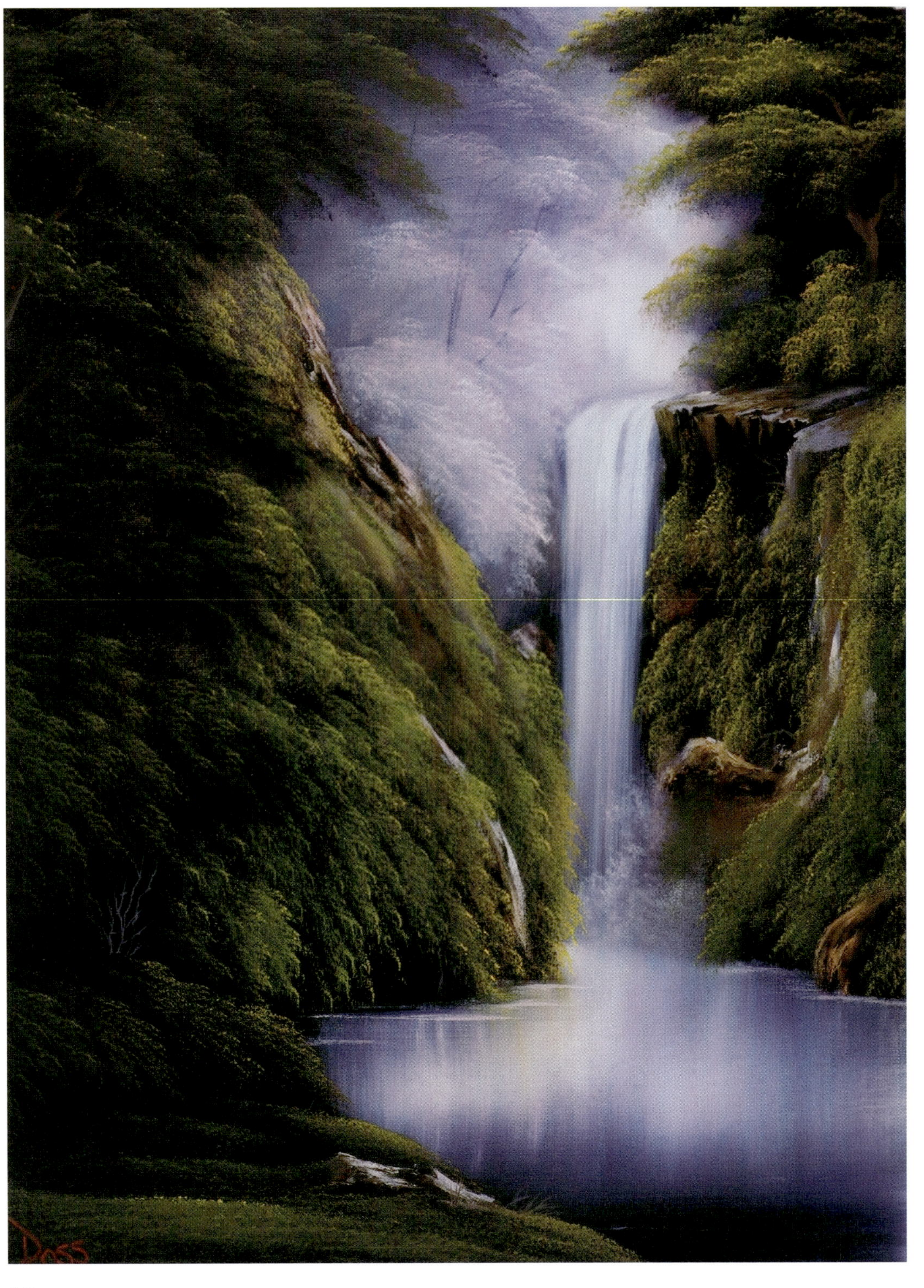

Material

2-Zoll-Pinsel
1-Zoll-Pinsel
Fächerpinsel Nr. 6
Schriftenpinsel Nr. 2
Farbspachtel Nr. 5
Gesso Schwarz
Flüssigweiß
Flüssigtransparent
Titanweiß
Phtaloblau
Mitternachtsschwarz
Dunkelsiena
VanDykeBraun
Karmesinrot
Saftgrün
Kadmiumgelb
Ockergelb
Indischgelb

Mit einem Schaumschwamm tragen Sie Gesso Schwarz auf die Leinwand auf, sparen dabei aber die helle Partie im Bereich der Bildmitte aus. Das Gesso Schwarz muss VOLLSTÄNDIG TROCKNEN, bevor Sie mit dem Malen beginnen.

Sobald der Untergrund trocken ist, tragen Sie mit dem 2-Zoll-Pinsel eine gleichmäßige, SEHR DÜNNE Schicht Flüssigtransparent auf. Mischen Sie sofort danach Phtaloblau und Karmesinrot und tragen Sie diesen Lavendelton in einer dünnen, gleichmäßigen Schicht auf, solange das Flüssigtransparent noch nass ist. Diese Schicht darf NICHT trocken sein, wenn Sie anfangen zu malen.

Himmel
Nehmen Sie mit einem sauberen, trockenen 2-Zoll-Pinsel Titanweiß auf und setzen Sie für den Himmel sich kreuzende Striche auf die helle, von Gesso freie Fläche oberhalb des Wasserfalls. Fahren Sie damit fort bis Sie den gewünschten Grad an Helligkeit erreicht haben.

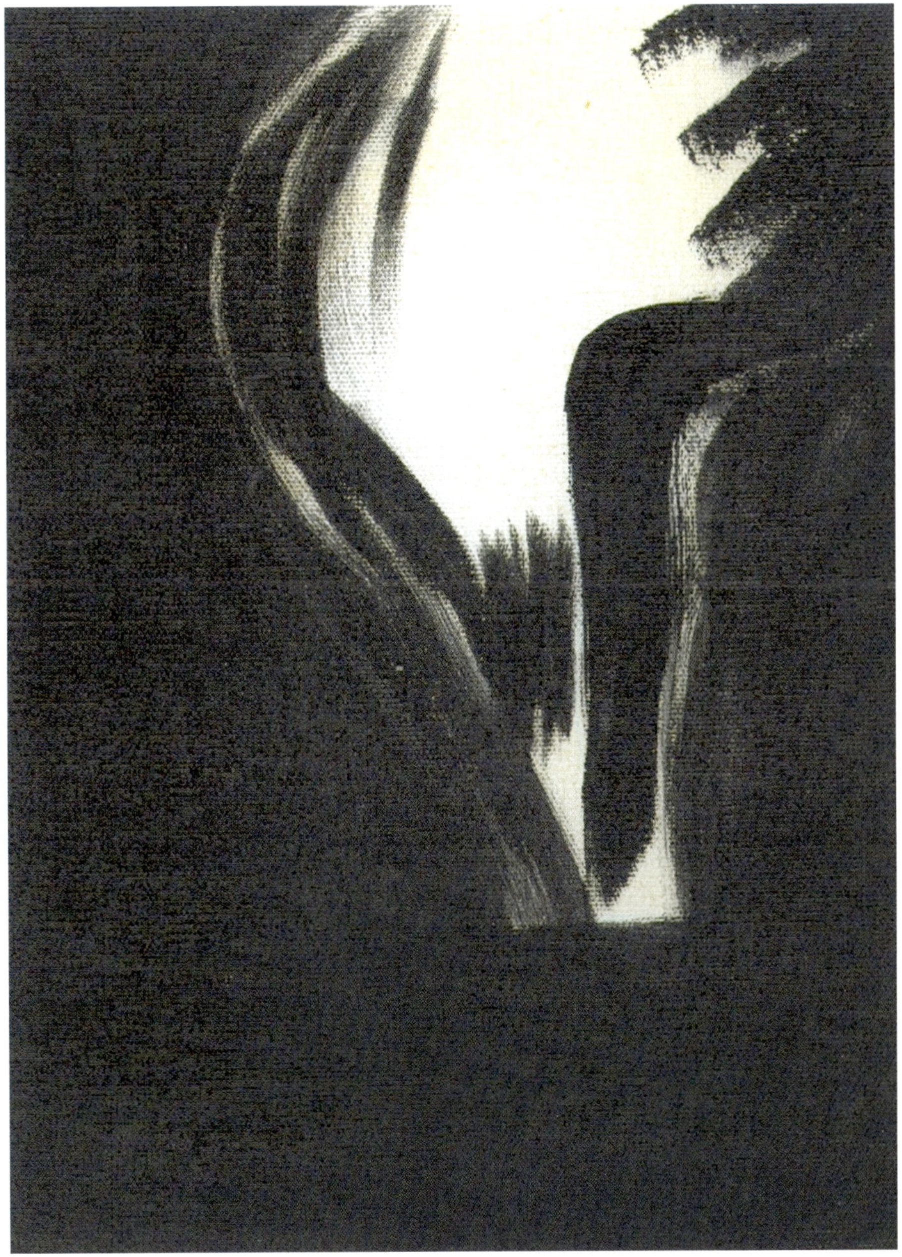

WASSERFALL IM WALD

Ohne den Pinsel zu reinigen nehmen Sie eine Spur der Lavendelmischung (Phtaloblau/Karmesinrot) auf. Mit der Ecke des Pinsels tupfen Sie im Hintergrund ganz zart einige Bäume auf die Leinwand. Die Baumstämme deuten Sie mit einer verdünnten Lavendelmischung an, die Sie mit dem Schriftenpinsel auftragen.

Anschließend nehmen Sie mit dem 2-Zoll-Pinsel eine Spur Titanweiß auf und setzen einige Lichter auf die Bäume. Weitere Akzente setzen Sie in diesem Bereich, indem Sie zu der Lavendelmischung etwas Titanweiß hinzugeben (benutzen Sie weiterhin den 2-Zoll-Pinsel). Sie können dieselbe Mischung auch verwenden, um mit dem Fächerpinsel kleinere Bäume im Hintergrund hinzuzufügen.

Wasserfall

Für den Wasserfall mischen Sie Titanweiß mit einer Spur Phtaloblau. Verdünnen Sie die Mischung, indem Sie den 1-Zoll-Pinsel zuerst in Flüssigtransparent tippen und danach beide Seiten des Pinsels so durch die Mischung ziehen, dass die Borsten eine scharfe Kante bilden. Damit das Wasser schön über den Abhang fällt, halten Sie den Pinsel waagerecht.

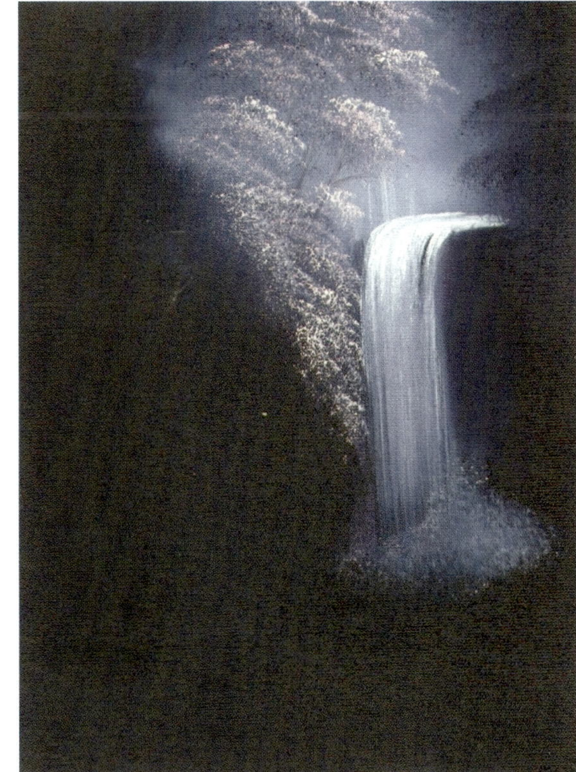

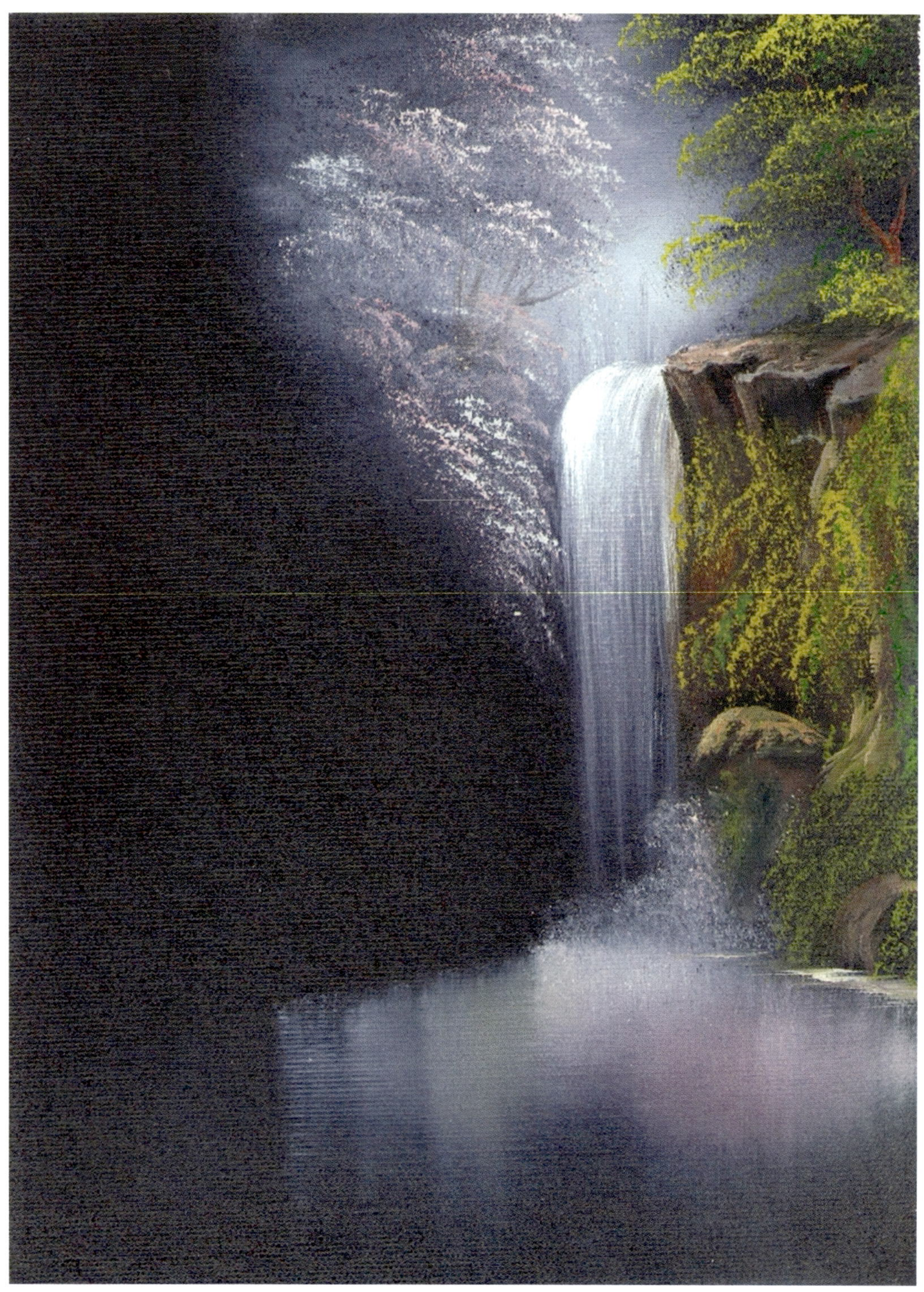

Beginnen Sie am oberen Ende des Wasserfalls. Machen Sie einen kurzen waagerechten Strich und ziehen Sie dann die Farbe mit einem einzigen langen, senkrechten Pinselstrich gerade nach unten (zum Fuß des Wasserfalls). Wiederholen Sie diesen Vorgang so oft wie notwendig. Mit einem sauberen, trockenen 2-Zoll-Pinsel heben sie Farbe leicht an. Dann nehmen Sie mit dem 2-Zoll-Pinsel Titanweiß auf und stupfen im unteren Bereich des Wasserfalls mit einer Pinselecke von oben nach unten auf die Leinwand, damit der Eindruck von Dunstschleiern entsteht.

Bäume

Mit einer Mischung aus Titanweiß und Dunkelsiena auf dem Schriftenpinsel fügen Sie den größeren Baumstamm (rechts über dem Abhang) hinzu. Üben Sie dabei nur wenig Druck aus. Wenn Sie den Pinsel drehen und leicht hin und her wackeln, sieht der Baumstamm wunderbar knorrig aus. Versehen Sie den Baum mit einigen Glanzlichtern und stellen Sie zu diesem Zweck verschiedene grünliche Mischungen aus Saftgrün, allen Gelbtönen und Mitternachtsschwarz her. Wenn Sie die Farbe mit dem 2-Zoll-Pinsel aufnehmen, halten Sie diesen im 45° Winkel und tupfen Sie ihn in die verschiedenen Mischungen. Lassen Sie den Pinsel dabei richtig in die Farbe hineingleiten. Vielfältiges Blattwerk erhalten Sie, indem Sie mit der Ecke des Pinsels leicht nach unten tupfen.

Klippen

Nehmen Sie eine Mischung aus VanDykeBraun und Dunkelsiena mit dem Farbspachtel auf und ergänzen Sie die Klippen auf der rechten Bildseiteite; dabei beginnen Sie am Fuß des Baumes und ziehen die Farbe bis zum Ende des Wasserfalls nach unten. Betonen Sie die obere Abbruchkante der Klippe mit einer Mischung aus VanDykeBraun, Dunkelsiena und Titanweiß auf dem kleinen Palettenmesser. Üben Sie dabei gerade so viel Druck aus, dass die Farbe „bricht". Achten Sie auf die Winkel. Mit der VanDykeBraun-Mischung auf dem Spachtel fügen Sie kleine Felsen und Steine hinzu. Für die Lichter geben Sie etwas Titanweiß zu der Mischung. Für das ruhig fließende Wasser am

Fuß des Wasserfalls verwenden Sie den 2-Zoll-Pinsel. Nehmen Sie Titanweiß und einen Hauch Phtaloblau auf. Beginnen Sie am Fuß des Wasserfalls und halten Sie den Pinsel waagerecht, wenn Sie die Farbe nun mehrmals nach unten ziehen. Dann streichen Sie leicht darüber. Beachten Sie, wie sich das Weiß mit der Farbe, die schon auf der Leinwand ist, vermischt.

Vordergrund

Die große Klippe auf der linken Seite fügen Sie mit einer Mischung aus VanDykeBraun und Dunkelsiena auf dem Farbspachtel hinzu. Für die Lichter geben Sie der Mischung wieder Titanweiß bei.

Achten Sie nach wie vor auf die Winkel, wenn Sie das Grün der Klippen mit den Gelb-Grün-Mischungen auf dem 2-Zoll-Pinsel hinzufügen. Lassen Sie dabei einige mit Glanzlichtern versehene Partien frei. Mit dem 2-Zoll-Pinsel ziehen Sie etwas von der grünen Farbe in den Bereich des Wassers hinein und streichen für die Spiegelung dann leicht quer darüber.

Legen Sie die großen Bäume im Vordergrund mit dem 2-Zoll-Pinsel und der Lavendelmischung (Phtaloblau/Karmesinrot) an. Baumstämme, Äste und Zweige ergänzen Sie mit dem Schriftenpinsel. Mit ihm nehmen Sie eine verdünnte Mischung aus Dunkelsiena, VanDykeBraun und Titanweiß auf. Für das Laub verwenden Sie die Gelb-Grünmischungen und den 2-Zoll-Pinsel. Sehen Sie sich die Laubbüschel an und achten Sie auf eine individuelle Gestaltung. Für die Grasfläche im Vordergrund nehmen Sie die Phtaloblau-Karmesinrot-Mischung auf den 2-Zoll-Pinsel; darauf setzen Sie mit den Gelb-Grün-Mischungen einzelne Lichter. Mit VanDykeBraun und Dunkelsiena auf dem Farbspachtel gestalten Sie weitere kleine Felsen und Steine. Um sie mit Glanzlichtern zu versehen, fügen Sie der Mischung etwas Titanweiß hinzu.

Letzte Feinheiten

Geben Sie Flüssigweiß auf die lange Kante des Spachtels und ergänzen Sie einige Details der Wasseroberfläche. Nun ist Ihr Meisterwerk fertig und kann von Ihnen signiert werden!

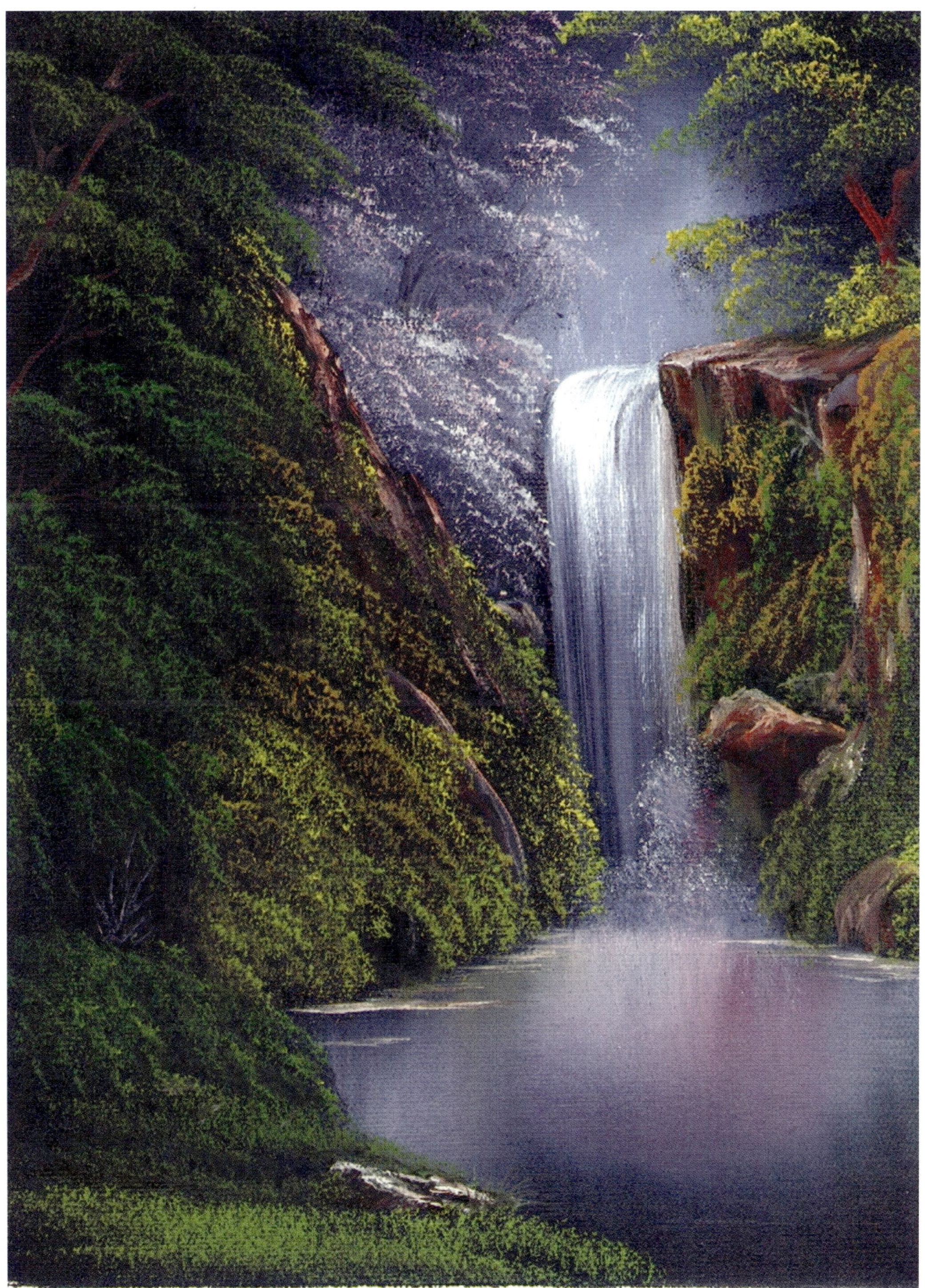

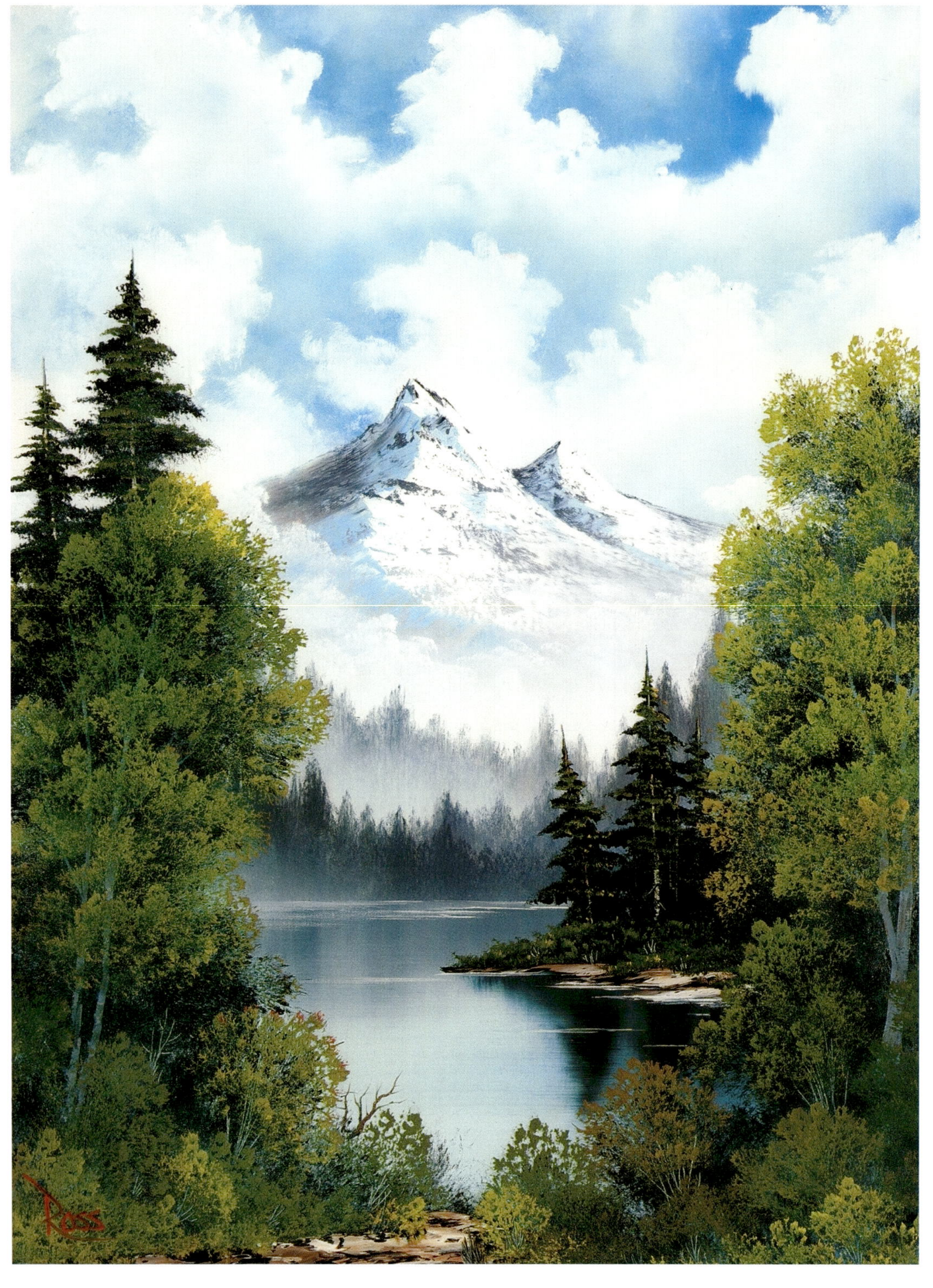

Material

2-Zoll-Pinsel	Mitternachtsschwarz
1-Zoll-Pinsel	Dunkelsienna
Fächerpinsel Nr. 6	VanDykeBraun
Schriftenpinsel Nr. 2	Karmesinrot
Farbspachtel Nr. 10	Saftgrün
Flüssigweiß	Kadmiumgelb
Titanweiß	Ockergelb
Phtaloblau	Indischgelb
Preußischblau	Hellrot

Zunächst bedecken Sie die Leinwand mit einer gleichmäßig dünnen Schicht Flüssigweiß. Das Flüssigweiß darf NICHT TROCKEN sein, wenn Sie anfangen zu malen.

Himmel

Stupfen Sie den 1-Zoll-Pinsel in Phtaloblau und malen Sie mit kleinen kreisenden Bewegungen den blauen Himmel hinter den Wolken. Sparen Sie dabei die Flächen für die Wolken aus.

Mit der Spitze eines sauberen, trockenen 2-Zoll-Pinsels kreisen Sie locker über den Himmel. Achten Sie darauf, dass nichts von der blauen Farbe auf die noch unbehandelten Leinwandpartien gelangt, da hier später die Wolken entstehen.

Nehmen Sie mit demselben Pinsel Phtaloblau auf und grundieren Sie die Wasserfläche im unteren Teil der Leinwand. Machen Sie dazu waagerechte Striche.

Mit dem Fächerpinsel nehmen Sie dann Titanweiß und ganz wenig Hellrot auf und malen mit winzigen kreisförmigen Pinselstrichen die Wolken.

Verblenden Sie die Wolken mit der Ecke eines sauberen, trockenen 2-Zoll-Pinsels. Danach ziehen Sie die Farbe sanft nach oben, um die Wolken „aufzuschütteln“.

Berge

Der kleine, ganz im Hintergrund liegende Berg wird mit dem Farbspachtel und einer Mischung aus Mitternachtsschwarz, Preußischblau, VanDykeBraun und Karmesinrot gemalt. Ziehen Sie die Farbe auf Ihrer Palette ganz flach aus und schneiden Sie mit der langen Kante des Spachtels ein Farbröllchen ab. (Wenn Sie das Palettenmesser dabei absolut senkrecht halten, befindet sich die Farbrolle exakt auf der äußersten Kante.) Üben Sie festen Druck aus, um die Grundform des Berggipfels zu formen.

Wenn Sie mit diesem ersten Ergebnis zufrieden sind, entfernen Sie überschüssige Farbe mit dem Spachtel. Ziehen Sie nun die Farbe mit dem 2-Zoll-Pinsel hinunter bis zum Fuß des Berges. Die Farbe vermischt sich dabei mit dem Flüssigweiß. Der Gipfel des Berges sollte deutlich erkennbar sein, sein Fuß hingegen nur schemenhaft.

Geben Sie zu dem Titanweiß eine Spur Hellrot und setzen Sie einige Akzente. Dann nehmen Sie mit dem Spachtel erneut ein Farbröllchen auf und tragen die Farbe auf der rechten, vom Licht beschienenen Seite des Berges auf. Beginnen Sie an der Bergspitze und lassen Sie den Spachtel den Hang entlang nach unten gleiten. Üben Sie dabei gerade so viel Druck auf den Pinsel aus, dass die Farbe „bricht“ und folgen Sie immer den Winkeln. Mit einer Mischung aus Titanweiß und Preußischblau gestalten Sie in gleicher Weise die auf der anderen Seite des Berges liegenden Schattenhänge.

Mit einem sauberen, trockenen 2-Zoll-Pinsel tupfen Sie über die Farbe im unteren Bereich der Berge. Achten Sie darauf, dass die Winkel immer gleich verlaufen. Dann heben Sie die Farbe leicht an, indem Sie mit dem Pinsel ganz sanft von unten nach oben streichen. Nun liegt der Fuß der Berge wunderschön im Dunst. Mit Titanweiß auf dem 1-Zoll-Pinsel und kleinen kreisenden Bewegungen malen Sie die Wolken in diesem Bereich. Mit der Ecke eines sauberen, trockenen 2-Zoll-Pinsels verblenden Sie die Konturen der Wolken und heben die Farbe leicht an.

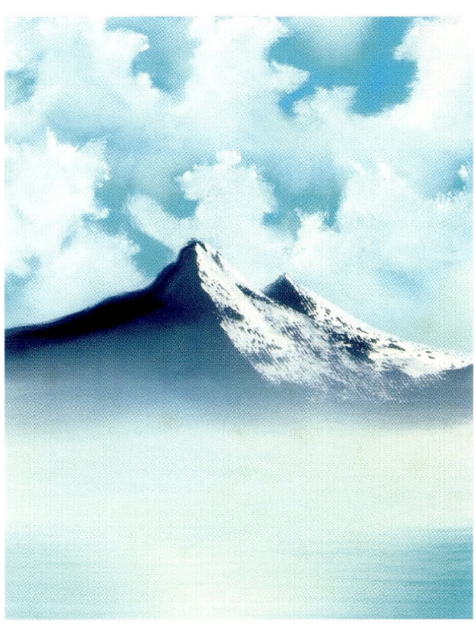

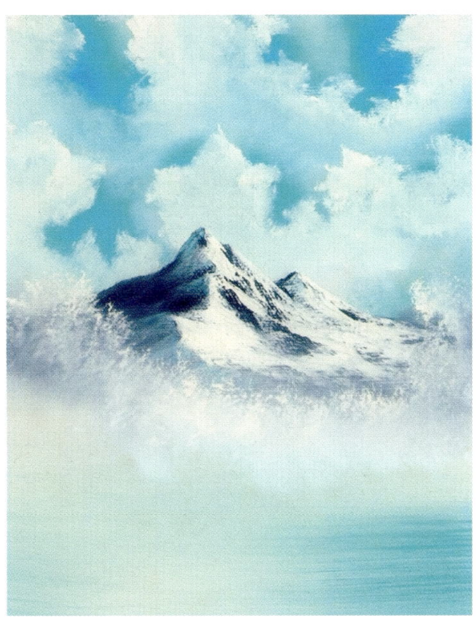

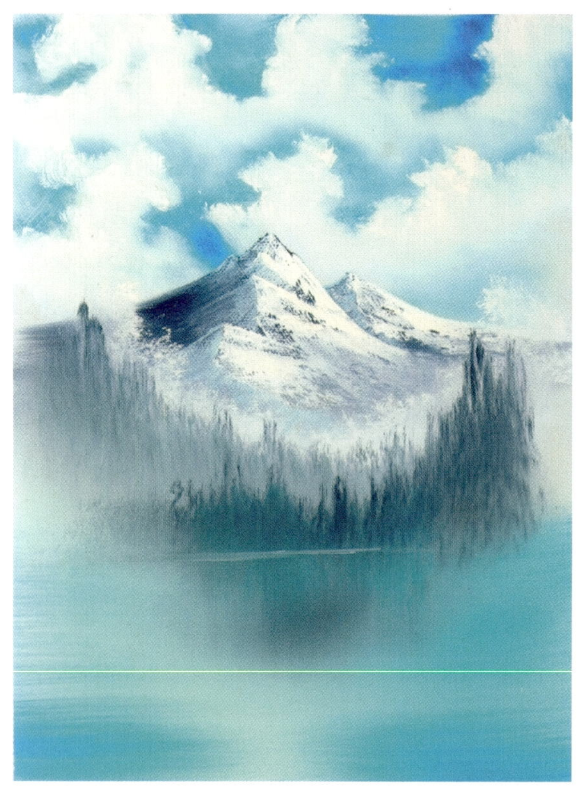

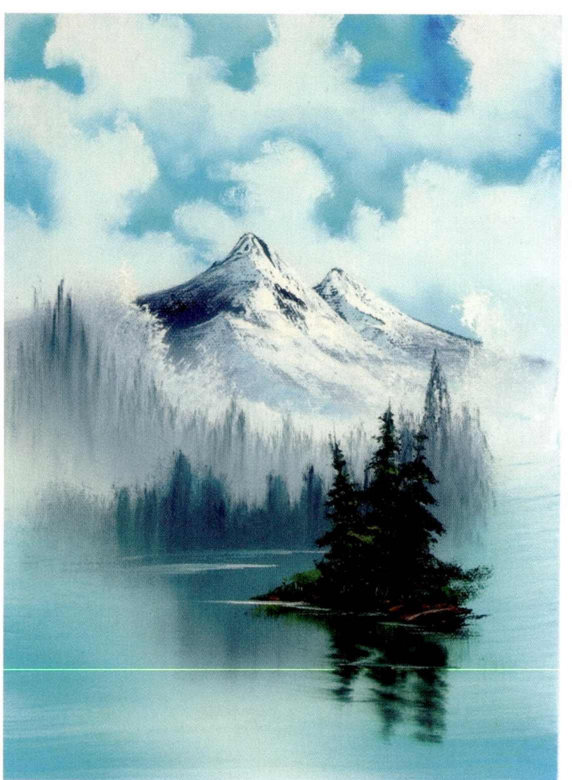

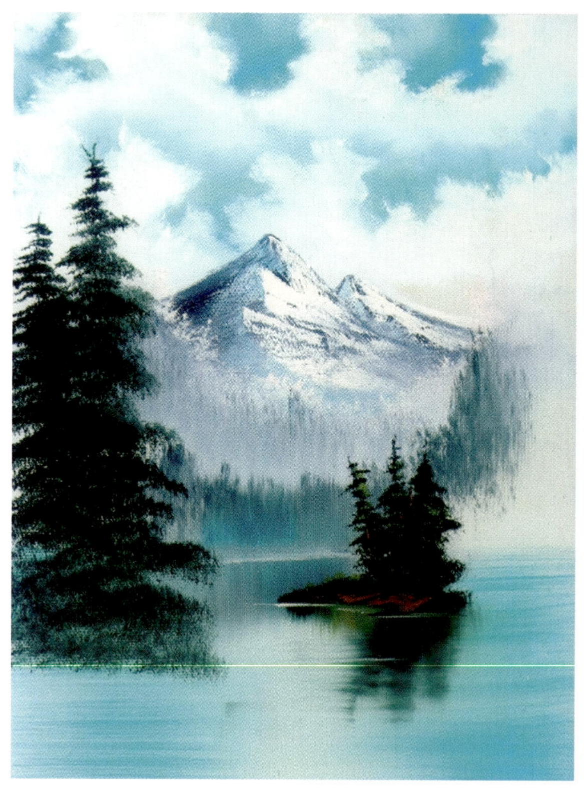

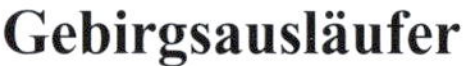

Gebirgsausläufer

Nehmen Sie mit dem 1-Zoll-Pinsel etwas von der Farbmischung für die Berge sowie Saftgrün und Titanweiß auf. Mit einer Ecke des nach unten gerichteten Pinsels legen Sie die sich zu Füßen des Berges erstreckende Hügellandschaft an. Mit einem 2-Zoll-Pinsel lockern Sie die Konturen dieser ersten, mit Nadelbäumen bewachsenen Hügelkette auf und heben die Farbe anschließend leicht an. Arbeiten Sie sich in Schichten nach vorn und fügen Sie die nächste Hügelkette hinzu. Verwenden Sie hierfür weniger Titanweiß und dafür mehr vom Saftgrün und der „Bergmischung".
Halten Sie den 1-Zoll-Pinsel senkrecht und tupfen Sie nach unten, um deutlicher erkennbare Baumwipfel hinzuzufügen. Der Fuß der Hügelkette sollte erneut im Dunst liegen. Nun nehmen Sie mit dem 2-Zoll-Pinsel etwas von der dunkelsten Farbmischung auf und ziehen die Farbe gerade nach unten. Anschließend streichen Sie leicht darüber – und schon haben Sie eine wunderschöne Spiegelung auf der Wasseroberfläche. Beleben Sie diese, indem Sie mit dem Farbspachtel Flüssigweiß und eine Spur Hellrot aufnehmen und kleine Details hinzufügen.

Nadelbäume

Die großen Nadelbäume werden mit einer Mischung aus Mitternachtsschwarz, Preußischblau, VanDykeBraun, Karmesinrot und Saftgrün gemalt. Ziehen Sie den Fächerpinsel beidseitig so durch die Farbe, dass die Borsten eine scharfe Kante bilden. Halten Sie den Pinsel senkrecht und legen Sie vorsichtig die Mittelachse der einzelnen Bäume fest. Die zarte Baumkrone malen Sie mit nur einer Ecke des Pinsels. Arbeiten Sie immer vor und zurück. Je weiter Sie nach unten kommen, desto mehr Druck üben Sie auf den Pinsel aus. So werden die Zweige nach unten hin automatisch ausladender. Mit derselben Farbe auf dem Fächerpinsel lassen Sie die Nadelbäume sich im Wasser spiegeln. Ergänzen Sie die Grasflächen zu Füßen der Bäume. Ziehen Sie die Farbe mit dem 2-Zoll-Pinsel gerade nach unten ins Wasser und streichen Sie leicht darüber. Die Baumstämme ergänzen Sie mit einer Mischung aus Titanweiß und Dunkelsiena auf dem Farbspachtel.

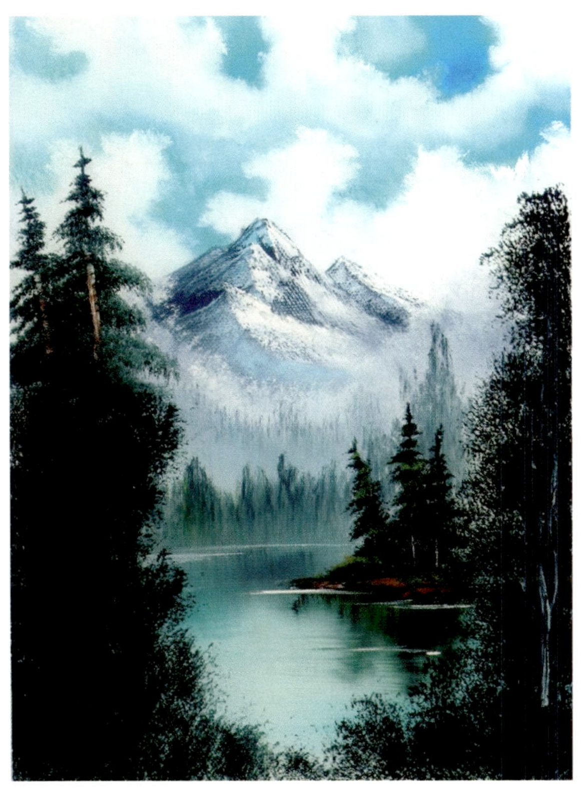

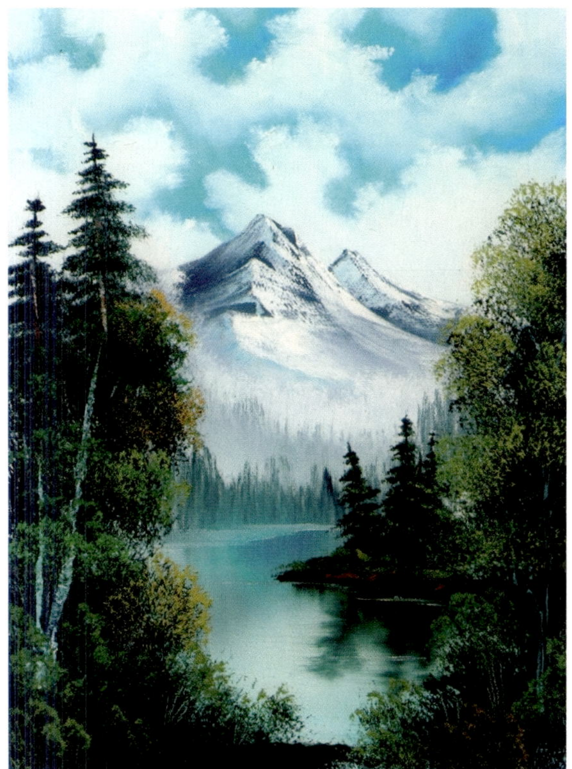

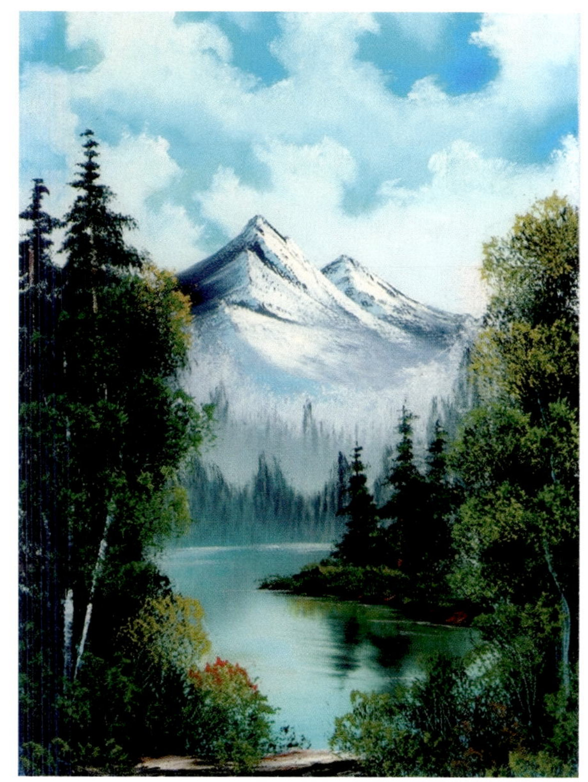

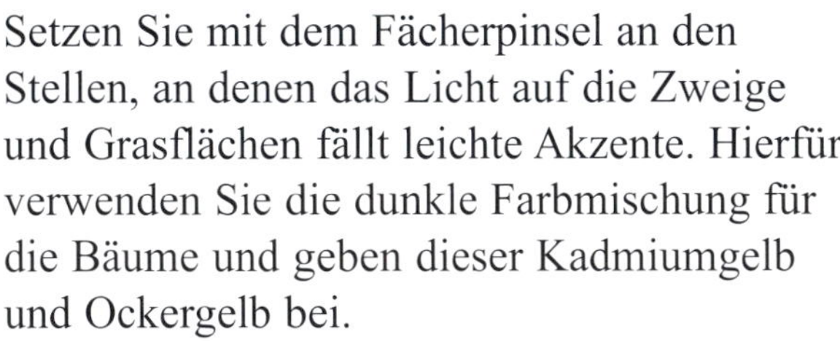

Setzen Sie mit dem Fächerpinsel an den Stellen, an denen das Licht auf die Zweige und Grasflächen fällt leichte Akzente. Hierfür verwenden Sie die dunkle Farbmischung für die Bäume und geben dieser Kadmiumgelb und Ockergelb bei.

Mit VanDykeBraun und Dunkelsiena auf dem Farbspachtel fügen Sie die Uferzonen hinzu und setzen Sie mit einer Mischung aus Titanweiß und VanDykeBraun einige Lichter. Details „ritzen“ Sie mit etwas Flüssigweiß auf der langen Kante des Farbspachtels ein und schon ist der Hintergrund fertig.

Vordergrund

Verwenden Sie die dunkle „Baummischung“ erneut und ergänzen Sie mit dem 2-Zoll-Pinsel die großen Nadelbäume. Die Laubbäume und Büsche im Vordergrund fügen Sie mit dem 2-Zoll-Pinsel hinzu. Diese dunkle Untergrundfarbe sollte sich bis zum unteren Leinwandrand ausdehnen. Kleine Stöckchen und Zweige „ritzen“ Sie mit der Spachtelspitze ein. Dann nehmen Sie mit dem Spachtel eine Mischung aus VanDykeBraun und Titanweiß auf und fügen die deutlicheren Baumstämme hinzu. Um Bäume und Büsche mit Glanzlichtern zu versehen, tippen Sie den 1-Zoll-Pinsel in Flüssigweiß und ziehen ihn dann mehrere Male in einer Richtung durch verschiedene Mischungen aus Saftgrün, allen Gelbtönen und Hellrot. Mit der so gerundeten Pinselecke nach oben, beginnen Sie mit den Wipfeln und tupfen nur leicht von unten auf die Leinwand. Die Farbe wird automatisch dunkler, je weiter Sie nach unten kommen. Überlassen Sie nichts dem Zufall, sondern gestalten Sie bewusst jeden einzelnen Baum und Strauch.

Weg

Nehmen Sie mit der Kante des Farbspachtels etwas VanDykeBraun auf und malen Sie den Weg. Mit einer Mischung aus VanDykeBraun und Titanweiß verleihen Sie ihm einige Glanzlichter. Üben Sie dabei gerade so viel Druck aus, dass die Farbe „bricht“.

Letzte Feinheiten

„Ritzen“ Sie mit der Spachtelspitze weitere kleine Details ein – und fertig ist Ihr Bild.

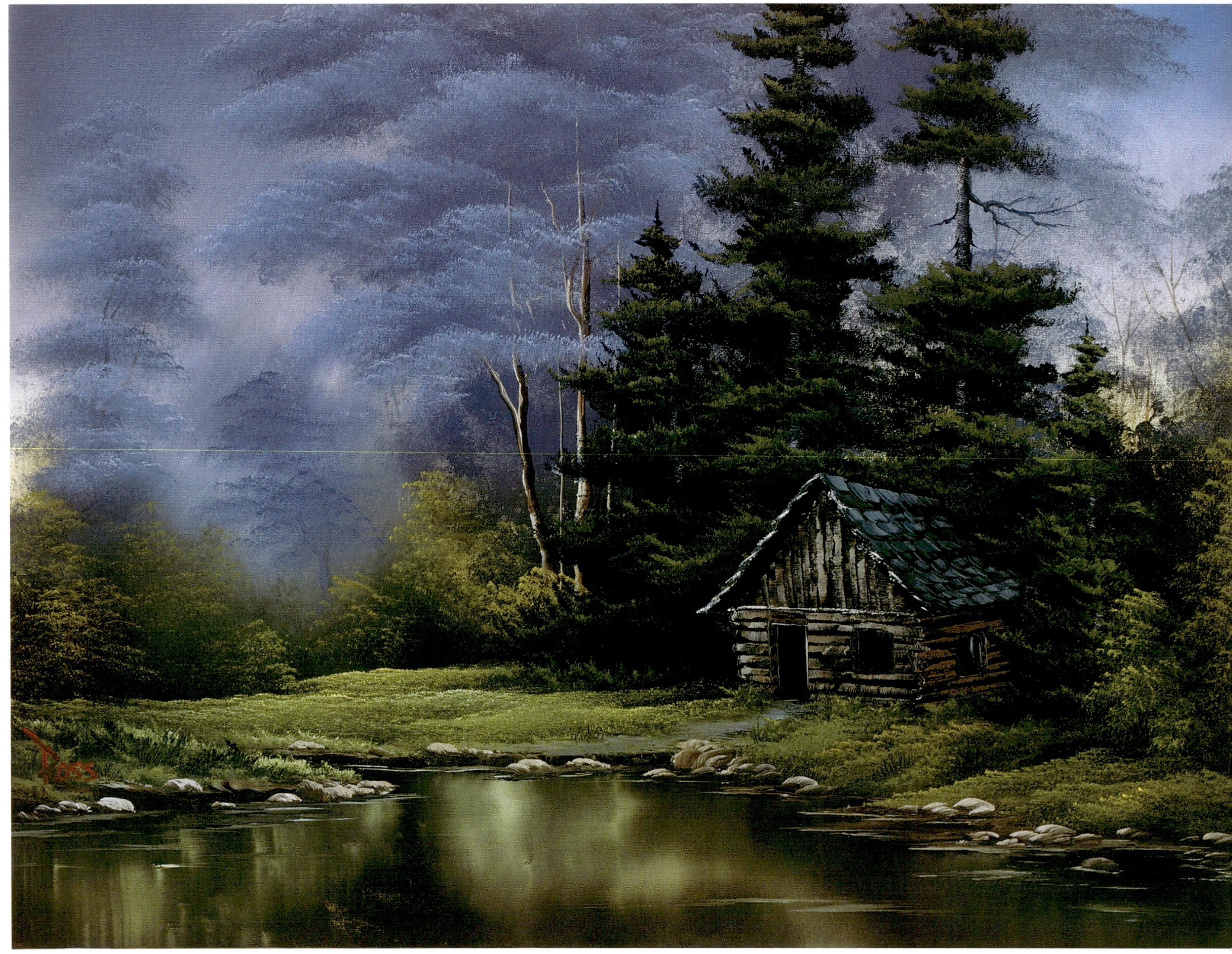

DIE HÜTTE IN DER WILDNIS

Material

2-Zoll-Pinsel	Phtaloblau
1-Zoll-Ovalpinsel	Preußischblau
Fächerpinsel Nr. 6	Mitternachtsschwarz
Filbertpinsel	Dunkelsiena
Schriftenpinsel Nr. 2	VanDykeBraun
Farbspachtel Nr. 10	Karmesinrot
Gesso Schwarz	Saftgrün
Flüssigweiß	Kadmiumgelb
Flüssigtransparent	Ockergelb
Titanweiß	Indischgelb
Phtalogrün	Hellrot

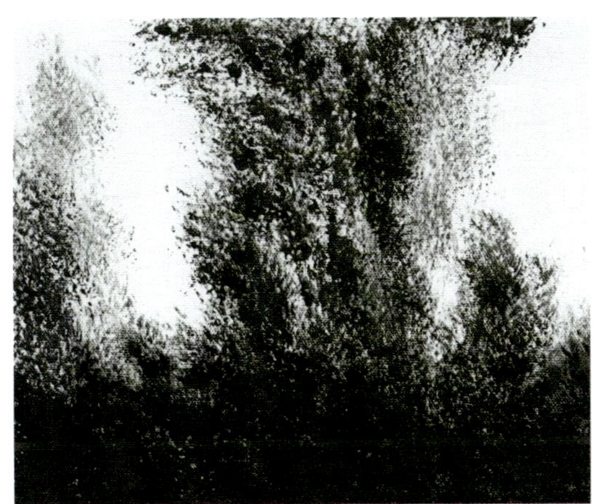

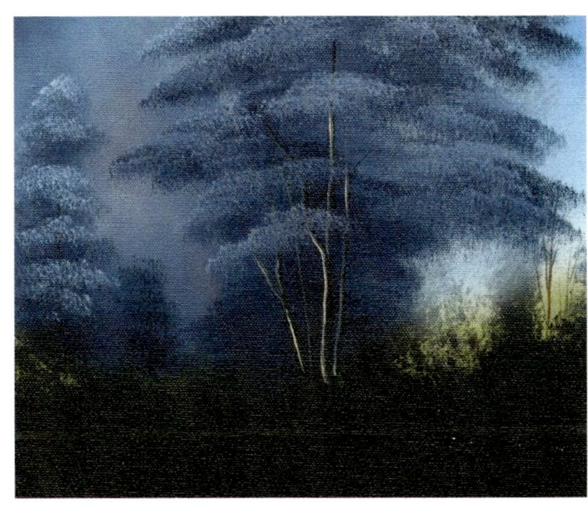

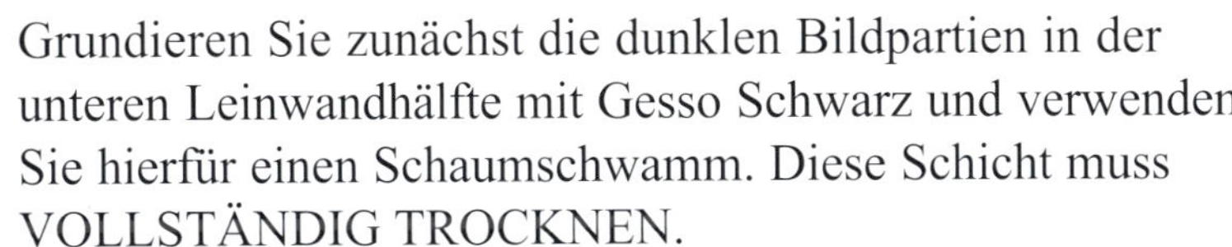

Grundieren Sie zunächst die dunklen Bildpartien in der unteren Leinwandhälfte mit Gesso Schwarz und verwenden Sie hierfür einen Schaumschwamm. Diese Schicht muss VOLLSTÄNDIG TROCKNEN.

Mit dem 2-Zoll-Pinsel legen Sie eine SEHR, SEHR dünne Schicht Flüssigtransparent über das Gesso Schwarz. Mischen Sie Saftgrün und VanDykeBraun und tragen Sie, solange das Flüssigtransparent noch nass ist, eine gleichmäßig dünne Schicht dieser Farbe auf den dunkel grundierten Teil der Leinwand auf.

Auf die weiße, noch unbehandelte Leinwand kommt eine gleichmäßig dünne Schicht Flüssigweiß. Diese Farben dürfen NICHT trocken sein, wenn Sie anfangen zu malen.

Himmel

Nehmen Sie eine Mischung aus Phtaloblau und Mitternachtsschwarz auf den 2-Zoll-Pinsel und tragen Sie die Farbe mit sich kreuzenden Strichen auf. Anschließend verblenden Sie den Himmel mit langen, waagerechten Strichen.

Hintergrund

Mischen Sie aus Mitternachtsschwarz, Phtaloblau und Karmesinrot einen schönen Lavendelton. Nehmen Sie ihn mit dem 2-Zoll-Pinsel auf und tupfen Sie die im Hintergrund liegenden Bäume auf die Leinwand.

Mit dem zweifach gefüllten Schriftenpinsel fügen Sie die Stämme der Bäume hinzu. Zu diesem Zweck nehmen Sie mit dem Pinsel verdünntes VanDykeBraun auf und ziehen dann eine Seite der Borsten durch eine sehr dünne Mischung aus Flüssigweiß und Dunkelsiena. Mit einem einzigen Pinselstrich lassen sich so zugleich Glanzlichter setzen.

Nehmen Sie mit dem 2-Zoll-Pinsel nun erneut etwas Titanweiß auf und betonen Sie das Laub der Bäume. Tupfen Sie mit einer Ecke des Pinsels nach unten, wenn Sie die einzelnen Laubbüschel gestalten. Verwenden Sie verschiedene Mischungen aus Mitternachtsschwarz, allen Gelbtönen und etwas Hellrot, um damit das Buschwerk zu Füßen der großen Bäume zu ergänzen.

Tauchen Sie den Schriftenpinsel in verdünnte dunkle Farbe und fügen Sie winzige Stämme, Stöckchen und Zweiglein hinzu.

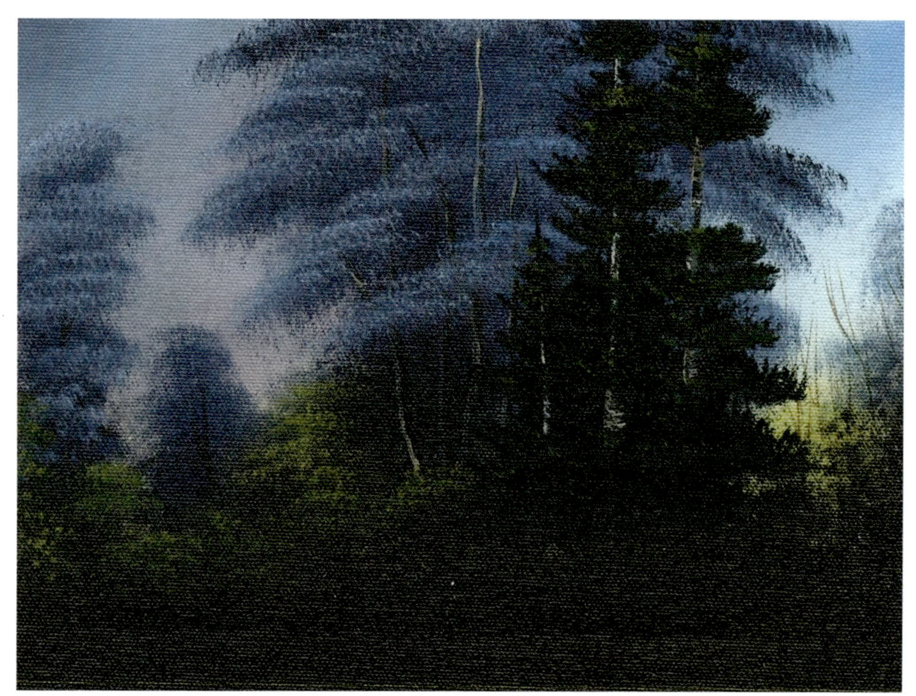

Nadelbäume

Um die Nadelbäume zu malen, nehmen Sie mit dem Fächerpinsel eine Mischung aus Phtalogrün, Preußischblau, Mitternachtsschwarz, Karmesinrot und VanDykeBraun so auf, dass die Borsten anschließend eine scharfe Kante bilden. Halten Sie den Pinsel senkrecht und tupfen Sie nach unten, um die einzelnen Baumstämme zu ergänzen. Nutzen Sie nur eine Ecke des Pinsels und beginnen Sie, die kleinen Äste in der Baumkrone zu malen. Arbeiten Sie langsam vor und zurück. Je weiter Sie nach unten kommen, desto mehr Druck üben Sie auf den Pinsel aus (die Borsten sollen sich dabei nach oben biegen). Auf diese Weise werden die Zweige ganz automatisch immer ausladender.

Nehmen Sie mit dem Farbspachtel Titanweiß auf und setzen Sie auf der linken Seite des sichtbaren Teils der Stämme leichte Glanzlichter.

Mit einer dunkelgrünen Mischung aus der dunklen Farbe für die Bäume, Kadmiumgelb, Mitternachtsschwarz und VanDykeBraun auf dem Fächerpinsel tupfen Sie zarte Akzente auf die Äste der Nadelbäume. Dabei biegen sich die Borsten wieder nach oben.

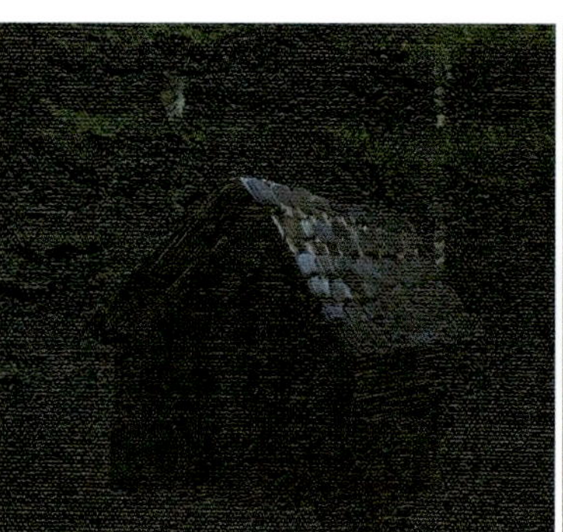
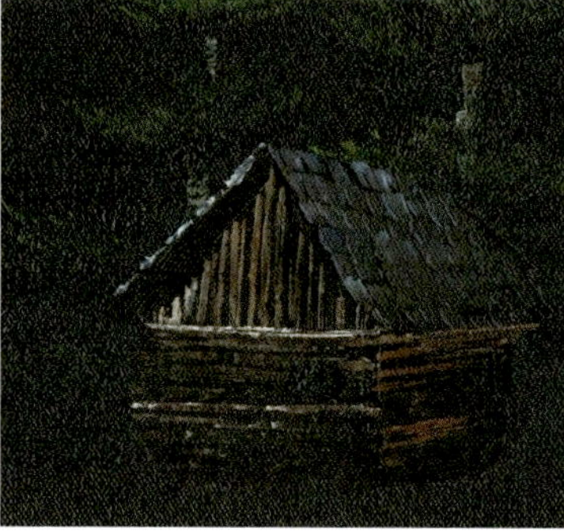
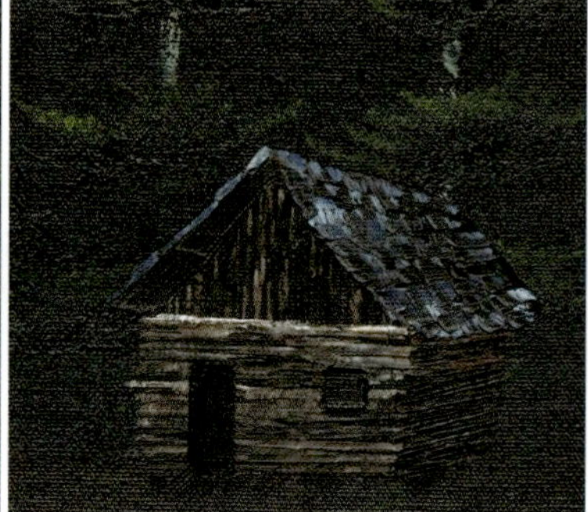
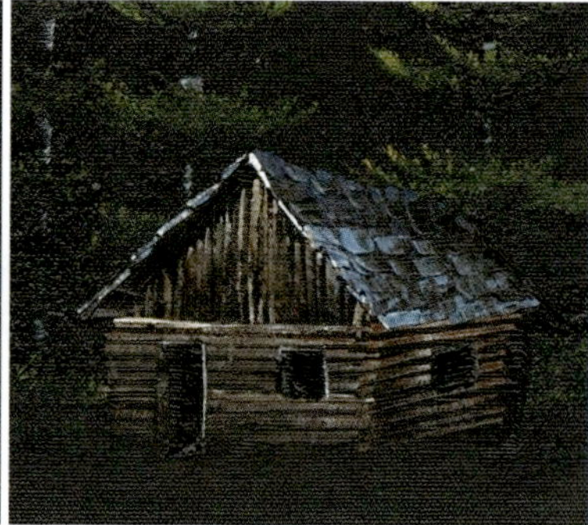

Hütte

Entfernen Sie mit einem sauberen Farbspachtel die Farbe an der Stelle von der Leinwand, an der die Hütte stehen soll. Mit der langen Kante des Spachtels nehmen Sie etwas VanDykeBraun auf. Gestalten Sie erst die rechte Seite des Daches und den Giebel. Danach ziehen Sie die Farbe gerade nach unten und ergänzen auf diese Weise die Vorderfront und die seitlichen Hüttenwände. Mit einer Mischung aus Titanweiß und Mitternachtsschwarz auf der kurzen Kante des Farbspachtels fügen Sie die Schindeln auf dem Dach hinzu.

Verwenden Sie eine Mischung aus Titanweiß, VanDykeBraun und Dunkelsiena auf dem Spachtel und ergänzen Sie die Holzbretter an der Hüttenfront. Für die Bohlen der Seitenwände verwenden Sie eine dunklere Mischung. Kratzen Sie nun an den Stellen die Farbe ab, an denen sich die Fenster befinden sollen. Die Tür ergänzen Sie mit VanDykeBraun, für die Fensterscheiben nehmen Sie Phtalo- oder Preußischblau. Setzen Sie einige Lichter an die Enden der Bohlen, um die Tür und die Fenster herum – und die Hütte ist fertig.

Tupfen Sie den 2-Zoll-Pinsel in die Farbmischung, die Sie für die Glanzlichter verwenden, und ergänzen Sie die zarten Grasflächen um die Hütte herum. Anschließend tupfen Sie mit einer Ecke des Pinsels die kleinen umliegenden Bäume und Büsche auf die Leinwand.

Mit einer Mischung aus VanDykeBraun und Titanweiß auf dem Spachtel schaben Sie die Farbe mit kurzen, waagerechten Strichen auf die Leinwand und legen den von zarten Grasflächen gesäumten Weg an.

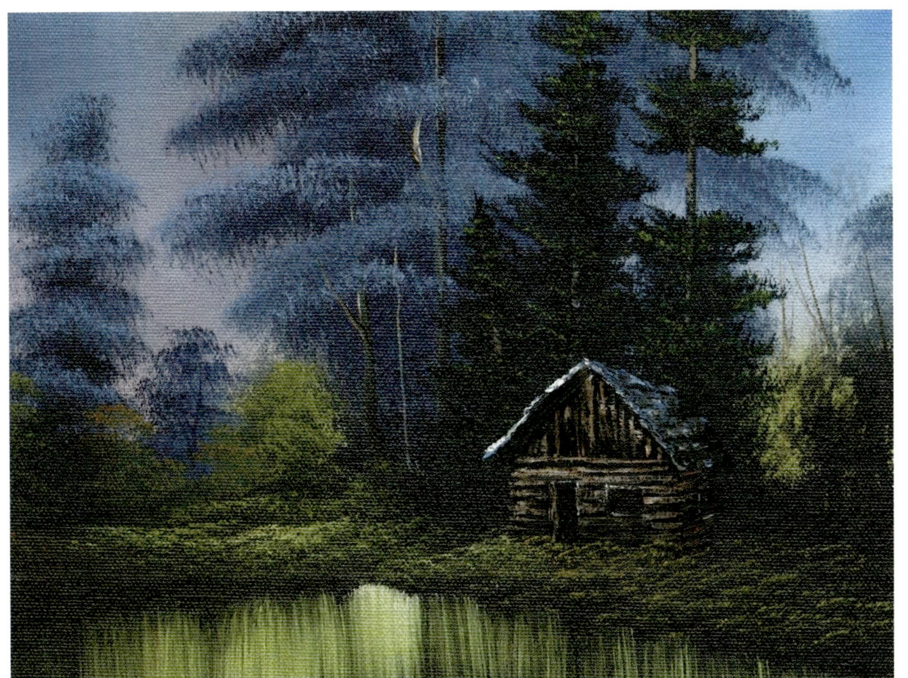

Teich

Nehmen Sie mit einem sauberen, trockenen 2-Zoll-Pinsel Titanweiß auf und ziehen Sie die Farbe gerade nach unten, um das sich in den Vordergrund erstreckende Gewässer zu malen. Streichen Sie leicht quer darüber, damit die Wasseroberfläche verschwimmt.

Die Uferregion ergänzen Sie mit einer Mischung aus VanDykeBraun und Dunkelsiena auf dem Spachtel. Verwenden Sie eine Mischung aus den Brauntönen und Titanweiß, um am Ufer einzelne Glanzlichter zu setzen. Achten Sie auf die Winkel und üben sie gerade soviel Druck aus, dass die Farbe „bricht".

Jetzt ergänzen Sie die Felsen und Steine. Nehmen Sie mit dem Filbertpinsel eine Mischung aus VanDykeBraun und Dunkelsiena auf, dann ziehen Sie eine Seite des Pinsels durch eine dünne Mischung aus Flüssigweiß, VanDykeBraun und Dunkelsiena und füllen den Pinsel auf diese Weise beidseitig. Halten Sie den Pinsel mit der hellen Seite nach oben und fügen Sie mit jeweils einem einfachen, geschwungenen Strich Felsen und Steine ein.

Ziehen Sie die Farbe der Felsen mit dem Fächerpinsel gerade herunter bis ins Wasser. Anschließend streichen Sie leicht quer darüber, damit die Spiegelungen verschwimmen.

Mit einer Mischung aus Flüssigweiß und Mitternachtsschwarz auf der langen Kante des Farbspachtels verleihen Sie dem Wasser mehr Leben, indem Sie unterhalb der Felsen und entlang des Ufers Linien einritzen.

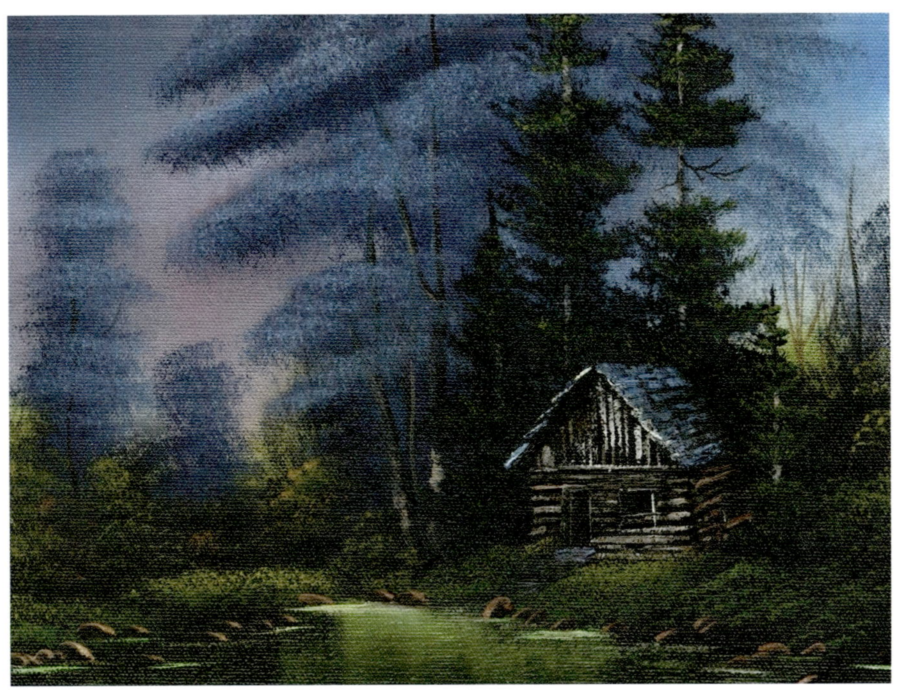

Letzte Feinheiten

Verwenden Sie die Farbmischung für die Lichter und ergänzen Sie mit dem Fächerpinsel kleine Grasbüschel entlang des Teichufers. Jetzt ist Ihr Bild fertig.

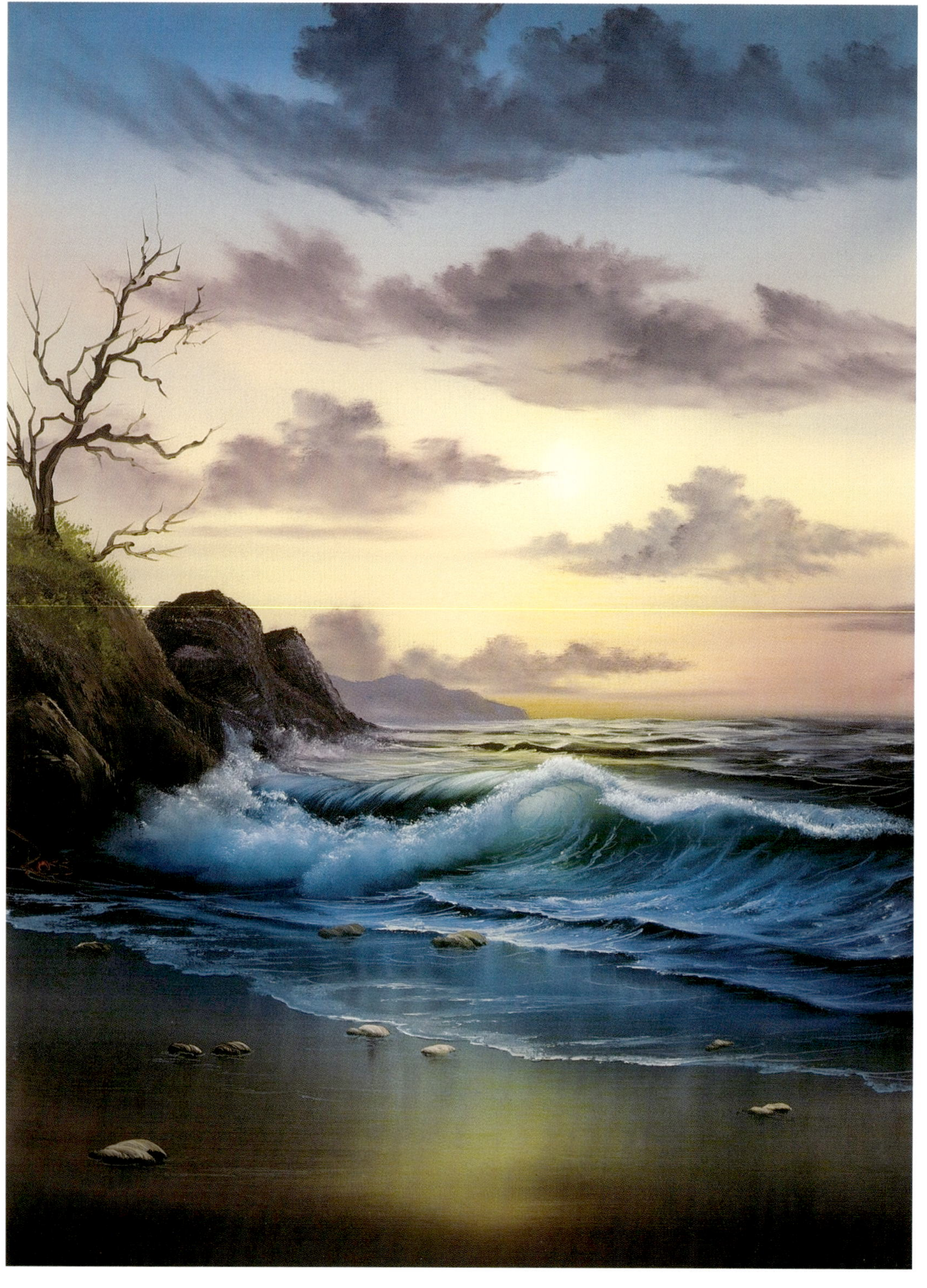

Material
2-Zoll-Pinsel
Filbert Pinsel
Fächerpinsel Nr. 6
Schriftenpinsel Nr. 2
Farbspachtel Nr. 10
Maskierband
Gesso Schwarz
Flüssigweiß
Flüssigtransparent
Titanweiß
Phtalogrün
Phtaloblau
Dunkelsiena
VanDykeBraun
Karmesinrot
Saftgrün
Kadmiumgelb
Ockergelb
Indischgelb
Hellrot

Bevor Sie mit dem Malen beginnen, markieren Sie den Horizont mit einem Maskierband. Mit einem Schaumschwamm tragen Sie dann eine gleichmäßig dünne Schicht Gesso Schwarz auf die untere Leinwandhälfte auf. Lassen Sie das Gesso Schwarz VOLLSTÄNDIG TROCKNEN.

Bringen Sie das Maskierband jetzt so auf der Leinwand an, dass es mit der Oberkante des trockenen Gessos abschließt. Nehmen Sie den 2-Zoll-Pinsel und grundieren Sie die obere Hälfte der Leinwand mit einer gleichmäßig dünnen Schicht Flüssigweiß.

Verwenden Sie einen sauberen, trockenen 2-Zoll-Pinsel, um die TROCKENE schwarze Fläche mit einer SEHR DÜNNEN Schicht Flüssigtransparent zu bedecken. Arbeiten Sie weiter mit dem 2-Zoll-Pinsel, mischen Sie Phtalogrün und Phtaloblau und tragen Sie gleichmäßig eine dünne Schicht dieser Farbe im unteren Bereich der Leinwand auf (hier entsteht später die große Welle).

Für die Partien ober- und unterhalb der großen Welle stellen Sie eine Mischung aus Karmesinrot und Phtaloblau her, die Sie in einer dünnen, gleichmäßigen Schicht auftragen. Den am unteren Bildrand liegenden Leinwandstreifen bedecken Sie mit einer dünnen Schicht VanDykeBraun. Diese Farben und das Flüssigweiß dürfen NICHT trocken sein, bevor Sie mit dem Malen beginnen.

Himmel
Nehmen Sie mit dem 2-Zoll-Pinsel etwas Indischgelb auf und beginnen Sie oberhalb des Horizonts mit sich kreuzenden Strichen den Himmel zu gestalten. Ohne den Pinsel zu säubern, fügen Sie für die ober- und unterhalb des Indischgelbs gelegenen Flächen etwas Ockergelb hinzu, für den Bereich darüber etwas Karmesinrot. Zum oberen Bildrand hin folgt eine Mischung aus Karmesinrot und Phtaloblau. Verblenden Sie den Himmel. Mit einem Hauch Hellrot auf dem 2-Zoll-Pinsel verleihen Sie dem Himmel unmittelbar über dem Horizont ein warmes Leuchten.

Stellen Sie eine Mischung aus Karmesinrot und ganz wenig Phtaloblau her (diese Mischung sieht zunächst sehr dunkel aus; sie können probeweise einen kleinen Teil davon mit etwas Titanweiß mischen).

Nehmen Sie mit dem Fächerpinsel etwas von dem Lavendelton auf und zaubern Sie die Wolken mit kleinen kreisenden Pinselstrichen auf die Leinwand. Tauchen Sie Ihre Fingerspitze in etwas Titanweiß und fügen Sie die Sonne hinzu. Erlauben Sie einigen Wolken, sich vor die Sonne zu schieben. Verblenden Sie mit der oberen Ecke eines sauberen, trockenen 2-Zoll-Pinsels die unteren Konturen der Wolken und ziehen Sie die Farbe nach oben, um die Wolken „aufzuschütteln". Verblenden Sie den Himmel mit langen, waagerechten Strichen.

Wenn Sie mit Ihrem Himmel zufrieden sind, entfernen Sie das Maskierband vorsichtig von der Leinwand. Nun haben Sie eine schöne gerade Horizontlinie.

Auf diese noch nicht grundierte Partie der Leinwand tragen Sie etwas von dem Lavendelton auf. Mit Titanweiß auf dem Fächerpinsel skizzieren Sie die große Welle in ihren Grundzügen.

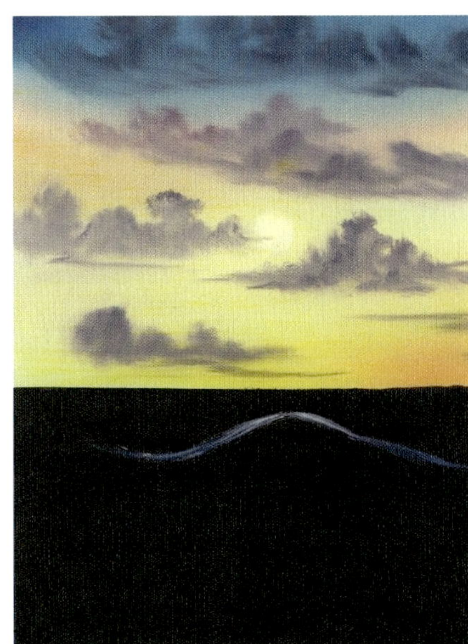

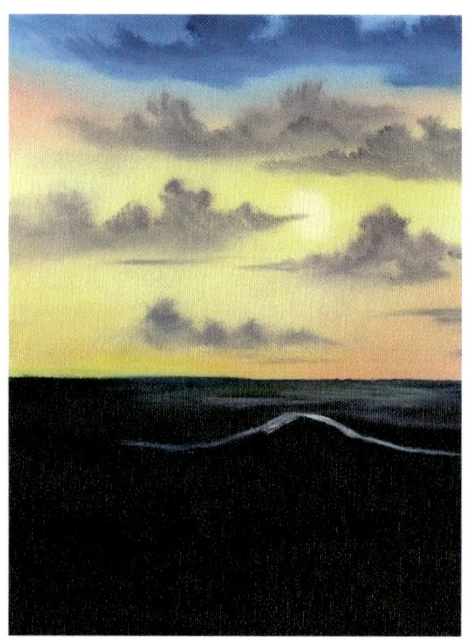

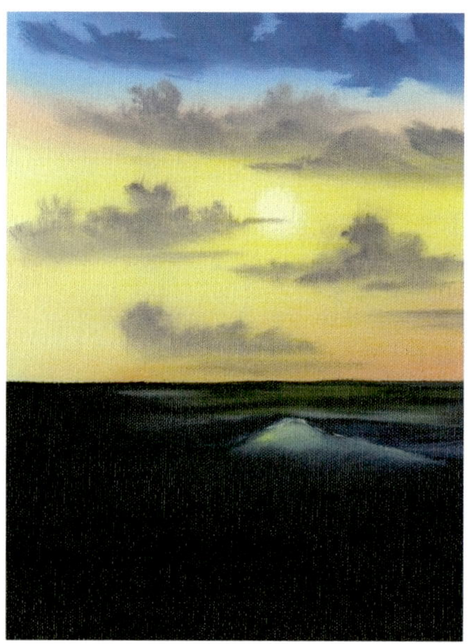

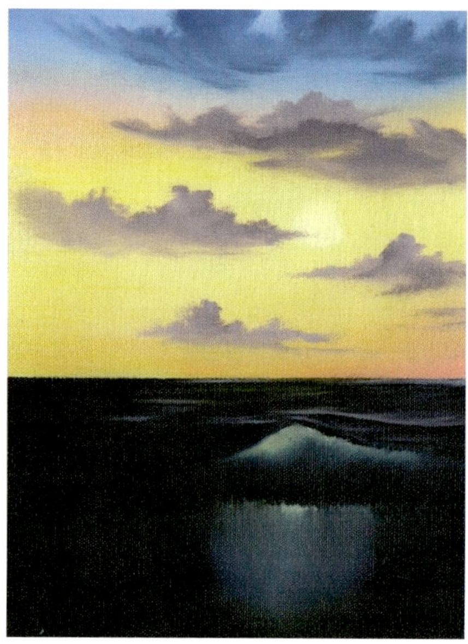

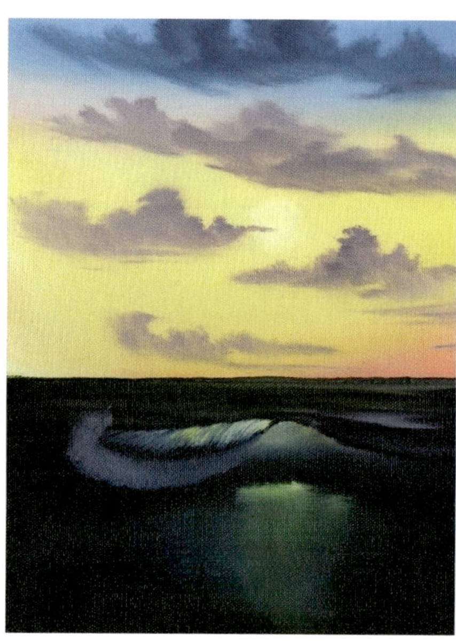

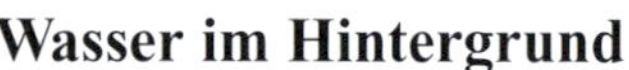

Wasser im Hintergrund
Nehmen Sie mit dem Fächerpinsel Titanweiß auf und fügen Sie mit kurzen Strichen die Wellenkämme direkt unterhalb des Horizonts hinzu. Mit einem sauberen Fächerpinsel und kurzen Strichen ziehen Sie die Wellenkämme zurück. Beobachten Sie, wie sich das Weiß mit der darunter liegenden dunklen Farbe vermischt.

Große Welle
Das „Auge“ der großen Welle malen Sie mit einer Mischung aus Titanweiß und Kadmiumgelb, die Sie mit dem Filbertpinsel an entsprechender Stelle in die Leinwand reiben. Danach vermischen Sie die Farbe mit der oberen Ecke eines sauberen, trockenen 2-Zoll-Pinsels, den Sie kreisen lassen. Achten Sie dabei auf die Form Ihrer Welle.

Nehmen Sie etwas von derselben Farbmischung mit dem 2-Zoll-Pinsel auf und bringen Sie sie an der hellsten Stelle im Vordergrund mit langen, senkrechten Striche auf die Leinwand auf. Streichen danach leicht quer darüber – so entsteht eine schöne Lichtspiegelung am Strand.

Mit Titanweiß auf dem Fächerpinsel ziehen Sie das Wasser über die sich brechende Welle. Achten Sie hierbei besonders auf den Blickwinkel!

Nehmen Sie mit dem Fächerpinsel Titanweiß, einen Hauch Phtalogrün sowie ein wenig von der Mischung aus Phtaloblau und Karmesinrot auf. Mit kleinen kreisenden Pinselstrichen malen Sie entlang dem Wellenkamm der großen Welle die Gischt.

Große Felsen
Mit dem Fächerpinsel und der Lavendelmischung skizzieren Sie die entfernter liegenden Felsen. Mischen Sie nun den Lavendelton mit Titanweiß und Hellrot und gestalten Sie die Felsen genauer bzw. setzen Sie vereinzelte Glanzpunkte. Achten Sie dabei auf die Winkel. Mit einem trockenen, sauberen 2-Zoll-Pinsel verblenden Sie ganz leicht die großen Felsen im Hintergrund.

Vordergrund
Mit Titanweiß auf dem Fächerpinsel und kleinen kreisenden Pinselstrichen hellen Sie die Bereiche der Gischt auf, die vom Licht getroffen werden.

Während sie sich in Schichten vorarbeiten, fügen Sie mit dem Fächerpinsel die größeren, weiter im Vordergrund liegenden Felsen ein. Hierfür verwenden Sie eine Mischung aus Lavendel, Dunkelsiena und VanDykeBraun. Mit einer Mischung aus Titanweiß, Dunkelsiena und einem Hauch Hellrot auf dem Fächerpinsel verleihen Sie den Felsen noch mehr Gestalt und setzen einige Lichter darauf.

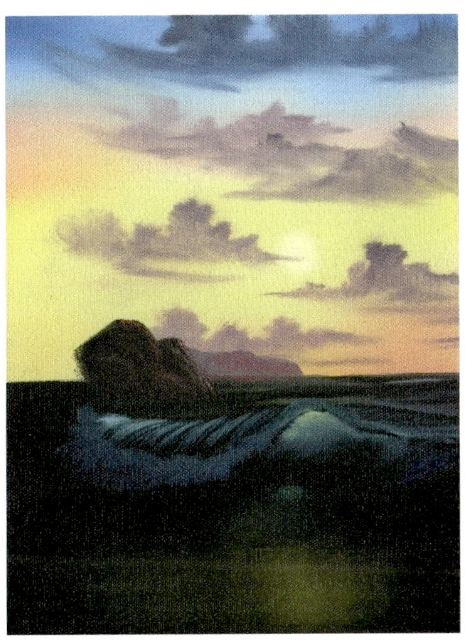
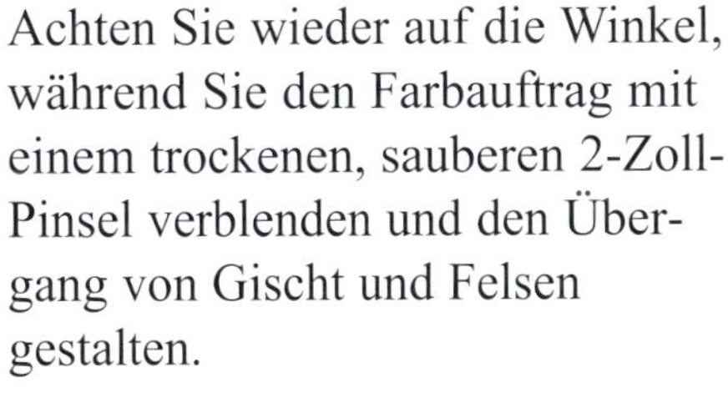
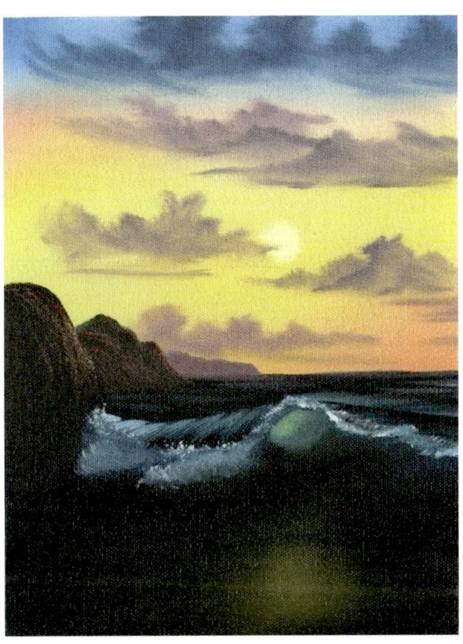
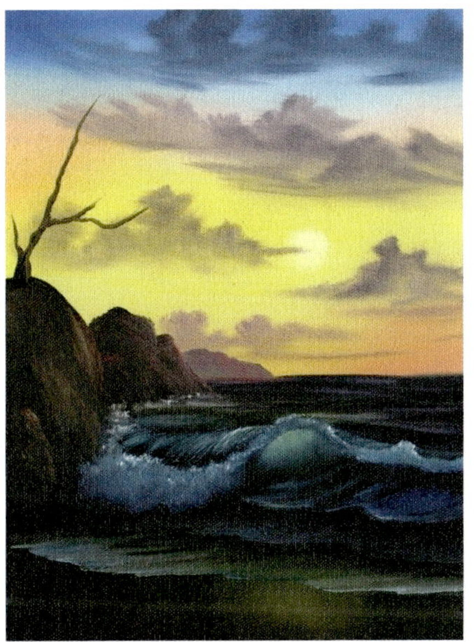
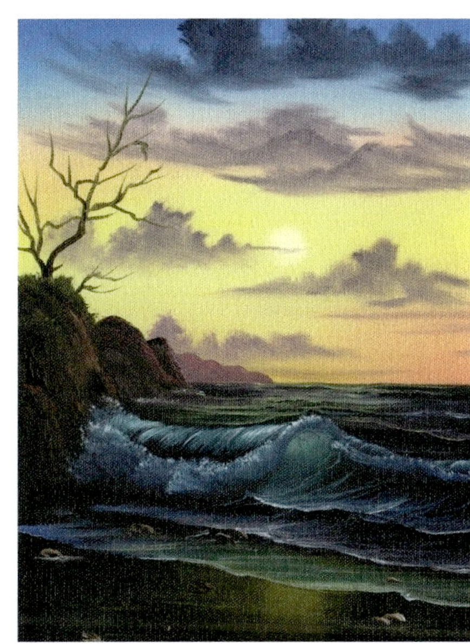

Achten Sie wieder auf die Winkel, während Sie den Farbauftrag mit einem trockenen, sauberen 2-Zoll-Pinsel verblenden und den Übergang von Gischt und Felsen gestalten.

Nehmen Sie mit dem Fächerpinsel erneut etwas von der Titanweiß-Kadmiumgelb-Mischung auf und lassen Sie noch mehr Wasser auf den Felsen auftreffen und entsprechend viel Gischt sprühen. Danach gestalten Sie die sich brechende große Welle weiter aus. Achten Sie genau auf die Winkel und die Form der Welle.

Geben Sie zu der Lavendelmischung etwas Titanweiß hinzu und schneiden Sie mit der langen Kante des kleinen Farbspachtels ein Farbröllchen ab. Halten Sie den Spachtel waagerecht und drücken Sie fest auf, wenn Sie mit langen, waagerechten Strichen das schäumende Wasser am Strand malen. Benutzen Sie einen sauberen Fächerpinsel, um die Farbe in Richtung der großen Welle zurückzuziehen und auf diese Weise den Eindruck kleiner Strudel und Schaumkrönchen zu erhalten.

Mit verdünntem VanDykeBraun auf dem Schriftenpinsel malen Sie den kleinen Baum auf dem Felsen. Mit einer Mischung aus Saftgrün und Gelb tupfen Sie das Gras am Fuß des Baumes auf.

Kleine Felsen und Steine
Nehmen Sie mit dem Filbertpinsel beidseitig VanDykeBraun auf und ziehen Sie anschließend eine Seite des Pinsels durch eine Mischung aus Flüssigweiß, Dunkelsiena und Ockergelb (um den Pinsel beidseitig zu laden). Mit der hellen Seite des Pinsels nach oben, gestalten Sie mit jeweils einem einzigen geschwungenen Pinselstrich die kleinen Steine, die im Vordergrund am Strand liegen und setzen zugleich einzelne Lichter darauf.

Letzte Feinheiten
Verwenden Sie verschiedene verdünnte Farbmischungen, um mit dem Schriftenpinsel letzte Details hinzuzufügen. (Bevor Sie mit dem Schriftenpinsel arbeiten, verdünnen Sie die Farbe bis sie eine tintenähnlichen Konsistenz aufweist. Dazu tippen Sie den Pinsel zuerst in Farbverdünner, dann drehen Sie ihn langsam, während Sie ihn durch die Farbe ziehen. So bilden die Pinselborsten eine exakte Spitze.)

Üben Sie nur sehr wenig Druck auf den Schriftenpinsel aus, wenn Sie mit ihm abschließend die diversen Glanzlichter, Schatten etc. und schließlich Ihre Signatur ins Bild setzen.

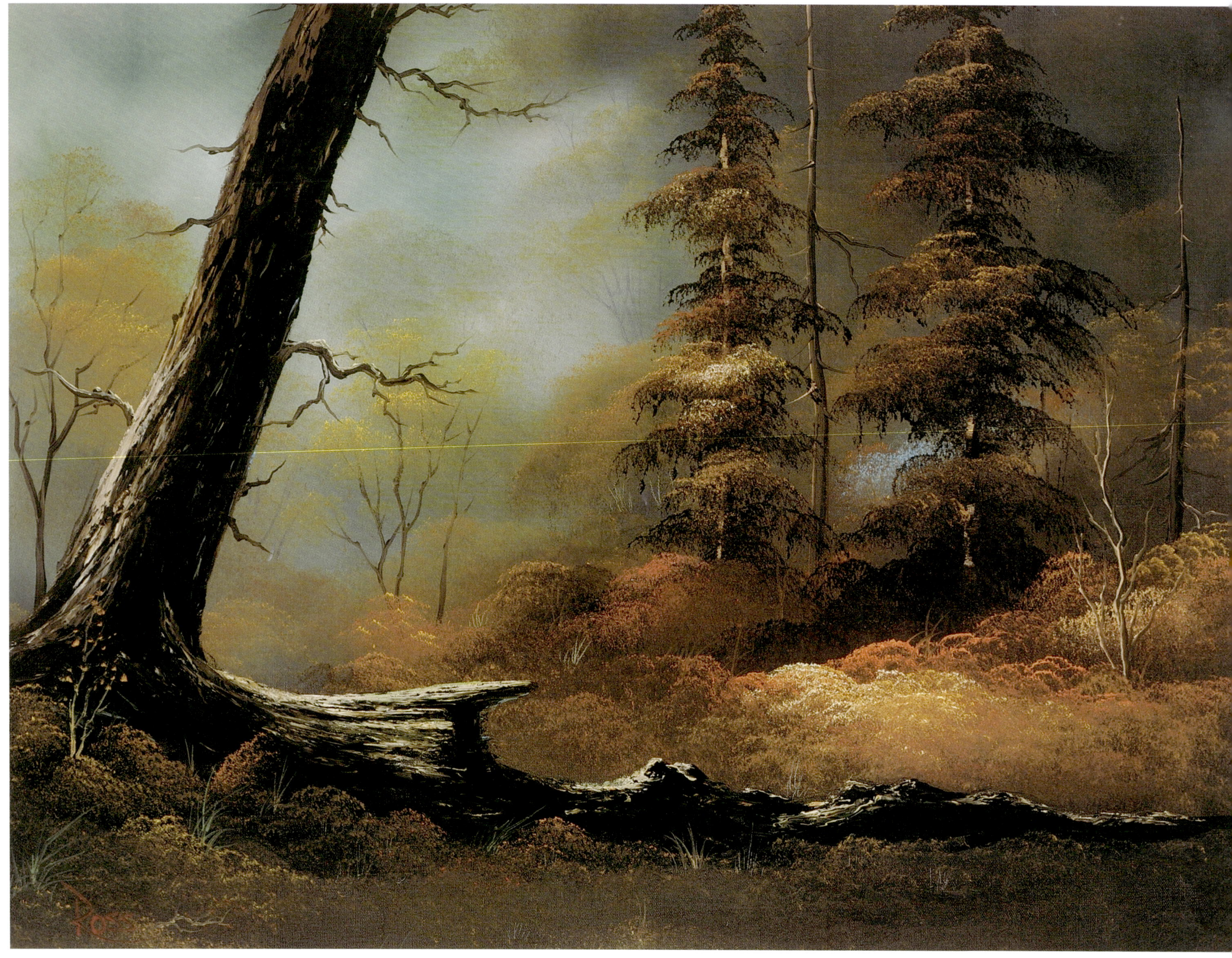

Material

2-Zoll-Pinsel	Mitternachtsschwarz
1-Zoll-Ovalpinsel	Dunkelsiena
Farbspachtel Nr. 10	VanDykeBraun
Schriftenpinsel Nr. 2	Karmesinrot
Gesso Schwarz	Saftgrün
Flüssigweiß	Kadmiumgelb
Flüssigtransparent	Ockergelb
Titanweiß	Indischgelb
Preußischblau	Hellrot

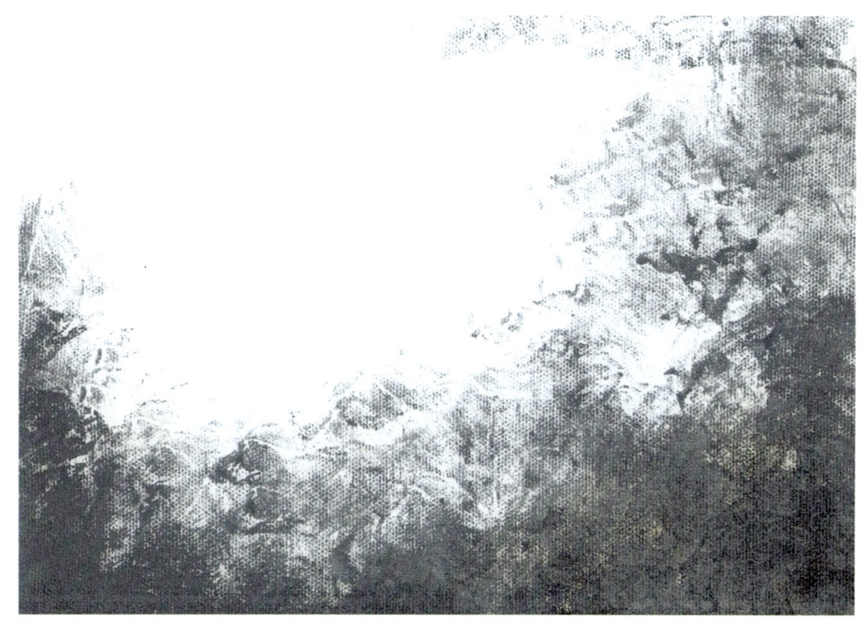

Grundieren Sie die dunklen Leinwandpartien mit Gesso Schwarz und verwenden Sie hierfür einen Schaumschwamm. Lassen Sie diese Schicht VOLLSTÄNDIG TROCKNEN. Wenn das Gesso trocken ist, tragen Sie mit dem 2-Zoll-Pinsel eine gleichmäßig dünne Schicht einer Mischung aus Mitternachtsschwarz, Dunkelsiena und etwas Preußischblau auf die dunklen Flächen auf. Die noch nicht grundierten Partien versehen Sie mit einer dünnen, gleichmäßigen Schicht Flüssigweiß. Diese Farben dürfen NICHT trocken sein, wenn Sie anfangen zu malen.

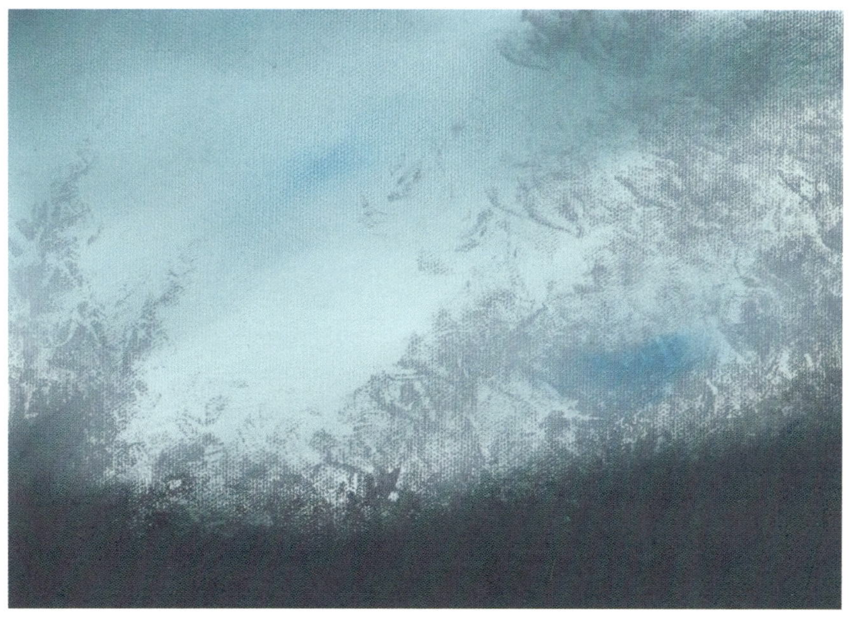

Himmel

Nehmen Sie mit dem 2-Zoll-Pinsel einen Hauch von der Mitternachtsschwarz-Dunkelsiena-Preußischblau-Mischung auf, indem Sie die Borsten fest in die Farbe stupfen. Auf diese Weise verteilt sich die Farbe gleichmäßig in den Borsten. Beginnen Sie in der linken Hälfte am oberen Bildrand sich kreuzende Striche für den Himmel auf die Leinwand zu setzen und arbeiten Sie weiter nach unten. Sehen Sie, wie sich die Farben mit dem Flüssigweiß vermischen. Auf diese Weise wird der Himmel zum Horizont hin automatisch immer heller.

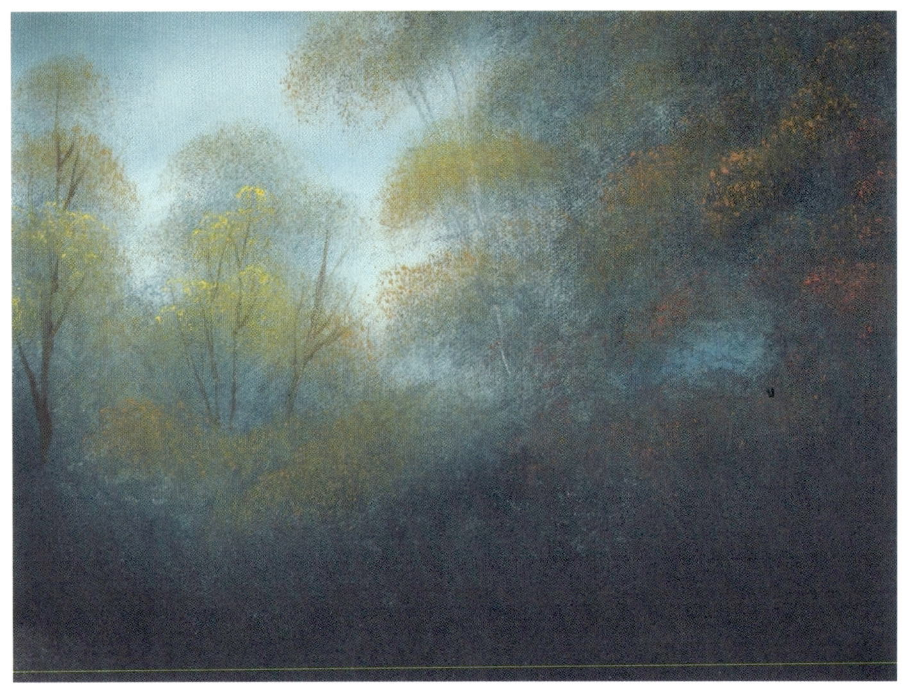

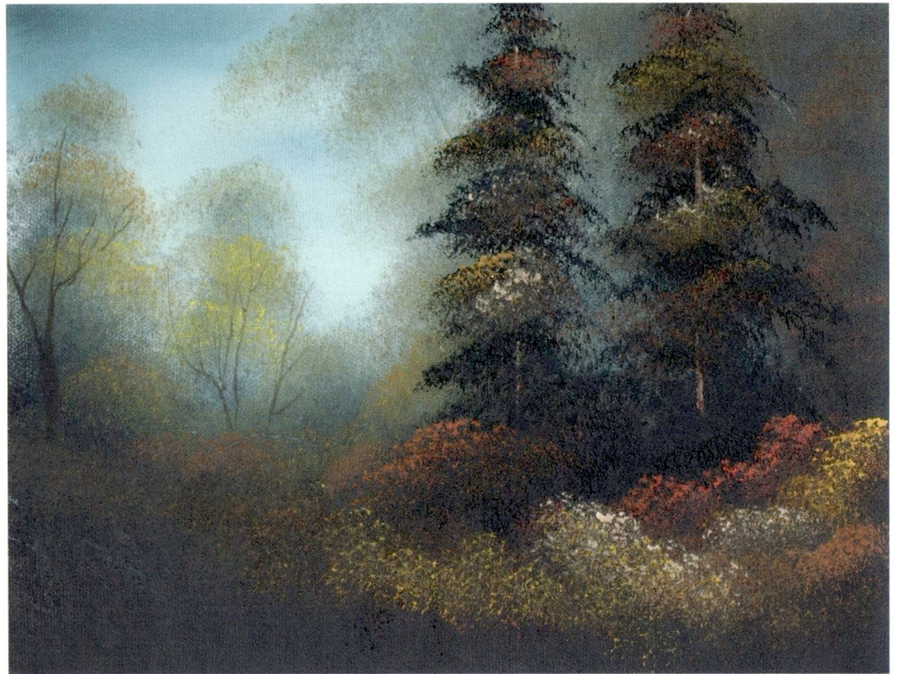

Hintergrund
Nehmen Sie mit dem Ovalpinsel eine Mischung aus Mitternachtsschwarz, Dunkelsiena, Preußischblau und VanDykeBraun auf und tupfen Sie die ganz im Hintergrund liegenden Bäume auf die Leinwand. Geben Sie etwas Titanweiß zu der Mischung und fügen Sie die Bäume im helleren Bereich der Leinwand ein.

Ohne den Pinsel zu säubern, tupfen Sie ihn in verschiedene Mischungen aus Gelbtönen und Saftgrün und versehen die Bäume mit Glanzlichtern.

Malen Sie mit dem Schriftenpinsel und den Farbmischungen für die Bäume im Hintergrund die Baumstämme. Tippen Sie den Pinsel zunächst in Farbverdünner, dann in die Farbe. So erhält diese eine tintenähnliche Konsistenz. Drehen Sie den Pinsel langsam, während Sie die Borsten durch die Farbmischung ziehen, damit die Borsten eine schöne Spitze bilden. Üben Sie beim Malen der Stämme wenig Druck auf den Pinsel aus. Wenn Sie den Pinsel drehen und locker hin und her wackeln, bekommen ihre Stämme ein richtig knorriges Aussehen.

Arbeiten Sie in Schichten. Fügen Sie der hellen Farbmischung für die Lichter etwas Hellrot hinzu und gestalten Sie die weiter vorn stehenden Bäume und Büsche mit dem Ovalpinsel im Detail. Formen Sie ganz individuelle Bäume und Büsche während Sie die Laubbüschel eintupfen. Achten Sie darauf, dass Sie nicht die gesamte dunkle Untermalung bedecken, da die Kontraste dem Bild Tiefe verleihen.

Große Nadelbäume
Für die großen Nadelbäume, nehmen Sie mit dem Ovalpinsel die Mitternachtsschwarz-Dunkelsiena-Preußischblau-Mischung so auf, dass die Borsten eine scharfe Kante bilden. Halten Sie den Pinsel senkrecht. Beginnen Sie am oberen Bildrand und tupfen Sie die Mittelachse eines jeden Baumes auf die Leinwand. Nur mit den Borstenspitzen ergänzen Sie die kleine Baumkrone. Arbeiten Sie vor und zurück bzw. von rechts nach links im Wechsel. Je weiter Sie nach unten kommen, desto mehr Druck üben Sie auf den Pinsel aus (dabei biegen sich die Borsten nach unten). Die Zweige werden so nach unten hin automatisch ausladender. Die Baumstämme fügen Sie mit Titanweiß und Dunkelsiena auf dem Farbspachtel hinzu. Verwenden Sie den Ovalpinsel, um mit Farbmischungen aus allen Gelbtönen, Saftgrün und Hellrot Lichter auf die Zweige zu setzen. Sie können diese Mischungen verdünnen, indem Sie den Ovalpinsel zuerst in Flüssigtransparent tippen.

Verwenden Sie weiterhin den Ovalpinsel und fügen Sie der Gelbmischung Karmesinrot und Dunkelsiena hinzu, um das Buschwerk zu Füßen der Nadelbäume zu ergänzen. Geben Sie Titanweiß zu der Mischung und heben Sie die vom Licht beschienenen Partien hervor.

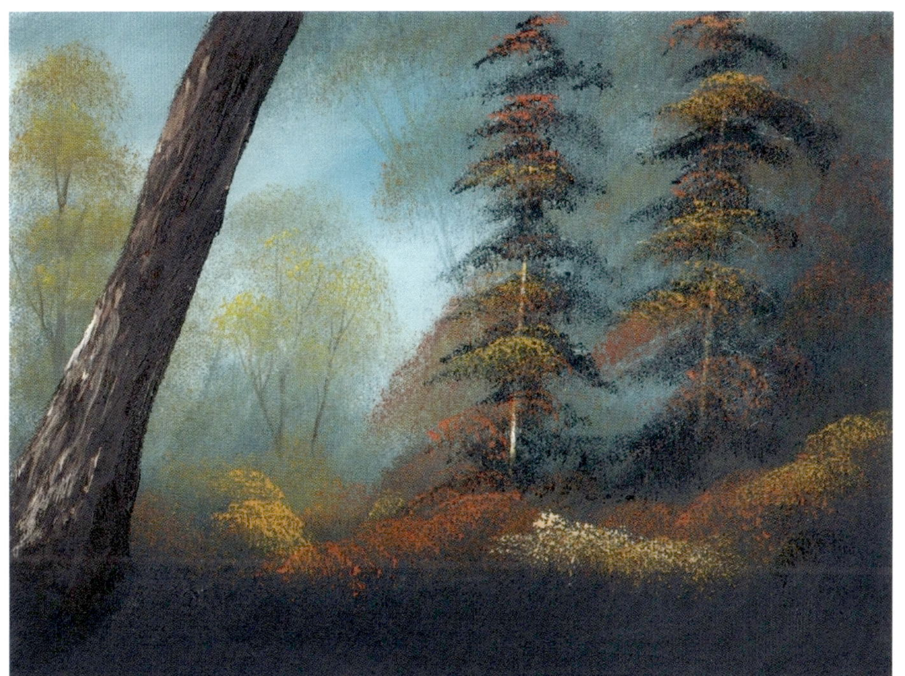

Großer Baumstamm
Nehmen Sie eine Mischung aus VanDykeBraun und Dunkelsiena auf den Farbspachtel auf und ergänzen Sie den großen Stamm im Vordergrund. Nehmen Sie mit dem Spachtel erneut Titanweiß und Dunkelsiena auf. Betonen Sie die linke Seite des Stammes mit gerade so viel Druck, dass die Farbe „bricht". Verwenden Sie die VanDykeBraun-Dunkelsiena-Mischung und fügen Sie mit dem Spachtel den teilweise verrotteten alten Baumstamm im Vordergrund hinzu. Mit einer Mischung aus Titanweiß, Dunkelsiena und Ockergelb auf dem Spachtel setzen Sie Glanzlichter.

Vordergrund
Verwenden Sie die verschiedenen Gelbmischungen auf dem Ovalpinsel und fügen Sie im Bodenbereich kleine Büsche und Farne hinzu. Mit einer verdünnten Mischung aus VanDykeBraun und Dunkelsiena auf dem Schriftenpinsel ergänzen Sie die Äste und Zweige am großen Baumstamm. Durch Drehen und Hin-und-her-Wackeln des Pinsels verleihen Sie den Ästen und Zweigen ein knorriges Aussehen. Sie können auch die Spitzen der Zweige mit einer verdünnten Mischung aus Titanweiß und Dunkelsiena auf dem Schriftenpinsel betonen.

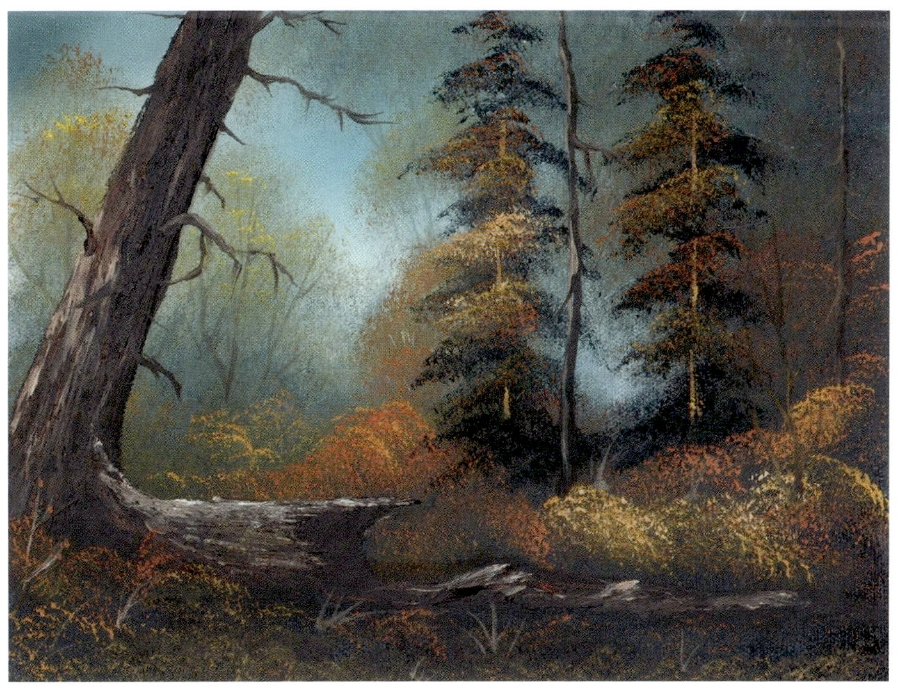

Letzte Feinheiten
Mit verdünnten Mischungen aus allen Gelbtönen und Saftgrün auf dem Schriftenpinsel fügen Sie lange Gräser und Halme hinzu. Dann verwenden Sie verdünntes Titanweiß und Dunkelsiena und ergänzen weitere kleine Baumstämme.
Um Ihr Bild nun zu signieren, nehmen Sie mit dem Schriftenpinsel eine verdünnte Farbe Ihrer Wahl auf. Schreiben Sie entweder nur Ihre Initialen, Vor- oder Zunamen oder auch ihren vollständigen Namen. Signieren Sie in der linken oder der rechten Ecke – so mancher Künstler signiert sogar in der Mitte der Leinwand! Sie haben die Wahl. Sie können auch eine Datumsangabe einfügen, wenn Sie möchten. Wie auch immer Sie sich entscheiden: Ich hoffe, Sie hatten Spaß und haben mit diesem Bild tatsächlich FREUDE AM MALEN erfahren.

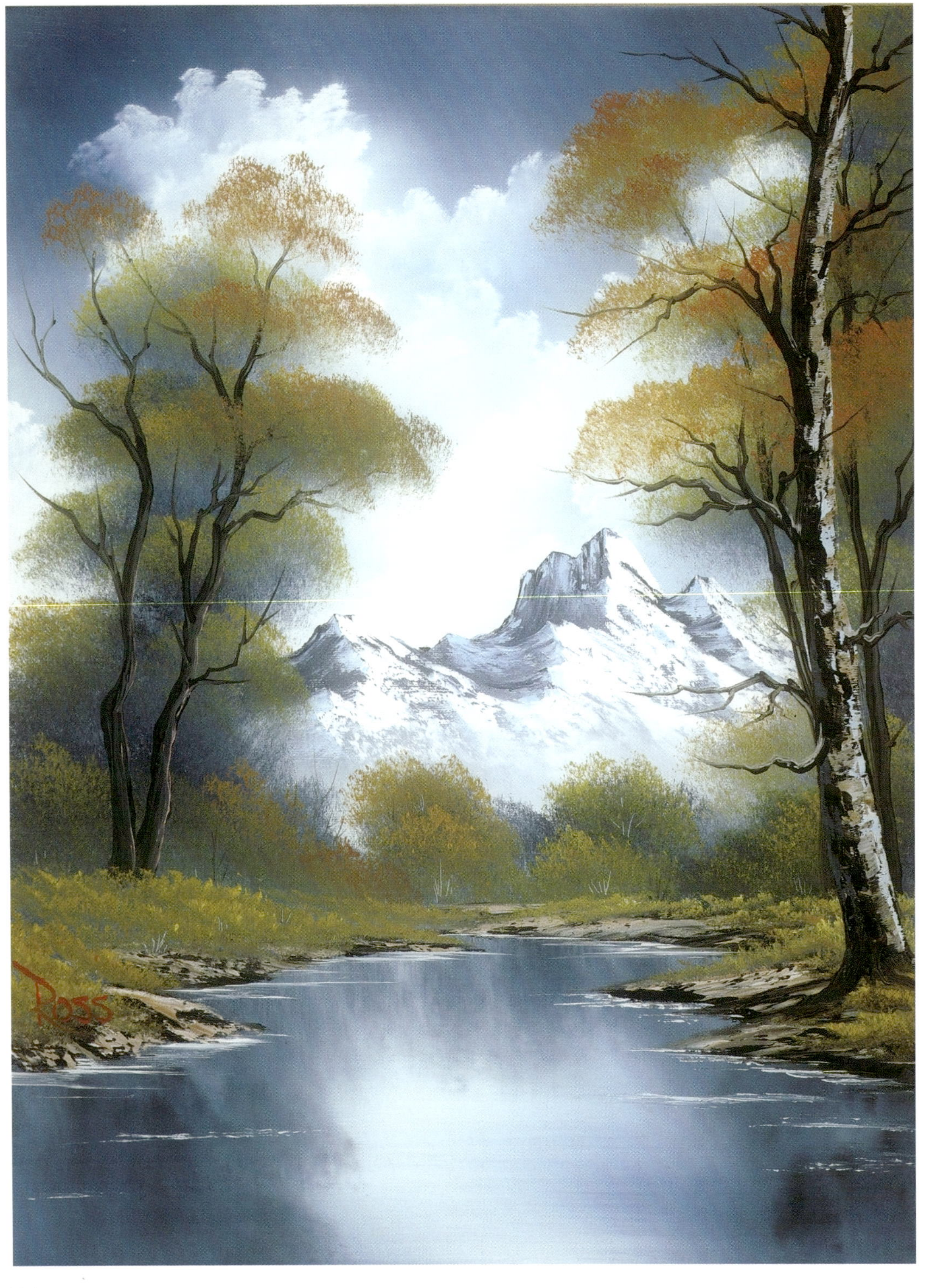

Material

2-Zoll-Pinsel	Mitternachtsschwarz
1-Zoll-Pinsel	Dunkel Siena
1-Zoll-Rundpinsel	VanDykeBraun
Fächerpinsel Nr. 6	Karmesinrot
Schriftenpinsel Nr. 2	Saftgrün
Farbspachtel Nr. 10	Kadmiumgelb
Flüssigweiß	Ockergelb
Titanweiß	Indischgelb
Preußischblau	Hellrot

Tragen Sie zunächst mit dem 2-Zoll-Pinsel eine gleichmäßig dünne Schicht Flüssigweiß auf die gesamte Leinwand auf. Machen Sie lange, waagerechte und senkrechte Striche. Arbeiten Sie vor und zurück und achten Sie darauf, dass die Farbe gleichmäßig über die Leinwand verteilt ist. Das Flüssigweiß darf nicht trocken sein, wenn Sie anfangen zu malen.

Himmel und Wasser

Nehmen Sie mit dem 2-Zoll-Pinsel ganz wenig von einer Mischung aus Preußischblau und Mitternachtsschwarz auf, indem Sie die Borsten des Pinsels fest in die Farbe auf der Palette stupfen. So wird die Farbe gleichmäßig in den Borsten verteilt.

Beginnen Sie, am oberen Bildrand sich kreuzende Striche für den Himmel auf die Leinwand zu setzen und arbeiten Sie weiter nach unten. Variieren Sie die Farbe, aber lassen Sie einige Flächen frei, um Wolken anzudeuten.

Jetzt ist ein guter Zeitpunkt, um die Wasserfläche im unteren Bildabschnitt zu grundieren. Nehmen Sie mit dem 2-Zoll-Pinsel erneut die Preußischblau-Mitternachtsschwarz-Mischung auf. Beginnen Sie am unteren Leinwandrand und arbeiten Sie nach oben hin zum Horizont. Setzen Sie den Pinsel jeweils am äußeren Bildrand an und ziehen Sie die Farbe von dort mit waagerechten Strichen zur Mitte hin. Ein schimmerndes Licht auf dem Wasser entsteht, wenn Sie die Fläche in der Mitte der Leinwand bei der Grundierung aussparen.
Mit einem sauberen, trockenen 2-Zoll-Pinsel und sich kreuzenden Pinselstrichen malen Sie den Himmel. Anschließend wischen Sie mit langen, waagerechten Strichen über die gesamte Leinwand.

Wolken
Nehmen Sie eine Mischung aus Titanweiß und einem Hauch Hellrot auf den 1-Zoll-Pinsel und gestalten Sie die Wolken mit kleinen kreisenden Bewegungen. Mit der oberen Ecke eines sauberen, trockenen 2-Zoll-Pinsels verblenden Sie nun die Unterseite der Wolken. Dann ziehen Sie die Farbe leicht nach oben, um die Wolken „aufzuschütteln".

Berge
Der Berg wird mit dem Farbspachtel und einer Mischung aus Mitternachtsschwarz, Preußischblau, VanDykeBraun und Karmesinrot gemalt. Ziehen Sie die Farbe flach auf der Palette aus, halten Sie das Palettenmesser senkrecht und schneiden Sie quer durch die Farbe. (Wenn Sie den Spachtel ganz gerade aufsetzen, liegt das Farbröllchen auf der äußersten Kante des Spachtels.) Mit festem Druck gestalten Sie den Gipfel des Berges. Wenn Sie mit der Grundform zufrieden sind, entfernen Sie mit dem Spachtel überschüssige Farbe von der Leinwand. Dann ziehen Sie die Farbe mit dem 2-Zoll-Pinsel bis zum Fuß des Berges herunter, dessen Konturen sich in diesem Bereich im Dunst aufzulösen scheinen.

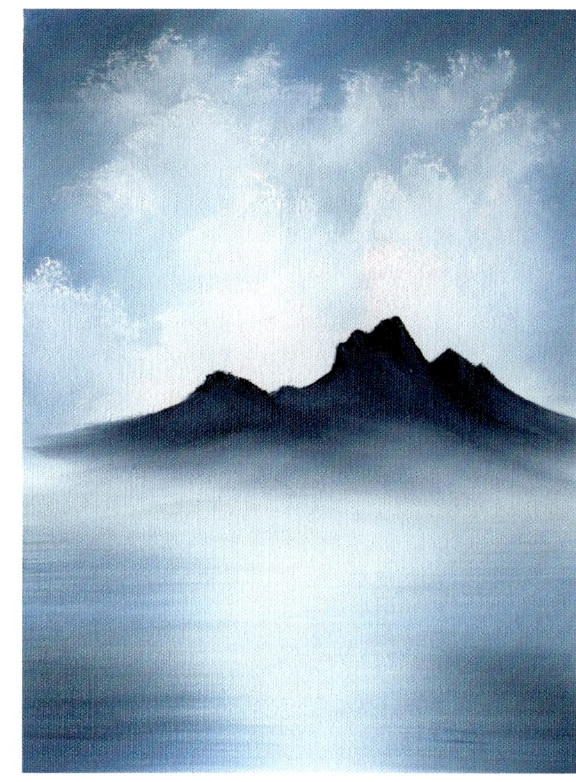

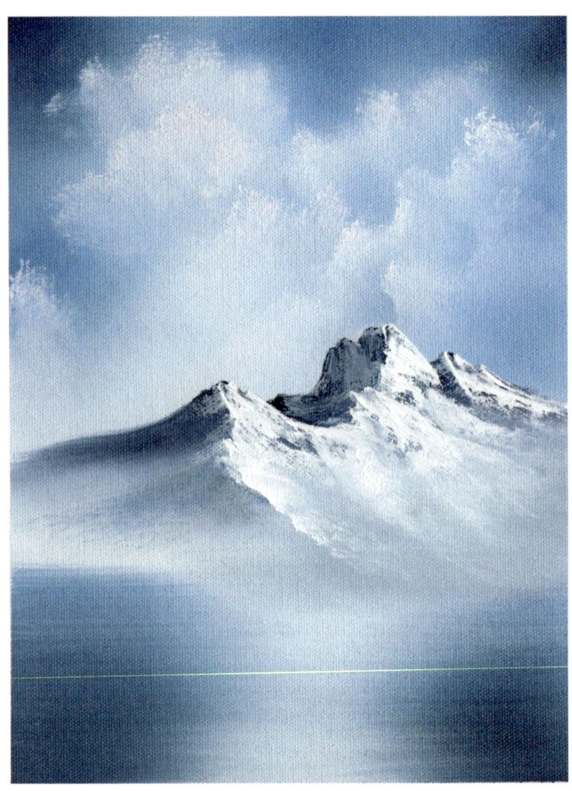

Setzen Sie mit Titanweiß Glanzlichter auf den Berg. Nehmen Sie hierzu wieder mit der langen Kante des Spachtels ein Farbröllchen auf. Beginnen Sie an der Bergspitze und lassen Sie den Spachtel die rechte Seite des jeweiligen Gipfels hinuntergleiten. (Achten Sie auf die Winkel.) Üben Sie dabei gerade so viel Druck aus, dass die Farbe „bricht".

Verwenden Sie eine Mischung aus Titanweiß und einem Hauch Preußischblau auf der kurzen Kante des Farbspachtels, um die Schattenseiten der Gipfel zu gestalten. Tragen Sie die Farbe in entgegengesetzter Richtung auf. Üben Sie erneut so viel bzw. wenig Druck aus, dass die Farbe „bricht".

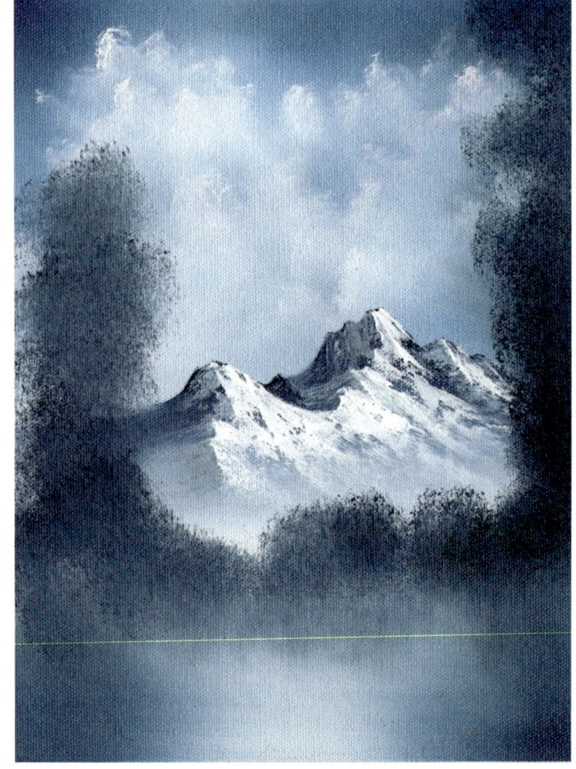

Mit einem sauberen, trockenen 2-Zoll-Pinsel tupfen Sie über die Farbe im unteren Bereich des Berges. Anschließend heben Sie die Farbe an, indem Sie mit dem Pinsel leicht von unten nach oben streichen. Nun liegt der Fuß der Berge schön im Dunst.

Der Hintergrund

Stupfen Sie den Rundpinsel in verschiedene Mischungen aus Saftgrün und der Bergmischung (Mitternachtsschwarz, Preußischblau, VanDykeBraun, Karmesinrot und Saftgrün). Nur mit der äußersten Ecke des Pinsels tupfen Sie die Bäume im Hintergrund auf die Leinwand.

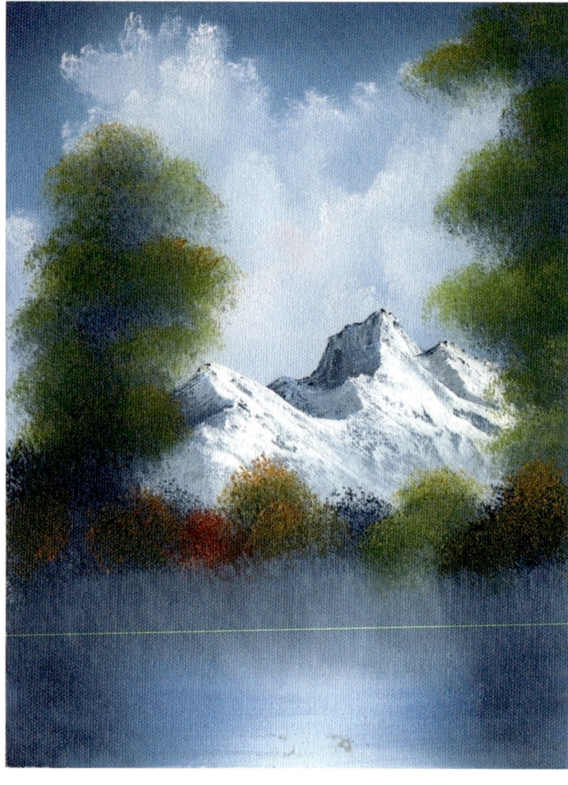

Verwenden Sie weiter den Rundpinsel und spiegeln Sie die Bäume im Wasser. Ziehen Sie die Farbe zuerst gerade nach unten, danach streichen Sie leicht quer darüber, damit die Spiegelungen verschwimmen.
Betonen Sie die Bäume mit dem Rundpinsel und verschiedenen Mischungen aus allen Gelbtönen, Saftgrün und Hellrot. Arbeiten Sie in Schichten; tupfen Sie nach unten und gestalten Sie individuelle Laubbüschel. Überlassen Sie nichts dem Zufall.

Überdecken Sie nicht die gesamte dunkle, bereits auf die Leinwand aufgetragene Untergrundfarbe, da diese die einzelnen Bäume und Büsche voneinander abgrenzt.

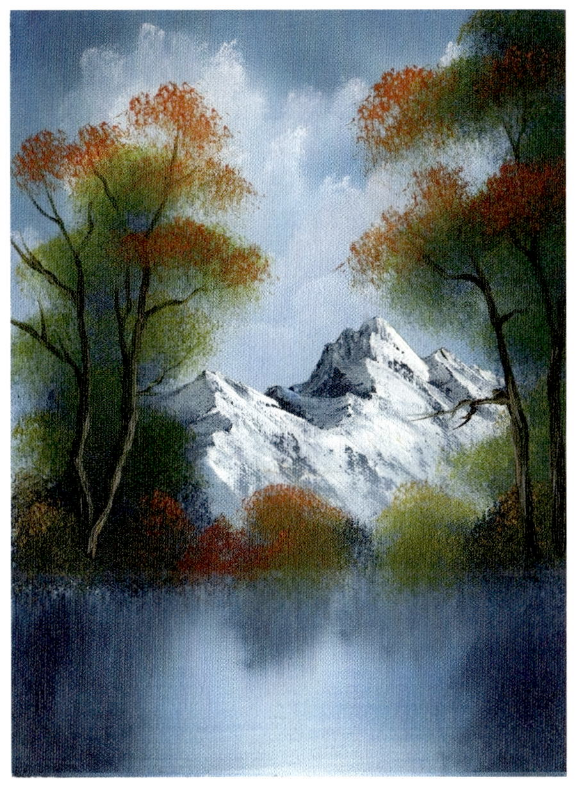

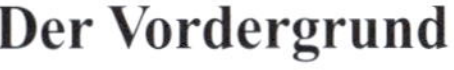

Der Vordergrund

Die Baumstämme fügen Sie mit einer Mischung aus VanDykeBraun und Dunkelsiena auf dem Schriftenpinsel hinzu. Üben Sie dabei ganz wenig Druck aus. Wenn Sie den Pinsel beim Malen drehen und hin und her wackeln, erhalten Ihre Baumstämme ein knorriges Aussehen. Betonen Sie die Stämme mit einer verdünnten Mischung aus Titanweiß und einem Hauch Hellrot auf dem Schriftenpinsel.

Mischen Sie Ockergelb und Hellrot und ergänzen Sie das Laub an den Bäumen mit dem Rundpinsel, indem Sie mit ihm nach unten tupfen.

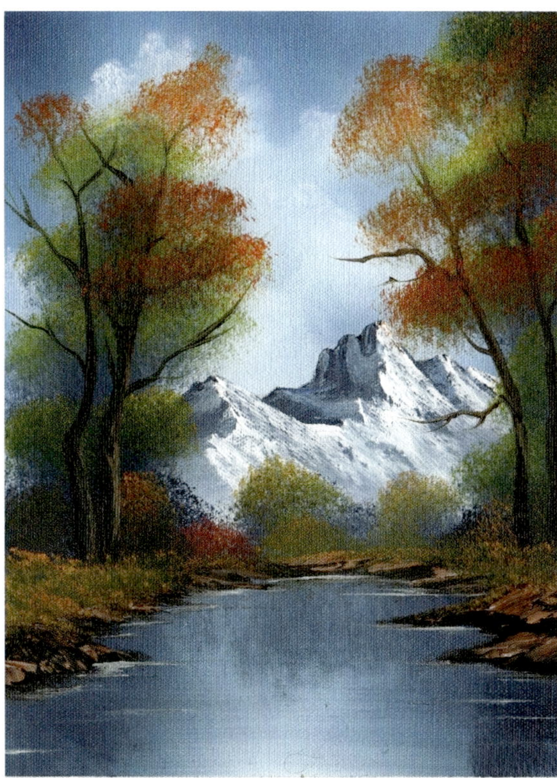

Mit etwas VanDykeBraun auf dem Farbspachtel gestalten Sie die Uferzone.
Betonen Sie das Ufer mit einer Mischung aus Titanweiß und Dunkelsiena. Üben Sie gerade so viel Druck aus, dass die Farbe „bricht“.

Stellen Sie verschiedene Mischungen aus allen Gelbtönen und Saftgrün her. Mit dem Fächerpinsel und aufwärts gerichteten Strichen malen Sie die Grasflächen am Ufer. Beachten Sie den Verlauf des Geländes. Zerstören Sie nicht die dunklen Flächen unter den Bäumen, denn diese Schattenbereiche sind sehr wichtig!

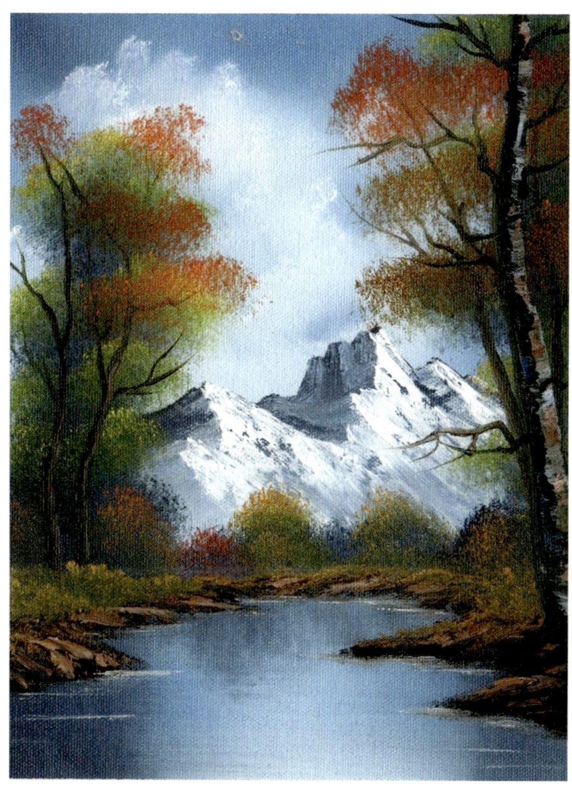

Nehmen Sie mit dem Spachtel Flüssigweiß auf und ritzen Sie damit einige Linien ins Wasser.

Großer Baumstamm

Den großen Baumstamm im Vordergrund malen Sie mit VanDykeBraun auf dem Fächerpinsel (der Strich führt von oben nach unten). Mit einer Mischung aus Titanweiß und VanDykeBraun auf dem Spachtel setzen Sie auf der rechten Seite des Stammes einige Lichter.

Letzte Feinheiten

Vollenden Sie Ihr Bild mit verdünntem VanDykeBraun auf dem Schriftenpinsel und ergänzen Sie kleine Zweige am großen Baumstamm.

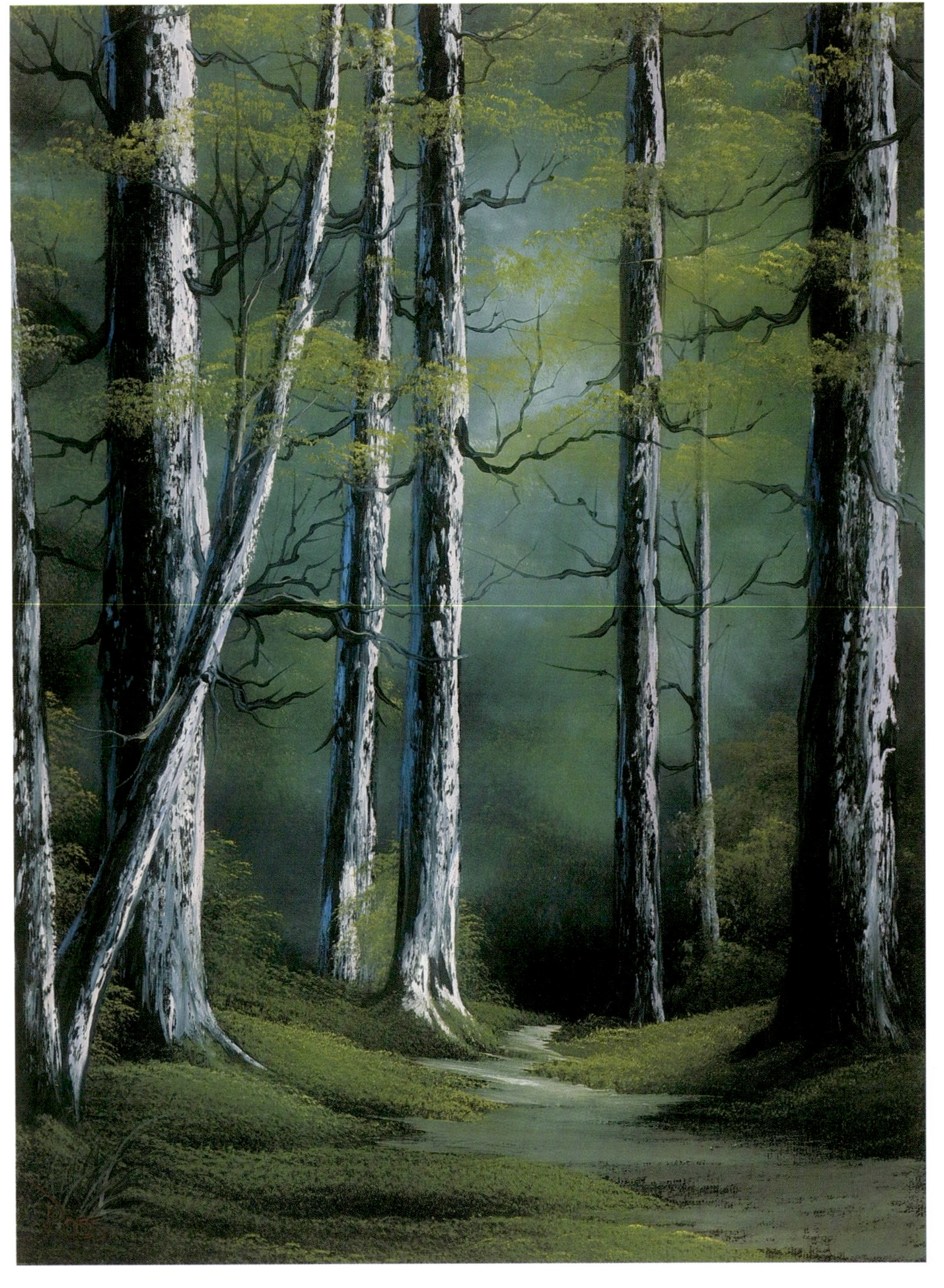

Material

2-Zoll-Pinsel
Fächerpinsel Nr. 6
Schriftenpinsel Nr. 2
Farbspachtel Nr. 10
Gesso Schwarz
Flüssigtransparent
Titanweiß
Phtaloblau
Mitternachtsschwarz
Dunkelsiena
VanDykeBraun
Karmesinrot
Saftgrün
Kadmiumgelb
Ockergelb
Indischgelb
Hellrot

Benutzen Sie einen Schaumschwamm, um eine dünne, gleichmäßige Schicht Gesso Schwarz auf die gesamte Leinwand aufzutragen. Anschließend muss das Gesso Schwarz VOLLSTÄNDIG TROCKNEN.

Sobald die Grundierung trocken ist, nehmen Sie den 2-Zoll-Pinsel und tragen eine HAUCHDÜNNE Schicht Flüssigtransparent auf die gesamte Leinwand auf. (Es ist sehr wichtig, dass das Flüssigtransparent SEHR, SEHR SPARSAM aufgetragen und regelrecht in die Leinwand eingerieben wird! Das Flüssigtransparent erleichtert nicht nur das Auftragen der festeren Farben. Vielmehr brauchen Sie auf diese Weise auch nur ganz wenig Farbe und erzielen dabei eine lasierende Wirkung.) Das Flüssigtransparent darf NICHT trocknen.

RUHIGER WALD

Verwenden Sie weiterhin den 2-Zoll-Pinsel und eine Mischung aus Saftgrün, Phtaloblau und VanDykeBraun. Tragen Sie diese in einer sehr dünnen Schicht über dem Flüssigtransparent auf. Die Leinwand darf NICHT trocknen, bevor Sie mit dem Malen beginnen.

Nehmen Sie mit dem 2-Zoll-Pinsel etwas Titanweiß auf und setzen Sie am oberen Bildrand an. Lassen Sie den Pinsel locker über die Leinwand kreisen und gestalten Sie auf diese Weise den Himmel.

Während Sie sich zum Horizont hin vorarbeiten, werden Sie bemerken, wie sich das Weiß mit der bereits auf der Leinwand befindlichen Farbe vermischt. Achten Sie darauf, dass Sie nicht die gesamte Leinwand mit dem Titanweiß bedecken, sondern einige Stellen dunkel lassen.

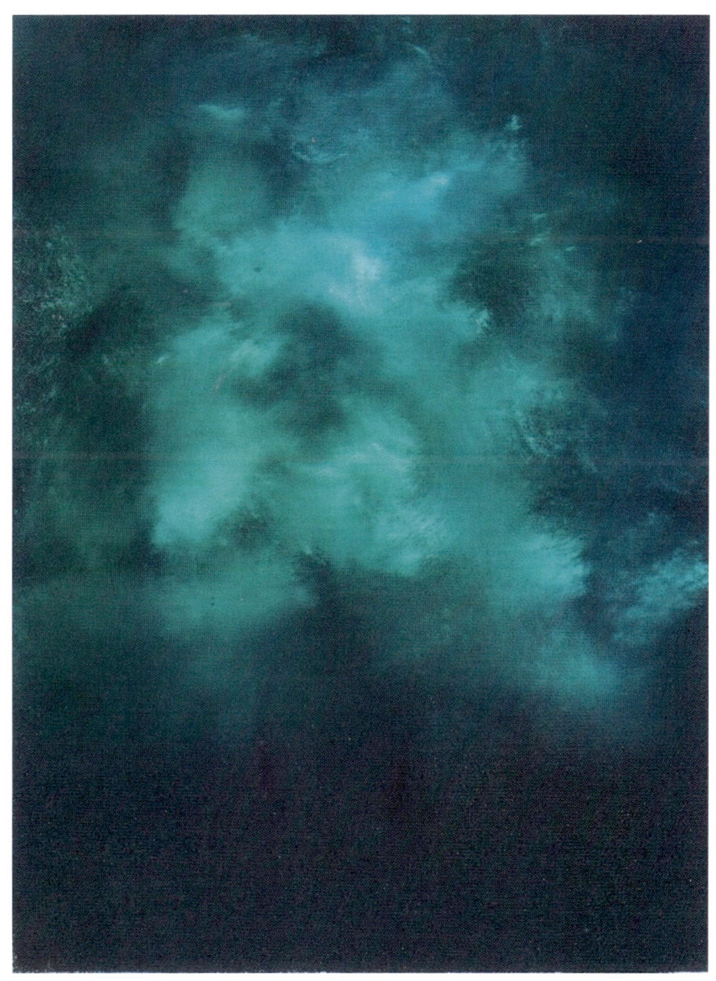

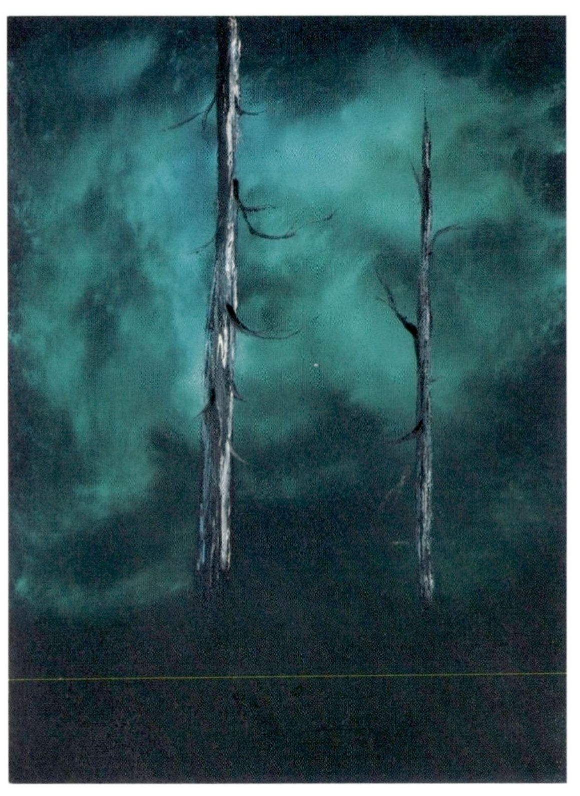

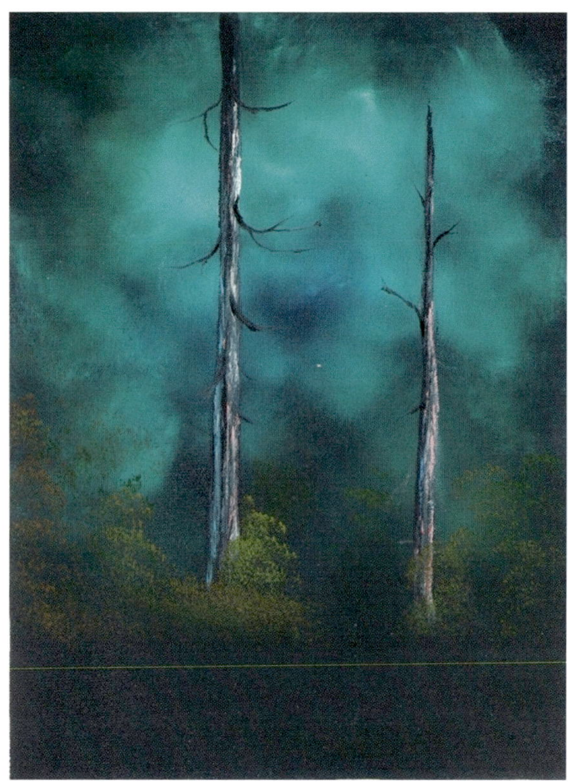

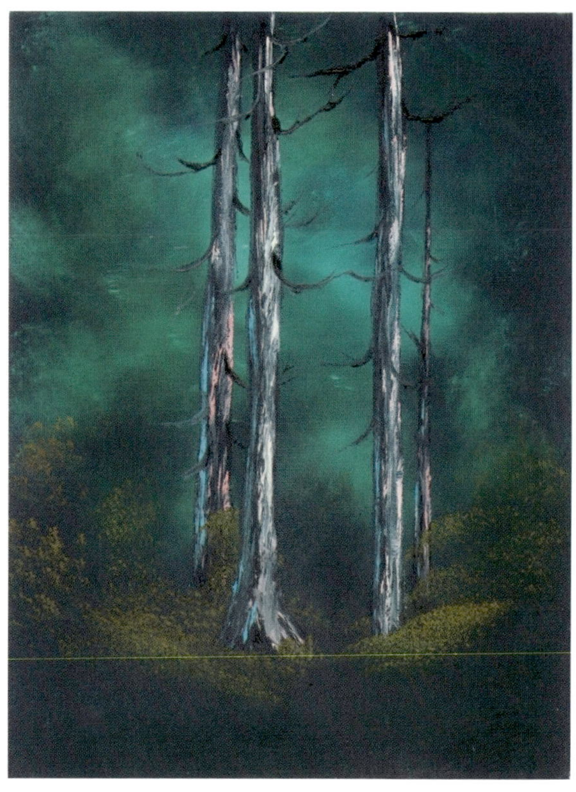

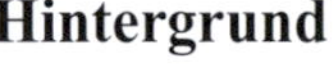

Hintergrund

Nehmen Sie mit dem Fächerpinsel Mitternachtsschwarz auf. Halten Sie den Pinsel senkrecht und setzen Sie ihn am oberen Bildrand an. Mit je einem einzigen langen Strich nach unten fügen Sie die Stämme der Bäume im Hintergrund ein. Verstärken Sie den Druck auf den Pinsel, je weiter Sie sich dem Bodenbereich nähern, damit der Stamm unten am kräftigsten wirkt.

Nehmen Sie mit dem Spachtel ganz wenig von einer Mischung aus Titanweiß und etwas Hellrot auf. Halten Sie den Spachtel senkrecht und tupfen Sie auf die rechte Seite der Stämme Glanzlichter auf.

Verwenden Sie eine Mischung aus Titanweiß, Phtaloblau und etwas Mitternachtsschwarz, um das Licht auf der linken Seite der Stämme zu reflektieren.

Äste und Zweige ergänzen Sie mit einer Mischung aus Mitternachtsschwarz, Dunkelsiena und VanDykeBraun auf dem Schriftenpinsel. (Bevor Sie mit dem Schriftenpinsel arbeiten, verdünnen Sie die Farbe bis sie eine tintenähnlichen Konsistenz aufweist. Dazu tippen Sie den Pinsel zuerst in Farbverdünner, dann drehen Sie ihn langsam, während Sie ihn durch die Farbe ziehen. So bilden die Pinselborsten eine exakte Spitze.) Üben Sie beim Malen der Äste und Zweige nur wenig Druck aus. Wenn Sie den Pinsel drehen und hin und her wackeln, erhalten die Äste ein knorriges Aussehen.

Nehmen Sie mit dem 2-Zoll-Pinsel verschiedene Mischungen aus allen Gelbtönen, Mitternachtsschwarz, Saftgrün und Hellrot auf. Tupfen Sie mit einer Ecke des Pinsels nach unten und fügen Sie das Laub an den weit im Hintergrund liegenden Bäumen sowie kleine Büsche hinzu.

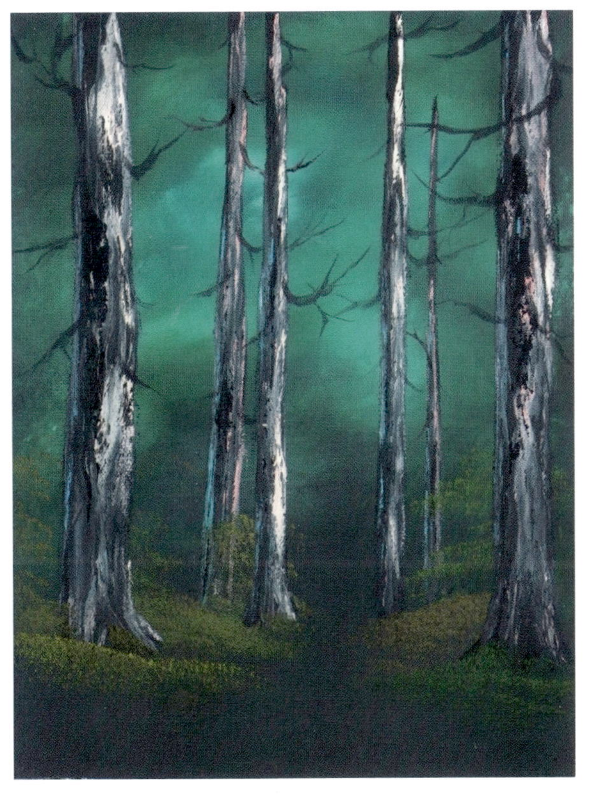

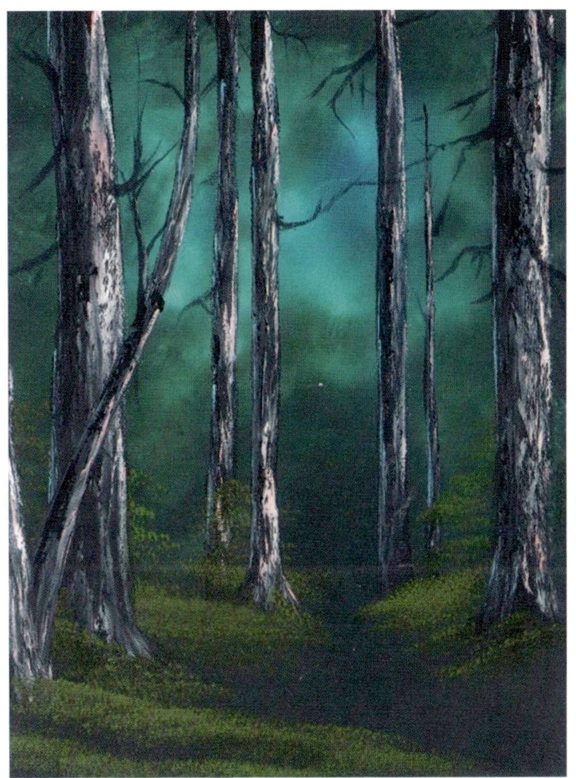

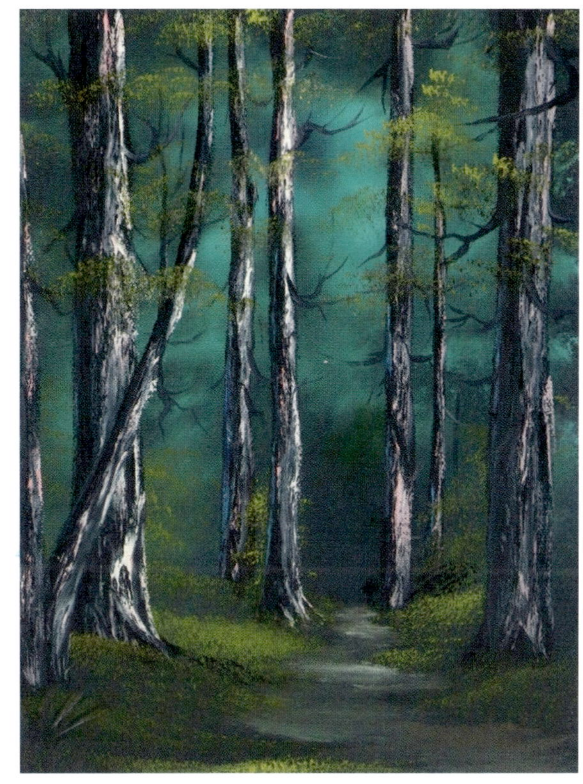

Verwenden Sie dieselben Mischungen für die zarten Grasflächen unter den Bäumen. Halten Sie den 2-Zoll-Pinsel im 45°Winkel, wenn Sie die Farbe aufnehmen und stupfen Sie ihn in die verschiedenen Farbmischungen. Lassen Sie den Pinsel jedes Mal sanft in die Farbe hineingleiten, damit sich die Borsten mit reichlich Farbe füllen. Dann halten Sie den Pinsel waagerecht und tupfen mit den Borsten leicht nach unten auf die Leinwand. Arbeiten Sie in Schichten und achten Sie auf den Verlauf des Geländes.
Überdecken Sie aber nicht die ganze dunkle Untergrundfarbe, die Sie bereits auf die Leinwand aufgebracht haben. Dann sehen die Grasflächen richtig samtig aus.

Vordergrund
Wenn Sie nun die großen Baumstämme im Vordergrund malen, halten Sie den Fächerpinsel waagerecht. Dann fügen Sie Blattwerk und einzelne Lichter hinzu.

Arbeiten Sie weiter in Schichten. Es folgen Baumstämme, Glanzlichter, Laub und Grasflächen.

Mischen Sie Titanweiß und Dunkelsiena und nehmen Sie mit dem Farbspachtel Farbe auf. Halten Sie den Spachtel waagerecht und deuten Sie einen Weg an, der sich durch die Bäume hindurch schlängelt. Dabei reiben Sie die Farbe förmlich in die Leinwand ein.

Letzte Feinheiten
Mit der Spitze des Farbspachtels deuten Sie kleine Stöcke und Zweige ein, die Sie in die bereits vorhandene Farbe ritzen. Fertig!
Vergessen Sie nicht Ihr Bild zu signieren: Nehmen Sie dazu erneut mit dem Schriftenpinsel eine verdünnte Farbe Ihrer Wahl auf. Schreiben Sie entweder nur Ihre Initialen, Vor- oder Zunamen oder auch ihren vollständigen Namen. Signieren Sie in der linken oder der rechten Ecke – so mancher Künstler signiert sogar in der Mitte der Leinwand! Sie haben die Wahl. Sie können auch eine Datumsangabe einfügen, wenn Sie möchten. Wie auch immer Sie sich entscheiden: Ich hoffe, Sie hatten Spaß und haben mit diesem Bild tatsächlich FREUDE AM MALEN erfahren.

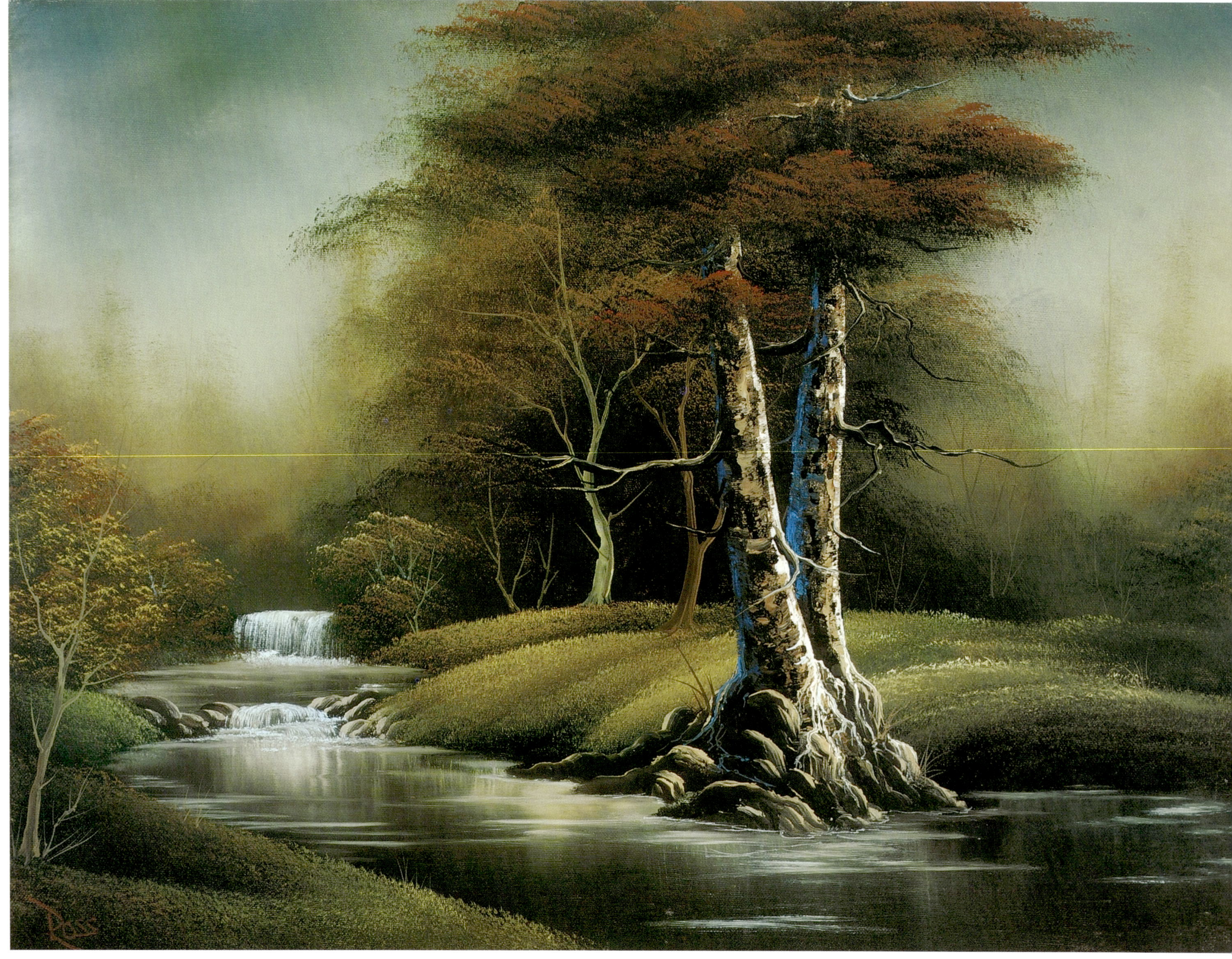

DIE RUHE DES FLUSSES

Material

2-Zoll-Pinsel	Preußischblau
Filbertpinsel Nr. 6	Mitternachtsschwarz
Fächerpinsel Nr. 6	Dunkelsiena
Schriftenpinsel Nr. 2	VanDykeBraun
Farbspachtel Nr. 10	Karmesinrot
Gesso Schwarz	Saftgrün
Flüssigweiß	Kadmiumgelb
Flüssigtransparent	Ockergelb
Titanweiß	Indischgelb
Phtaloblau	Hellrot

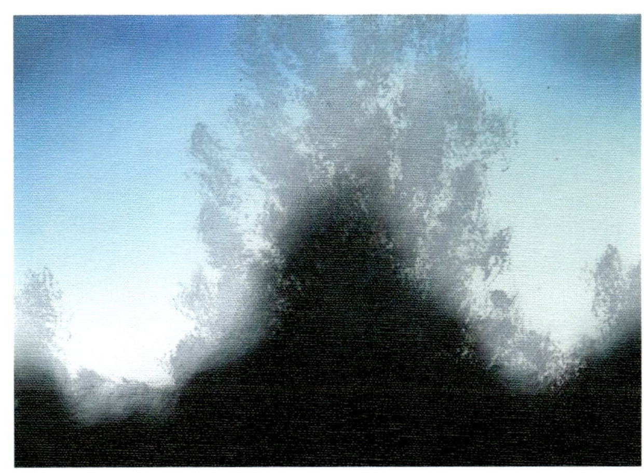

Grundieren Sie zunächst die dunklen Bildpartien mit Gesso Schwarz. Verwenden Sie hierfür ein zusammengeknülltes Küchentuch. (Der untere Teil der Leinwand sollte dunkel grundiert sein, der obere Teil noch einige helle Flächen für den Himmel aufweisen.) Die Leinwand muss VOLLSTÄNDIG TROCKNEN bevor Sie mit der Arbeit fortfahren.

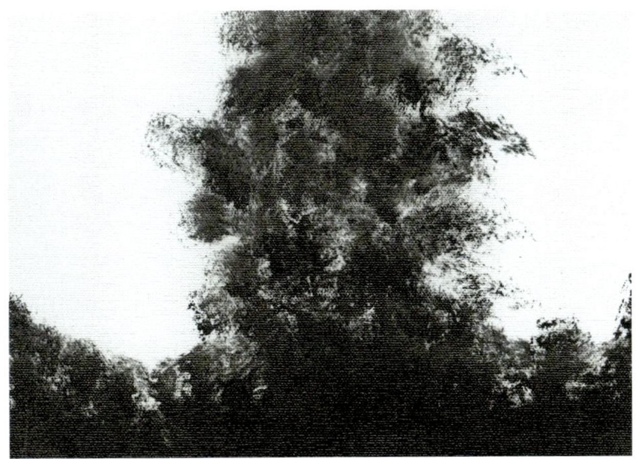

Wenn das Gesso Schwarz trocken ist, tragen Sie mit dem 2-Zoll-Pinsel gleichmäßig eine dünne Schicht Flüssigweiß auf die hellen, ungrundierten Bereiche der Leinwand auf. Benutzen Sie einen sauberen, trockenen 2-Zoll-Pinsel, um eine SEHR DÜNNE Schicht Flüssigtransparent über das Gesso Schwarz zu legen. (Es ist sehr wichtig, dass das Flüssigtransparent SEHR, SEHR SPARSAM aufgetragen und regelrecht in die Leinwand eingerieben wird! Das Flüssigtransparent erleichtert nicht nur das Auftragen der festeren Farben. Vielmehr brauchen Sie auf diese Weise auch nur ganz wenig Farbe und erzielen dabei eine lasierende Wirkung.) Sowohl Flüssigweiß als auch Flüssigtransparent dürfen NICHT TROCKNEN.

Tragen Sie mit dem 2-Zoll-Pinsel eine Mischung aus VanDykeBraun, Saftgrün und etwas Preußischblau auf das Flüssigtransparent auf. Gehen Sie mit der Farbe sehr sparsam um, damit sie einen lasierenden Effekt erzielen.

Himmel

Nehmen Sie einen Hauch Phtaloblau auf den 2-Zoll-Pinsel und bringen Sie die Farbe mit sich kreuzenden Strichen auf dem Flüssigweiß auf – und schon ist Ihr Himmel fertig.

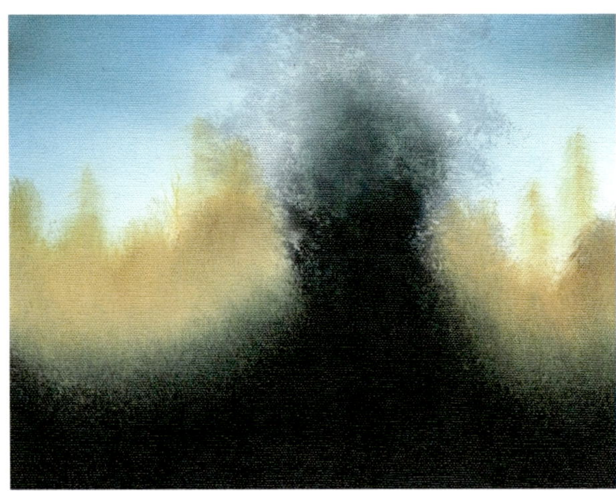

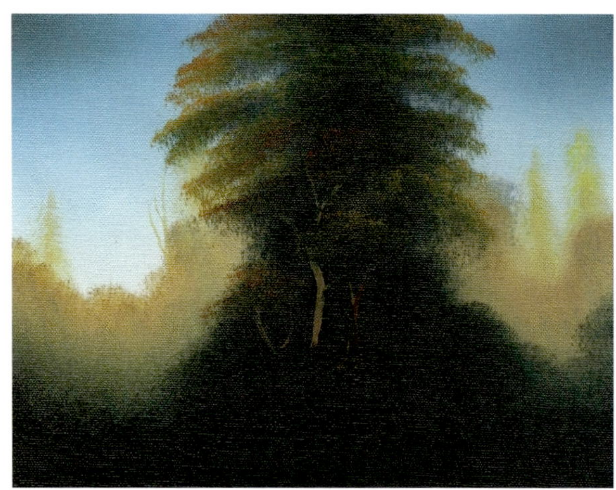

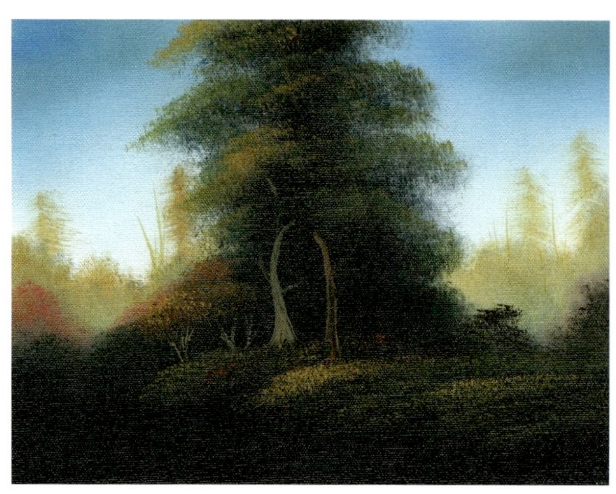

Hintergrund
Nehmen Sie mit dem 2-Zoll-Pinsel Dunkelsiena auf. Halten Sie den Pinsel senkrecht und tupfen Sie damit nach unten, um die undeutlich im Hintergrund liegenden Laubbäume zu gestalten. Für die großen, von Dunstschwaden umgebenen Nadelbäume, ziehen Sie den 2-Zoll-Pinsel so durch die Farbe, dass die Borsten eine richtig scharfe Kante bilden. Beginnen Sie mit dem Fuß des Baumes. Halten Sie den Pinsel senkrecht, setzen Sie ihn flach auf der Leinwand auf und ziehen Sie ihn nach oben. Indem Sie dabei zunehmend den Druck auf den Pinsel verringern, erhalten Sie automatisch eine spitz zulaufende Baumkrone. Stellen Sie erst die eine Seite eines Baumes fertig und dann die andere.
Verwenden Sie ganz wenig Titanweiß auf dem 2-Zoll-Pinsel und tupfen Sie im unteren Bereich des Baumes in die Farbe, damit der Eindruck von Dunst entsteht.

Mit einer Mischung aus Mitternachtsschwarz, Preußischblau, VanDykeBraun und Saftgrün auf dem 2-Zoll-Pinsel tupfen Sie mit einer Ecke des Pinsels nach unten die Baumgruppen in der Mitte des Hintergrundes auf die Leinwand.

Verwenden Sie eine verdünnte Mischung aus VanDykeBraun, Dunkelsiena und Titanweiß auf dem Schriftenpinsel und fügen Sie die kleinen, weit entfernt liegenden Baumstämme hinzu. (Bevor Sie mit dem Schriftenpinsel arbeiten, verdünnen Sie die Farbe bis sie eine tintenähnlichen Konsistenz aufweist. Dazu tippen Sie den Pinsel zuerst in Farbverdünner, dann drehen Sie ihn langsam, während Sie ihn durch die Farbe ziehen. So bilden die Pinselborsten eine exakte Spitze.) Üben Sie nur wenig Druck auf den Pinsel aus. Wenn Sie ihn beim Malen drehen und hin und her wackeln, bekommen Ihre Baumstämme ein schön knorriges Aussehen.

Für das Laub im Hintergrund stellen Sie verschiedene Mischungen aus Dunkelsiena, allen Gelbtönen und Hellrot her und setzen mit dem 2-Zoll-Pinsel einzelne dezente Glanzlichter. Dabei tupfen Sie mit einer Ecke des Pinsels sanft nach unten. Achten Sie genau auf Form und Gestalt, wenn Sie die einzelnen Bäume und Büsche näher definieren.

Verwenden Sie dieselben Akzentfarben für die zarten Grasflächen unter den Bäumen. Halten Sie den 2-Zoll-Pinsel im 45° Winkel, wenn Sie die Farbe aufnehmen. Tupfen Sie die Borsten in die verschiedenen Farbmischungen. Lassen Sie den Pinsel dabei sanft in die Farbe hineingleiten, damit sich die Borsten mit reichlich Farbe füllen.

Halten Sie den Pinsel waagerecht und tupfen Sie leicht nach unten. Arbeiten Sie in Schichten und beachten Sie den Verlauf des Geländes. Wenn Sie zugleich daran denken, dass nicht der gesamte dunkle Untergrund übermalt werden soll, erhalten Sie wunderbar samtig wirkende Grasflächen.

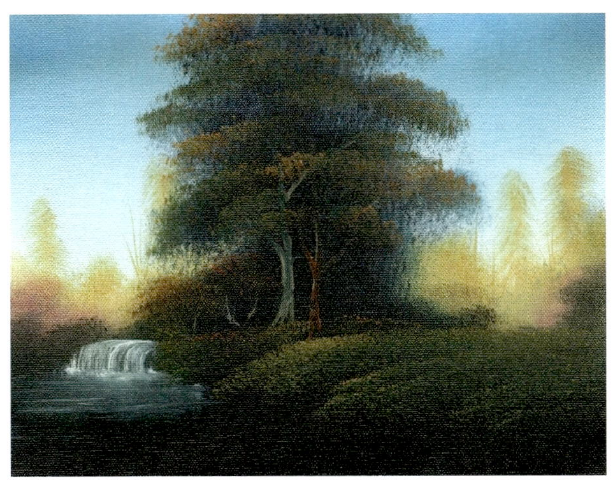

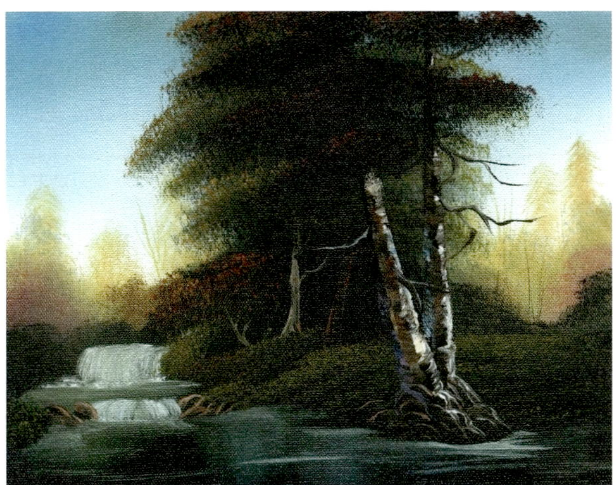

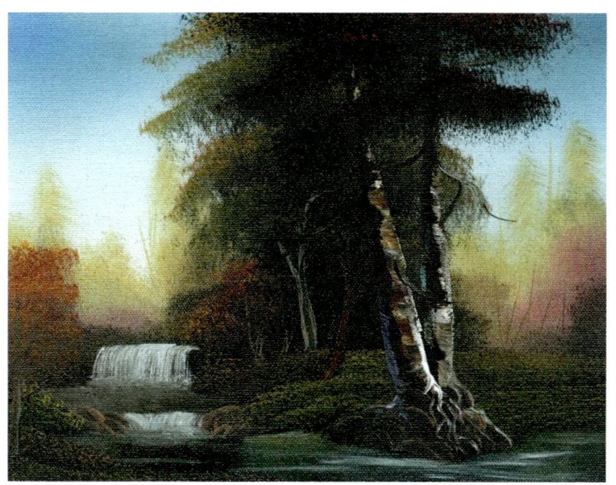

Wasserfall
Nehmen Sie mit dem Fächerpinsel eine Mischung aus Flüssigweiß, Titanweiß und einem Hauch Phtaloblau auf. Halten Sie den Pinsel waagerecht und beginnen Sie mit einem kurzen waagerechten Strich am oberen Rand des Wasserfalls. Anschließend ziehen Sie den Pinsel gerade nach unten und lassen so das Wasser über die Felsklippe stürzen. Die Gischt am Fuß des Wasserfalls malen Sie mit winzigen Aufwärtsstrichen.

Nehmen Sie den 2-Zoll-Pinsel und ziehen Sie die Farbe am Fuß des Wasserfalls nach unten für die Spiegelungen. Mit wirbelnden, waagerechten Strichen bringen Sie den Wasserverlauf nach vorn.

Im Wasser liegende Felsen und Steine fügen Sie mit dem Filbertpinsel und einer Mischung aus Mitternachtsschwarz und VanDykeBraun hinzu. Nehmen Sie Farbe auf und ziehen Sie dann eine Seite der Borsten durch eine Mischung aus Flüssigweiß, VanDykeBraun und Dunkelsiena. Die helle Seite des Pinsels muss nun nach OBEN zeigen. Mit einem einzigen Pinselstrich lassen sich so Felsen und Steine ergänzen und zugleich Glanzlichter setzen.

Vordergrund
Arbeiten Sie in Schichten weiter. Verwenden Sie dabei den 2-Zoll-Pinsel, um Spiegelungen hinzuzufügen, den Fächerpinsel, um das Wasser vorwärts zu wirbeln und die gelben Akzentmischungen auf dem 2-Zoll-Pinsel für die Grasflächen im Vordergrund.

Große Bäume
Nehmen Sie mit dem Fächerpinsel eine Mischung aus VanDykeBraun, Mitternachtsschwarz und Karmesinrot auf. Halten Sie den Pinsel senkrecht, ziehen Sie ihn nach unten und ergänzen Sie auf diese Weise die einzelnen großen Baumstämme.

Setzen Sie auf die rechte Seite jedes Stammes mit einer Mischung aus Titanweiß und Dunkelsiena auf dem Spachtel Glanzlichter. Üben Sie gerade so viel Druck aus, dass die Farbe „bricht". Verwenden Sie eine Mischung aus Titanweiß und etwas Preußischblau auf dem Spachtel und ergänzen Sie das reflektierte Licht auf der linken Seite der Stämme.

Mit dem Filbertpinsel fügen Sie wieder Felsen und Steine unter den großen Bäumen hinzu.

Verdünnen Sie die bereits fertige Mischung für die Baumstämme und benutzen Sie den Schriftenpinsel, um die kleinen Äste und Zweige an den großen Bäumen hinzuzufügen. Mit der Ecke des 2-Zoll-Pinsel tupfen Sie das Laub auf die Leinwand und setzen dann einige Glanzlichter.

Letzte Feinheiten
Verwenden Sie verdünnte Farbmischungen, um mit dem Schriftenpinsel kleine Bäume einzufügen. Mit dem 2-Zoll-Pinsel versehen Sie die großen Bäume mit Laubwerk. Jetzt noch signieren und Ihr Bild ist fertig!

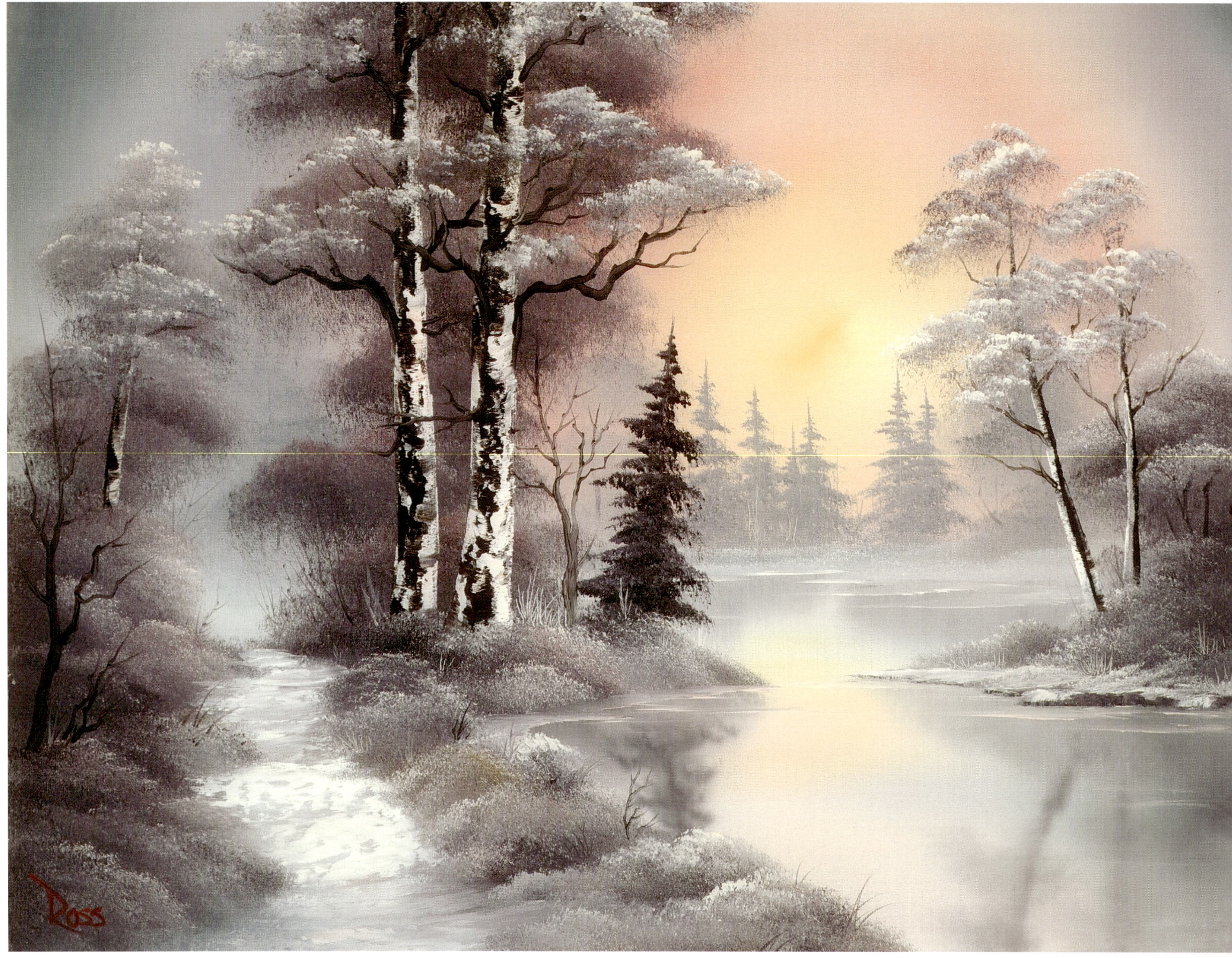
Ross

IM LICHT DER MORGENDÄMMERUNG

Material

2-Zoll-Pinsel	Preußischblau
1-Zoll-Rundpinsel	Mitternachtsschwarz
kleiner Rundpinsel	Dunkelsiena
Fächerpinsel Nr. 6	VanDykeBraun
Schriftenpinsel Nr. 2	Karmesinrot
Farbspachtel Nr. 10	Kadmiumgelb
Flüssigweiß	Ockergelb
Flüssigtransparent	Hellrot
Titanweiß	

Bedecken Sie zunächst die Leinwand mit einer gleichmäßig dünnen Schicht Flüssigweiß. Hierfür verwenden Sie den 2-Zoll-Pinsel. Machen Sie lange, waagerechte und senkrechte Striche. Arbeiten Sie vor und zurück, um die Farbe gleichmäßig auf der Leinwand zu verteilen. Das Flüssigweiß darf NICHT trocken sein, wenn Sie anfangen zu malen.

Himmel und Wasser

Tupfen Sie den 2-Zoll-Pinsel in eine Mischung aus Hellrot und Kadmiumgelb und tragen Sie die Farbe in der Mitte des Himmels mit sich kreuzenden Strichen auf. Der Himmel schimmert an dieser Stelle jetzt orange. Mit langen, senkrechten Strichen spiegeln Sie das Orange auf der Wasseroberfläche. Tupfen Sie die Borsten des 2-Zoll-Pinsels in eine Mischung aus Ockergelb und Hellrot und arbeiten Sie weiter mit sich kreuzenden Strichen nach außen. Spiegeln Sie auch diese Farbe im Wasser. Nehmen Sie mit dem Pinsel Karmesinrot auf und verfahren Sie wie zuvor beschrieben.

Arbeiten Sie sich weiterhin von der Mitte nach außen vor. Verwenden Sie als nächstes eine Mischung aus Karmesinrot und Preußischblau, dann eine Mischung aus Karmesinrot, Preußischblau und Mitternachtsschwarz, die sich bis zum Bildrand über die Leinwand erstreckt. Spiegeln Sie jede Farbe im Wasser. Zum Schluss streichen Sie mit einem sauberen, trockenen 2-Zoll-Pinsel über den Himmel und verblenden die Farben.

Mit Titanweiß auf dem 2-Zoll-Pinsel setzen Sie sich kreuzende Striche und fügen so das helle Zentrum des Himmels hinzu. Verblenden Sie erneut alle Konturen.

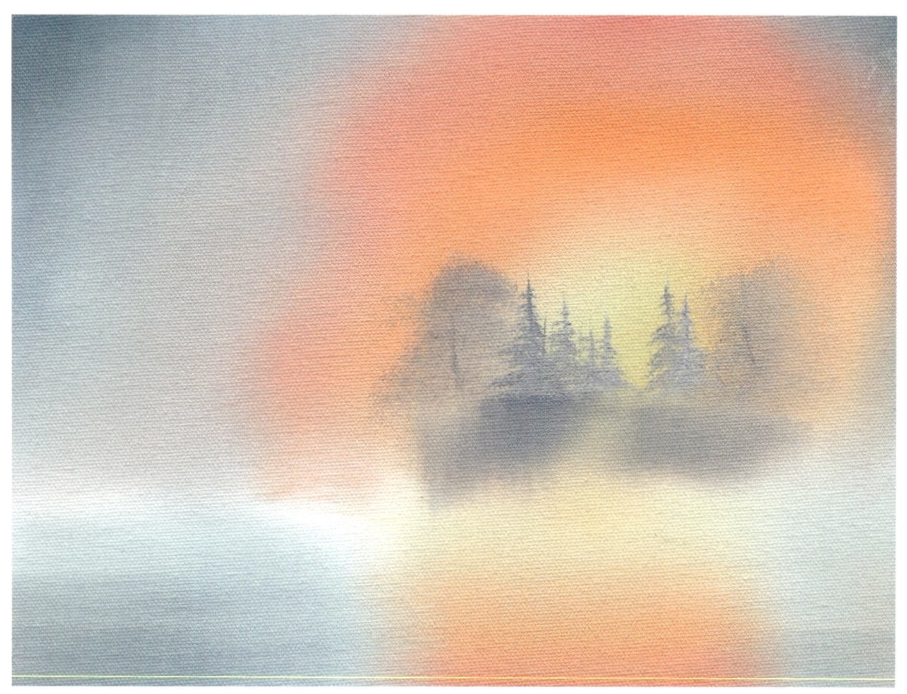

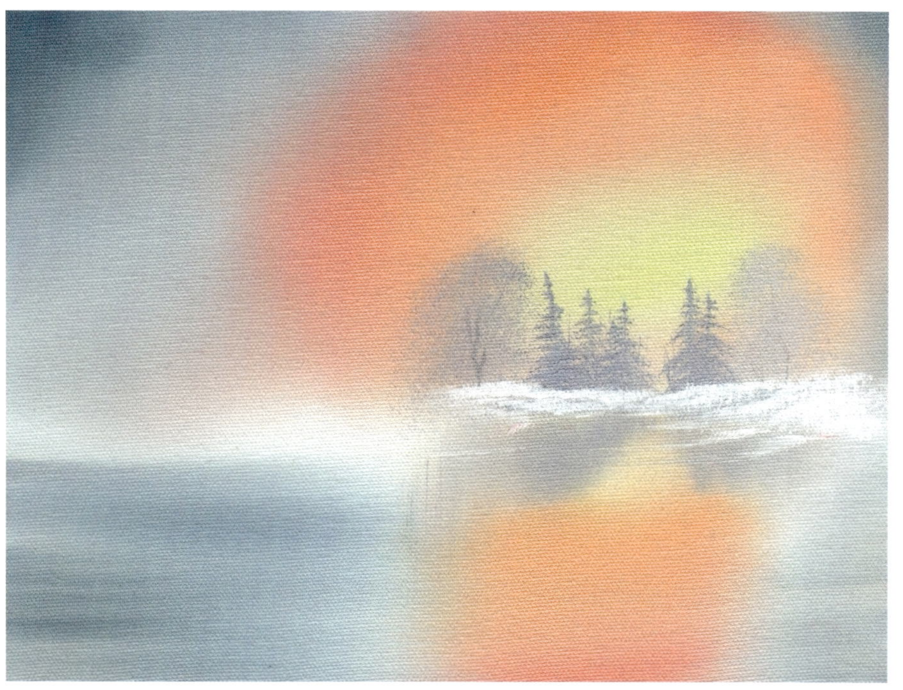

Hintergrund

Stellen Sie mit dem Spachtel auf Ihrer Palette eine dunkle Lavendelmischung aus Mitternachtsschwarz, Karmesinrot und etwas Preußischblau her. Fügen Sie einem kleinen Teil der Mischung Titanweiß bei, sodass eine helle Lavendelmischung entsteht.

Um die von Dunstschwaden umgebenen Nadelbäume im Hintergrund zu malen, ziehen Sie den Fächerpinsel so durch die helle Lavendelmischung, dass die Borsten eine scharfe Kante bilden. Halten Sie den Pinsel senkrecht und berühren Sie die Leinwand nur leicht, wenn Sie die Mittelachse eines jeden Baumes festlegen. Mit einer Ecke des Pinsels malen Sie die zarten Baumkronen. Arbeiten Sie abwechselnd vor und zurück. Je weiter Sie nach unten kommen, desto mehr Druck üben Sie auf den Pinsel aus. Auf diese Weise werden die Zweige automatisch zunehmend ausladender.

Für die Laubbäume im Hintergrund verwenden Sie die helle Lavendelmischung und tragen Sie mit dem kleinen Rundpinsel auf.

Mit dem 2-Zoll-Pinsel ziehen Sie die helle Lavendelfarbe in das Wasser, um Spiegelungen zu erzeugen. Danach tupfen Sie das Buschwerk am Ufer zu Füßen der Bäume auf die Leinwand.

Mit einer Mischung aus Flüssigweiß und Titanweiß auf dem 2-Zoll-Pinsel tupfen Sie Schnee auf die Leinwand und gestalten dabei sorgfältig den Verlauf der Uferzone. Halten Sie den 2-Zoll-Pinsel im 45° Winkel, wenn Sie die Farbe aufnehmen, indem Sie die Borsten mehrmals sanft in die Farbmischung gleiten lassen.

Verwenden Sie eine Mischung aus Flüssigweiß und ganz wenig Hellrot auf der Spachtelkante und „ritzen“ Sie die Wasserlinien ein. Damit ist der Hintergrund fertig.

Vordergrund

Während Sie sich weiter in den Vordergrund arbeiten, fügen Sie Laubbäume und Büsche mit der dunkleren Lavendelmischung auf dem Rundpinsel hinzu. Mit dem 2-Zoll-Pinsel ziehen Sie die Farbe ins Wasser, um Spiegelungen zu erzeugen. Ergänzen Sie Baumstämme mit der dunklen Lavendelmischung auf dem Schriftenpinsel.

Geben Sie zu der Lavendelmischung etwas Titanweiß und tupfen Sie mit dem kleinen Rundpinsel etwas Schnee auf Laubbäume und Büsche.

Mit Titanweiß auf dem Farbspachtel gestalten Sie die Uferregion unmittelbar am Wasser. „Ritzen“ Sie wieder mit Flüssigweiß auf der Kante des Palettenmessers Linien ins Wasser.

Mischen Sie VanDykeBraun und Dunkelsiena und fügen Sie mit dem Fächerpinsel die Baumstämme hinzu. Dann nehmen Sie den Farbspachtel und setzen mit Titanweiß einzelne Glanzlichter. Verwenden Sie verdünntes Braun auf dem Schriftenpinsel, um Äste und Zweige der Bäume zu ergänzen. Nehmen Sie mit dem kleinen Pinsel etwas von der dunklen Lavendelmischung auf, dann tippen Sie nur die Borstenspitzen in eine dünne Mischung aus Flüssigtransparent und Titanweiß. Tupfen Sie nach unten und schmücken Sie die Bäume mit schneebedecktem Laubwerk, das Sie ganz unterschiedlich gestalten.

Für den großen Nadelbaum im Mittelgrund verwenden Sie die dunkle Lavendelmischung und den Fächerpinsel.

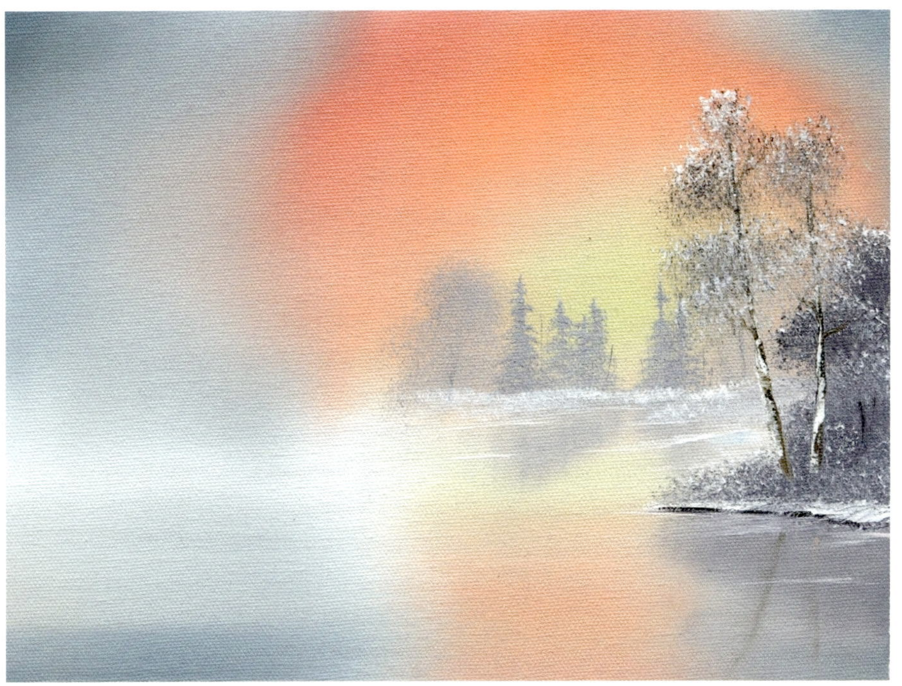

Große Bäume

Verwenden Sie erneut die VanDykeBraun-Mischung, um mit dem Fächerpinsel die großen Baumstämme zu malen. Mit Titanweiß auf dem Spachtel setzen Sie einzelne Lichter. Äste und Zweige ergänzen Sie mit verdünntem Braun auf dem Schriftenpinsel.

Nehmen Sie mit dem Rundpinsel die Lavendelmischung auf, tippen Sie die Borstenspitzen in diese Flüssigtransparent-Titanweiß-Mischung und tupfen Sie nach unten. Auf diese Weise fügen Sie Laubwerk an den großen Bäumen und unter den Bäumen hinzu.

Letzte Feinheiten

Den Weg gestalten Sie mit Titanweiß auf dem Farbspachtel und kurzen waagerechten Strichen. Achten Sie genau auf die Perspektive. Beginnen Sie im Hintergrund und lassen Sie den Weg nach vorn immer breiter werden. Und schon ist Ihr Bild fertig.

Vergessen Sie nicht, das Bild voller Stolz zu signieren: Nehmen Sie mit dem Schriftenpinsel eine verdünnte Farbe Ihrer Wahl auf. Schreiben Sie entweder nur Ihre Initialen, Vor- oder Zunamen oder auch ihren vollständigen Namen. Signieren Sie in der linken oder der rechten Ecke – manch ein Künstler signiert sogar in der Mitte der Leinwand! Sie haben die Wahl. Sie können auch eine Datumsangabe einfügen, wenn Sie möchten. Wie auch immer Sie sich entscheiden: Ich hoffe, Sie hatten Spaß und haben mit diesem Bild tatsächlich die FREUDE AM MALEN erlebt.

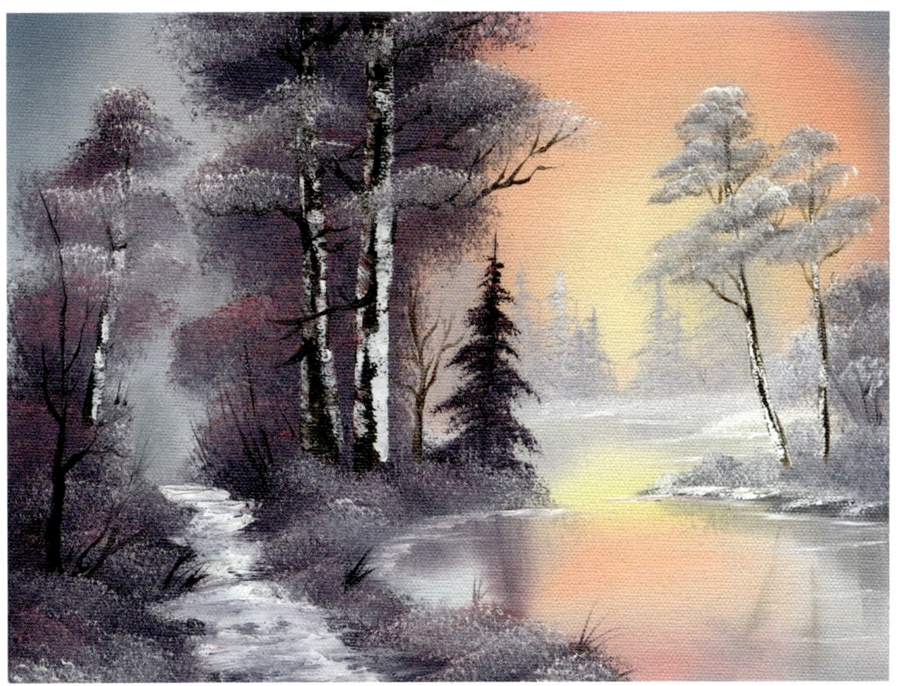

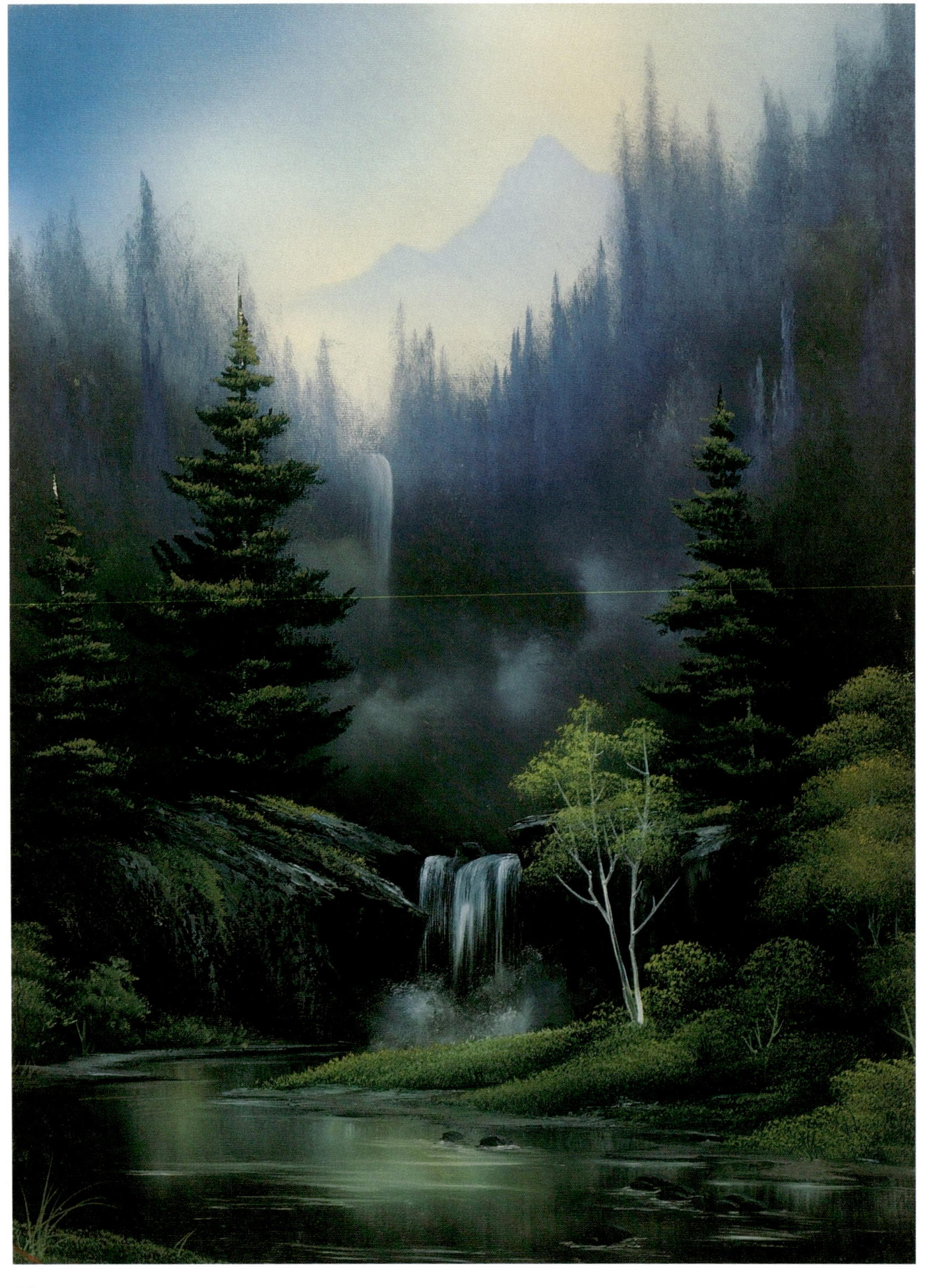

Material

2-Zoll-Pinsel	Phtaloblau
kleiner Rundpinsel	Preußischblau
Filbertpinsel Nr. 6	Mitternachtsschwarz
Fächerpinsel Nr. 6	Dunkelsiena
Fächerpinsel Nr. 3	VanDykeBraun
Schriftenpinsel Nr. 2	Karmesinrot
Farbspachtel Nr. 10	Saftgrün
Gesso Schwarz	Kadmiumgelb
Flüssigweiß	Ockergelb
Flüssigtransparent	Indischgelb
Titanweiß	Hellrot
Phtalogrün	

Grundieren Sie zunächst die dunklen Bildbereiche mit Gesso Schwarz und verwenden Sie hierfür einen Schaumschwamm. Das Gesso muss VOLLSTÄNDIG TROCKNEN bevor Sie mit der Arbeit fortfahren. Sobald der Untergrund trocken ist, tragen Sie mit dem 2-Zoll-Pinsel auf die noch ungrundierten Partien eine dünne, gleichmäßige Schicht Flüssigweiß auf. Das Gesso Schwarz bedecken Sie mit einer SEHR DÜNNEN Schicht Flüssigtransparent. (Es ist sehr wichtig, dass das Flüssigtransparent ÄUßERST SPARSAM aufgetragen und regelrecht in die Leinwand eingerieben wird! Das Flüssigtransparent erleichtert nicht nur das Auftragen der festeren Farben. Vielmehr brauchen Sie auf diese Weise auch nur ganz wenig Farbe und erzielen dabei eine lasierende Wirkung.) Sowohl Flüssigweiß als auch Flüssigtransparent dürfen NICHT trocknen.
Verwenden Sie weiterhin den 2-Zoll-Pinsel und mischen Sie Mitternachtsschwarz, Phtalogrün und VanDykeBraun. Nun legen Sie über die dunkel grundierte Fläche der Leinwand eine dünne, gleichmäßige Schicht dieser Farbmischung. Die Leinwand darf NICHT trocken sein, wenn Sie weitermalen.

WASSERFÄLLE IN DER KLAMM

Himmel
Nehmen Sie mit dem 2-Zoll-Pinsel etwas Indischgelb auf und tragen Sie es mit sich kreuzenden Strichen in der oberen Leinwandmitte auf. So erhält der Himmel in diesem Bereich einen gelben Schimmer. Geben Sie zusätzlich etwas Hellrot auf den Pinsel und arbeiten Sie mit sich kreuzenden Strichen nach außen. Zu den Rändern hin tragen Sie zunächst Phtaloblau, dann Preußischblau mit einem sauberen, trockenen 2-Zoll-Pinsel auf. Anschließend streichen Sie mit einem sauberen, trockenen 2-Zoll-Pinsel über den Himmel und verblenden ihn.

Berg
Den Berg legen Sie mit dem Farbspachtel und einer Mischung aus Preußischblau und Karmesinrot an. Ziehen Sie die Farbe ganz flach auf Ihrer Palette aus, schneiden Sie quer durch und nehmen Sie mit der langen Kante des Spachtels ein Farbröllchen auf. Drücken Sie fest auf, um die Bergspitze zu formen. Entfernen Sie mit dem Spachtel die überschüssige Farbe. Ziehen Sie jetzt mit dem 2-Zoll-Pinsel die Farbe bis zum Ansatz des Bergs hinunter. Da der Fuß des Berges leicht im Dunst liegen sollte, tupfen Sie in diesem Bereich mit einem sauberen, trockenen 2-Zoll-Pinsel etwas Titanweiß auf die Leinwand.

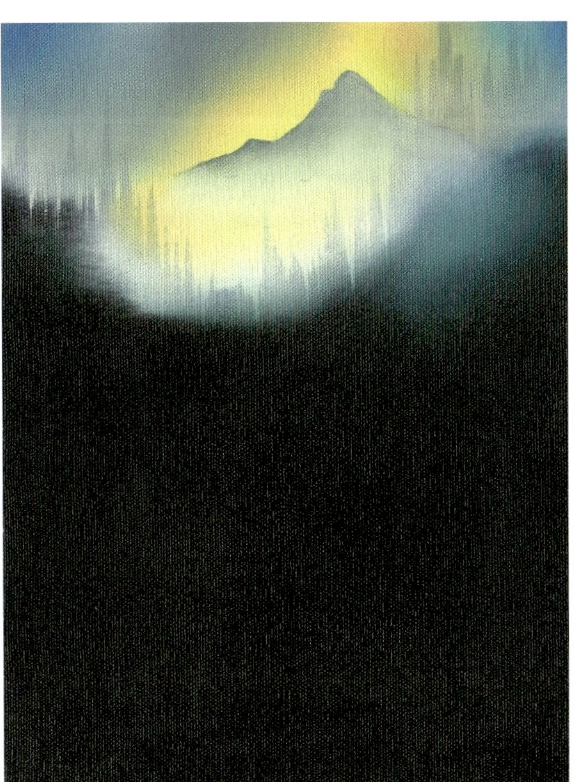

Hintergrund
Nehmen Sie mit dem 2-Zoll-Pinsel eine Mischung aus Preußischblau und Karmesinrot auf. Halten Sie den Pinsel senkrecht und tupfen Sie nach unten, um die undeutlichen Konturen der Bäume am Fuß des Berges anzudeuten.

Verwenden Sie die Karmesinrot-Preußischblau-Mischung auf dem Fächerpinsel, um ganz kleine Nadelbäume im Hintergrund einzufügen. Variieren Sie die Farbe, indem Sie etwas Saftgrün und Kadmiumgelb mit dem Pinsel aufnehmen. Auch diese Bäume sind von leichtem Dunst umgeben.

Wasserfall
Für den Wasserfall im Hintergrund nehmen Sie mit dem Fächerpinsel Nr. 3 eine dünnflüssige Mischung aus Flüssigweiß und Titanweiß auf. Halten Sie den Pinsel waagerecht. Beginnen Sie am oberen Ende des Wasserfalls. Machen Sie einen kurzen waagerechten Strich und ziehen Sie den Pinsel dann gerade nach unten.
Nehmen Sie mit dem 2-Zoll-Pinsel Titanweiß auf und stupfen Sie im unteren Bereich des Wasserfalls von oben nach unten auf die Leinwand.

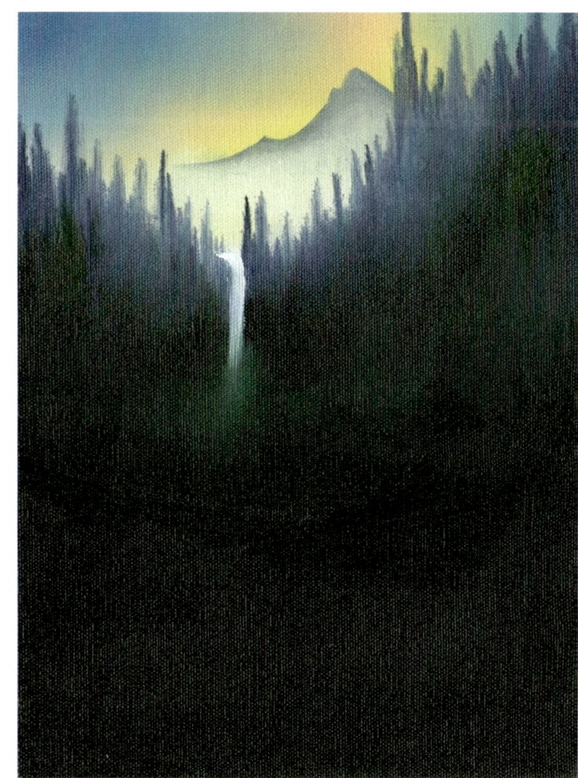

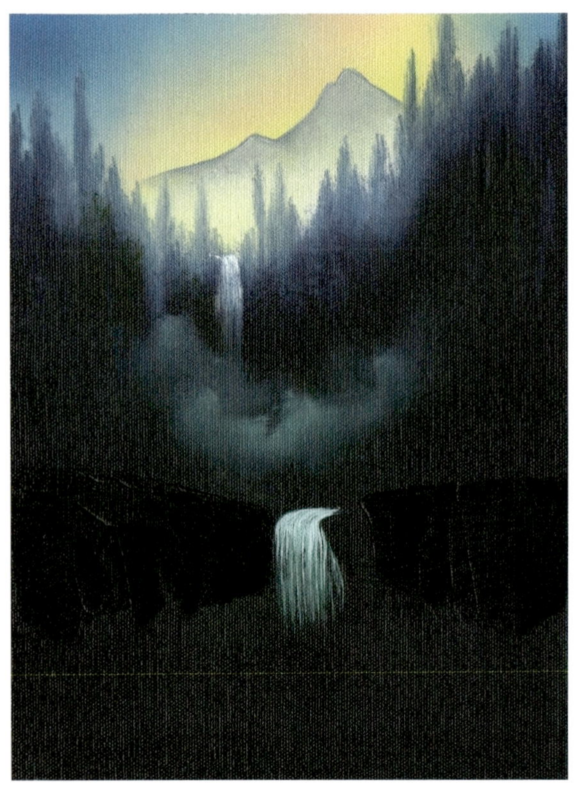

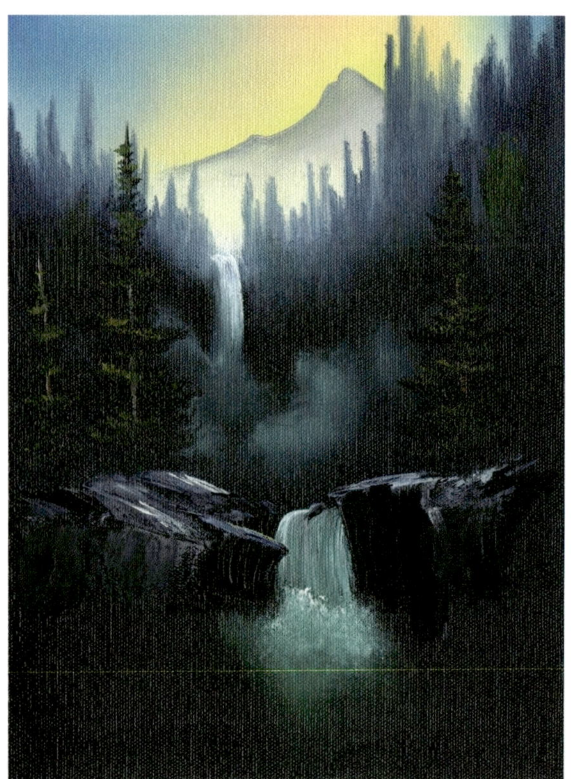

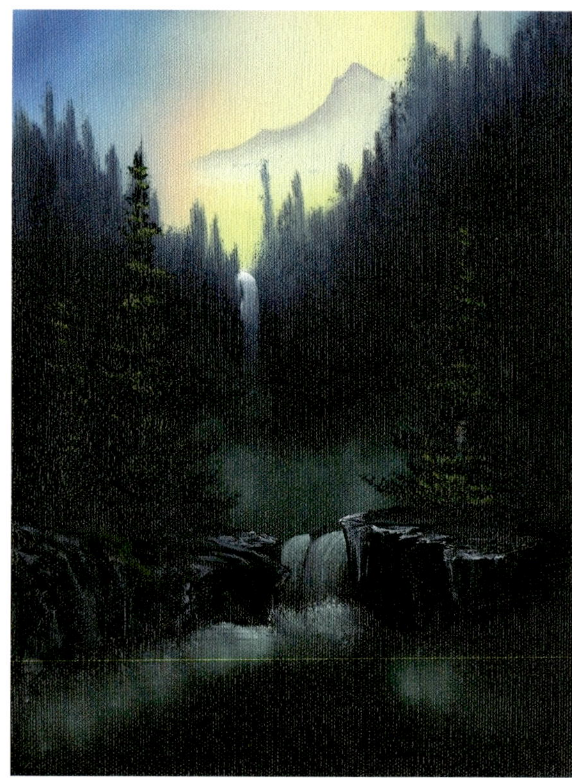

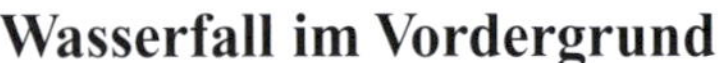

Wasserfall im Vordergrund

Nehmen Sie zunächst mit dem Farbspachtel etwas Mitternachtsschwarz auf und legen Sie die Felsklippen im Vordergrund an.

Für den Wasserfall fertigen Sie eine Mischung aus Flüssigtransparent, einem Hauch Phtalo-blau sowie Phtalogrün und Mitternachts-schwarz. Nehmen Sie mit dem Fächerpinsel etwas von der Farbmischung auf und beginnen Sie auch in diesem Fall am oberen Ende des Wasserfalls. Setzen Sie mit einem kurzen waagerechten Strich an und ziehen Sie die Farbe mit einem einzigen langen Pinselstrich gerade nach unten, damit das Wasser in die Tiefe zu fallen scheint.

Mit etwas Mitternachtsschwarz auf dem Farbspachtel fügen Sie die Steine am Wasserfall hinzu. Setzen Sie mit einer Mischung aus Titanweiß, Preußischblau, Karmesinrot und Mitternachtsschwarz einige Lichter darauf.
Mit einer Mischung aus Titanweiß, Mitter-nachtsschwarz und Dunkelsiena auf dem Spachtel gestalten Sie nun die Felsklippen detaillierter, setzen Glanzlichter etc. Üben Sie dabei gerade so viel Druck aus, dass die Farbe „bricht".
Mit etwas Titanweiß auf dem 2-Zoll-Pinsel stupfen Sie im unteren Bereich des Wasserfalls auf die Leinwand, damit der Eindruck von hoher Luftfeuchtigkeit bzw. Dunst entsteht.

Nadelbäume

Für die größeren Nadelbäume nehmen Sie mit dem Fächerpinsel eine Mischung aus Mitternachtsschwarz, Phtalogrün, Karmesin-rot, Preußischblau und VanDykeBraun auf. Die Pinselborsten sollten danach eine scharfe Kante bilden. Halten Sie den Pinsel senkrecht und berühren Sie die Leinwand leicht, um die Mittelachse jedes Baumes festzulegen. Tupfen Sie mit nur einer Ecke des Pinsels die zarte Baumkrone. Arbeiten Sie sich langsam nach unten vor, indem Sie vor und zurück streichen und zunehmend Druck auf den Pinsel aus-üben. So werden die Äste automatisch immer ausladender. Einzelne Lichter setzen Sie mit dem Fächerpinsel und etwas Kadmiumgelb.

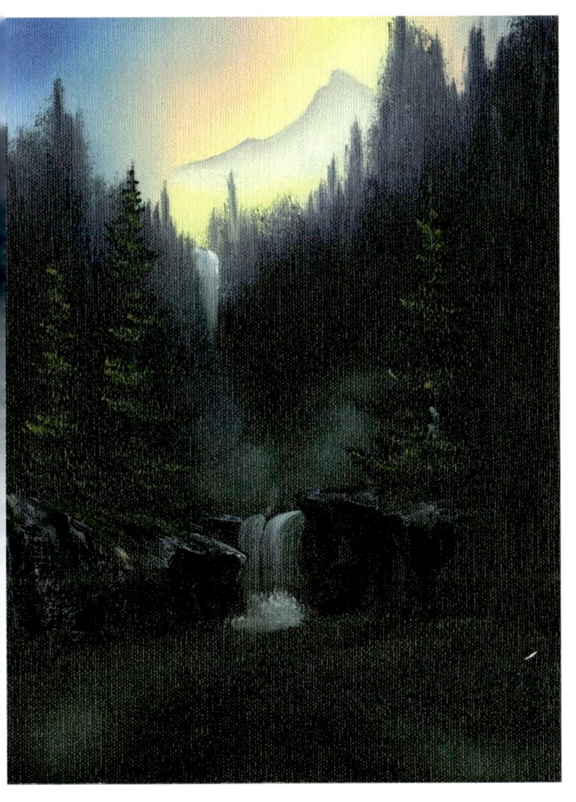

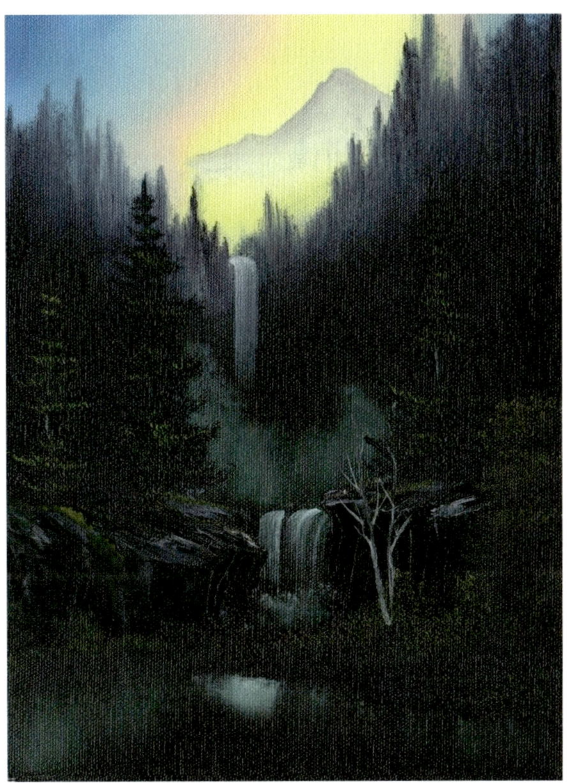

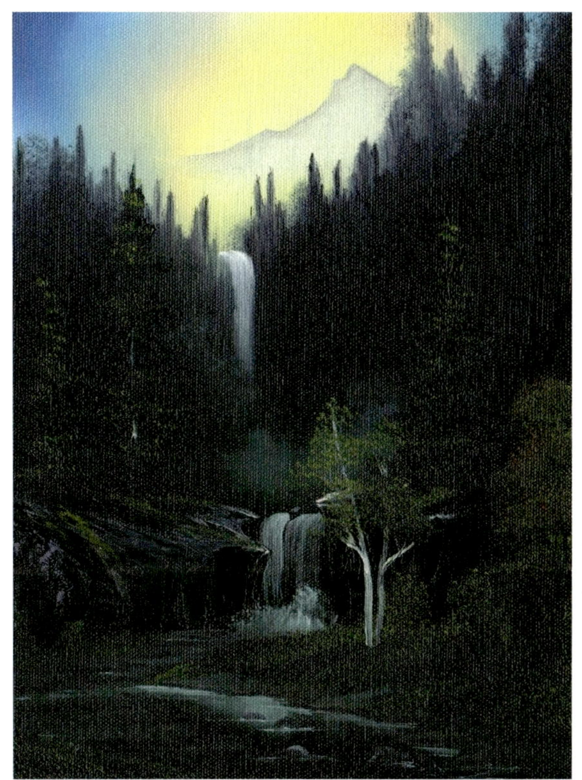

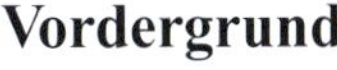

Vordergrund

Damit sich das Naturgeschehen im Vordergrund im Wasser spiegeln kann, geben Sie etwas Titanweiß auf den 2-Zoll-Pinsel und ziehen die Farbe gerade nach unten. Danach streichen Sie leicht quer darüber. Verwenden Sie verschiedene Mischungen aus allen Gelbtönen und Hellrot auf dem 2-Zoll-Pinsel und tupfen Sie damit die zarten Grasflächen im Vordergrund auf die Leinwand. Mit denselben Gelbmischungen fügen Sie die Bäume und Büsche im Vordergrund mithilfe des kleinen Rundpinsels hinzu.

Die Stämme und Äste der kleinen Laubbäume im Wiesengrund malen Sie mit verdünntem Titanweiß auf dem Schriftenpinsel. Anschließend verwenden Sie die Gelbmischungen und schmücken die Bäume mithilfe des kleinen Rundpinsels mit schönem Laub.

Letzte Feinheiten

Wenn Sie das Wasser noch durch weitere Felsen und Steine beleben möchten, nehmen Sie mit dem Filbertpinsel eine Mischung aus VanDykeBraun und Dunkelsiena auf. Dann ziehen Sie eine Seite des Pinsels durch eine dünne Mischung aus Flüssigweiß, Dunkelsiena und VanDykeBraun. Nun muss die helle Seite nach OBEN zeigen – und mit einem einzelnen schwungvollen Pinselstrich fügen Sie beliebig gestaltete kleine Felsen bzw. Steine hinzu und versehen sie zugleich mit Glanzlichtern. Abschließend nehmen Sie mit dem Fächerpinsel etwas Flüssigweiß auf ergänzen nun noch ein paar Details, wie etwa das sich im Bereich von Felsen und Steinen kräuselnde Wasser, und schon ist Ihr Bild fertig.

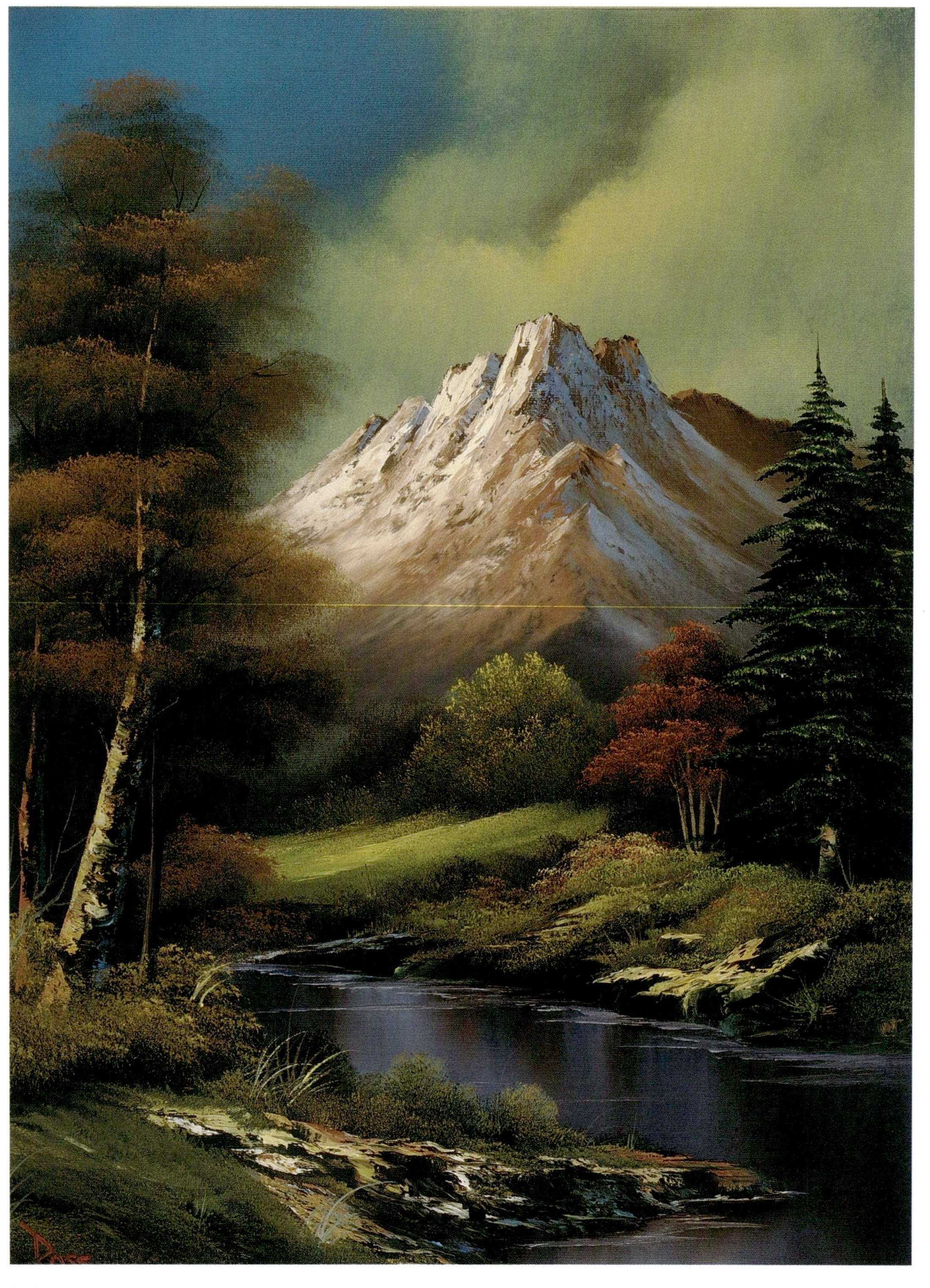

Material

2-Zoll-Pinsel	Dunkelsiena
1-Zoll-Rundpinsel	Phtaloblau
kleiner Rundpinsel	Preußischblau
Fächerpinsel Nr. 6	Mitternachtsschwarz
Schriftenpinsel Nr. 2	Karmesinrot
Farbspachtel Nr. 10	Saftgrün
Gesso Schwarz	Kadmiumgelb
Flüssigweiß	Ockergelb
Flüssigtransparent	Indischgelb
Titanweiß	Hellrot

Nehmen Sie einen Schaumschwamm und tragen Sie eine dünne, gleichmäßige Schicht Gesso Schwarz auf die Leinwand auf. Lassen Sie diese Grundierung VOLLSTÄNDIG TROCKNEN.

Wenn das Gesso Schwarz trocken ist, nehmen Sie den 2-Zoll-Pinsel und bedecken die Leinwand HAUCHDÜNN mit Flüssigtransparent. Anschließend reiben Sie mit einem Papiertuch fest über die Leinwand, um soviel wie möglich von dem Flüssigtransparent wieder zu entfernen. Das verbleibende Flüssigtransparent reicht vollkommen aus. Die Leinwand darf NICHT trocknen sein, wenn Sie zu malen beginnen.

EIN STIMMUNGSVOLLER HERBSTTAG

Himmel
Mit einer Mischung aus Titanweiß und Phtaloblau auf dem 2-Zoll-Pinsel malen Sie die linke obere Ecke des Himmels. Tragen Sie die Farbe mit sich kreuzenden Strichen auf. Nehmen Sie einen sauberen, trockenen 2-Zoll-Pinsel, halten Sie ihn senkrecht und tupfen Sie die Spitze in mit sehr wenig Ockergelb gemischtes Titanweiß.

Widmen Sie sich nun den Wolken: Halten Sie den Pinsel senkrecht und tupfen Sie nur mit der Spitze nach unten auf die Leinwand. Arbeiten Sie in Schichten und variieren Sie die Farbe indem Sie etwas Lavendelfarbe (eine Mischung aus Karmesinrot und Phtaloblau) mit dem Pinsel aufnehmen. Mit einem sauberen, trockenen 2-Zoll-Pinsel und ganz kleinen sich kreuzenden Strichen verblenden Sie die Unterseite der Wolken.

Anschließend ziehen Sie die Farbe nach oben, um die Wolken „aufzuschütteln". Malen Sie weitere Lagen von Wolken und fügen Sie etwas Dunkelsiena und Phtaloblau zu dem Titanweiß hinzu. Danach streichen Sie mit einem sauberen, trockenen 2-Zoll-Pinsel über die gesamte Leinwand.

Berg
Mischen Sie mit dem Farbspachtel Saftgrün und Karmesinrot zu gleichen Teilen. Üben Sie festen Druck aus, um den Berggipfel zu formen. Wenn Sie damit zufrieden sind, ziehen Sie die Farbe mit dem 2-Zoll-Pinsel hinunter bis zum Bergansatz.
Mit einer Mischung aus Titanweiß, Ihrer Braunmischung und Ockergelb setzen Sie einige Glanzlichter. Nehmen Sie mit der langen Kante des Farbspachtels ein Farbröllchen auf. Beginnend an der Bergspitze, lassen Sie den Spachtel die linke Seite jedes Gipfels hinuntergleiten. Üben Sie gerade so viel Druck aus, dass die Farbe „bricht".

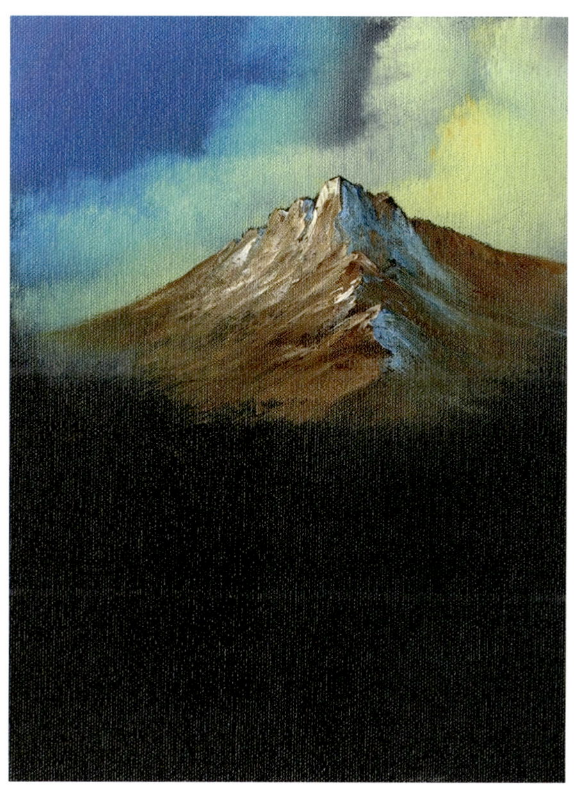

Verwenden Sie eine Mischung aus Titanweiß, Phtaloblau und Karmesinrot und tragen Sie sie auf der anderen Seite des Gipfels auf, um die verschatteten Hänge anzudeuten. Üben Sie gerade so viel Druck aus, dass die Farbe „bricht".
Mit einem sauberen, trockenen 2-Zoll-Pinsel tupfen Sie am Fuß des Berges auf die Farbe (folgen Sie den Winkeln). Anschließend heben Sie die Farbe leicht an, und zaubern so Dunst auf die Leinwand.

Hintergrund

Stellen Sie mit dem Spachtel eine dunkle Lavendelmischung aus Karmesinrot und Preußischblau auf Ihrer Palette her. Tupfen Sie die Borsten des kleinen Rundpinsels in die Lavendelfarbe. Tupfen Sie nur nach unten, um mit der dunklen Untergrundfarbe die winzigen Bäume zu Füßen des Berges zu ergänzen.

Verwenden Sie verschiedene Mischungen aus Saftgrün und Kadmiumgelb und tupfen Sie mit dem kleinen Rundpinsel erneut einfach nach unten, um die kleinen Bäume mit Glanzlichtern zu versehen.

Für die zarten Grasflächen zu Füßen der Bäume, verwenden Sie den 2-Zoll-Pinsel und unterschiedliche Mischungen aus Saftgrün, allen Gelbtönen und Hellrot. Halten Sie den Pinsel waagerecht und tupfen Sie leicht nach unten, um das zarte Gras zu malen. Arbeiten Sie in Schichten vorwärts und gestalten Sie den Geländeverlauf. Verwenden Sie etwas Titanweiß, um die hellsten Partien zu markieren. Wenn Sie darauf achten, dass Sie nicht den gesamten dunklen Untergrund auf der Leinwand bedecken, wird Ihre Grasfläche am Ende ganz samten wirken.

Arbeiten Sie in Schichten nach vorn und setzen Sie weiter Bäume und Büsche mit dem kleinen Rundpinsel und verschiedenen Mischungen aus Saftgrün, allen Gelbtönen sowie Hellrot ins Bild.

Bei den Bäumen im Hintergrund fehlen noch die Stämme. Diese ergänzen Sie mit der hellen Blaumischung und dem Schriftenpinsel. (Bevor Sie mit dem Schriftenpinsel arbeiten, verdünnen Sie die Farbe bis sie eine tintenähnlichen Konsistenz aufweist. Dazu tippen Sie den Pinsel zuerst in Farbverdünner, dann drehen Sie ihn langsam, während Sie ihn durch die Farbe ziehen. So bilden die Pinselborsten eine exakte Spitze.) Üben Sie nur wenig Druck auf den Pinsel aus, wenn Sie die Stämme malen.

Nadelbäume

Für die Nadelbäume ziehen Sie den Fächerpinsel so durch die dunkle Farbmischung der Bäume, dass die Borsten eine scharfe Kante bilden. Halten Sie den Pinsel senkrecht und berühren Sie die Leinwand nur leicht, wenn Sie die Mittelachse der einzelnen Bäume ergänzen. Mit einer Ecke des Pinsels malen Sie die Baumkrone. Arbeiten Sie abwechselnd vor und zurück. Je mehr Sie sich dem Fuß des Baumes nähern, desto mehr Druck üben Sie auf den Pinsel aus (die Borsten biegen sich nach dabei nach unten). Auf diese Weise werden die Zweige nach unten hin automatisch immer ausladender.

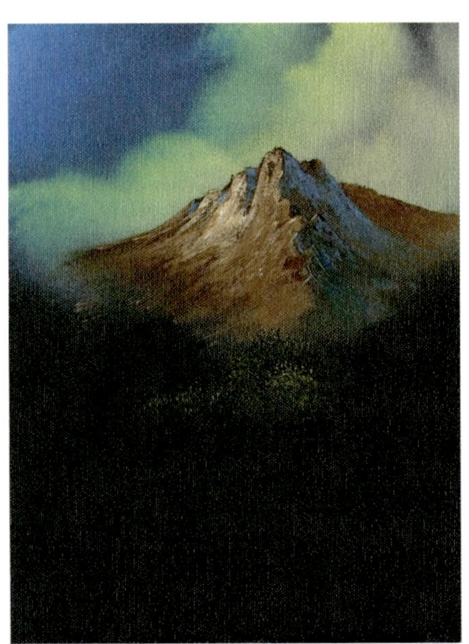

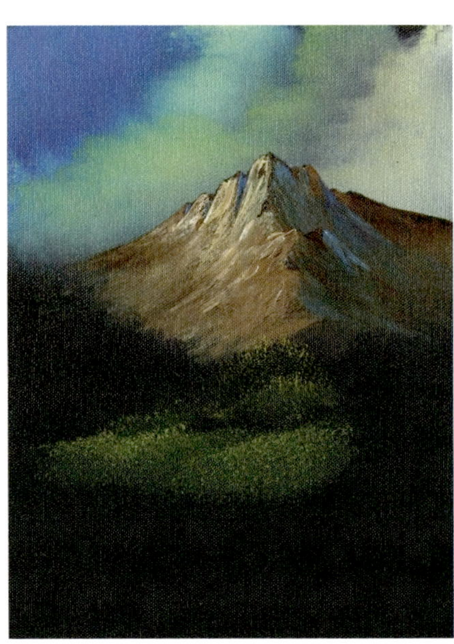

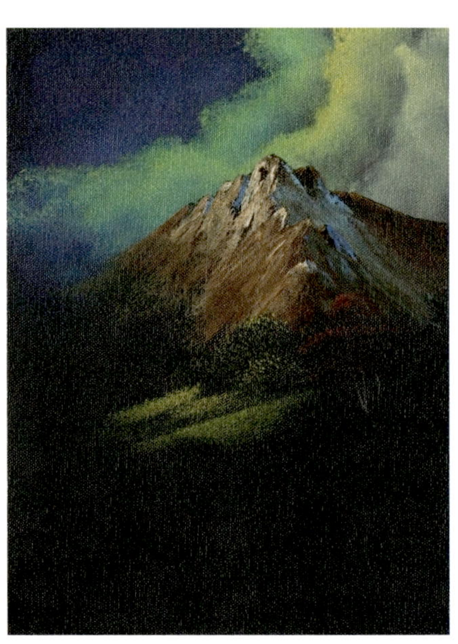

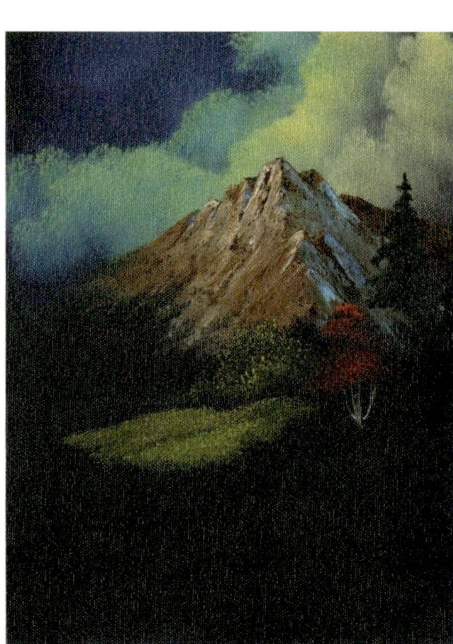

Mittelgrund
Arbeiten Sie sich weiter in Schichten in den Vordergrund vor. Verwenden Sie erneut die dunkle Farbmischung und den Rundpinsel, um kleine Bäume sowie Büsche unter den Nadelbäumen zu ergänzen. Dann setzen Sie mit den gelben Farbmischungen einzelne Glanzlichter.

Nehmen Sie mit dem Farbspachtel etwas von der braunen Farbmischung auf und gestalten Sie nun die Uferzonen. Mit einer Mischung aus Titanweiß, dem Braun, Hellrot und Ockergelb setzen Sie einige Lichter. Üben Sie gerade so viel bzw. wenig Druck auf den Pinsel aus, dass die Farbe „bricht".

Fluss
Stupfen Sie den 2-Zoll-Pinsel in die dunkle Lavendelmischung und legen Sie mit senkrechten Strichen den Flussverlauf an. Nehmen Sie mit dem Pinsel etwas Titanweiß auf, halten Sie den Pinsel waagerecht und ziehen Sie die Farbe für die Spiegelungen im Fluss nach unten. Danach streichen Sie leicht quer darüber.

Vordergrund
Für die großen, im Vordergrund stehenden Bäume und Büsche stellen Sie eine Mischung aus der dunklen Lavendelfarbe und Mitternachtsschwarz her und tragen Sie mit dem großen Rundpinsel auf.

Mit der Braunmischung auf dem Spachtel gestalten Sie die steinige Uferzone vor den Bäumen im Vordergrund. Mit der Titanweiß-Braun-Hellrot-Ockergelbmischung auf dem Spachtel setzen Sie in diesem Bereich einige Akzente. Üben Sie erneut wenig Druck aus und achten Sie auf die Winkel.

Nun betonen Sie die Bäumchen und Büsche durch einzelne Lichter. Zu diesem Zweck verwenden Sie unterschiedliche Mischungen aus Saftgrün, allen Gelbtönen und Hellrot und tragen Sie mit dem kleinen Rundpinsel auf. Akzente auf der Grasfläche setzen Sie mit dem 2-Zoll-Pinsel.

Nehmen Sie mit dem Fächerpinsel etwas Braun auf, um dem großen Baum im Vordergrund zu einem Stamm zu verhelfen. Mit dem Farbspachtel setzen Sie einige Lichter darauf.

Für das Laubwerk verwenden Sie den kleinen Rundpinsel. Tippen Sie ihn zuerst in Flüssigweiß und dann stupfen Sie die Borsten in verschiedene Mischungen aus Braun und Ockergelb. Tupfen Sie von oben nach unten auf die Leinwand und gestalten Sie ganz unterschiedliche Laubbüschel.

Letzte Feinheiten
Mit Flüssigweiß auf dem Farbspachtel „ritzen" Sie nun noch diverse, mehr oder weniger geschwungene Linien in die Wasseroberfläche und Ihr Bild ist fertig.

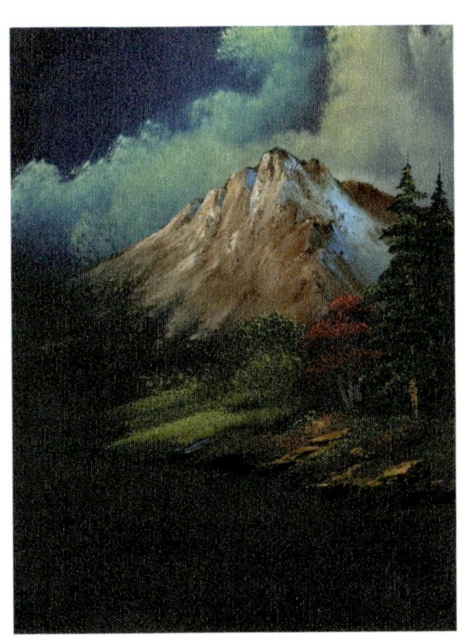

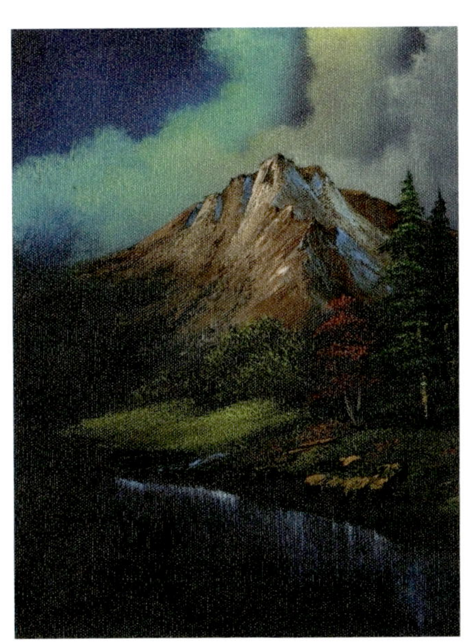

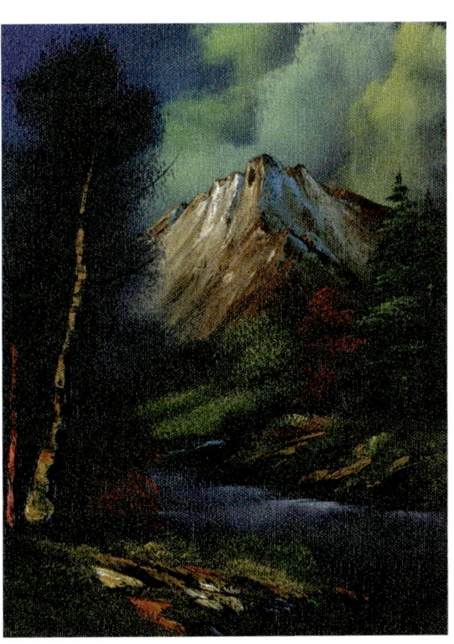

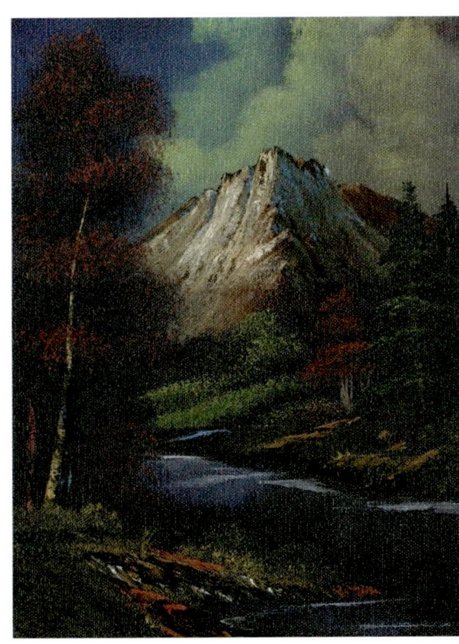

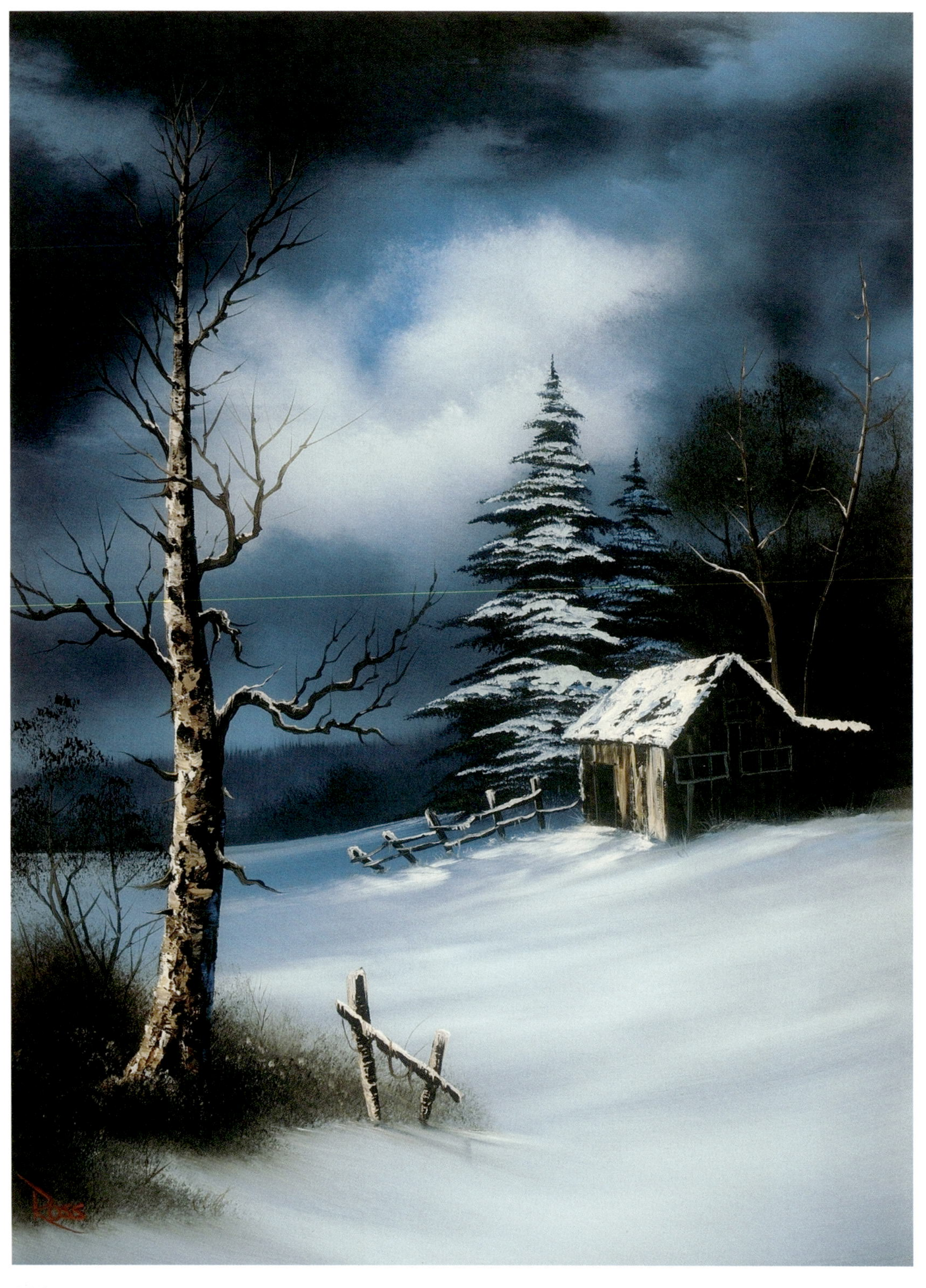

Material

2-Zoll-Pinsel	Titanweiß
Fächerpinsel Nr. 6	Phtaloblau
Schriftenpinsel Nr. 2	Preußischblau
Farbspachtel Nr. 10	Mitternachtsschwarz
Farbspachtel Nr. 5	Karmesinrot
Flüssigweiß	Saftgrün
Flüssigtransparent	

Nehmen Sie einen Schaumschwamm und tragen Sie eine dünne, gleichmäßige Schicht Gesso Schwarz auf die Leinwand auf. Lassen Sie diese Grundierung VOLLSTÄNDIG TROCKNEN, bevor Sie beginnen.

Wenn das Gesso Schwarz trocken ist, nehmen Sie den 2-Zoll-Pinsel und bedecken die Leinwand HAUCHDÜNN mit Flüssigtransparent. Anschließend reiben Sie mit einem Papiertuch fest über die Leinwand, um soviel wie möglich von dem Flüssigtransparent wieder zu entfernen. Das verbleibende Flüssigtransparent reicht vollkommen aus. Die Leinwand darf NICHT trocknen sein, wenn Sie zu malen beginnen.

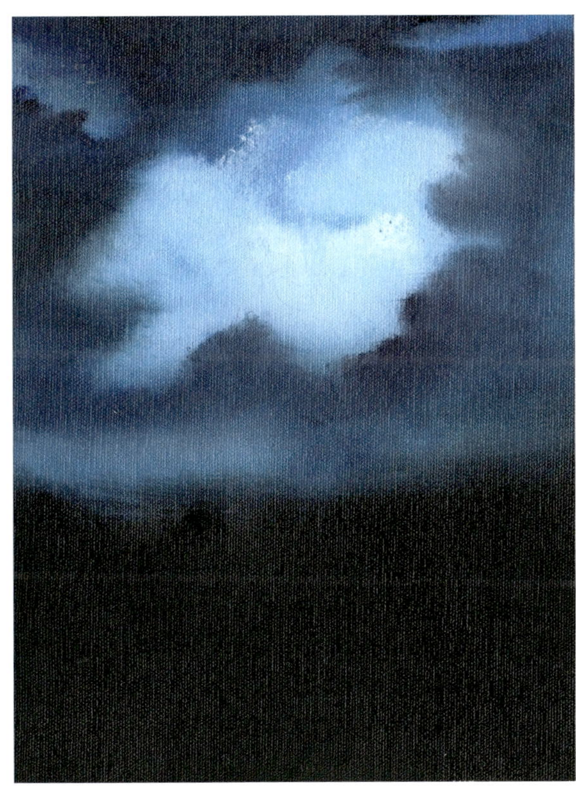

Himmel
Mit einem Hauch Phthaloblau auf dem 2-Zoll-Pinsel und sich kreuzenden Pinselstrichen verteilen Sie die Farbe wie zufällig auf der Leinwand.

Halten Sie einen sauberen, trockenen 2-Zoll-Pinsel senkrecht und tupfen Sie eine Ecke in eine Spur Titanweiß. Halten Sie den Pinsel senkrecht und tupfen Sie die Wolken mit der Ecke des Pinsels auf die Leinwand. Mit einem sauberen, trockenen 2-Zoll-Pinsel und kleinen sich kreuzenden Strichen verblenden Sie die Unterseite der Wolken. Auf die gleiche Weise fügen Sie weitere Wolkenschichten hinzu. Verwenden Sie dabei eine Mischung aus Mitternachtsschwarz, Preußischblau und Karmesinrot für die dunklen Wolken. Dann wischen Sie mit langen, waagerechten Strichen über den Himmel.

Hintergrund
Mit dem Farbspachtel mischen Sie Karmesinrot und Saftgrün zu gleichen Teilen und nehmen die Farbe dann mit dem 2-Zoll-Pinsel auf. Halten Sie den Pinsel senkrecht und tupfen Sie mit der vorderen Ecke des Pinsels nach unten, um die im Nebel stehenden Bäume im Hintergrund zu malen.

Nehmen Sie mit dem 2-Zoll-Pinsel eine Mischung aus Karmesinrot, Mitternachtsschwarz, Preußischblau und Phtaloblau auf. Halten Sie den Pinsel waagerecht, tupfen Sie nach unten und gestalten Sie die weit im Hintergrund liegenden Hügel. Mit kurzen, aufwärts gerichteten Pinselstrichen erwecken Sie den Eindruck, als würden auf den Hügeln Bäume stehen.

Sicher haben Sie bemerkt, dass den Bäumen im Hintergrund noch ihre Stämme fehlen. Ergänzen Sie diese mit der braunen Farbmischung und dem Schriftenpinsel. (Bevor Sie mit dem Schriftenpinsel arbeiten, verdünnen Sie die Farbe bis sie eine tintenähnlichen Konsistenz aufweist. Dazu tippen Sie den Pinsel zuerst in Farbverdünner, dann drehen Sie ihn langsam, während Sie ihn durch die Farbe ziehen. So bilden die Pinselborsten eine exakte Spitze.) Üben Sie nur wenig Druck auf den Pinsel aus und malen Sie nur mit den Borstenspitzen.

Wenn Sie den Pinsel beim Malen ein wenig hin und her wackeln, erhalten Ihre Baumstämme ganz von selbst ein herrlich knorriges Aussehen.

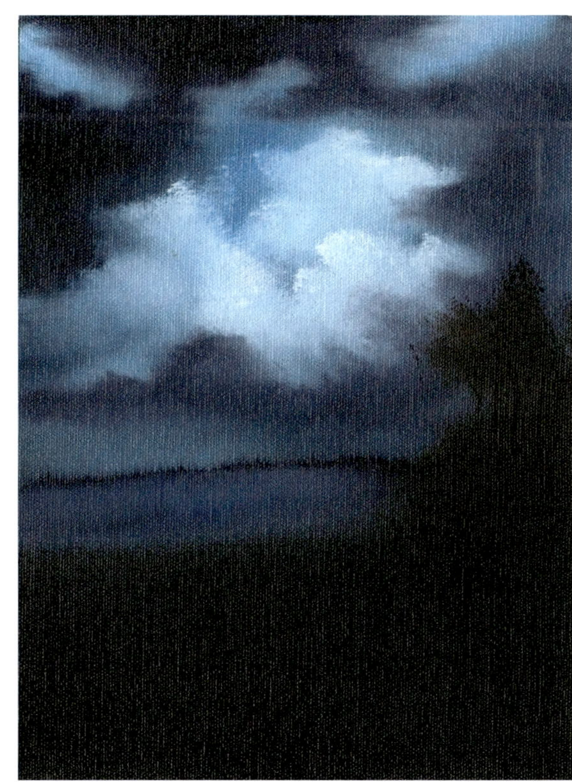

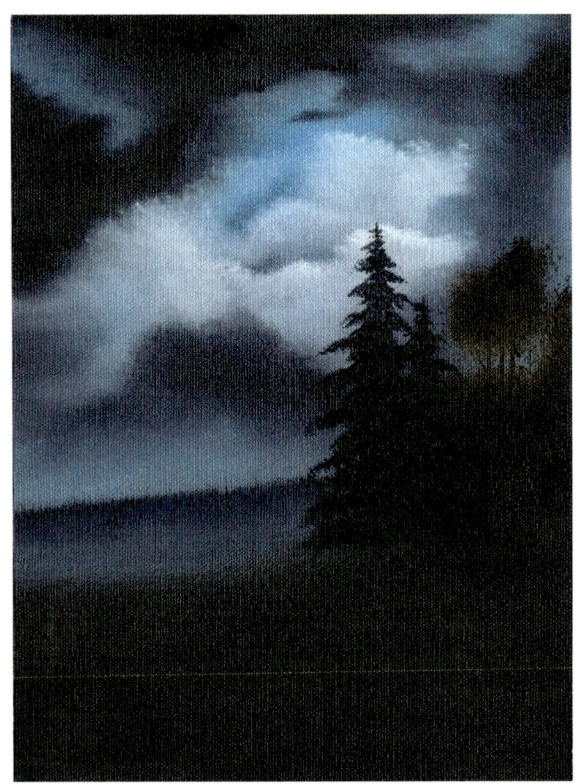

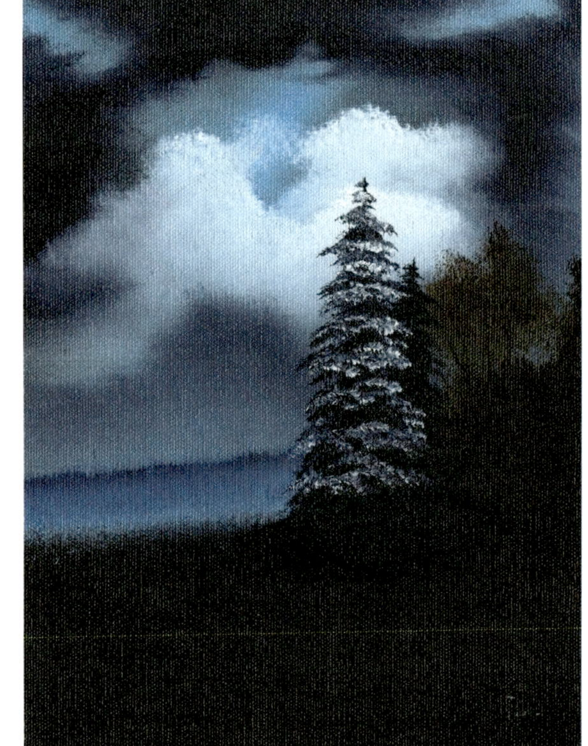

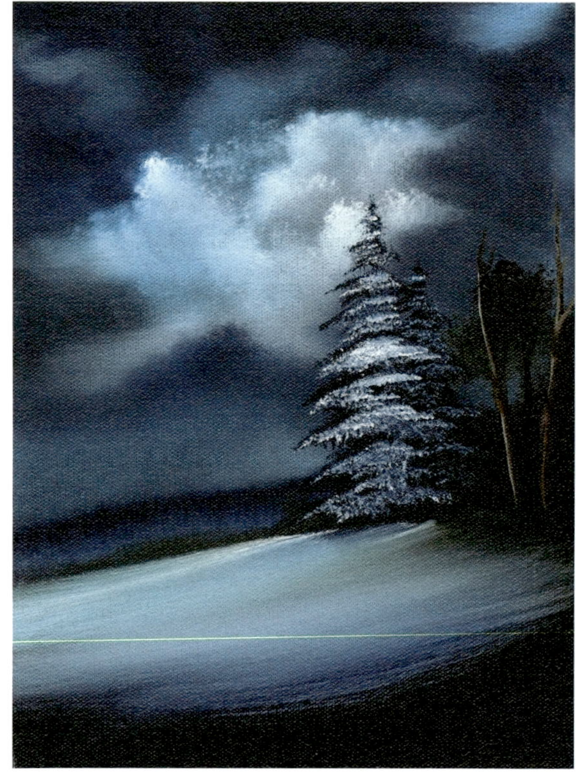

Nadelbäume
Für die Nadelbäume mischen Sie Mitternachtsschwarz, Preußischblau und Karmesinrot. Ziehen Sie den Fächerpinsel so durch die Farbe, dass die Borsten eine scharfe Kante bilden. Halten Sie den Pinsel senkrecht und berühren Sie die Leinwand nur leicht, um die Mittelachse der Bäume festzulegen. Mit einer Ecke des Pinsels tupfen Sie die kleinen oberen Zweige. Tupfen Sie abwechselnd links und rechts. Je mehr Sie sich dem Fuß des Baumes nähern, desto mehr Druck üben Sie auf den Pinsel aus (die Borsten biegen sich nach dabei nach unten). Auf diese Weise werden die Zweige nach unten hin automatisch immer ausladender.

Tippen Sie einen sauberen, trockenen Fächerpinsel in Flüssigtransparent und nehmen Sie anschließend eine Mischung aus Titanweiß und Phtaloblau auf (dabei sollen die Pinselborsten eine scharfe Kante bilden). Malen Sie zusätzlich ein paar Schneeflocken auf die Zweige.

Den Schnee unter den Bäumen fügen Sie mit Titanweiß auf dem 2-Zoll-Pinsel und langen, waagerechten Strichen hinzu.

Mit dem zweifach gefüllten Schriftenpinsel ergänzen Sie die Stämme der im Hintergrund liegenden Bäume. Zu diesem Zweck nehmen Sie mit dem Pinsel eine sehr dünne Mischung aus Farbverdünner, Titanweiß und VanDyke-Braun auf und ziehen dann eine Seite der Borsten durch stark verdünntes Titanweiß. Mit einem einzigen Pinselstrich können Sie die Stämme mit Licht und Schatten malen. Damit ist Hintergrund fertig.

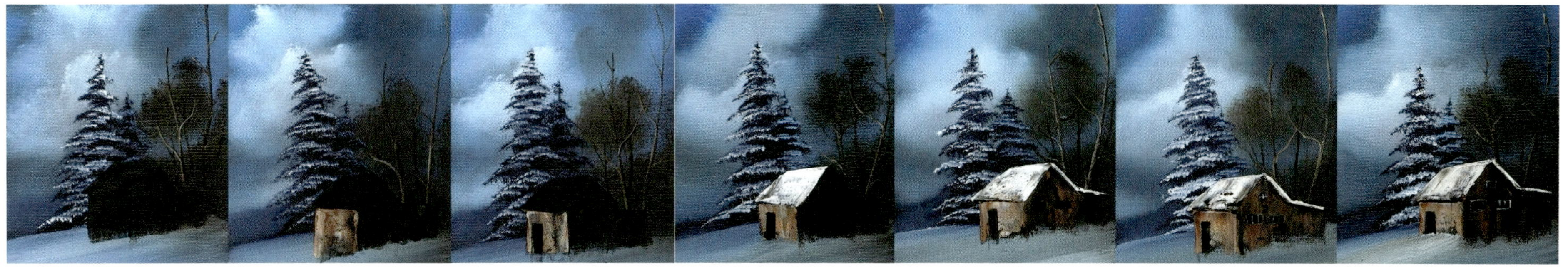

Hütte
Entfernen Sie mit einem sauberen Farbspachtel Nr. 10 die Farbe an der Stelle von der Leinwand, an der die Hütte stehen soll. Mit VanDykeBraun auf dem Palettenmesser malen Sie die Hüttenfront und setzen mit einer Mischung aus Titanweiß, VanDykeBraun und Karmesinrot einzelne Lichter. Üben Sie gerade soviel Druck aus, dass die Farbe „bricht". Die Tür sowie die seitlichen Hüttenwände ergänzen Sie mit VanDykeBraun. „Sprenkeln" Sie reines Titanweiß auf das Dach, danach kratzen Sie mit dem Farbspachtel Nr. 5 an den Stellen die Farbe ab, an denen sich die Fenster befinden sollen und konturieren die Fenster mit einer verdünnten, hellen Mischung und dem Schriftenpinsel. Für den Schnee an der Hütte verwenden Sie verschiedene Mischungen aus Titanweiß und einem Hauch Phtaloblau. Den Zaun ergänzen Sie mit verdünntem VanDykeBraun auf dem Schriftenpinsel, Glanzlichter setzen Sie mit verdünntem Titanweiß. Für den Schnee unter dem Zaun nehmen Sie mit dem großen Palettenmesser etwas Titanweiß auf. Malen Sie den Schnee mit so viel bzw. wenig Druck, dass die Farbe „bricht".

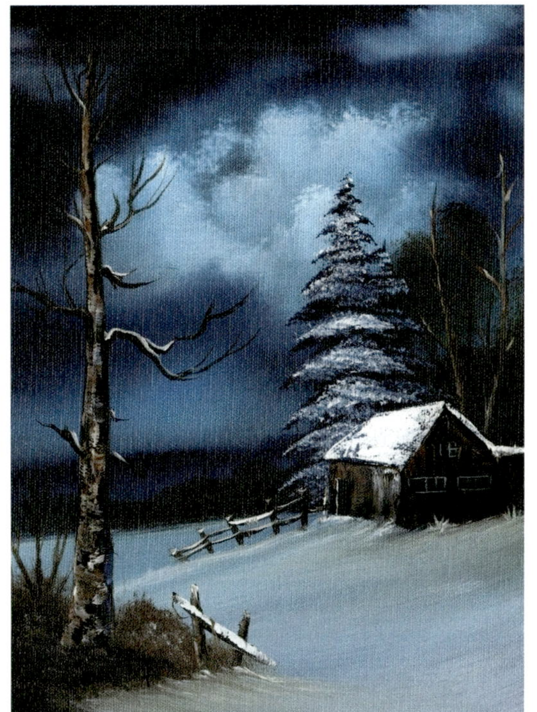

Vordergrund
Geben Sie etwas VanDykeBraun auf Ihre Palette und ziehen Sie den Fächerpinsel so durch die Farbe, dass die Borsten eine scharfe Kante bilden. Halten Sie den Pinsel senkrecht, setzen Sie ihn im Bereich der Baumkrone an und ziehen Sie ihn nach unten. Fertig ist der Stamm des großen Baumes.
Mit der Mitternachtsschwarz-Preußischblau-Karmesinrot-Mischung auf dem 2-Zoll-Pinsel tupfen Sie das unter dem Baum liegende Laub auf die Leinwand.
Nehmen Sie mit dem Farbspachtel Nr. 10 ein wenig von der Mischung aus VanDykeBraun und Titanweiß auf und setzen Sie einige Glanzlichter auf den Baum. Halten Sie das Palettenmesser senkrecht und gestalten Sie die Rinde. Achten Sie darauf, dass die Farbe beim Auftragen „bricht". Mit verdünntem VanDykeBraun auf dem Schriftenpinsel ergänzen Sie Äste und Zweige.
Fügen Sie im Vordergrund noch mehr Schnee hinzu und verwenden Sie zu diesem Zweck Titanweiß und den 2-Zoll-Pinsel. Achten Sie dabei auf den Verlauf des Geländes.
Den Zaun im Vordergrund malen Sie mit VanDykeBraun auf dem Farbspachtel. Anschließend setzen Sie mit Titanweiß einige Akzente auf den Zaun.

Letzte Feinheiten
Verwenden Sie die verdünnten Mischungen, um mit dem Schriftenpinsel Stöckchen und Zweige einzufügen. Dann ist Ihr Bild ist bereit für die Signatur.

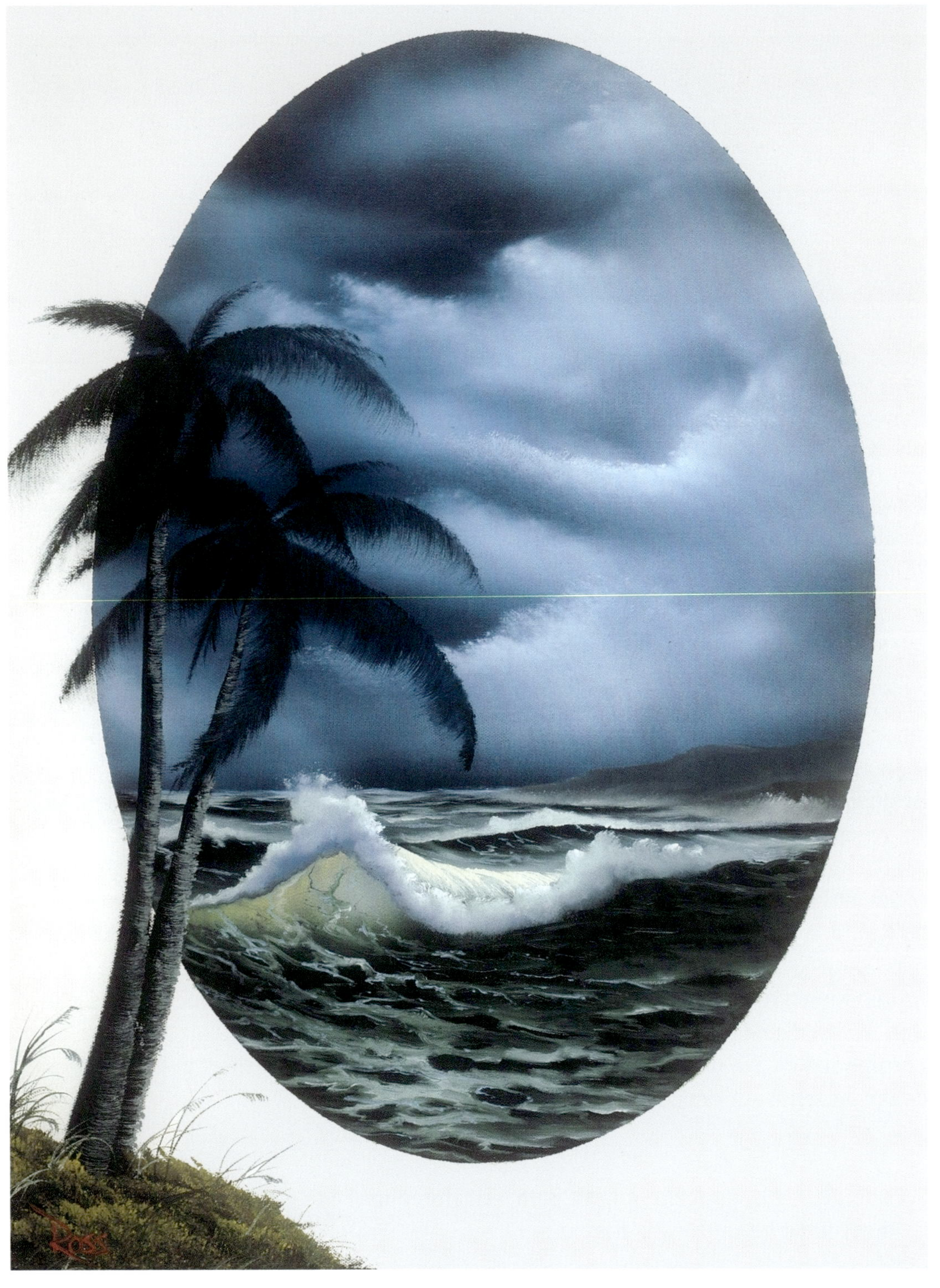

Material

2-Zoll-Pinsel	Flüssigtransparent
Filbertpinsel Nr. 6	Titanweiß
Fächerpinsel Nr. 6	Preußischblau
Fächerpinsel Nr. 3	Mitternachtsschwarz
Schriftenpinsel Nr. 2	Dunkelsiena
Klebefolie	VanDykeBraun
Farbspachtel Nr. 10	Karmesinrot
Maskierband	Saftgrün
Gesso Schwarz	Kadmiumgelb

Nachdem Sie zunächst ein Stück Klebefolie passend auf das Format Ihrer Leinwand zugeschnitten haben, schneiden Sie mittig ein Oval aus (ein 40 x 50 cm großes Oval für eine ca. 45 x 60 cm große Leinwand). Dann bedecken Sie die Leinwand mit der so vorbereiteten Folie.

Mit einem Schaumschwamm tragen Sie nun eine gleichmäßig dünne Schicht Gesso Schwarz auf die freie Fläche der Leinwand auf. Lassen Sie das Gesso Schwarz VOLLSTÄNDIG TROCKNEN.

Sobald der Untergrund trocken ist, legen Sie den Horizont mithilfe des Maskierbandes fest. Dann nehmen Sie den 2-Zoll-Pinsel und tragen auf das Oval eine SEHR DÜNNE Schicht Flüssigtransparent auf.

KURZ VOR DEM STURM

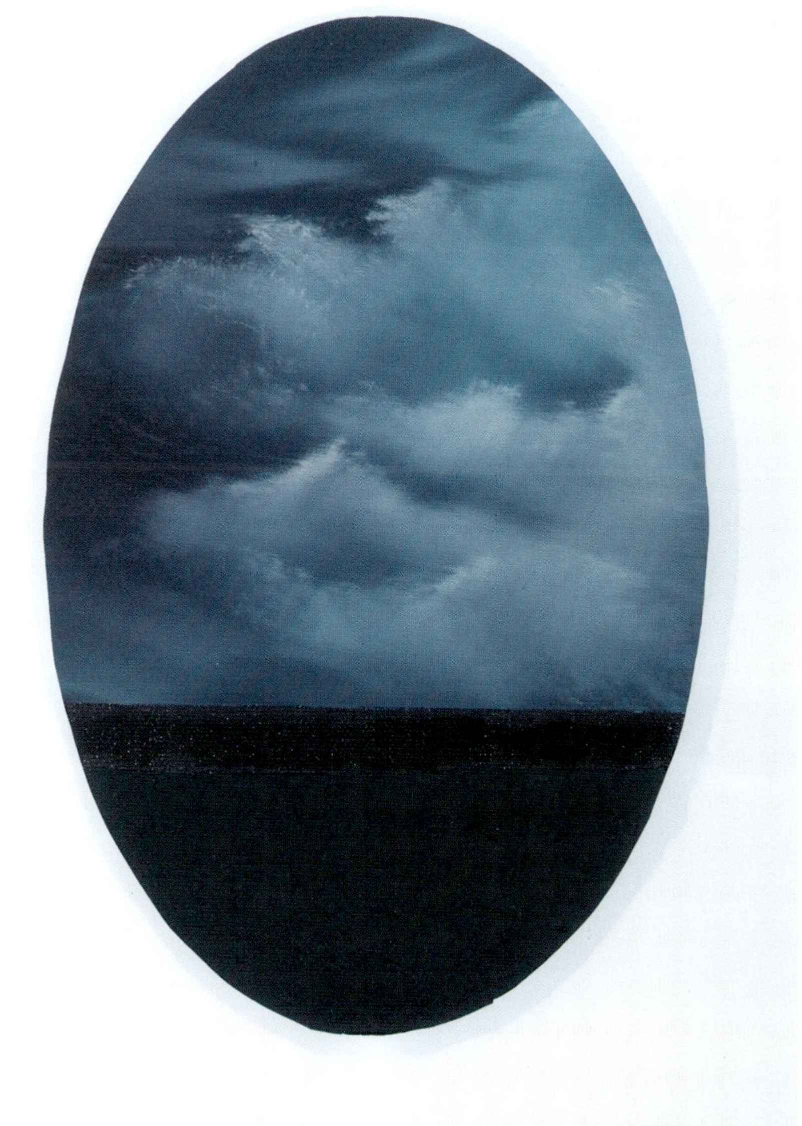

Mischen Sie Preußischblau und Mitternachtsschwarz und tragen Sie die Farbe mit dem 2-Zoll-Pinsel auf die oberhalb des Horizonts gelegene Bildfläche in einer dünnen, gleichmäßigen Schicht auf. Für die untere Bildhälfte verwenden Sie eine Mischung aus Preußischblau, Mitternachtsschwarz und Saftgrün. Denken Sie daran: Die Leinwand darf NICHT trocken sein, bevor Sie mit dem Malen beginnen.

Himmel

Nehmen Sie mit dem 2-Zoll-Pinsel einen Hauch Titanweiß auf und deuten Sie mit kleinen sich kreuzenden Strichen einzelne Wolken an. Schauen Sie, wie sich das Weiß mit den schon auf die Leinwand aufgebrachten Farben verbindet! Mit einem sauberen, trockenen 2-Zoll-Pinsel verblenden Sie die Unterseite der Wolken und ziehen dann die Farbe schwungvoll nach oben, um die Wolken „aufzuschütteln". Wiederholen Sie diesen Vorgang so oft wie nötig, um den gewünschten Helligkeitsgrad zu erreichen.

Wenn Sie mit Ihrem Himmel zufrieden sind, entfernen Sie das Maskierband vorsichtig. Nehmen Sie mit dem 2-Zoll-Pinsel ein wenig von der Preußischblau-Saftgrün-Mitternachtsschwarz-Mischung auf und tragen Sie die Farbe auf die bisher von dem Maskierband bedeckte und daher noch nicht grundierte Leinwandpartie auf.

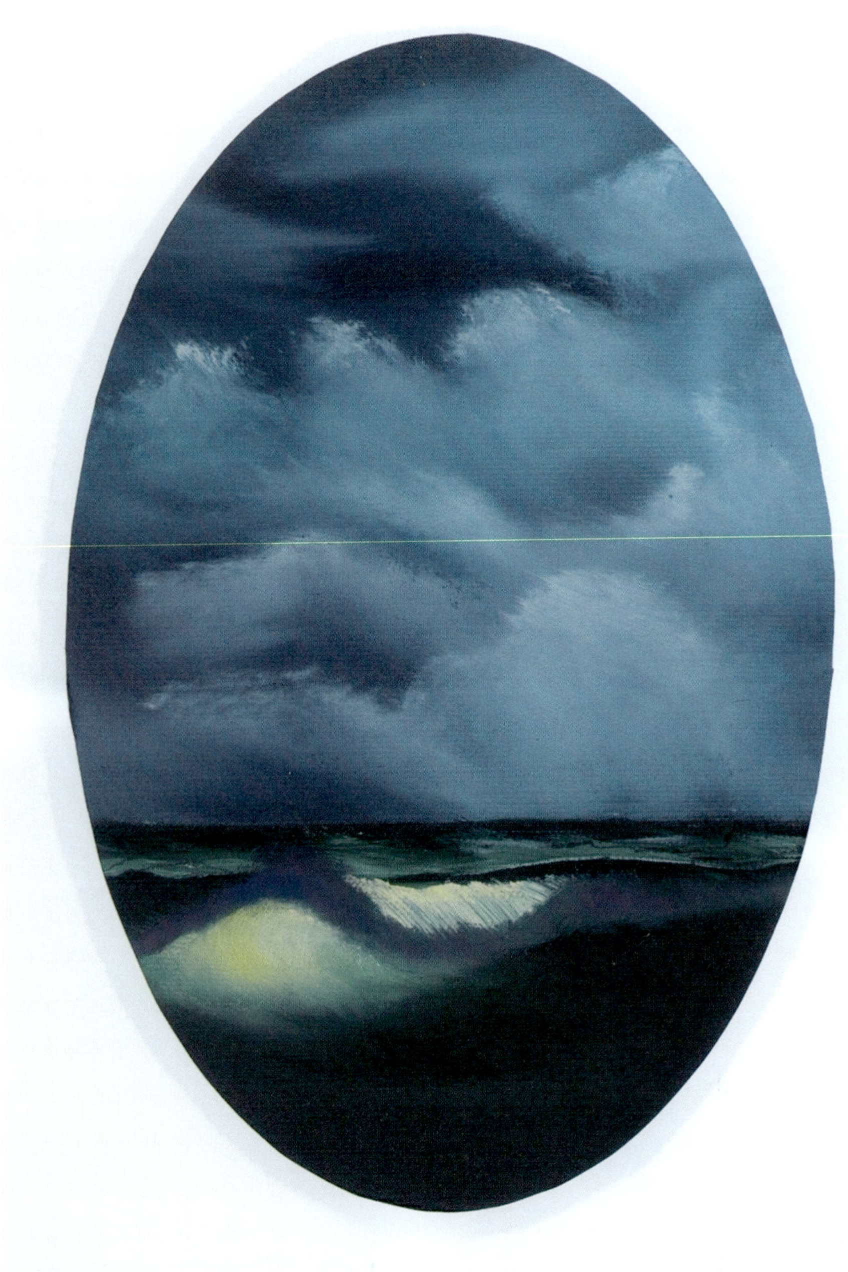

Wasser

Bevor Sie sich mit dem Wasser im Hintergrund befassen, nehmen Sie den Filbertpinsel zur Hand und legen mit Titanweiß die Form der großen Welle in ihren Grundzügen fest.

Die Wellenkämme im Hintergrund fügen Sie mit Titanweiß auf dem Fächerpinsel Nr. 3 hinzu. Benutzen Sie einen sauberen, trockenen Fächerpinsel, um die Farbe von den Wellenkämmen nach hinten zu ziehen. Achten Sie darauf, dass Sie dabei nicht den gesamten dunklen Untergrund zerstören, der die einzelnen Wellen und Wellenkämme voneinander abgrenzt und dem Bild Tiefe verleiht.

Große Welle

Nehmen Sie mit dem Filbertpinsel eine Mischung aus Titanweiß und ganz wenig Kadmiumgelb auf und reiben Sie das „Auge" der großen Welle mit kleinen kreisenden Strichen in die Leinwand. Danach vermischen Sie die Farbe mit der oberen Ecke eines sauberen, trockenen 2-Zoll-Pinsels, den Sie locker über die Leinwand kreisen lassen.

Mit Titanweiß auf dem Fächerpinsel Nr. 6 ziehen Sie das Wasser über die große, sich brechende Welle. Achten Sie hierbei besonders auf den Blickwinkel!

Nehmen Sie mit dem Filbertpinsel eine Mischung aus Titanweiß, Preußischblau, Mitternachtsschwarz und Karmesinrot auf (dies ergibt einen schönen Lavendelton) und „untermalen" Sie die Gischt mit kleinen kreisenden Pinselstrichen.

Mit Titanweiß auf dem Filbertpinsel und kleinen, schwungvoll nach oben gerichteten Pinselstrichen setzen Sie dort Glanzlichter auf Gischt und Schaumkronen der sich brechenden Welle, wo das Licht auftrifft. Mit der oberen Ecke eines sauberen, trockenen 1- oder 2-Zoll-Pinsels vermischen Sie nun die dunkle Untermalung der Gischt mit ihren Glanzlichtern.

Landzunge
Legen Sie die Grundform der Landzunge rechts im Hintergrund mit einer Mischung aus VanDykeBraun, Dunkelsiena und Mitternachtsschwarz auf dem Fächerpinsel an. Fügen Sie der Mischung etwas Titanweiß hinzu und setzen Sie einige Lichter.

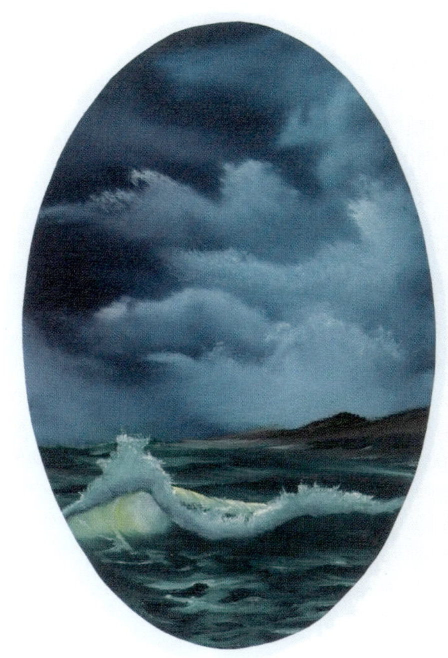

Mit Titanweiß auf dem Fächerpinsel malen Sie das Wasser am Ufer der Landzunge. Damit ist der Hintergrund fertig.

Vordergrund
Verwenden Sie den Filbertpinsel und Titanweiß, um die Details der schäumenden Wasseroberfläche zu gestalten. Dort geschehen so viele Dinge. Achten Sie dabei immer auf die Winkel.

Mit einer Mischung aus Titanweiß und Preußischblau auf dem Schriftenpinsel betonen Sie die Wellenkämme im Hintergrund und fügen Sie weitere kleine Details hinzu. (Bevor Sie mit dem Schriftenpinsel arbeiten, verdünnen Sie die Farbe bis sie eine tintenähnlichen Konsistenz aufweist. Dazu tippen Sie den Pinsel zuerst in Farbverdünner, dann drehen Sie ihn langsam, während Sie ihn durch die Farbe ziehen. So bilden die Pinselborsten eine exakte Spitze.) Die hellsten Lichter setzen Sie sehr sparsam: mit dem Schriftenpinsel und einer verdünnten Mischung aus Titanweiß und Kadmiumgelb.

Eine andere Möglichkeit, eine bewegte Wasseroberfläche zu gestalten, besteht darin, dunkle „Löcher" in Gischt und Schaumkronen zu „stanzen". Nehmen Sie hierfür mit dem Filbertpinsel eine Mischung aus Preußischblau, Mitternachtsschwarz und Saftgrün auf und verleihen Sie der Wasserfläche im Vordergrund noch mehr Bewegung.

Wenn Sie mit Ihrer See zufrieden sind, entfernen Sie vorsichtig die Klebefolie und legen so den noch unbemalten Teil der Leinwand frei.

Palmen
Für die kleine Palmengruppe im Vordergrund mischen Sie Mitternachtsschwarz und VanDykeBraun. Halten Sie den Fächerpinsel senkrecht und ziehen Sie ihn für jeden einzelnen Baumstamm von oben nach unten. Dabei fußen die Stämme auf einer kleinen Landfläche außerhalb des Bildovals. Fügen Sie der dunklen Mischung auf dem Fächerpinsel Saftgrün hinzu und gestalten Sie die Grasfläche zu Füßen der Palmen.
Mit einer Mischung aus Mitternachtsschwarz, Titanweiß und etwas Dunkelsiena auf dem Fächerpinsel fügen Sie den Baumstämmen ein paar Details hinzu und verleihen ihnen mehr Leben. Halten Sie den Pinsel senkrecht, setzen Sie jeweils an der rechten Seite an und ziehen Sie die graue Farbe mit lockeren Pinselstrichen nach innen.
Mit einer dünnen Mischung aus Farbverdünner und Mitternachtsschwarz auf dem Fächerpinsel (diese Farbe muss sehr dünn sein!) skizzieren Sie die Palmwedel. Legen Sie die geschwungene Grundform der Wedel an und ziehen Sie die Farbe nach unten, um die einzelnen Palmblätter anzudeuten. Mit etwas Titanweiß und Saftgrün fügen Sie nur ein paar wenige Lichter hinzu. Um die Grasfläche am Fuß der Palmen zu „beleben", setzen Sie mit verschiedenen Mischungen aus Saftgrün, Kadmiumgelb und Dunkelsiena auf dem Fächerpinsel ein paar Akzente.

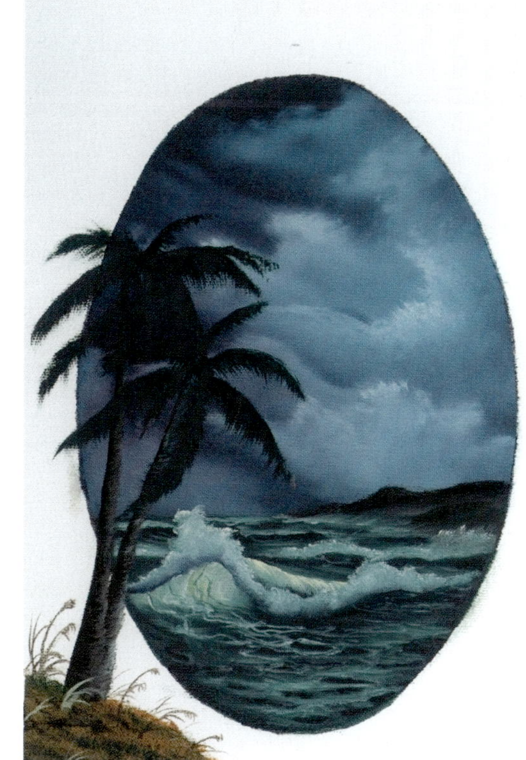

Letzte Feinheiten
Mit dem Schriftenpinsel nehmen Sie verdünnte Farbmischungen auf und fügen ein paar hübsche lange Grashalme und Strandhafer hinzu. Nun ist Ihr Bild fertig.

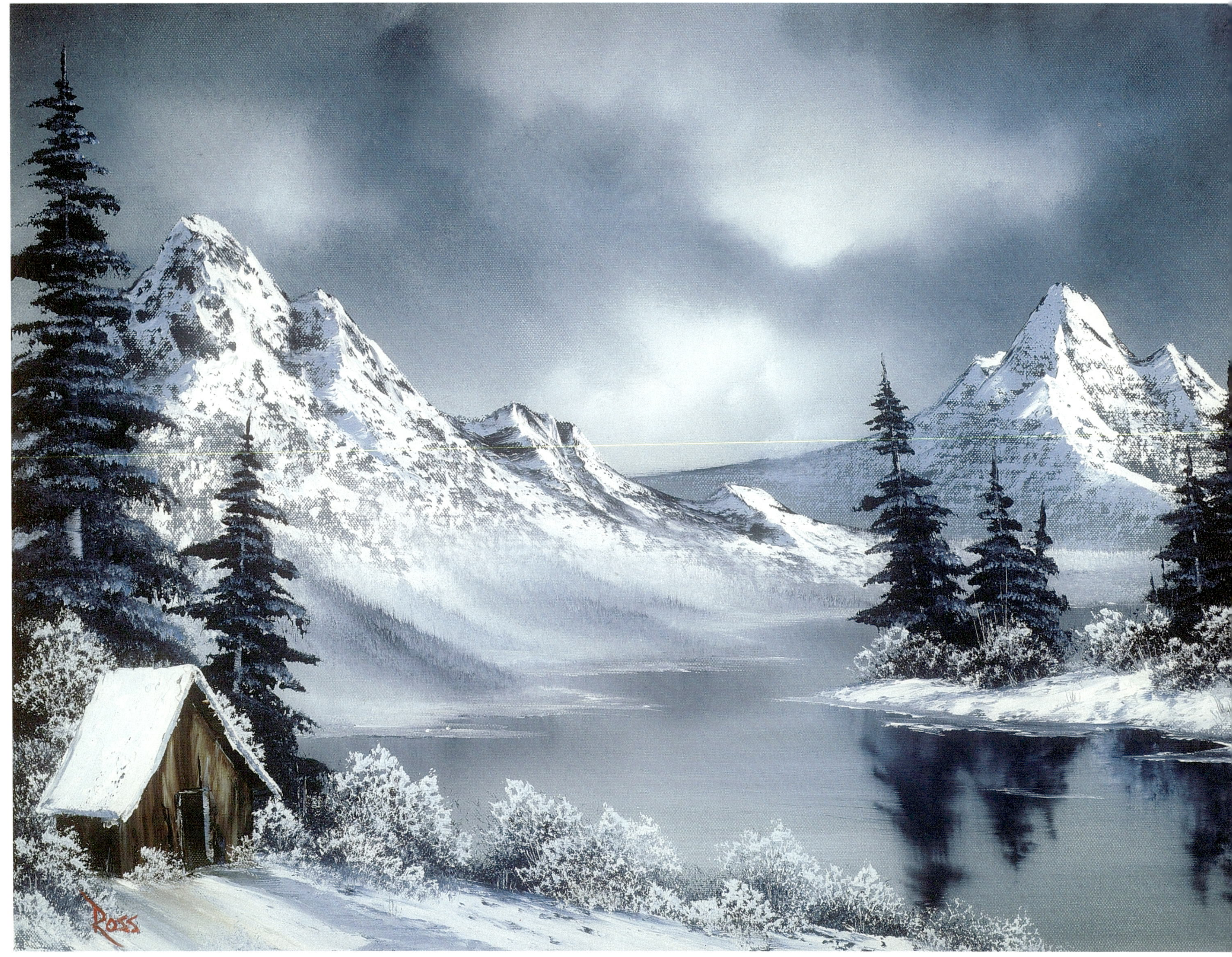
Ross

EIN ARKTISCHER WINTERTAG

Material

2-Zoll-Pinsel	Mitternachtsschwarz
1-Zoll-Pinsel	Dunkelsienna
Fächerpinsel Nr. 6	VanDykeBraun
Schriftenpinsel Nr. 2	Karmesinrot
Farbspachtel Nr. 10	Saftgrün
Flüssigweiß	Kadmiumgelb
Titanweiß	Ockergelb
Phtaloblau	Indischgelb
Preußischblau	Hellrot

Bedecken Sie zunächst die Leinwand mit einer gleichmäßig dünnen Schicht Flüssigweiß. Hierfür verwenden Sie den 2-Zoll-Pinsel. Machen Sie lange, waagerechte und senkrechte Striche. Arbeiten Sie vor und zurück, um die Farbe gleichmäßig auf der Leinwand zu verteilen. Das Flüssigweiß darf NICHT TROCKEN sein, wenn Sie zu malen beginnen.

Himmel und Wasser

Nehmen Sie mit dem 2-Zoll-Pinsel eine Mischung aus Preußischblau und Mitternachtsschwarz auf und malen Sie mit sich kreuzenden Strichen den Himmel. Lassen Sie einige Stellen für die Wolken frei. Mit einem sauberen, trockenen 2-Zoll-Pinsel und langen, waagerechten Strichen wischen Sie über den Himmel. Nehmen Sie erneut Farbe auf und tragen Sie diese in der unteren Bildhälfte auf. Dabei arbeiten Sie vom unteren Rand der Leinwand zum Horizont hin. Setzen Sie die waagerechten Pinselstriche jeweils am seitlichen Bildrand an und ziehen Sie sie dann zur Mitte hin. Mit einem sauberen, trockenen 2-Zoll-Pinsel und sich kreuzenden Strichen wischen Sie erneut über den Himmel und dann mit langen, waagerechten Pinselstrichen noch einmal über die gesamte Leinwand (Himmel und Wasser). Nehmen Sie mit dem 2-Zoll-Pinsel erneut die Preußischblau-Mitternachtsschwarz-Mischung auf. Halten Sie den Pinsel senkrecht und tupfen Sie mit einer Ecke des Pinsels die Wolken an den Stellen des Himmels auf, die Sie zuvor frei gelassen haben. Die unteren Konturen der Wolken verblenden Sie mit dem weichen Mischpinsel und kreisförmigen Pinselstrichen. Dann wischen Sie mit langen, waagerechten Strichen über Himmel und Wolken.

Mit Titanweiß auf dem Spachtel ergänzen Sie die hellen Himmelspartien, indem Sie die Farbe mit kreisenden Bewegungen in die Leinwand „reiben". Anschließend wischen Sie mit dem weichen Mischpinsel über diese Farbfläche.

Berge

Das Bergmassiv malen Sie mit dem Spachtel und einer Mischung aus Preußischblau, Mitternachtsschwarz, Karmesinrot und VanDykeBraun. Ziehen Sie die Mischung auf Ihrer Palette ganz flach aus, halten Sie den Spachtel gerade und nehmen Sie mit der langen Kante des Farbspachtels ein Farbröllchen auf. Üben Sie festen Druck auf das Palettenmesser aus, um die Bergspitze zu formen. Wenn Sie damit zufrieden sind, nehmen Sie den Spachtel und entfernen jegliche überschüssige Farbe. Dann ziehen Sie die Farbe mit dem 2-Zoll-Pinsel nach unten bis zum Fuß des Berges.

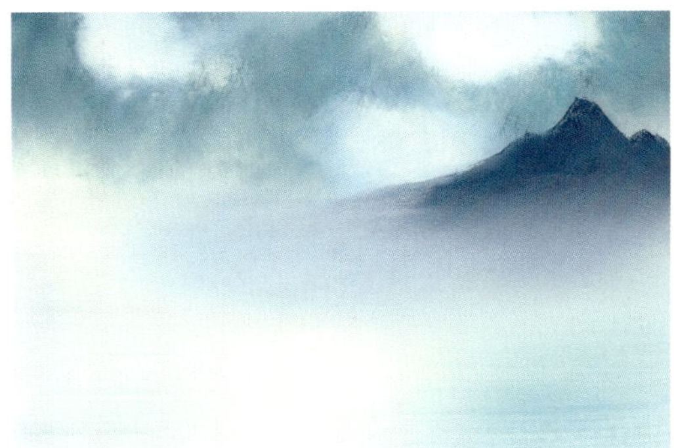

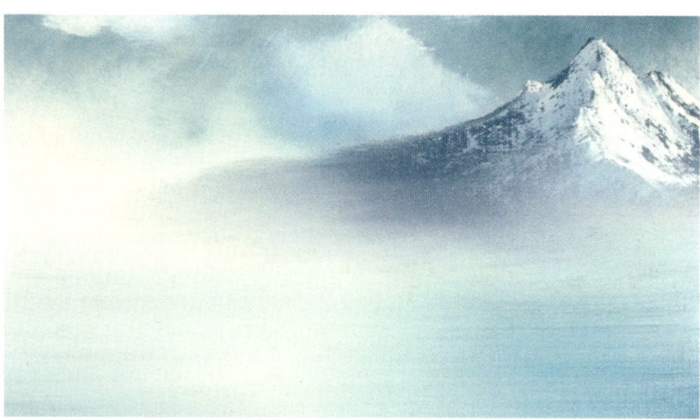

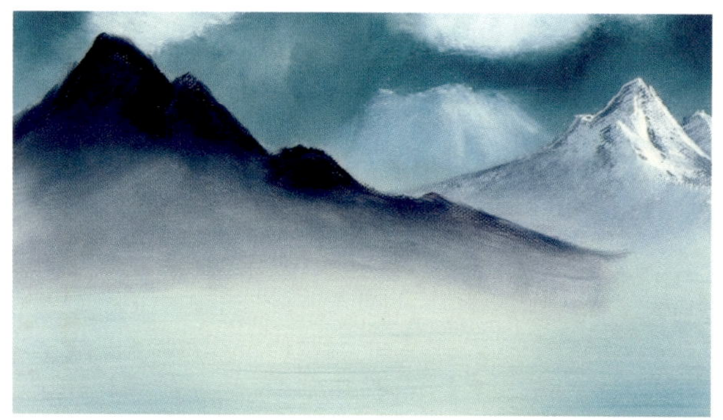

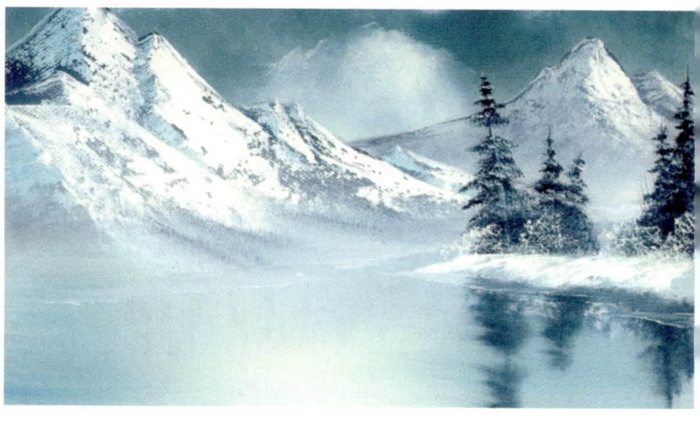

Mit Titanweiß setzen Sie einige Glanzlichter. Nehmen Sie mit dem Spachtel ein Farbröllchen auf. Setzen Sie den Spachtel an der Bergspitze an (achten Sie auf die Winkel) und lassen Sie ihn die rechte, vom Licht beschienene Seite jedes Gipfels hinunter gleiten. Üben Sie dabei gerade so viel Druck aus, dass die Farbe „bricht". Für die Schattenseiten verwenden Sie eine Mischung aus Titanweiß und Preußischblau.
Mit einem sauberen, trockenen 2-Zoll-Pinsel tupfen Sie über die Farbe im unteren Bereich der Berge. Achten Sie darauf, dass die Winkel immer gleich verlaufen. Dann heben Sie die Farbe leicht an, indem Sie mit dem Pinsel in diesem Bereich ganz sanft von unten nach oben streichen. Nun liegt der Fuß der Berge ganz wunderbar im Dunst.
Verwenden Sie dieselben Farbmischungen, um die weiter im Vordergrund liegende Bergkette zu gestalten. Beginnen Sie mit den Gipfeln und ziehen Sie die Farbe dann nach unten. Anschließend folgen Glanzlichter und Akzente. Auch diese Bergkette liegt im unteren Bereich im Dunst.

Fügen Sie der bereits gemischten Farbe für die Berge Titanweiß hinzu. Nehmen Sie mit dem 2-Zoll-Pinsel etwas von der neuen Mischung auf und deuten Sie am Fuß der Berge kleine Bäume an. Folgen Sie dabei aufmerksam den Winkeln. Danach ziehen Sie den Pinsel kurz nach oben und deuten so ganz kleine Baumkronen an.

Damit sich die Berge im Wasser spiegeln, nehmen Sie mit dem 2-Zoll-Pinsel die „Bergmischung" auf und ziehen die Farbe vom Fuß der Berge gerade nach unten. Danach streichen Sie leicht quer darüber. Mit dem Farbspachtel und etwas Flüssigweiß fügen Sie kleine Wellen und Kräuselungen auf der Wasseroberfläche hinzu.

Nadelbäume

Verwenden Sie die „Bergmischung" (Preußischblau, Mitternachtsschwarz, Karmesinrot und VanDykeBraun) und ziehen Sie den Fächerpinsel so durch die Farbe, dass die Borsten eine scharfe Kante bilden. Halten Sie den Pinsel senkrecht und berühren Sie die Leinwand nur leicht, wenn Sie die Mittelachse eines jeden Baumes festlegen. Mit einer Ecke des Pinsels ergänzen Sie die kleinen Zweige in den Baumkronen. Tupfen Sie abwechselnd links und rechts bzw. vor und zurück.
Je mehr Sie sich dem Fuß des Baumes nähern, desto mehr Druck üben Sie auf den Pinsel aus (die Borsten biegen sich nach dabei nach unten). Auf diese Weise werden die Zweige nach unten hin automatisch immer ausladender. Drehen Sie den Pinsel um, damit Sie die Bäume im Wasser spiegeln können. Ziehen Sie die Farbe mit dem 2-Zoll-Pinsel nach unten und streichen Sie danach leicht quer darüber. Die Baumstämme fügen Sie mit einer Mischung aus Titanweiß und Preußischblau auf dem Spachtel hinzu. Mit einer Mischung aus Flüssigweiß, Titanweiß und Preußischblau auf dem Fächerpinsel setzen Sie auf den Ästen einzelne Glanzlichter und Akzente.

Büsche und Schneeflächen

Für die kleinen Büsche zu Füßen der Nadelbäume verwenden Sie die dunkle „Bergmischung“ und den 1-Zoll-Pinsel. Nehmen Sie mit dem Farbspachtel Titanweiß auf und gestalten Sie die schneebedeckten Uferzonen. Achten Sie dabei sorgfältig auf den Verlauf des Geländes. Um die Büsche mit Glanzlichtern zu versehen, tippen Sie den 1-Zoll-Pinsel in Flüssigweiß. Dann ziehen Sie den Pinsel mehrmals in einer Richtung durch etwas Titanweiß. Mit der auf diese Weise abgerundeten Ecke nach oben gestalten Sie individuelle kleine Bäume und Büsche. Die Pinselborsten müssen sich dabei nach oben biegen. Konzentrieren Sie sich auf die jeweilige Gestalt und Form – überlassen Sie nichts dem Zufall. Mit einer kleinen Rolle Flüssigweiß auf dem Spachtel „ritzen“ Sie die Wellen und Kräuselungen auf der Wasseroberfläche ein.

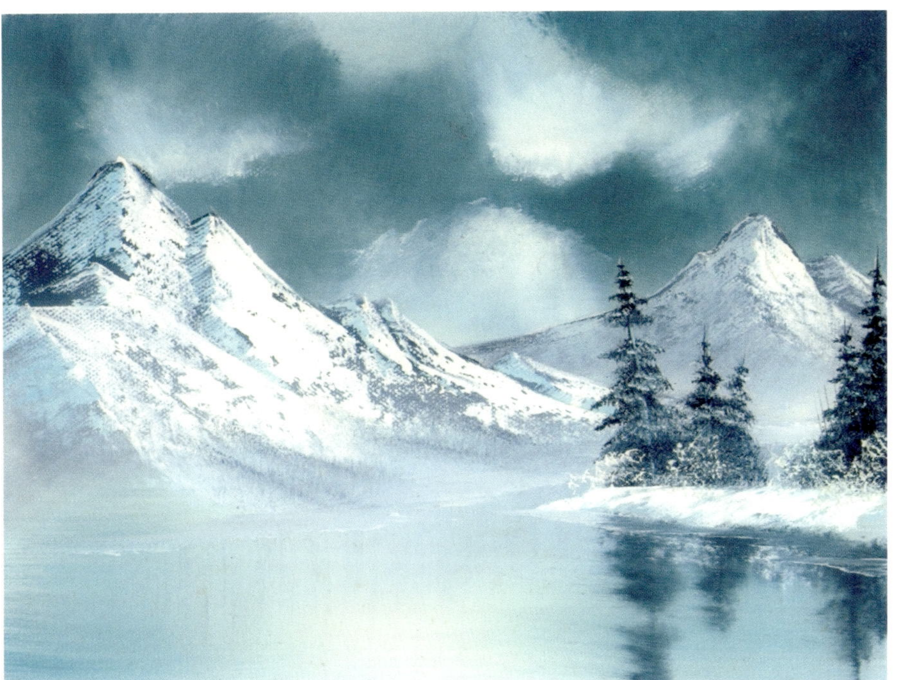

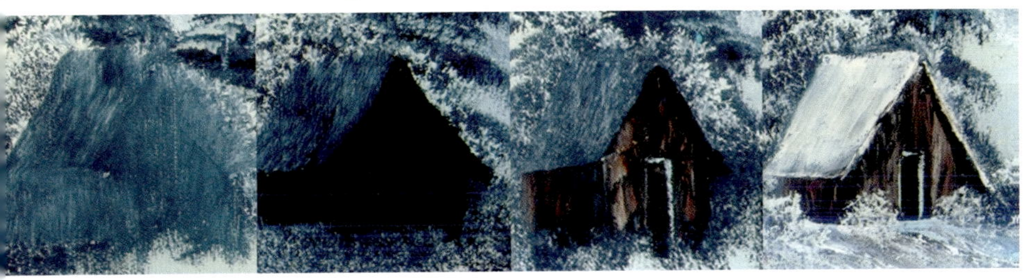

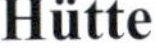

Hütte

Schaben Sie mit einem sauberen Spachtel an der entsprechenden Stelle die Farbe von der Leinwand und geben Sie dabei die grundlegende Form der Hütte vor. Mit der langen Kante des Spachtels nehmen Sie etwas von der Mischung aus VanDykeBraun und Dunkelsiena auf. Ziehen Sie die Farbe ganz flach auf Ihrer Palette aus und schneiden Sie mit dem Spachtel quer durch. Achten Sie genau auf die Winkel, während Sie das hintere Dach, die Vorderfront und die seitlichen Hüttenwände malen. Verwenden Sie eine Mischung aus VanDykeBraun, Dunkelsiena und Titanweiß, um an der Vorderseite einige Lichter zu setzen. Halten Sie den Spachtel senkrecht und üben Sie gerade so viel Druck aus, dass die Farbe „bricht“. Für das Dach verwenden Sie Titanweiß, für die Tür VanDykeBraun. Den Schnee vor der Hütte ergänzen Sie mit Titanweiß auf dem Spachtel.

Mit dem 1-Zoll-Pinsel gestalten Sie die schneebedeckten Büsche rund um die Hütte. Danach verwenden Sie eine Mischung aus Preußischblau und Titanweiß auf dem Farbspachtel und legen den Weg an.

Letzte Feinheiten

„Ritzen“ Sie mit der Spachtelspitze kleine Stöcke und Zweige ein und Ihr Bild ist fertig.

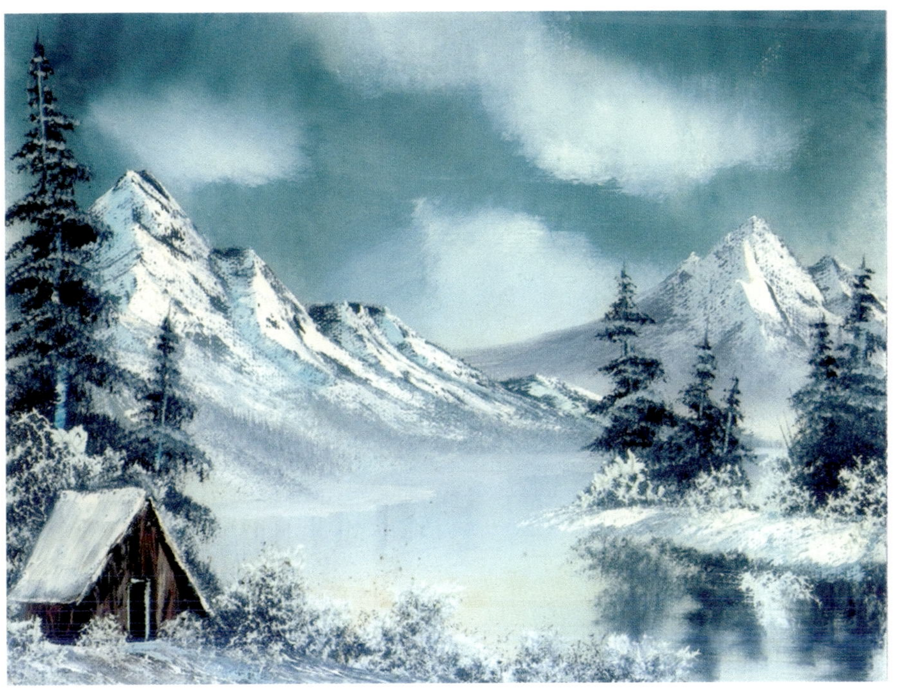

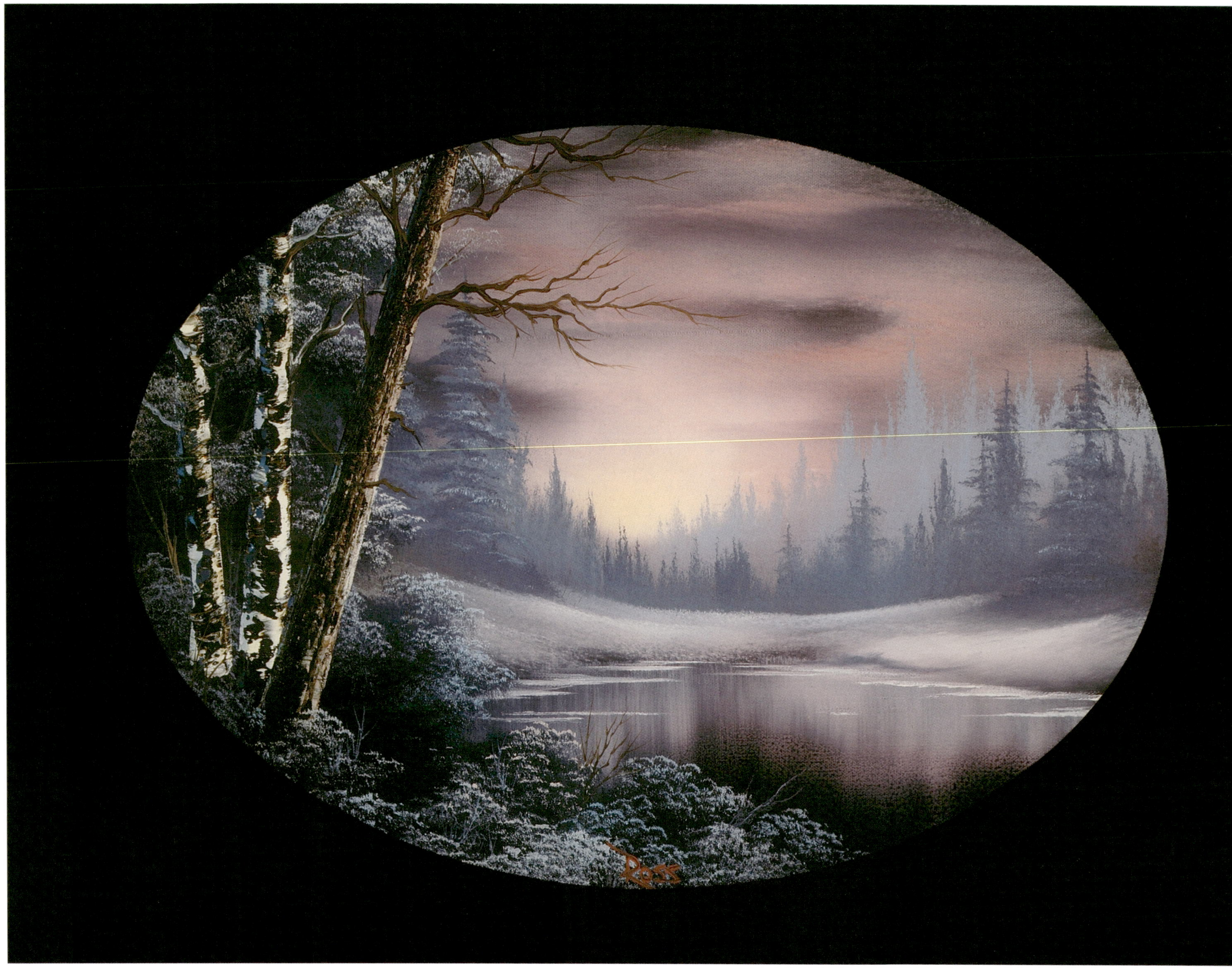
Ross

SCHÖNHEIT DER DÄMMERUNG

Material

2-Zoll-Pinsel	Titanweiß
2-Zoll-Mischpinsel	Phtaloblau
Fächerpinsel Nr. 6	Mitternachtsschwarz
Schriftenpinsel Nr. 2	Dunkelsiena
Farbspachtel Nr. 10	VanDykeBraun
selbstklebende Folie	Karmesinrot
Gesso Schwarz	Kadmiumgelb
Flüssigweiß	Indischgelb
Flüssigtransparent	Hellrot

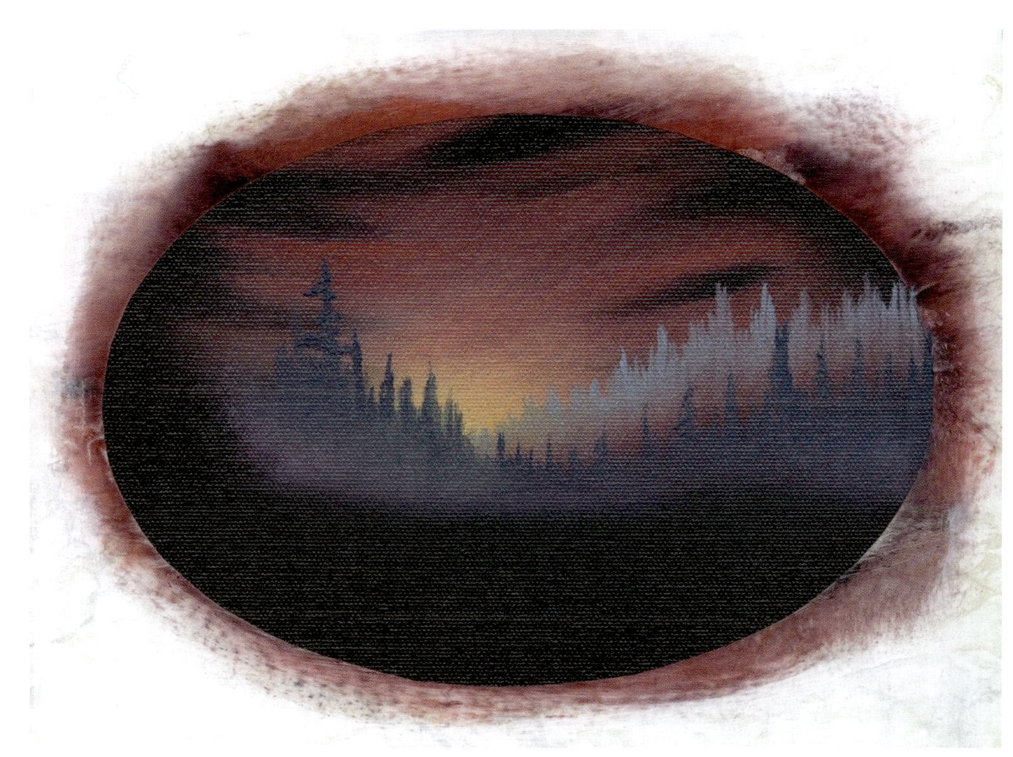

Nehmen Sie einen Schaumschwamm und tragen Sie eine dünne, gleichmäßige Schicht Gesso Schwarz auf die Leinwand auf. Lassen Sie diese Grundierung VOLLSTÄNDIG TROCKNEN, bevor Sie mit dem Malen beginnen.

Wenn das Gesso Schwarz trocken ist, schneiden Sie ein Stück Klebefolie passend auf das Format Ihrer Leinwand zu. Dann schneiden Sie mittig ein Oval aus (ein 40 x 50 cm großes Oval für eine ca. 45 x 60 cm große Leinwand) und bedecken die Leinwand mit der so vorbereiteten Folie. Nehmen Sie den 2-Zoll-Pinsel und tragen Sie eine HAUCHDÜNNE Schicht Flüssigtransparent auf die freie Fläche der Leinwand auf. Das Flüssigtransparent darf NICHT TROCKEN sein, wenn Sie zu malen beginnen.

Nun geben Sie mit dem 2-Zoll-Pinsel eine Schicht Karmesinrot auf das Flüssigweiß im Oval. Ohne den Pinsel zu säubern, fügen Sie Phtaloblau (für einen Lavendelton) am linken Ovalrand hinzu und ziehen die Farbe leicht nach innen.

Himmel

Mit einem sauberen, trockenen 2-Zoll-Pinsel nehmen Sie eine Mischung aus Indischgelb und Titanweiß auf. Diese tragen Sie mit kleinen, sich kreuzenden Strichen auf und zaubern einen golden schimmernden Himmel in die Mitte der Leinwand. Arbeiten Sie vom Horizont zum äußeren und oberen Bildrand hin. Nehmen Sie den 2-Zoll-Pinsel und verblenden Sie den gesamten Himmel mit langen, waagerechten Strichen.

Ohne den 2-Zoll-Pinsel zu reinigen, nehmen Sie eine Mischung aus Kadmiumgelb und Titanweiß auf. Dehnen Sie die zentrale Lichtquelle bzw. das goldene Leuchten des Himmels mit sich kreuzenden Strichen nach außen und oben hin aus.

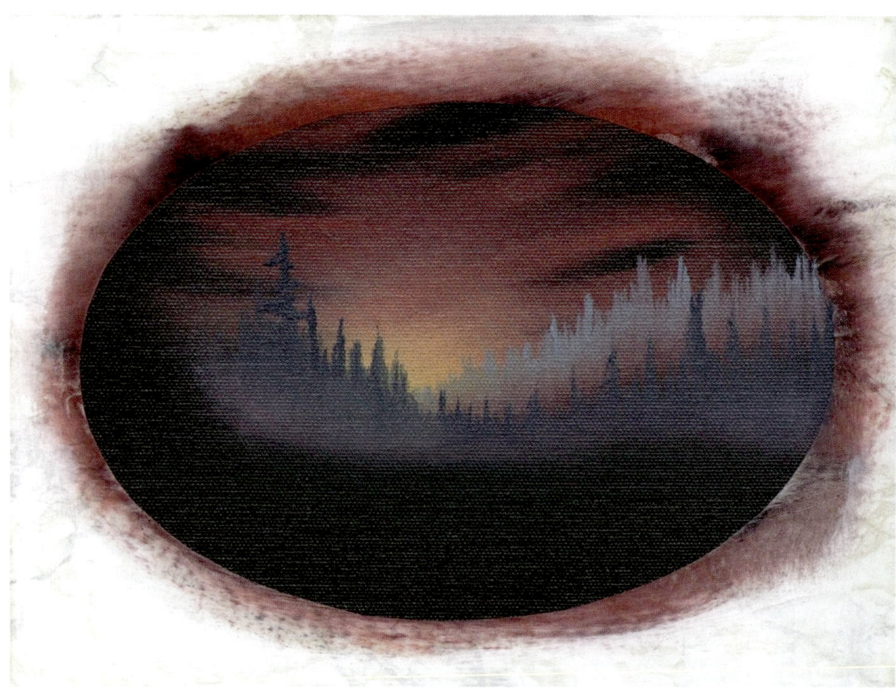

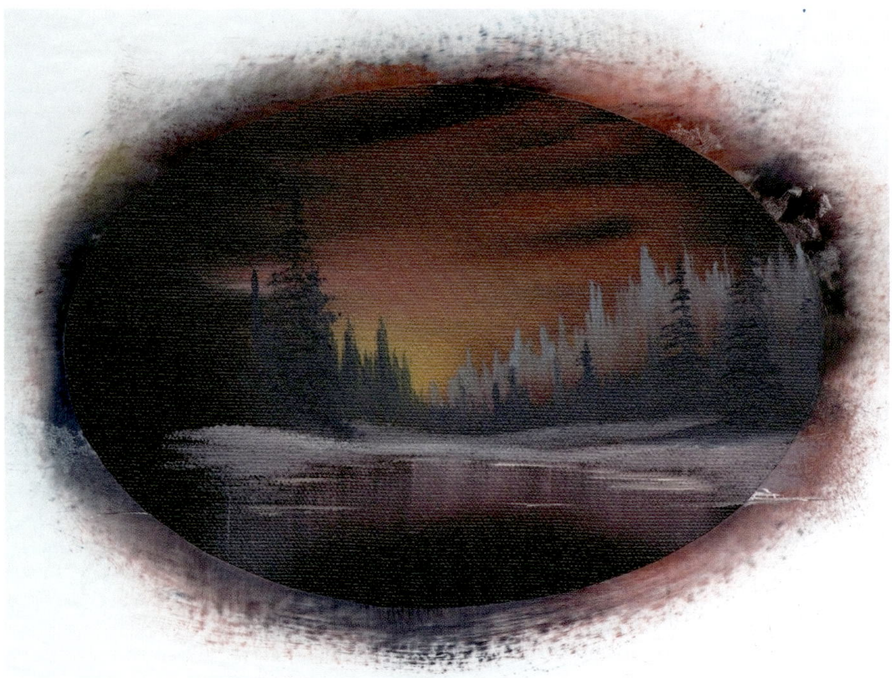

Stupfen Sie die Borsten eines sauberen, trockenen 2-Zoll-Pinsels in eine Mischung aus Titanweiß und einer Spur Hellrot. Halten Sie den Pinsel waagerecht und tupfen Sie verschiedene Wolkengebilde auf die Leinwand.

Nehmen Sie mit demselben 2-Zoll-Pinsel eine Mischung aus Karmesinrot und Phtaloblau auf und fügen Sie weitere Wolken ein. Mit dem Mischpinsel und langen, waagerechten Strichen, verblenden Sie den Himmel.

Hintergrundbäume

Stellen Sie mit dem Spachtel eine graublaue Mischung aus Karmesinrot, Phtaloblau, Mitternachtsschwarz und Titanweiß auf Ihrer Palette her. Nehmen Sie mit dem Fächerpinsel großzügig Farbe auf. Halten Sie den Pinsel senkrecht und tupfen Sie nach oben, um die Nadelbäume im Hintergrund anzudeuten. Mit der Pinselspitze verwischen Sie die Farbe am Fuß des Baumes. Anschließend ziehen Sie die Farbe mit dem Pinsel leicht nach oben und schon liegen die Bäume im Dunst.

Mittelgrund

Nehmen Sie mit demselben Fächerpinsel eine dunklere Version der Farbmischung für die Bäume im Hintergrund auf (fügen Sie einfach weniger Titanweiß bei). Halten Sie den Pinsel senkrecht und tupfen Sie nach unten. So gestalten Sie den Großteil der Nadelbäume. Benutzen Sie nur die Pinselspitze, um die kleinen Baumkronen an den größeren Nadelbäumen im Mittelgrund zu ergänzen. Tupfen Sie mit einem sauberen, trockenen 2-Zoll-Pinsel im unteren Bereich der Bäume und ziehen Sie die Farbe anschließend leicht nach oben – das kennen Sie ja schon.

Mit einem sauberen, trockenen 2-Zoll-Pinsel nehmen Sie Titanweiß auf. Halten Sie den Pinsel waagerecht, setzen Sie am Fuß der Bäume an und ziehen Sie die Farbe gerade nach unten ins Wasser. Streichen Sie leicht quer darüber und lassen Sie die Spiegelungen verschwimmen.
Mit Titanweiß auf dem 2-Zoll-Pinsel tupfen Sie die Schneeflächen unterhalb der Bäume auf die Leinwand. Verwenden Sie den Mischpinsel und „soften" Sie den Schnee ab, indem Sie mit langen, waagerechten Strichen darüber streichen.

Die dunkleren großen Bäume weiter im Vordergrund malen Sie mit der dunklen „Baummischung" und dem Fächerpinsel. Halten Sie den Pinsel waagerecht, arbeiten Sie von einer Seite zur anderen und ziehen Sie die Farbe am Fuß jeden Baumes nach unten. Achten Sie mal darauf: Auf diese Weise tritt die Schneefläche zurück.

Fügen Sie weitere Schneelagen mit Titanweiß auf dem 2-Zoll-Pinsel hinzu und arbeiten Sie sich so im Bild nach vorn. Anschließend wischen Sie mit dem Mischpinsel und langen, waagerechten Strichen leicht darüber.

Nun ist der richtige Zeitpunkt, um der Wasseroberfläche einen stärkeren Schimmer zu verleihen. Zu diesem Zweck nehmen Sie mit dem 2-Zoll-Pinsel Titanweiß auf. Halten Sie den Pinsel waagerecht und ziehen Sie die Farbe von der Kante der Schneefläche am Ufer gerade nach unten. Dann streichen Sie leicht quer darüber.

Verwenden Sie eine Mischung aus Flüssigweiß und einer Spur Hellrot, um mit dem Schriftenpinsel Linien (kleine Wellen etc.) in die Wasseroberfläche zu „ritzen".

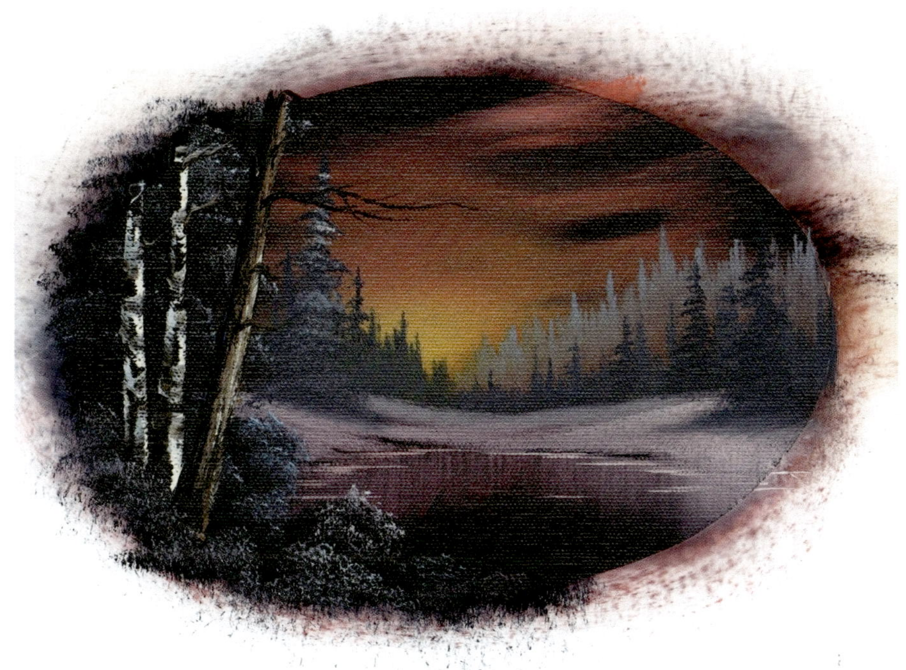

Großer Baum

Nehmen Sie mit dem 2-Zoll-Pinsel eine dunkle Mischung aus Karmesinrot und Phtaloblau auf. Mit der Ecke des Pinsels malen Sie den großen Baum und die Büsche. Verwenden Sie eine dünne Mischung aus Dunkelsiena und Titanweiß auf dem Schriftenpinsel und fügen Sie Äste und Zweige des großen Baumes hinzu.

Nehmen Sie mit dem 2-Zoll-Pinsel eine Mischung aus Titanweiß und etwas Phtaloblau auf. Lassen Sie den Pinsel sanft in die Farbe gleiten, damit er viel Farbe aufnimmt. Mit der Pinselecke nach unten fügen Sie einige Glanzlichter an dem großen Baum und den Büschen hinzu.

Vordergrund

Mit dem Fächerpinsel und einer Mischung aus VanDykeBraun und Dunkelsiena ergänzen Sie die Birkenstämme im Vordergrund.

Setzen Sie auf jeden Baumstamm mit Titanweiß und dem Spachtel einzelne Lichter. Verwenden Sie verdünntes VanDykeBraun auf dem Schriftenpinsel, um Äste und Zweige der Birken zu ergänzen.

Für das Buschwerk zu Füßen der Birken verwenden Sie die Blau-Weiß-Mischung auf dem 2-Zoll-Pinsel. Arbeiten Sie sich in Schichten nach vorn. Den großen Baumstamm im Vordergrund links fügen Sie mit Dunkelbraun auf dem Fächerpinsel hinzu. Lichter setzen Sie mit einer Mischung aus den Brauntönen und Titanweiß auf dem Spachtel. Äste und Zweige ergänzen Sie mit verdünntem VanDykeBraun auf dem Schriftenpinsel.

Letzte Feinheiten

„Ritzen" Sie Stöcke und Zweiglein mit der Spachtelspitze ein. Abschließend entfernen Sie die Klebefolie und „enthüllen" Ihr Meisterwerk.

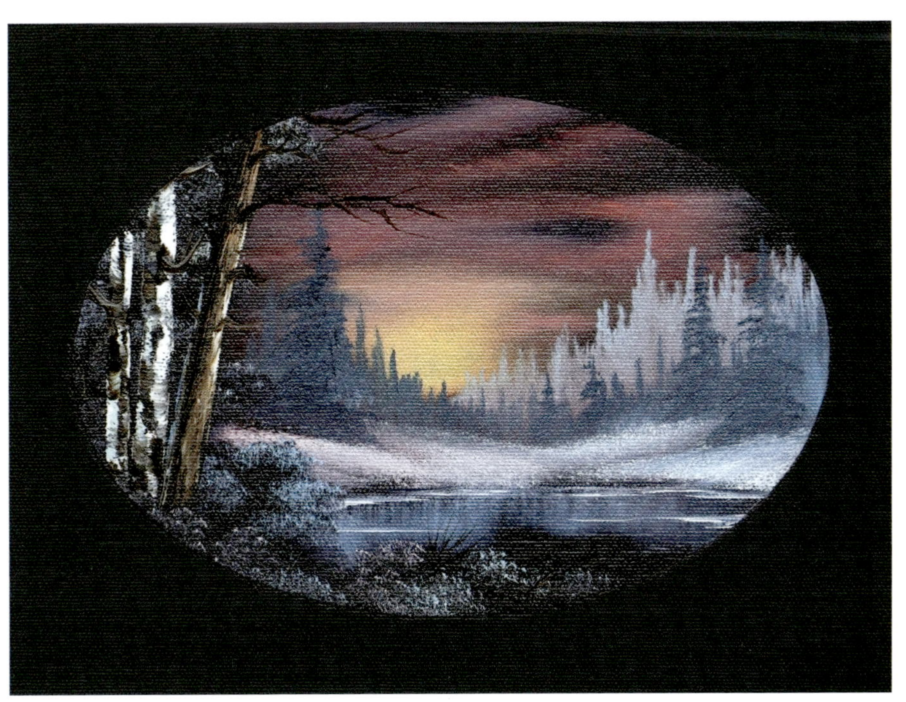

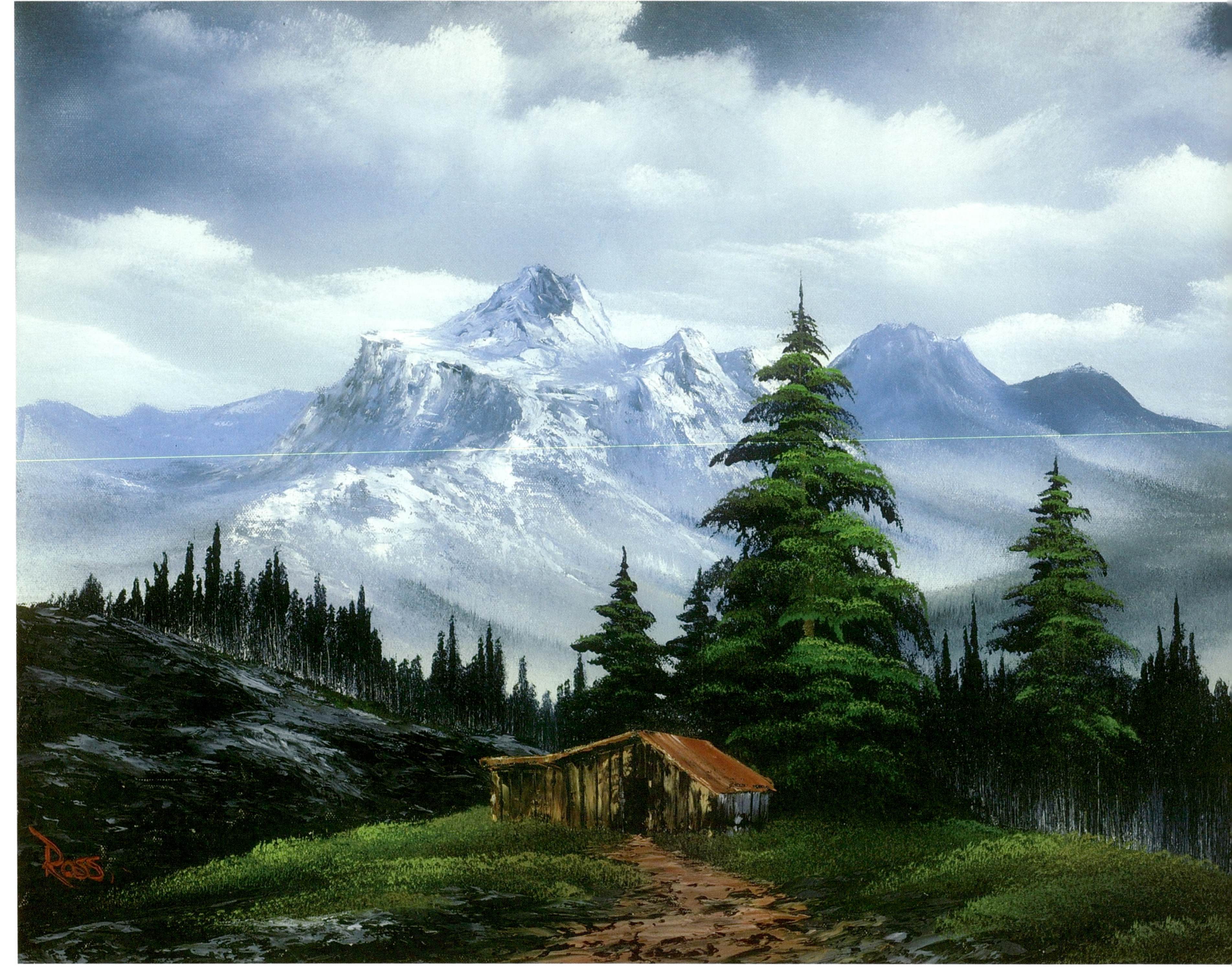
Ross

EINE SPEKTAKULÄRE AUSSICHT

Material

- 2-Zoll-Pinsel
- 1-Zoll-Ovalpinsel
- 2-Zoll-Mischpinsel
- Fächerpinsel Nr. 6
- Farbspachtel Nr. 10
- Flüssigweiß
- Titanweiß
- Preußischblau
- Mitternachtsschwarz
- Dunkelsiena
- VanDykeBraun
- Karmesinrot
- Saftgrün
- Kadmiumgelb
- Ockergelb
- Indischgelb
- Hellrot

Tragen Sie mit dem 2-Zoll-Pinsel eine dünne, gleichmäßige Schicht Flüssigweiß auf die Leinwand auf. Arbeiten Sie mit langen, waagerechten und senkrechten Strichen vor und zurück, damit sich die Farbe gleichmäßig auf der Leinwand verteilt. Das Flüssigweiß darf NICHT trocknen, bevor Sie mit dem Malen fortfahren.

Himmel

Nehmen Sie mit dem 2-Zoll-Pinsel etwas Preußischblau auf und stupfen Sie die Borsten fest auf die Palette. Auf diese Weise wird die Farbe gleichmäßig in den Borsten verteilt. Beginnen Sie am oberen Bildrand und arbeiten Sie sich mit sich kreuzenden Strichen nach unten vor. Sehen Sie, wie sich die Farbe des Himmels mit dem Flüssigweiß, das sich bereits auf der Leinwand befindet, verbindet. So wird der Himmel zum Horizont hin automatisch heller.

Tupfen Sie nun die Borsten in etwas Mitternachtsschwarz und tragen Sie die Farbe mit sich kreuzenden Strichen in den oberen Bildecken auf die Leinwand auf. Verblenden Sie den Himmel mit langen, waagerechten Strichen.

Mit Titanweiß auf einem sauberen, trockenen 2-Zoll-Pinsel fügen Sie die Wolken hinzu. Vermischen Sie die Unterseite der Wolken vorsichtig mit dem weichen Mischpinsel. Verblenden Sie den Himmel erneut mit langen, waagerechten Strichen.

Berge

Nehmen Sie mit dem Farbspachtel Nr. 10 eine Mischung aus Mitternachtsschwarz, Preußischblau, VanDykeBraun und Karmesinrot auf. Gestalten Sie die Bergspitze mit festem Druck. Ziehen Sie mit dem 2-Zoll-Pinsel die Farbe bis zum Fuß des Berges hinunter. Achten Sie auf die Winkel. Geben Sie etwas Kadmiumgelb auf den Pinsel und tupfen Sie damit auf die Farbe im unteren Bereich des Berges.

Nehmen Sie ein Röllchen Titanweiß auf den Farbspachtel, um einige Glanzlichter auf den Berg zu setzen. Um mit dem Spachtel Farbe aufzunehmen, ziehen Sie die Farbe ganz flach auf Ihrer Palette aus. Halten Sie das Palettenmesser aufrecht und schneiden Sie durch die Farbmischung. (Wenn Sie den Spachtel ganz gerade halten, dann sitzt das Farbröllchen exakt auf der äußersten Kante des Palettenmessers.)

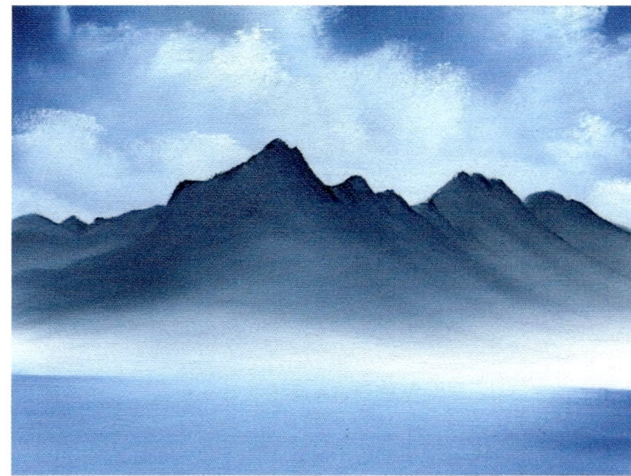

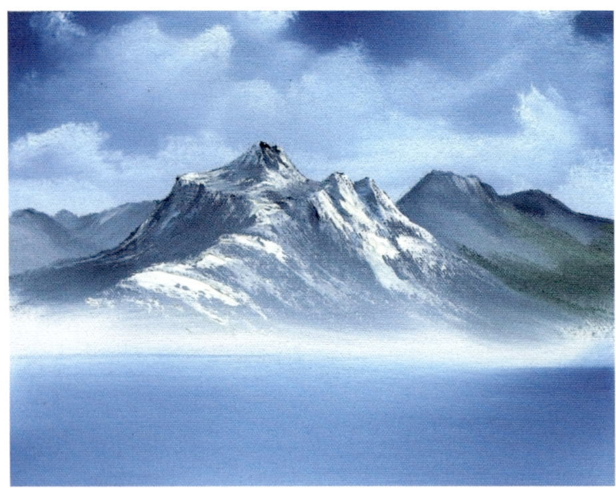

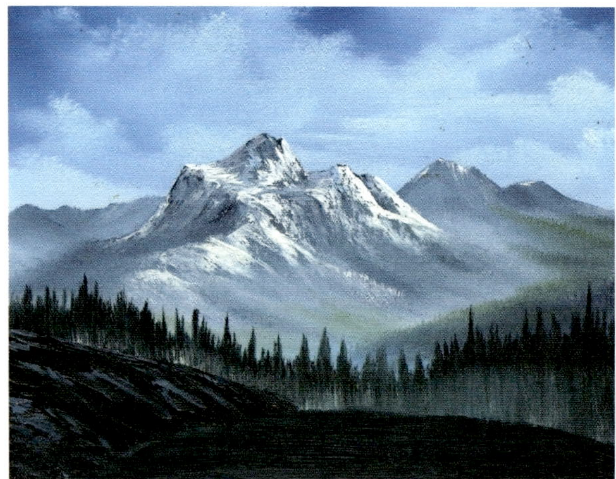

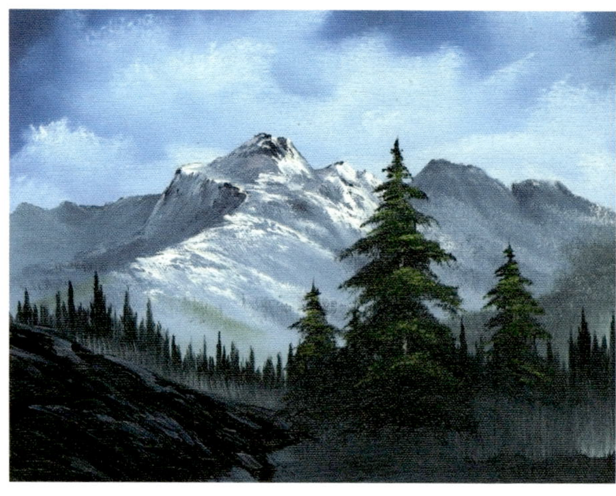

Beginnen Sie am Berggipfel (achten Sie auf die Winkel) und lassen Sie den Spachtel die rechte Seite jedes Berges hinuntergleiten. Üben Sie dabei gerade so viel bzw. wenig Druck aus, dass die Farbe „bricht“. Verwenden Sie eine Mischung aus Titanweiß und Preußischblau und tragen Sie diese auf die im Schatten liegende Seite der Bergrücken auf. Wieder üben Sie dabei nur so viel Druck aus, dass die Farbe „bricht“. Für sehr schmale Partien setzen Sie den kleinen Spachtel ein.

Mit einem sauberen, trockenen 2-Zoll-Pinsel tupfen Sie im unteren Bereich der Berge auf die Farbe (achten Sie dabei auf die Winkel). Stupfen Sie den Pinsel in verschiedene Mischungen aus allen Gelbtönen und der Farbe für die Berge (um Grün zu erhalten) und wischen Sie weiter über den Fuß des Berges. Mit kurzen, nach oben gerichteten Strichen (immer noch den Winkeln folgend) deuten Sie winzige Baumkronen an.

Hintergrund

Nehmen Sie mit dem Fächerpinsel eine Mischung aus Preußischblau, Mitternachtsschwarz, Karmesinrot und Saftgrün auf. Halten Sie den Pinsel senkrecht und tupfen Sie nach unten, um die kleinen Bäume am Fuß des Berges anzudeuten. Tupfen Sie den Fächerpinsel nun leicht in Titanweiß. Halten Sie den Pinsel waagerecht und setzen Sie ihn am Fuß des jeweiligen Baumes an. Mit kurzen aufwärts gerichteten Strichen ergänzen Sie die kleinen Baumstämme.

Um den Boden unter den kleinen Bäumen zu gestalten, nehmen Sie etwas von der eben fertig gestellten dunklen Farbmischung für die Bäume auf den Farbspachtel und tragen sie mit langen, waagerechten Strichen bis zum unteren Bildrand hin auf. Setzen Sie mit einer Mischung aus Titanweiß, Mitternachtsschwarz und Preußischblau auf dem Palettenmesser einige Lichter. Wieder üben Sie dabei gerade so viele Druck aus, dass die Farbe „bricht“. Achten Sie genau auf den Verlauf des Geländes.

Nadelbäume

Für die größeren, deutlicher zu erkennenden Nadelbäume ziehen Sie den Ovalpinsel so durch die dunkle Farbmischung für die Bäume, dass die Borsten eine scharfe Kante bilden. Halten Sie den Pinsel senkrecht und tupfen Sie jeweils die Mittelachse eines Baumes auf die Leinwand. Mit einer Ecke des Pinsels ergänzen Sie die winzigen Baumwipfel. Tupfen Sie abwechselnd links und rechts bzw. arbeiten Sie vor und zurück. Je mehr Sie sich dem Fuß des Baumes nähern, desto mehr Druck üben Sie auf den Pinsel aus (die Borsten biegen sich dabei nach unten). Auf diese Weise werden die Zweige automatisch immer ausladender.

Stupfen Sie denselben Pinsel in verschiedene Mischungen aus den Gelbtönen und setzen Sie einzelne Glanzlichter auf die Nadelbäume.

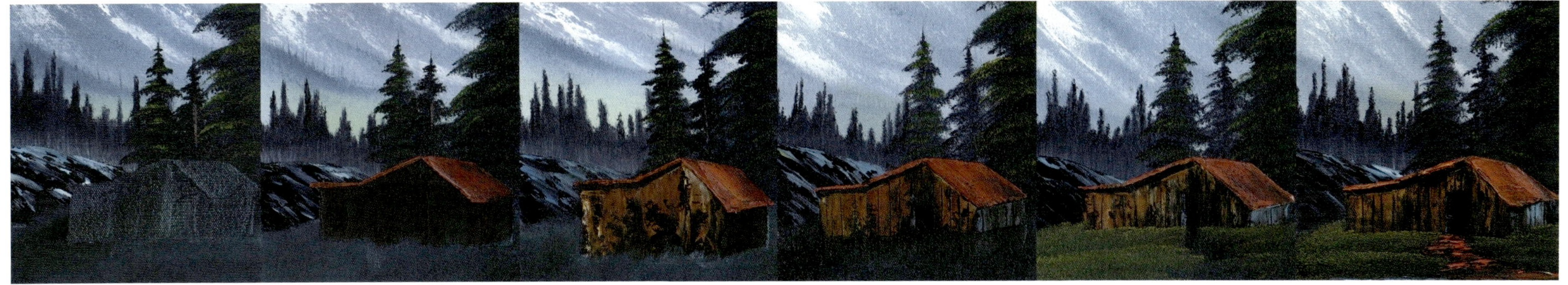

Hütte
Entfernen Sie mit einem sauberen Farbspachtel die Farbe an der Stelle von der Leinwand, an der die Hütte stehen soll. Mit der langen Kante des Palettenmessers nehmen Sie ein wenig von der Mischung aus VanDykeBraun und Dunkelsiena auf. Achten Sie auf die Winkel, wenn Sie die seitlichen Hüttenwände und die Front gestalten. Für das Dach verwenden Sie eine Mischung aus den Brauntönen, Titanweiß und Hellrot. Fügen Sie der Farbmischung mehr Titanweiß hinzu und setzen Sie einige Glanzlichter. Für die im Schatten liegende seitliche Hüttenwand ergänzen Sie die Mischung durch Preußischblau. Einzelne Bohlen „ritzen" Sie mit der Spachtelspitze ein. Zum Abschluss malen Sie die Hüttentür mit VanDykeBraun.

Vordergrund
Verwenden Sie verschiedene Mischungen aus allen Gelbtönen und Hellrot, um die zarten Grasflächen rund um die Hütte zu gestalten. Tippen Sie den 2-Zoll-Pinsel zuerst in Farbverdünner, halten Sie ihn dann im 45° Winkel und stupfen Sie ihn in die Farbmischungen. Lassen Sie den Pinsel dabei mehrmals gefühlvoll in die Farbe gleiten. Auf diese Weise nehmen die Borsten reichlich Farbe auf. Halten Sie den Pinsel waagerecht und tupfen Sie mit ihm leicht nach unten. Arbeiten Sie in Schichten und achten Sie auf den Verlauf des Geländes. Denken Sie auch daran, dass Sie die bereits auf der Leinwand befindliche dunkle Untergrundfarbe nicht vollständig übermalen. Dann werden Ihre Grasflächen schön samten.

Mit einer Mischung aus Titanweiß, Dunkelsiena und Hellrot auf dem Spachtel und waagerechten Strichen legen Sie den Weg an.

Letzte Feinheiten
Deuten Sie Felsen und Steine mit einer Mischung aus Titanweiß und Mitternachtsschwarz auf dem Farbspachtel an und Ihr Meisterwerk ist bereit für die Signatur.

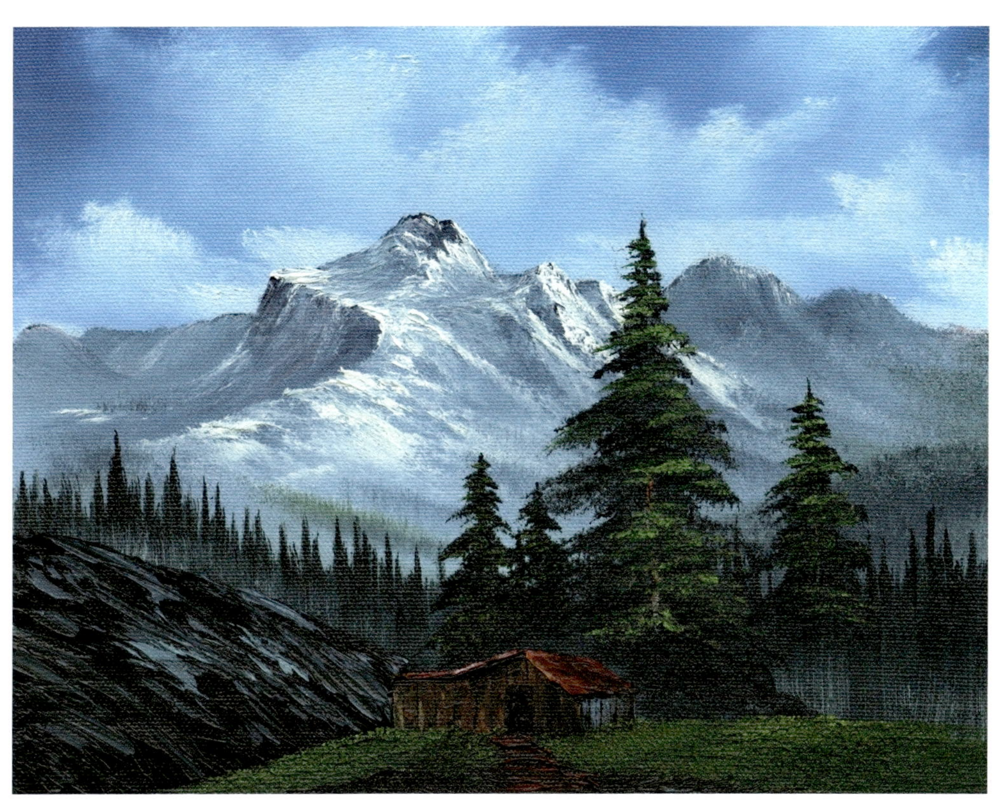

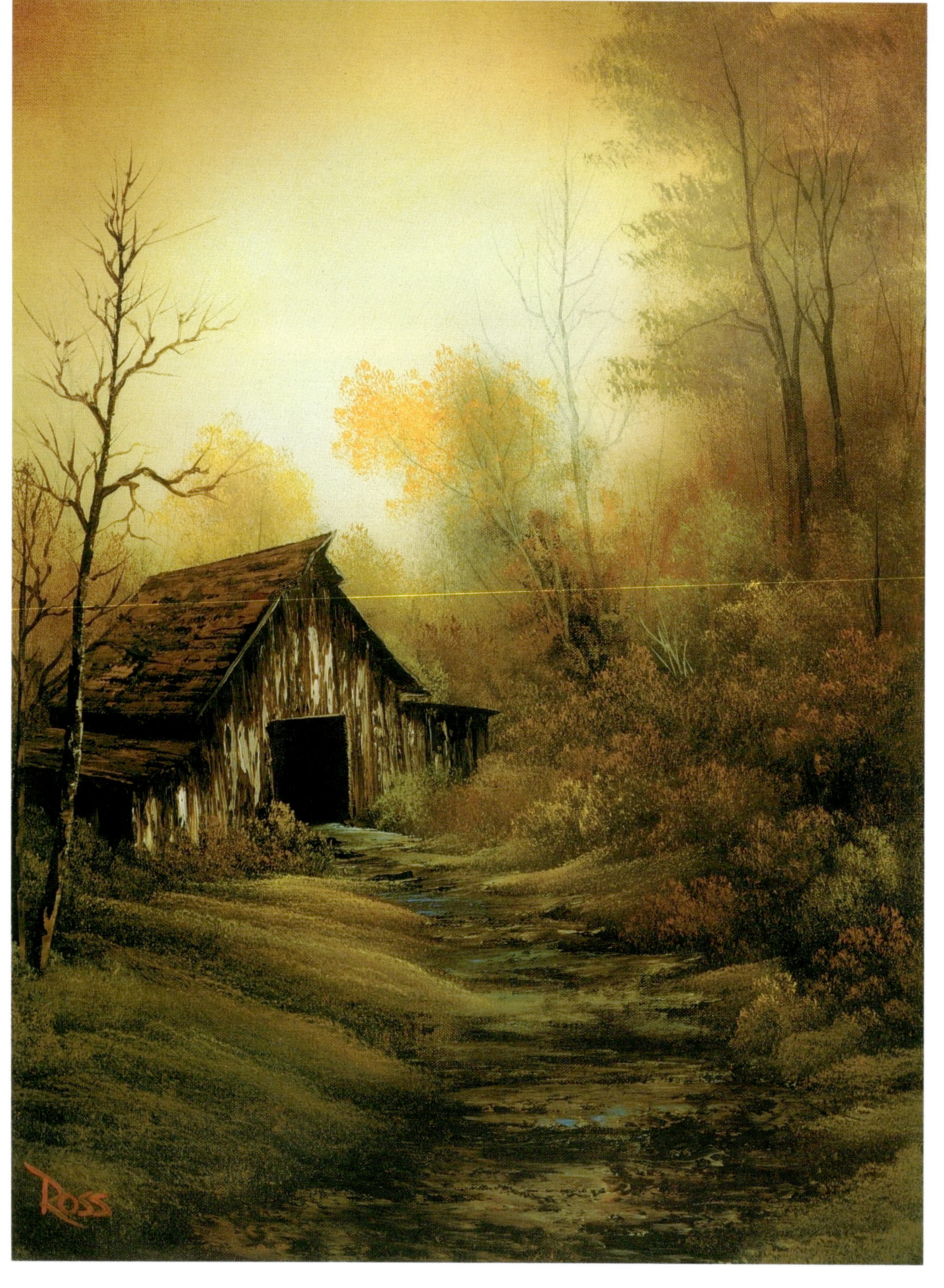

Material

2-Zoll-Pinsel	Titanweiß
1-Zoll-Rundpinsel	Phtaloblau
Filbertpinsel Nr. 6	Mitternachtsschwarz
Schriftenpinsel Nr. 2	Karmesinrot
Farbspachtel Nr. 10	Saftgrün
Farbspachtel Nr. 5	Kadmiumgelb
Gesso Weiß	Ockergelb
Braune Acrylfarbe	Indischgelb
Flüssigweiß	Hellrot
Flüssigtransparent	

Mischen Sie die braune Acrylfarbe und das Gesso Weiß und tupfen Sie mit einem 2-Zoll-Pinsel (möglichst einem alten) die Hintergrundbäume, das Laub und den Untergrund auf die Leinwand. Verwenden Sie mit Wasser verdünnte braune Acrylfarbe, um mit dem Schriftenpinsel einzelne Stämme, Äste und Zweige an den größeren Bäumen zu ergänzen. Lassen Sie die Leinwand VOLLSTÄNDIG TROCKNEN, bevor Sie mit dem Malen fortfahren.

Wenn die Farben trocken sind, nehmen Sie einen sauberen, trockenen 2-Zoll-Pinsel und tragen eine HAUCHDÜNNE Schicht Flüssigtransparent auf die Leinwand auf. (Es ist sehr wichtig, dass das Flüssigtransparent SEHR, SEHR SPARSAM aufgetragen und regelrecht in die Leinwand eingerieben wird! Wenn nötig, können Sie überschüssiges Flüssigtransparent mit einem Papiertuch von der Leinwand entfernen. Das Flüssigtransparent erleichtert nicht nur das Auftragen der festeren Farben. Vielmehr brauchen Sie auf diese Weise auch nur ganz wenig Farbe und erzielen dabei eine lasierende Wirkung.)

DIE ALTE VERWITTERTE SCHEUNE

Hintergrund
Nehmen Sie mit einem sauberen, trockenen 2-Zoll-Pinsel etwas Indischgelb auf und tragen Sie diese Farbe mit sich kreuzenden Strichen auf die gesamte Leinwand auf.

Mit dem Farbspachtel stellen Sie eine transparente Farbmischung aus Karmesinrot und Saftgrün auf ihrer Palette her. Tragen Sie diese Farbe mit dem 2-Zoll-Pinsel und sich kreuzenden Strichen vom unteren Bildrand bis zum Horizont hin auf. So vermischen Sie den Braunton mit der Farbe, die sich bereits auf der Leinwand befindet.

Lassen Sie das Braun auf dem 2-Zoll-Pinsel und dunkeln Sie die in den Ecken liegenden Bereiche des Himmels mit sich kreuzenden Strichen ab.

Bäume und Büsche
Stupfen Sie die Borsten des Rundpinsels in verschiedene Mischungen aus allen Gelbtönen und etwas Hellrot, Karmesinrot und Saftgrün. Tupfen Sie leichte Glanzlichter auf die im Hintergrund liegenden Bäume und Büsche und gestalten Sie diese ganz individuell.

(Beachten Sie den Effekt, der dadurch entsteht, dass die Acryl-Gesso-Grundierung sichtbar bleibt.)

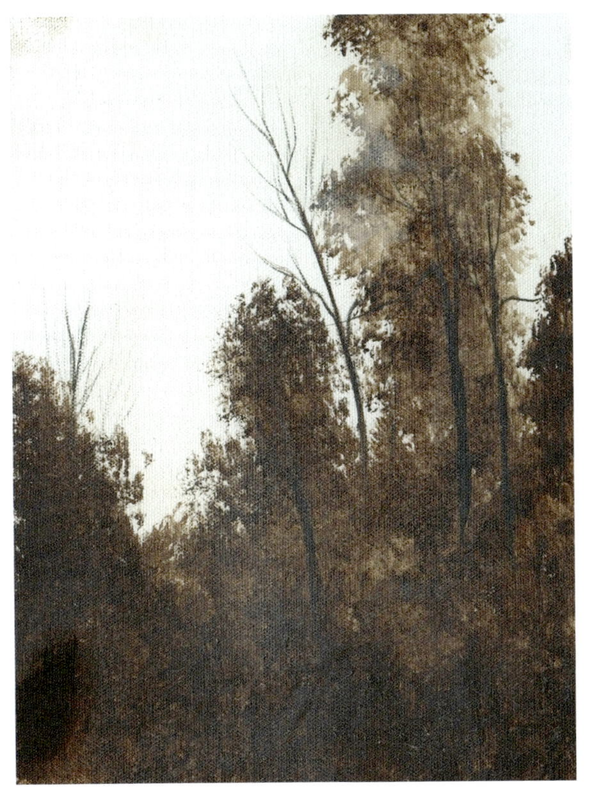

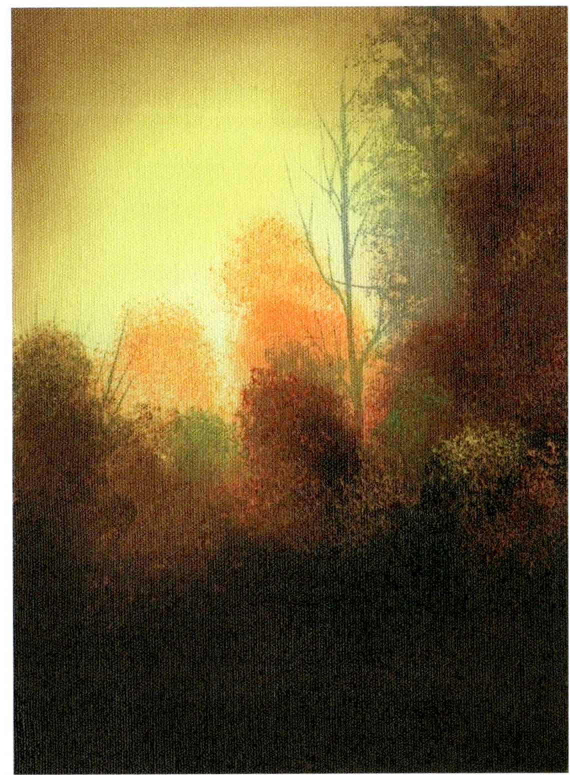

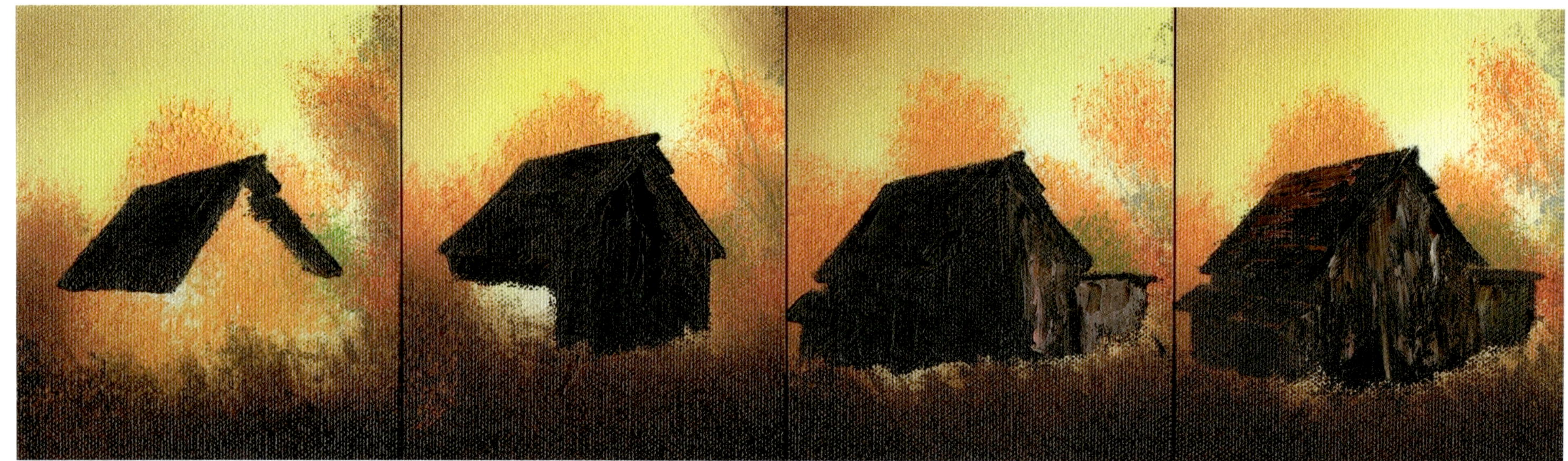

Scheune

Entfernen Sie mit einem sauberen Farbspachtel die Farbe an der Stelle von der Leinwand, an der die Scheune stehen soll. Mit dem Palettenmesser nehmen Sie etwas von einer braunen Farbmischung auf und malen das Dach der Scheune. Achten Sie dabei auf die Winkel.

Ziehen Sie die Farbe nach unten – erst an den Seiten, dann an der Vorderseite der Scheune. Und schon stehen die sichtbaren Außenwände.

In gleicher Weise verfahren Sie, um die kleinen Anbauten links und rechts des Schuppens hinzuzufügen. Dann setzen Sie auf die Seitenwände und die Front von Scheune und Schuppen einige Glanzlichter. Zu diesem Zweck tragen Sie mit dem Filbertpinsel „marmorierte" Mischungen aus Titanweiß, Braun und etwas Hellrot auf. Üben Sie gerade so viel Druck aus, dass die Farbe „bricht". Bohlen und Bretter lassen sich andeuten, indem Sie die Farbe mit dem Pinsel gerade nach unten ziehen.

Verwenden Sie „marmorierte" Mischungen aus Braun, Ockergelb und etwas hellrot auf dem Spachtel und setzen Sie auf die Dächer einzelne Lichter.

Die Scheunentür fügen Sie unter Verwendung von Mitternachtsschwarz hinzu.

Mit einem sauberen Spachtel entfernen Sie überschüssige Farbe im unteren Bereich der Hütte.

Nehmen Sie etwas von der braunen Karmesinrot-Saftgrün-Mischung auf den Spachtel und gestalten Sie mit kurzen, waagerechten Strichen den Weg, der zur Scheune führt. Achten Sie dabei auf die Perspektive!

Vordergrund

Nehmen Sie mit dem 2-Zoll-Pinsel eine Mischung aus Braun, allen Gelbtönen und etwas Flüssigweiß (zum Aufhellen und Verdünnen der Mischung) auf. Halten Sie den Pinsel nun waagerecht und tupfen Sie leicht nach unten, um die Grasflächen im Vordergrund zu gestalten.

Verwenden Sie den Rundpinsel und die (Gelb-Grün-Rot-Braunen-)Akzentfarbmischungen, um im Vordergrund die Büsche und kleinen Bäume zu beiden Seiten des Weges zu ergänzen.

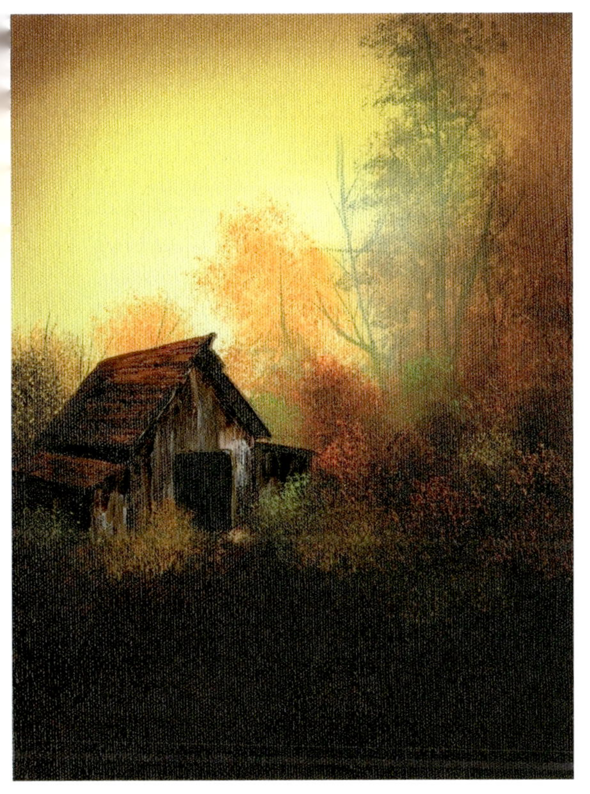

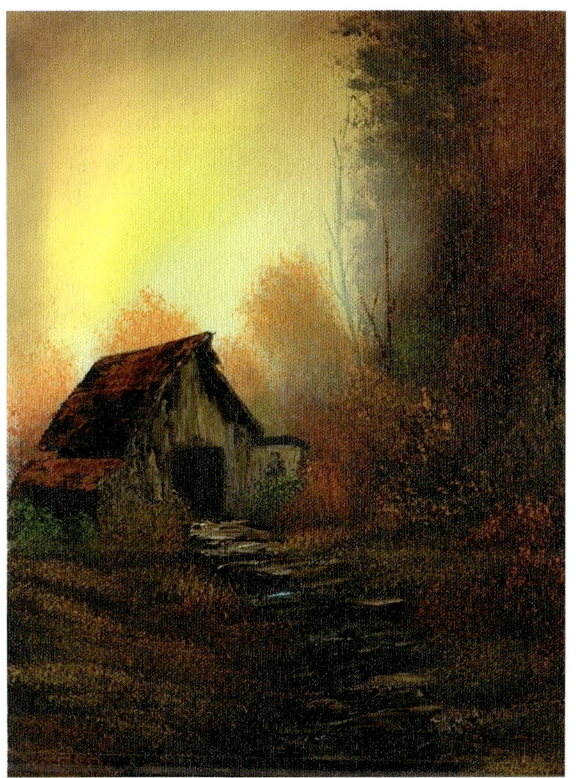

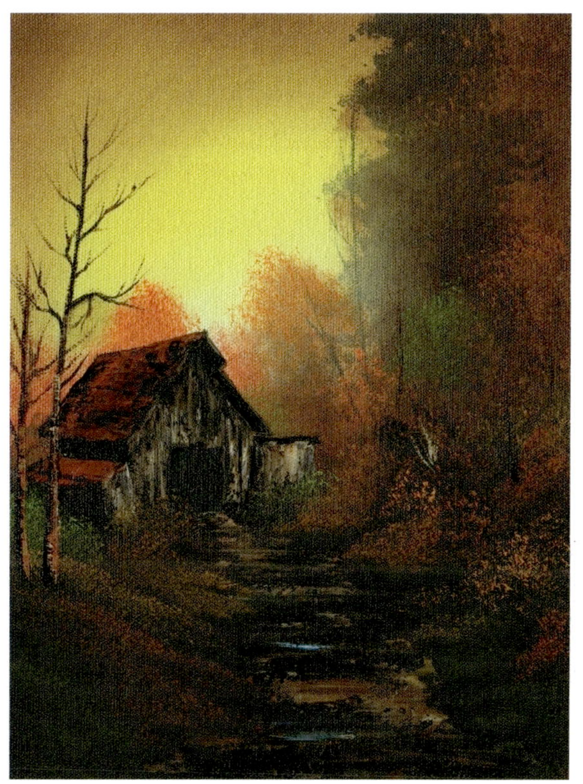

Jetzt setzen Sie einige Glanzlichter auf den Weg. Hierfür tragen Sie mit dem Farbspachtel Nr. 5 eine Braun-Weiß-Mischung mit kurzen, waagerechten Strichen auf. Berühren Sie die Leinwand nur ganz leicht, sodass die Farbe „bricht". Verwenden Sie eine Mischung aus Phtaloblau und Titanweiß auf dem kleinen Palettenmesser und legen Sie auf dem Weg einige kleine Schattenbereiche an.

Während Sie sich immer weiter in den Vordergrund arbeiten, verwenden Sie die (Gelb-Grün-Rot-Braunen-)Akzentfarbmischungen, um Büsche (mit dem Rundpinsel) und Grasflächen (mit dem 2-Zoll-Pinsel) hinzuzufügen. Arbeiten Sie dabei in Schichten.

Nehmen Sie mit dem Schriftenpinsel verdünntes Braun auf und fügen Sie einzelne Baumstämme, Äste, Zweige und Stöckchen an den Bäumen und Büschen im Vordergrund hinzu.

Für die Stämme der großen im Vordergrund liegenden Bäume nehmen Sie mit dem Filbertpinsel etwas Dunkelbraun auf. Beginnen Sie mit dem Baumwipfel und ziehen Sie die Farbe nach unten zum Fuß des Baumes. Verwenden Sie eine Braun-Weiß-Mischung auf dem Spachtel und setzen Sie auf der rechten Seite des jeweiligen Stammes einige Glanzlichter.

Mit verdünntem Braun auf dem Schriftenpinsel ergänzen Sie kleine Äste und Zweige an den großen Bäumen im Vordergrund.

Letzte Feinheiten

Nehmen Sie mit dem Schriftenpinsel verdünntes Braun auf und fügen Sie einige abschließende Details wie Stöcke und Zweiglein im Vordergrund hinzu. Fertig ist Ihr Meisterwerk. Hoffentlich haben Sie mit diesem Bild viel FREUDE AM MALEN erfahren!

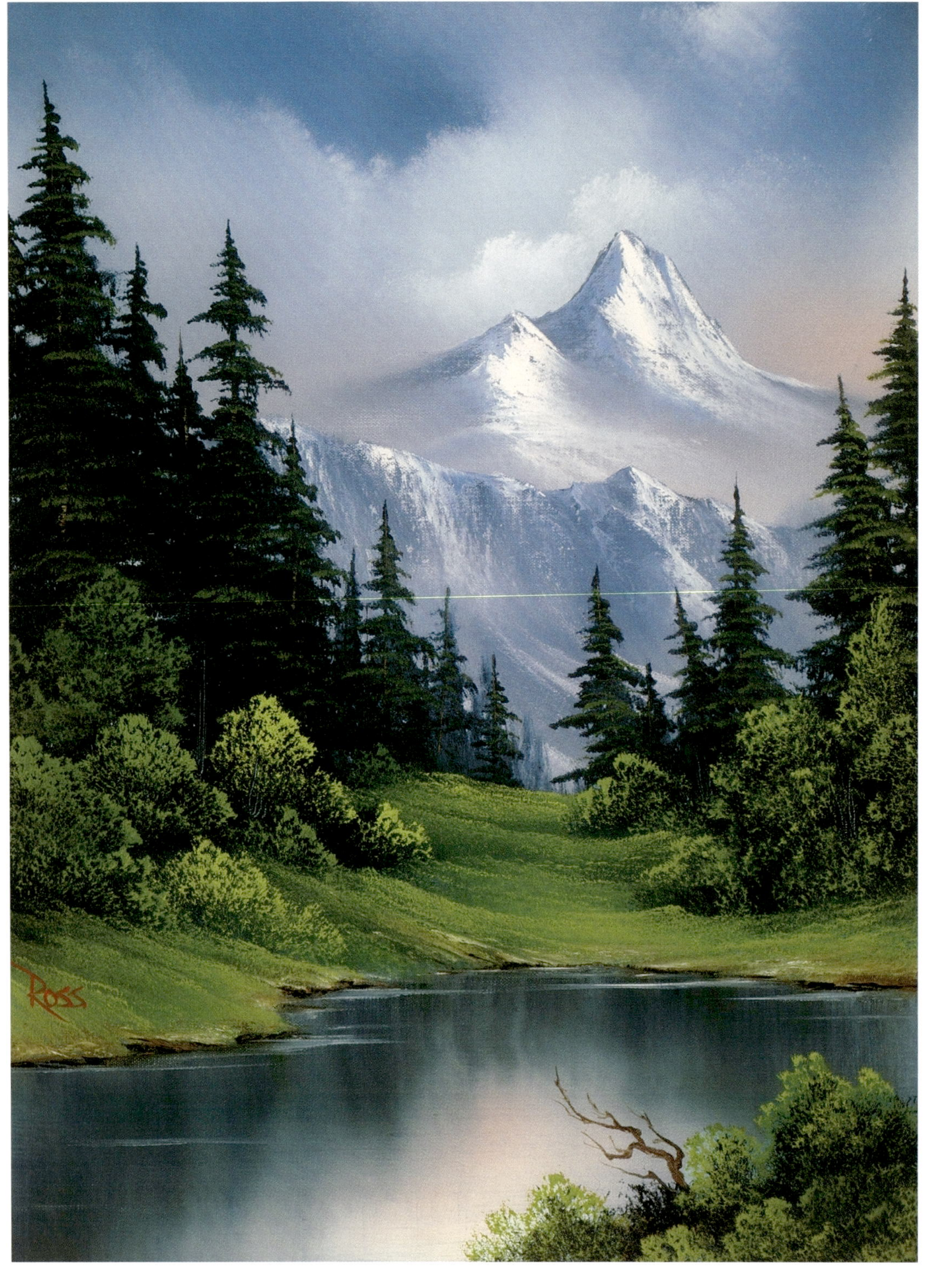

Material

2-Zoll-Pinsel	Mitternachtsschwarz
1-Zoll-Pinsel	Dunkelsiena
Fächerpinsel Nr. 6	VanDykeBraun
Farbspachtel Nr. 10	Karmesinrot
Flüssigweiß	Saftgrün
Titanweiß	Kadmiumgelb
Phtalogrün	Ockergelb
Phtaloblau	Indischgelb
Preußischblau	Hellrot

Bedecken Sie zunächst die ganze Leinwand gleichmäßig mit einer dünnen Schicht Flüssigweiß und verwenden Sie hierfür den 2-Zoll-Pinsel. Tragen Sie die Farbe in langen, waagerechten und senkrechten Strichen auf und streichen Sie vor und zurück, um sicher zu gehen, dass die Farbe gleichmäßig verteilt ist. Lassen Sie das Flüssigweiß NICHT TROCKNEN bevor Sie mit dem Malen beginnen.

Himmel und Wasser

Stupfen Sie den 2-Zoll-Pinsel in Karmesinrot und tragen Sie die Farbe mit sich kreuzenden Strichen auf, damit der Himmel über dem Horizont rosa schimmert.
Mit waagerechten Strichen spiegeln Sie die Farbe im unteren Teil der Leinwand im Wasser. Ziehen Sie die Farbe vom äußeren Bildrand zur Mitte.

Ohne den Pinsel zu reinigen, nehmen Sie Phtaloblau auf und fahren mit sich kreuzenden Strichen im oberen Teil des Himmels fort. Dann stupfen Sie den Pinsel in Preußischblau, und dunkeln die in den Ecken liegenden Bereiche des Himmels ab.

DIE GELASSENHEIT DES BERGES

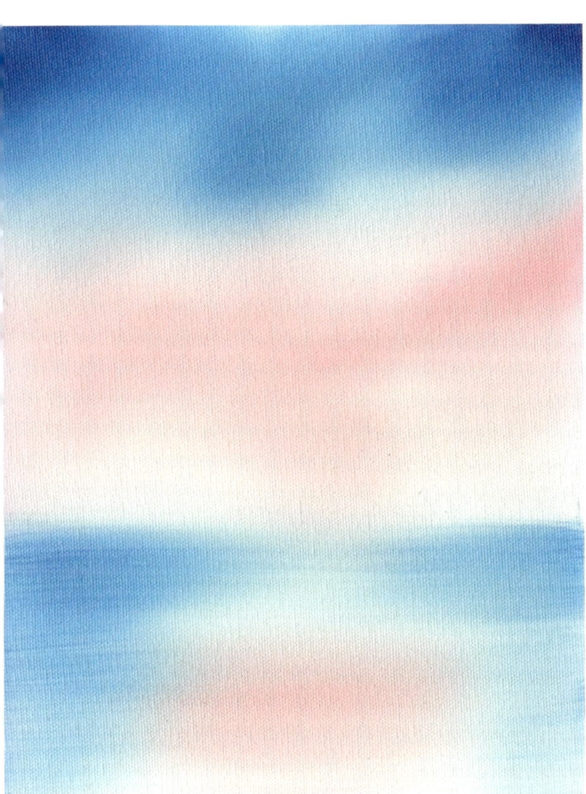

Das auf dem 2-Zoll-Pinsel verbliebene Blau tragen Sie am unteren Bildrand mit waagerechten Strichen auf. Dabei setzen Sie jeweils am äußeren Bildrand an und ziehen die Farbe zur Mitte hin. Wenn Sie das Zentrum aussparen, bleibt der rosane Schimmer im Wasser an dieser Stelle erhalten.
Mit einem sauberen, trockenen 2-Zoll-Pinsel und sich kreuzenden Strichen verblenden Sie die verschiedenen Farben des Himmels. Anschließend wischen Sie mit langen, waagerechten Strichen über die gesamte Leinwand. Mit Titanweiß auf dem 2-Zoll-Pinsel tupfen die Wolken auf, mit einem sauberen, trockenen 2-Zoll-Pinsel verblenden Sie die Konturen der Wolken. Mit einer lockeren Aufwärtsbewegung „schütteln" Sie die Wolken auf. Verblenden Sie den Himmel abschließend mit langen, waagerechten Strichen.

Berge
Für den großen Berg mischen Sie Preußischblau, VanDykeBraun, Mitternachtsschwarz und Karmesinrot. Ziehen Sie die Farbe mit dem Farbspachtel flach auf Ihrer Palette aus. Halten Sie das Palettenmesser senkrecht und „schneiden" Sie durch die Farbmischung, um mit der langen Kante des Spachtels ein Farbröllchen aufzunehmen. (Wenn Sie das Palettenmesser absolut senkrecht halten, liegt das Farbröllchen exakt auf der äußersten Kante des Spachtels.) Setzen Sie das Palettenmesser fest auf der Leinwand auf und formen Sie den Berggipfel. Überschüssige Farbe kratzen Sie mit dem Spachtel ab. Mit einem sauberen, trockenen 2-Zoll-Pinsel ziehen Sie die Farbe nach unten aus. Auf diese Weise nimmt der Berg immer mehr Gestalt an.

Mischen Sie auf Ihrer Palette Titanweiß sowie SEHR wenig Mitternachtsschwarz und Hellrot. Streichen Sie die Farbmischung mit dem Palettenmesser aus und schneiden Sie ein Farbröllchen ab. Halten Sie den Spachtel senkrecht, setzen Sie ihn dort an den Gipfeln an, wo das Licht auftrifft (hier fällt das Licht von rechts ein) und ziehen Sie ihn nach unten. Üben Sie dabei gerade so viel Druck aus, dass die Farbe „bricht" und folgen Sie immer den Winkeln. Mischen Sie Titanweiß und Preußischblau. Schneiden Sie mit dem Farbspachtel wieder ein Farbröllchen ab und tragen Sie die Farbe auf der im Schatten liegenden Bergseite auf.

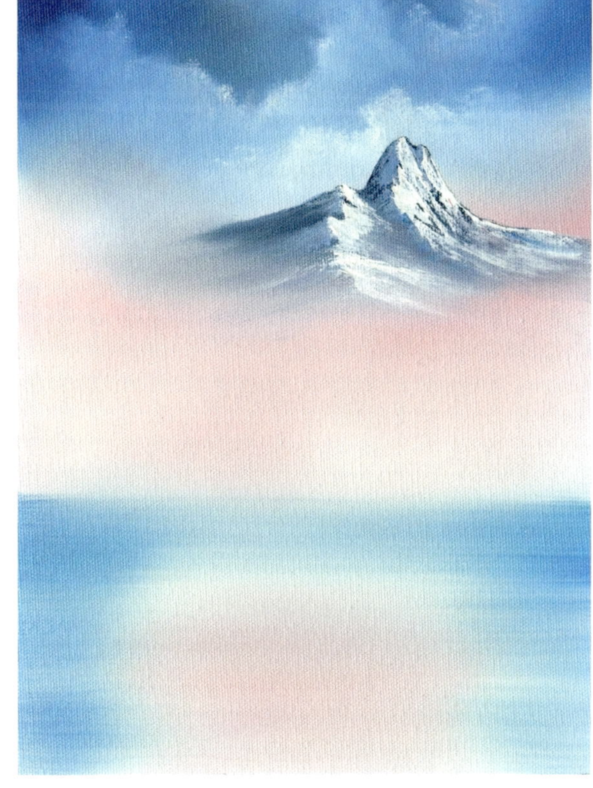

Mit einem sauberen, trockenen 2-Zoll-Pinsel tupfen Sie über die Farbe im unteren Bereich des Berges. Achten Sie dabei auf die Winkel. Dann heben Sie die Farbe leicht an, indem Sie mit dem Pinsel in diesem Bereich ganz sanft von unten nach oben streichen. Nun liegt der Fuß der Berge wunderbar im Dunst.

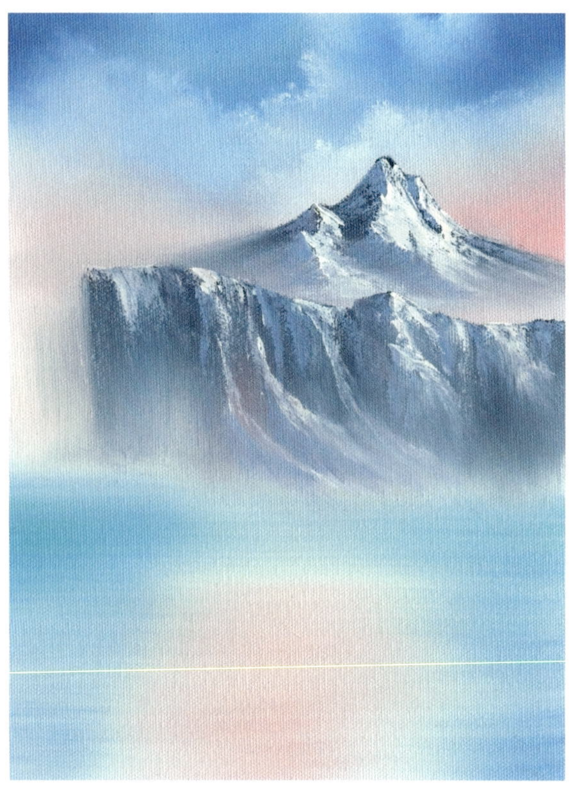

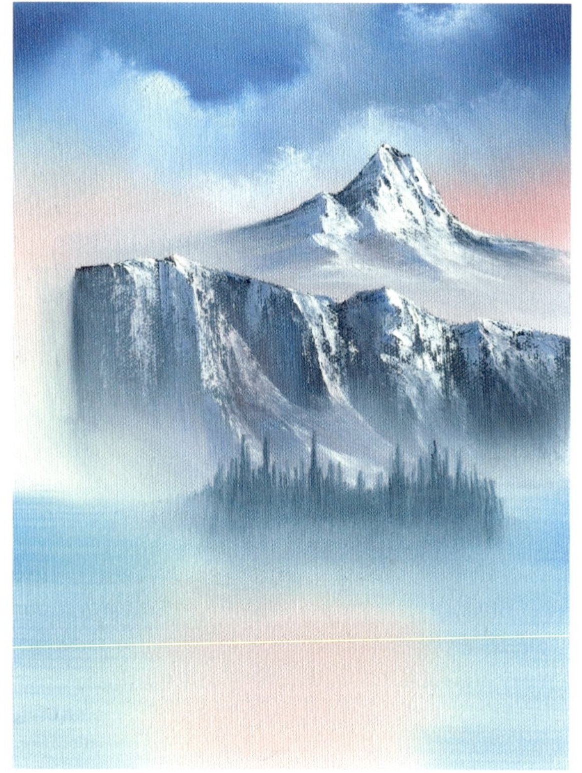

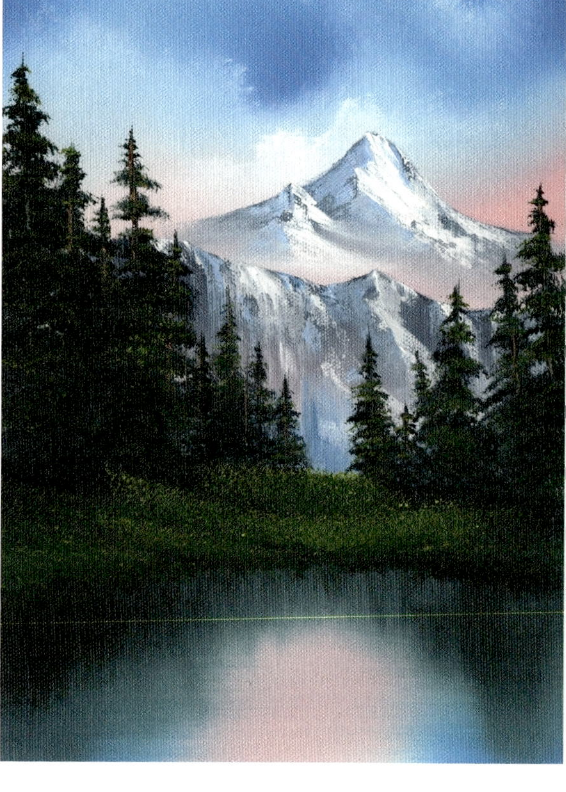

Arbeiten Sie sich weiter in den Vordergrund und ergänzen Sie mit dem Farbspachtel und derselben dunklen „Bergmischung“ die kleine Bergkette. Zu diesem Zweck ziehen Sie die Farbe mit dem 2-Zoll-Pinsel, ausgehend von den Gipfeln, nach unten. Lichter und Akzente setzen Sie mit einer Mischung aus Titanweiß und etwas Mitternachtsschwarz. Mit dem 2-Zoll-Pinsel tupfen Sie in die Farbe am Fuß der Bergkette, denn auch diese liegt im unteren Bereich im Dunst.

Hintergrund
Mischen Sie Titanweiß, Preußischblau und etwas Mitternachtsschwarz. Halten Sie den Fächerpinsel senkrecht und tupfen Sie mit ihm nach unten, um die kleinen Bäume zu Füßen der Berge anzudeuten.

Mit einem sauberen, trockenen 2-Zoll-Pinsel tupfen Sie im unteren Bereich der Bäume und ziehen die Farbe dann leicht nach oben. So zaubern Sie eine dunstverhangene Landschaft auf die Leinwand.

Nadelbäume
Für die größeren Nadelbäume nehmen Sie mit dem Fächerpinsel eine Mischung aus Preußischblau, Phtalogrün, VanDykeBraun und Karmesinrot so auf, dass die Borsten eine scharfe Kante bilden. Halten Sie den Pinsel senkrecht und berühren Sie die Leinwand leicht, um die Mittelachse des jeweiligen Baumes festzulegen. Mit nur einer Ecke des Pinsels malen Sie die zarte Baumkrone. Arbeiten Sie vor und zurück. Je mehr Sie sich dem Fuß des Baumes nähern, desto mehr Druck üben Sie auf den Pinsel aus (die Borsten biegen sich abei nach unten). Auf diese Weise werden die Zweige automatisch immer ausladender.

Mit derselben dunklen „Baummischung“ auf dem 2-Zoll-Pinsel gestalten Sie den Bereich unter den Nadelbäumen. Halten Sie den Pinsel waagerecht und ziehen Sie die Farbe senkrecht nach unten ins Wasser. Für die Spiegelungen streichen Sie leicht quer darüber.

Mit dem Fächerpinsel und Mischungen aus der dunklen Farbe für die Bäume und den Gelbtönen setzen Sie auf die Zweige einzelne Lichter. Fügen Sie den Mischungen etwas Hellrot hinzu und verleihen Sie den zarten Grasflächen unter den Bäumen einige Akzente.

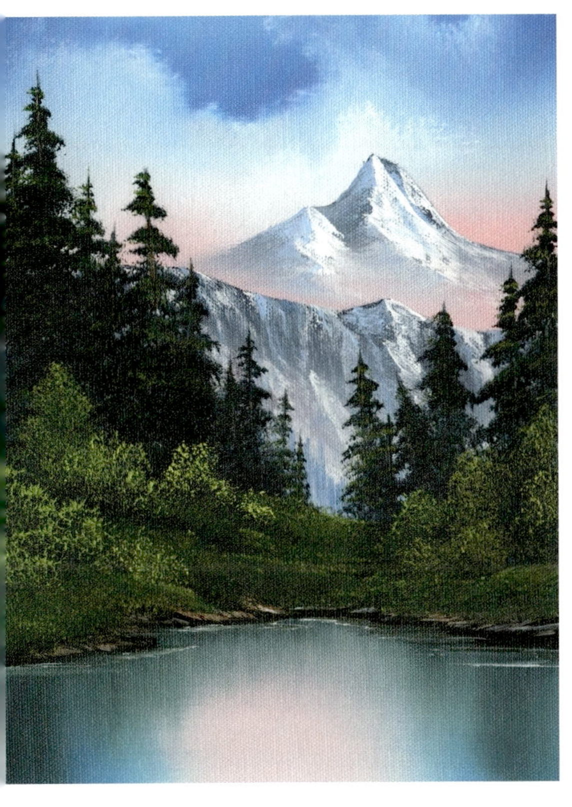

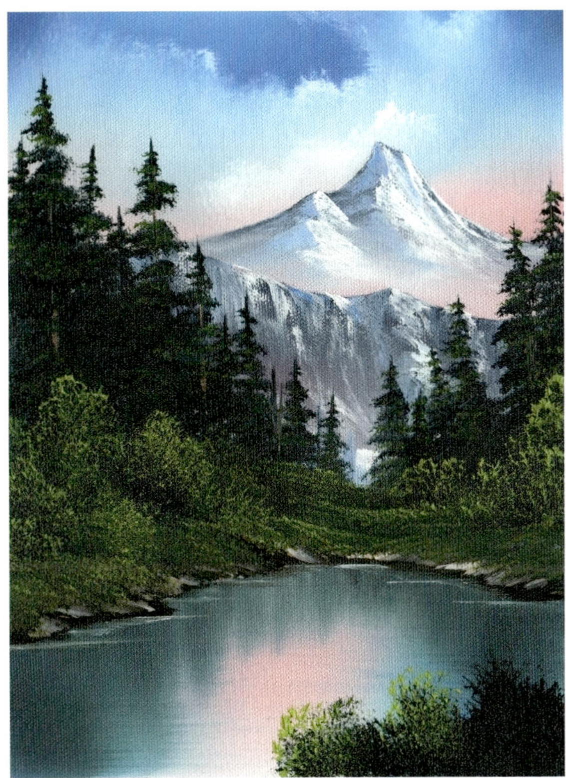

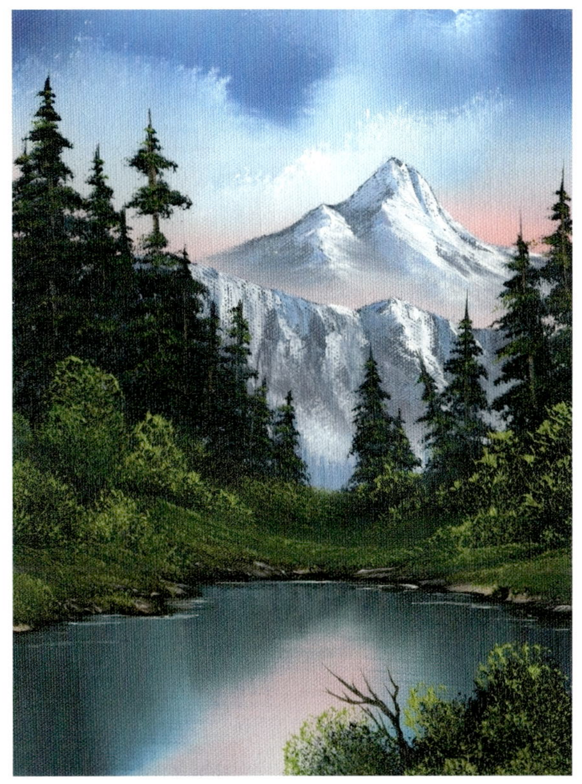

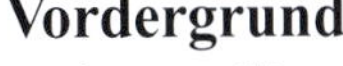

Vordergrund

Nehmen Sie mit dem Farbspachtel eine Mischung aus VanDykeBraun und Dunkelsiena auf und ergänzen Sie die Uferzone entlang des Gewässers. Akzentuieren Sie diesen Bereich mit einer Braun-Weiß-Mischung auf dem Palettenmesser.

Um die kleinen Bäume und Büsche unterhalb der Nadelbäume zu ergänzen, tippen Sie den 1-Zoll-Pinsel zuerst in Flüssigweiß. Danach ziehen Sie den Pinsel so durch verschiedene Mischungen aus Saftgrün, den Gelbtönen und kleinen Anteilen Hellrot, dass er sich sanft in eine Richtung biegt. Mit der gerundeten Ecke nach oben stupfen Sie Bäumchen und Buschwerk auf die Leinwand (dabei drücken Sie den Pinsel immer nach oben) und gestalten sie ganz individuell.

Um im Vordergrund einige Details einzufügen und die Wasseroberfläche zu beleben, nehmen Sie mit dem Farbspachtel etwas Flüssigweiß auf und „ritzen" Linien und Kräuselungen ein.

Stupfen Sie den 1-Zoll-Pinsel in die dunkle Farbmischung für die Bäume und ergänzen Sie die noch fehlenden Büsche im Vordergrund. Anschließend setzen Sie mit einer Gelb-Grün-Mischung einzelne Glanzlichter.

Letzte Feinheiten

Tauchen Sie den Schriftenpinsel in verdünnte Farbe und fügen Sie hie und da einige Stöckchen und Zweige ein. Zum Schluss signieren Sie Ihr Meisterwerk.

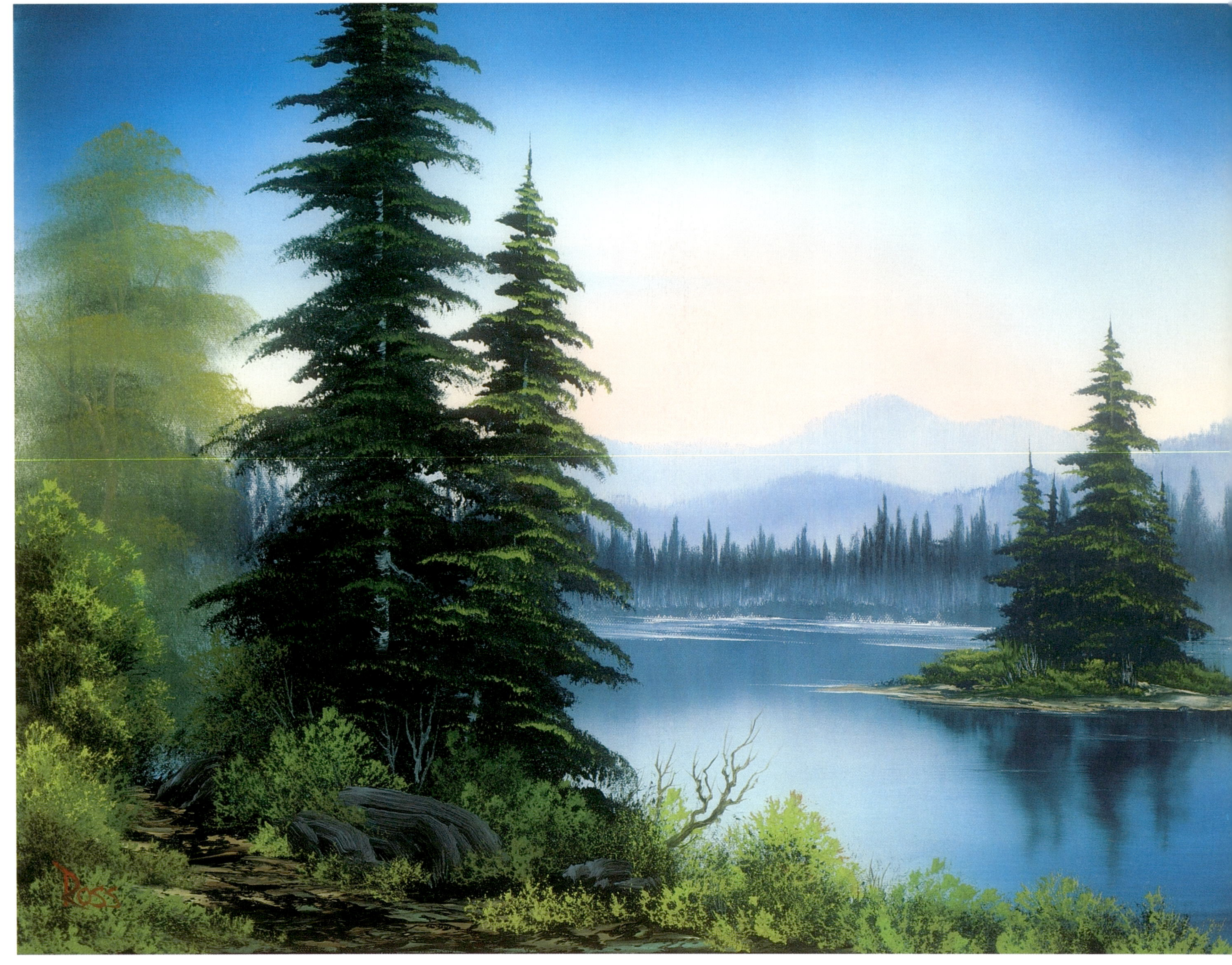

INSEL IN DER WILDNIS

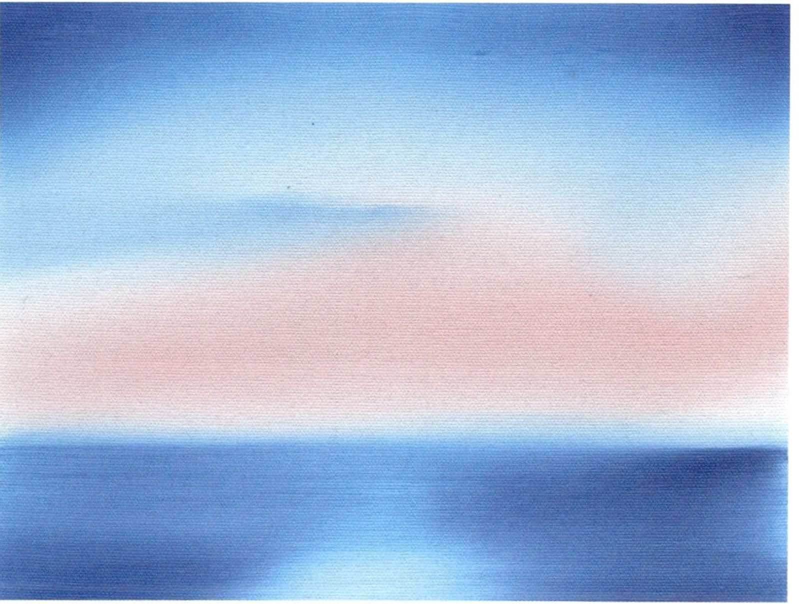

Material

2-Zoll-Pinsel	Preußischblau
1-Zoll-Pinsel	Mitternachtsschwarz
1-Zoll-Ovalpinsel	Dunkelsiena
Fächerpinsel Nr. 6	VanDykeBraun
Schriftenpinsel Nr. 2	Karmesinrot
Farbspachtel Nr. 10	Saftgrün
Flüssigweiß	Kadmiumgelb
Titanweiß	Ockergelb
Phtalogrün	Indischgelb
Phtaloblau	Hellrot

Bedecken Sie zunächst die Leinwand mit einer gleichmäßig dünnen Schicht Flüssigweiß. Hierfür verwenden Sie den 2-Zoll-Pinsel. Das Flüssigweiß darf NICHT TROCKEN sein, bevor Sie anfangen zu malen.

Himmel und Wasser

Stupfen Sie mit einem sauberen, trockenen 2-Zoll-Pinsel in etwas Karmesinrot und tragen Sie die Farbe mit sich kreuzenden Strichen auf, damit der Himmel rosa schimmert. Nehmen Sie mit dem Pinsel ein wenig Phtaloblau auf und tragen Sie auch diese Farbe mit sich kreuzenden Strichen im oberen Bildteil auf. Dann tupfen Sie mit demselben Pinsel die Schleierwolken auf die Leinwand.

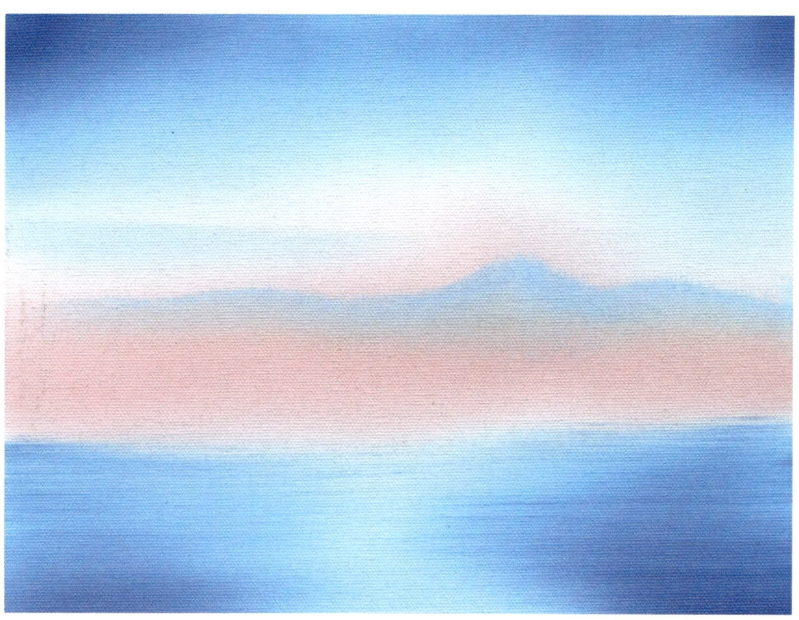

Nun wenden Sie sich dem Wasser im unteren Teil der Leinwand zu. Nehmen Sie mit dem 2-Zoll-Pinsel erneut etwas Phtaloblau auf und tragen Sie es vom unteren Bildrand bis zum Horizont auf. Setzen Sie die Striche jeweils am äußeren Bildrand an und ziehen die Farbe zur Mitte hin. Wenn Sie dabei das Zentrum aussparen, entsteht der Eindruck von auf dem Wasser schimmerndem Licht. Verwenden Sie Preußischblau auf dem 2-Zoll-Pinsel, um die Leinwand in den Ecken abzudunkeln (mit sich kreuzenden Strichen in den oberen Ecken und waagerechten Strichen in den unteren Ecken). Mit einem sauberen, trockenen 2-Zoll-Pinsel und sich kreuzenden Strichen verblenden Sie die verschiedenen Farben des Himmels. Anschließend wischen Sie mit langen, waagerechten Strichen über die gesamte Leinwand.

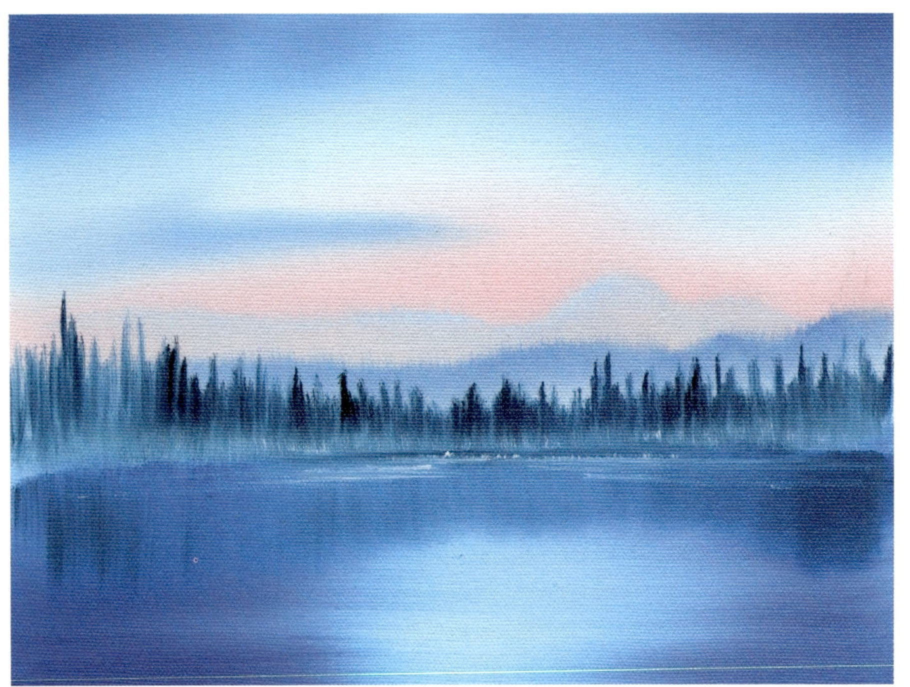

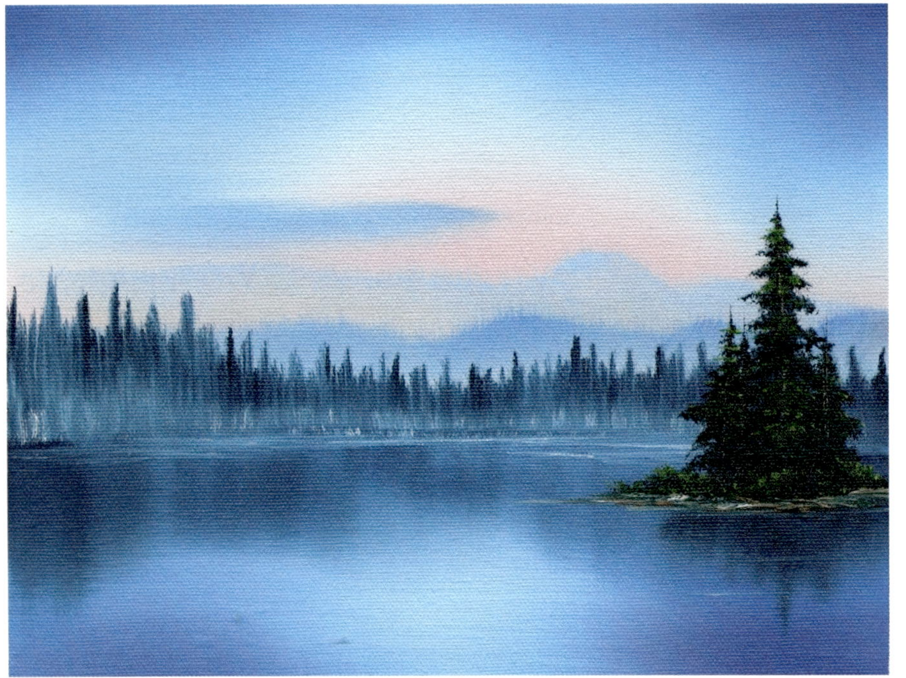

Hintergrund

Nehmen Sie mit dem 2-Zoll-Pinsel eine Mischung aus Titanweiß und Phtaloblau auf. Halten Sie den Pinsel waagerecht und arbeiten Sie über die Horizontlinie. Tupfen Sie nach unten, um die Kronen der Bäume im Hintergrund zu gestalten. Tupfen Sie im unteren Bereich der Bäume mit dem 2-Zoll-Pinsel auf die Farbe. Anschließend ziehen Sie die Farbe nach oben, um den Eindruck von Dunst zu suggerieren.

Wiederholen Sie diese grundlegenden Schritte und fügen Sie im Zuge dessen im Hintergrund eine weitere Baumreihe hinzu. Verwenden Sie diesmal eine dunklere Blau-Weiß-Mischung (ergänzen Sie Preußischblau) auf dem 2-Zoll-Pinsel. Mit dem Fächerpinsel nehmen Sie eine Mischung aus Mitternachtsschwarz, den Blautönen, Karmesinrot, Saftgrün und etwas Titanweiß auf. Halten Sie den Pinsel senkrecht und tupfen Sie einfach nach unten, um die kleinen Nadelbäume im Hintergrund anzudeuten. Verwenden Sie einen sauberen, trockenen 2-Zoll-Pinsel, um damit auf die Farbe im unteren Bereich der Bäume zu tupfen. Danach ziehen Sie die Farbe sanft nach oben – und schon scheint der Dunst aufzuziehen.
Nehmen Sie mit dem 2-Zoll-Pinsel dieselbe dunkle „Baummischung" auf. Halten Sie den Pinsel senkrecht, setzen Sie ihn zu Füßen der Bäume an und ziehen Sie ihn gerade nach unten ins Wasser. Streichen Sie nun leicht quer darüber, um Spiegelungen zu erzeugen.
Mit Titanweiß auf dem Fächerpinsel deuten Sie zu Füßen der Nadelbäume mit kurzen, aufwärts gerichteten Strichen einige Baumstämme an. Verwenden Sie Flüssigweiß auf dem Farbspachtel, um Wellen und Kräuselungen „einzuritzen".

Mittelgrund

Für die Nadelbäume im Mittelgrund ziehen Sie den Fächerpinsel so durch eine Mischung aus Mitternachtsschwarz, Preußischblau, Phtalogrün und Karmesinrot, dass die Borsten eine scharfe Kante bilden.
Mit derselben Farbmischung auf dem Fächerpinsel gestalten Sie den Bereich unter den Nadelbäumen. Halten Sie den Pinsel waagerecht und ziehen Sie die Farbe senkrecht nach unten ins Wasser. Für die Spiegelungen streichen Sie leicht quer darüber.

Mischen Sie die dunkle „Baumfarbe" (Mitternachtsschwarz-Preußischblau-Phtalogrün-Karmesinrot) mit den Gelbtönen. Nehmen Sie mit dem Fächerpinsel Farbe auf und verleihen Sie den Nadelbäumen im Mittelgrund einige Glanzlichter. Mit einer Mischung aus Titanweiß und Dunkelsiena auf dem Farbspachtel gestalten Sie die Uferzone.

Vordergrund
Nehmen Sie mit einem sauberen, trockenen 2-Zoll-Pinsel die dunkle Farbmischung für die Bäume auf und gestalten Sie in Grundzügen die großen Laubbäume sowie Buschwerk und Boden im Vordergrund.
Die Baumstämme fügen Sie mit einer Mischung aus Titanweiß und Dunkelsiena auf dem Fächerpinsel hinzu.
Mit nur einer Ecke des 2-Zoll-Pinsels und Mischungen aus Saftgrün und den Gelbtönen verleihen Sie den Laubbäumen im Vordergrund einige Glanzlichter.

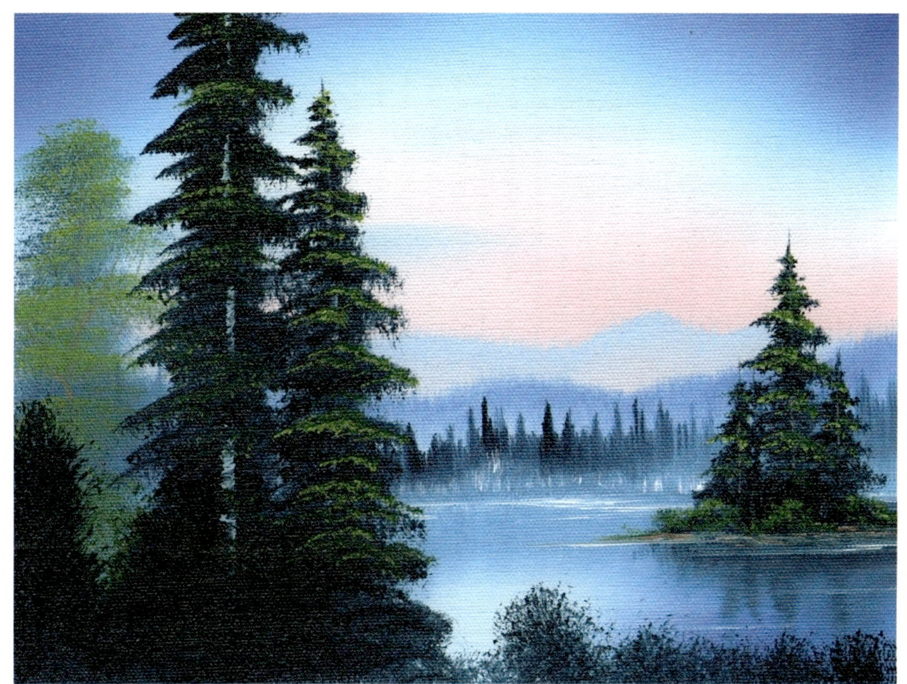

Die dunkle „Baummischung" verwenden Sie auch, um die großen Nadelbäume im Vordergrund mit dem Fächerpinsel zu malen. Anschließend fügen Sie die Baumstämme mit Titanweiß und Dunkelsiena auf dem Farbspachtel ein. Verwenden Sie eine gelbgrüne Mischung und setzen Sie mit dem Fächerpinsel einige Lichter auf die Nadelbäume. Auch bei den Büschen im Vordergrund setzen Sie einige Akzente: mit dem 1-Zoll-Pinsel und verschiedenen Mischungen aus Flüssigweiß (oder Farbverdünner) und Saftgrün, den Gelbtönen und einem Hauch Hellrot. Wenn Sie darauf achten, dass Sie nicht die gesamte dunkle Untergrundfarbe übermalen, wird sich das unterschiedlich gestaltete Buschwerk gut voneinander abheben.

Für die Steine nehmen Sie mit dem Ovalpinsel eine dunkelbraune Mischung (Mitternachtsschwarz und VanDykeBraun) auf. Danach ziehen Sie eine Seite der Borsten durch eine dünne, hellbraune Mischung (Flüssigweiß und Dunkelsiena) und füllen den Pinsel auf diese Weise zweifach. Wenn Sie nun mit kurzen, geschwungenen Strichen die einzelnen Steine ins Bild einfügen, zeigt die helle Seite des Pinsels nach oben zeigen. Mit einem einzigen Pinselstrich lassen sich so zugleich Glanzlichter setzen.

Mit VanDykeBraun auf dem Farbspachtel und kurzen, waagerechten Strichen legen Sie den Weg an. Mit Titanweiß und Dunkelsiena setzen Sie einzelne Glanzlichter.

Letzte Feinheiten
„Ritzen" Sie mit der Spachtelspitze Stöckchen und kleine Zweige ein oder fügen Sie mit verdünntem Braun auf dem Schriftenpinsel andere Details ein. Vergessen Sie nicht, Ihr fertiges Meisterwerk zu signieren!

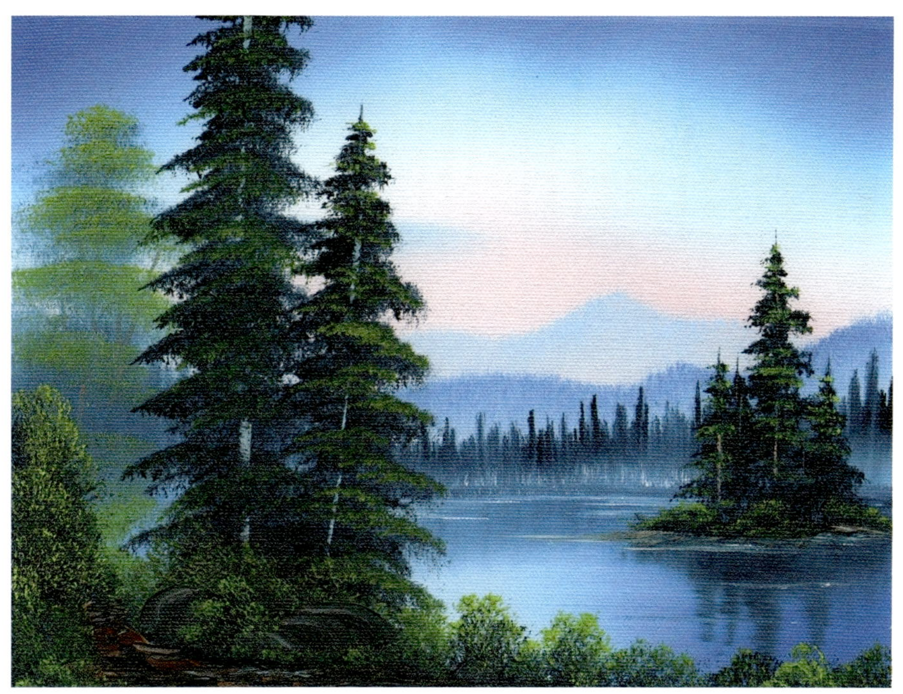

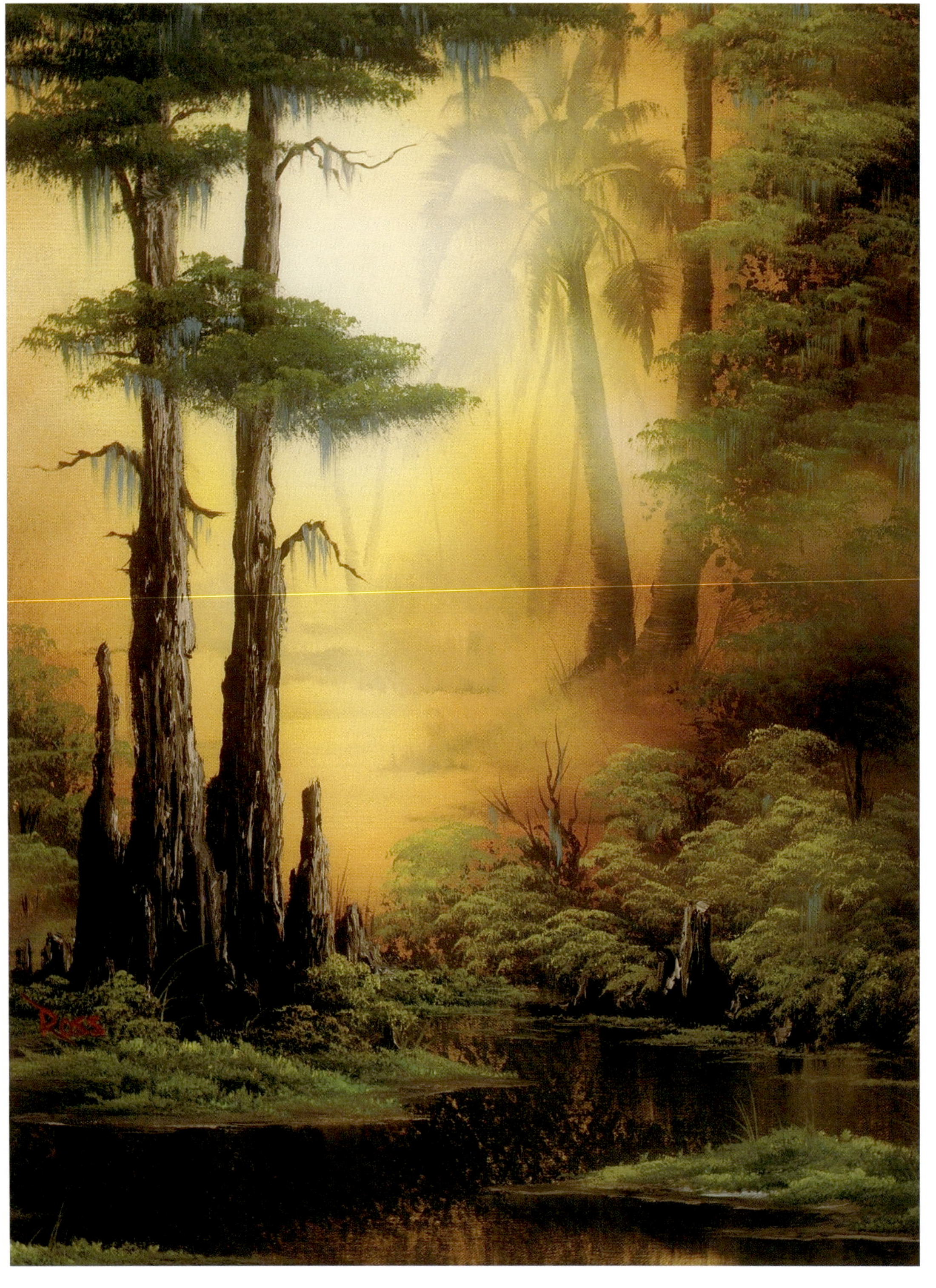

Material

2-Zoll-Pinsel	Mitternachtsschwarz
Filbertpinsel Nr. 6	Dunkelsiena
Fächerpinsel Nr. 3	VanDykeBraun
Schriftenpinsel Nr. 2	Karmesinrot
Farbspachtel Nr. 10	Saftgrün
Gesso Schwarz	Kadmiumgelb
Gesso Grau	Ockergelb
Flüssigtransparent	Indischgelb
Titanweiß	Hellrot

Setzen Sie Gesso Grau auf dem Fächerpinsel und dem Schriftenpinsel ein (es empfiehlt sich, alte Pinsel zu nehmen), um die im Hintergrund liegenden Palmen anzudeuten. Für die Palmen im Vordergrund verwenden Sie Gesso Schwarz (die Pinsel bleiben dieselben). Anschließend fügen Sie mit einem Naturschwamm und Gesso Schwarz das Blattwerk im Vordergrund hinzu. Lassen Sie das Gesso (grau und schwarz) VOLLSTÄNDIG TROCKNEN, bevor Sie weitermalen.

Ist die Grundierung trocken, nehmen Sie den 2-Zoll-Pinsel und tragen eine SEHR DÜNNE Schicht Flüssigtransparent auf die Leinwand auf. (Es ist sehr wichtig, dass das Flüssigtransparent SEHR, SEHR SPARSAM aufgetragen und regelrecht in die Leinwand eingerieben wird! Wenn nötig, können Sie überschüssiges Flüssigtransparent mit einem Papiertuch von der Leinwand entfernen. Das Flüssigtransparent erleichtert nicht nur das Auftragen der festeren Farben. Vielmehr brauchen Sie auf diese Weise auch nur ganz wenig Farbe und erzielen dabei eine lasierende Wirkung.)

BACH MIT ZYPRESSEN

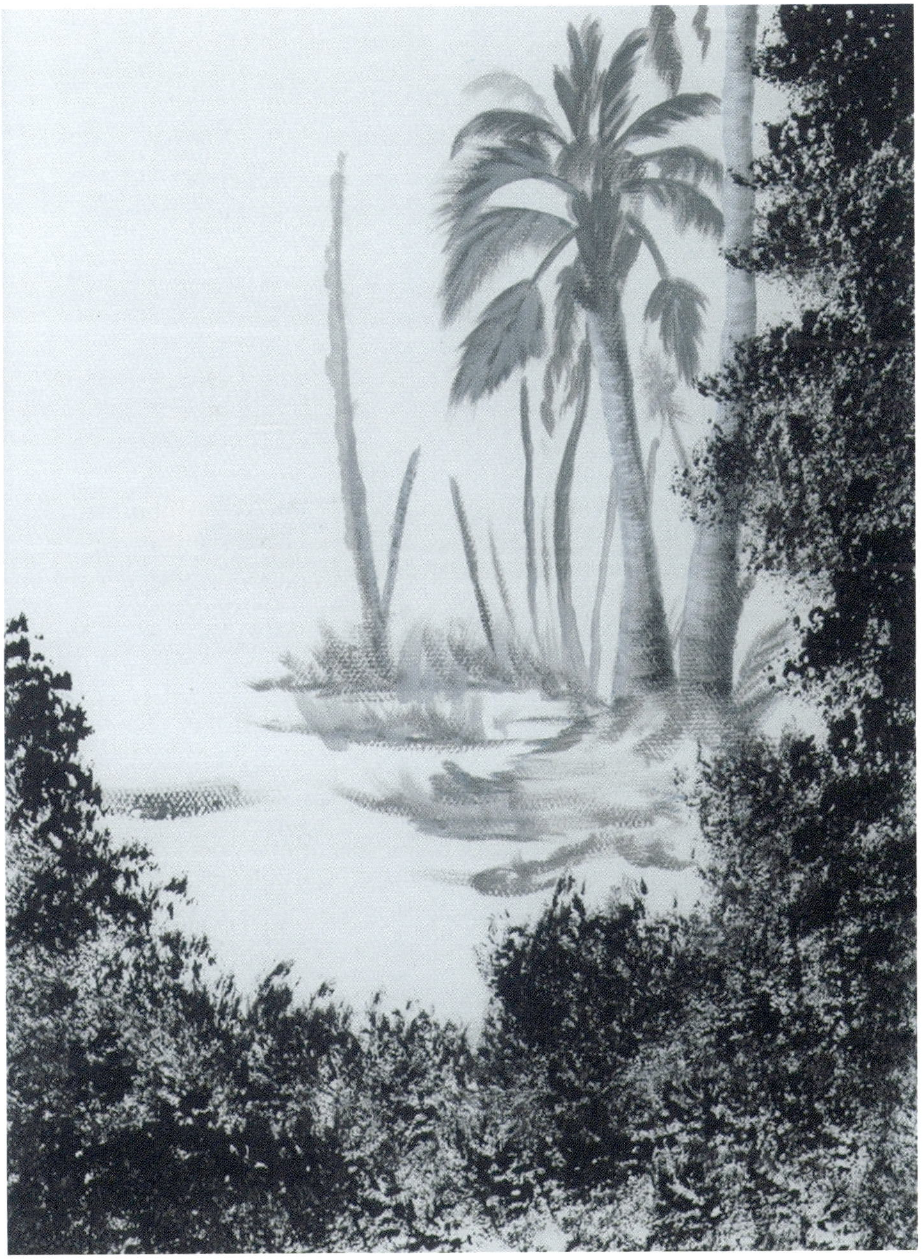

Himmel
Nehmen Sie mit einem sauberen, trockenen 2-Zoll-Pinsel einen Hauch Ockergelb auf. Beginnen Sie am oberen Bildrand und gestalten Sie mit sich kreuzenden Strichen den Himmel.

Hintergrund
Stellen Sie mit dem Spachtel eine braune Mischung aus gleichen Teilen Karmesinrot und Saftgrün auf Ihrer Palette her. Nehmen Sie mit dem 2-Zoll-Pinsel etwas von der braunen Mischung auf und tragen Sie die Farbe vom unteren Bildrand her mit sich kreuzenden Strichen auf, um Bäume, Büsche und Blattwerk zu ergänzen.

Stupfen Sie mit dem 2-Zoll-Pinsel Farbe in verschiedene Mischungen aus Saftgrün, allen Gelbtönen sowie einer Spur Mitternachtsschwarz und Hellrot. Mit einer Ecke des Pinsels setzen Sie auf die Bäume diverse Glanzlichter und fügen dadurch einzelne Blätter zu individuell gestaltetem Blattwerk zusammen. Gestalten Sie auch den Bereich unter den Bäumen (kleine Büsche, Blattwerk). Achten Sie dabei darauf, dass Sie die den dunklen Untergrund nicht komplett übermalen. Auf diese Weise lassen sich die einzelnen Büsche etc. gut voneinander abgrenzen.

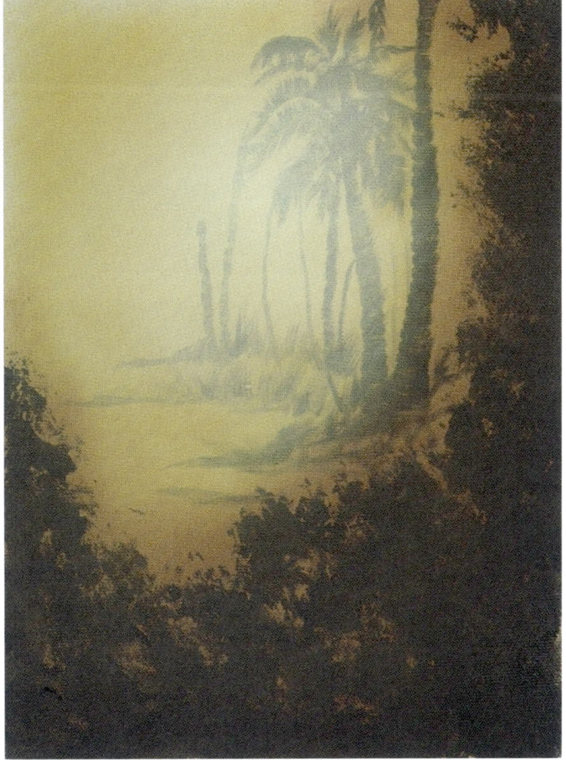

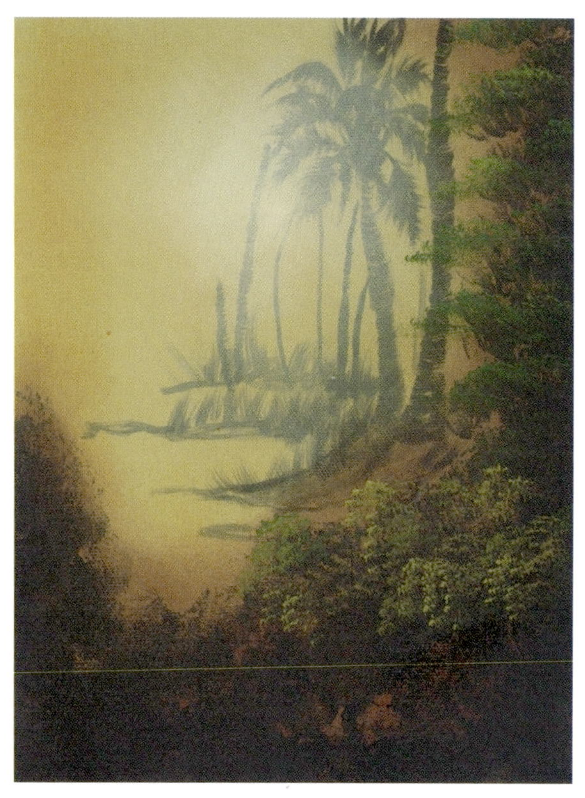

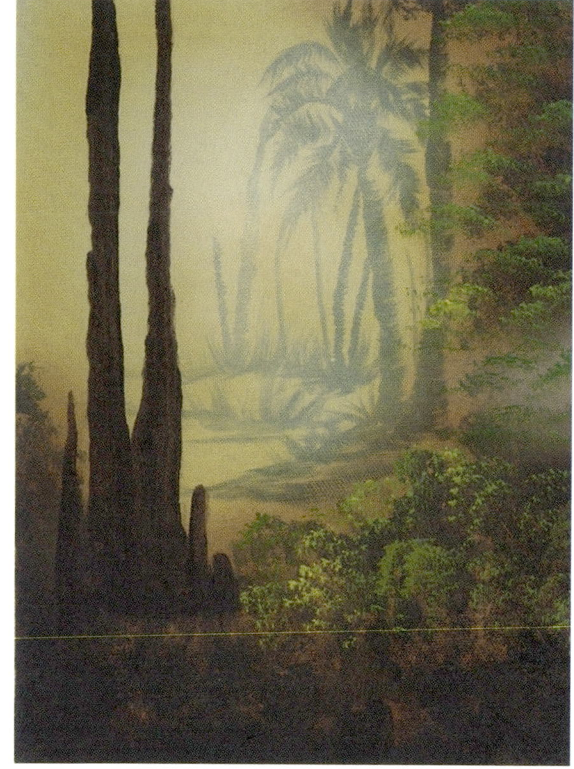

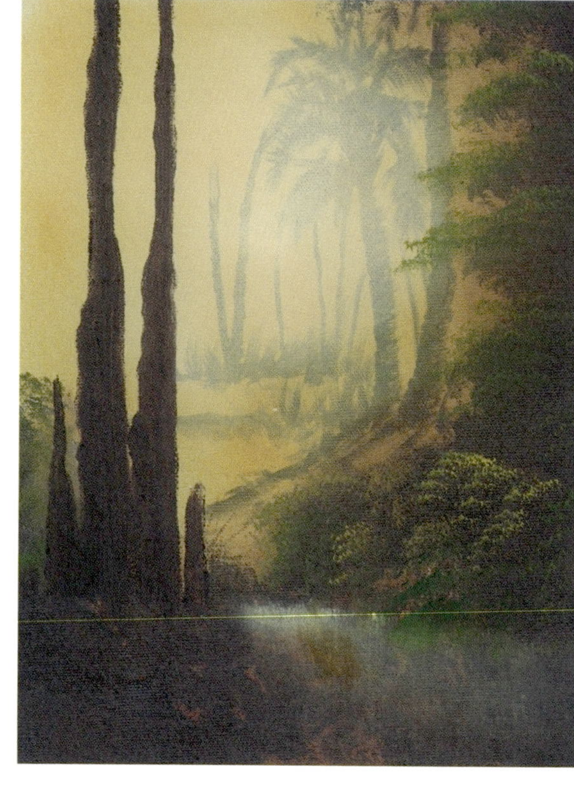

Zypressen

Um die großen Zypressen im Vordergrund einzufügen, nehmen Sie mit dem Filbertpinsel eine Mischung aus VanDykeBraun und Dunkelsiena auf. (Stellen Sie sicher, dass beide Seiten der Borsten voller Farbe sind.) Setzen Sie den Pinsel im Bereich der Baumwipfel an und ziehen Sie ihn gerade nach unten. Wenn Sie zunehmend Druck auf den Pinsel ausüben, wird der Stamm am Ansatz automatisch breiter. Nun können Sie auch einige kleine Zypressen oder Baumstämme ergänzen.

Nehmen Sie mit einem sauberen, trockenen 2-Zoll-Pinsel einen Hauch Titanweiß auf. Halten Sie den Pinsel waagerecht, setzen Sie ihn zu Füßen der Büsche und Bäume im Vordergrund an und ziehen Sie den Pinsel gerade nach unten. Dann streichen Sie leicht quer darüber – und schon haben Sie eine Wasseroberfläche mit schönen Spiegelungen vor sich.

Verwenden Sie eine Braun-Weiß-Mischung auf dem Filbertpinsel und setzen Sie auf die jeweils vom Licht beschienene, rechte Seite der Zypressenstämme einzelne Glanzlichter.

Die Äste und Zweige der Zypressen ergänzen Sie mit einer braunen Farbmischung auf dem Schriftenpinsel. (Bevor Sie mit dem Schriftenpinsel arbeiten, verdünnen Sie die Farbe bis sie eine tintenähnlichen Konsistenz aufweist. Dazu tippen Sie den Pinsel zuerst in Farbverdünner, dann drehen Sie ihn langsam, während Sie ihn durch die Farbe ziehen. So bilden die Pinselborsten eine exakte Spitze.) Üben Sie nun nur wenig Druck auf den Pinsel aus und wackeln Sie mit Pinsel beim Malen leicht hin und her. Dann sehen die Äste so richtig knorrig aus.

Mit verdünnter Farbe auf dem Schriftenpinsel lassen sich auch winzige Stöckchen und kleine Zweige einfügen.

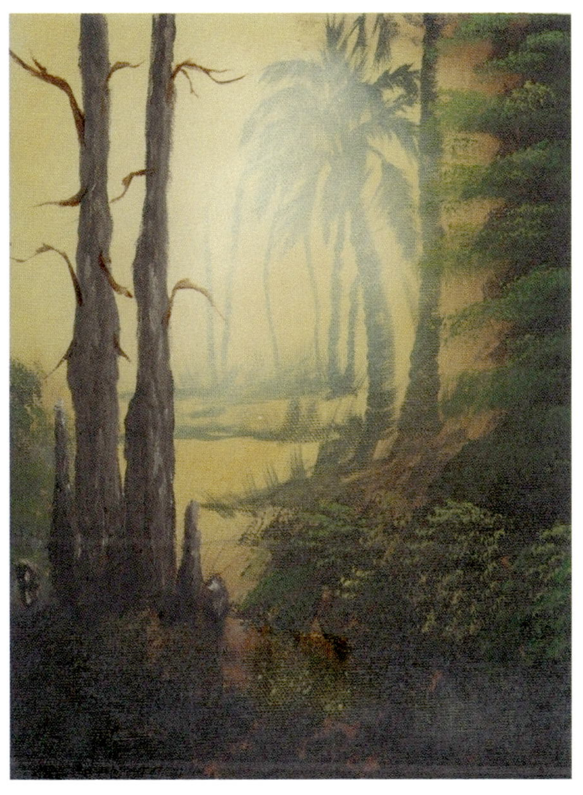

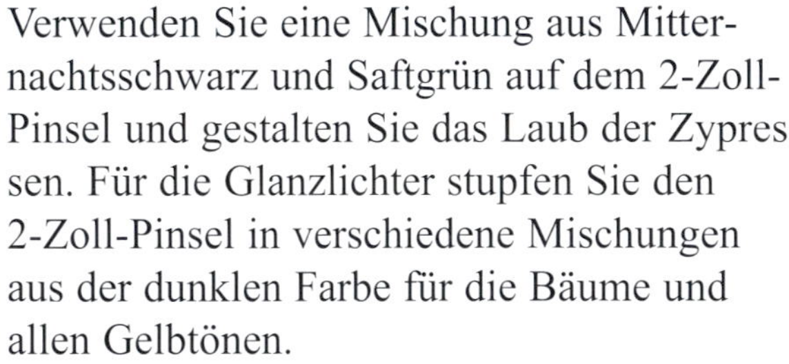

Verwenden Sie eine Mischung aus Mitternachtsschwarz und Saftgrün auf dem 2-Zoll-Pinsel und gestalten Sie das Laub der Zypressen. Für die Glanzlichter stupfen Sie den 2-Zoll-Pinsel in verschiedene Mischungen aus der dunklen Farbe für die Bäume und allen Gelbtönen.

Nun fehlt noch das Spanische Moos, das von den Zypressen und Büschen im Vordergrund herabhängt. Dieses fügen Sie hinzu, indem Sie mit dem Fächerpinsel eine graue Mischung aus Farbverdünner, Titanweiß und Mitternachtsschwarz aufnehmen. Halten Sie den Pinsel waagerecht, setzen Sie ihn an den entsprechenden Stellen an und ziehen Sie ihn nach unten.

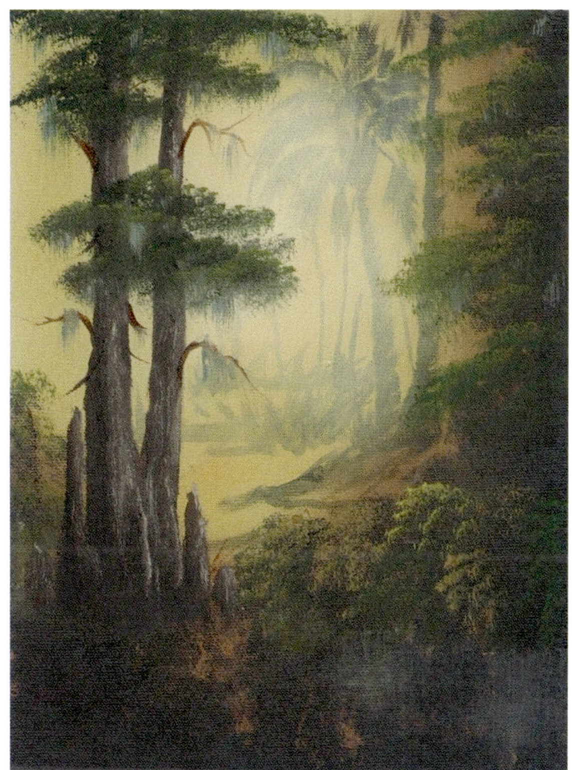

Vordergrund

Mit einer Gelb-Grün-Mischung auf dem Fächerpinsel ergänzen Sie auf der rechten Seite zu Füßen der Zypressen verschiedene Grasbüschel.

Arbeiten Sie in Schichten nach vorn und verwenden Sie dabei eine Mischung aus Mitternachtsschwarz und Saftgrün auf dem Fächerpinsel, um die Grasflächen links im Vordergrund zu gestalten. Mit Gelb-Grün-Mischungen setzen Sie einzelne Lichter. Strukturieren Sie die Uferzone mit einer Braun-Weiß-Mischung auf dem Spachtel. Dabei reiben Sie die Farbe förmlich in die Leinwand.

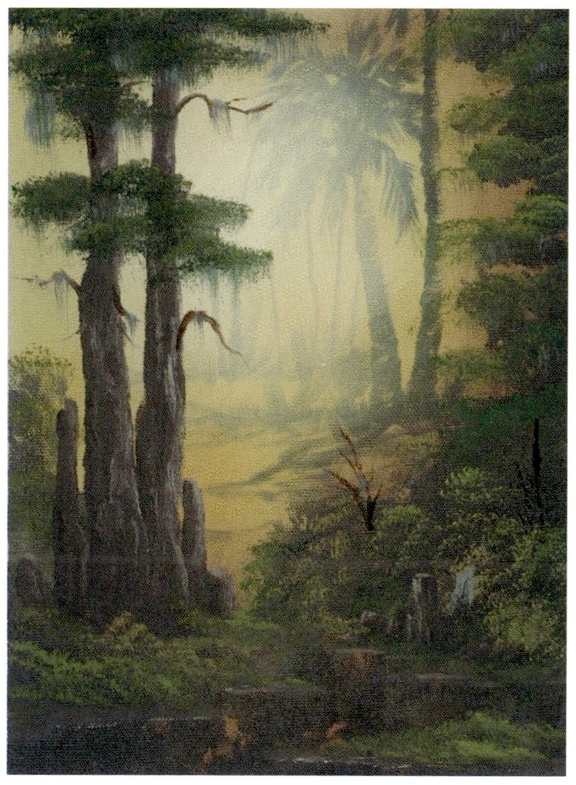

Letzte Feinheiten

Das wunderbare Landschaftsbild ist nun fertig und als krönender Abschluss fehlt nur noch Ihre Unterschrift. Um Ihr Bild zu signieren, nehmen Sie mit dem Schriftenpinsel eine verdünnte Farbe Ihrer Wahl auf. Schreiben Sie entweder nur Ihre Initialen, Vor- oder Zunamen oder auch ihren vollständigen Namen. Signieren Sie in der linken oder der rechten Ecke – manch ein Künstler signiert sogar in der Mitte der Leinwand! Sie haben die Wahl. Sie können auch eine Datumsangabe einfügen, wenn Sie möchten. Wie auch immer Sie sich entscheiden: Ich hoffe, Sie hatten Spaß und haben mit diesem Bild tatsächlich viel FREUDE AM MALEN erfahren.

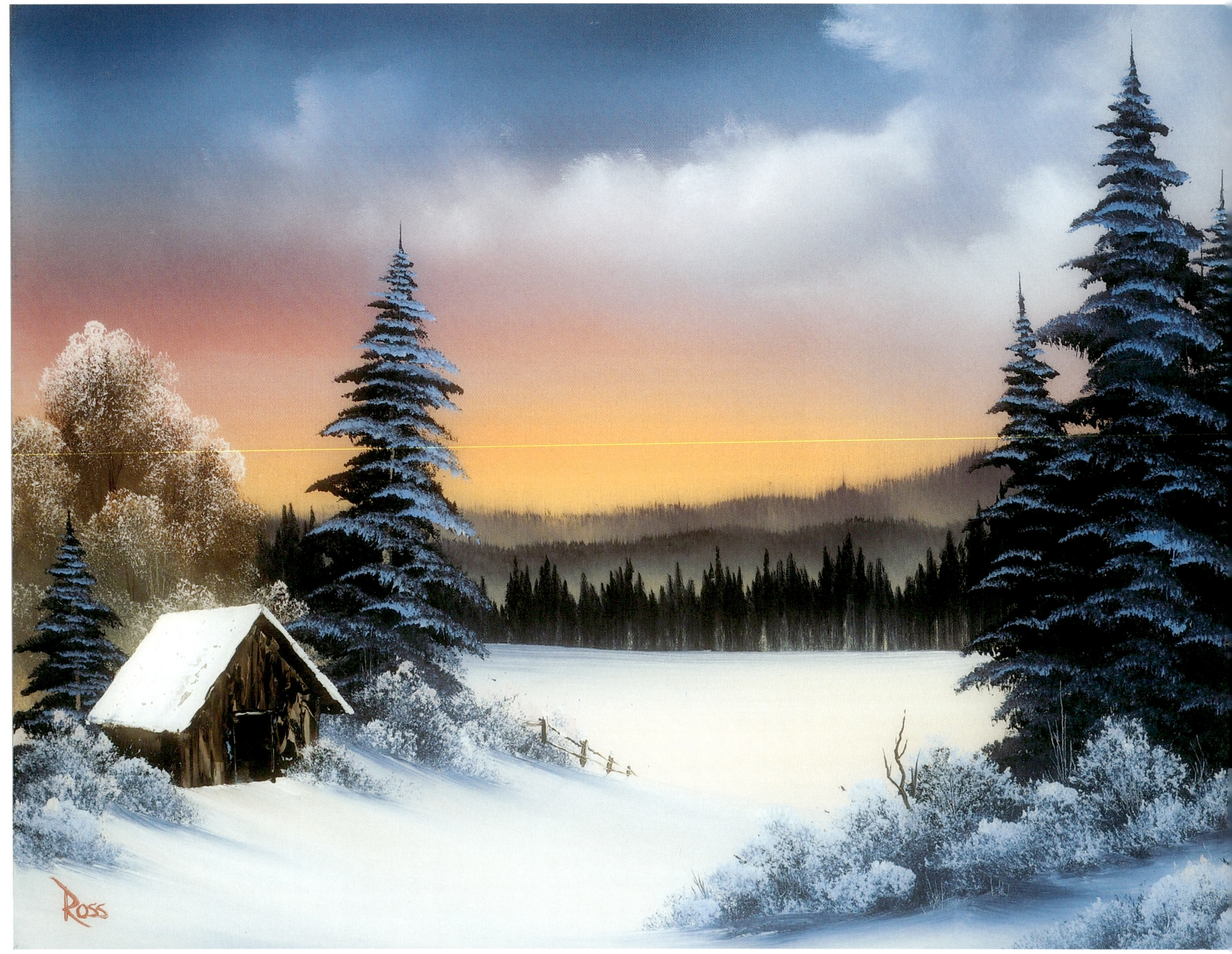
Ross

WINTERFRIEDEN

Material

2-Zoll-Pinsel	Preußischblau
1-Zoll-Pinsel	Mitternachtsschwarz
Fächerpinsel Nr. 6	Dunkelsiena
Schriftenpinsel Nr. 2	VanDykeBraun
Farbspachtel Nr. 10	Karmesinrot
Flüssigweiß	Ockergelb
Titanweiß	Indischgelb
Phtaloblau	Hellrot

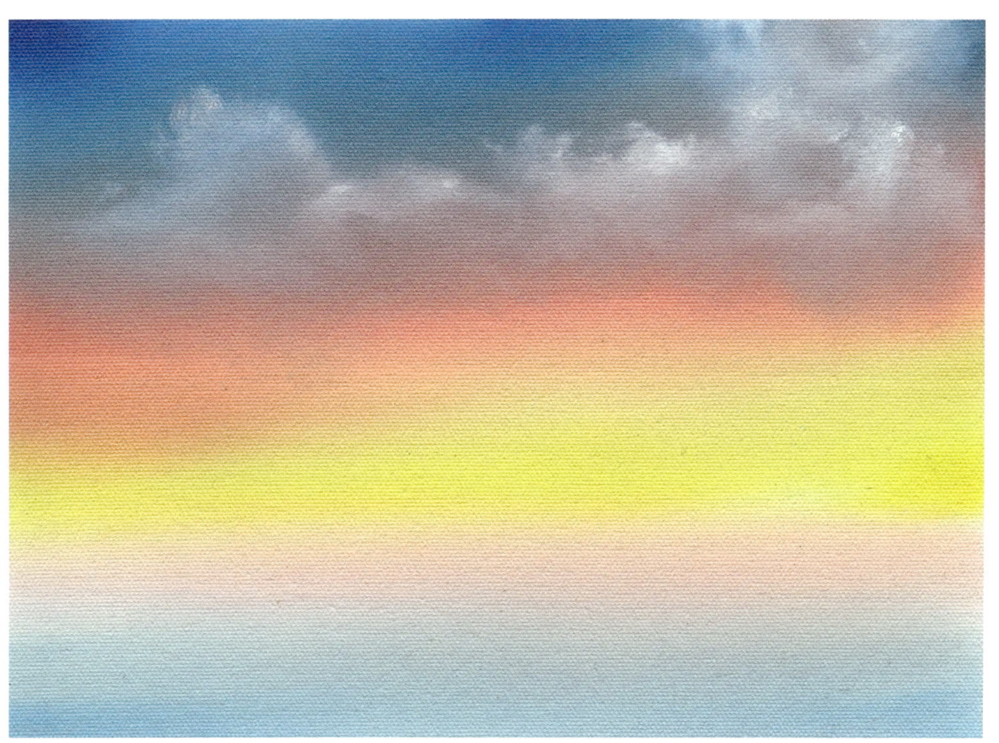

Bedecken Sie zunächst die Leinwand mit einer gleichmäßig dünnen Schicht Flüssigweiß. Hierfür verwenden Sie den 2-Zoll-Pinsel. Machen Sie lange, waagerechte und senkrechte Striche. Arbeiten Sie vor und zurück, um die Farbe gleichmäßig auf der Leinwand zu verteilen. Das Flüssigweiß darf NICHT trocknen, bevor Sie anfangen.

Himmel

Stupfen Sie mit dem 2-Zoll-Pinsel in etwas Indischgelb und tragen Sie die Farbe mit sich kreuzenden Strichen so auf, dass am Himmel direkt oberhalb der Horizontlinie ein goldener Schimmer auf der Leinwand liegt. Nehmen Sie jetzt Ockergelb auf und arbeiten Sie sich Stück für Stück mit sich kreuzenden Strichen nach oben. Als nächstes verwenden Sie eine Spur Hellrot und tragen die Farbe im oberen Bereich des Himmels auf.

Säubern und trocknen Sie den 2-Zoll-Pinsel, nehmen Sie etwas Phtaloblau auf und vollenden Sie den Himmel am oberen Bildrand.

Sie haben immer noch Phtaloblau auf dem Pinsel und grundieren damit den unteren Teil der Leinwand mit langen, waagerechten Strichen.

Nehmen Sie mit dem Fächerpinsel Titanweiß auf und fügen Sie mit kleinen kreisenden Bewegungen die Wolken hinzu. Verwenden Sie einen sauberen, trockenen 2-Zoll-Pinsel und verblenden Sie die Unterseite der Wolken, indem Sie den Pinsel an diesen Stellen locker über die Leinwand kreisen lassen. Danach ziehen die Farbe mit dem Pinsel leicht nach oben, um die Wolken „aufzuschütteln". Wiederholen Sie diese Schritte und fügen Sie eine weitere Wolkenschicht hinzu.

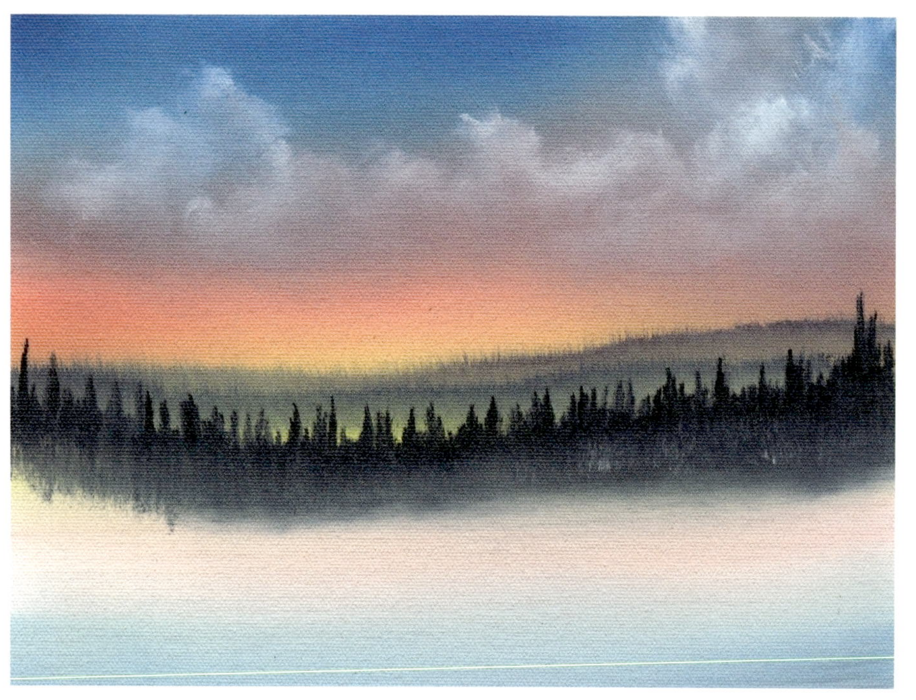

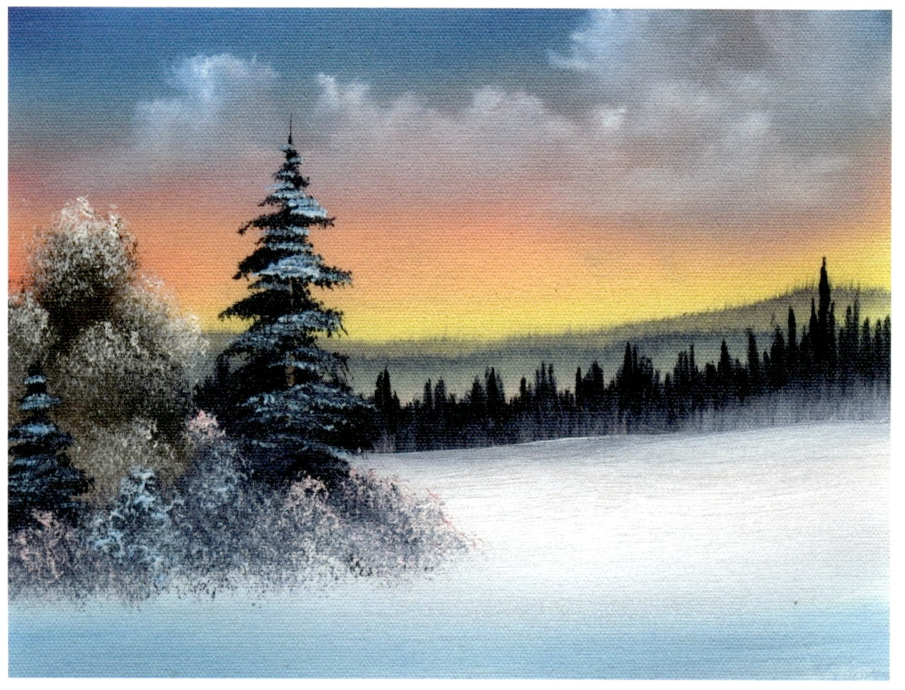

Hintergrund

Stellen Sie mit dem Spachtel eine Mischung aus Mitternachtsschwarz, Preußischblau, Karmesinrot und Titanweiß auf Ihrer Palette her. Danach nehmen Sie diese Mischung mit beiden Seiten des 2-Zoll-Pinsels auf. Tupfen Sie mit einer Ecke des Pinsels nach unten, um die im Hintergrund liegenden Hügel darzustellen. Mit ganz kurzen, nach oben gerichteten Strichen zaubern Sie winzige Baumwipfel auf die Hügel. Tupfen Sie mit einem sauberen, trockenen 2-Zoll-Pinsel im unteren Bereich der Hügelkette auf die Farbe und ziehen Sie diese mit dem Pinsel ganz leicht nach oben. Nun liegt dieser Teil der Landschaft ganz wunderbar im Dunst. Fügen Sie eine weitere Hügelkette hinzu und verwenden Sie zu diesem Zweck eine etwas dunklere Mischung (mit weniger Titanweiß).

Mit einer Mischung aus Mitternachtsschwarz, Preußischblau und Karmesinrot auf dem Fächerpinsel tupfen Sie nach unten, um die vor der ersten Hügelkette liegenden Nadelbäume anzudeuten. Nehmen Sie einen sauberen, trockenen 2-Zoll-Pinsel und verblenden Sie mit ihm (jeweils von unten nach oben) den Ansatz der Nadelbäume.

Die Schneeflächen zu Füßen der Nadelbäume im Hintergrund ergänzen Sie mit Titanweiß auf dem 2-Zoll-Pinsel und schwungvollen, waagerechten Strichen. Achten Sie dabei auf den Verlauf des Geländes.

Mittelgrund

Verwenden Sie eine Mischung aus VanDykeBraun und Dunkelsiena auf dem 2-Zoll-Pinsel, um die Laubbäume im Mittelgrund anzulegen.

Mit einer Mischung aus Titanweiß und einer Spur Hellrot auf dem 2-Zoll-Pinsel setzen Sie einige Lichter auf die Laubbäume. Mit der Spitze des Farbspachtels „ritzen" Sie die Stämme ein.

Die Nadelbäume im Mittelgrund werden mit einer Mischung aus Preußischblau, Mitternachtsschwarz, Karmesinrot und VanDykeBraun auf dem Fächerpinsel gemalt. Halten Sie den Pinsel senkrecht und tupfen Sie die Mittelachse eines jeden Baumes auf die Leinwand. Mit einer Ecke des Pinsels malen Sie die kleinen Baumwipfel. Tupfen Sie abwechselnd links und rechts. Je mehr Sie sich dem Fuß des Baumes nähern, desto mehr Druck üben Sie auf den Pinsel aus (die Borsten biegen sich nach dabei nach unten). Auf diese Weise werden die Zweige automatisch immer ausladender.

Mit der Spitze des Farbspachtels „ritzen" Sie die Stämme der Nadelbäume ein. Danach setzen Sie mit einer Mischung aus Flüssigweiß, Titanweiß und Phtaloblau auf dem Fächerpinsel leichte Glanzlichter auf die Zweige.

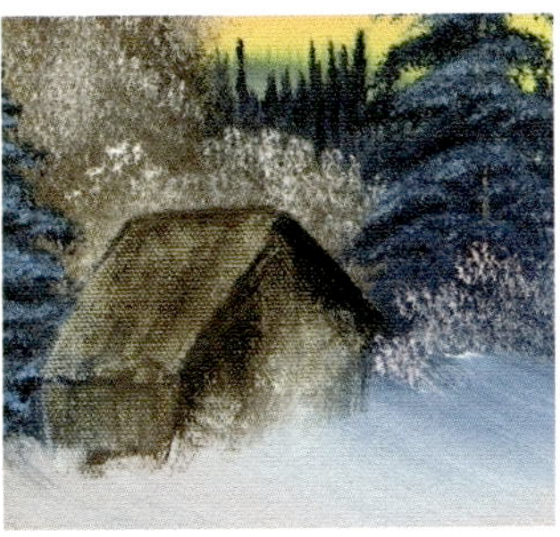
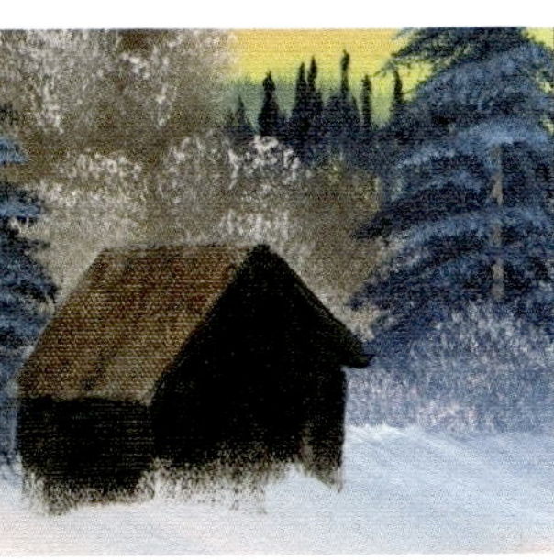
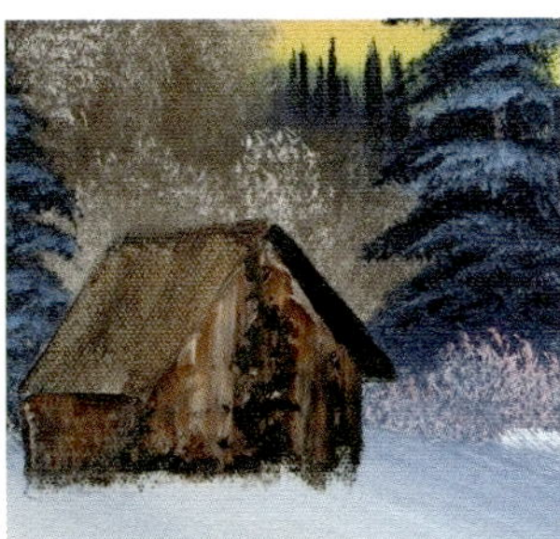
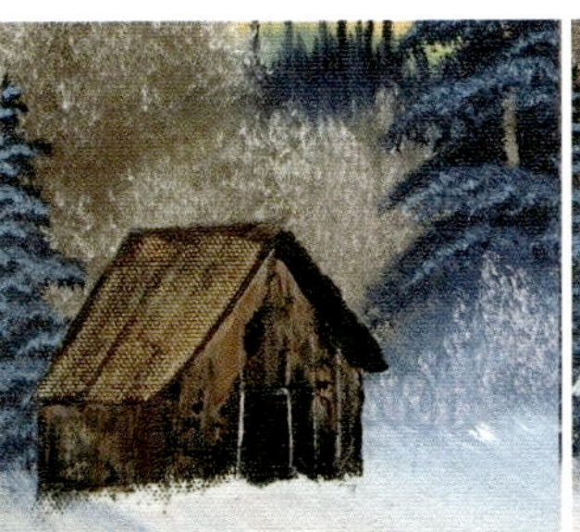
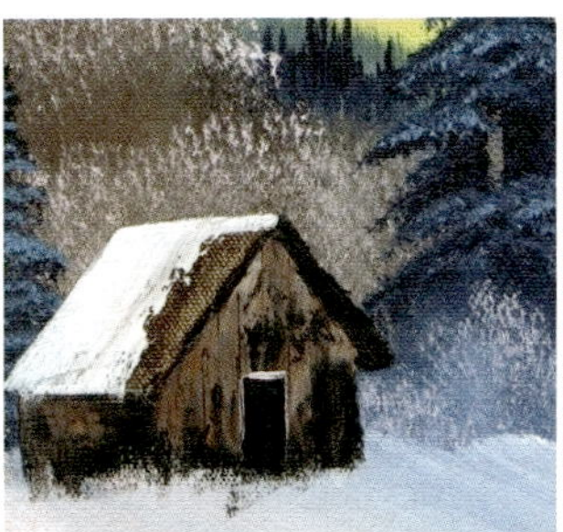
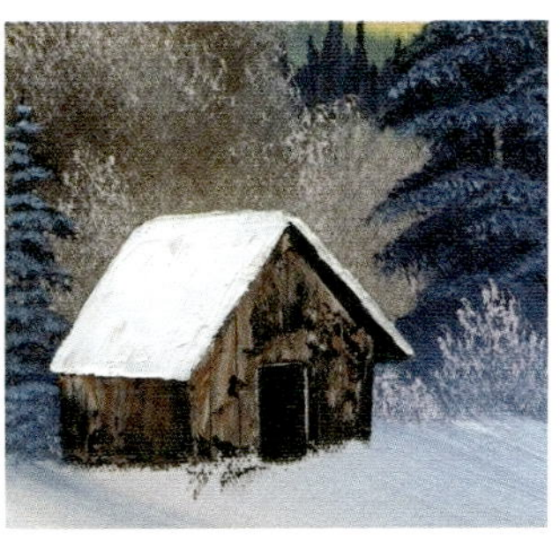

Mit einer Mischung aus Ptaloblau und der dunklen Farbe für die Nadelbäume auf dem 1-Zoll-Pinsel fügen sie die Büsche zu Füßen der Bäume hinzu. Einzelne Lichter setzen Sie mit Flüssigweiß. Ziehen Sie den Pinsel nun mehrmals in der gleichen Richtung durch eine Mischung aus Titanweiß und Phtaloblau. Tupfen sie nur die gerundete Ecke des Pinsels in eine sehr dünne Mischung aus Flüssigweiß und Hellrot. Mit der gerundeten Pinselecke nach oben setzen Sie auf die einzelnen Bäume und Büsche diverse Glanzlichter. Die Borsten müssen sich dabei nach oben biegen.
Für die Schneeflächen im Vordergrund tragen Sie Titanweiß mit dem 2-Zoll-Pinsel und schwungvollen waagerechten Strichen auf.

Hütte

Entfernen Sie mit einem Farbspachtel die Farbe an der Stelle der Leinwand, an der die Hütte stehen soll und nehmen Sie eine Mischung aus Van-DykeBraun und Dunkelsiena auf. Mit dieser Farbe gestalten Sie zunächst das Dach, die Front sowie die seitlichen Hüttenwände. Mit einer Mischung aus Titanweiß und den Brauntönen auf dem Palettenmesser akzentuieren Sie die Vorderseite. Üben Sie dabei gerade so viel Druck aus, dass die Farbe „bricht". Reines VanDykeBraun setzen Sie an der dunklen Seitenwand ein und ergänzen damit die Tür.
Für das dick verschneite Dach verwenden Sie Titanweiß, das Sie mit dem Spachtel auftragen. Setzen Sie es auch ein, um die Türlaibung „einzuritzen". Überschüssige Farbe im unteren Bereich der Hütte entfernen Sie mit einem sauberen Spachtel.
Für den Schnee rund um die Hütte verwenden Sie Titanweiß auf dem 2-Zoll-Pinsel. Weitere Büsche fügen Sie mit der dunklen Farbe für die Nadelbäume auf dem 1-Zoll-Pinsel hinzu, einzelne Lichter setzen Sie mit einer Mischung aus Titanweiß und einer Spur Hellrot.

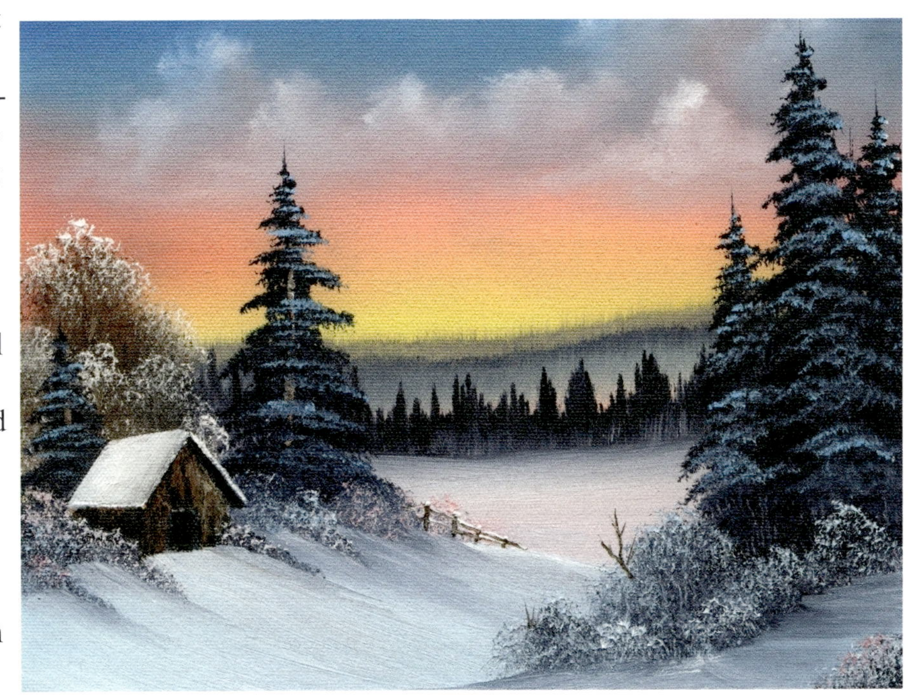

Vordergrund

Die großen Nadelbäume malen Sie mit der dunklen „Baumfarbe" und dem Fächerpinsel. Stämme, Zweige und Stöckchen „ritzen" Sie mit dem Spachtel ein. Für die Büsche im Vordergrund verwenden Sie den 1-Zoll-Pinsel. Für die Lichter bzw. den Schnee auf den Nadelbäumen mischen Sie Flüssigweiß und Phtaloblau auf dem Fächerpinsel, auf den Büschen ergänzen Sie sie mit einer Mischung aus Flüssigweiß, Titanweiß, Phtaloblau und Hellrot.

Letzte Feinheiten

Fügen Sie die noch fehlenden Schneeflächen mit Titanweiß auf dem 2-Zoll-Pinsel hinzu. Danach ergänzen Sie den Zaun mit verdünntem Braun auf dem Schriftenpinsel und Ihr Bild ist fertig!

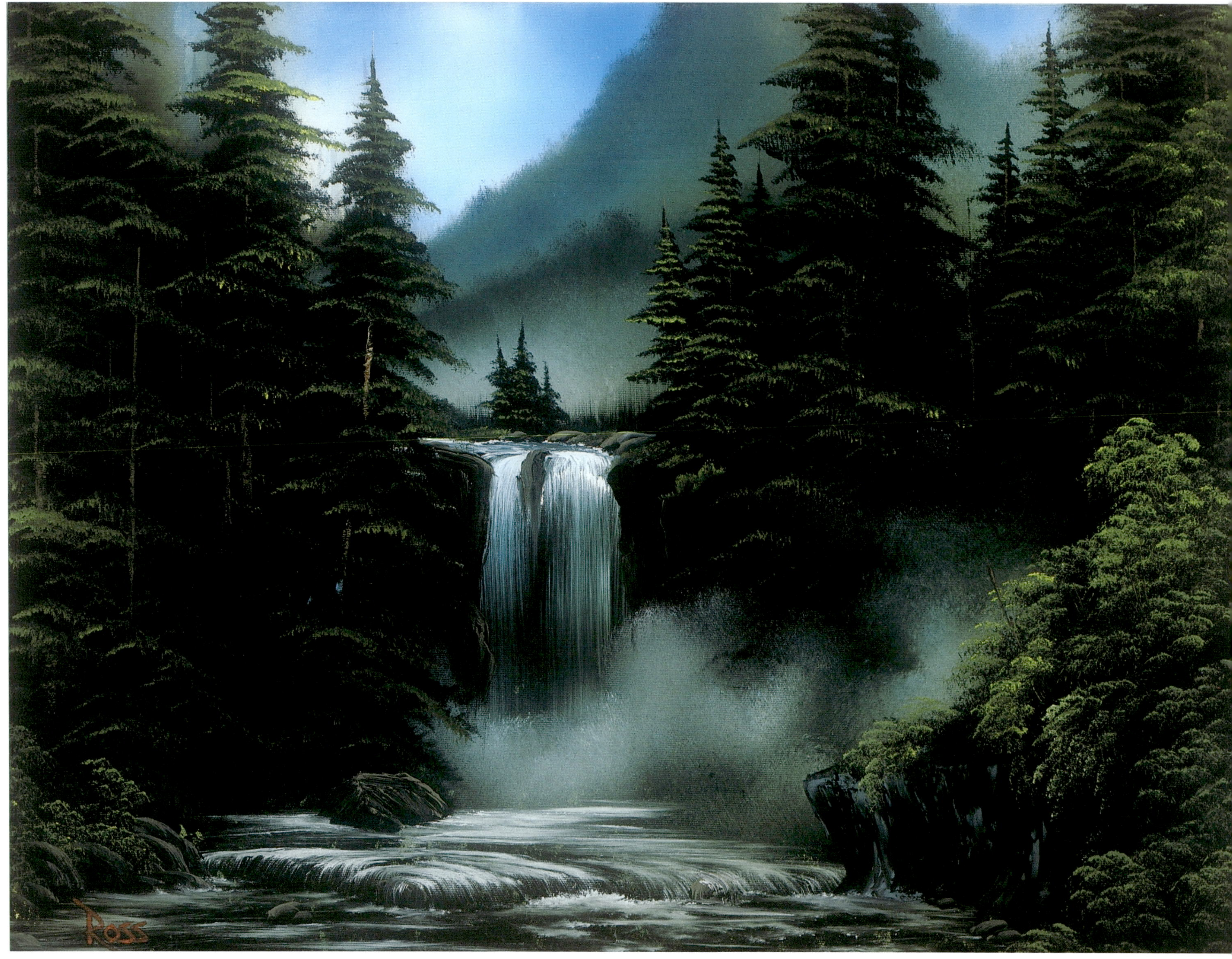
Ross

BLAUER WASSERFALL AM GEBIRGSKAMM

Material

2-Zoll-Pinsel	Phtaloblau
2-Zoll-Mischpinsel	Preußischblau
Filbertpinsel Nr. 6	Mitternachtsschwarz
Fächerpinsel Nr. 6	Dunkelsiena
Fächerpinsel Nr. 3	VanDykeBraun
Schriftenpinsel Nr. 2	Karmesinrot
Farbspachtel Nr. 10	Saftgrün
Gesso Schwarz	Kadmiumgelb
Flüssigtransparent	Ockergelb
Titanweiß	Indischgelb

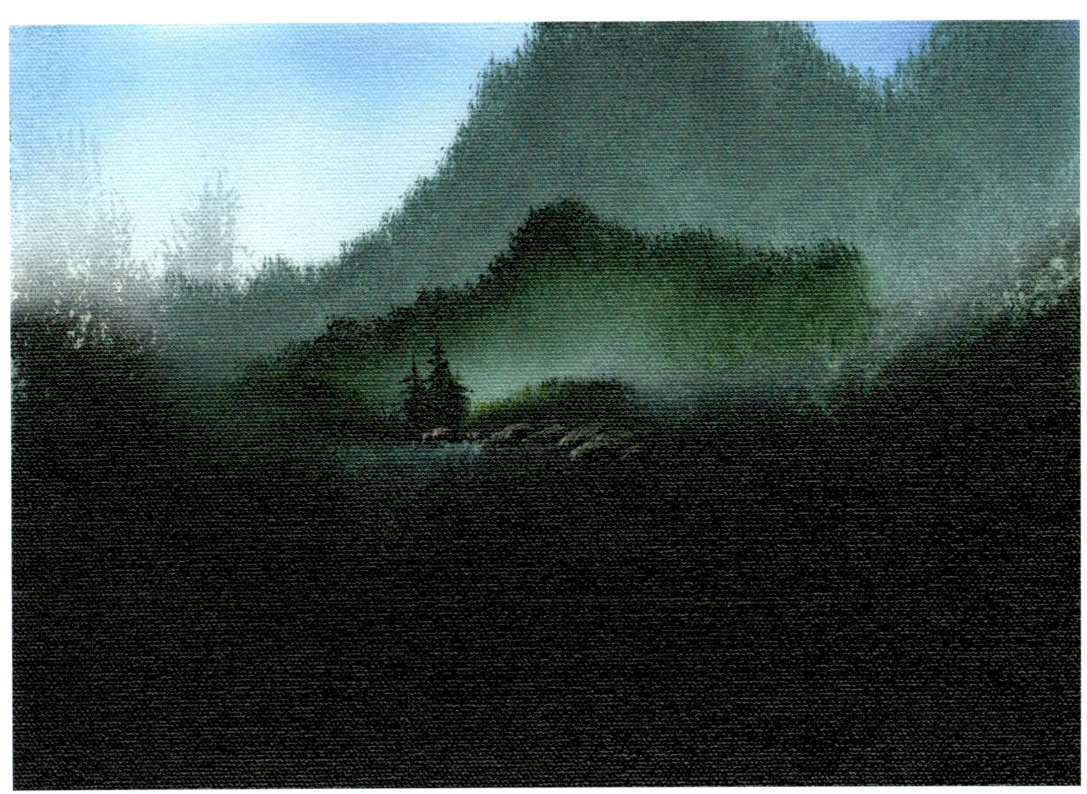

Grundieren Sie zunächst die dunklen Bildpartien mit Gesso Schwarz und verwenden Sie hierfür einen Naturschwamm. Das Gesso muss vollständig trocknen, bevor Sie mit der Arbeit fortfahren.

Sobald der Untergrund trocken ist, tragen Sie mit dem 2-Zoll-Pinsel eine HAUCHDÜNNE Schicht Flüssigtransparent auf die gesamte Leinwand auf. (Denken Sie daran, dass das Flüssigtransparent ÄUßERST SPARSAM aufgetragen und in die Leinwand regelrecht eingerieben werden soll! Das Flüssigtransparent erleichtert nicht nur das Auftragen der festeren Farben. Vielmehr brauchen Sie auf diese Weise nur wenig Farbe und erzielen dabei eine lasierende Wirkung.)

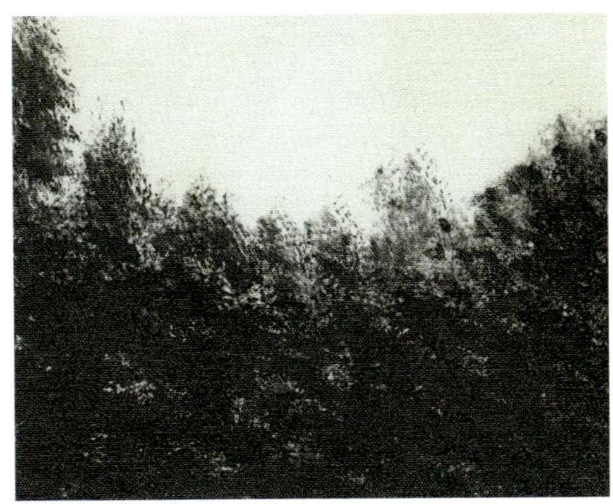

Verwenden Sie weiterhin den 2-Zoll-Pinsel und tragen Sie ganz wenig von einer Mischung aus Saftgrün, Preußischblau und VanDykeBraun auf den dunkel grundierten Bereich der Leinwand auf. Die Leinwand darf NICHT trocken sein, wenn Sie zu malen beginnen.

Himmel

Nehmen Sie mit dem 2-Zoll-Pinsel einen Hauch Phtaloblau auf, indem Sie ihn auf die Palette stupfen und vergewissern Sie sich, dass die Farbe in den Borsten gleichmäßig verteilt ist. Beginnen Sie am oberen Rand der Leinwand mit sich kreuzenden Strichen für den Himmel und arbeiten Sie von dort nach unten. Wenn Sie mit dem Pinsel zusätzlich etwas Titanweiß aufnehmen, können Sie auch hellere Wolkenfelder hinzufügen.

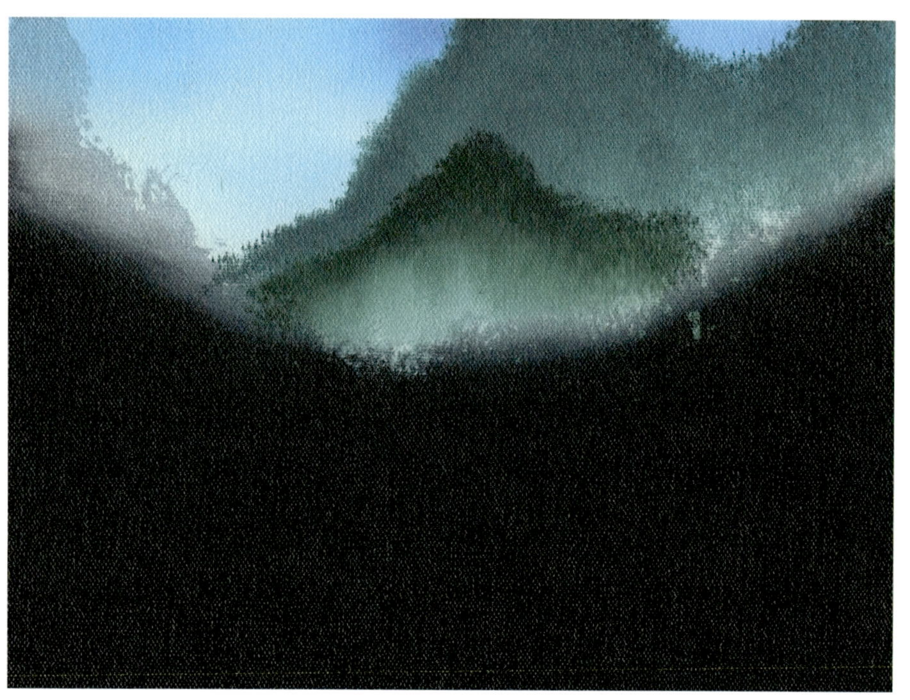

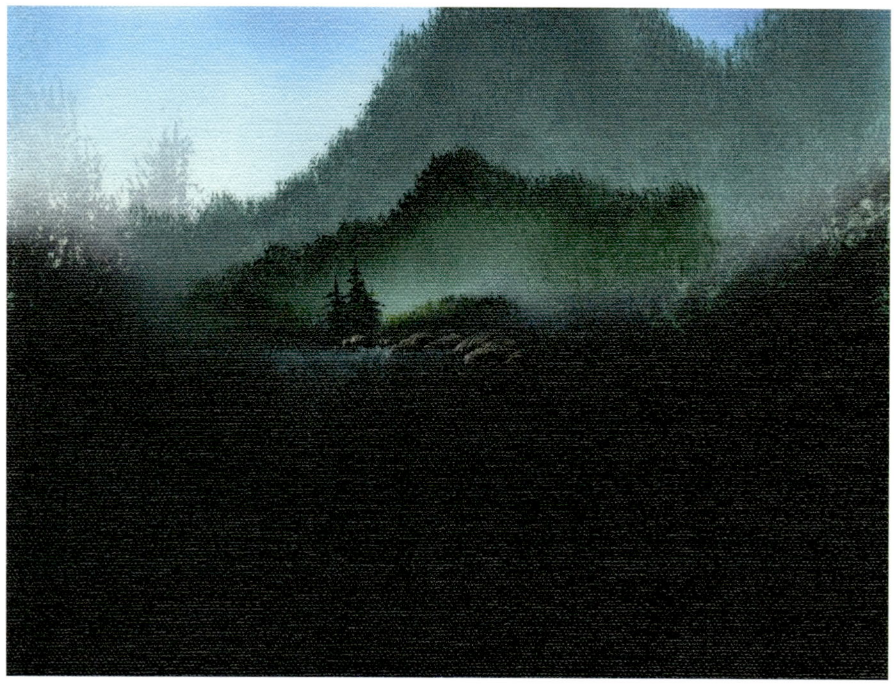

Berg

Mit einer Mischung aus Preußischblau, Saftgrün, Mitternachtsschwarz und ganz wenig VanDykeBraun und Dunkelsiena auf dem 2-Zoll-Pinsel legen Sie die Grundform des Berges an. Verwenden Sie einen sauberen, trockenen 2-Zoll-Pinsel und tupfen Sie im unteren Bereich auf die Leinwand, damit der Fuß des Berges im Dunst verschwindet.
Arbeiten Sie in Schichten und verwenden Sie weiterhin die eben gefertigte Farbmischung auf dem 2-Zoll-Pinsel. Fügen Sie noch einen kleinen Berg oder Hügel am Fuß des großen Berges hinzu und sorgen Sie dafür, dass sich auch seine Konturen nach unten hin aufzulösen scheinen. Zu diesem Zweck tupfen Sie mit einem sauberen 2-Zoll-Pinsel etwas Titanweiß auf die Leinwand.

Hintergrund

Für die Nadelbäume zu Füßen der Berge, nehmen Sie mit dem kleinen Fächerpinsel eine Mischung aus Preußischblau, Mitternachtsschwarz, Karmesinrot und Saftgrün auf (dabei sollen die Borsten eine scharfe Kante bilden). Halten Sie den Pinsel senkrecht und berühren Sie die Leinwand nur leicht, um die Mittelachse jedes Baumes festzulegen.
Mit einer Ecke des Pinsels tupfen Sie die Baumkrone. Arbeiten Sie abwechselnd vor und zurück und üben Sie zunehmend Druck auf den Pinsel aus. So werden die Äste nach unten hin immer ausladender.

Mit der Spitze des Farbspachtels „ritzen“ Sie vorsichtig die Baumstämme ein. Verwenden Sie weiterhin die dunkle Farbmischung der Bäume und gestalten Sie mit dem Fächerpinsel die umliegenden kleinen Grasflächen. Ziehen Sie den Pinsel leicht nach oben, um winzige, weit entfernt liegende Bäume anzudeuten. Mit dem Fächerpinsel und einer Mischung aus der dunklen Farbe der Bäume und Kadmiumgelb setzen Sie einzelne Lichter auf Nadelbäume und Grasflächen.
Nun benötigen Sie eine Mischung aus Farbverdünner, Mitternachtsschwarz und VanDykeBraun sowie eine zweite Mischung aus Farbverdünner, Mitternachtsschwarz, VanDykeBraun und Titanweiß. Ziehen Sie den Filbertpinsel zunächst beidseitig durch die dunkle Mischung, dann mit nur einer Seite durch die hellere Mischung. So ist der Pinsel zweifach gefüllt. Die helle Seite nach oben, fügen Sie mit kleinen, schwungvollen Strichen die im Hintergrund am Ufer liegenden Felsen ein. Da Sie den Pinsel beidseitig mit Farbe geladen haben, setzen Sie bei dieser Gelegenheit auch gleich die Glanzlichter.

Wasserfall
Mit einer Mischung aus Flüssigtransparent, Titanweiß und etwas Phtaloblau auf dem Fächerpinsel setzen Sie kurze, waagerechte Striche auf die Leinwand, um das Wasser im Hintergrund zu malen. Während Sie sich weiter vorarbeiten, ziehen Sie die Farbe mit mehreren langen, senkrechten Strichen nach unten – und schon stürzt das Wasser in die Tiefe. Mit etwas Titanweiß auf dem Mischpinsel stupfen Sie im unteren Bereich des Wasserfalls auf die Leinwand und lassen so die Luft feucht und dunstig wirken. Nehmen Sie etwas von den beiden dünnen, braunen Farbmischungen (siehe „Hintergrund“) mit dem Filbertpinsel auf und legen Sie die großen Felsen an, die den Wasserfall flankieren.

Mit der dunklen Farbmischung der Bäume auf dem großen Fächerpinsel ergänzen Sie die großen Nadelbäume im Vordergrund. Mit demselben Pinsel nehmen Sie verschiedene Mischungen der Gelbtöne auf und tupfen einzelne Lichter auf die Zweige.

Geben Sie nun Titanweiß auf eine Ecke des Mischpinsels und lassen Sie den Dunst entstehen, der vom Wasser zu den Bäumen hin aufsteigt.

Mit der Titanweiß-Flüssigtransparent-Phtaloblau-Mischung auf dem Fächerpinsel lassen Sie das Wasser vorwärts strudeln und fließen.

Mischen Sie VanDykeBraun, Mitternachtsschwarz und Dunkelsiena und ergänzen Sie mithilfe des Spachtels die Felsen im Vordergrund. Mit einer Mischung aus VanDykeBraun und Titanweiß setzen Sie einzelne Lichter.

Arbeiten Sie in Schichten vorwärts und ergänzen Sie nach Belieben weitere Details, um die Wasserfläche zu beleben.

Fügen Sie die Laubbäume und Büsche im Vordergrund mit der dunklen Farbmischung der Bäume auf dem 2-Zoll-Pinsel hinzu und setzen Sie anschließend einige Glanzlichter. Zu diesem Zweck stellen Sie verschiedene Mischungen aus dem dunklen Braunton und den Gelbtönen her. Die kleinen Felsen und Steine im Vordergrund ergänzen Sie mithilfe des doppelt gefüllten Filbertpinsels. Dann nehmen Sie mit dem Fächerpinsel etwas von der Weißmischung für das Wasser auf und lassen dieses im Bereich der Felsen bzw. Steine aufspritzen, sich kreuseln etc.

Letzte Feinheiten
Mit verdünnter Farbe auf dem Schriftenpinsel ergänzen Sie letzte Details und nicht zuletzt Ihre Signatur!

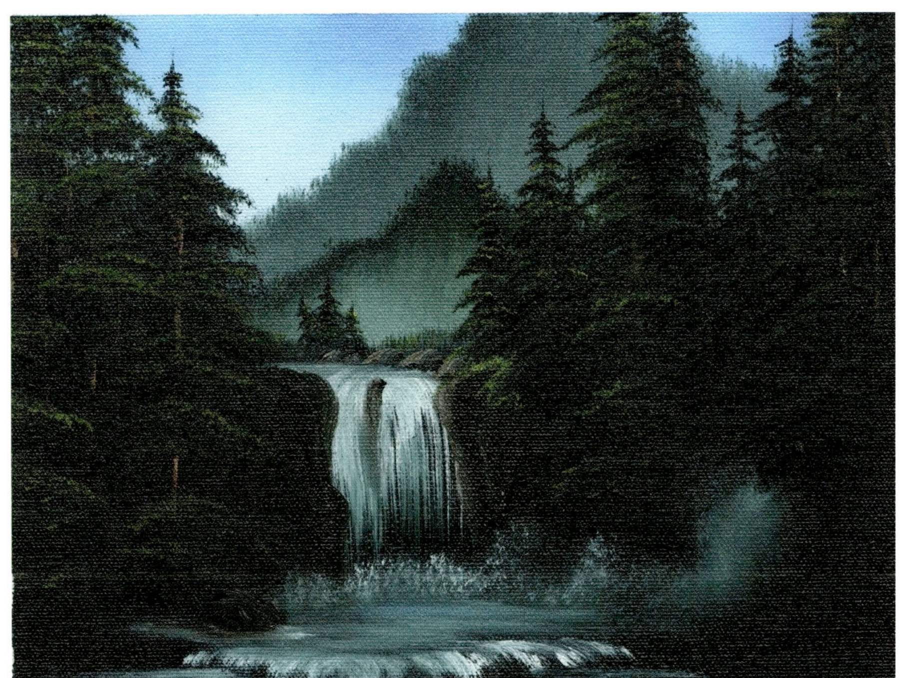

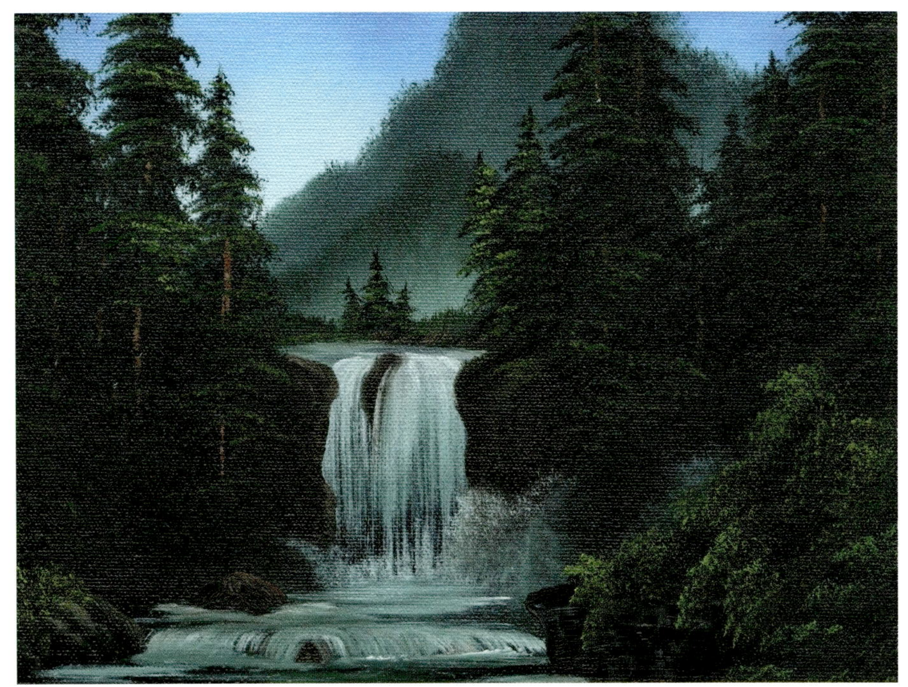

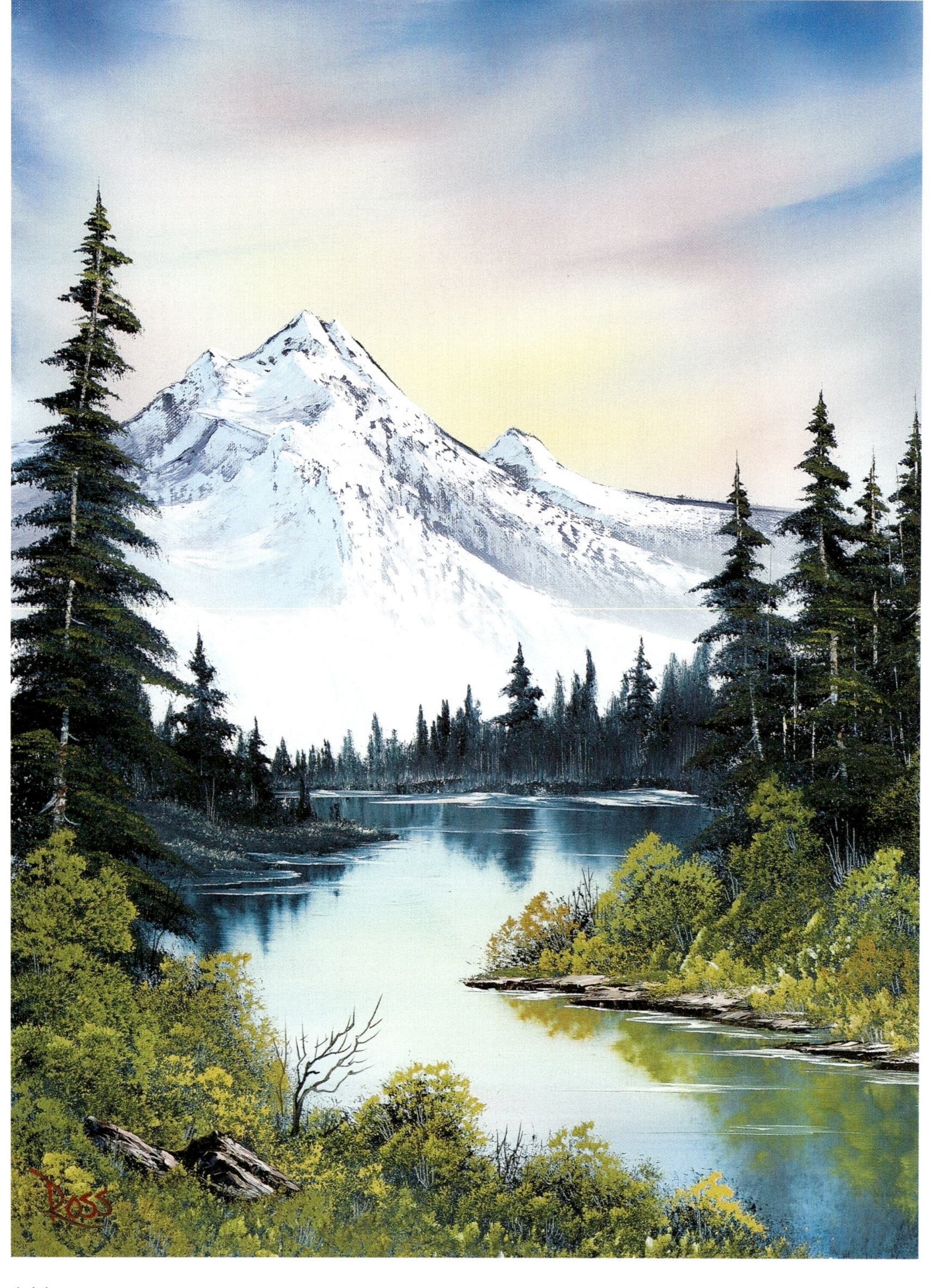

Material

2-Zoll-Pinsel	Mitternachtsschwarz
1-Zoll-Pinsel	Dunkelsiena
Fächerpinsel Nr. 6	VanDykeBraun
Schriftenpinsel Nr. 2	Karmesinrot
Farbspachtel Nr. 5	Saftgrün
Flüssigweiß	Kadmiumgelb
Titanweiß	Ockergelb
Phtalogrün	Indischgelb
Phtaloblau	Hellrot
Preußischblau	

Bedecken Sie zunächst die ganze Leinwand gleichmäßig mit einer dünnen Schicht Flüssigweiß und verwenden Sie hierfür den 2-Zoll-Pinsel. Tragen Sie die Farbe in langen, waagerechten und senkrechten Strichen auf und streichen Sie vor und zurück, um sicher zu gehen, dass die Farbe gleichmäßig verteilt ist. Ganz wichtig: Das Flüssigweiß darf noch NICHT TROCKEN sein, wenn Sie anfangen zu malen.

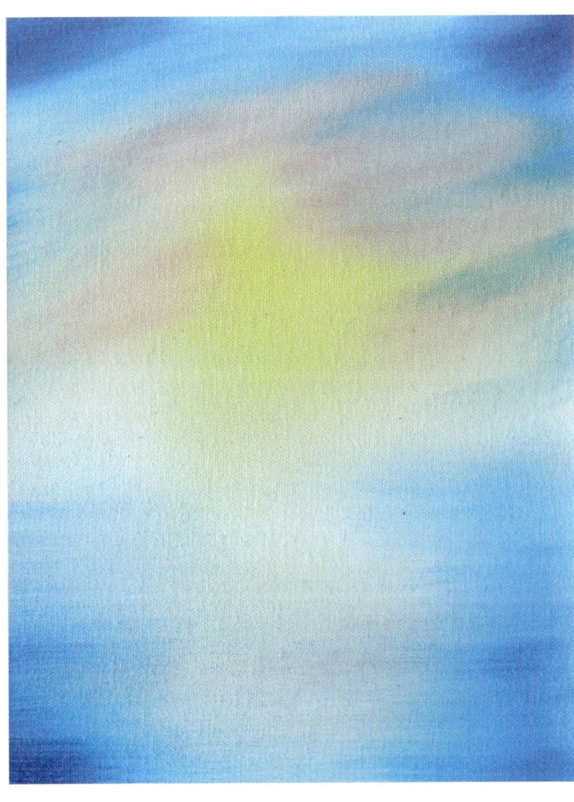

Himmel und Wasser
Stupfen Sie den 2-Zoll-Pinsel fest in Indischgelb, damit sich die Farbe gleichmäßig in den Borsten verteilt. Mit sich kreuzenden Strichen gestalten Sie die entsprechenden Himmelspartien.

Mit waagerechten Strichen lässt sich das Gelb auf der Wasserfläche spiegeln. Ohne den Pinsel zu säubern, nehmen Sie etwas Karmesinrot auf und tragen es mit sich kreuzenden Strichen über und unter dem gelben Bereich am Himmel auf. Mit waagerechten Strichen lässt sich auch diese Farbe im Wasser spiegeln. Nun nehmen Sie mit dem selben Pinsel etwas Phtaloblau auf und ergänzen den Himmel ebenfalls mit sich kreuzenden Strichen. Mit einer Mischung aus Phtaloblau und Phtalogrün und waagerechten Strichen, die Sie vom Bildrand zur Bildmitte hin setzen, malen Sie die Bodenfläche und die seitlichen Wasserpartien. Mit einem sauberen, trockenen 2-Zoll-Pinsel und sich kreuzenden Strichen verblenden Sie die verschiedenen Farben des Himmels, mit waagerechten Strichen die Farben des Wassers.

Berge
Für den Berg mischen Sie Preußischblau, Mitternachtsschwarz, Karmesinrot und VanDykeBraun. Schneiden Sie mit der langen Kante des Farbspachtels ein Farbröllchen ab. Üben Sie festen Druck aus, um die Bergspitze zu formen. Ziehen Sie nun die Farbe mit dem 2-Zoll-Pinsel hinunter bis zum Fuß des Berges.

Um den Lichteinfall auf dem Berg wiederzugeben, mischen Sie Titanweiß mit etwas Karmesinrot und schneiden mit der langen Kante des Spachtels ein Farbröllchen ab. In diesem Bild kommt das Licht von rechts. Setzen Sie das Palettenmesser an der Bergspitze an und ziehen Sie es nach unten. Üben Sie nur so viel Druck aus, dass die Farbe „bricht“ und folgen Sie immer den Winkeln.

Die Schatten auf der linken Seite des Berges werden mit einer Mischung aus Phtaloblau und Titanweiß mit dem Spachtel aufgetragen. Mit einem sauberen, trockenen 2-Zoll-Pinsel im unteren Bereich stupfen, um die Schattierungen zu verwischen und die Farbe leicht nach oben ziehen (so entsteht der Eindruck von Dunst).

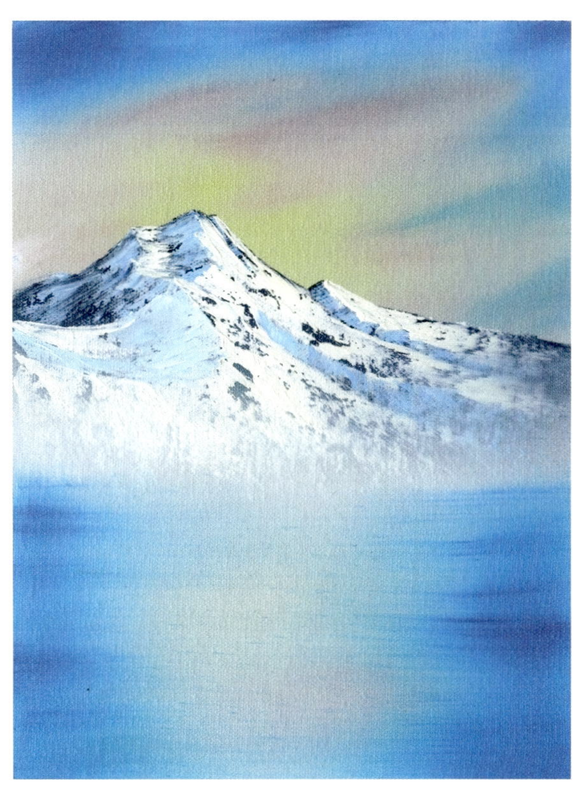

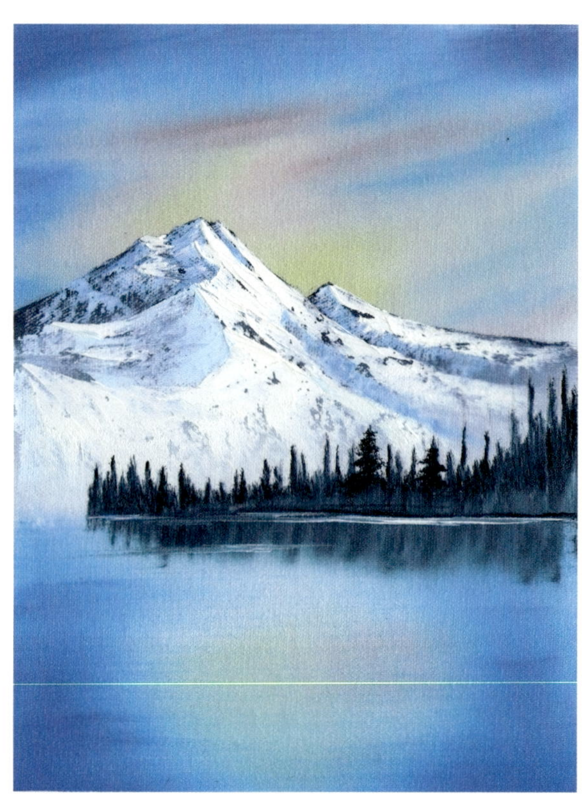

Hintergrund

Die kleinen Bäume im Hintergrund am Fuß des Berges werden mit dem Fächerpinsel und einer dunklen Mischung aus Mitternachtsschwarz, Preußischblau, Phtalogrün, Karmesinrot und VanDykeBraun gemalt. Nehmen Sie mit dem Pinsel reichlich Farbe auf, halten Sie ihn senkrecht und tupfen Sie mit ihm nach unten.

Für die deutlicher zu erkennenden Nadelbäume nehmen Sie erneut viel von der dunklen Farbe auf und halten den Pinsel senkrecht. Berühren Sie die Leinwand nur leicht, um die Mittelachse des jeweiligen Baumes festzulegen. Drehen Sie den Pinsel nun waagerecht und malen Sie mit nur einer Ecke des Pinsels die kleinen, oberen Zweige. Arbeiten Sie vor und zurück, während Sie sich weiter nach unten arbeiten. Je mehr Sie sich dem Fuß des Baumes nähern, desto mehr Druck üben Sie auf den Pinsel aus (die Borsten biegen sich dabei nach unten). Auf diese Weise werden die Zweige immer ausladender.

Nehmen Sie etwas von derselben „Baummischung" auf den 2-Zoll-Pinsel, halten Sie diesen waagerecht und ziehen Sie die Farbe senkrecht nach unten ins Wasser. Für die Spiegelungen streichen Sie leicht quer darüber. Mit der langen Kante des Spachtels und einer Mischung aus Flüssigweiß und Phtaloblau „ritzen" Sie nun Wasserlinien und Wellen in das Wasser im Hintergrund.

Mittelgrund

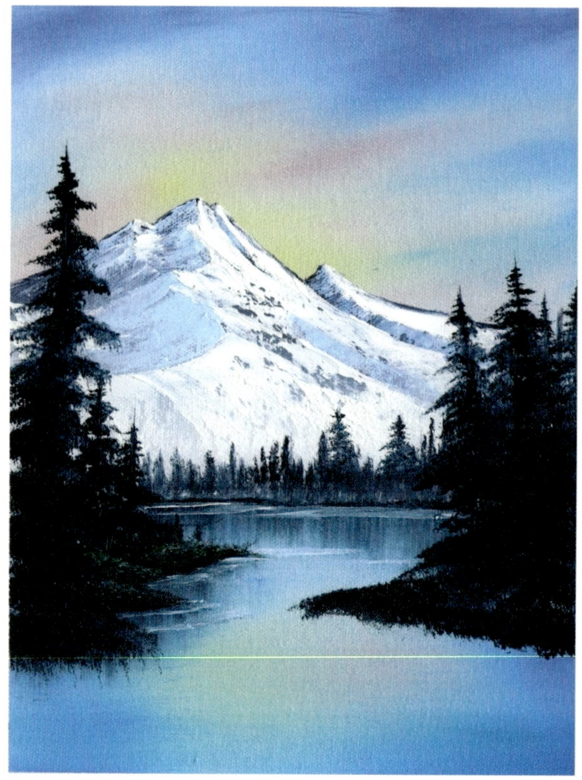

Die größeren Nadelbäume weiter vorne im Bild werden ebenfalls mit dem Fächerpinsel gemalt. Die Farbmischung besteht auch in diesem Fall aus Mitternachtsschwarz, Preußischblau, Phtalogrün, Karmesinrot und VanDykeBraun.

Auch für die Grasflächen unter den Bäumen setzen Sie den Fächerpinsel ein. Halten Sie ihn waagerecht, sodass sich die Borsten nach oben biegen. Mit einem sauberen, trockenen 2-Zoll-Pinsel ziehen Sie die dunkle Farbe gerade nach unten ins Wasser. Für die Spiegelungen streichen Sie anschließend leicht quer darüber. Um auf den Grasflächen Akzente zu setzen, nehmen Sie mit dem dunklen Fächerpinsel etwas Kadmiumgelb auf. Die Borsten sollten sich beim Malen wieder nach oben biegen. Mit einem kleinen Farbröllchen Flüssigweiß auf der langen Kante des Spachtels werden die Wasserlinien „eingeritzt".

Für die Baumstämme mischen Sie Dunkelsiena und Titanweiß und tragen es mit der langen Kante des Farbspachtels auf. Fügen Sie Kadmiumgelb zu der dunklen Mischung auf dem Fächerpinsel hinzu und hellen Sie die vom Licht beschienene rechte Seite der Nadelbäume auf.

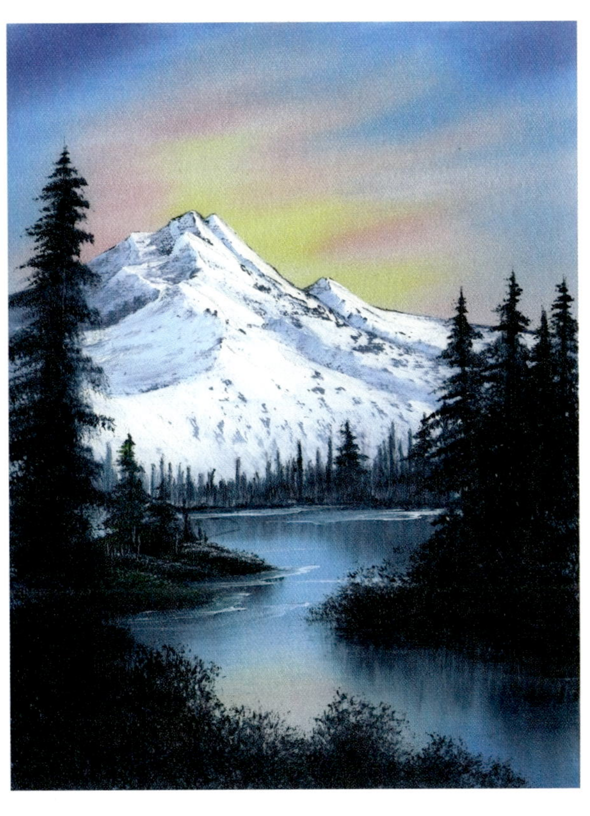

Vordergrund
Mit der gleichen dunklen Mischung und dem 2-Zoll-Pinsel legen Sie die Grundformen der großen Büsche und Bäume am Fuß der Nadelbäume fest.

Drehen Sie den Pinsel kopfüber und geben Sie die sich im Wasser spiegelnden Büsche und Bäume wieder. Ziehen Sie die Farbe mit einem sauberen, trockenen 2-Zoll-Pinsel gerade nach unten. Für die Spiegelungen streichen Sie leicht quer darüber. Mit einer Mischung aus Dunkelsiena und Titanweiß auf dem Spachtel werden die Baumstämme eingefügt.

Stellen Sie verschiedene Mischungen aus Flüssigweiß, Saftgrün und allen Gelbtönen sowie Hellrot her. Damit lassen sich auf Büschen und Bäumen Akzente setzen. Nehmen Sie die Farbe mit dem 1-Zoll-Pinsel so auf, dass er sich sanft in eine Richtung biegt. Arbeiten Sie in Schichten, um die einzelnen Pflanzen zu betonen, und achten Sie darauf, dass sie nicht die gesamte dunkle Grundfarbe bedecken. Drehen Sie den Pinsel kopfüber und geben Sie die Spiegelungen der Lichter im Wasser wieder. Mit einem sauberen, trockenen 2-Zoll-Pinsel ziehen Sie die Farbe ganz leicht nach unten und streichen dann sanft quer darüber.

Mit etwas VanDykeBraun auf dem Spachtel können Sie einen kleinen Stein im Vordergrund ergänzen. Mit einer Mischung aus Dunkelsiena und Titanweiß setzen Sie einzelne Lichter.

Für die Uferregion nehmen Sie mit dem Palettenmesser VanDyke-Braun auf. Um am Ufer einige Lichter zu setzen, verwenden Sie eine Mischung aus VanDykeBraun und Titanweiß.

Schneiden Sie mit der langen Kante des Spachtels ein Farbröllchen Flüssigweiß ab und „ritzen“ Sie einige Linien und Wellen ins Wasser.

Letzte Feinheiten
„Ritzen“ Sie Zweige und Äste mit der Spachtelspitze ein. Mit ein wenig VanDykeBraun und Farbverdünner auf dem Schriftenpinsel können Sie zahlreiche kleine Details ergänzen – und natürlich Ihr Bild signieren!

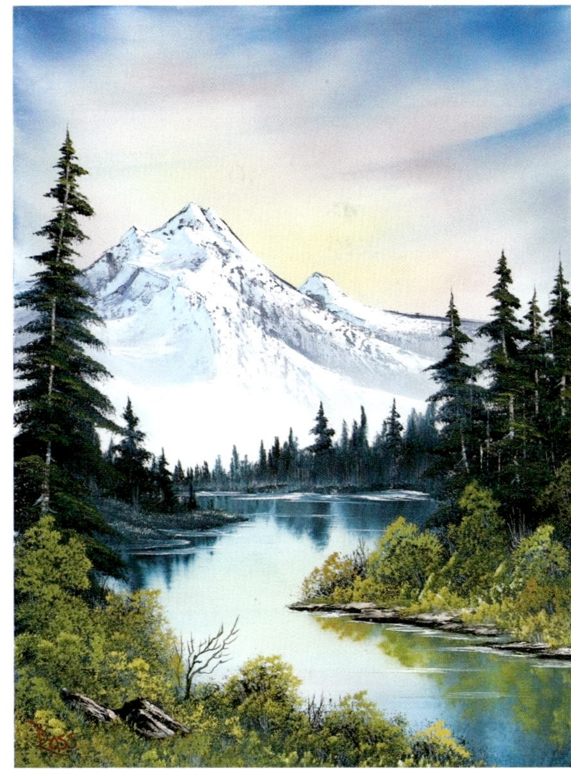

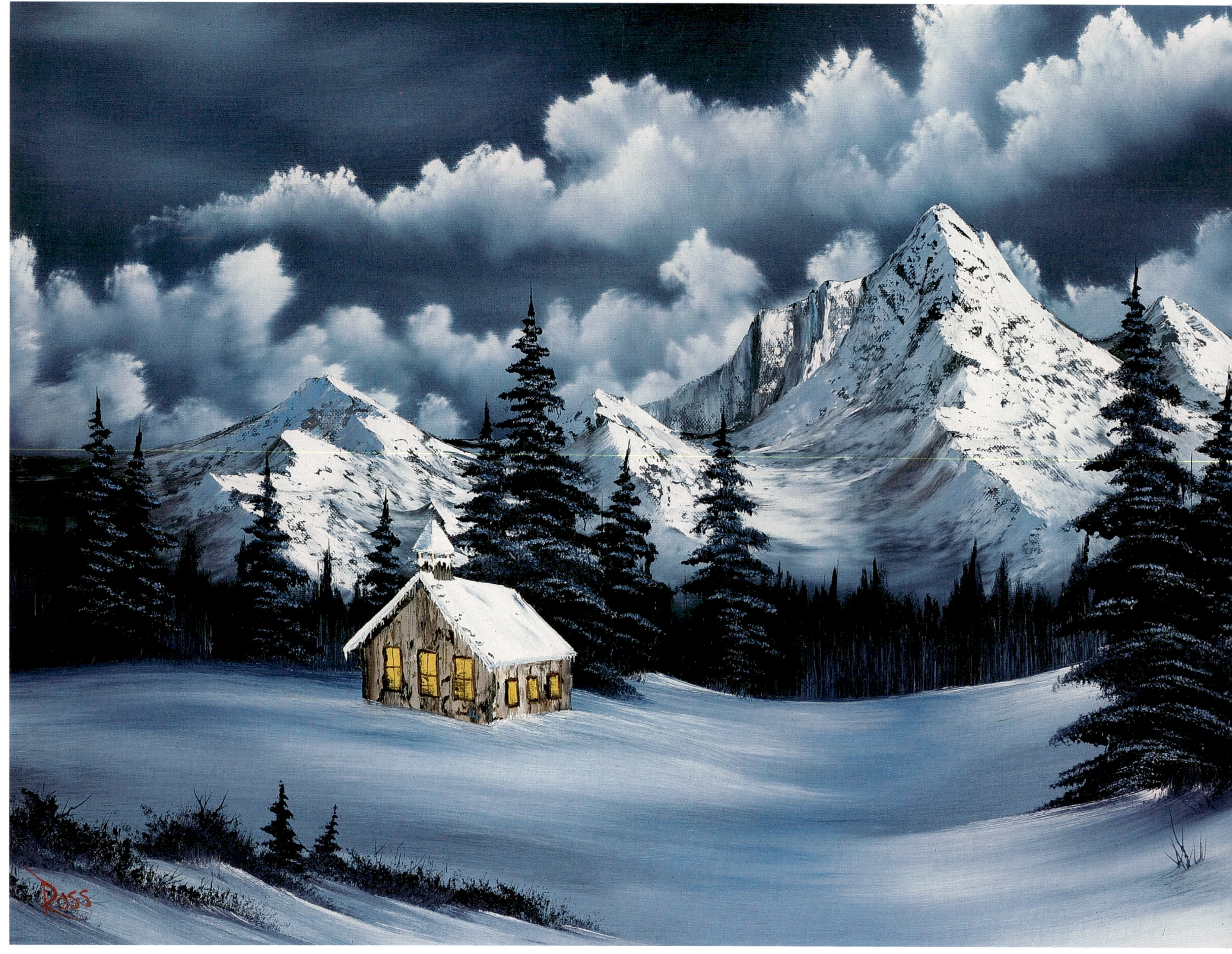
ROSS

SCHNEE AM WEIHNACHTSABEND

Material

2-Zoll-Pinsel	Phtaloblau
1-Zoll-Pinsel	Preußischblau
Fächerpinsel Nr. 6	Mitternachtsschwarz
Schriftenpinsel Nr. 2	Dunkelsiena
Farbspachtel Nr. 10	VanDykeBraun
Gesso Schwarz	Karmesinrot
Titanweiß	Kadmiumgelb

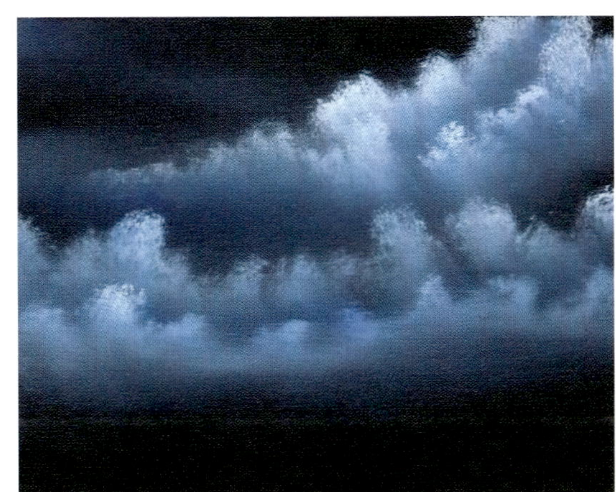

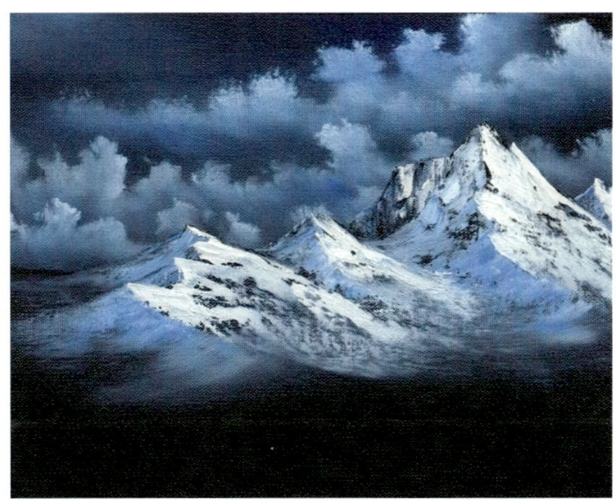

Bedecken Sie zunächst die ganze Leinwand gleichmäßig mit einer dünnen Schicht Gesso Schwarz. Wenn die Leinwand absolut trocken ist, tragen Sie mit dem 2-Zoll-Pinsel eine dünne Schicht Mitternachtsschwarz mit etwas Preußischblau auf. Diese Farbe darf NICHT TROCKNEN, bevor Sie mit dem Malen beginnen.

Himmel

Nehmen Sie mit dem 2-Zoll-Pinsel Titanweiß auf, indem Sie ihn kräftig in die Farbe tupfen. Gestalten Sie den Himmel mit lockeren, schwungvollen, sich kreuzenden Strichen. Das Weiß wird sich nun automatisch mit der dunklen Grundierung vermischen. Streichen Sie noch einige Male mit langen, waagerechten Strichen quer darüber. Die Wolken tragen Sie Titanweiß mit dem 1-Zoll-Pinsel in kleinen kreisenden Bewegungen auf. Mit einem sauberen, trockenen 2-Zoll-Pinsel verblenden Sie die Unterseite der Wolken. Setzen Sie den Pinsel zu diesem Zweck ausschließlich mit der oberen Ecke an. Dann ziehen Sie die Farbe mit kleinen, schwungvollen Strichen nach oben, um die Wolken „aufzuschütteln“. Anschließend streichen Sie ganz leicht, wirklich nur leicht, mit langen, waagerechten Strichen über den Himmel und verblenden ihn ein wenig.

Berge

Nehmen Sie eine Mischung aus Mitternachtsschwarz, VanDykeBraun, Preußischblau und Karmesinrot mit der langen Kante des Spachtels auf und legen Sie unter leichtem Druck die Kontur des Berggipfels an. Überschüssige Farbe entfernen Sie mit dem Spachtel. Ziehen Sie mit dem 2-Zoll-Pinsel die Farbe nach unten aus. Ihr Berg sollte im oberen Bereich deutlicher zu sehen sein als im unteren. Für die im Licht liegenden Bergpartien verwenden Sie eine Mischung aus Titanweiß und etwas Mitternachtsschwarz. Ziehen Sie die Farbe ganz flach auf Ihrer Palette aus und schneiden Sie mit der langen Kante des Spachtels ein Farbröllchen ab. An der Bergspitze beginnend, lassen Sie den Farbspachtel die rechte Seite jedes Gipfels heruntergleiten. Üben Sie dabei genau so viel bzw. wenig Druck aus, dass die Farbe „bricht“. Für die Schattenpartien mischen Sie Preußischblau, Titanweiß und Mitternachtsschwarz und tragen die Farbe in gleicher Weise mit dem Spachtel auf die im Schatten liegende, linke Seite des jeweiligen Gipfels auf. Belassen Sie an einigen Stellen den dunkleren Untergrund, um Täler und Vertiefungen anzudeuten. Mit dem 2-Zoll-Pinsel tupfen Sie im unteren Teil (dabei folgen Sie stets den Winkeln des Berges) und ziehen die Farbe leicht nach oben. Nun liegt der Fuß des Berges sehr schön im Dunst.

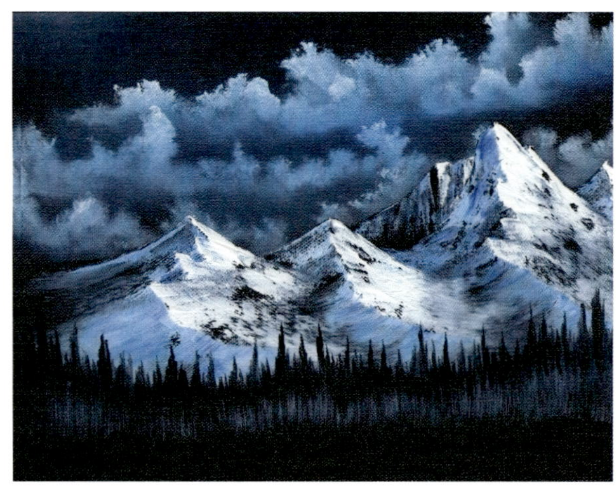

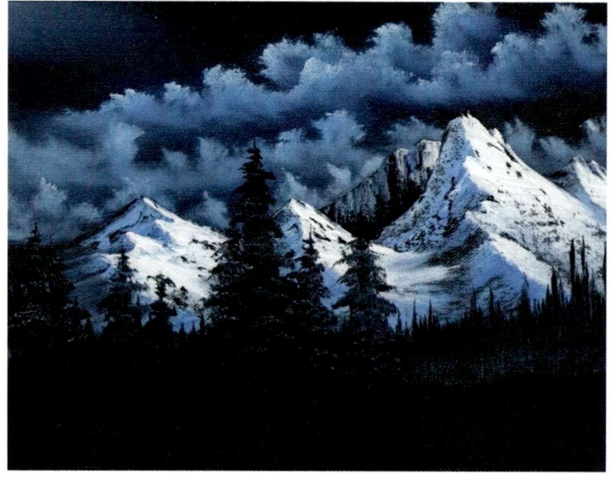

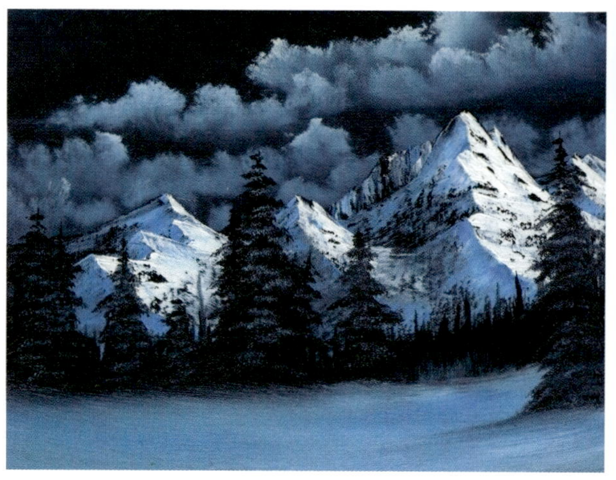

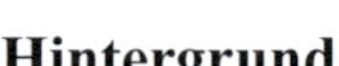

Hintergrund

Nehmen Sie mit dem Fächerpinsel eine Mischung aus Preußischblau, Mitternachtsschwarz, VanDykeBraun, Dunkelsiena und Karmesinrot auf. Halten Sie den Pinsel senkrecht und tupfen Sie die in der Ferne liegenden Bäume am Fuß der Berge auf die Leinwand. Für die Baumstämme verwenden Sie die bereits vorhandene Farbmischung aus Titanweiß, Mitternachtsschwarz und Preußischblau sowie den Fächerpinsel. Setzen Sie den Pinsel waagerecht auf der Leinwand auf und ziehen Sie ihn leicht nach oben.

Für die größeren, deutlich sichtbareren Bäume verwenden Sie dieselbe Farbmischung, halten den Fächerpinsel aber zunächst senkrecht, stupfen ihn (oben beginnend) fest auf die Leinwand und gestalten so den Baumstamm. Drehen Sie den Pinsel nun in die Waagerechte und ergänzen Sie – indem Sie nur eine Ecke des Pinsels aufsetzen – kleine Zweige in den Baumwipfeln. Arbeiten Sie sich langsam nach unten vor, indem Sie mit dem Pinsel vor und zurück tupfen und zunehmend mehr Druck ausüben, damit die Äste nach unten hin breiter werden. Falls Ihre Farbe nicht auf der Leinwand halten sollte, können Sie etwas Farbverdünner zu der Farbmischung geben.

Vordergrund

Verwenden Sie erneut die Farbmischung, die Sie für die Schatten der Berge angefertigt haben (Titanweiß, Mitternachtsschwarz, Preußischblau) und fügen Sie etwas Titanweiß hinzu. Tragen Sie die Farbe mit dem 2-Zoll-Pinsel in langen, waagerechten Strichen auf und zaubern Sie so den Schnee auf die Leinwand. Dabei wird sich die Farbmischung mit der bereits auf der Leinwand befindlichen Farbe verbinden. Achten Sie auf die Gegebenheiten des Geländes und ziehen Sie etwas dunkle Farbe in den Schnee, um Schatten anzuzeigen.

Legen Sie nun die großen Nadelbäume auf der rechten Bildseite an. Verwenden Sie hierfür die dunkle Mischung aus Preußischblau, Mitternachtsschwarz, VanDykeBraun, Dunkelsiena und Karmesinrot sowie den Fächerpinsel.

Die Baumschatten werden mit Titanweiß auf dem 2-Zoll-Pinsel in den Schnee gemalt. Achten Sie auf den Verlauf des Geländes. Mit einer Titanweiß-Phtaloblau-Mischung auf dem Fächerpinsel und kurzen, waagerechten Strichen deuten Sie einen Weg im Schnee an.

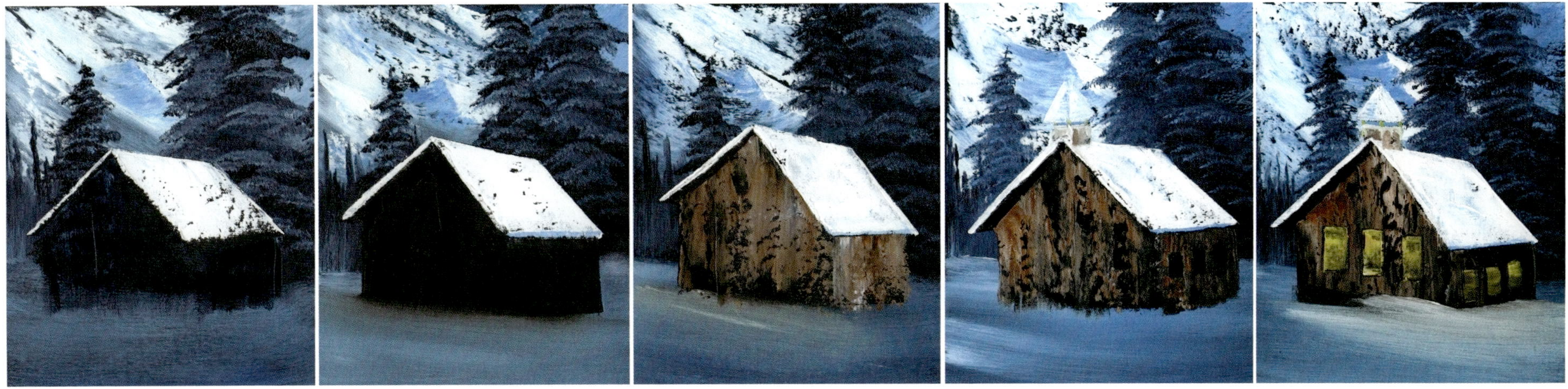

Kirche
Entfernen Sie mit einem sauberen Spachtel die Farbe an der Stelle der Leinwand, an der die Kirche stehen soll. Mit der langen Kante des Spachtels nehmen Sie etwas Titanweiß auf und gestalten den vorderen Teil des Daches sowie den hinteren Abschluss. Achten Sie auf die Winkel.

Fügen Sie nun die Seitenpartien und die Kirchenfront mit VanDykeBraun hinzu. Betonen Sie die Vorderfront ganz leicht mit Dunkelsiena und Titanweiß auf dem Spachtel. Üben Sie dabei nur so viel bzw. wenig Druck aus, dass die Farbe „bricht“. Die Seiten werden durch eine Mischung aus VanDykeBraun, Dunkelsiena und Titanweiß hervorgehoben. Für den Kirchturm verwenden Sie VanDykeBraun, für den darauf liegenden Schnee Titanweiß. Auch die Fenster werden zunächst mit VanDykeBraun gemalt, Kadmiumgelb sorgt anschließend dafür, dass Licht aus der Kirche scheint. Überschüssige Farbe entfernen Sie vorsichtig mit dem Spachtel. Mit dem Fächerpinsel nehmen Sie jetzt noch etwas Titanweiß auf und fügen den Schnee um die Kirche hinzu.

Letzte Feinheiten
Nehmen Sie mit dem Fächerpinsel etwas von der dunklen Farbmischung für die Bäume auf und ergänzen Sie im Vordergrund kleine Bäume, Büsche und Gras. Mit dem Fächerpinsel fügen Sie dort noch Schnee hinzu. Weitere Details „ritzen“ Sie mit der Spachtelspitze ein. Mit einer Mischung aus Farbe und Farbverdünner auf dem Schriftenpinsel signieren Sie Ihr Meisterwerk.

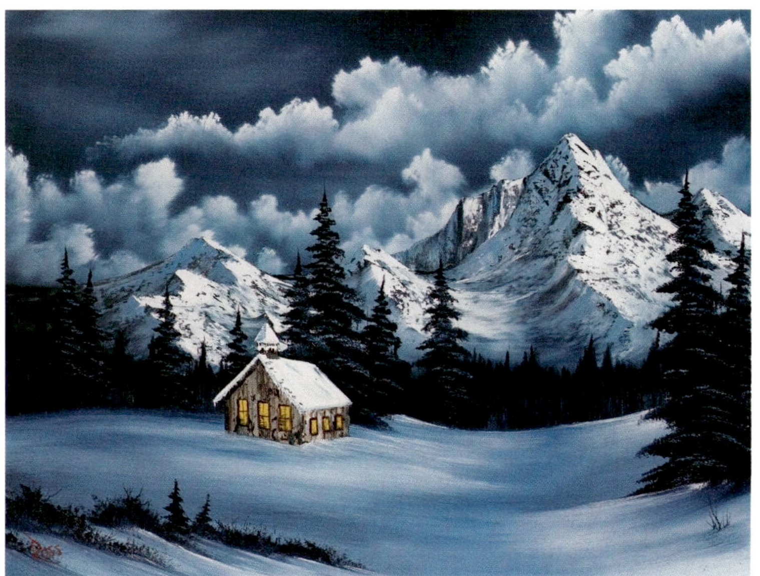

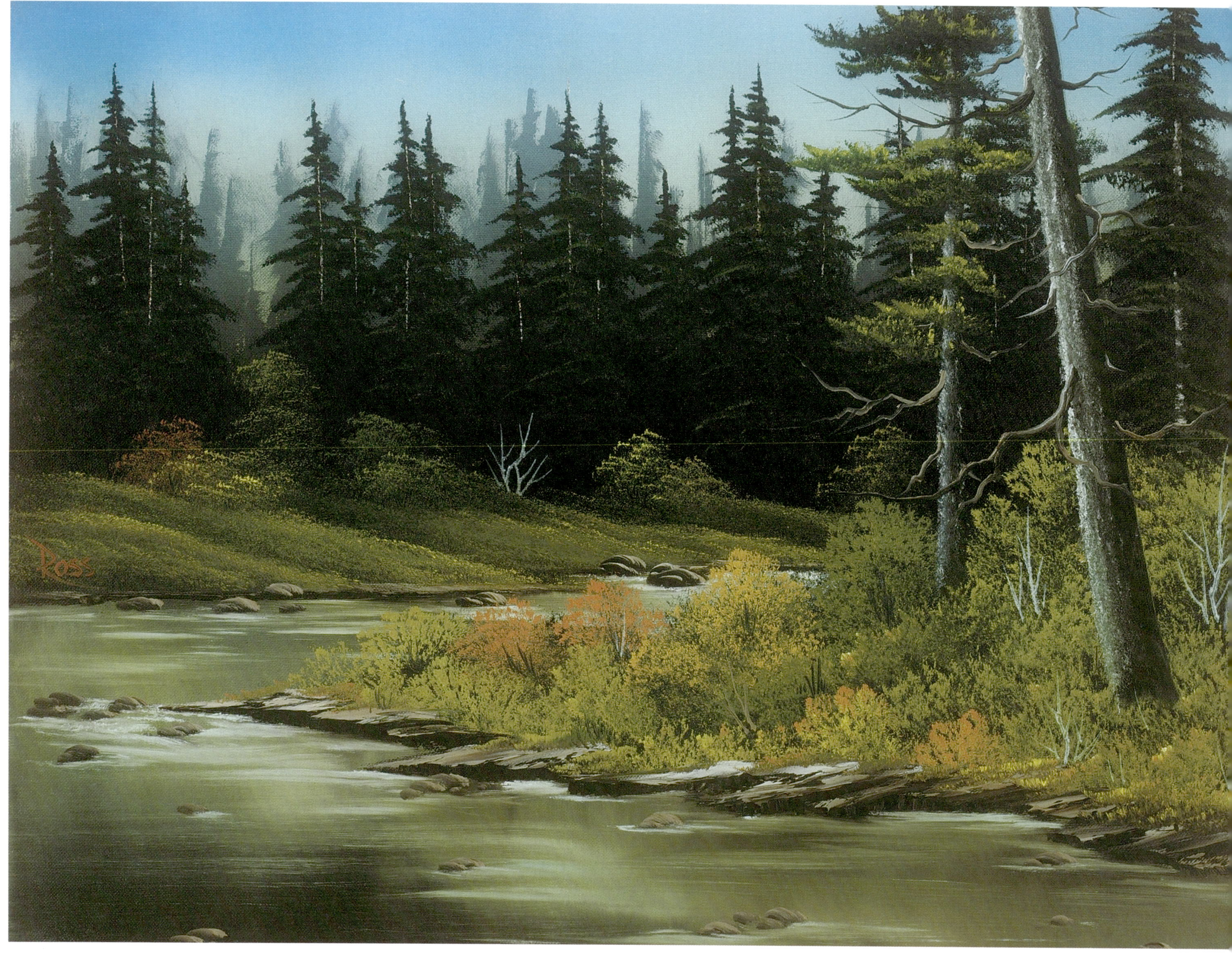
Ross

AM WEIHER

Material

2-Zoll-Pinsel	Phtaloblau
1-Zoll-Pinsel	Preußischblau
Filbertpinsel Nr. 6	Mitternachtsschwarz
Fächerpinsel Nr. 6	Dunkelsiena
Schriftenpinsel Nr. 2	VanDykeBraun
Farbspachtel Nr. 10	Karmesinrot
Gesso Schwarz	Saftgrün
Flüssigweiß	Kadmiumgelb
Flüssigtransparent	Ockergelb
Titanweiß	Indischgelb
Phtalogrün	Hellrot

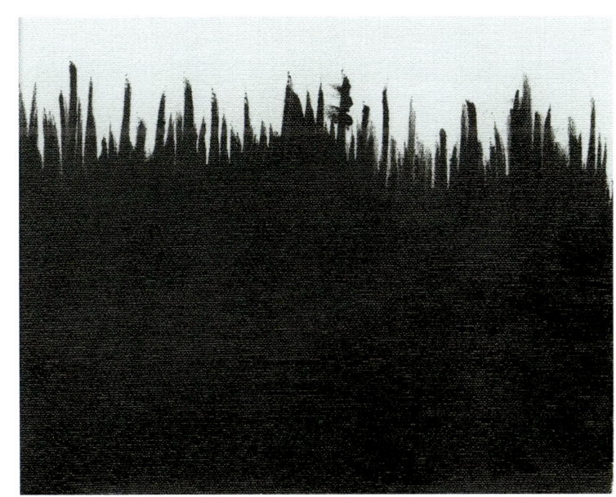

Grundieren Sie die dunklen Bildflächen – einschließlich der winzigen Baumkronen – mit einer gleichmäßig dünnen Schicht Gesso Schwarz. Verwenden Sie einen Schaumschwamm. Sobald die Grundierung VOLLSTÄNDIG TROCKEN ist, tragen Sie im oberen Bereich der Leinwand mit dem 2-Zoll-Pinsel eine gleichmäßig dünne Schicht Flüssigweiß auf. Im unteren Teil geben Sie eine HAUCHDÜNNE Schicht Flüssigtransparent auf die Leinwand. Mischen Sie Saftgrün und VanDykeBraun und tragen Sie die Farbe gleichmäßig in einer dünnen Schicht auf, bevor das Flüssigtransparent trocknet. Auch diese Farben dürfen NICHT trocknen, bevor Sie anfangen zu malen.

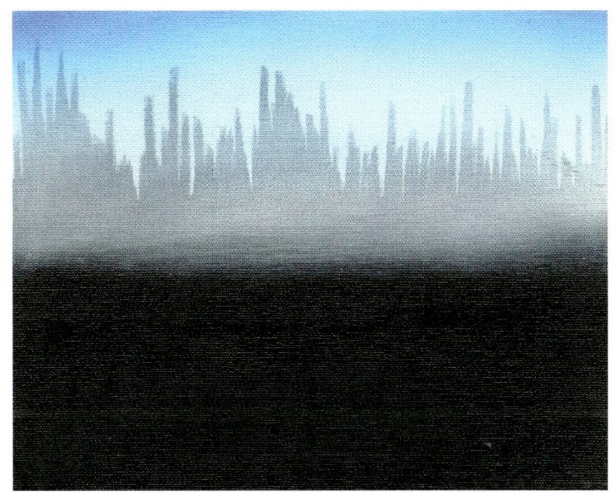

Himmel

Mit etwas Phtaloblau auf dem 2-Zoll-Pinsel und sich kreuzenden Strichen beginnen Sie am oberen Bildrand mit dem Himmel. Sehen Sie, wie schön sich die Farben mit dem bereits auf der Leinwand befindlichen Flüssigweiß vermischen, sodass die Baumkronen im Dunst zu liegen scheinen.

Hintergrund

Für die weiter im Vordergrund stehenden Nadelbäume nehmen Sie mit dem Fächerpinsel so Farbe auf, dass die Borsten eine scharfe Kante bilden. Verwenden Sie eine Mischung aus Mitternachtsschwarz, Preußischblau, Phtalogrün und Karmesinrot. Berühren Sie die Leinwand nur leicht, um die Mittelachse des jeweiligen Baumes festzulegen. Mit einer Ecke des Pinsels malen Sie die kleinen Baumkronen. Arbeiten Sie vor und zurück. Je mehr Sie sich dem Fuß des Baumes nähern, desto mehr Druck üben Sie auf den Pinsel aus (die Borsten biegen sich dabei nach unten). Auf diese Weise werden die Zweige zunehmend ausladender.

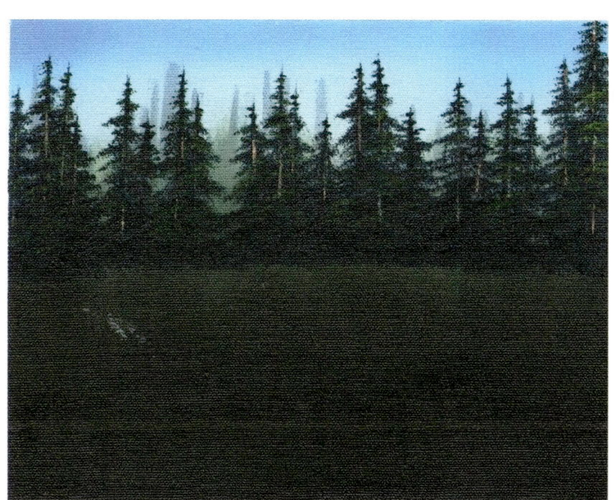

Für die Baumstämme verwenden Sie eine Mischung aus Titanweiß und Dunkelsiena und den Spachtel. Mit dem Fächerpinsel nehmen Sie zudem Kadmiumgelb und Mitternachtsschwarz auf und setzen auf den Zweigen ganz vorsichtig einzelne Akzente. Sie sollten ziemlich dunkel bleiben.

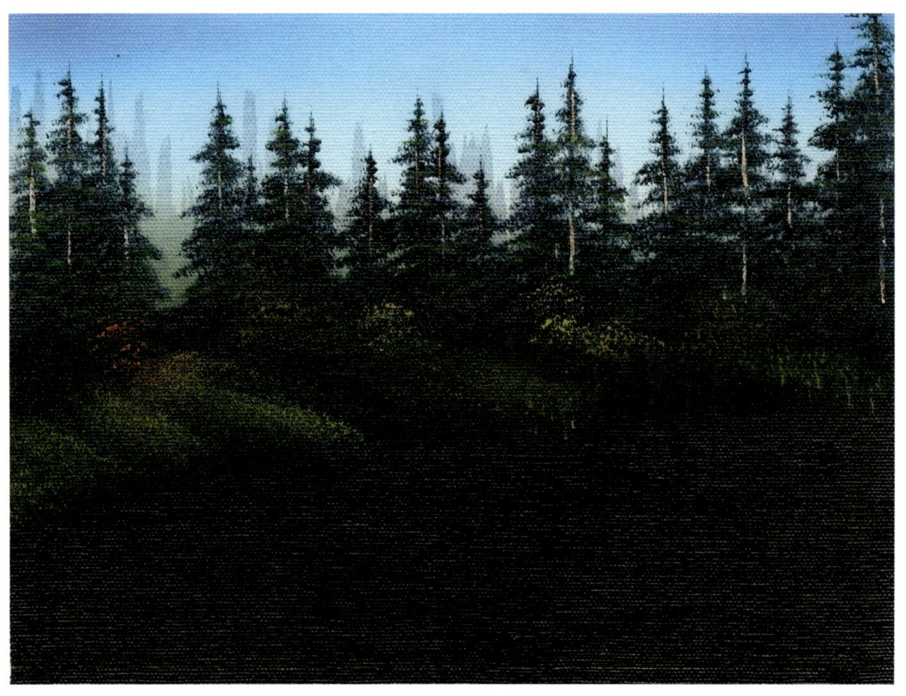

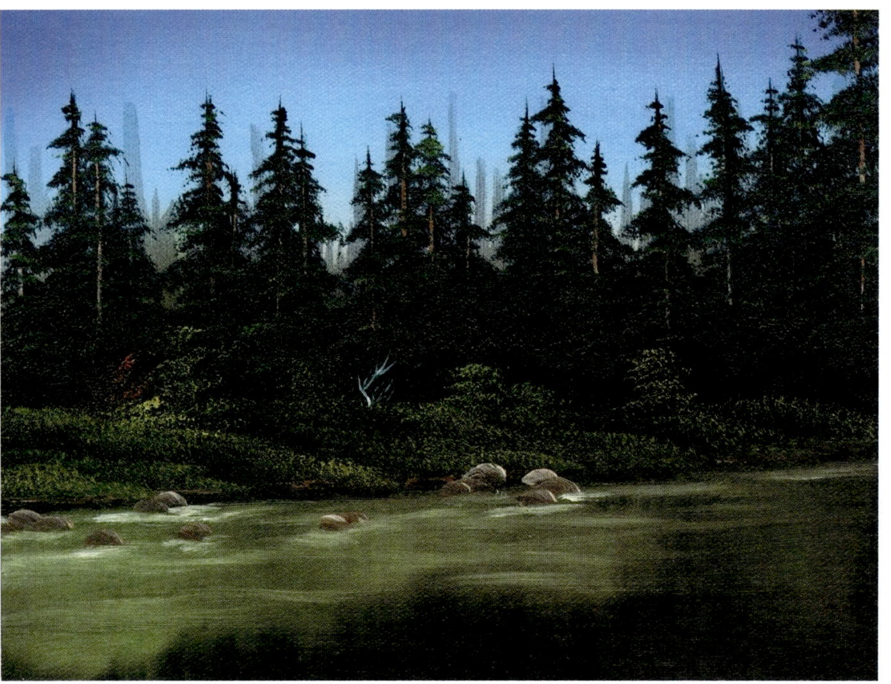

Die weichen Grasflächen unter den Bäumen malen Sie mit dem 2-Zoll-Pinsel. Halten Sie ihn im 45°-Winkel und tupfen Sie die Borsten in verschiedene Mischungen aus allen Gelbtönen, Saftgrün, Mitternachtsschwarz und Hellrot. Lassen Sie den Pinsel sanft in die Farbe „gleiten". Dann halten Sie den Pinsel waagerecht und tupfen Sie leicht nach unten. Arbeiten Sie in Schichten und gestalten Sie die Landschaft.

Mit der Spitze des 2-Zoll-Pinsels und den Gelbmischungen zaubern Sie die kleinen Büsche unter den Nadelbäumen auf die Leinwand.

Ergänzen Sie winzige Baumstämme mit einer Mischung aus Titanweiß und VanDykeBraun auf dem Schriftenpinsel. Verdünnen Sie die Farbe mit Farbverdünner bis sie eine tintenähnliche Konsistenz hat. Drehen Sie den Pinsel so in der Farbe, dass sich eine Spitze bildet. Üben Sie nur wenig Druck auf den Pinsel aus. Indem Sie den Pinsel beim Malen drehen und leicht hin und her wackeln, verleihen Sie den Baumstämmen ein knorriges Aussehen.

Wasser

Nehmen Sie mit dem 2-Zoll-Pinsel etwas Titanweiß auf, halten Sie den Pinsel waagerecht und ziehen Sie die Farbe senkrecht nach unten ins Wasser. Für die Spiegelungen streichen Sie leicht quer darüber. Beachten Sie, wie sich das Weiß mit der darunter liegenden Saftgrün-VanDyke-Braun-Mischung verbindet.

Stellen Sie eine Mischung aus VanDykeBraun und Dunkelsiena her und nehmen Sie mit der langen Kante des Spachtels ein Farbröllchen ab. Nun ergänzen Sie die Uferregion entlang der Wasserkante. Betonen Sie die Uferzone mit einer Mischung aus Titanweiß und VanDykeBraun.

Die Wasseroberfläche „wirbeln" Sie mit einer Mischung aus Flüssigweiß und Titanweiß auf dem Fächerpinsel auf.

Um kleine Felsen und Steine im Wasser zu malen, nehmen Sie mit dem Filbertpinsel beidseitig eine Mischung aus VanDykeBraun und Dunkelsiena auf. Dann ziehen Sie eine Seite der Borsten durch eine Mischung aus Flüssigweiß, VanDykeBraun und Dunkelsiena. Mit der hellen Seite des Pinsels nach OBEN gestalten Sie mit jeweils einem einzelnen geschwungenen Pinselstrich die kleinen Felsen und Steine. Mit der Flüssigweiß-Titanweiß-Mischung auf dem Fächerpinsel ergänzen Sie nun noch die Wellen an den Felsen.

Vordergrund
Grundieren Sie die kleinen Bäume und Büsche im Vordergrund mit der dunklen Farbmischung für die Bäume (Mitternachtsschwarz, Preußischblau, Phtalogrün und Karmesinrot) auf dem 1-Zoll-Pinsel.

Um Büschen und Bäumen Struktur zu verleihen bzw. sie in einzelnen Bereichen zu betonen, tippen Sie den 1-Zoll-Pinsel in Flüssigweiß. Dann ziehen Sie den Pinsel mehrmals in eine Richtung durch verschiedene Mischungen aus Gelbtönen, Hellrot und Saftgrün. Die so gerundete Ecke muss nun nach oben zeigen. Setzen Sie den Pinsel leicht auf der Leinwand auf. Die Borsten müssen sich dabei nach oben biegen.

Verwenden Sie eine Mischung aus VanDykeBraun und Dunkelsiena auf dem Spachtel und gestalten Sie den Boden unter den Büschen im Vordergrund. Anschließend setzen Sie mit einer Mischung aus Titanweiß und den Brauntönen auf dem Spachtel einige Akzente.

Nehmen Sie mit dem 2-Zoll-Pinsel erneut Titanweiß auf und ziehen Sie die Farbe senkrecht nach unten ins Wasser. Für die Spiegelungen streichen Sie leicht quer darüber.

Die Wasseroberfläche „wirbeln" Sie wieder mit einer Mischung aus Flüssigweiß und Titanweiß auf dem Fächerpinsel auf.

Kleine Felsen und Steine im Wasser fügen Sie mit dem Filbertpinsel (den Sie beidseitig durch die Farbe ziehen) ein.

Große Nadelbäume
Nehmen Sie mit dem Fächerpinsel eine Mischung aus VanDykeBraun und Dunkelsiena auf. Anschließend ziehen Sie EINE Seite der Borsten durch die dünne Mischung aus Flüssigweiß und den Brauntönen. So ist der Pinsel zweifarbig gefüllt. Halten Sie den Pinsel senkrecht (die helle Seite nach links) und tupfen Sie jeden Baumstamm im Vordergrund nach unten.

Mit verdünntem VanDykeBraun auf dem Schriftenpinsel ergänzen Sie die kleinen Äste und Zweige. Anschließend verwenden Sie die dunkle Farbmischung für die Bäume und den Fächerpinsel, um mit aufwärts gerichteten Strichen das Nadelwerk zu ergänzen. Nehmen Sie mit dem Pinsel zusätzlich Kadmiumgelb auf und setzen Sie einzelne Akzente.

Letzte Feinheiten
Signieren Sie das Bild – und schon ist Ihr Meisterwerk vollendet.

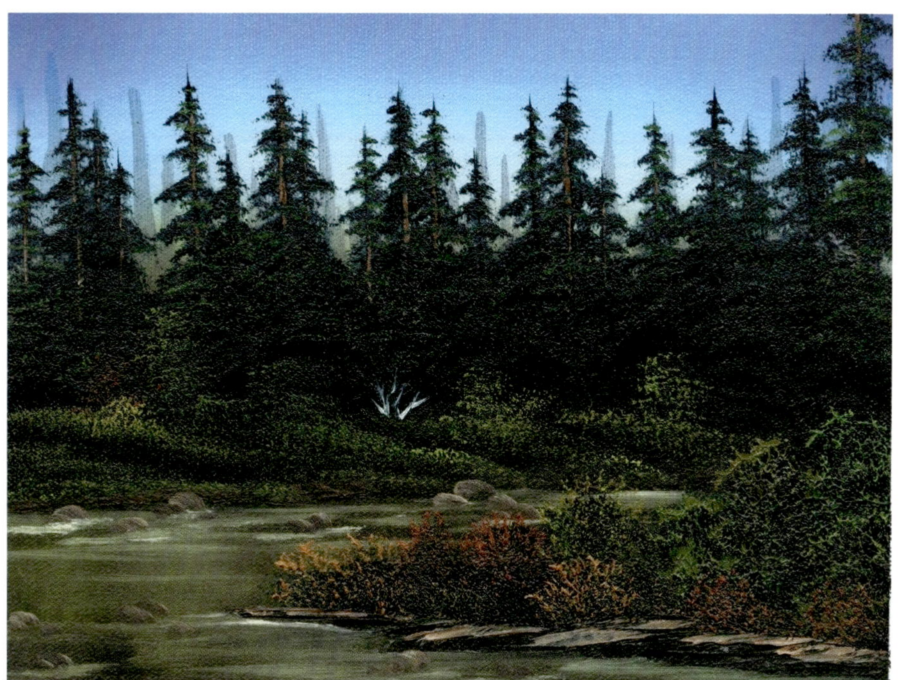

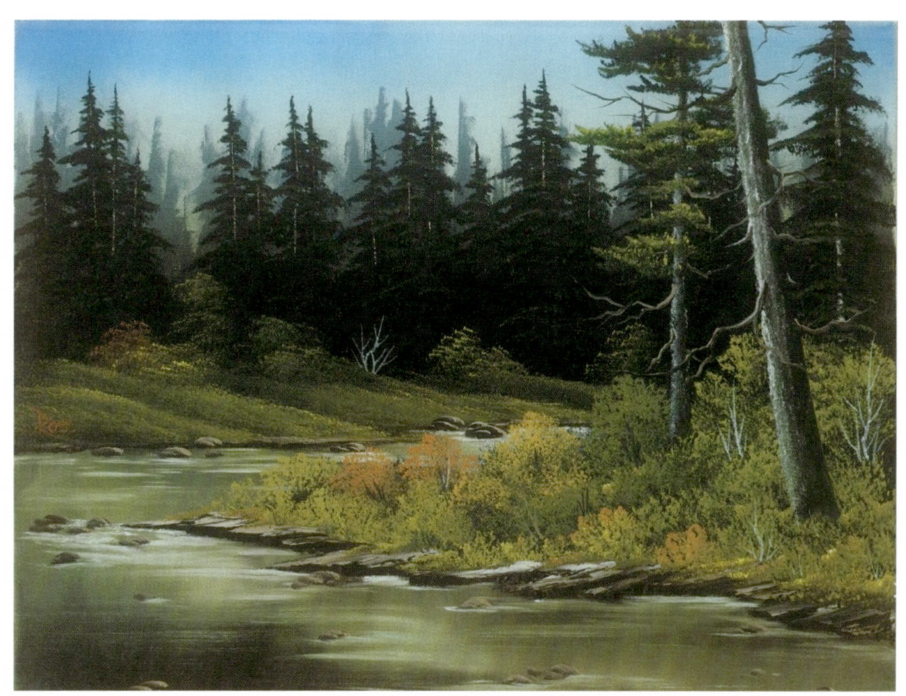

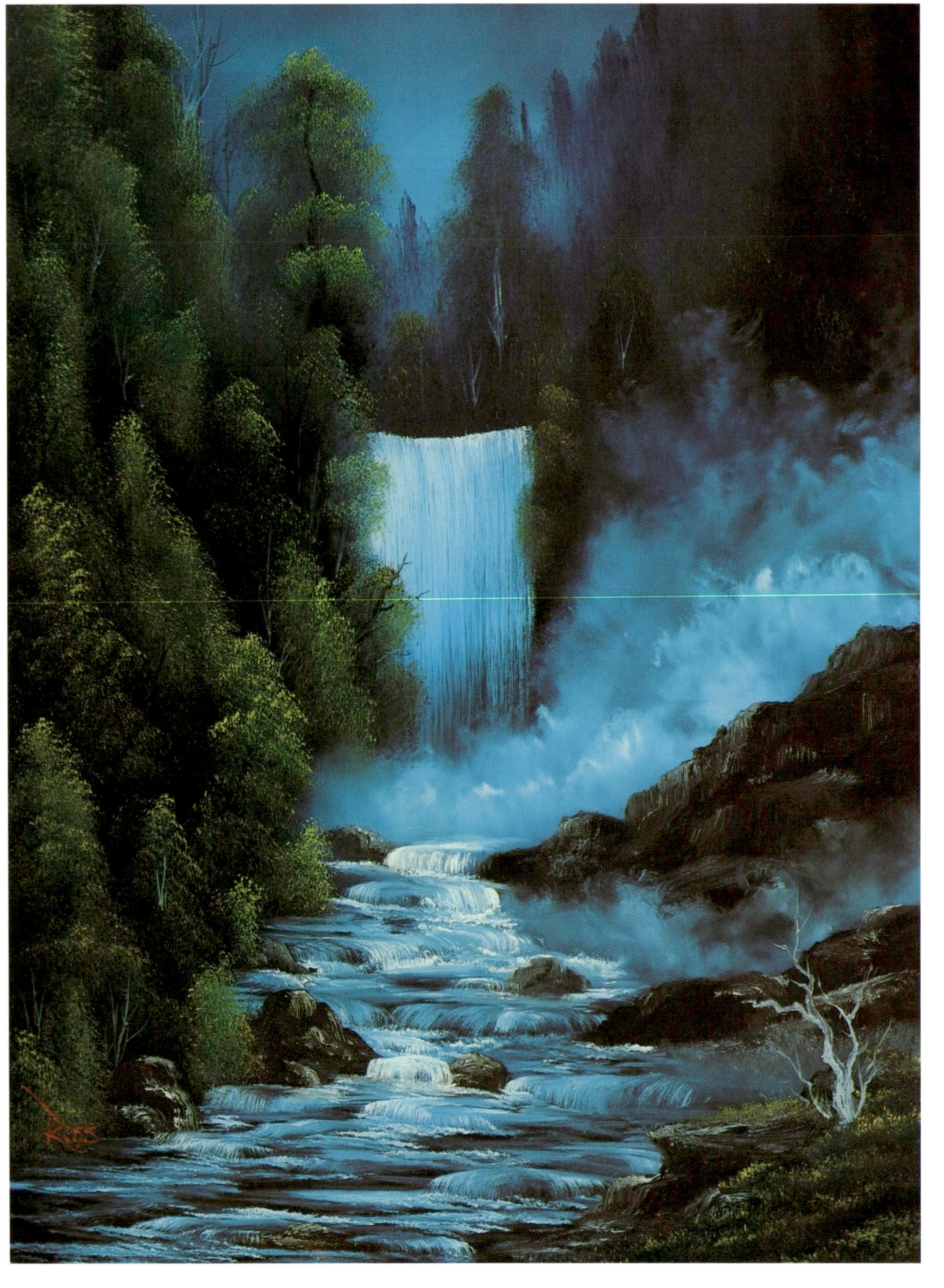

Material

2-Zoll-Pinsel	Mitternachtsschwarz
1-Zoll-Pinsel	Dunkelsiena
Fächerpinsel Nr. 6	VanDykeBraun
Schriftenpinsel Nr. 2	Karmesinrot
Gesso Schwarz	Saftgrün
Flüssigweiß	Kadmiumgelb
Titanweiß	Ockergelb
Phtaloblau	Indischgelb

Mit einem Schaumschwamm tragen Sie eine dünne Schicht Gesso Schwarz gleichmäßig auf die Leinwand auf. Das Gesso Schwarz muss vollständig trocknen, bevor Sie mit dem Malen beginnen.

Anschließend tragen Sie mit dem 2-Zoll-Pinsel eine gleichmäßig dünne Schicht Phtaloblau gemischt mit Saftgrün auf. Diese Schicht darf noch NICHT TROCKEN sein, wenn Sie anfangen zu malen.

Himmel
Der Himmel in diesem Bild wird Ihnen keinerlei Schwierigkeiten bereiten. Mit Titanweiß auf dem 2-Zoll-Pinsel setzen Sie sich kreuzende Striche dort auf die Leinwand, wo die helle Himmelspartie liegen soll. Da sich bereits Farbe auf der Leinwand befindet, sieht Ihr Himmel leicht bläulich aus.

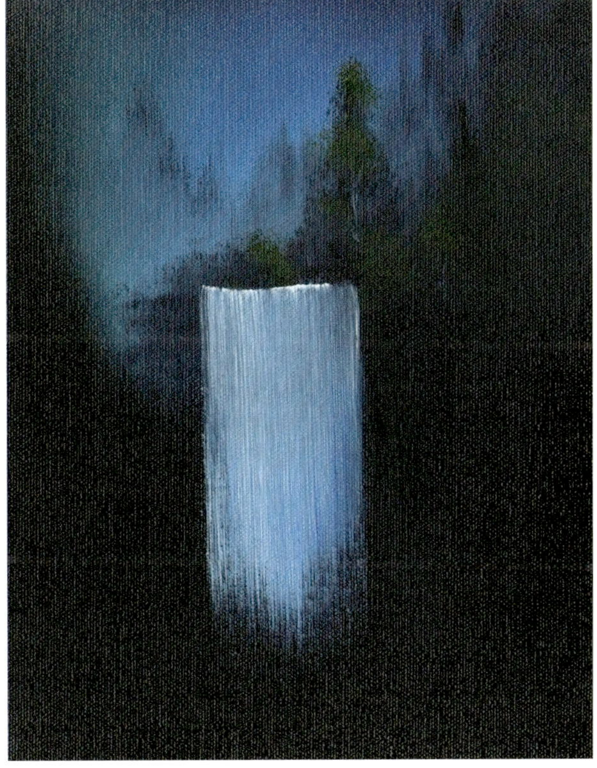

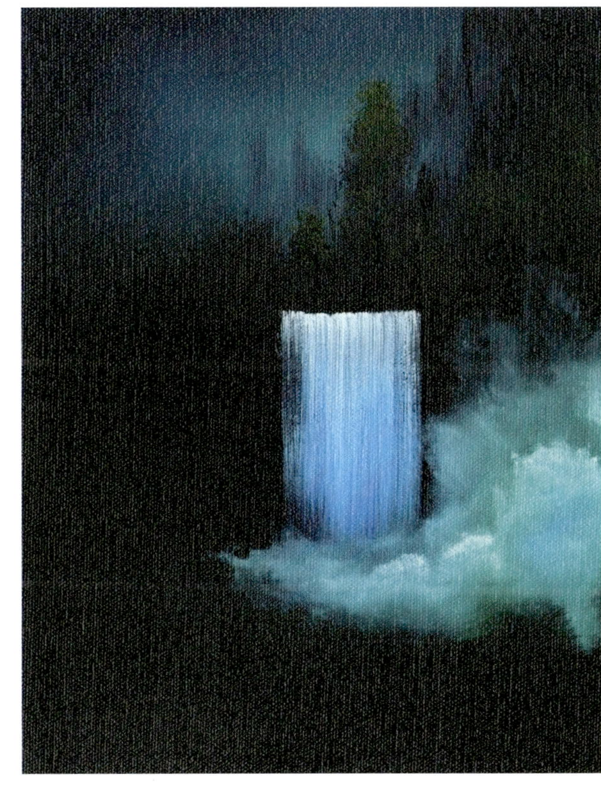

Hintergrund
Die Bäume im Hintergrund werden mit einer Mischung aus Phtaloblau, VanDykeBraun, Mitternachtsschwarz und Karmesinrot gemalt. Nehmen Sie mit dem 1- oder 2-Zoll-Pinsel Farbe auf. Halten Sie den Pinsel senkrecht und tupfen Sie damit nach unten, um die Bäume anzudeuten. Mit der Spitze eines sauberen, trockenen 2-Zoll-Pinsels tupfen Sie im unteren Bereich der Bäume in die Farbe – so liegen sie schön im Dunst. Geben Sie zu der Farbmischung etwas Farbverdünner und Titanweiß und ergänzen Sie mit dem Schriftenpinsel die Baumstämme.

Wasserfall
Nehmen Sie mit dem 2-Zoll-Pinsel Titanweiß auf. Entscheiden Sie, wo sich der Wasserfall befinden soll. Dort setzen Sie den Pinsel waagerecht an und ziehen die Farbe gerade nach unten. Wiederholen Sie diesen Arbeitsschritt so oft, bis der gewünschte Effekt erreicht ist.

Nehmen Sie nun mit dem Fächerpinsel Titanweiß auf und stupfen Sie ihn im unteren Bereich des Wasserfalls auf die Leinwand. Mit kreisförmigen und wirbelnden Bewegungen erwecken Sie den Eindruck, als läge der Fuß des Wasserfalls im Dunst. Mit der Spitze eines sauberen, trockenen 2-Zoll-Pinsels tupfen Sie in kleinen, kreisenden Bewegungen auf die Leinwand und verwischen den Dunst. Wenn Sie möchten, können Sie nun noch weitere Dunstschichten hinzufügen.

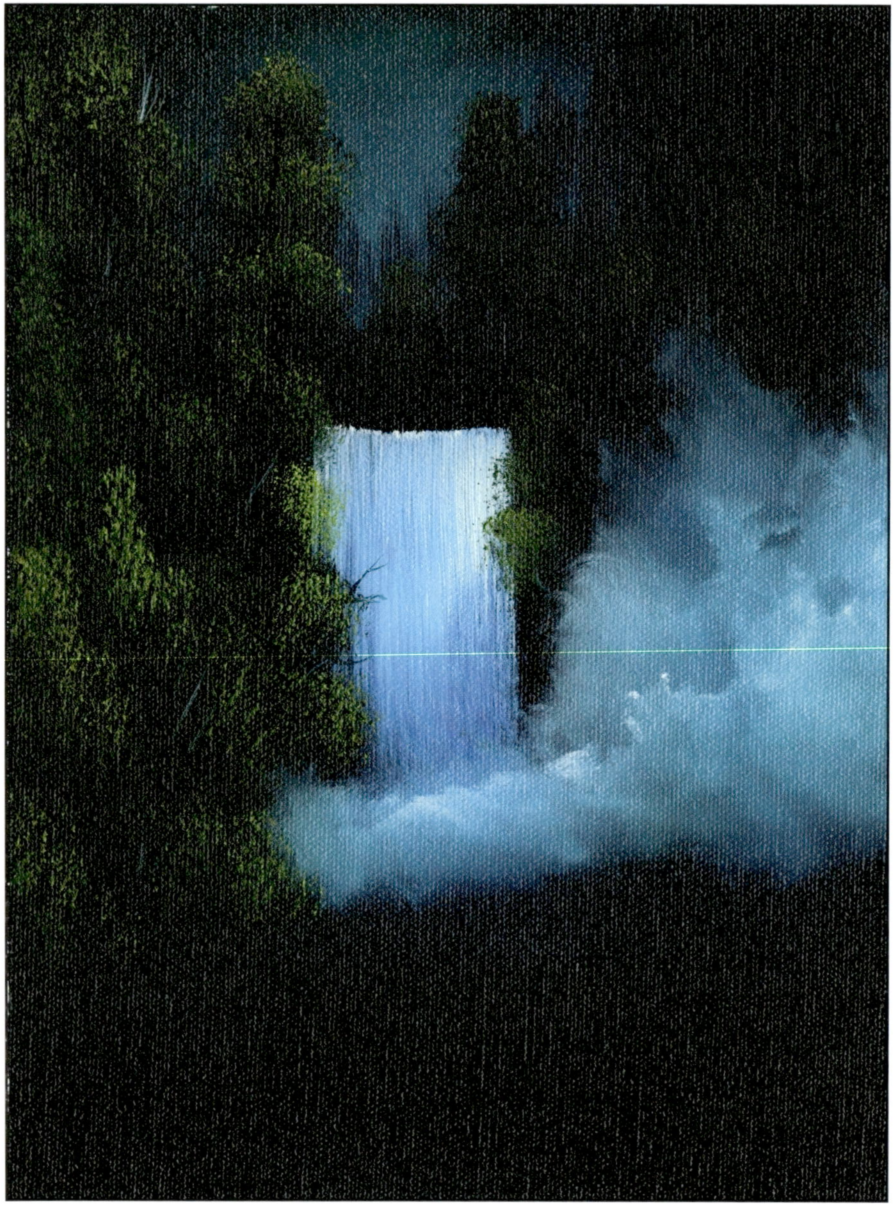

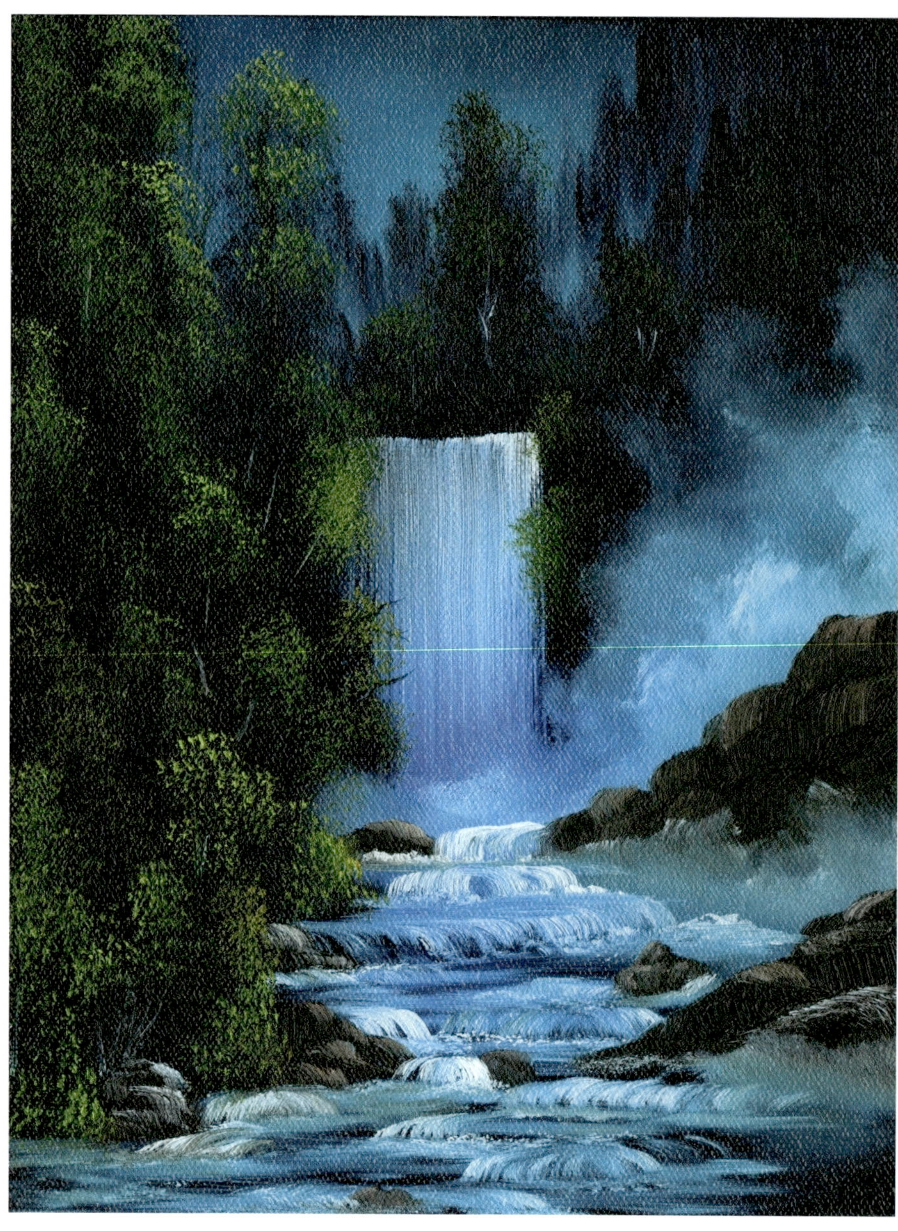

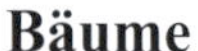

Bäume

Fügen Sie nun die Bäume im Vordergrund hinzu. Zu diesem Zweck stellen Sie verschiedene Mischungen aus Phtaloblau und Saftgrün her. Verwenden Sie den 2-Zoll-Pinsel. Halten Sie ihn senkrecht und tupfen Sie ihn von oben nach unten auf die Leinwand, um die Baumstrukturen anzulegen. Für die Baumstämme verwenden Sie eine sehr dünne dunkle Mischung und den Schriftenpinsel. Arbeiten Sie in Schichten. Nehmen Sie mit der Spitze des Pinsels etwas von der hellsten Farbmischung auf und tupfen Sie ihn nach unten auf die Leinwand. So setzen Sie Akzente, die einzelnen Bäume heben sich klarer voneinander ab.

Felsen und Steine
Nehmen Sie eine Mischung aus VanDykeBraun, Dunkelsiena und Mitternachtsschwarz mit dem Fächerpinsel auf und gestalten Sie damit die großen Felsen und Steine. Legen Sie die Grundstruktur der Felsen an und verwenden Sie unterschiedliche Mischungen aus Dunkelsiena und Titanweiß, um Akzente zu setzen. Den unterhalb den Felsen liegenden Dunst fügen Sie wieder mithilfe des Fächerpinsels und etwas Titanweiß hinzu. Anschließend streichen Sie mit dem 2-Zoll-Pinsel leicht darüben.

Fluss
Mit dem Fächerpinsel nehmen Sie eine Mischung aus Flüssigweiß und Titanweiß auf. Ergänzen Sie die unter dem Dunst liegende Strömung. Dort, wo die Strömung einsetzt, machen Sie wirbelnde, waagerechte Striche. Um die kleinen Wasserfälle entstehen zu lassen, ziehen Sie die Farbe mit kurzen senkrechten Strichen gerade nach unten, Aufwärtsstriche sorgen für den sprudelnden Schaum. Ergänzen Sie kleine Felsen und Steine in dem wirbelnden Gewässer mit VanDyke-Braun auf dem Fächerpinsel. Achten Sie auf die Perspektive. Der Strom sollte nach vorne hin immer breiter werden.

Vordergrund
Für die Felsen im Vordergrund benötigen Sie VanDykeBraun und den Fächerpinsel. Die Grasflächen auf den großen Felsen entstehen aus einer Mischung aus allen Gelbtönen, Phtaloblau sowie Mitternachtsschwarz. Nehmen Sie die Farbmischung mit dem Fächerpinsel auf und arbeiten Sie nun mit lockeren Aufwärtsstrichen. Für die Bäume im Vordergrund verwenden Sie verschiedene Mischungen aus allen Gelbtönen und tupfen diese mit dem 2-Zoll-Pinsel von oben nach unten auf die Leinwand.

Letzte Feinheiten
Mit hellen Farbmischungen auf dem Schriftenpinsel ergänzen Sie letzte Details wie Stöcke, Zweige und Baumstämme. Verdünnen Sie die Farben mit Farbverdünner bis sie eine wässrige Konsistenz haben. Stupfen Sie den Pinsel in reichlich Farbe und drehen Sie ihn so, dass eine Spitze entsteht. Üben Sie nur wenig Druck aus.

So, und nun ist Ihr Bild fertig. Hoffentlich hatten Sie viel Freude am Malen!

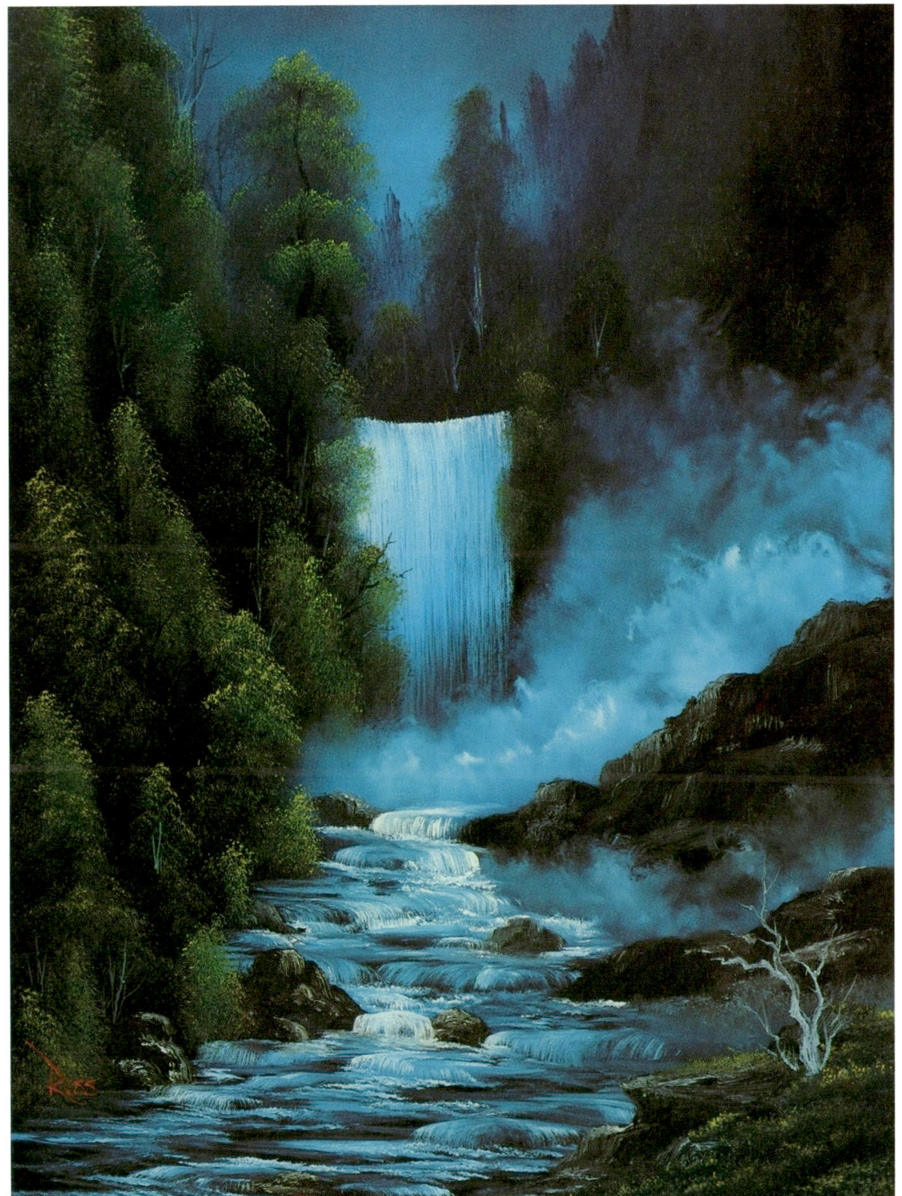

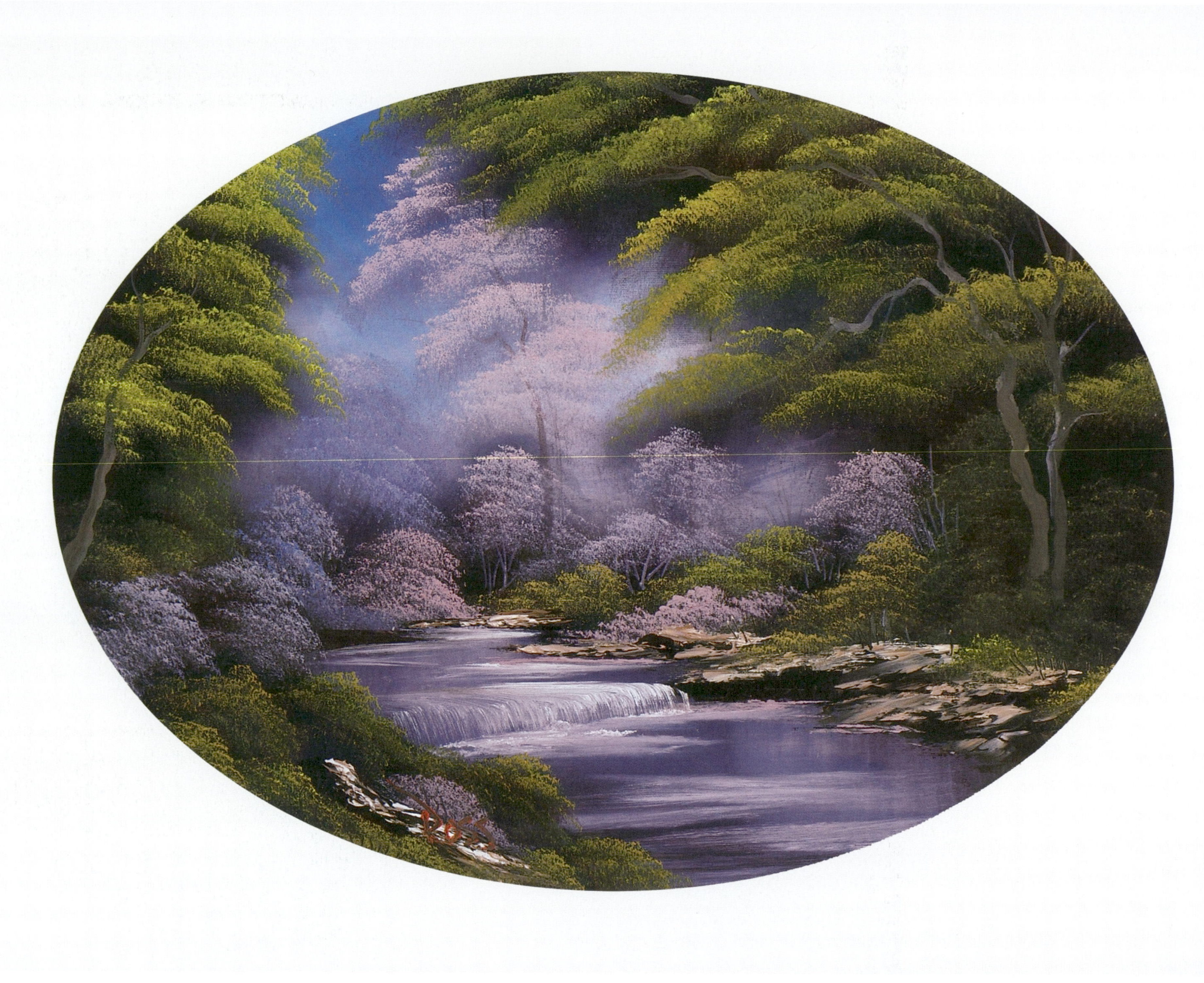
ROSS

FLUSS IM WALD (OVAL)

Material

2-Zoll-Pinsel
1-Zoll-Pinsel
Fächerpinsel Nr. 6
Schriftenpinsel Nr. 2
Farbspachtel Nr. 10
Klebefolie
Gesso Schwarz
Flüssigweiß
Titanweiß
Phtaloblau
Mitternachtsschwarz
Dunkelsiena
VanDykeBraun
Karmesinrot
Saftgrün
Kadmiumgelb
Ockergelb
Indischgelb
Hellrot

Schneiden Sie ein Stück Klebefolie passend auf das Format Ihrer Leinwand (ca. 45 x 60 cm) zu. Dann schneiden Sie mittig ein Oval aus (ca. 40 x 50 cm) und bedecken die Leinwand mit der so vorbereiteten Folie. Mit einem Schaumschwamm tragen Sie Gesso Schwarz auf die freie ovale Fläche auf. Lassen Sie dabei einen nicht scharf abgegrenzten Bereich des hellen Untergrundes frei. Das Gesso Scharz muss VOLLSTÄNDIG TROCKNEN, bevor Sie mit dem Malen beginnen.

Sobald die Grundierung trocken ist, mischen Sie Phtaloblau und Karmesinrot und tragen die Farbe in einer gleichmäßig dünnen Schicht auf den dunklen Untergrund auf. Die helle, noch unbemalte Fläche bedecken Sie mit einer dünnen Schicht Flüssigweiß. Diese Farben dürfen NICHT trocken sein, wenn Sie anfangen zu malen.

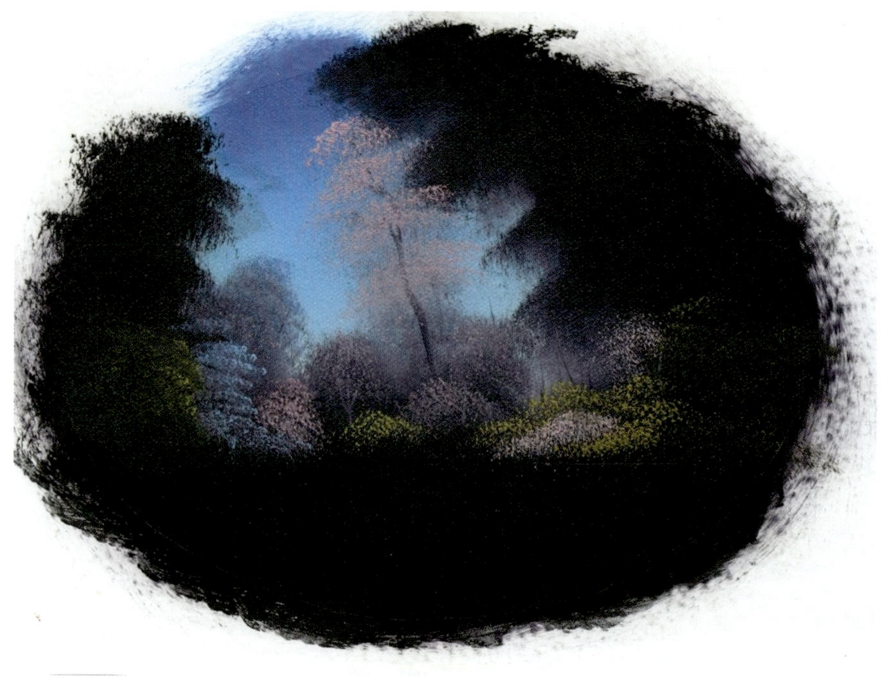

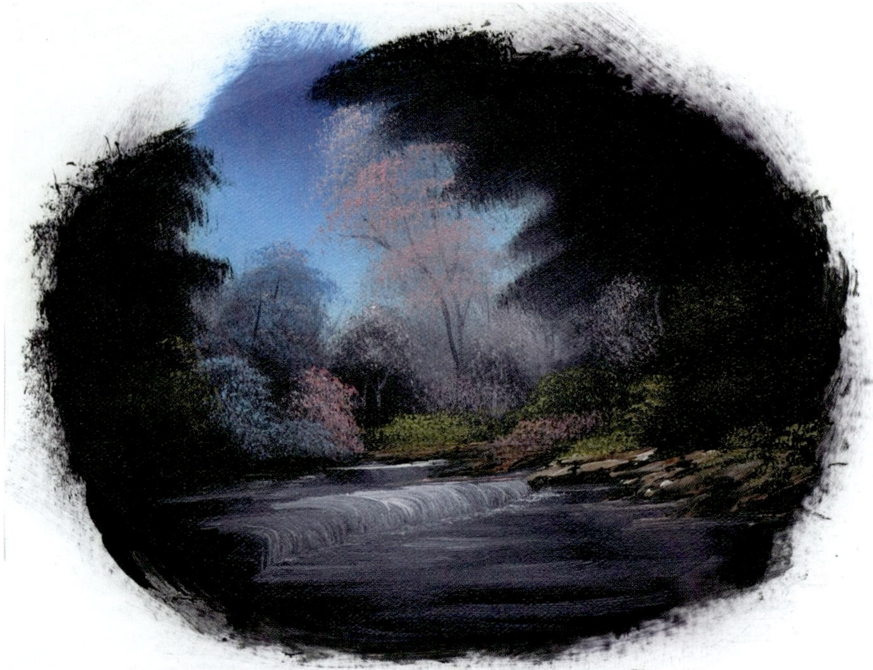

Himmel
Nehmen Sie mit einem sauberen, trockenen 2-Zoll-Pinsel einen Hauch Phtaloblau auf und tragen Sie die Farbe mit sich kreuzenden Strichen auf die helle Fläche auf. Während Sie sich nach unten vorarbeiten, verbindet sich die Farbe mit dem Flüssigweiß und wird zum Horizont hin immer heller.

Hintergrund
Tupfen Sie mit dem 2-Zoll-Pinsel in die dunkle Farbmischung auf Ihrer Leinwand und legen Sie bis in die helle Fläche des Himmels hinein Bäume an. Geben Sie zu der Phtaloblau-Karmesinrot-Mischung etwas Farbverdünner und ergänzen Sie mit dem Schriftenpinsel die kleinen Baumstämme im Hintergrund. Für die helleren Bäume im Hintergrund verwenden Sie den 1-Zoll-Pinsel sowie eine Mischung aus Titanweiß, Phtaloblau und Karmesinrot. Tupfen Sie mit einer Ecke des Pinsels das Laubwerk auf die Leinwand. Denken Sie genau über die einzelnen Formen nach und gestalten Sie individuelle Laubbüschel. Arbeiten Sie in Schichten. Sie können auch die Farbe variieren, indem Sie die Gelbtöne mit Saftgrün in unterschiedlicher Zusammensetzung mischen.

Wasser
Nehmen Sie mit dem 2-Zoll-Pinsel Titanweiß auf. Setzen Sie den Pinsel flach auf der Leinwand auf und ziehen Sie die Farbe nach unten. Anschließend streichen Sie leicht quer darüber, um die Spiegelungen im Wasser zu erzeugen. Beachten Sie, wie sich das Weiß mit der schon vorhandenen Farbe rasch zu einer lavendelfarbenen Wasserfläche verbindet.

Für die Uferregion verwenden Sie VanDykeBraun, das Sie mit der Kante des Farbspachtels auftragen. Mit einer Mischung aus Titanweiß und Dunkelsiena setzen Sie Akzente. Einzelne kleine Grasflächen ergänzen Sie mit Gelb-Grün-Mischungen auf dem 1-Zoll-Pinsel. „Ritzen" Sie noch einige Wasserlinien sowie Kräuselungen mit Flüssigweiß und der Lavendelmischung auf der Kante des Spachtels ein.

Wasserfall
Nehmen Sie mit dem Fächerpinsel Titanweiß sowie eine Spur Phtaloblau auf. Setzen Sie im Hintergrund wirbelnde Striche auf die Leinwand, um dem Wasser Bewegung zu verleihen. Den Wasserfall gestalten Sie mit einer Reihe kurzer Abwärtsstriche. Mit weiteren wirbelnden, waagerechten Strichen bringen Sie den Wasserverlauf im Bild nach vorne.

Vordergrund
Grundieren Sie die Büsche und die Uferregion im Vordergrund mit einer Mischung aus Phtaloblau und Karmesinrot. Verwenden Sie hierzu den 2-Zoll-Pinsel. Einzelne Akzente setzen Sie mit dem 1-Zoll-Pinsel und verschiedenen Gelbmischungen. Arbeiten Sie in Schichten und bedecken Sie nicht den gesamten Untergrund. Nutzen Sie diesen vielmehr, um die einzelnen Büsche voneinander abzugrenzen.

Ergänzen Sie Felsen und Steine mit VanDykeBraun auf dem Spachtel. Mit einer Mischung aus Titanweiß und Dunkelsiena verleihen Sie den Felsen Konturen und Strukturen.

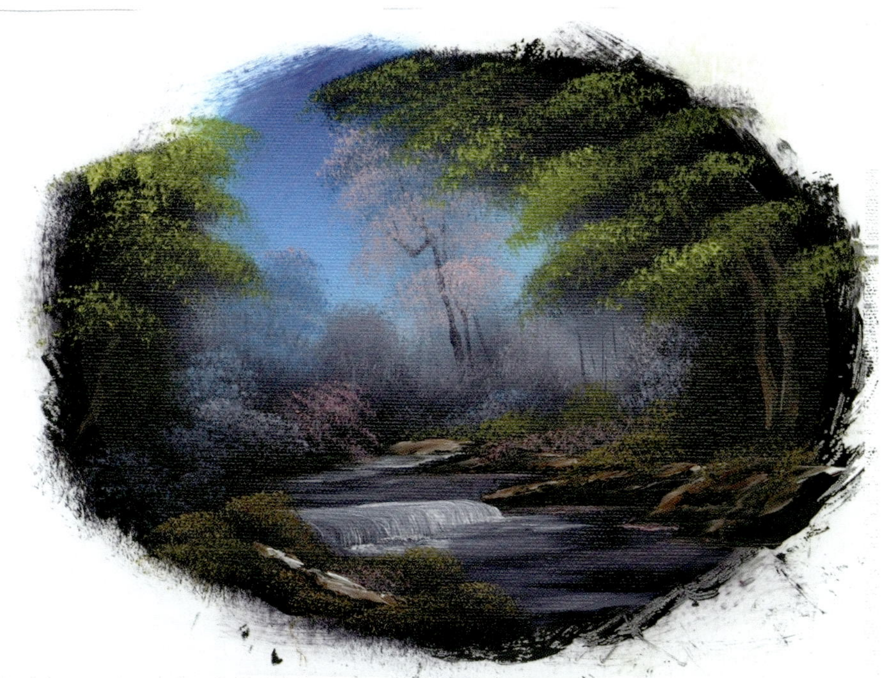

Große Bäume
Mischen Sie Titanweiß, VanDykeBraun und Dunkelsiena mit Farbverdünner, bis eine fast wässrige Konsistenz erreicht ist. Diese Mischung nehmen Sie dann mit dem Schriftenpinsel auf. Beginnen Sie am oberen Ende jedes Baumstamms und drehen Sie den Pinsel, während Sie ihn langsam herunterziehen. Auf diese Weise bekommen die Bäume ein knorriges Aussehen. Sollte die Farbe nicht genug fließen, fügen Sie noch etwas mehr Farbverdünner hinzu.

Ergänzen Sie das Laubwerk mit den Gelb-Grün-Mischungen oder verwenden Sie eine andere hierfür geeignete Farbe Ihrer Wahl. Setzen Sie nur eine Ecke des 1-Zoll-Pinsels auf der Leinwand an, um die einzelnen Laubbüschel zu malen.

Letzte Feinheiten
Mit der Spachtelspitze „ritzen“ Sie kleine Stöcke und Zweige ein. Nun kommt der vergnügliche Teil der Arbeit! Entfernen Sie die Klebefolie – und schon haben Sie das fertige Bild vor sich. Ist es nicht prachtvoll? Nun können Sie Ihr Meisterwerk voller Stolz signieren.

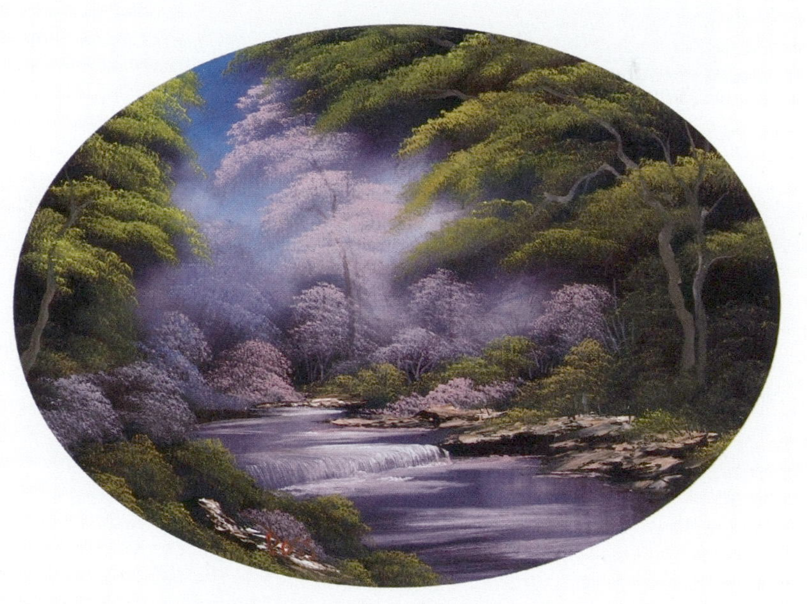

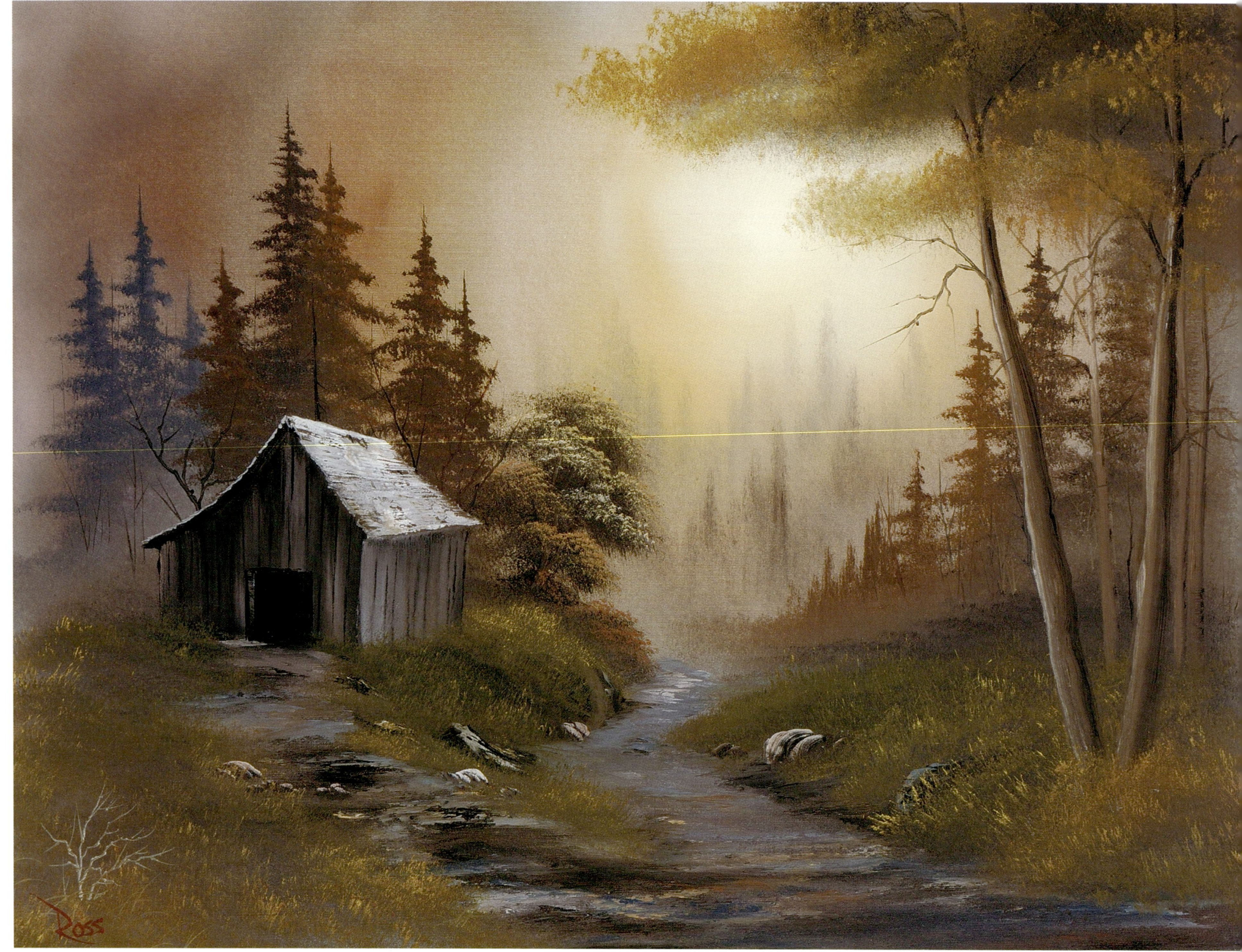
Ross

Material

2-Zoll-Pinsel	Phtaloblau
1-Zoll-Pinsel	Mitternachtsschwarz
Fächerpinsel Nr. 6	Dunkelsiena
Schriftenpinsel Nr. 2	VanDykeBraun
Farbspachtel Nr. 10	Karmesinrot
Farbspachtel Nr. 5	Saftgrün
Flüssigweiß	Kadmiumgelb
Flüssigschwarz	Ockergelb
Flüssigtransparent	Indischgelb
Titanweiß	Hellrot

Bedecken Sie den oberen, mittleren Teil der Leinwand mit einer gleichmäßig dünnen Schicht einer Mischung aus Flüssigweiß und Flüssigtransparent. Auf den unteren Teil sowie auf die Seitenpartien tragen Sie mit dem 2-Zoll-Pinsel Flüssigschwarz auf. Mit kreisförmigen Pinselstrichen verwischen Sie die harten Übergänge zwischen den beiden Farben.

Himmel
Nehmen Sie mit dem 2-Zoll-Pinsel einen Hauch Ockergelb auf und beginnen Sie, die Farbe zunächst im hellen Zentrum des Himmels mit sich kreuzenden Strichen aufzutragen. Nun fügen Sie zunächst Kadmiumgelb hinzu und arbeiten sich langsam nach außen, dann folgt eine Mischung aus Ockergelb und Dunkelsiena. In den Randbereichen kommt VanDyke-Braun zum Einsatz. Abschließend streichen Sie mit einem sauberen, trockenen 2-Zoll-Pinsel über den Himmel und verblenden ihn.

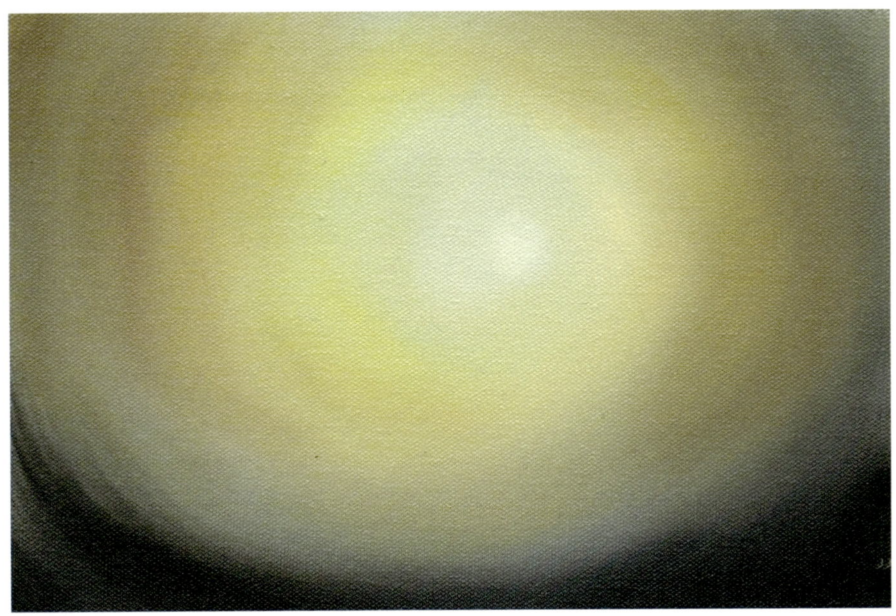

Mit einem sauberen, trockenen 2-Zoll-Pinsel nehmen Sie nun Titanweiß auf und tragen es im hellen Zentrum des Himmels auf. Sie können auch die Sonne andeuten, indem Sie Titanweiß mit dem Finger auftragen. Verblenden Sie den Himmel noch einmal.

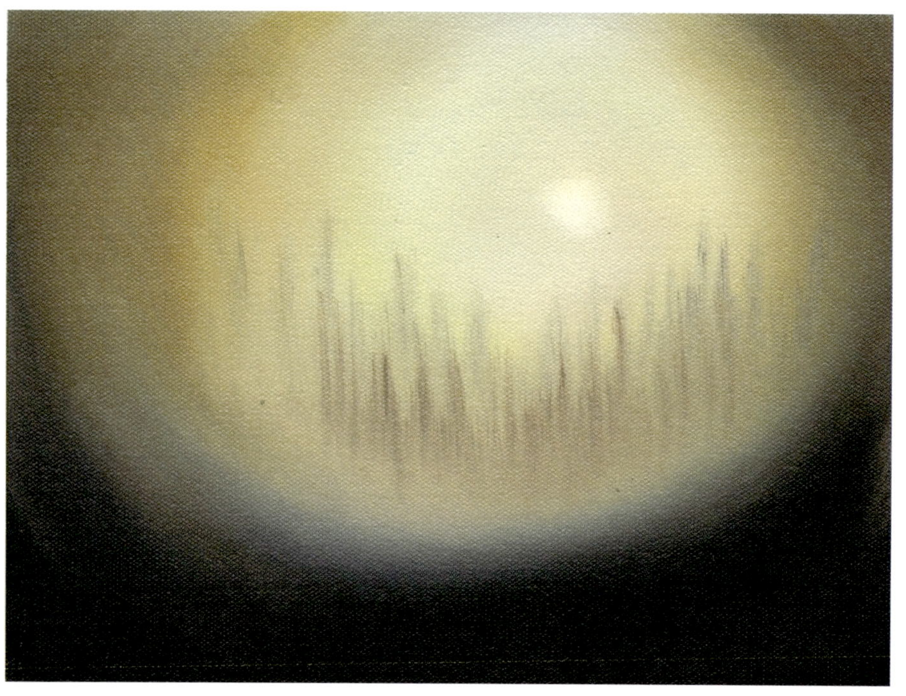

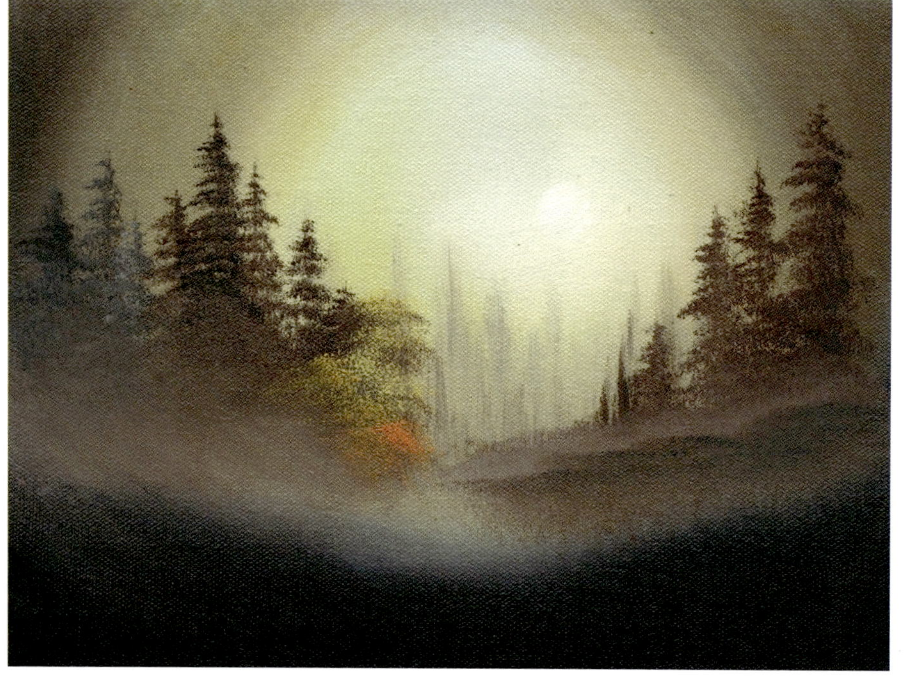

Hintergrund

Nehmen Sie mit dem Fächerpinsel eine Mischung aus Titanweiß, Dunkelsiena und Mitternachtsschwarz auf. Halten Sie den Pinsel senkrecht und tupfen Sie nach unten, um eine Reihe im Hintergrund liegender Nadelbäume zu malen. Tupfen Sie nun im unteren Bereich der Bäume in die Farbe und heben Sie sie anschließend leicht an, damit der Eindruck von Dunst entsteht.

Geben Sie noch etwas Dunkelsiena und Mitternachtsschwarz zu der Farbmischung hinzu. Arbeiten Sie sich mit dem Fächerpinsel in Schichten nach vorne und ergänzen Sie in gewohnter Weise weitere, nun etwas dichter stehende Baumreihen.

Große Nadelbäume

Für die größeren Nadelbäume mischen Sie Dunkelsiena, VanDykeBraun, Mitternachtsschwarz und etwas Titanweiß. Nehmen Sie die Farbe mit dem Fächerpinsel so auf, dass eine scharfe Kante entsteht. Halten Sie den Pinsel senkrecht und setzen Sie ihn leicht auf der Leinwand auf, um die Mittelachse jedes Baumes festzulegen. Mit nur einer Ecke des Pinsels malen Sie die Baumkronen. Arbeiten Sie sich langsam nach unten vor, indem Sie mit dem Pinsel vor und zurück tupfen und zunehmend mehr Druck ausüben, damit die Äste immer ausladender werden. Auch diese Bäume sollten im unteren Bereich wieder in leichtem Dunst stehen.

Mit der dunklen Farbmischung der Nadelbäume auf dem 2-Zoll-Pinsel tupfen Sie mit einer Ecke des Pinsels nach unten die kleinen Bäume und Büsche unterhalb der Nadelbäume auf die Leinwand.

Dann deuten Sie mit der Spachtelspitze die Baumstämme der Nadelbäume an. Mischen Sie Ockergelb und Hellrot und setzen Sie mit dem Fächerpinsel einige leichte Akzente auf der vom Licht beschienenen rechten Seite der Zweige.

Nehmen Sie verschiedene Mischungen aus allen Gelbtönen, Hellrot und Titanweiß mit dem 2-Zoll-Pinsel auf und betonen Sie die kleinen Bäume und Büsche unterhalb der Nadelbäume.

Die Baumstämme ergänzen Sie mit verdünntem VanDykeBraun auf dem Schriftenpinsel. Üben Sie dabei nur ganz wenig Druck auf den Pinsel aus und drehen und wackeln Sie ihn beim Malen hin und her, damit die Stämme ein knorriges Aussehen erhalten.

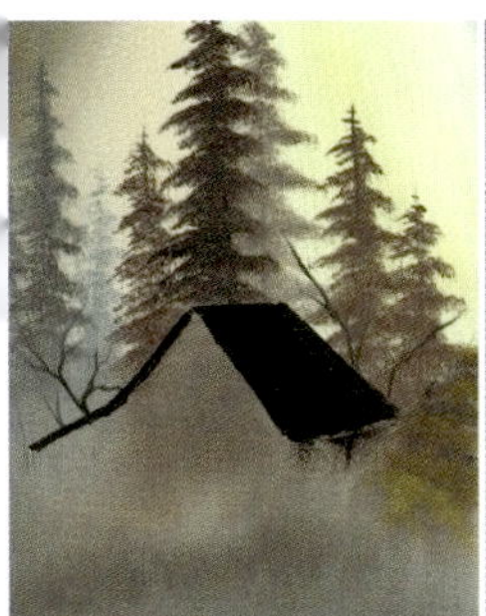
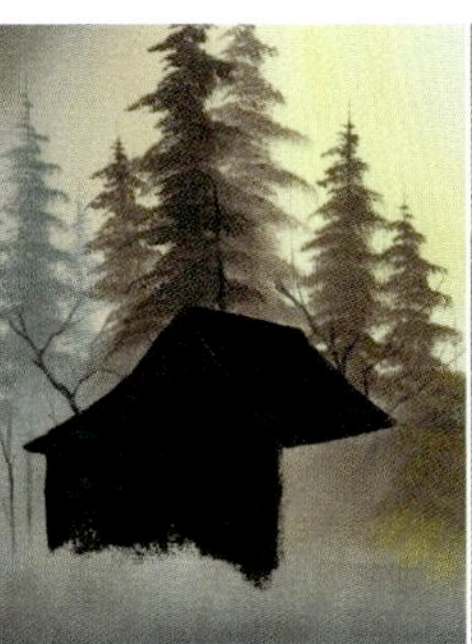
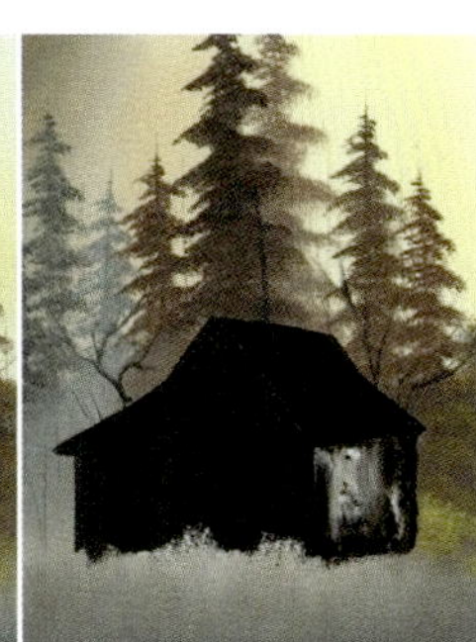
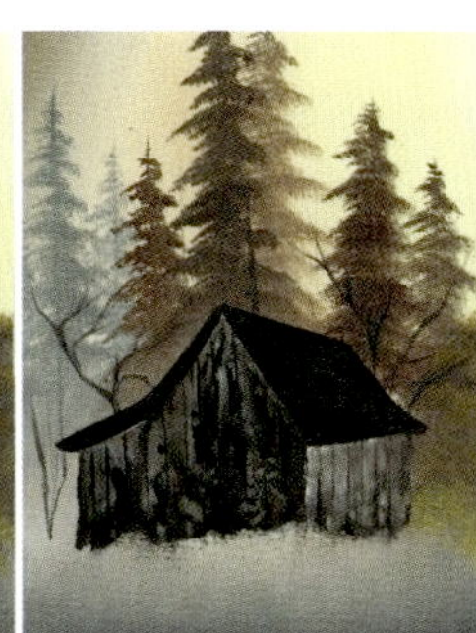
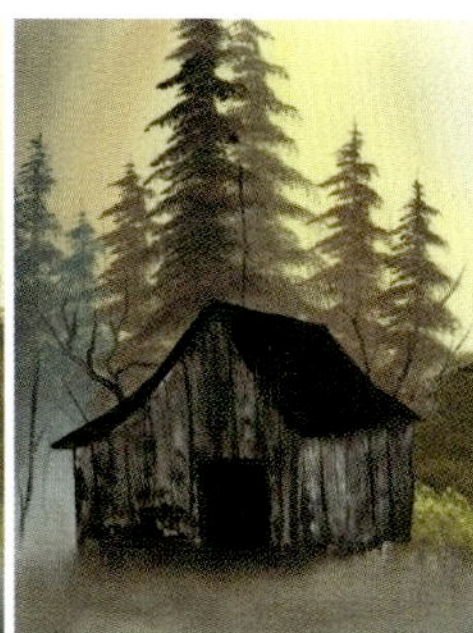
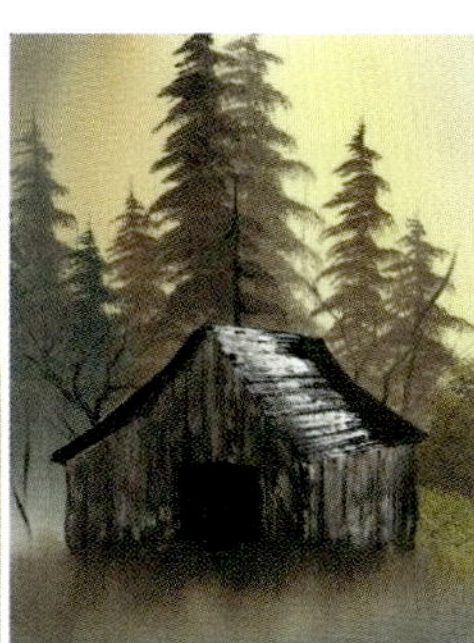
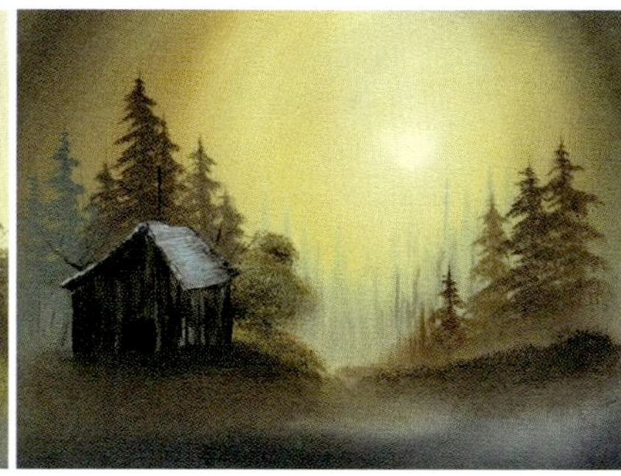

Scheune
Entfernen Sie mit einem sauberen Spachtel die Farbe an der Stelle von der Leinwand, an der die Scheune stehen soll. Mit dem Spachtel nehmen Sie etwas VanDykeBraun auf und malen zunächst das Dach, dann die Seite und die Front. Achten Sie dabei auf die Winkel.

Mit einer Mischung aus Titanweiß, Dunkelsiena und VanDykeBraun auf dem Spachtel betonen Sie die Seitenwand der Scheune. Üben Sie dabei gerade so viel Druck aus, dass die Farbe „bricht". Für die Front verwenden Sie eine dunklere Mischung (weniger Weiß).

Deuten Sie nun mit etwas VanDykeBraun auf dem Palettenmesse die Holzlatten an den Seitenpartien der Scheune an. Anschließend streichen Sie mit dem 2-Zoll-Pinsel leicht darüber. So wirkt das Holz alt und verwittert. Die Scheunentür malen Sie mit dem kleinen Farbspachtel und VanDykeBraun. Mit der Braunmischung, Titanweiß und Mitternachtsschwarz auf dem Palettenmesser setzen sie auf dem Dach einzelne Akzente. Jetzt ist die Scheune fertig.

Für die Grasfläche vor der Scheune mischen Sie VanDykeBraun, Mitternachtsschwarz und Karmesinrot. Tupfen Sie mit dem 2-Zoll-Pinsel nach unten.

Mit dem 1-Zoll-Pinsel und verschiedenen Mischungen aus Saftgrün, allen Gelbtönen, Mitternachtsschwarz und Karmesinrot betonen Sie die Grasflächen.

Ergänzen Sie Felsen und Steine mit VanDyke-Braun auf dem kleinen Spachtel. Anschließend setzen Sie mit einer Mischung aus VanDyke-Braun und Titanweiß einige Akzente.

Weg
Den Weg malen Sie mit dem Fächerpinsel und kurzen, waagerechten Strichen. Verwenden Sie eine Mischung aus VanDykeBraun und Dunkelsiena. Um anschließend einige Akzente zu setzen, geben Sie etwas Titanweiß hinzu. Beachten Sie, dass der Weg im Hintergrund schmal und nach vorne hin breiter werden soll. Mit dem 1-Zoll-Pinsel setzen Sie im Gras am Wegesrand ein paar Akzente.

Bäume
Mischen Sie VanDykeBraun und Dunkelsiena und nehmen Sie mit dem Fächerpinsel etwas Farbe auf. Halten Sie den Pinsel senkrecht, setzen Sie ihn am oberen Leinwandrand an und ziehen Sie die Farbe in einzelnen Strichen nach unten. Auf diese Weise entstehen die großen Baumstämme im Vordergrund. Betonen Sie die jeweils linke Seite der Stämme mit einer Mischung aus Braun und Weiß auf dem Fächerpinsel. Verwenden Sie verdünntes Braun auf dem Schriftenpinsel, um Äste und Zweige zu ergänzen.

Mit einer Mischung aus VanDykeBraun, Mitternachtsschwarz und Phtaloblau auf dem 2-Zoll-Pinsel fügen Sie das Laub an den Bäumen hinzu. Betonen Sie es mit einer Mischung aus Ockergelb und Hellrot.

Letzte Feinheiten
Verwenden Sie die Gelbmischungen auf dem 2-Zoll-Pinsel und ergänzen Sie kleine Grasflächen unterhalb der Bäume. Zum Abschluss signieren Sie Ihr Bild.

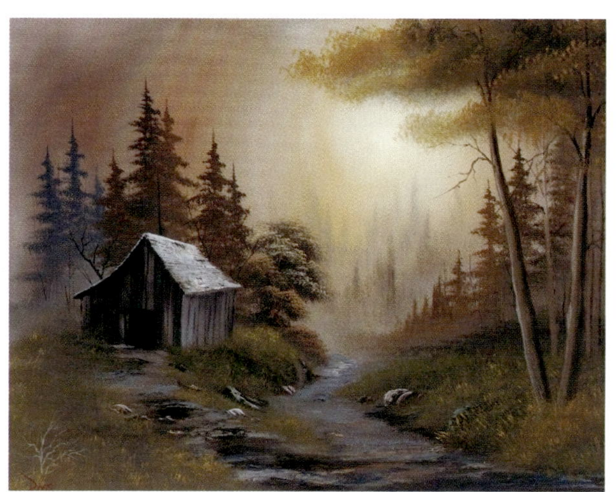

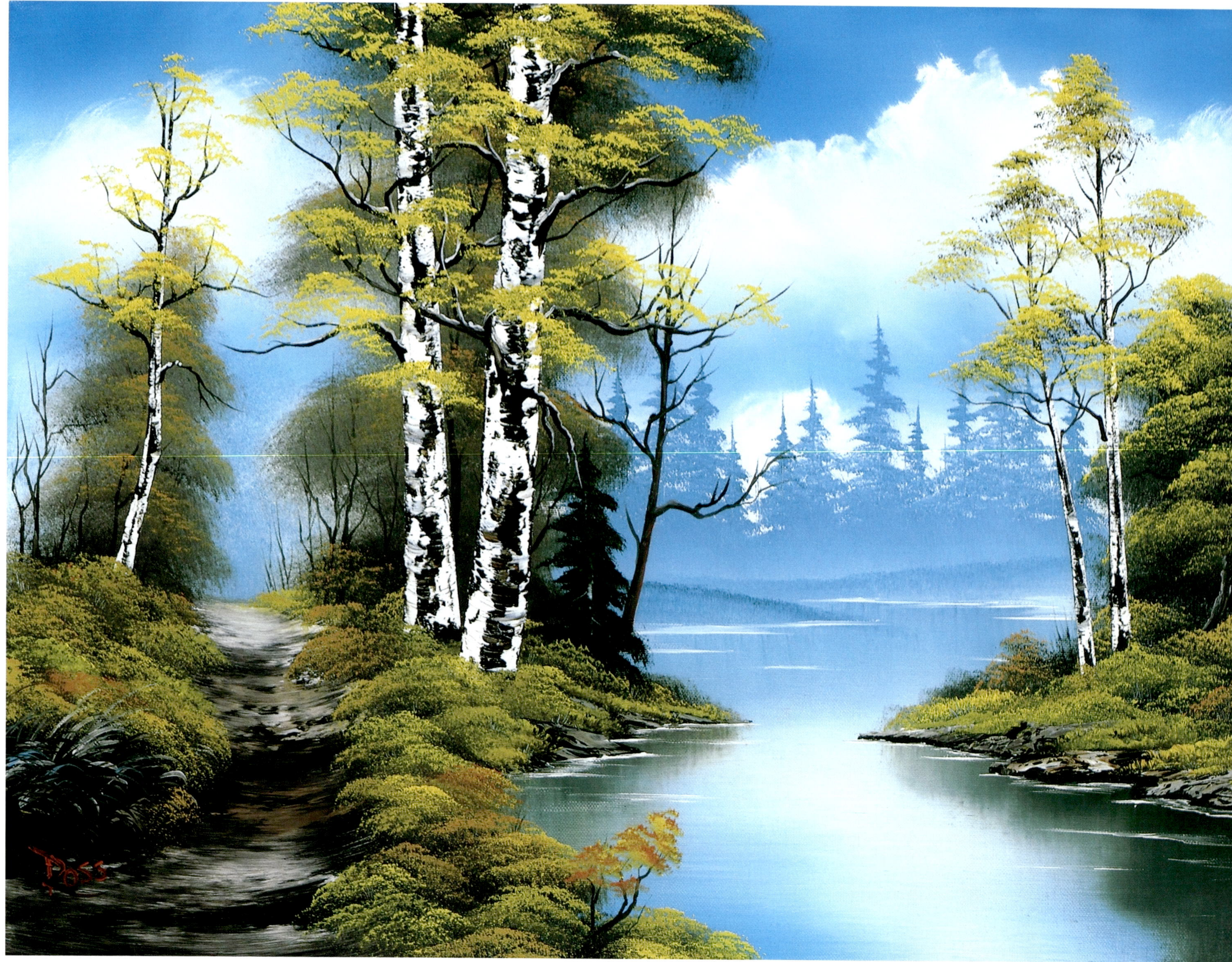
Ross

PFAD AM SEE

Material

2-Zoll-Pinsel	Dunkelsiena
Fächerpinsel Nr. 6	VanDykeBraun
Schriftenpinsel Nr. 2	Karmesinrot
Farbspachtel Nr. 10	Saftgrün
Flüssigweiß	Kadmiumgelb
Phtaloblau	Ockergelb
Preußischblau	Indischgelb
Mitternachtsschwarz	Hellrot

Bedecken Sie zunächst die ganze Leinwand gleichmäßig mit einer dünnen Schicht Flüssigweiß und verwenden Sie hierfür den 2-Zoll-Pinsel. Tragen Sie die Farbe in langen, waagerechten und senkrechten Strichen auf und streichen Sie vor und zurück, um sicher zu gehen, dass die Farbe gleichmäßig verteilt ist. Ganz wichtig: Das Flüssigweiß darf NICHT TROCKEN sein, wenn Sie anfangen zu malen.

Himmel
Nehmen Sie mit dem 2-Zoll-Pinsel eine Mischung aus Phtaloblau, Mitternachtsschwarz und einem Hauch Ockergelb auf. Tupfen Sie die Pinselborsten fest in die Farbe, damit sich diese darin gleichmäßig verteilt. Mit kleinen, sich kreuzenden Strichen malen Sie den Himmel, lassen aber einige Stellen frei, um dort später Wolken einzufügen. Mit langen, waagerechten Strichen tragen Sie mit einem sauberen, trockenen 2-Zoll-Pinsel die Farbe im unteren Bereich der Leinwand auf.

Nehmen Sie mit dem 2-Zoll-Pinsel Titanweiß auf und fügen Sie nun mit kleinen kreisenden Bewegungen an den noch freien Stellen am Himmel Wolken ein. Mit einem sauberen, trockenen 2-Zoll-Pinsel verblenden Sie die Unterseiten der Wolken und ziehen die Farbe dann nach oben, um die Wolken „aufzuschütteln“.

Hintergrund
Für die kleinen Nadelbäume nehmen Sie mit dem Fächerpinsel eine Mischung aus

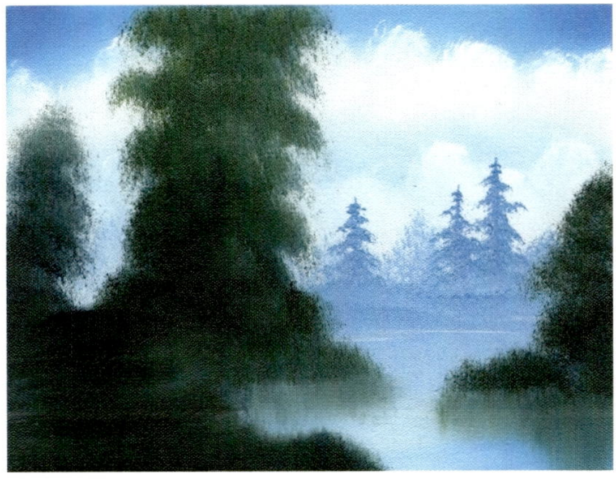

Preußischblau, Mitternachtsschwarz, VanDykeBraun, Ockergelb und Titanweiß auf. Berühren Sie die Leinwand nur leicht, um die Mittelachse des jeweiligen Baumes festzulegen. Nur mit einer Ecke des Pinsels fügen Sie die Äste ein. Üben Sie nach unten hin zunehmend Druck aus, damit die Äste immer ausladender werden. Mit der Spachtelspitze lassen sich ein paar Baumstämme „einritzen“. Die Bäume sollten auch dieses Mal wieder von Dunst umgeben sein. Geben Sie zu der „Baumfarbe“ ein wenig VanDykeBraun und gestalten Sie mit dem 2-Zoll-Pinsel den Boden unterhalb der Bäume. Halten Sie den Pinsel waagerecht und ziehen Sie die Farbe gerade nach unten ins Wasser. Für die Spiegelungen streichen Sie leicht quer darüber. Mit Flüssigweiß auf der langen Kante des Spachtels „ritzen“ Sie nun die Wasserlinien ein. Mit der gleichen Farbmischung und dem 2-Zoll-Pinsel tupfen Sie abwärts, um auf der linken Bildseite in der Ferne stehende Bäume anzudeuten.

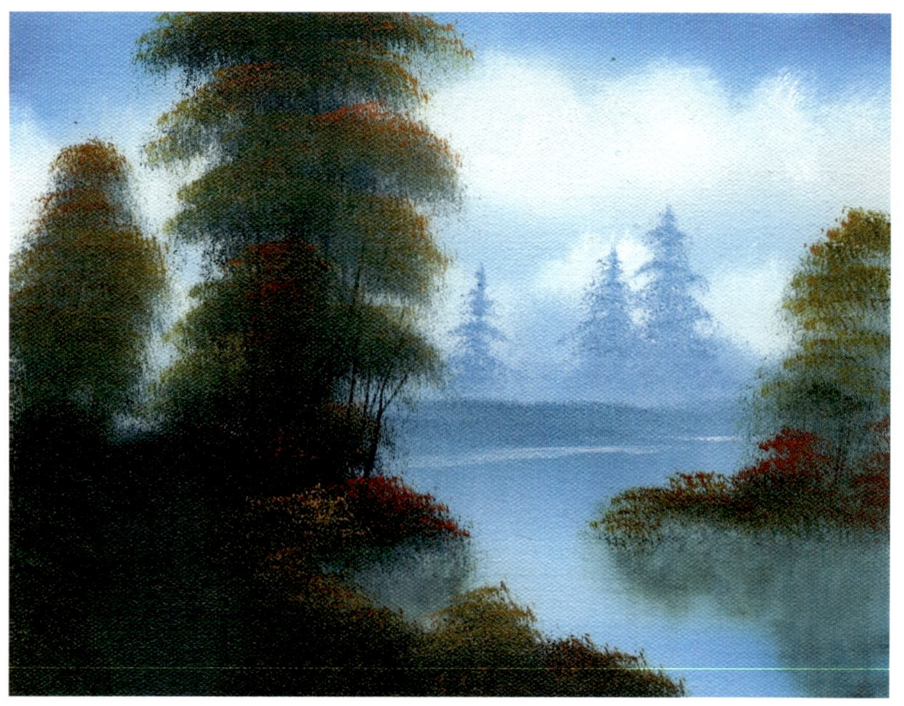

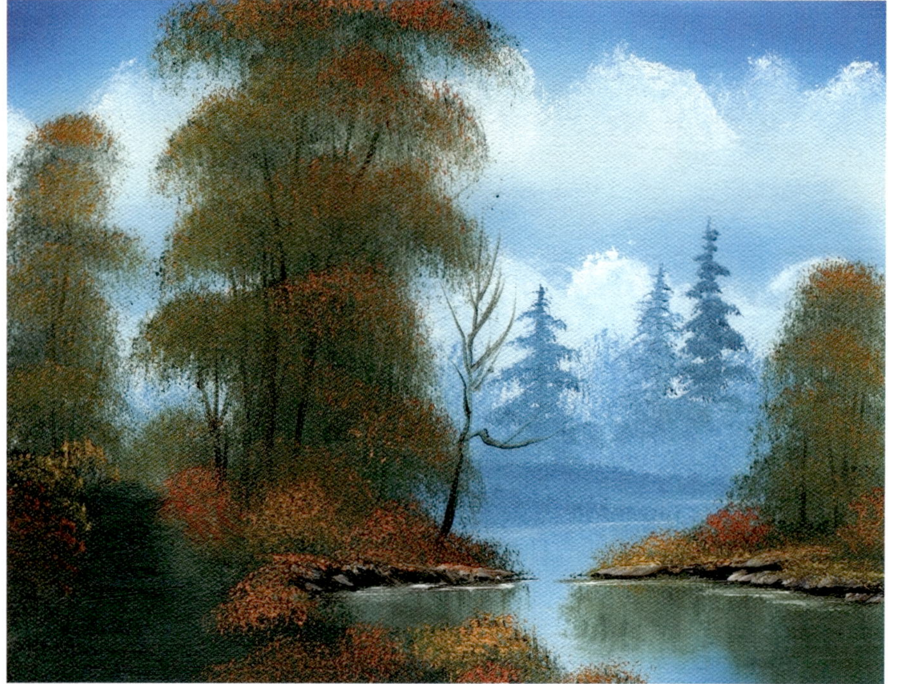

Vordergrund
Nehmen Sie mit demselben 2-Zoll-Pinsel VanDykeBraun, Dunkelsiena und Mitternachtsschwarz auf. Halten Sie den Pinsel waagerecht und tupfen Sie größere Bäume und Büsche im Bildvordergrund auf die Leinwand. Drehen Sie den Pinsel um und ziehen Sie die Farbe senkrecht ins Wasser. Für die Spiegelungen streichen Sie behutsam quer darüber.

Mit VanDykeBraun auf dem 2-Zoll-Pinsel und geschwungenen Strichen legen Sie den Weg auf der linken Bildseite an. Mit stark verdünntem VanDykeBraun auf dem Schriftenpinsel ergänzen Sie kleine Baumstämme und Äste.

Betonen Sie die Bäume und Büsche mit verschiedenen Mischungen aus den Gelbtönen, Saftgrün sowie Hellrot auf dem 2-Zoll-Pinsel. Setzen Sie nur die Borstenspitzen ein und tupfen Sie abwärts. Dabei gestalten Sie ganz bewusst die einzelnen Baum- und Buschformen.

Mit VanDykeBraun auf dem Spachtel ergänzen Sie die Uferzone. Akzente setzen Sie dort mit einer Mischung aus Titanweiß, Dunkelsiena und Phtaloblau. Tragen Sie die Farbe mit so viel bzw. wenig Druck auf, dass die Farbe „bricht“.

Nehmen Sie mit der langen Kante des Palettenmessers ein wenig Flüssigweiß auf. Drücken Sie den Spachtel fest gegen die Leinwand, wenn Sie die einzelne Linien ins Wasser „ritzen“.

Um die Uferregion mit Gras zu versehen, nehmen Sie mit dem Fächerpinsel die hellen Farbmischungen aus den Gelbtönen, Saftgrün und Hellrot auf. Halten Sie den Pinsel waagerecht und stupfen Sie mit den Pinselborsten nach oben.

Den kleinen Nadelbaum malen Sie mit dem Fächerpinsel und einer Mischung aus Preußischblau, Mitternachtsschwarz und Saftgrün. Mit der Spachtelspitze deuten Sie einen Baumstamm an.

Weg
In seiner Grundform haben Sie den Weg bereits mit VanDykeBraun auf dem 2-Zoll-Pinsel angelegt. Nun betonen Sie ihn mit verschiedenen Mischungen aus Dunkelsiena und Titanweiß auf dem Spachtel. Setzen Sie diesen waagerecht und mit gerade so viel Druck auf der Leinwand an, dass die Farbe „bricht". Mit waagerechten, leicht geschwungenen Strichen eines sauberen, trockenen Fächerpinsels verblenden Sie die Glanzlichter ein wenig. Arbeiten Sie in Schichten und fügen Sie am Wegesrand ein paar Grasflächen mit dem 2-Zoll-Pinsel hinzu.

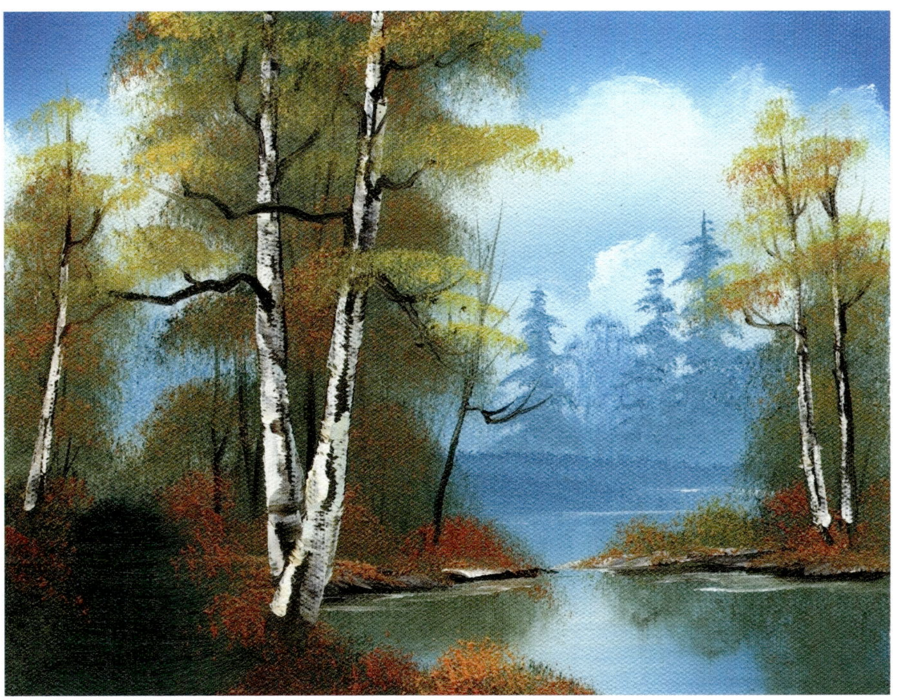

Birken
Die Baumstämme malen Sie mit VanDykeBraun auf dem Fächerpinsel. Halten Sie den Pinsel senkrecht, setzen Sie ihn an der Baumspitze an und ziehen Sie die Farbe nach unten. Je mehr Sie sich dem Fuß des Baumes nähern, desto mehr Druck üben Sie auf den Pinsel aus. Mit etwas Titanweiß auf der langen Kante des Spachtels setzen Sie auf den Stämmen einzelne Akzente. Halten Sie das Palettenmesser senkrecht, berühren Sie den Baumstamm nur leicht und ziehen Sie das Messer ein wenig zur Seite. Achten Sie darauf, dass Sie nicht den gesamten dunklen Untergrund bedecken.

Mit verdünntem VanDykeBraun auf dem Schriftenpinsel ergänzen Sie die Äste. Für die Blätter nehmen Sie mit dem 2-Zoll-Pinsel etwas Kadmiumgelb auf. Formen Sie ganz bewusst einzelne Laubbüschel.

Letzte Feinheiten
Nehmen Sie verdünntes Titanweiß mit dem Schriftenpinsel auf und fügen Sie lange Grashalme und andere Details im Vordergrund hinzu.

Dann signieren Sie Ihr Bild, treten zurück und bewundern es!

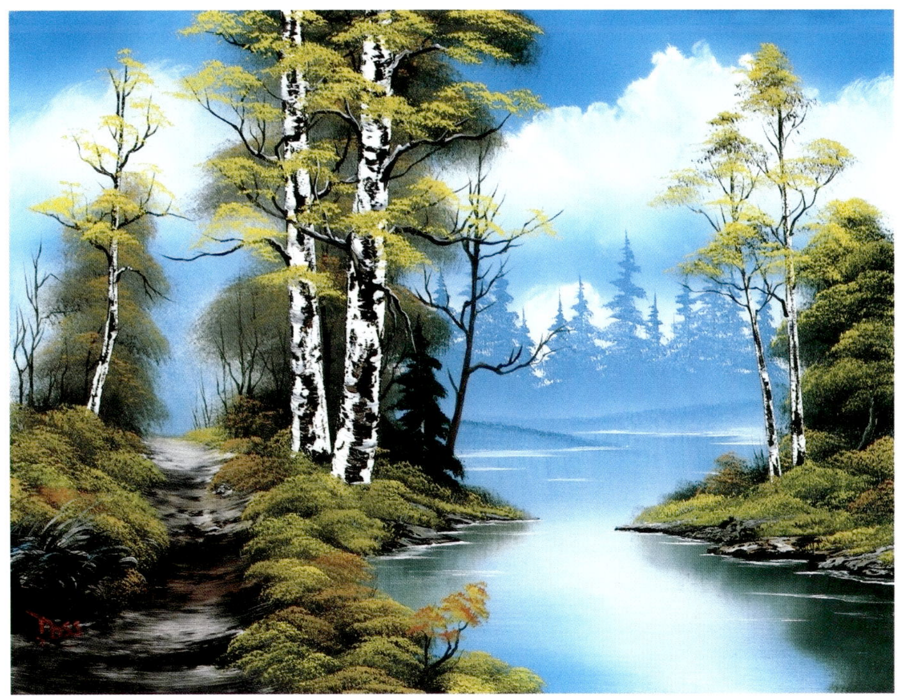

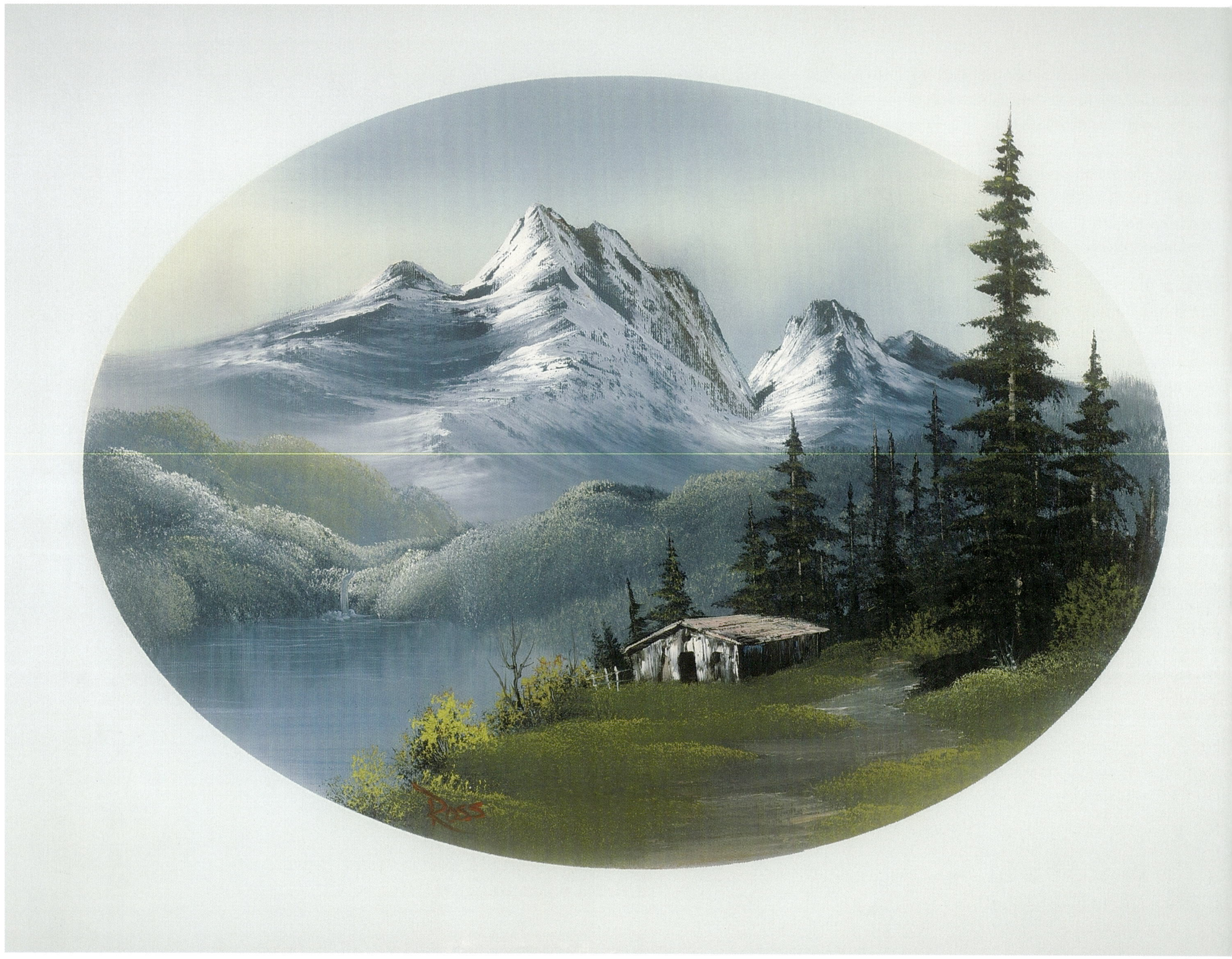

ZUFLUCHTSORT IM TAL

Material

2-Zoll-Pinsel	Phtaloblau
1-Zoll-Pinsel	Preußischblau
1-Zoll-Ovalpinsel	Mitternachtsschwarz
Fächerpinsel Nr. 6	Dunkelsiena
Schriftenpinsel Nr. 2	VanDykeBraun
Farbspachtel Nr. 10	Karmesinrot
Farbspachtel Nr. 5	Saftgrün
Klebefolie	Kadmiumgelb
Flüssigweiß	Ockergelb
Titanweiß	Indischgelb
Phtalogrün	Hellrot

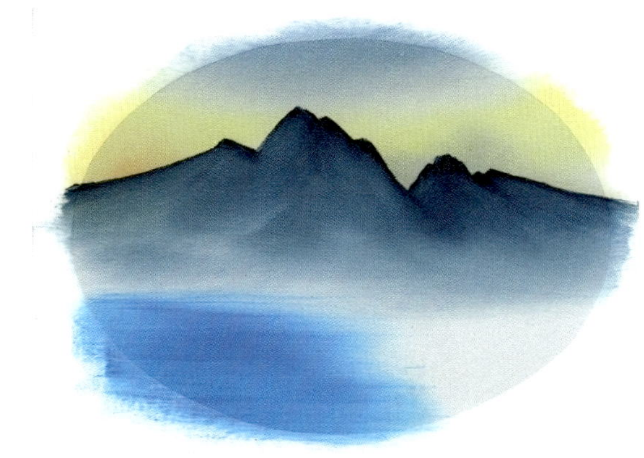

Schneiden Sie ein Stück Klebefolie passend auf das Format Ihrer Leinwand (ca. 18 x 24 cm) zu. Dann schneiden Sie mittig ein Oval aus (ca. 16 x 20 cm) und bedecken die Leinwand mit der auf diese Weise vorbereiteten Folie.

Nehmen Sie den 2-Zoll-Pinsel zur Hand und bedecken Sie die freie Leinwandfläche mit einer gleichmäßig dünnen Schicht Flüssigweiß. Das Flüssigweiß darf NICHT TROCKEN sein, wenn Sie anfangen zu malen.

Himmel

Mit einem Hauch Ockergelb auf dem 2-Zoll-Pinsel und sich kreuzenden Strichen verleihen Sie der Leinwand in der Mitte des Himmels einen goldenen Schimmer. Ohne den Pinsel zu reinigen, nehmen Sie etwas Karmesinrot auf und gestalten in gleicher Weise den Himmel über dem Horizont.

Nun nehmen Sie mit dem Pinsel etwas Mitternachtsschwarz auf und tragen die Farbe mit sich kreuzenden Strichen im obersten Himmelsabschnitt sowie mit kreisförmigen Strichen unmittelbar über dem Horizont auf. Im unteren Teil des Ovals legen sie die Wasserfläche mit einer Mischung aus Phtaloblau und ganz wenig Phtalogrün an.

Tragen Sie die Farbe mit dem 2-Zoll-Pinsel und waagerechten Strichen von den äußeren Kanten des Ovals zur Mitte hin auf und arbeiten Sie von unten zum Horizont hin. Mit einem sauberen, trockenen 2-Zoll-Pinsel und sich kreuzenden Strichen verblenden Sie den Himmel. Anschließend streichen Sie mit langen, waagerechten Strichen über das gesamte Oval und verblenden Himmel und Wasser.

Berge

Der Berg in diesem Bild wird mit dem Spachtel und einer Mischung aus Mitternachtsschwarz und Preußischblau gemalt. Ziehen Sie die Farbe auf Ihrer Palette ganz flach aus, halten Sie den Spachtel senkrecht und schneiden Sie mit der langen Kante des Palettenmessers ein Farbröllchen ab.

Mit festem Druck formen Sie den Berggipfel. Sobald Sie mit der grundlegenden Form des Gipfels zufrieden sind, entfernen Sie die überschüssige Farbe mit dem Spachtel. Ziehen Sie nun die Farbe mit dem 2-Zoll-Pinsel hinunter bis zum Fuß des Berges. Auf diese Weise sieht es aus, als würde dieser im Dunst liegen.

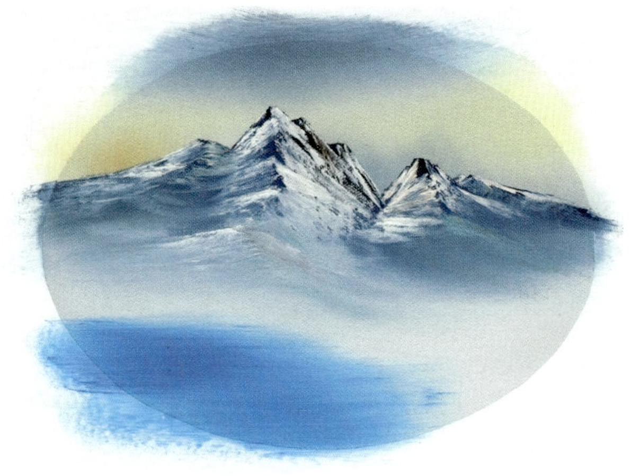

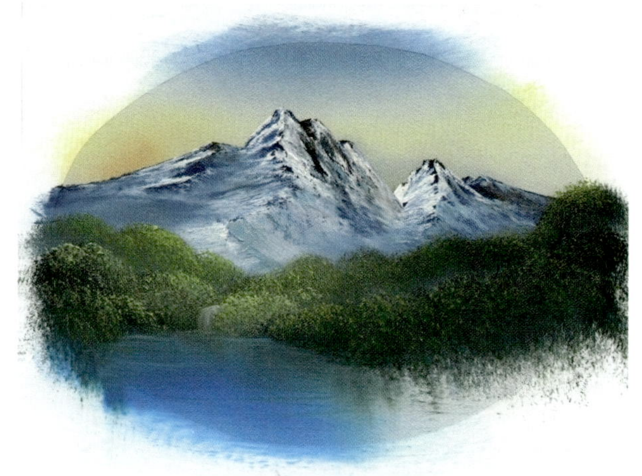

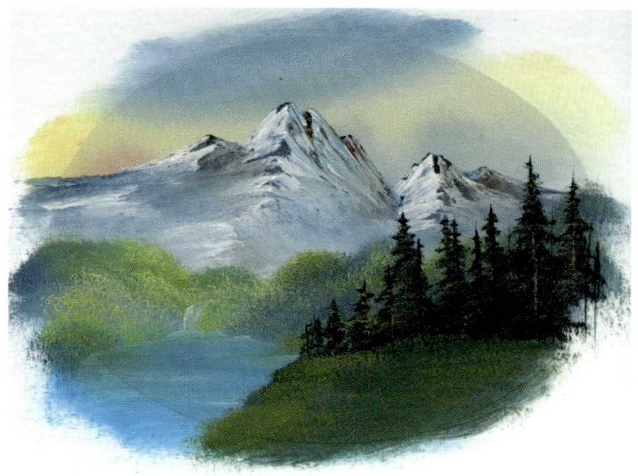

Betonen Sie den Berg mit einer Mischung aus Titanweiß und einem Hauch Dunkelsiena. Nehmen Sie mit der langen Kante des Spachtels erneut ein Farbröllchen auf. An der Bergspitze beginnend lassen Sie den Farbspachtel die rechte Seite jedes Gipfels hinuntergleiten. Üben Sie nur so viel bzw. wenig Druck aus, dass die Farbe „bricht".

Verwenden Sie eine Mischung aus Titanweiß und ganz wenig Phtaloblau sowie VanDyke-Braun für die im Schatten liegenden Partien. Mit einem sauberen, trockenen 2-Zoll-Pinsel im unteren Teil stupfen Sie (dabei stets den Winkeln des Berges folgend) und ziehen die Farbe dann leicht nach oben. Auf diese Weise entsteht der Eindruck von Dunst.

Gebirgsausläufer
Mit dem Ovalpinsel nehmen Sie eine Mischung aus Mitternachtsschwarz, Preußischblau, Saftgrün, VanDykeBraun, Karmesinrot und Titanweiß auf. Halten Sie den Pinsel waagerecht und tupfen Sie nach unten. So zaubern Sie schöne Gebirgsausläufer auf die Leinwand.

Ziehen Sie nun die Farbe senkrecht nach unten ins Wasser. Für die Spiegelungen streichen Sie leicht quer darüber.

Mit dem Ovalpinsel nehmen Sie erneut verschiedene Mischungen aus Phtalogrün und allen Gelbtönen auf und betonen Sie die Hügelkette. Tupfen Sie wieder nur nach unten.

Wasserfall
Malen Sie den Wasserfall mit einer Mischung aus Farbverdünner und Flüssigweiß auf dem Schriftenpinsel. Abschließend fügen Sie Kräuselungen und Wellen hinzu.

Nadelbäume
Nehmen Sie mit dem Fächerpinsel eine dunkle Farbmischung aus Mitternachtsschwarz, Preußischblau, Saftgrün, Karmesinrot und Van-Dyke-Braun auf. Halten Sie den Pinsel senkrecht und tupfen Sie nach unten, um die in der Ferne liegenden Nadelbäume anzudeuten. Für die größeren Nadelbäume nehmen Sie die dunkle „Baummischung" mit dem Pinsel so auf, dass die Borsten eine scharfe Kante bilden. Halten Sie den Pinsel senkrecht und berühren Sie die Leinwand nur leicht, um die Mittelachse des jeweiligen Baumes festzulegen. Mit einer Ecke des Pinsels tupfen Sie die zarten Baumkronen. Arbeiten Sie abwechselnd vor und zurück. Je weiter Sie nach unten kommen, desto mehr Druck üben Sie auf den Pinsel aus (die Borsten biegen sich dabei nach unten). So werden die Zweige nach unten ausladender.

Für die Baumstämme mischen Sie Titanweiß und Dunkelsiena auf dem Spachtel. Mit einer Mischung aus der dunklen Baumfarbe und allen Gelbtönen auf dem Fächerpinsel setzen Sie auf den Zweigen einzelne Akzente.

Vordergrund
Nehmen Sie mit dem 2-Zoll-Pinsel die „Baummischung" auf und tupfen Sie im Vordergrund einfach nur nach unten, um die Grasflächen anzulegen. Mit verschiedenen Mischungen aus allen Gelbtönen, Saftgrün und Hellrot setzen Sie auf den Grasflächen Akzente. Halten Sie den Pinsel waagerecht und tupfen Sie leicht nach unten. Achten Sie dabei sorgfältig auf den Verlauf des Geländes.

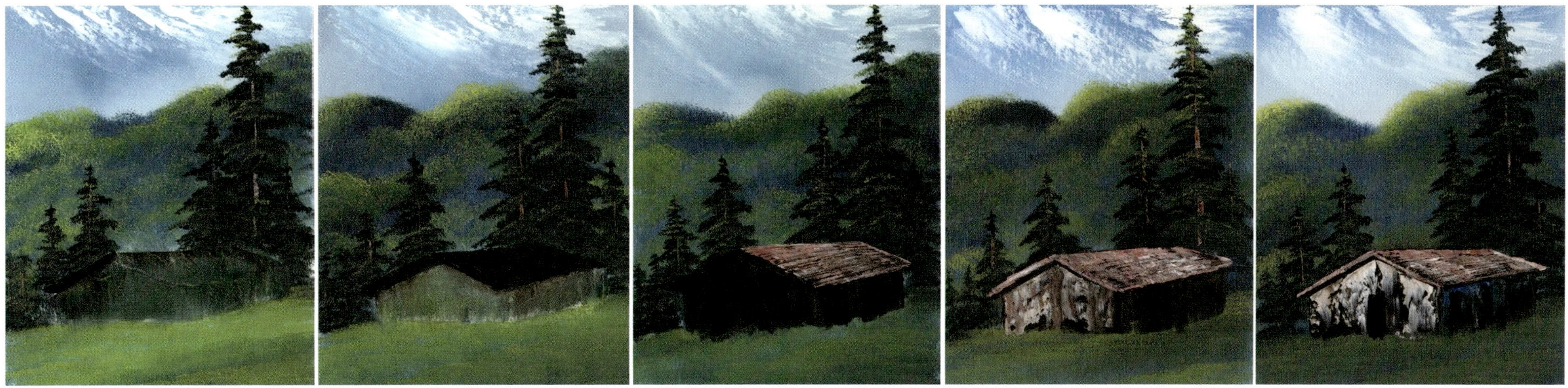

Hütte
Verwenden Sie den kleinen Farbspachtel, um die Farbe an der Stelle von der Leinwand zu entfernen, an der die Hütte stehen soll. Ziehen Sie Van-DykeBraun flach auf Ihrer Palette aus und schneiden Sie mit der langen Kante des Palettenmessers ein Farbröllchen ab. Gestalten Sie nun die hintere und vordere Dachkante, die Front sowie die Seitenwand der Hütte. Achten Sie dabei genau auf die Winkel.

Verwenden Sie eine Mischung aus Dunkelsiena, Hellrot und Titanweiß und setzen Sie damit einzelne Lichter auf das Hüttendach. Mit einer Mischung aus Titanweiß, VanDykeBraun und Dunkelsiena betonen Sie Front und Seitenwand der Hütte. Die Tür malen Sie mit VanDykeBraun.

Den an der Hütte vorbeiführenden Weg gestalten Sie mit dem Fächerpinsel und VanDykeBraun. Die Farbe tragen Sie mit waagerechten Strichen auf die Leinwand auf. Mit einem Hauch Titanweiß setzen Sie Akzente.

Mit den Gelbmischungen auf dem 1-Zoll-Pinsel lassen sich abschließend um die Hütte herum rasch einige kleine Büsche ergänzen. Entfernen Sie nun die Klebefolie von der Leinwand, um das von Ihnen gemalte Oval freizulegen.

Letzte Feinheiten
Verlängern Sie einen der großen Nadelbäume im Vordergrund über das gemalte Oval hinaus und fügen Sie Ihrem Meisterwerk auf diese Weise einen weiteren interessanten Effekt hinzu.

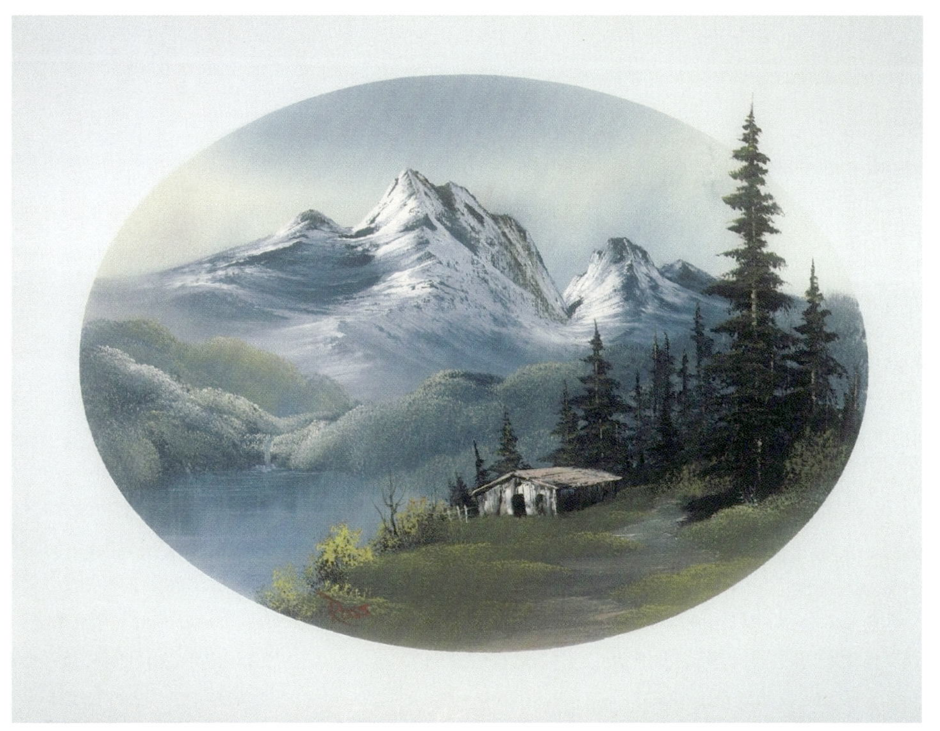

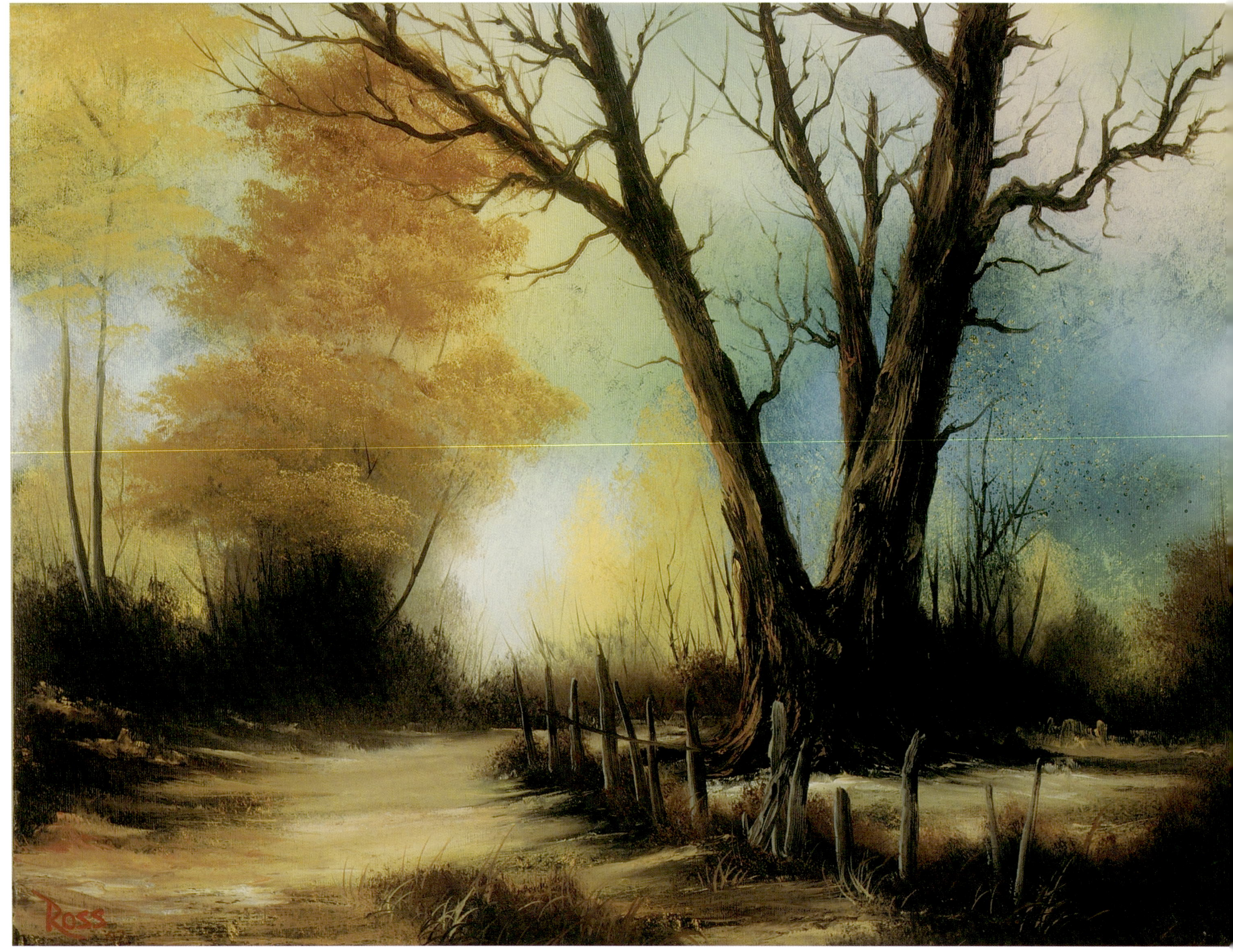
Ross

DIE FARBEN DES HERBSTES

Material

2-Zoll-Pinsel	Flüssigweiß
Filbertpinsel Nr. 6	Mitternachtsschwarz
Schriftenpinsel Nr. 2	Dunkelsiena
Farbspachtel Nr. 10	VanDykeBraun
Gesso Schwarz	Karmesinrot
Gesso Weiß	Saftgrün
Flüssigtransparent	Kadmiumgelb
Kadmiumgelb (Acryl)	Ockergelb
Titanweiß	Indischgelb
Phtaloblau	Hellrot

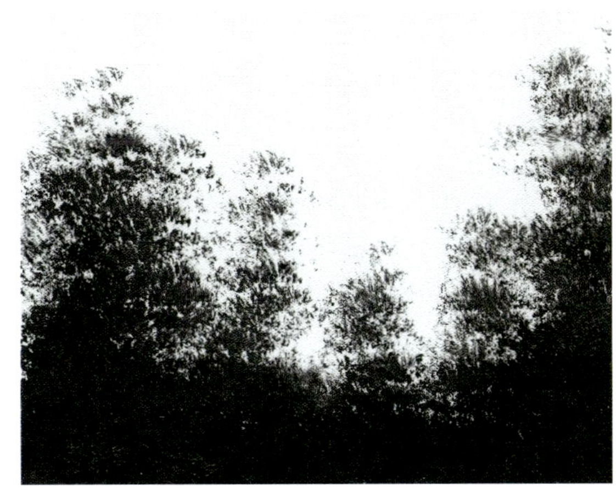

Mischen Sie zunächst die gelbe Acrylfarbe und Gesso Weiß, dann tragen Sie die Farbe mit einem Schaumschwämmchen in einer gleichmäßig dünnen Schicht auf die gesamte Leinwand auf. Anschließend lassen Sie die Leinwand VOLLSTÄNDIG TROCKNEN.

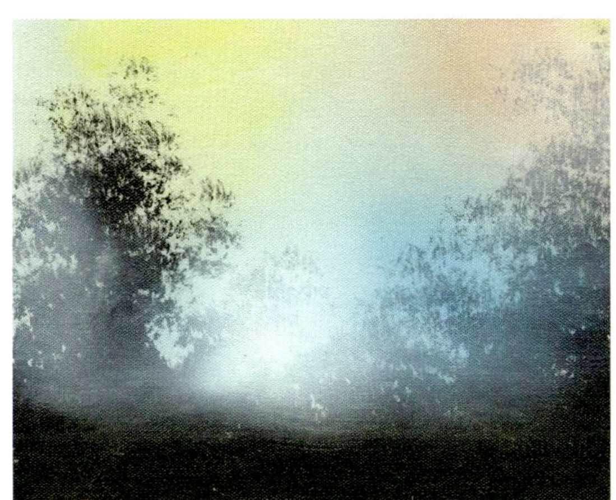

Legen Sie die dunkle Grundstruktur des Laubes im unteren Teil der Leinwand mit einem Naturschwamm und Gesso Schwarz an. Lassen Sie die Leinwand erneut VOLLSTÄNDIG TROCKNEN.

Anschließend nehmen Sie den 2-Zoll-Pinsel und bedecken die gesamte Leinwand mit einer HAUCHDÜNNEN Schicht Flüssigtransparent. Dann tragen Sie mit dem 2-Zoll-Pinsel im unteren Teil der Leinwand ein wenig Indischgelb auf. Beachten Sie: Die Leinwand darf NICHT TROCKEN sein, wenn Sie weitermalen.

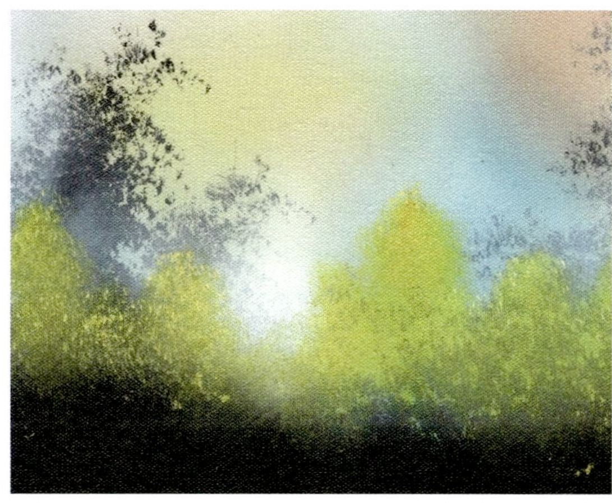

Himmel

Tupfen Sie die Borsten eines sauberen und trockenen 2-Zoll-Pinsels in einen Hauch Phtaloblau und malen Sie mit sich kreuzenden Strichen den Himmel. Nehmen Sie nun etwas Karmesinrot auf (um die Farbe des Himmels zu variieren) und gestalten Sie den Himmel weiter mit sich kreuzenden Strichen.

Nehmen Sie mit demselben 2-Zoll-Pinsel ganz wenig Titanweiß auf. Mit sich kreuzenden Strichen zaubern Sie einen direkt über dem Horizont liegenden Dunstschleier auf die Leinwand.

Mit einem sauberen, trockenen 2-Zoll-Pinsel und sich kreuzenden Strichen verwischen Sie die Farben. Danach verblenden Sie den gesamten Himmel mit waagerechten Strichen.

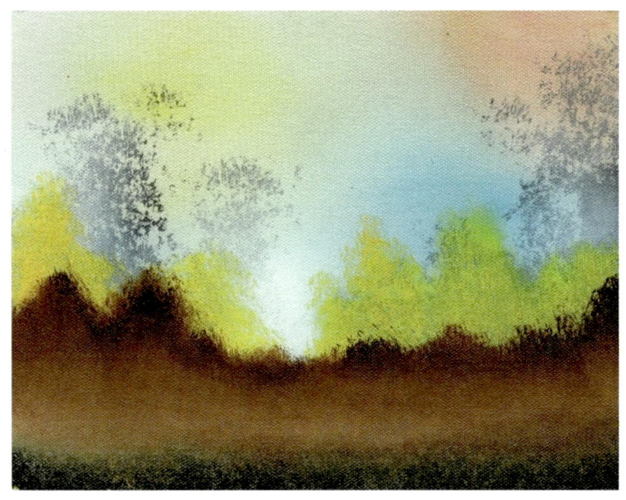
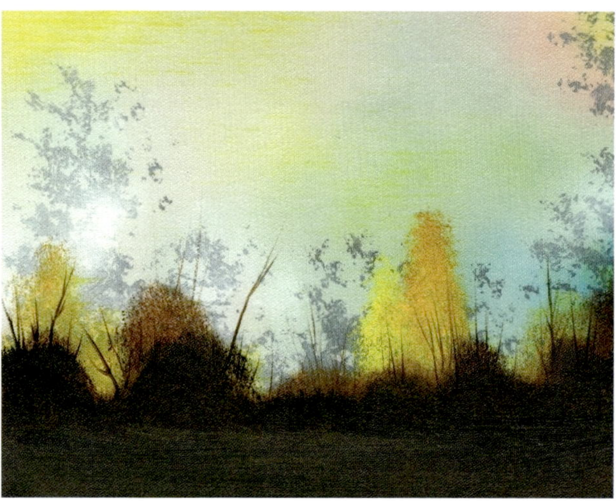
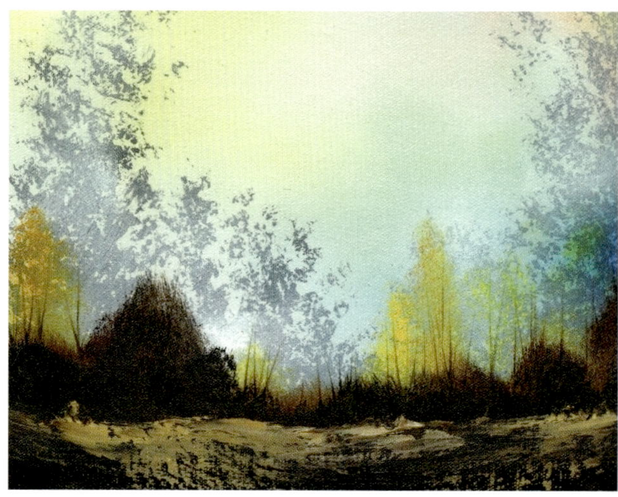

Hintergrund
Stupfen Sie die Borsten des 2-Zoll-Pinsels in verschiedene Mischungen aus allen Gelbtönen. Mit einer Ecke des Pinsels tupfen Sie nach unten und gestalten die hellen, undeutlich im Hintergrund liegenden Bäume am Horizont.

Mit dem Spachtel mischen Sie Karmesinrot und Saftgrün zu gleichen Teilen. Nehmen Sie diesen Braunton mit einem sauberen, trockenen 2-Zoll-Pinsel auf. Arbeiten Sie in Schichten vorwärts und ergänzen Sie – indem Sie nach unten tupfen – die kleinen, dunklen Bäume und Büsche im Hintergrund.Verwenden Sie ganz wenig Titanweiß und Ockergelb auf dem Pinsel und tupfen Sie im unteren Bereich der dunklen Bäume in die Farbe. Auf diese Weise scheinen die Bäume im Nebel zu stehen.

Fügen Sie mit Mitternachtsschwarz auf dem 2-Zoll-Pinsel im Hintergrund eine abschließende Baumreihe hinzu. Achten Sie darauf, dass Sie die helle, im Nebel liegende Fläche nicht vollständig überdecken, da sie auch zur Gliederung der Fläche dient.

Ergänzen Sie die Baumstämme mit der Saftgrün-Karmesinrot-Mischung auf dem Schriftenpinsel. (Wenn Sie mit dem Schriftenpinsel Farbe aufnehmen, verdünnen Sie die Mischung bis sie eine tintenähnliche Konsistenz aufweist. Zu diesem Zweck tippen Sie den Pinsel in Farbverdünner und ziehen ihn dann durch die Farbmischung. Dabei drehen Sie den Pinsel langsam, damit die Borsten eine Spitze bilden.) Üben Sie nur wenig Druck aus. Indem Sie den Pinsel beim Malen drehen und hin und her wackeln, werden Ihre Baumstämme schön knorrig aussehen.

Mischen Sie mit dem Spachtel den Braunton sowie Titanweiß und ergänzen Sie die Bodenfläche unter den Bäumen und Büschen im Hintergrund. Danach verwischen Sie mit dem Spachtel und kleinen, kreisförmigen Strichen die harten Konturen im unteren Bereich von Bäumen und Büschen.

Große Bäume
Nehmen Sie mit dem Filbertpinsel großzügig Farbe auf – eine Mischung aus VanDykeBraun und Dunkelsiena. Damit ergänzen Sie den verzweigten Stamm des großen Baumes im Vordergrund sowie die großen Äste. Auf die linke, vom Licht beschienene Seite der Stämme setzen Sie mit einer dünnen Mischung aus Titanweiß und dem Braunton auf dem Schriftenpinsel einige Lichter. Kleinere Äste und Zweige lassen sich mit verdünntem Braun auf dem Schriftenpinsel ergänzen. Auch diese Zweige sollten ein eher knorriges Aussehen haben.

Für das Laub des großen Baumes mischen Sie die dunkelbraune „Baumfarbe“ mit Ockergelb und Hellrot. Tragen Sie die Mischung mit dem 2-Zoll-Pinsel auf die Leinwand auf und konzentrieren Sie sich dabei auf Form und Struktur des Laubes. Achten Sie darauf, dass Sie nicht den gesamten dunklen Untergrund übermalen.

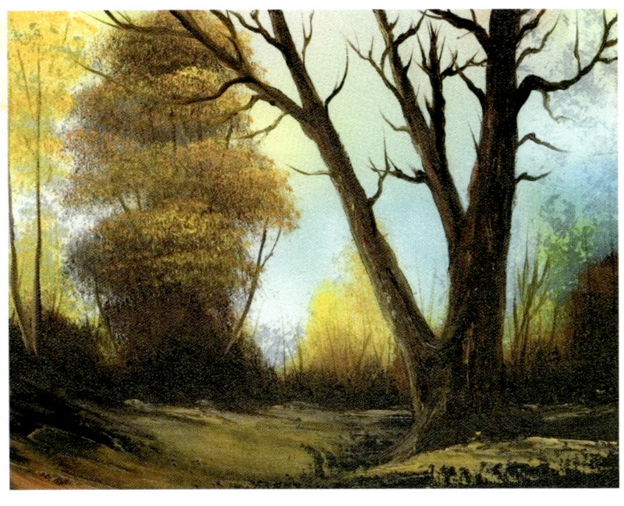

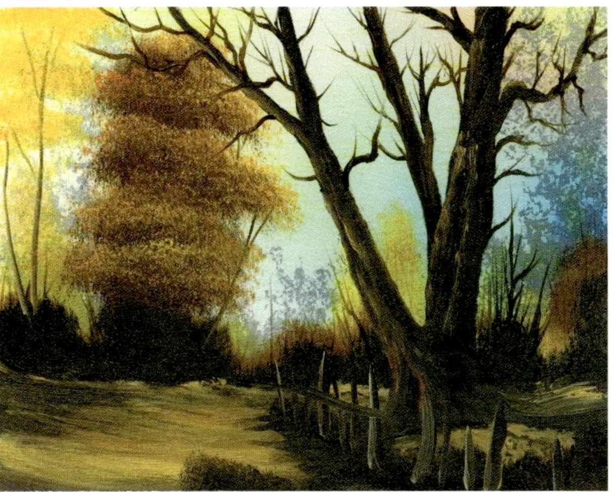

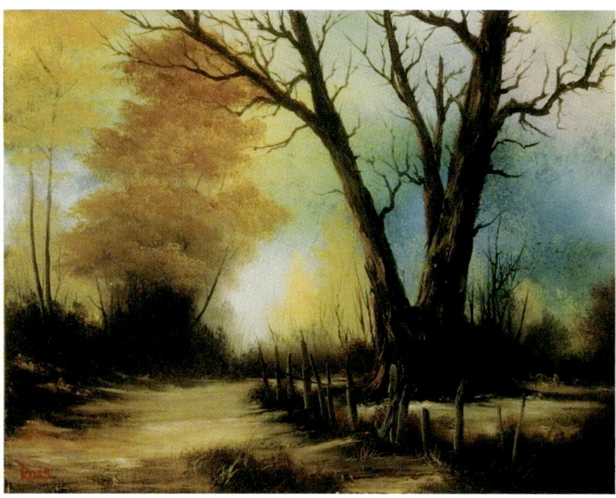

Mit dem Schriftenpinsel und einer dünnen Mischung aus der dunklen „Baumfarbe“ ergänzen Sie den Baumstamm sowie die Äste.

Nehmen Sie mit dem 2-Zoll-Pinsel ein wenig Kadmiumgelb und Titanweiß auf und setzen Sie auf das Laub einige Lichter. Überlassen Sie dabei nichts dem Zufall.

Den Boden unter dem großen Baum gestalten Sie mit dem Spachtel und einer Mischung aus der braunen „Baumfarbe“ und Titanweiß. Achten Sie dabei auf den Verlauf des Geländes.

Vordergrund

Verwenden Sie den 2-Zoll-Pinsel und verschiedene Mischungen aus dem Dunkelbraun und Mitternachtsschwarz, um die Büsche im Vordergrund anzulegen. Nehmen Sie mit dem 2-Zoll-Pinsel zusätzlich ganz wenig Kadmiumgelb auf und strukturieren bzw. akzentuieren Sie die Büsche im Vordergrund.

Zaun

Für den Zaun nehmen Sie mit dem Filbertpinsel beidseitig etwas von der dunkelbraunen Farbmischung auf, dann ziehen Sie eine Seite der Borsten durch eine dünne Mischung aus Flüssigweiß und Braun. Die helle Seite des Pinsels muss nun nach links zeigen. Achten Sie auf die Perspektive, wenn Sie jeden einzelnen Zaunpfahl malen. Da Sie den Pinsel doppelt mit Farbe gefüllt haben, können Sie die einzelnen Elemente des Zaunes zugleich gestalten und betonen.

Mit einer Mischung aus dem Braun und Titanweiß auf dem Spachtel deuten Sie mit waagerechten Strichen den Weg im Vordergrund an.

Verwenden Sie weiterhin die helle Mischung auf dem Spachtel, um den Boden zu gestalten, und die dunklen Farbmischungen auf dem 2-Zoll-Pinsel, um die Büsche im Vordergrund anzulegen.

Letzte Feinheiten

Mit verdünnten Farbmischungen auf dem Schriftenpinsel fügen Sie die langen Gräser hinzu – und schon ist Ihr Bild fertig.

Vergessen Sie nicht, Ihr Bild zu signieren. Zu diesem Zweck nehmen Sie mit dem Schriftenpinsel eine verdünnte Farbe Ihrer Wahl auf. Schreiben Sie entweder nur Ihre Initialen, Vor- oder Zunamen oder aber Ihren vollständigen Namen. Signieren Sie in der linken oder rechten unteren Ecke. Selbst ein Platz in der Mitte der Leinwand ist möglich – Sie haben die Wahl. Wenn Sie möchten, können Sie auch das Datum angeben, an dem Sie Ihr Bild signieren. Wie auch immer Sie sich entscheiden, haben Sie Spaß. Hoffentlich hatten Sie auch bei diesem Bild wieder viel FREUDE AM MALEN!

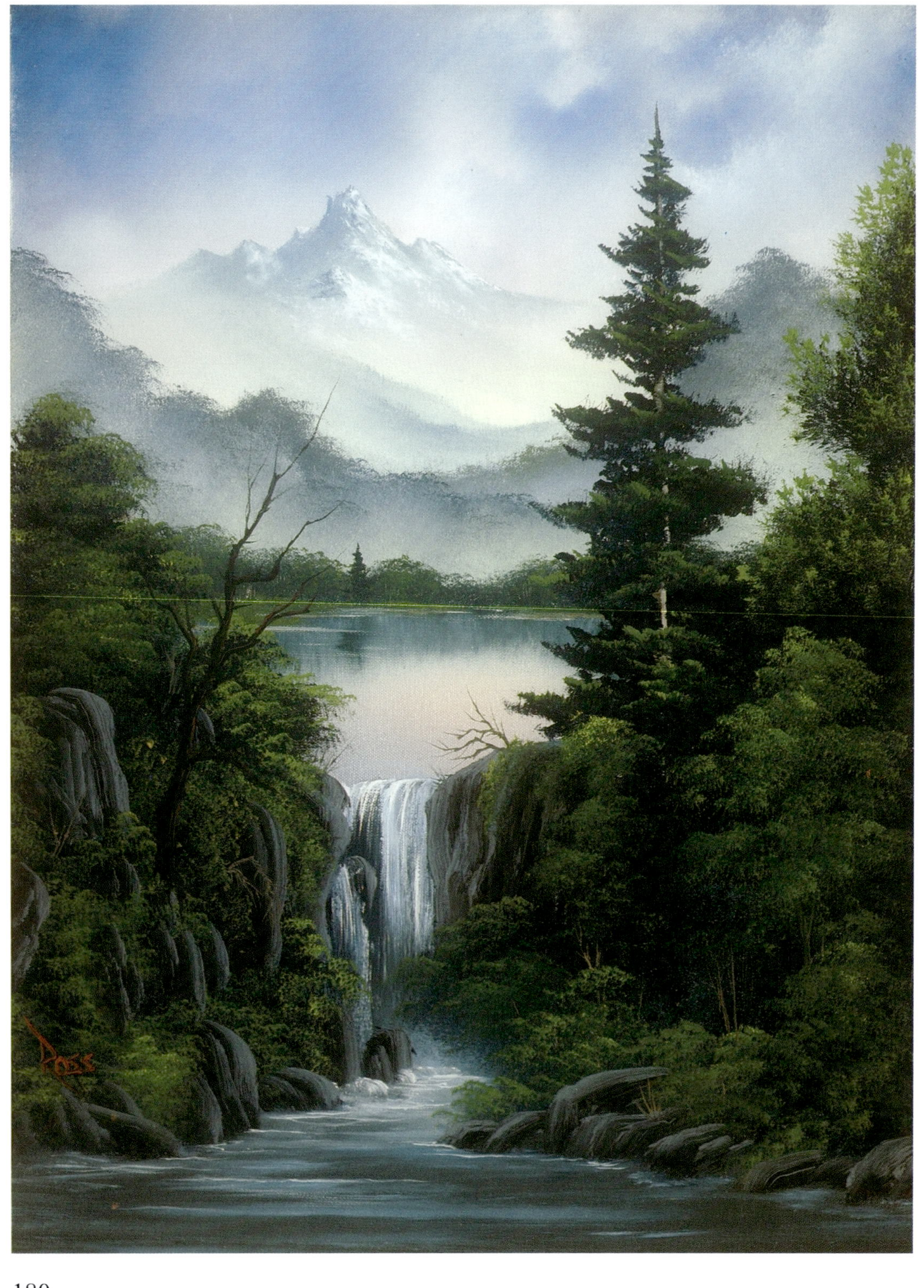

Material

2-Zoll-Pinsel	Preußischblau
2-Zoll-Mischpinsel	Mitternachtsschwarz
1-Zoll-Ovalpinsel	Dunkelsiena
Fächerpinsel Nr. 6	VanDykeBraun
Farbspachtel Nr. 10	Karmesinrot
Flüssigweiß	Saftgrün
Flüssigschwarz	Kadmiumgelb
Titanweiß	Ockergelb
Phtalogrün	Indischgelb
Phtaloblau	Hellrot

Nehmen Sie den 2-Zoll-Pinsel und bedecken Sie die obere Hälfte der Leinwand mit einer gleichmäßig dünnen Schicht Flüssigweiß, die untere Hälfte mit einer gleichmäßig dünnen Schicht Flüssigschwarz. Verblenden Sie die beiden Farben leicht in der Nähe des Horizontes. Die Flüssigfarben dürfen NICHT TROCKEN sein, wenn Sie mit dem Malen beginnen.

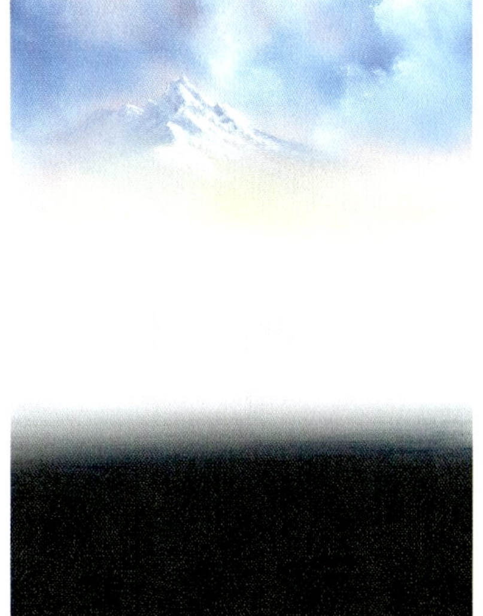

Himmel

Mit etwas Phtaloblau auf einem sauberen, trockenen 2-Zoll-Pinsel legen Sie die großen Wolken an. Mit der Pinselspitze und kreisförmigen Bewegungen ergänzen Sie die Haufenwolken, die strichförmigen Wolken tupfen Sie einfach mit dem Pinsel auf. Ohne den Pinsel zu reinigen, nehmen Sie Karmesinrot und Titanweiß auf und fahren mit dem Malen der Wolken fort. Mit etwas Preußischblau auf dem 2-Zoll-Pinsel und langen, waagerechten Strichen grundieren Sie das Wasser im unteren Bildteil.

Berg

Für den Berg verwenden Sie den Spachtel und eine Mischung aus Mitternachtsschwarz, Preußischblau und Karmesinrot. Nehmen Sie davon mit dem Palettenmesser ein Farbröllchen ab und formen Sie mit festem Druck die Bergspitze. Wenn Sie mit der Form zufrieden sind, entfernen Sie mit dem Spachtel die überschüssige Farbe. Nun ziehen Sie mit dem 2-Zoll-Pinsel die Farbe bis zum Fuß des Berges hinunter – die Farbe vermischt sich mit der Grundierung und es entsteht die Struktur des Berges.

Betonen Sie den Berg mit einer Mischung aus Titanweiß und ganz wenig Hellrot. Nehmen Sie mit dem Spachtel erneut ein Farbröllchen auf. Setzen Sie das Palettenmesser an der vom Licht beschienenen rechten Seite der Bergspitze an und ziehen Sie es nach unten. Üben Sie nur so viel Druck aus, dass die Farbe „bricht" und folgen Sie immer den Winkeln. Verwenden Sie eine Mischung aus Titanweiß und Preußischblau und tragen Sie diese auf der im Schatten liegenden Bergseite auf. Üben Sie erneut nur so viel bzw. wenig Druck aus, dass die Farbe „bricht".

Tupfen Sie mit dem Mischpinsel über die Farbe im unteren Bereich des Berges. Dann heben Sie die Farbe leicht an, indem Sie mit dem Pinsel in diesem Bereich sanft von unten nach oben streichen. So entsteht der Eindruck von Dunst.

Mit Indischgelb auf einem sauberen, trockenen 2-Zoll-Pinsel und sich kreuzenden Strichen verwischen Sie diese Farbe am Fuß des Berges.

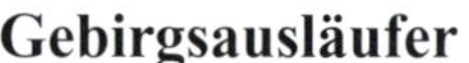
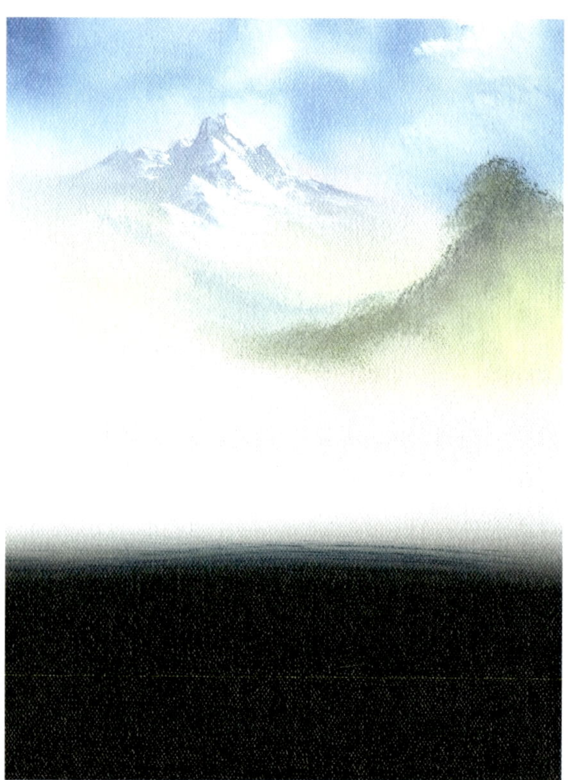
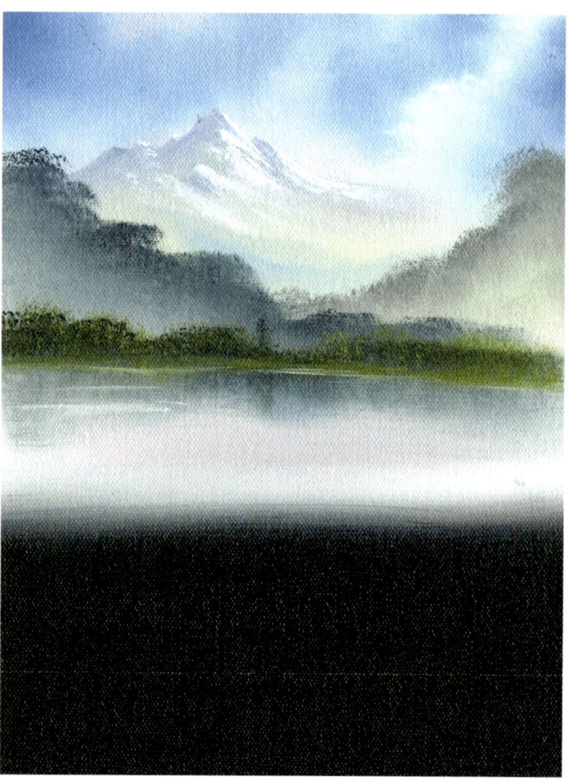

Gebirgsausläufer
Nehmen Sie mit einem sauberen, trockenen 2-Zoll-Pinsel die Titanweiß-Preußischblau-Mischung auf. Tupfen Sie mit dem Pinsel nach unten auf die Leinwand und gestalten Sie die in der Ferne liegenden Gebirgsausläufer. (Beachten Sie, wie sich die Blau-Weiß-Mischung mit der gelben Untergrundfarbe vermischt.) Mit sehr kurzen Aufwärtsstrichen zaubern Sie winzige Baumkronen auf die Leinwand. Arbeiten Sie in Schichten nach vorne. Geben Sie einen Hauch Mitternachtsschwarz zur Farbe und malen Sie ein paar Reihen dunkler Baumkronen. Mit einem sauberen, trockenen 2-Zoll-Pinsel tupfen Sie im unteren Bereich der Bäume in die Farbe, damit Dunst entsteht.

Die weiter im Vordergrund liegenden Gebirgsausläufer werden mit einer Mischung aus Mitternachtsschwarz, Karmesinrot, Preußischblau, Saftgrün und Titanweiß auf dem 2-Zoll-Pinsel gemalt. Um den Eindruck von Nebel zu erwecken, tupfen Sie im unteren Bereich der Gebirgsausläufer mit der Ecke eines sauberen, trockenen 2-Zoll-Pinsels fest auf und heben die Farbe dann sanft an.

Setzen Sie den Pinsel flach an und ziehen Sie die Farbe senkrecht nach unten. Für die Spiegelungen streichen Sie leicht quer darüber. (Zusätzlich können Sie mit dem 2-Zoll-Pinsel ein wenig Titanweiß aufnehmen, um das Wasser zu sprenkeln.)

Ohne den Pinsel zu reinigen, tupfen Sie die Borsten in verschiedene Mischungen aus Saftgrün und den Gelbtönen und setzen in vorderster Reihe der Gebirgsausläufer einzelne Akzente.

Die Grasflächen zu Füßen der Ausläufer werden mit derselben Akzentfarbe (verdünnt mit etwas Flüssigweiß) und dem Fächerpinsel gemalt. Halten Sie den Pinsel waagerecht und ziehen Sie die Farbe am Ansatz der Hügelkette nach oben.

„Ritzen“ Sie mit Titanweiß und einem Hauch Hellrot auf dem Spachtel Wasserlinien und Kräuselungen ein. Nun ist der Hintergrund fertig.

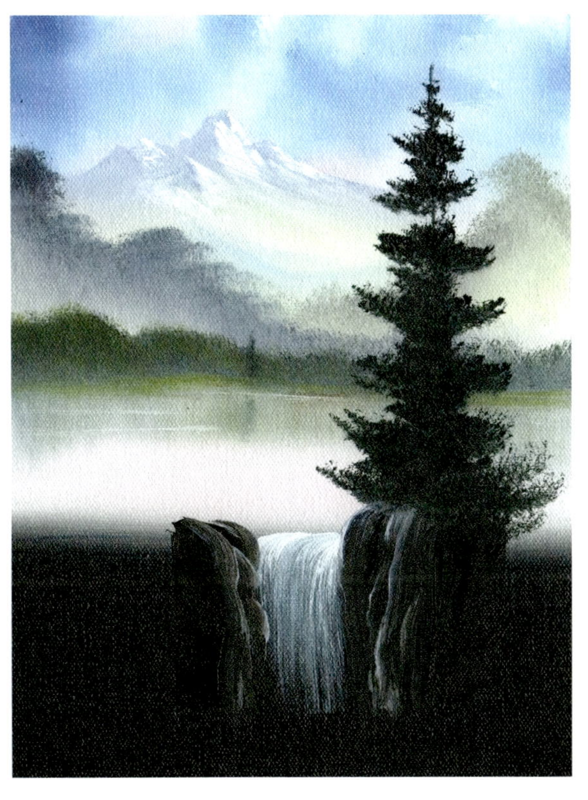

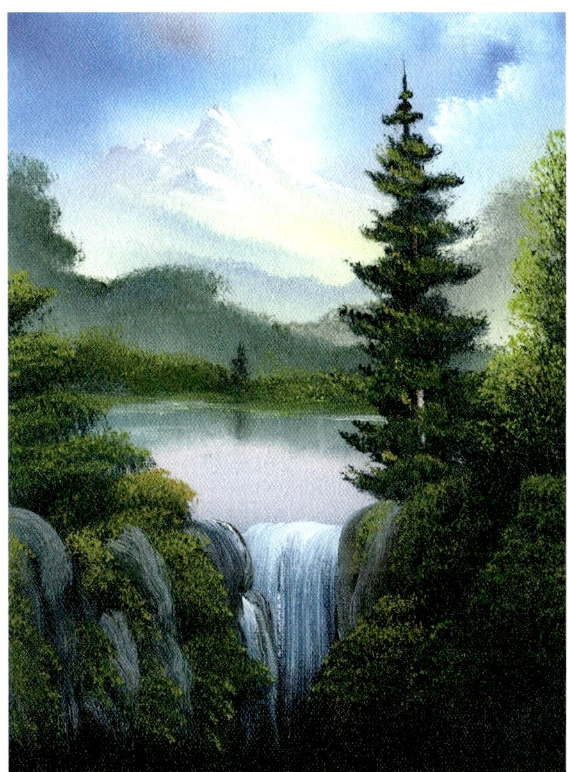

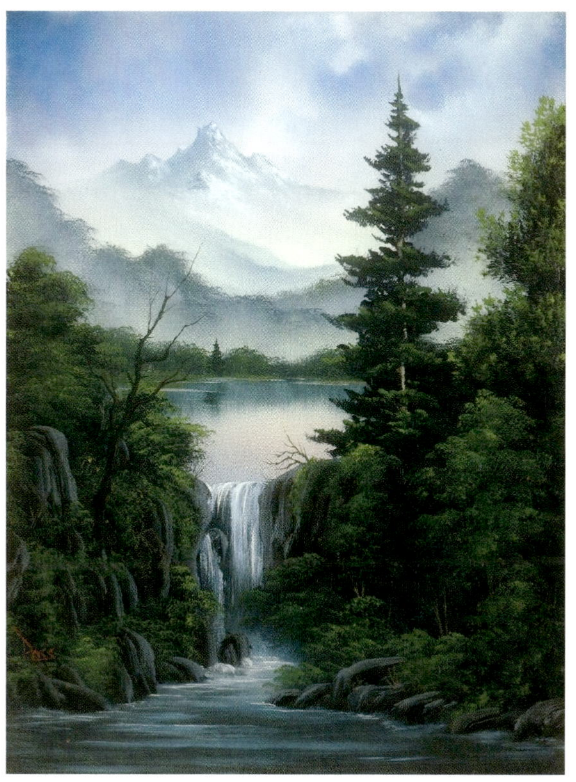

Wasserfall

Für den Wasserfall nehmen Sie mit einem Fächerpinsel eine dünne Mischung aus Flüssigweiß, Titanweiß und etwas Phtaloblau auf. Beginnen Sie am oberen Ende des Wasserfalls. Halten Sie den Pinsel waagerecht und ziehen Sie die Farbe mit kurzen, waagerechten Strichen gerade nach unten zum Fuß des Wasserfalls. Mit VanDykeBraun auf dem Spachtel fügen Sie den Felsen am Wasserfall hinzu. Nehmen Sie mit dem Ovalpinsel eine dünne, dunkle Mischung aus Farbverdünner, Mitternachtsschwarz, Preußischblau, VanDyke-Braun, Dunkelsiena und Karmesinrot auf. Dann ziehen Sie eine Seite der Pinselborsten durch eine dünne Graumischung aus Titanweiß, Mitternachtsschwarz und einem Hauch Phtaloblau. Mit der hellen Seite nach oben verleihen Sie den Felsen des Wasserfalls Struktur.

Bäume und Büsche

Verwenden Sie eine Mischung aus Preußischblau, Saftgrün und Phtalogrün auf dem Fächerpinsel für die großen Nadelbäume. Halten Sie den Pinsel senkrecht, wenn Sie die Mittelachse des jeweiligen Baumes festlegen. Mit einer Ecke des Pinsels tupfen Sie die zarte Baumkrone. Arbeiten Sie vor und zurück und üben Sie nach unten hin zunehmend Druck auf den Pinsel aus. So werden die Zweige nach unten ausladender. Mit dem Fächerpinsel und Farbmischungen aus den Gelbtönen setzen Sie Akzente. Laubbäume und Büsche ergänzen Sie mit der „Baumfarbe" auf dem 2-Zoll-Pinsel. Akzente setzen Sie mit Mischungen aus Saftgrün, den Gelbtönen und etwas Hellrot.

Vordergrund

Arbeiten Sie in Schichten. Dabei betonen Sie das Laub mit dem 2-Zoll-Pinsel und gestalten Felsen und Steine mit dem Ovalpinsel. Dann ergänzen Sie Gischt, Schaum und Kräuselungen im Wasser unter dem Wasserfall mit Titanweiß und etwas Phtaloblau auf dem Fächerpinsel.

Letzte Feinheiten

Verwenden Sie verdünntes VanDykeBraun auf dem Schriftenpinsel und ergänzen Sie einen kleinen, unbelaubten Baum im Vordergrund.

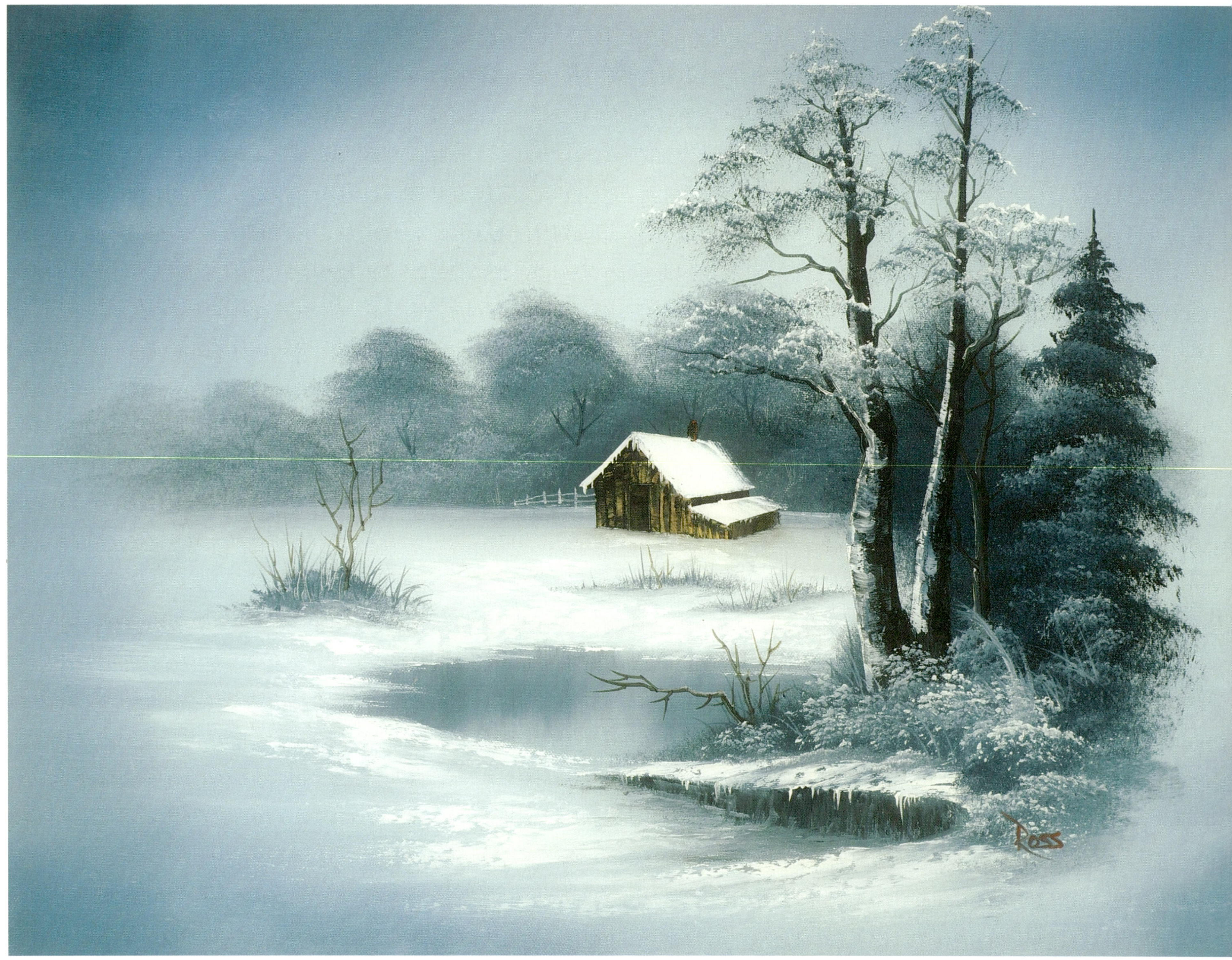
Ross

FROSTIGE SCHÖNHEIT (VIGNETTE)

Material

2-Zoll-Pinsel	Phtalogrün
kleiner Rundpinsel	Phtaloblau
Fächerpinsel Nr. 6	Preußischblau
Schriftenpinsel Nr. 2	Mitternachtsschwarz
Farbspachtel Nr. 10	Dunkelsiena
Flüssigweiß	VanDykeBraun
Flüssigtransparent	Ockergelb
Titanweiß	Hellrot

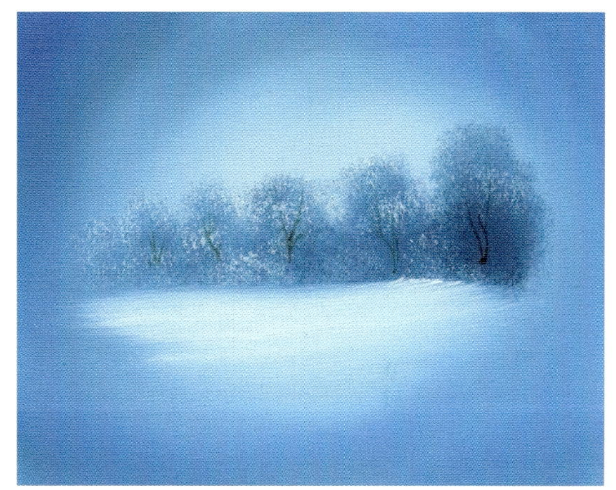

Tragen Sie mit dem 2-Zoll-Pinsel eine dünne, gleichmäßige Schicht Flüssigweiß auf die Leinwand auf. Machen Sie lange, waagerechte und senkrechte Striche, arbeiten Sie vor und zurück. Auf diese Weise wird die Farbe gleichmäßig auf der Leinwand verteilt. Das Flüssigweiß darf NICHT TROCKEN sein, wenn Sie mit dem Malen beginnen.

Hintergrund

Nehmen Sie mit dem 2-Zoll-Pinsel eine Mischung aus Phtaloblau, Mitternachtsschwarz und einem Hauch Phtalogrün auf. Stupfen Sie die Borsten dabei fest auf die Palette, sodass sich die Farbe gleichmäßig in diesen verteilt. Überziehen Sie die gesamte Leinwand mit sich kreuzenden Strichen. Nun nehmen Sie mit demselben Pinsel Preußischblau auf und dunkeln die Ecken ebenfalls mit sich kreuzenden Strichen ab. Verblenden Sie die gesamte Malfläche mit einem sauberen, trockenen 2-Zoll-Pinsel.

Hintergrundbäume

Nehmen Sie mit dem kleinen Rundpinsel eine Mischung aus Mitternachtsschwarz, Phtaloblau und einem Hauch Phtalogrün auf. Dann malen Sie die kleinen Bäume entlang des Horizontes und tupfen hierfür jeweils von der Baumkrone nach unten. Da dieses Bild als Vignette angelegt ist, dehnen Sie die Baumreihe nicht bis an den Leinwandrand aus, sondern lassen Sie sie im Nichts verschwinden. Ergänzen Sie die Baumstämme im Hintergrund mit VanDykeBraun auf dem Schriftenpinsel. (Wenn Sie mit dem Schriftenpinsel Farbe aufnehmen, verdünnen Sie die Mischung bis sie eine tintenähnliche Konsistenz aufweist. Zu diesem Zweck tippen Sie den Pinsel in Farbverdünner und ziehen ihn dann durch die Farbmischung. Dabei drehen Sie den Pinsel langsam, damit die Borsten eine Spitze bilden.) Malen Sie die Stämme mit nur leichtem Druck. Drehen und wackeln Sie den Pinsel beim Malen hin und her, damit die Stämme möglichst knorrig aussehen. Geben Sie der „Baumfarbe“ etwas Titanweiß bei und setzen Sie mit dem kleinen Rundpinsel an den Hintergrundbäumen leichte Akzente. Mit Titanweiß auf dem 2-Zoll-Pinsel und langen waagerechten Strichen ergänzen Sie den Schnee unter den Bäumen. Achten Sie auf den Verlauf der Landschaft und lassen Sie auch die Schneefläche zum Bildrand hin sanft auslaufen bzw. verschwimmen.

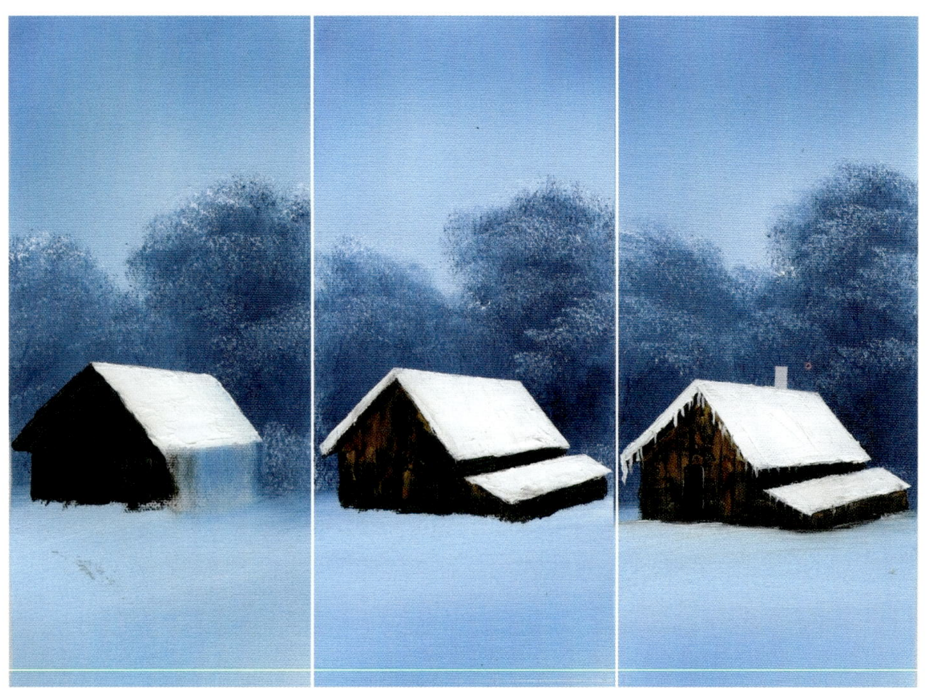

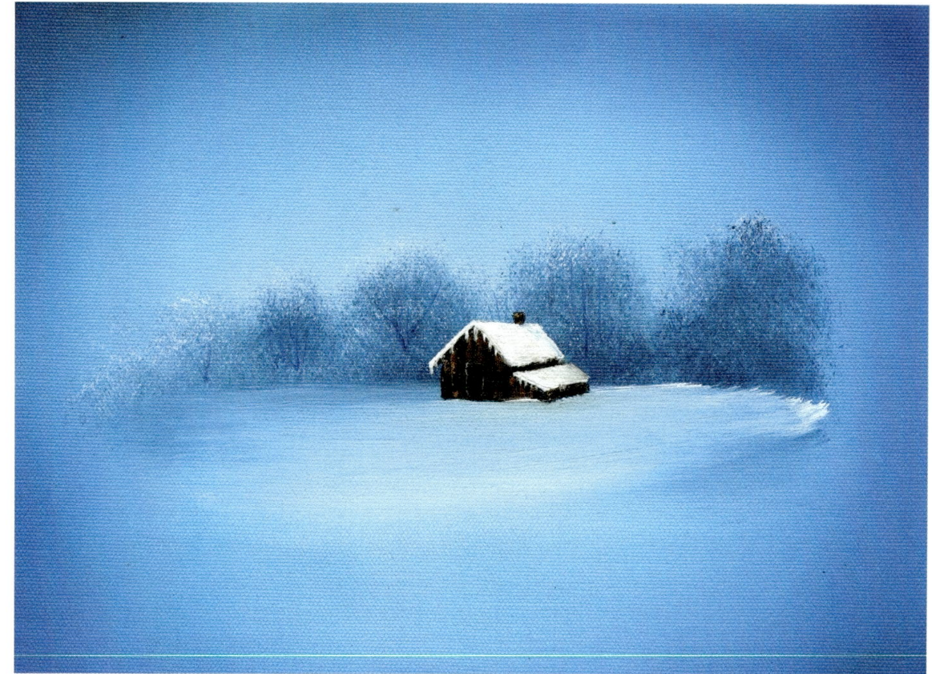

Hütte

Entfernen Sie mit einem sauberen Spachtel die überschüssige Farbe an der Stelle der Leinwand, an der die Hütte stehen soll. Ziehen Sie etwas VanDykeBraun auf Ihrer Palette flach aus und schneiden Sie mit der langen Spachtelkante ein Farbröllchen ab.

Legen Sie die hintere Dachkante an, dann ergänzen Sie mit einer Mischung aus VanDykeBraun und Dunkelsiena die Hüttenfront. Für die vordere Dachkante und das Dach verwenden Sie Titanweiß. Die Seitenwände der Hütte und den Schuppen malen Sie mit der VanDyke-Braun-Dunkelsiena-Mischung.

Mit einer Mischung aus Ockergelb und Dunkelsiena auf dem kleinen Spachtel betonen Sie die Frontseite sowie den Schuppen. Für die Tür, den Schornstein und zum „Einritzen" der Holzlatten verwenden Sie VanDykeBraun. Entfernen Sie mit dem Spachtel die überschüssige Farbe im Sockelbereich der Hütte. Dann ergänzen Sie mit Titanweiß auf dem 2-Zoll-Pinsel den Schnee um die Hütte. Alternativ können Sie auch den Spachtel für den Farbauftrag verwenden – vergessen Sie aber nicht, auf den Verlauf des Geländes zu achten.

Weiher

Nehmen Sie mit dem 2-Zoll-Pinsel die Mitternachtsschwarz-Phtaloblau-Phtalogrün-Mischung auf und legen Sie fest, wo der Weiher entstehen soll. Berühren Sie die Leinwand nur leicht und ziehen Sie den Pinsel gerade nach unten. Anschließend streichen Sie leicht quer darüber.

Verwenden Sie die Schwarz-Blau-Grün-Mischung auf dem Fächerpinsel, um die kleinen Graspartien in die Schneelandschaft einzufügen. Dann verdünnen Sie die Farbmischung und ergänzen mit dem Schriftenpinsel lange Gräser, Stöckchen sowie Reisig. Mit dem Fächerpinsel ziehen Sie etwas von der dunklen Farbe der Grasflecken in den Schnee – auf diese Weise entstehen Schatten.

Mit Titanweiß auf dem Spachtel fügen Sie noch mehr Schnee hinzu. Mit etwas Flüssigweiß „ritzen" Sie den Rand des kleinen Gewässers ein und schon ist der Weiher fertig.

Arbeiten Sie in Schichten. Dabei ergänzen Sie weiter die Schneefläche – mit Titanweiß auf dem 2-Zoll-Pinsel – und strukturieren Sie, indem Sie mit dem Spachtel Schnee hinzufügen.

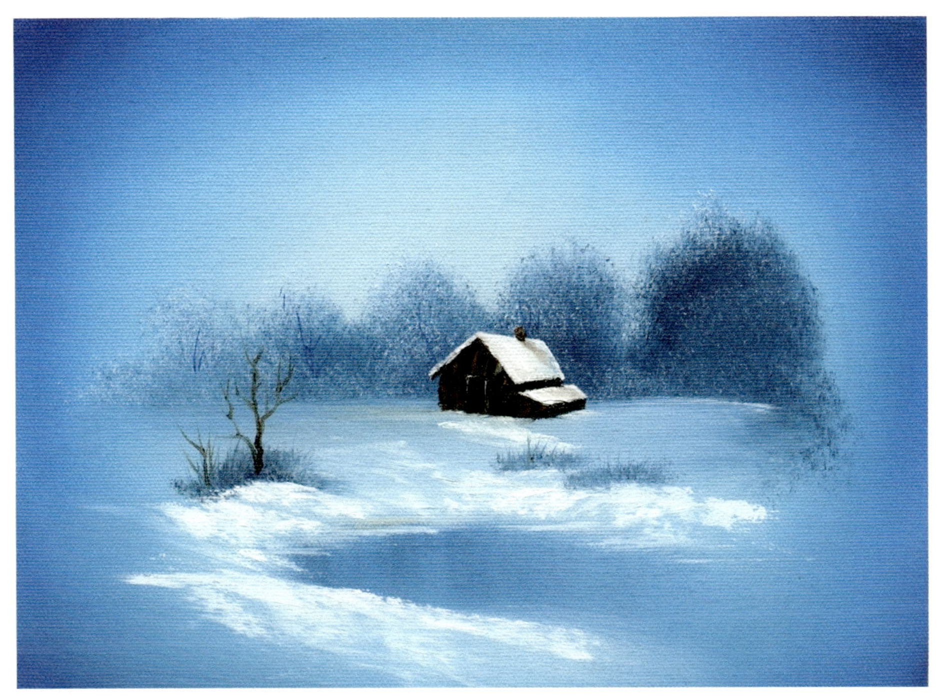

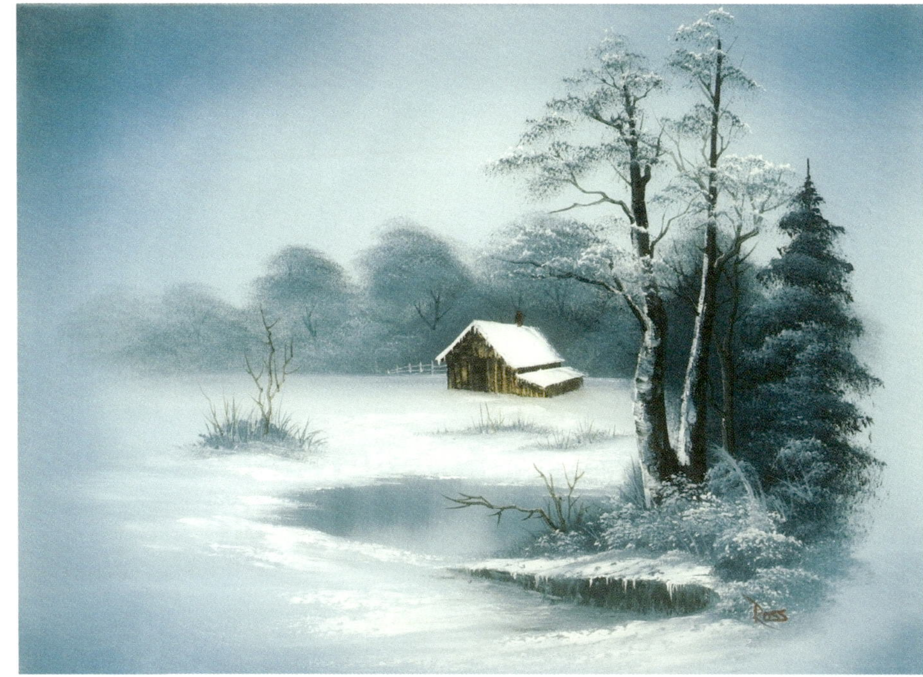

Nadelbäume
Für die Nadelbäume nehmen Sie mit dem kleinen Rundpinsel die Mitternachtsschwarz-Phtaloblau-Phtalogrün-Mischung so auf, dass die Borsten eine scharfe Kante bilden. Halten Sie den Pinsel senkrecht und legen Sie die Mittelachse des jeweiligen Baumes an. Mit einer Ecke des Pinsels malen Sie die kleinen Äste der Baumkrone. Tupfen Sie abwechselnd vor und zurück, während Sie sich weiter nach unten arbeiten. Je mehr Sie sich dem Fuß des Baumes nähern, desto mehr Druck üben Sie auf den Pinsel aus (die Borsten biegen sich dabei nach unten). Auf diese Weise werden die Zweige immer ausladender.

Verwenden Sie weiterhin den kleinen Rundpinsel, wenn Sie nun die Büsche unter den Nadelbäumen malen. Fügen Sie zu der bereits auf dem Pinsel befindlichen dunklen Mischung Titanweiß hinzu und tupfen Sie auf den Nadelbaum leichte Akzente.

Mit dem kleinen Rundpinsel nehmen Sie eine dünne Mischung aus Flüssigtransparent und Titanweiß auf und betonen die schneebedeckten Büsche. Den Schnee unterhalb der Büsche ergänzen Sie mit Titanweiß auf dem Spachtel.

Große Bäume
Verwenden Sie die dunkle Blaumischung mit VanDykeBraun auf dem Fächerpinsel, um die großen Baumstämme zu malen. Verdünnen Sie die Mischung und ergänzen Sie mit dem Schriftenpinsel Äste und Zweige. Das schneebedeckte Laub fügen Sie mit dem kleinen Rundpinsel hinzu. Nehmen Sie nun mit dem Rundpinsel die dunkle Blaumischung auf. Dann tippen Sie die Borsten in die Flüssigtransparent-Titanweiß-Mischung, tupfen nach unten und gestalten sorgfältig die einzelnen Laubbüschel. Wenn Sie den Pinsel doppelt füllen, können Sie mit einem einzigen Strich Akzente setzen und zugleich Schatten in den Schnee malen. Betonen Sie die großen Baumstämme mit Titanweiß auf dem Spachtel.

Letzte Feinheiten
Setzen Sie mit dem kleinen Rundpinsel weitere Glanzlichter in den Schnee und ergänzen Sie kleine Details mit verdünnter Farbe auf dem Schriftenpinsel. Nun können Sie Ihr Meisterwerk mit dem Schriftenpinsel und einer verdünnten Farbe Ihrer Wahl signieren. Es ist an Ihnen, sich für eine der zahlreichen Varianten zu entscheiden. Hauptsache ist, Sie hatten auch bei diesem Bild wieder viel FREUDE AM MALEN.

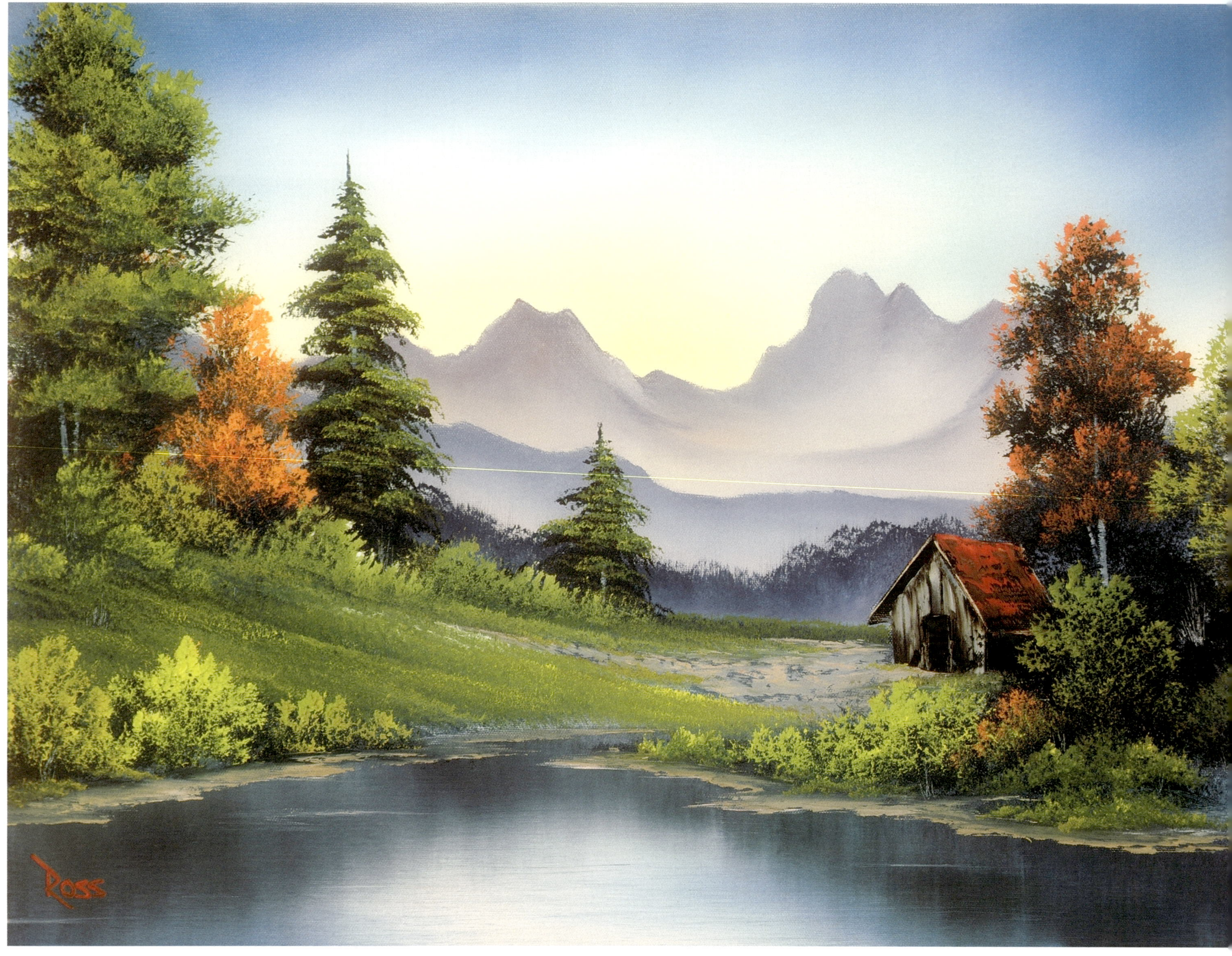
Ross

DIE HÜTTE DES TRAPPERS

Material

2-Zoll-Pinsel	Mitternachtsschwarz
1-Zoll-Pinsel	Dunkelsiena
Fächerpinsel Nr. 6	VanDykeBraun
Schriftenpinsel Nr. 2	Karmesinrot
Farbspachtel Nr. 10	Saftgrün
Flüssigweiß	Kadmiumgelb
Titanweiß	Ockergelb
Phtaloblau	Indischgelb
Preußischblau	Hellrot

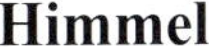

Himmel

Nehmen Sie mit einem sauberen, trockenen 2-Zoll-Pinsel etwas Indischgelb auf und malen Sie mit sich kreuzenden Strichen nur wenig über dem Horizont einen goldenen Schimmer. Reinigen und trocknen Sie den Pinsel und nehmen Sie dann ein wenig Phtaloblau auf. Setzen Sie am oberen Leinwandrand an und malen Sie mit sich kreuzenden Strichen den oberen Teil des Himmels. Tupfen Sie ganz feine Schleierwolken auf. Für die Wasserfläche im unteren Bildteil nehmen Sie mit dem 2-Zoll-Pinsel eine Mischung aus Preußischblau und Phtaloblau auf. Arbeiten Sie vom unteren Rand der Leinwand nach oben. Setzen Sie vom Bildrand zur Bildmitte hin verlaufende, waagerechte Striche. Wenn Sie das Zentrum aussparen, entsteht ein schöner Schimmer auf dem Wasser.

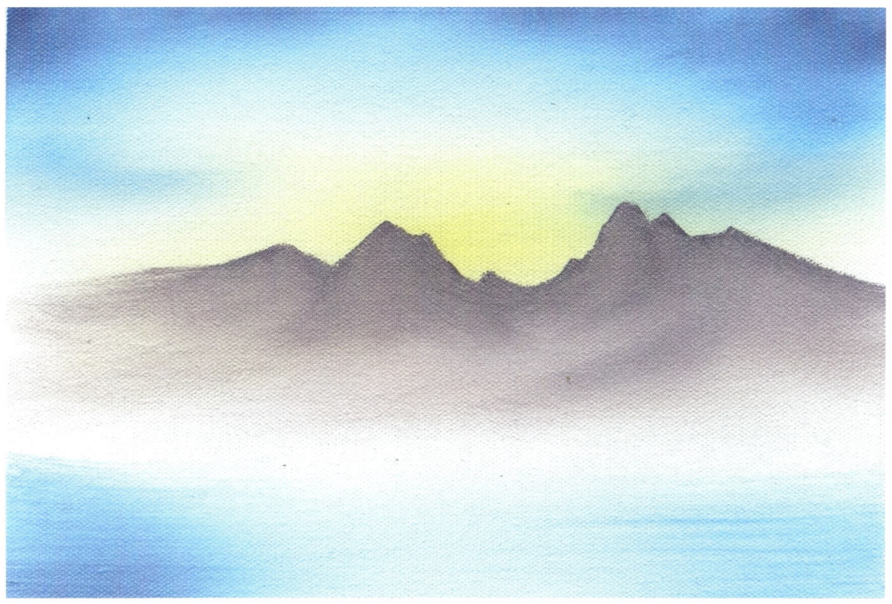

Berg

Für den weit im Hintergrund liegenden Berg verwenden Sie eine lavendelfarbene Mischung aus Titanweiß, Phtaloblau und Karmesinrot. Nehmen Sie mit der langen Spachtelkante ein Farbröllchen auf und formen Sie mit festem Druck den Berggipfel. Wenn Sie mit der Grundform des Berggipfels zufrieden sind, entfernen Sie mit dem Spachtel die überschüssige Farbe. Danach ziehen Sie die Farbe mit dem 2-Zoll-Pinsel nach unten zum Fuß des Berges hin und verblenden damit diese Bildpartie.

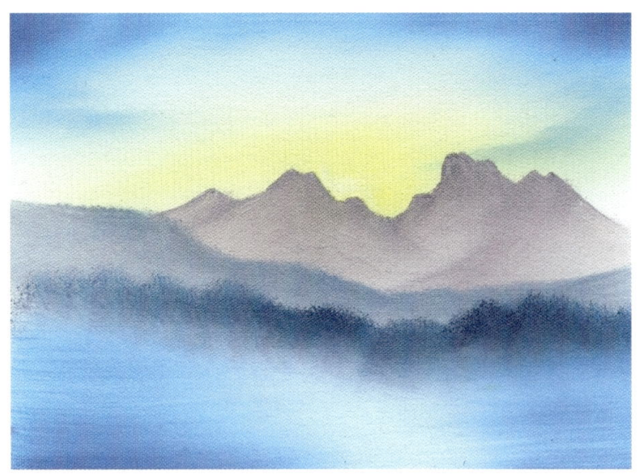

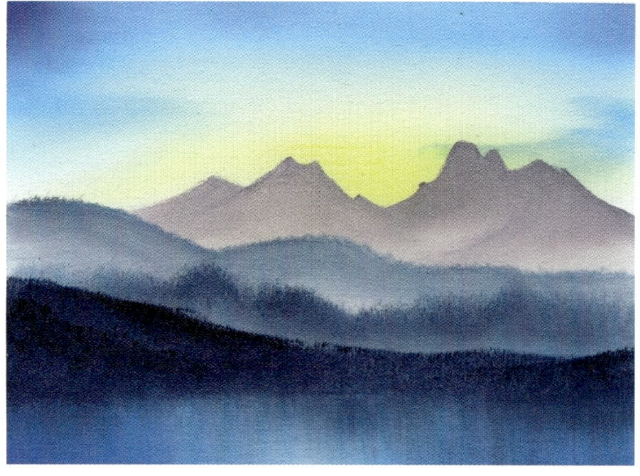

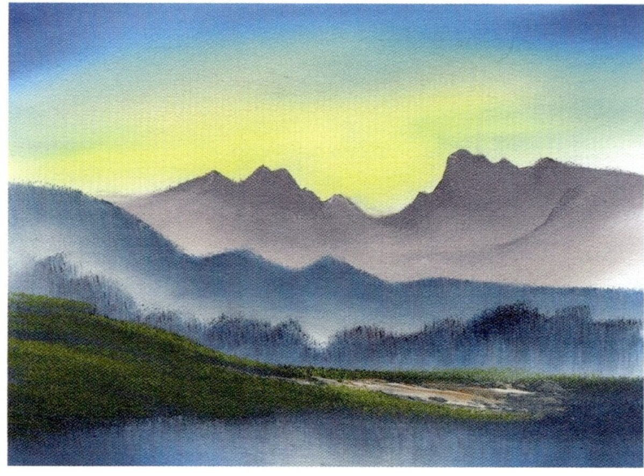

Gebirgsausläufer

Tupfen Sie die Borsten des 2-Zoll-Pinsels in eine Mischung aus Phtaloblau und der „Bergfarbe“. Halten Sie den Pinsel waagerecht und legen Sie mit kurzen, nach unten gerichteten Strichen die Hügelkette vor dem Berg an. Mit einem sauberen, trockenen 2-Zoll-Pinsel tupfen Sie im unteren Bereich der Hügelkette auf die Farbe. Eine dunstige Atmosphäre ist die Folge.

Mit einer zunehmend dunkleren Farbmischung ergänzen Sie weitere Hügelketten.

Verwenden Sie den 2-Zoll-Pinsel und die dunkelste Mischung, um die vor der Hügelkette liegenden Grasflächen zu gestalten. Halten Sie den 2-Zoll-Pinsel waagerecht und ziehen Sie Spiegelungen von den Grasflächen gerade nach unten. Dann streichen Sie für die Spiegelungen leicht quer darüber.Verwenden Sie verschiedene Mischungen aus Saftgrün, allen Gelbtönen und einer Spur Hellrot, um die zarten Grasfläche an den Hügeln zu betonen. Tupfen Sie den 2-Zoll-Pinsel im 45°-Winkel in die verschiedenen Farbmischungen. Lassen Sie den Pinsel bei jedem Tupfen vorwärts in die Farbe gleiten. Halten Sie den Pinsel waagerecht und tupfen Sie leicht nach unten. Arbeiten Sie in Schichten. Wenn Sie den dunklen Untergrund nicht komplett bedecken, sehen die Akzente im Gras ganz samten aus. Mit einer Mischung aus Titanweiß, Mitternachtsschwarz und Dunkelsiena auf dem Spachtel und kurzen, waagerechten Strichen gestalten Sie die erdig wirkende Randzone des Wassers.

Bäume

Für die Nadelbäume nehmen Sie mit einem sauberen, trockenen 2-Zoll-Pinsel eine Farbmischung aus Mitternachtsschwarz, Preußischblau, Karmesinrot und Saftgrün auf. Berühren Sie die Leinwand nur leicht, um die Mittelachse des jeweiligen Baumes festzulegen. Drehen Sie den Pinsel waagerecht und malen Sie mit einer Ecke des Pinsels die kleinen Baumkronen. Tupfen Sie vor und zurück, während Sie weiter nach unten arbeiten. Je mehr Sie sich dem Fuß des Baumes nähern, desto mehr Druck üben Sie auf den Pinsel aus (die Borsten biegen sich dabei nach unten). Auf diese Weise werden die Zweige immer ausladender.

Verwenden Sie dieselbe Mischung auf dem 2-Zoll-Pinsel, um die Grundformen der großen Laubbäume sowie Büsche anzulegen. Für die Spiegelungen ziehen Sie die Farbe vom Ansatz der Bäume nach unten und streichen dann leicht quer darüber.

Die Baumstämme fügen Sie mit ein wenig Titanweiß und Mitternachtsschwarz auf dem Spachtel hinzu. Mit dem Fächerpinsel und Mischungen aus Saftgrün und den Gelbtönen tupfen Sie Glanzlichter auf die Nadelbäume. Verwenden Sie die Gelb-Grün-Rot-Mischungen (verdünnt mit Flüssigweiß), um Laubbäume und Büsche zu betonen. Ziehen Sie den 1-Zoll-Pinsel so durch die Farbmischung, dass er sich sanft in eine Richtung biegt. Mit der abgerundeten Ecke nach oben stupfen Sie Bäume und Büsche auf die Leinwand.

Überlassen Sie nichts dem Zufall und lassen Sie Teile der dunklen Untermalung frei, um die einzelnen Formen voneinander abzugrenzen. Mit dem 1-Zoll-Pinsel setzen Sie auf den kleinen Büschen und den Gräsern unter den Bäumen Akzente.

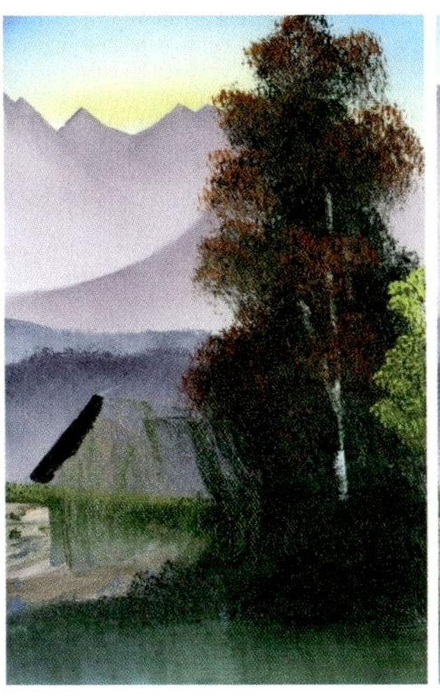
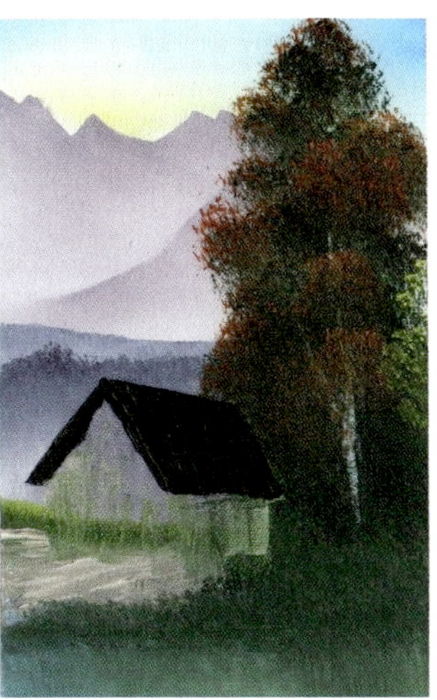
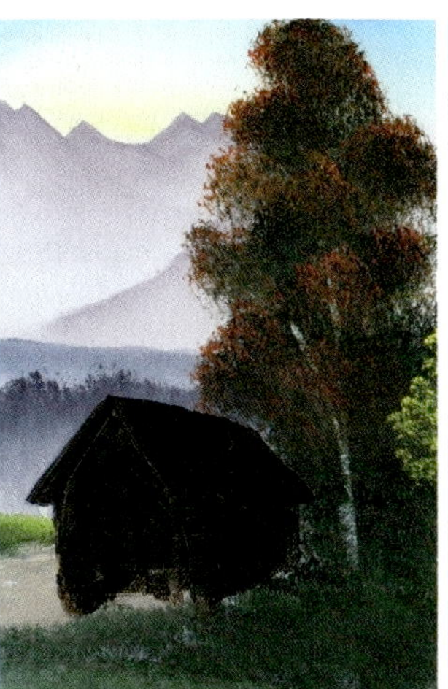
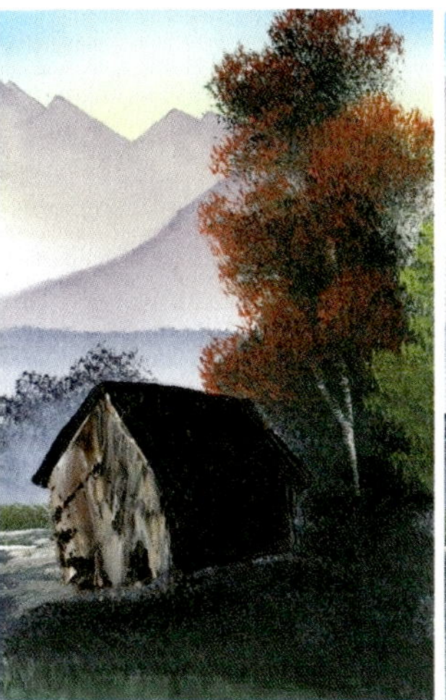
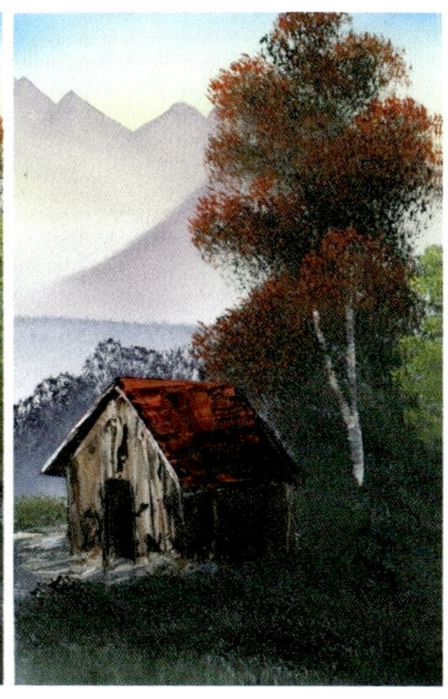
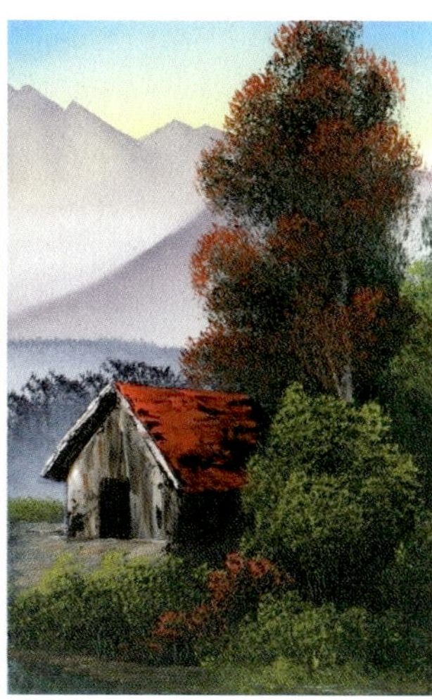

Hütte
Mit einem sauberen Spachtel entfernen Sie die überschüssige Farbe an der Stelle, wo die Hütte stehen soll. Mit einer Mischung aus VanDyke-Braun und Dunkelsiena auf dem Spachtel legen Sie die hintere Dachkante an. Achten Sie auf die Winkel. Dann ziehen Sie die Farbe für die Stirnseite des Daches und die Seitenpartie nach unten. Ergänzen Sie Seitenwand und Front der Hütte. Mit einer Mischung aus Titanweiß und Dunkelsiena auf dem Spachtel setzen Sie an der Hüttenfront Akzente. Dabei üben Sie nur so viel Druck aus, dass die Farbe „bricht". Mit Hellrot auf dem Spachtel betonen Sie die Dachpartie. Nun fügen Sie unter Verwendung von VanDykeBraun noch die Tür ein. Mit Braun und Weiß betonen Sie die Tür. Mit den Gelb-Grün-Rot-Mischungen auf dem 1-Zoll-Pinsel ergänzen Sie die Büsche an der Hütte.

Vordergrund
Verwenden Sie die Braun-Weiß-Mischung auf dem Spachtel, um die Uferzone zu gestalten. Mit einer Schwarz-Blau-Mischung auf dem 2-Zoll-Pinsel grundieren Sie die Büsche im Vordergrund. Ziehen Sie die Farbe (von dort, wo die Büsche ansetzen) gerade nach unten ins Wasser. Dann streichen Sie für die Spiegelungen leicht quer darüber. Den Büschen im Vordergrund verleihen Sie mit den Gelb-Grün-Rot-Mischungen auf dem 1-Zoll-Pinsel noch einzelne Akzente.

Letzte Feinheiten
Benutzen Sie die Spachtelspitze, um Stöcke und Reisig „einzuritzen". Mit dem Palettenmesser nehmen Sie dann noch etwas Flüssigweiß auf und fügen letzte Kräuselungen im Wasser hinzu. Jetzt ist Ihr Bild fertig.

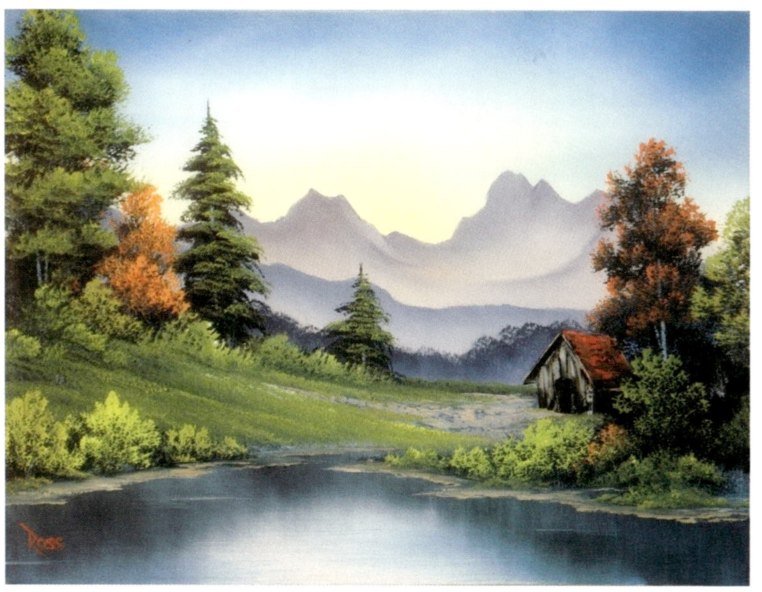

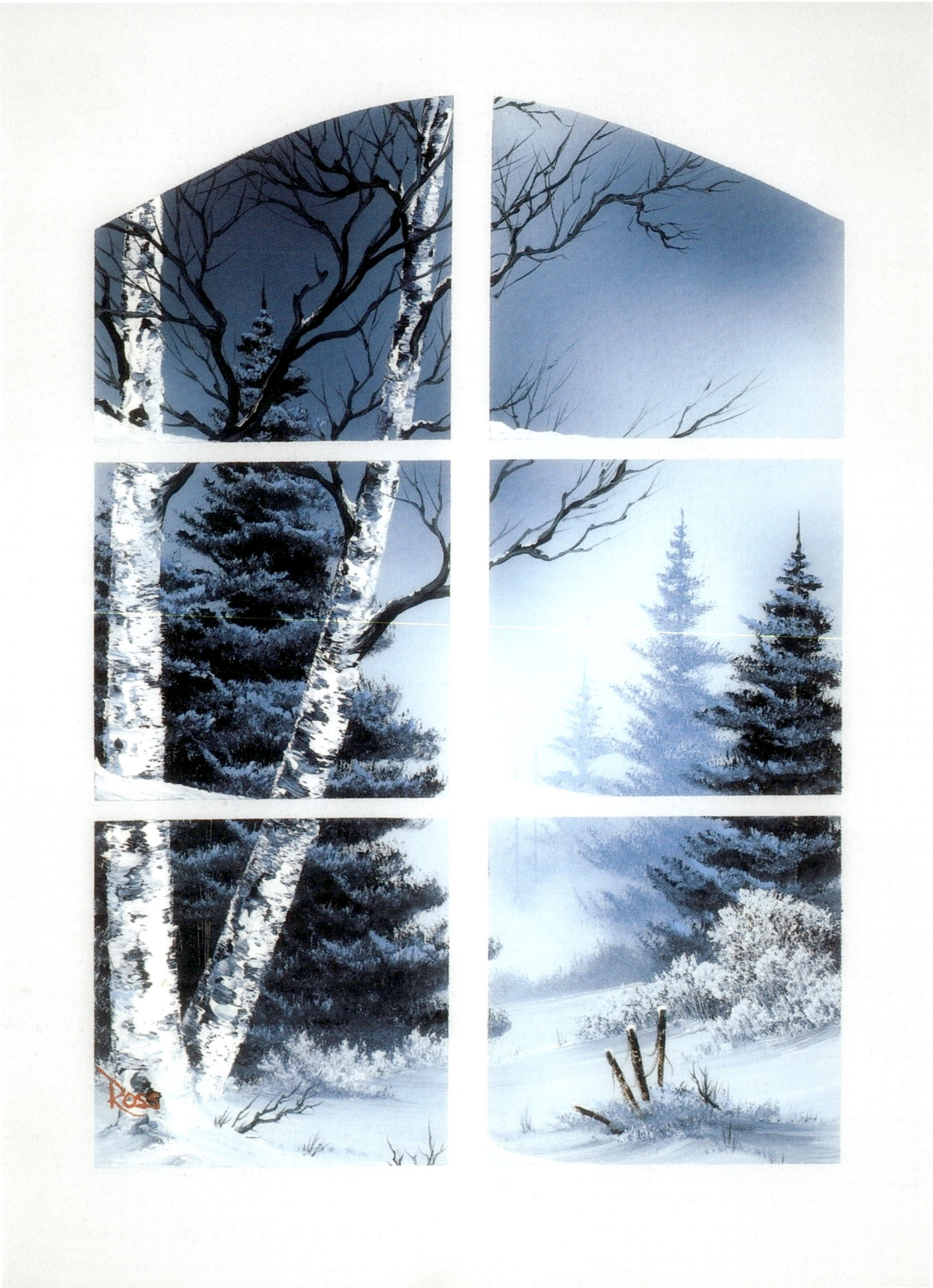

Material

2-Zoll-Pinsel	Flüssigweiß
1-Zoll-Pinsel	Titanweiß
Filbertpinsel Nr. 6	Phtaloblau
Fächerpinsel Nr. 3	Preußischblau
Schriftenpinsel Nr. 2	Mitternachtsschwarz
Farbspachtel Nr. 10	Dunkelsiena
Klebefolie	VanDykeBraun
Klebeband	Karmesinrot

Schneiden Sie aus einem Stück Klebefolie ein Mittelstück in Form eines Fensters aus und bedecken Sie die Leinwand mit der Folie. Mit Klebeband lässt sich das Fensterkreuz abkleben.

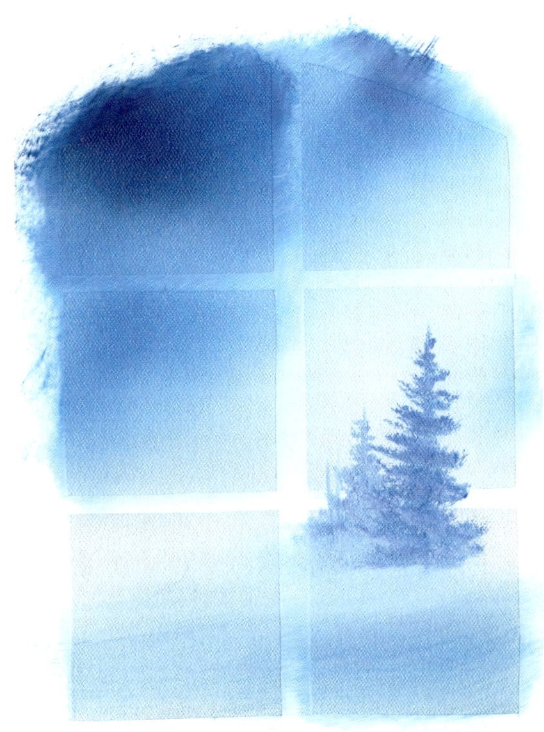

Verwenden Sie den 2-Zoll-Pinsel und eine Mischung aus Mitternachtsschwarz und Preußischblau. Arbeiten Sie vom oberen Rand der Leinwand mit sich kreuzenden Strichen bis zum Horizont. Einige Himmelspartien sollten ziemlich hell bleiben.

Mit etwas Titanweiß auf dem 2-Zoll-Pinsel und sich kreuzenden Strichen malen Sie die hellen Bereiche des Himmels.

Nadelbäume im Hintergrund
Nehmen Sie mit dem kleinen Fächerpinsel eine Mischung aus Mitternachtsschwarz, Preußischblau und Titanweiß auf. (Diese Farbe sollte etwas dunkler sein als die des Himmels.) Halten Sie den Pinsel senkrecht und legen Sie die Mittelachse des jeweiligen Baumes an. Mit der Ecke des Pinsels malen Sie die kleinen Baumkronen. Arbeiten Sie abwechselnd vor und zurück. Üben Sie nach unten hin zunehmend Druck aus, damit die Zweige ausladender werden.

Verwenden Sie weiterhin die hellblaue Farbmischung auf dem Fächerpinsel und tupfen Sie damit die kleinen Büsche unterhalb der im Hintergrund liegenden Nadelbäume. Anschließend „ritzen“ Sie mit der Spachtelkante die angedeuteten Stämme ein.

Nehmen Sie mit beiden Seiten eines sauberen, trockenen 2-Zoll-Pinsels Titanweiß auf. Halten Sie den Pinsel waagerecht und ergänzen Sie mit schwungvollen Strichen den Schnee unter den Nadelbäumen.

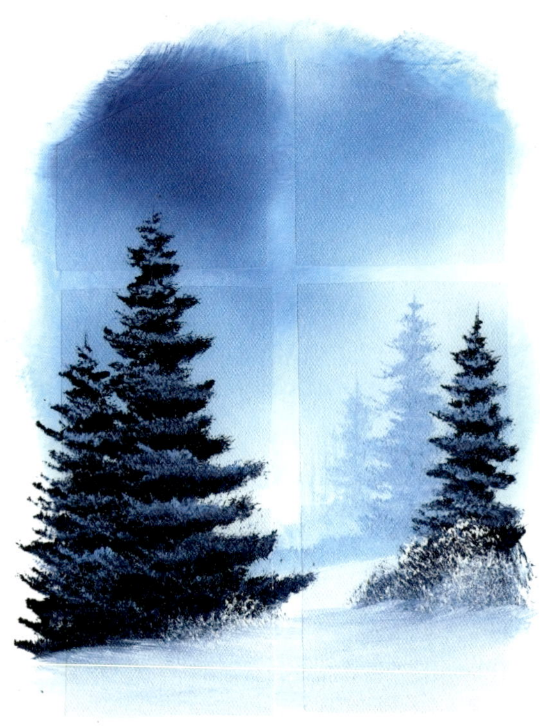

Mittelgrund

Stellen Sie mit dem Spachtel eine dunklere „Baummischung“ aus Mitternachtsschwarz, Preußischblau und Karmesinrot her. Nehmen Sie diese mit dem Fächerpinsel auf und ergänzen Sie die größeren Nadelbäume im Bildmittelgrund.

Mit einer Mischung aus Flüssigweiß, Titanweiß und Phtaloblau auf dem Fächerpinsel verleihen Sie den Nadelbäumen im Mittelgrund einige Glanzlichter.

Mit der dunklen „Baumfarbe“ auf dem 1-Zoll-Pinsel legen Sie die kleinen Bäume und Büsche zu Füßen der Nadelbäume im Mittelgrund an. Um die kleinen Bäume und Büsche zu betonen, tippen Sie den 1-Zoll-Pinsel zunächst in Flüssigweiß. Der Griff muss dabei gerade nach oben zeigen. Dann nehmen Sie etwas Titanweiß auf (ziehen Sie die Borsten mehrmals in einer Richtung durch die Farbe, damit sie am Ende gerundet sind).

Die gerundete Ecke zeigt nun nach oben, wenn Sie auf Büsche und Bäume mehrere Akzente setzen. Konzentrieren Sie sich auf Form und Gestalt der einzelnen Elemente. Überlassen Sie nichts dem Zufall. Achten Sie darauf, dass Sie nicht die gesamte dunkle Untermalung bedecken – so können Sie sie nutzen, um die einzelnen Baum- und Buschformen voneinander abzugrenzen.

Nehmen Sie mit dem 2-Zoll-Pinsel Titanweiß auf und legen Sie die Schneefläche von den kleinen Bäumen und Büschen bis in den Vordergrund an. Sobald die Pinselborsten etwas von der dunklen Untergrundfarbe aufnehmen, die sich bereits auf der Leinwand befindet, entstehen automatisch Schatten im Schnee.

Vordergrund

Um die großen Birken im Vordergrund zu malen, nehmen Sie mit der langen Spachtelkante eine Mischung aus Mitternachtsschwarz und etwas VanDykeBraun und Preußischblau auf. Arbeiten Sie von unten nach oben und gestalten Sie mit kurzen, waagerechten Strichen die großen Birkenstämme.

Nehmen Sie mit dem Spachtel erneut Titanweiß auf und fügen Sie mit kurzen, gekurvten Strichen einige Akzente an den großen Birkenstämmen hinzu. Lassen Sie dabei etwas von der dunklen Untergrundfarbe sichtbar, um die Rinde anzudeuten.

Kleinere Äste und Zweige an den Birken ergänzen Sie mit einer Schwarz-Braun-Mischung auf dem Schriftenpinsel. (Wenn Sie mit dem Schriftenpinsel Farbe aufnehmen, verdünnen Sie die Mischung bis sie eine tintenähnliche Konsistenz aufweist. Zu diesem Zweck tippen Sie den Pinsel in Farbverdünner und ziehen ihn dann durch die Farbmischung. Dabei drehen Sie den Pinsel langsam, damit die Borsten eine Spitze bilden.)

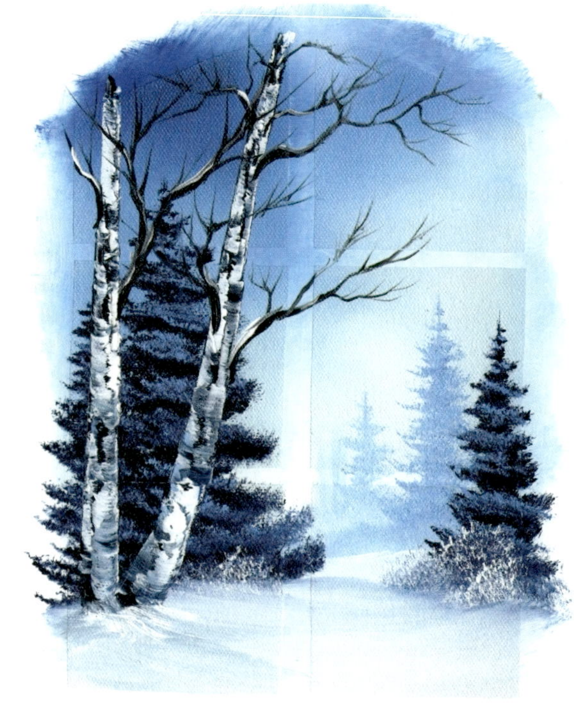

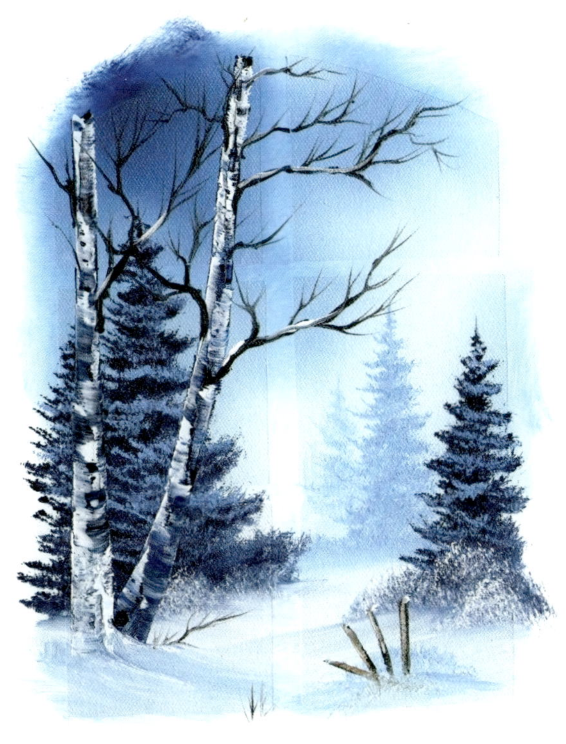

Wenn Sie nun die Äste und Zweige gestalten, üben Sie wenig Druck auf den Pinsel aus. Ein schön knorriges Aussehen erhalten die Zweige, wenn Sie den Pinsel beim Malen drehen und leicht hin und her wackeln.

Mit Flüssigweiß auf dem Schriftenpinsel ergänzen Sie einige Details im auf den Ästen und Zweigen liegenden Schnee.

Die Schneeflächen zu Füßen der Birken fügen Sie mit Flüssigweiß und Titanweiß auf dem Fächerpinsel ein. Ohne den Pinsel zu reinigen, nehmen Sie etwas von der dunklen „Baumfarbe" auf und ergänzen die Grasflächen unterhalb der Birken.

Zaun

Für den Zaun nehmen Sie mit dem Spachtel eine Mischung aus Van-DykeBraun und Dunkelsiena auf. Halten Sie den Spachtel senkrecht und setzen Sie ihn sanft auf der Leinwand auf, um die Zaunlatten einzufügen. Mit einer Braun-Weiß-Mischung auf dem Spachtel setzen Sie einzelne Akzente. Den Schnee an den Fensterkreuzen ergänzen Sie mit einer Mischung aus Flüssigweiß und Titanweiß auf dem Fächerpinsel. Halten Sie den Pinsel waagerecht und ziehen Sie ihn über die obere Kante der Fensterkreuze.

Letzte Feinheiten

Im Vordergrund liegende kleine Stöcke und Reisig fügen Sie mit verdünnten Mischungen aus Mitternachtsschwarz und VanDykeBraun auf dem Schriftenpinsel ein. Abschließend entfernen Sie vorsichtig Klebestreifen und -folie. Nun ist Ihr Bild fertig!

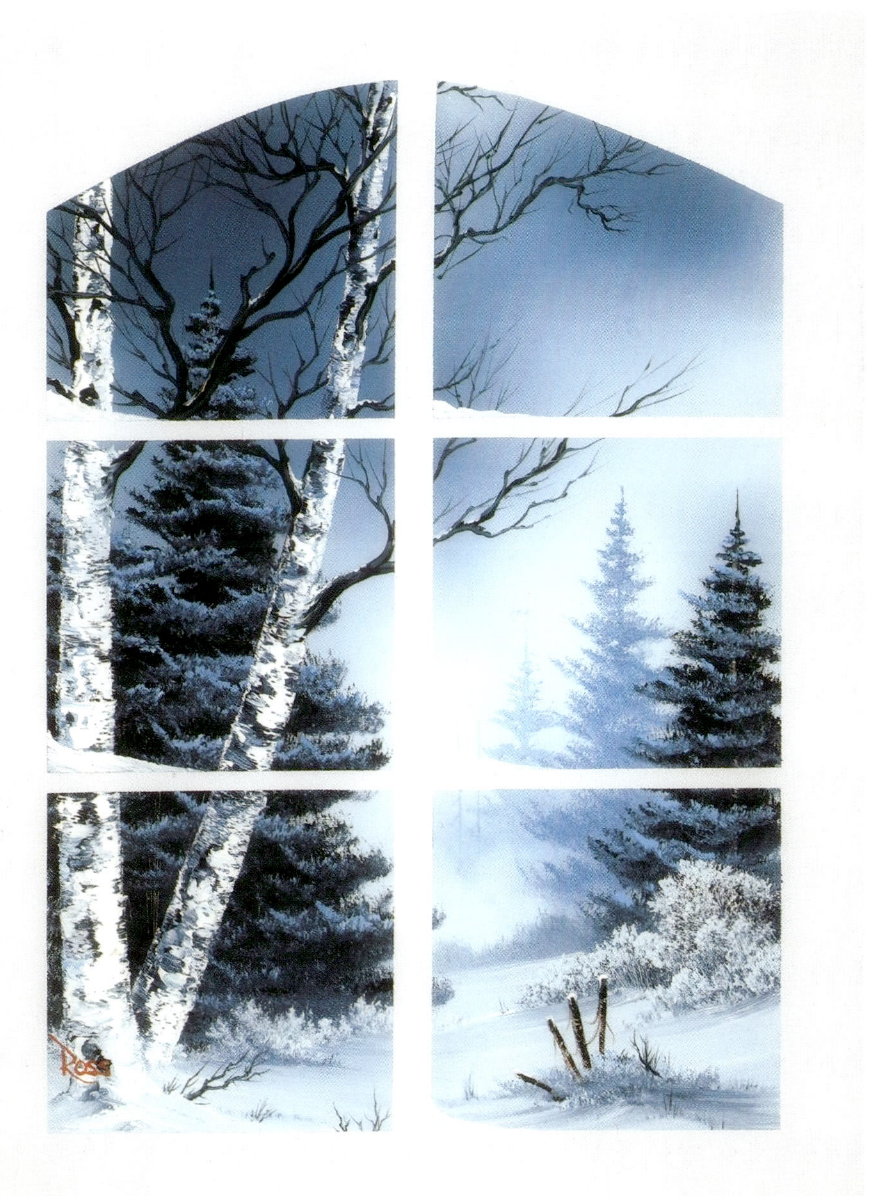

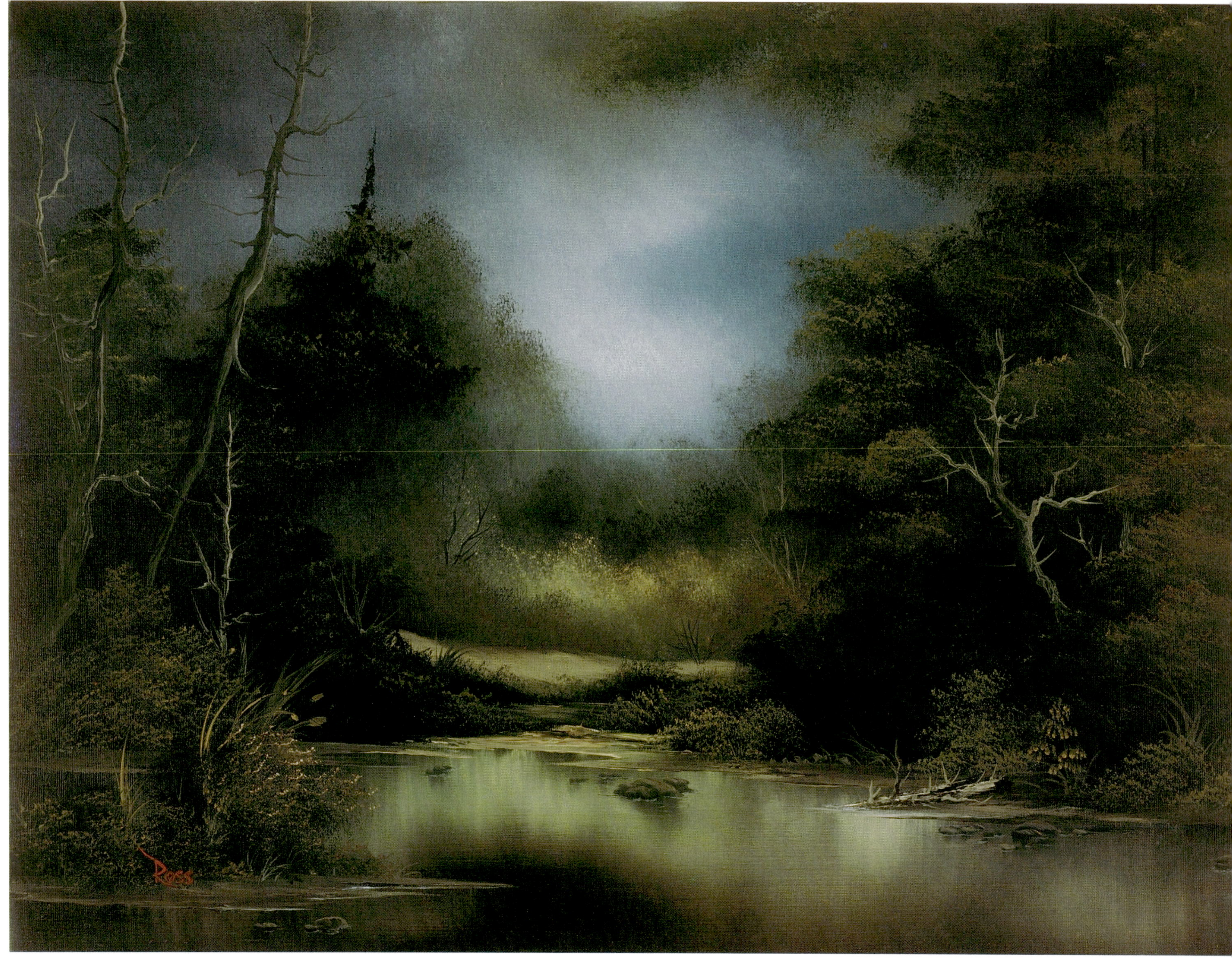
Ross

WEIHER AM WEGESRAND

Material

2-Zoll-Pinsel
1-Zoll-Pinsel
Filbertpinsel
Schriftenpinsel Nr. 2
Farbspachtel Nr. 10
Gesso Schwarz
Flüssigweiß
Flüssigtransparent
Titanweiß

Phtaloblau
Preußischblau
Mitternachtsschwarz
Dunkelsiena
VanDykeBraun
Karmesinrot
Saftgrün
Ockergelb
Hellrot

Tragen Sie mit einem Schaumschwämmchen eine dünne, gleichmäßige Schicht Gesso Schwarz auf die gesamte Leinwand auf. Das Gesso Schwarz muss VOLLSTÄNDIG TROCKNEN, bevor Sie mit dem Malen beginnen.

Anschließend nehmen Sie den 2-Zoll-Pinsel und bedecken die gesamte Leinwand mit einer Lavendelmischung aus Flüssigtransparent, Phtaloblau und Karmesinrot. Die Farbe darf noch NICHT TROCKEN sein, wenn Sie anfangen zu malen.

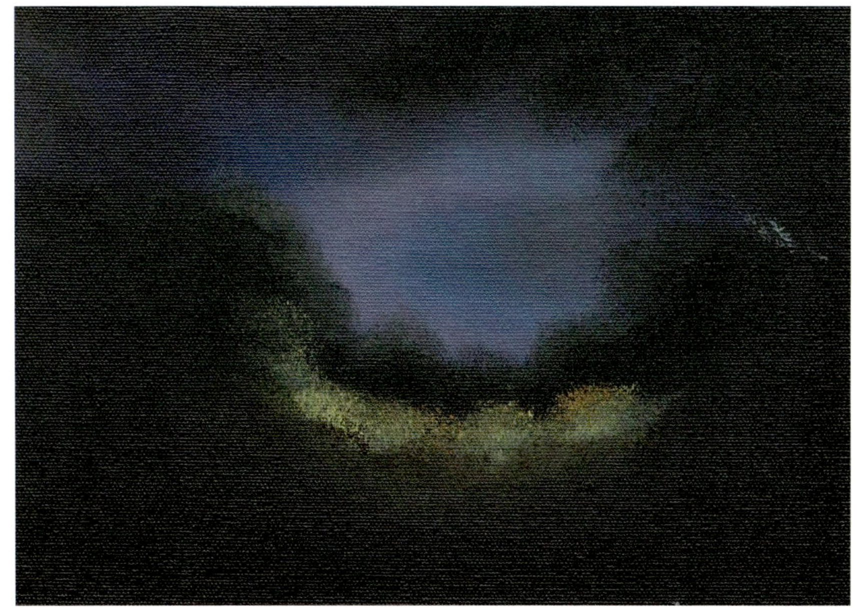

Himmel

Halten Sie den 2-Zoll-Pinsel senkrecht und nehmen Sie mit der Spitze etwas Titanweiß auf. Nun tupfen Sie die Wolken auf die Leinwand. (Beachten Sie, wie sich das Weiß mit der bereits auf der Leinwand befindlichen Lavendelfarbe vermischt.) Mit einem sauberen, trockenen 2-Zoll-Pinsel und kleinen, sich kreuzenden Strichen verblenden Sie die Unterseite der Wolken. Geben Sie nun zu dem Titanweiß ein wenig Dunkelsiena und Phtaloblau und fügen Sie – wie gehabt – weitere Wolkenschichten hinzu. Dann wischen Sie mit einem sauberen, trockenen 2-Zoll-Pinsel und langen, waagerechten Strichen über den Himmel und verblenden ihn auf diese Weise.

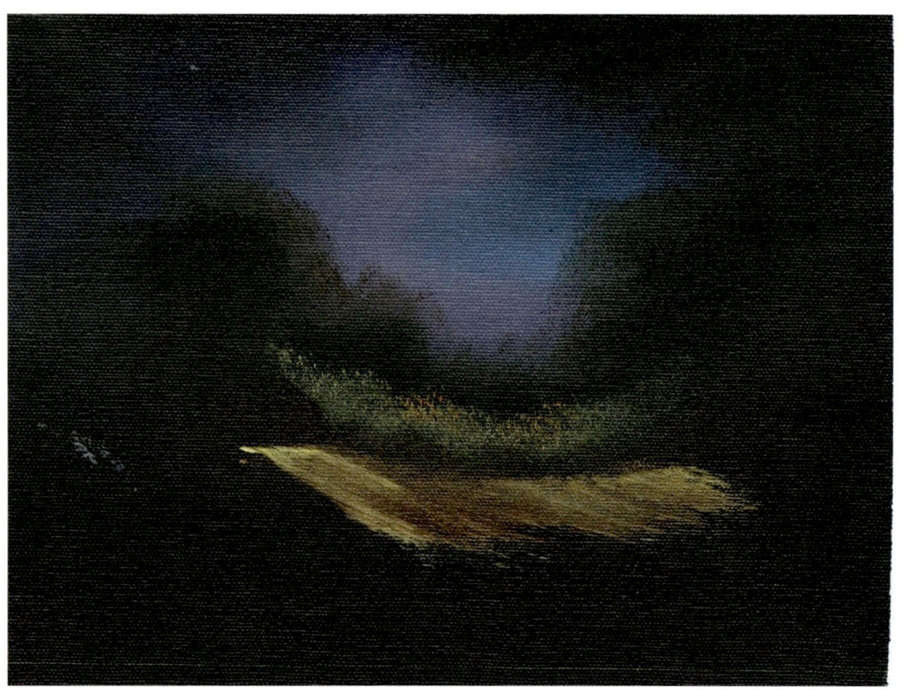

Hintergrund

Stupfen Sie die Spitze des 2-Zoll-Pinsels in eine Mischung aus Saftgrün, VanDykeBraun, Mitternachtsschwarz, Preußischblau und Dunkelsiena. Halten Sie den Pinsel senkrecht und tupfen Sie mit der Pinselspitze direkt oberhalb des Horinzonts die dunklen Bäume auf die Leinwand. Die helleren Bäume ergänzen Sie mit einer Mischung aus Titanweiß und Ockergelb.

Nehmen Sie mit dem 2-Zoll-Pinsel erneut etwas von der dunklen Farbmischung für die Bäume auf. Arbeiten Sie in Schichten und halten Sie den Pinsel dabei waagerecht. Tupfen Sie zunächst die größeren Bäume auf die Leinwand. Diese Bäume sollten sehr dunkel sein, Sie können die Farbe aber variieren, indem Sie kleine Mengen Ockergelb zu der dunklen Farbmischung geben.

Mit dem Farbspachtel mischen Sie aus gleichen Teilen Saftgrün und Karmesinrot einen Braunton. Dann geben Sie zu dem Braun etwas Titanweiß hinzu. Ergänzen Sie mit dieser Farbmischung auf dem Palettenmesser und waagerechten Strichen die Bodenfläche unter den im Hintergrund liegenden Bäumen.

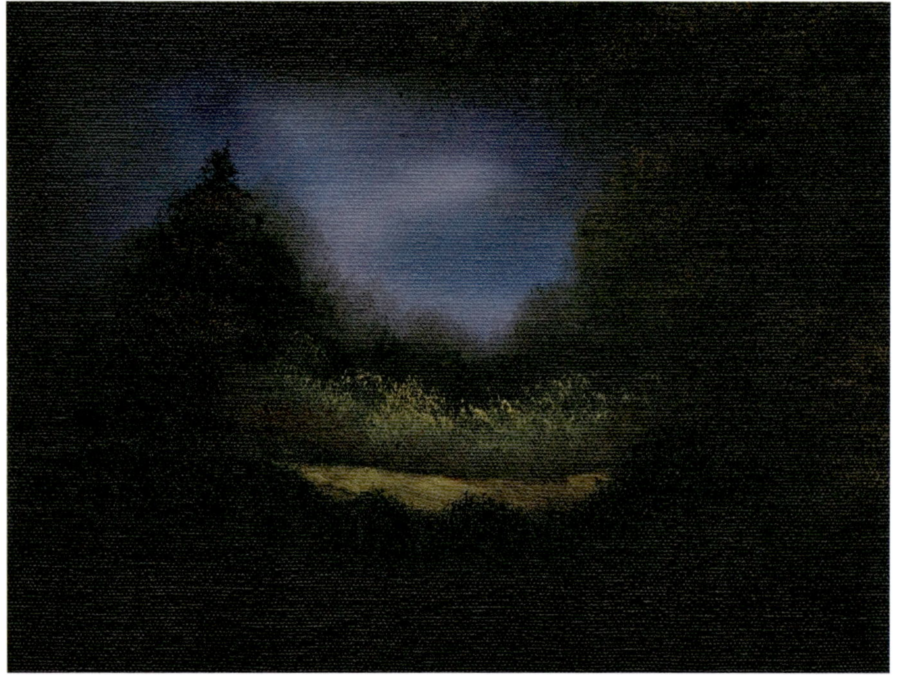

Nadelbaum

Nehmen Sie mit dem 2-Zoll-Pinsel eine Mischung aus Mitternachtsschwarz, Preußischblau, VanDykeBraun und Karmesinrot so auf, dass die Borsten eine scharfe Kante bilden. Halten Sie den Pinsel senkrecht und tupfen Sie die Mittelachse eines jeden großen Nadelbaumes auf die Leinwand. Mit einer Ecke des Pinsels ergänzen Sie die kleinen Baumkronen. Arbeiten Sie vor und zurück bzw. nach links und rechts im Wechsel. Je mehr Sie sich dem Fuß des Baumes nähern, desto mehr Druck üben Sie auf den Pinsel aus (die Borsten biegen sich dabei nach unten). Auf diese Weise werden die Zweige immer ausladender.

Die Baumstämme fügen Sie mit der braunen Farbmischung auf dem Spachtel hinzu. Mit einer Mischung aus Saftgrün und Ockergelb auf dem 2-Zoll-Pinsel setzen Sie Glanzlichter auf die Zweige der Nadelbäume.

Ergänzen Sie noch viele weitere Bäume und Büsche mit der dunklen Farbmischung für die Bäume auf dem 2-Zoll-Pinsel. Mit Mischungen aus Saftgrün, Ockergelb und Hellrot setzen Sie einige Akzente. Dann ziehen Sie die Farbe senkrecht nach unten. Für die nun noch fehlenden Baumstämme verwenden Sie eine Mischung aus Dunkelsiena und Titanweiß auf dem

Schriftenpinsel. (Verdünnen Sie die Farbe mit Farbverdünner bis sie eine wässrige Konsistenz hat. Stupfen Sie den Pinsel in reichlich Farbe und drehen Sie ihn so, dass eine Spitze entsteht.) Üben Sie nur wenig Druck aus. Wenn Sie den Pinsel beim Malen drehen und hin und her wackeln, verleihen Sie Ihren Baumstämmen ein knorriges Aussehen.

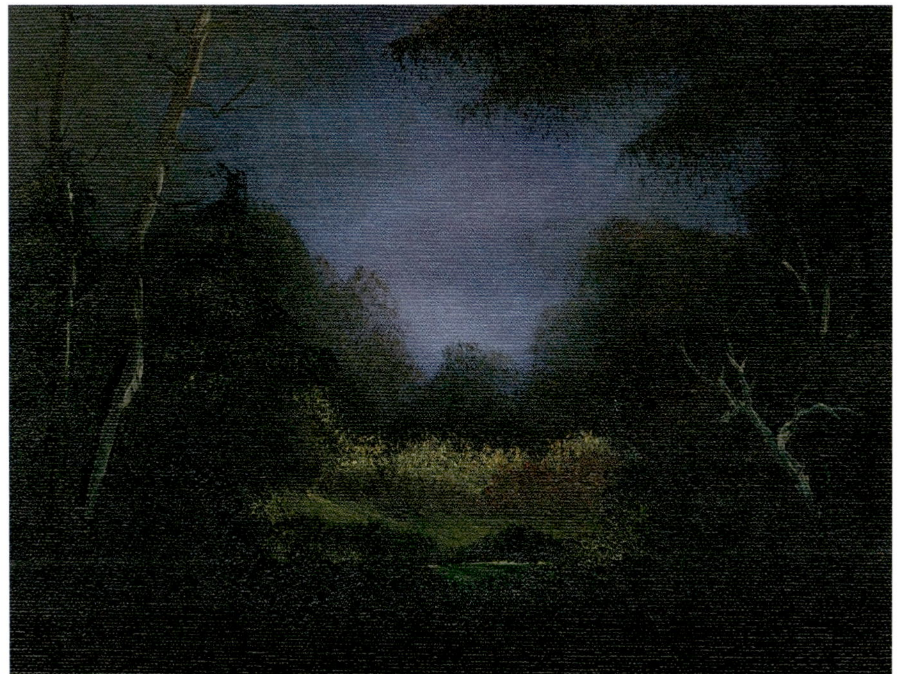

Vordergrund

Nehmen Sie mit einem sauberen, trockenen 2-Zoll-Pinsel Titanweiß auf. Setzen Sie den Pinsel flach auf der Leinwand auf und ziehen Sie die Farbe gerade nach unten ins Wasser. Für die Spiegelungen streichen Sie leicht quer darüber. (Achten Sie darauf, wie sich das Weiß mit der schon auf der Leinwand vorhandenen Lavendelfarbe und der „Baumfarbe" vermischt.) Mit einer Mischung aus dem Braun und Titanweiß auf dem Spachtel ergänzen Sie unter festem Druck die Uferzone entlang des Gewässers. Dort, wo die kleine Halbinsel liegen soll, fügen Sie kleine Bäume und Büsche ein. Verwenden Sie hierfür die dunkle Farbmischung für die Bäume und den 2-Zoll-Pinsel. Dann ziehen Sie die Farbe ins Wasser. Für die Spiegelungen streichen Sie leicht quer darüber. Akzente setzten Sie mit Saftgrün und Ockergelb. Arbeiten Sie die Bodenfläche unter den Bäumen mit der Braun-Weiß-Mischung auf dem Farbspachtel aus. Kleine Stöcke und Reisig ergänzen Sie mit verdünnten Farbmischungen auf dem Schriftenpinsel, kleine Büsche in der Uferregion mit Mischungen aus Flüssigweiß und den Gelb-Saftgrün-Mischungen auf dem 1-Zoll-Pinsel.

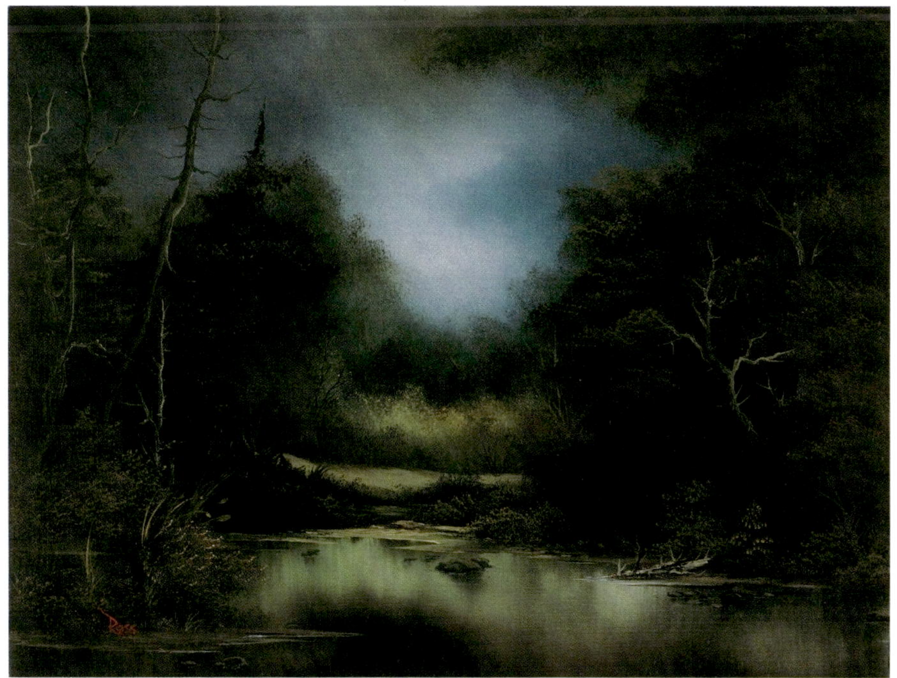

Letzte Feinheiten

Die im Wasser liegenden Baumstämme malen Sie mit dem Spachtel und etwas VanDykeBraun. Mit ein wenig Titanweiß auf dem Palettenmesser setzen Sie ein paar Glanzlichter. Dann deuten Sie mit der Spitze des Farbspachtels Äste und Zweiglein an. Die von den Stämmen verursachten Kräuselungen im Wasser ergänzen Sie mit Flüssigweiß auf dem Spachtel.

Für die kleinen, im Wasser liegenden Felsen und Steine nehmen Sie mit dem Filbertpinsel beidseitig eine Mischung aus Mitternachtsschwarz und VanDykeBraun auf. Dann ziehen Sie eine Seite des Pinsels durch eine Mischung aus Flüssigweiß, VanDykeBraun und Dunkelsiena. Gestalten Sie nun mit jeweils einem einzelnen geschwungenen Pinselstrich die kleinen Felsen und Steine – die helle Seite des Pinsels muss dabei nach oben zeigen.

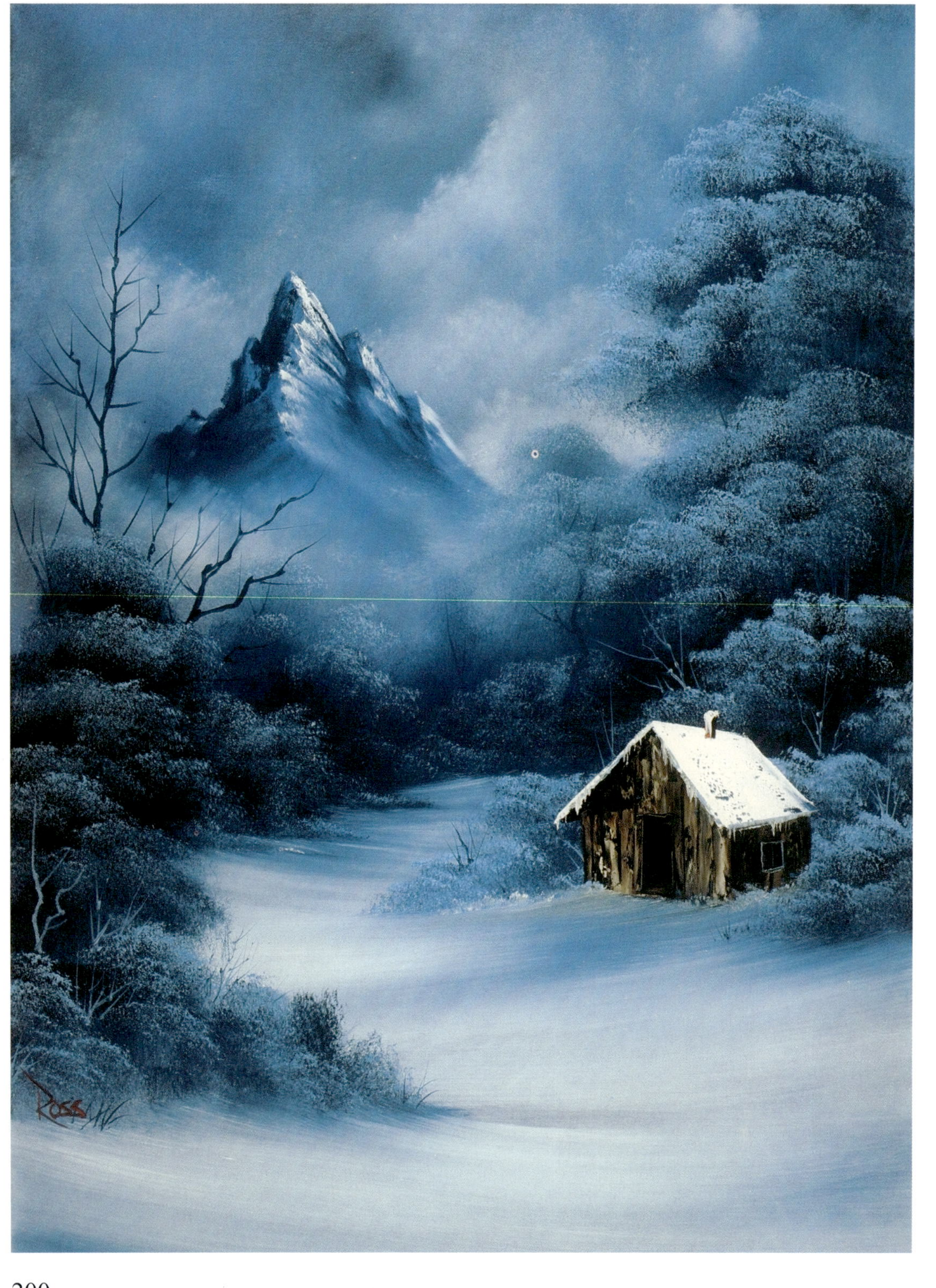

Material

2-Zoll-Pinsel	Flüssigweiß
1-Zoll-Pinsel	Flüssigtransparent
1-Zoll-Rundpinsel	Titanweiß
kleiner Rundpinsel	Phtaloblau
Schriftenpinsel Nr. 2	Preußischblau
Farbspachtel Nr. 10	Mitternachtsschwarz
Gesso Schwarz	Karmesinrot
Acrylfarbe (Blau)	Saftgrün

Nehmen Sie zunächst ein zusammengeknülltes Papiertuch und malen Sie nach dem Zufallsprinzip ein paar Kleckse mit Gesso Schwarz und blauer Acrylfarbe auf die Leinwand. Dabei sollte ein marmorierender Effekt entstehen. Achten Sie darauf, dass Sie nicht die gesamte Leinwand mit Farbe bedecken, sondern lassen Sie einige Flächen unbemalt. Bevor Sie weitermalen, muss die Leinwand VOLLSTÄNDIG TROCKNEN.

Anschließend nehmen Sie den 2-Zoll-Pinsel und tragen auf die Leinwand eine HAUCHDÜNNE Schicht Flüssigtransparent auf.

Nun reiben Sie die Leinwand mit einem Papiertuch kräftig ab und entfernen dabei soviel wie möglich von dem Flüssigtransparent. Das noch verbleibende Flüssigtransparent wird ausreichen, um mit dem Malen fortzufahren. Achten Sie darauf, dass die Leinwand NICHT TROCKNET, bevor Sie beginnen!

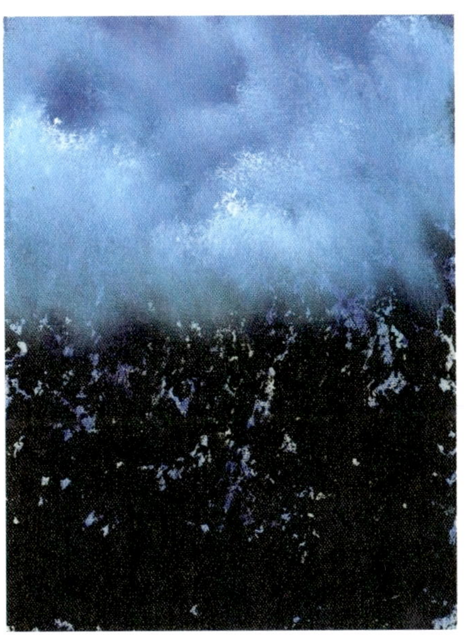

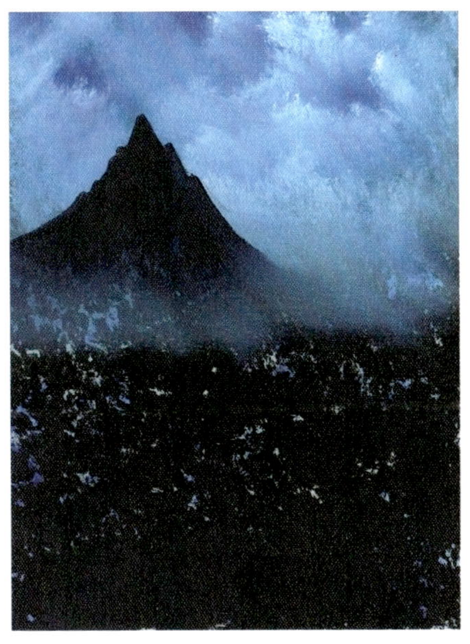

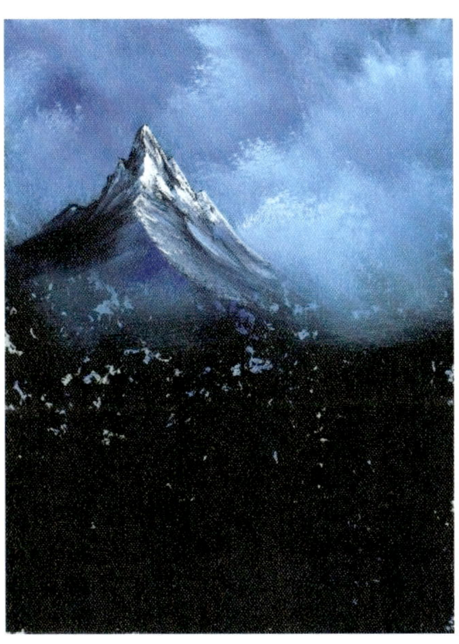

Himmel
Tupfen Sie mit dem 2-Zoll-Pinsel fest in etwas Titanweiß, damit sich die Farbe gleichmäßig in den Borsten verteilt. Arbeiten Sie in Schichten. Mit kleinen Kreisen malen Sie die Wolken im oberen Teil der Leinwand. Sie können die Farbe variieren, indem Sie mit dem Pinsel zusätzlich einen kleinen Teil Phtaloblau aufnehmen. Beachten Sie, wie die bereits auf der Leinwand befindlichen Farben schwach sichtbar bleiben und auf diese Weise ein interessanter Wolkeneffekt entsteht.

Berge
Mit dem Spachtel mischen Sie nun Preußischblau, Mitternachtsschwarz und Karmesinrot. Ziehen Sie die Farbe ganz flach auf Ihrer Palette aus, halten Sie den Spachtel gerade und schneiden Sie mit der langen Kante des Spachtels ein Farbröllchen ab. (Wenn Sie den Spachtel aufrecht ansetzen, liegt das Farbröllchen genau auf der äußersten Kante.) Formen Sie mit festem Druck die Grundform der Bergspitze. Wenn Sie mit diesem ersten Ergebnis zufrieden sind, entfernen Sie überschüssige Farbe mit dem Spachtel. Dann ziehen Sie die Farbe mit dem 2-Zoll-Pinsel bis zum Fuß des Berges hinunter.

Unter Verwendung von Titanweiß setzen Sie einige Akzente. Dann nehmen Sie mit dem Spachtel erneut ein Farbröllchen auf und tragen die Farbe auf der rechten Seite des Berges auf. Beginnen Sie an der Bergspitze und lassen Sie den Spachtel den Hang entlang nach unten gleiten. Üben Sie dabei gerade so viel Druck aus, dass die Farbe „bricht" und folgen Sie immer den Winkeln. Mischen Sie nun Titanweiß und Phtaloblau und gestalten Sie in gleicher Weise die auf der anderen Seite des Berges liegenden Schattenhänge. Mit einem sauberen, trockenen 2-Zoll-Pinsel tupfen Sie im unteren Bereich der Berge über die Farbe. Achten Sie darauf, dass die Winkel immer gleich verlaufen.

Verwenden Sie eine Mischung aus Titanweiß und Phtaloblau auf dem 2-Zoll-Pinsel, um mit kleinen, kreisenden Bewegungen am Fuß des Berges eine Wolke zu malen.

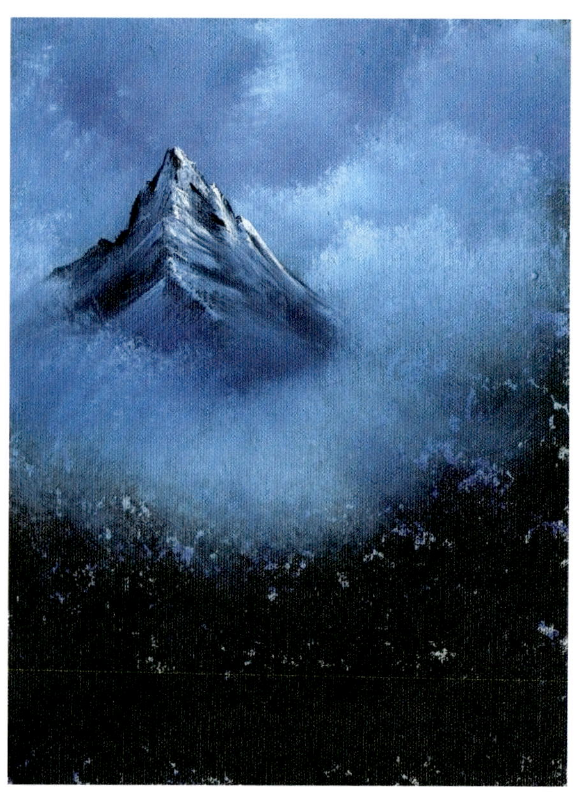

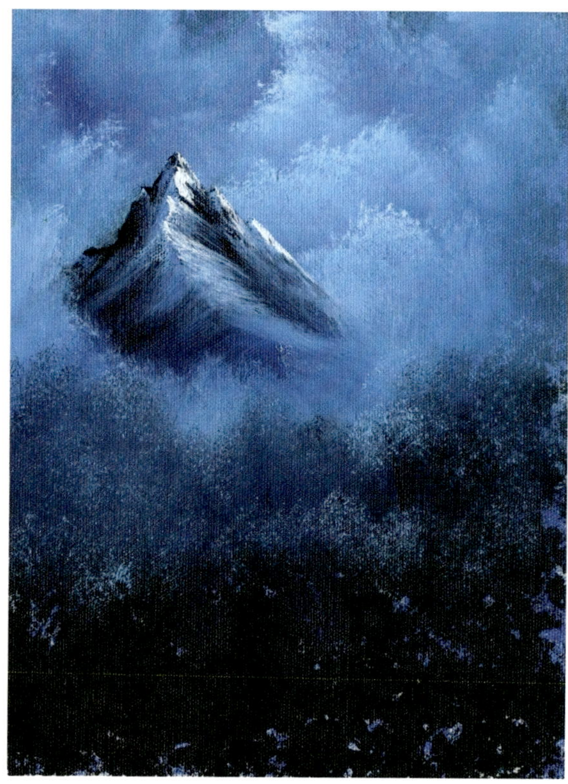

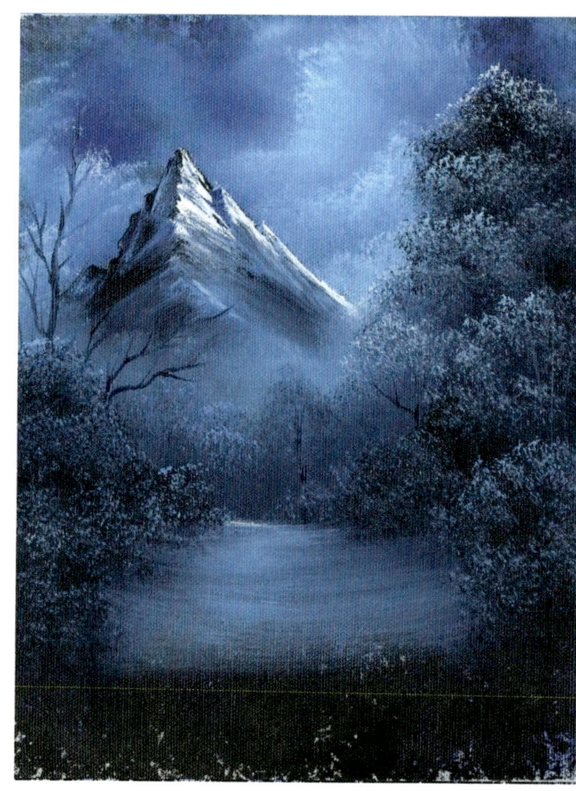

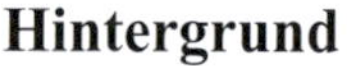

Hintergrund

Nehmen Sie mit dem kleinen Rundpinsel etwas von der dunklen Farbmischung für die Berge auf (bestehend aus Preußischblau, Mitternachtsschwarz und Karmesinrot). Tupfen Sie am Fuß des Berges mit dem Pinsel nach unten kleine Bäume auf die Leinwand.

Die Stämme an den Bäumen im Hintergrund ergänzen Sie mit derselben dunklen Farbmischung. Verdünnen Sie die Farbe mit Farbverdünner, bis sie eine wässrige Konsistenz hat. Stupfen Sie den Pinsel in reichlich Farbe und drehen Sie ihn so, dass eine Spitze entsteht. Üben Sie nur wenig Druck aus. Wenn Sie den Pinsel beim Malen drehen und hin und her wackeln, erhalten Ihre Baumstämme ein knorriges Aussehen. Um die Bäume mit einzelnen Lichtern zu versehen, tippen Sie den kleinen Rundpinsel zuerst in Flüssigweiß und dann in eine Mischung aus Titanweiß und Phtaloblau. Tupfen Sie erneut nach unten, um im Schnee Akzente zu setzen. Gestalten Sie nun einige Bäume im Detail aus.

Jetzt nehmen Sie mit dem 2-Zoll-Pinsel etwas Titanweiß auf und fügen mit schwungvollen, waagerechten Strichen den Schnee unter den Bäumen hinzu.

Mittelgrund

Die größeren Bäume und Büsche grundieren Sie mit dem großen Rundpinsel und der Preußischblau-Mitternachtsschwarz-Karmesinrot-Mischung. Tupfen Sie wieder einfach nach unten. Verdünnen Sie die Farbmischung und ergänzen Sie mit dem Schriftenpinsel Baumstämme und Äste.

Betonen Sie die Bäume mit Flüssigweiß, Titanweiß und Phtaloblau auf dem kleinen Rundpinsel. Gestalten Sie sorgfältig die einzelnen Laubbüschel, kleine Büsche und Bäume. Achten Sie darauf, dass Sie nicht die gesamte dunkle Untermalung bedecken, da die Kontraste dem Bild Tiefe verleihen. Mit Titanweiß auf dem 2-Zoll-Pinsel und langen, waagerechten Strichen fügen Sie den Schnee unter den Bäumen hinzu.

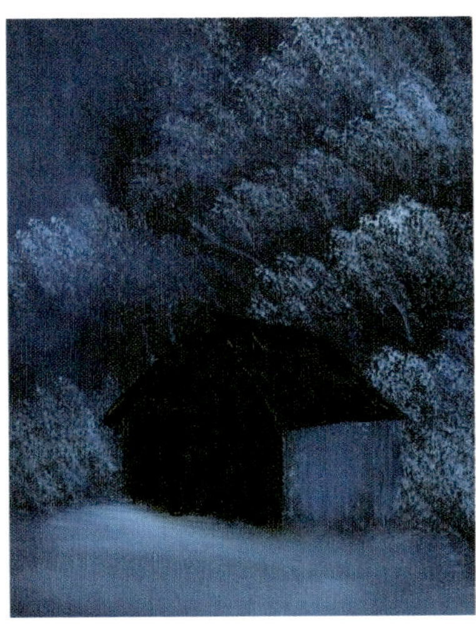
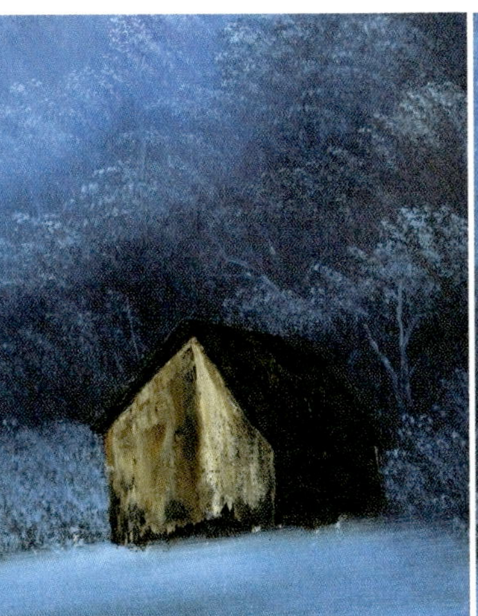
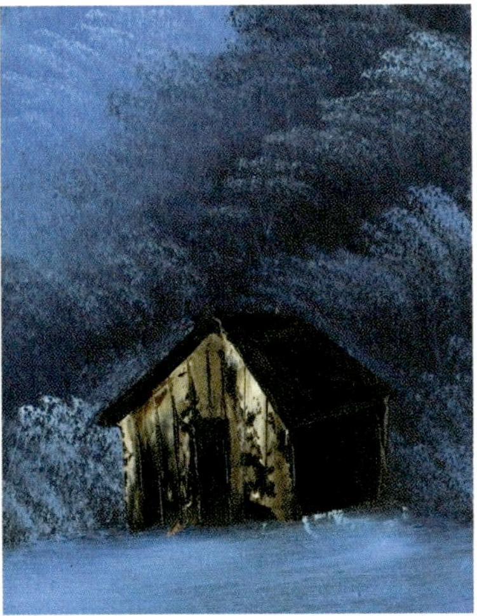
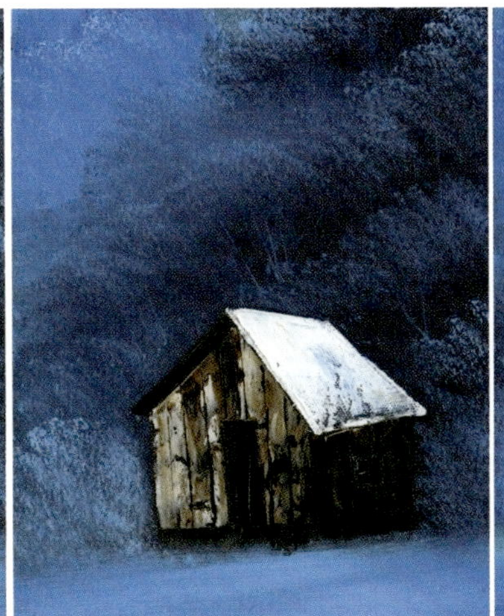
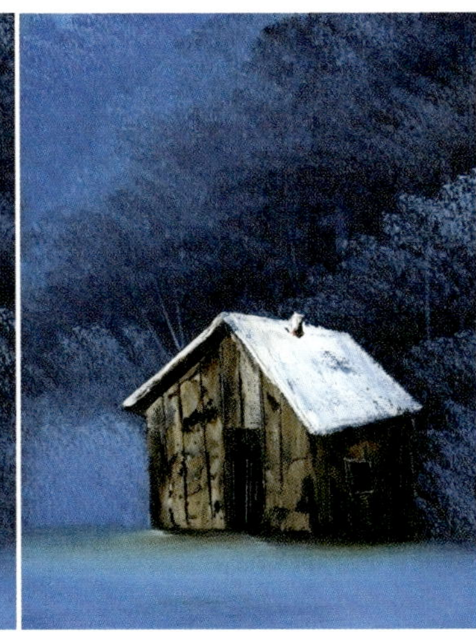

Hütte
Mischen Sie auf Ihrer Palette mit dem Spachtel Saftgrün und Karmesinrot zu gleichen Teilen. Dann säubern Sie das Palettenmesser und entfernen damit überschüssige Farbe an der Stelle der Leinwand, an der die Hütte stehen soll. Ziehen Sie die Braunmischung flach auf Ihrer Palette aus und schneiden Sie mit der langen Kante des Spachtels ein Farbröllchen ab. Legen Sie die hintere Dachkante an, dann setzen Sie das Palettenmesser auf der Leinwand an und ziehen die Farbe herunter, um Seite und Front der Hütte zu gestalten. Mit einer Mischung aus dem Braun und Titanweiß betonen Sie die Vorderseite. Üben Sie dabei gerade so viel Druck aus, dass die Farbe „bricht". Mit der braunen Farbe auf dem Spachtel ergänzen Sie Fenster und Tür.

Für das schneebedeckte Dach verwenden Sie Titanweiß. Vergessen Sie nicht, etwas Schnee auf die hintere Dachkante zu malen. Mit einem sauberen Spachtel entfernen Sie überschüssige Farbe im unteren Bereich der Hütte.

Den die Hütte umgebenden Schnee malen Sie mit Titanweiß auf dem 2-Zoll-Pinsel. Mit langen, waagerechten Strichen dehnen Sie die Schneefläche bis zum unteren Leinwandrand hin aus.

Vordergrund
Verwenden Sie die dunkle Mischung für die Bäume auf dem Rundpinsel, um die kleinen Büsche zu Füßen der Hütte zu ergänzen und grundieren Sie damit auch die großen Bäume und Büsche im Vordergrund. Nehmen Sie mit dem kleinen Rundpinsel eine Mischung aus Titanweiß und Phtaloblau auf und setzen Sie einige Akzente.

Mit dem 2-Zoll-Pinsel ziehen Sie etwas von der dunklen Farbmischung im unteren Bereich der Bäume in den Schnee, damit sie dort Schatten werfen.

Letzte Feinheiten
Mit verschiedenen verdünnten hellen und dunklen Farbmischungen und dem Schriftenpinsel ergänzen Sie Stöckchen und Reisig.

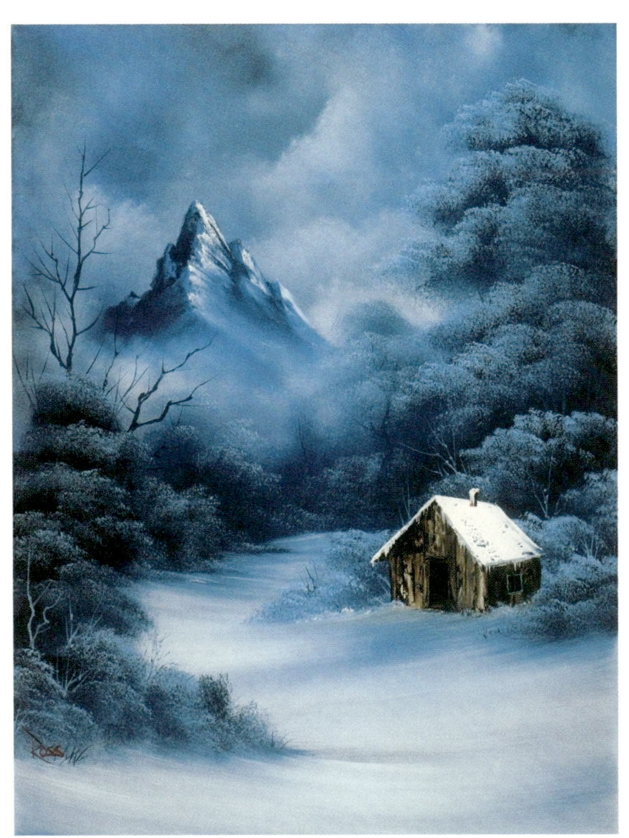

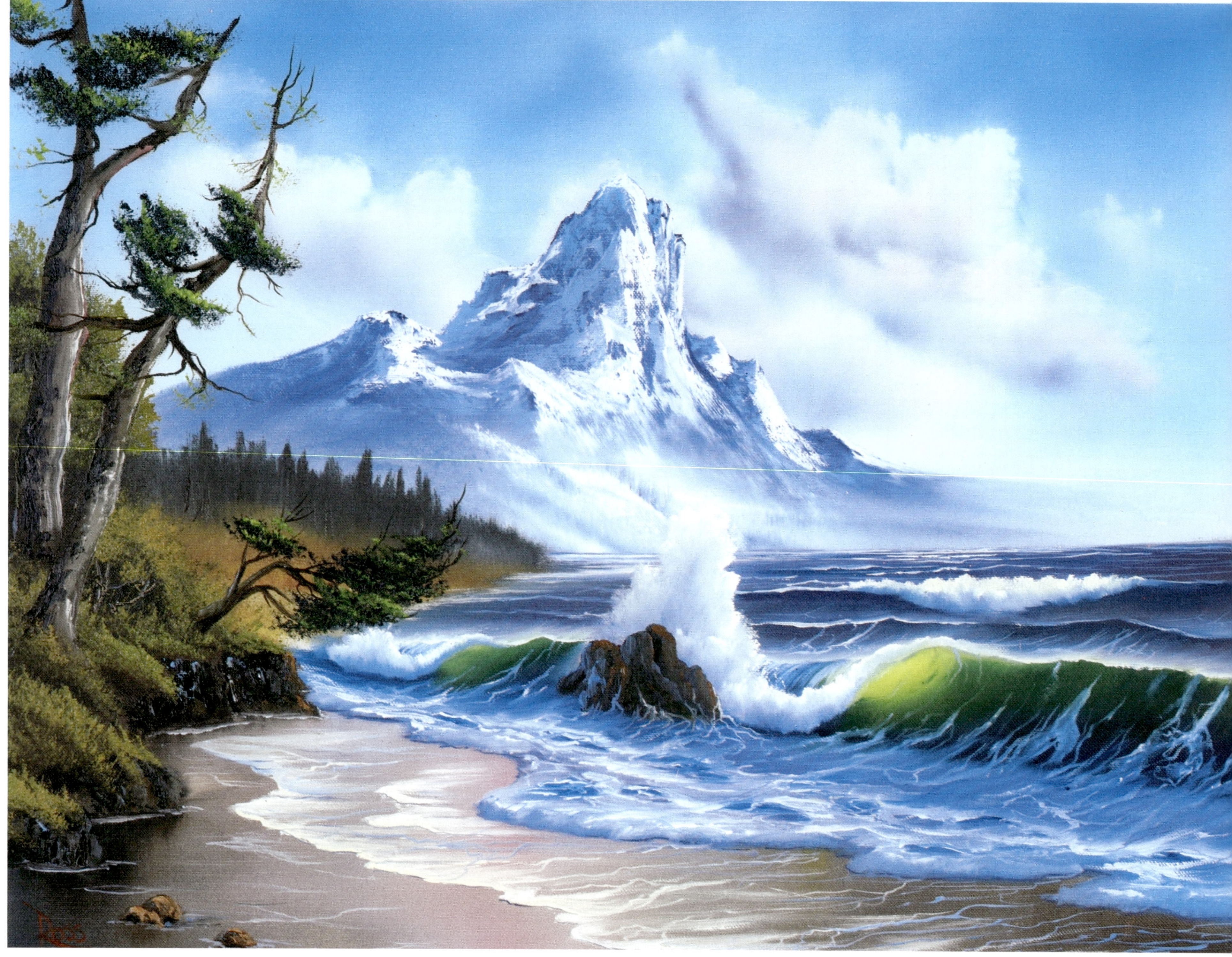

Material

2-Zoll-Pinsel	Phtalogrün
1-Zoll-Pinsel	Phtaloblau
Fächerpinsel Nr. 6	Mitternachtsschwarz
Filbertpinsel Nr. 2	Dunkelsiena
Schriftenpinsel Nr.2	VanDykeBraun
Farbspachtel Nr. 10	Karmesinrot
Flüssigweiß	Saftgrün
Flüssigschwarz	Kadmiumgelb
Flüssigtransparent	Ockergelb
Titanweiß	Hellrot

Bedecken Sie zunächst die ganze Leinwand gleichmäßig mit einer dünnen Schicht Flüssigweiß und verwenden Sie hierfür den 2-Zoll-Pinsel. Tragen Sie die Farbe in langen, waagerechten und senkrechten Strichen auf und streichen Sie vor und zurück, um sicher zu gehen, dass die Farbe gleichmäßig verteilt ist. Ganz wichtig: Das Flüssigweiß darf NICHT TROCKEN sein, wenn Sie anfangen zu malen. Reinigen und trockenen Sie nun Ihren 2-Zoll-Pinsel.

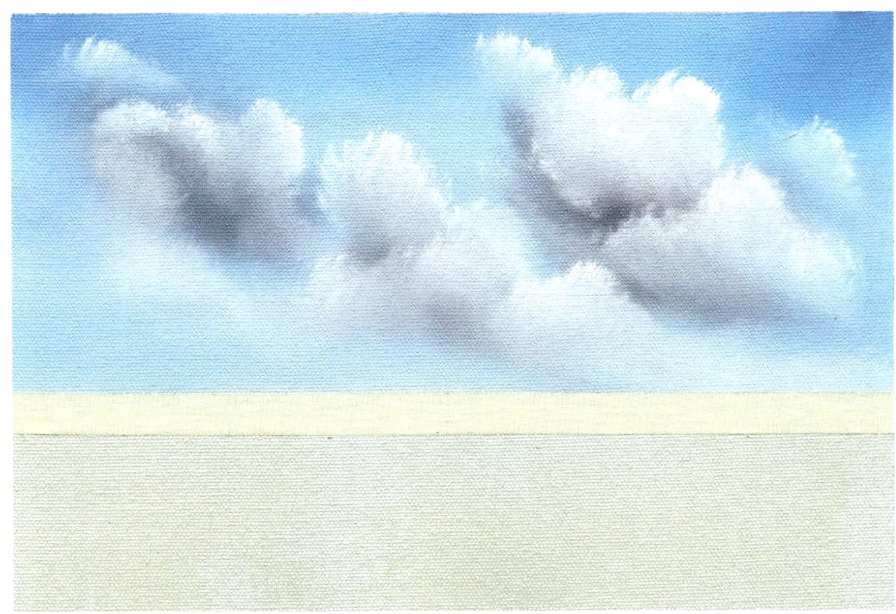

Himmel

Mit einer Mischung aus Preußischblau und Mitternachtsschwarz auf dem 2-Zoll-Pinsel malen Sie mit kleinen, sich kreuzenden Strich den Himmel. Sparen Sie grobe Wolkenformen aus. Mit Mitternachtsschwarz und Hellrot auf demselben Pinsel gestalten Sie mit kleinen, kreisenden Bewegungen die dunkle Unterseite der Wolken in den unbemalten Bildbereichen. Betonen Sie die Wolken mit dem 1-Zoll-Pinsel, den Sie zuvor durch Titanweiß mit einem Hauch Hellrot ziehen. Fügen Sie diese helle Farbe wieder mit kreisenden Pinselbewegungen in die oberen Wolkenbereiche ein. Mit einem sauberen, trockenen 2-Zoll-Pinsel verblenden Sie die hellen und dunklen Bildpartien, dann ziehen Sie den Pinsel leicht aufwärts, um die Wolken „aufzuschütteln“. Nun verblenden Sie ganz sanft den gesamten Himmel.

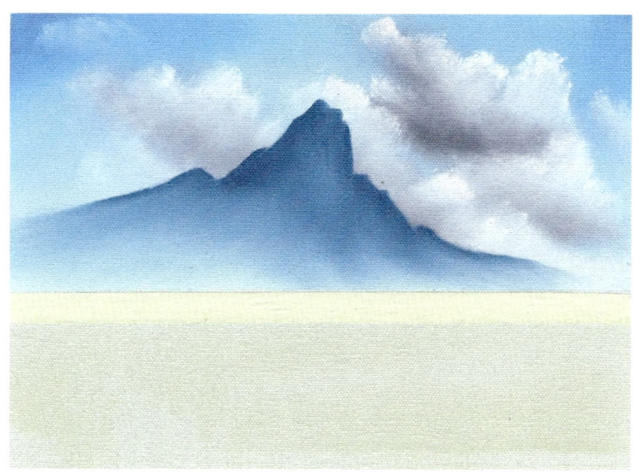

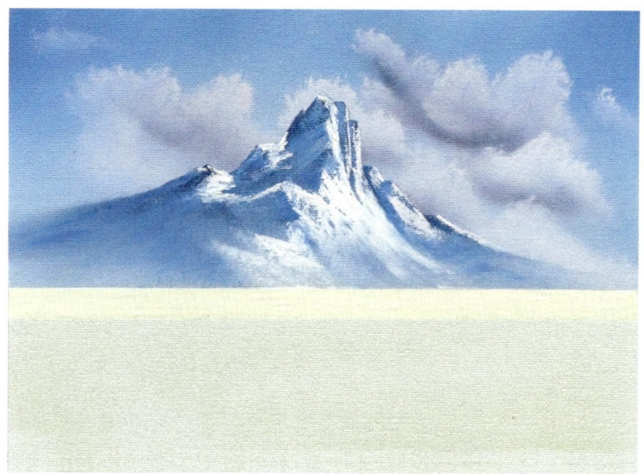

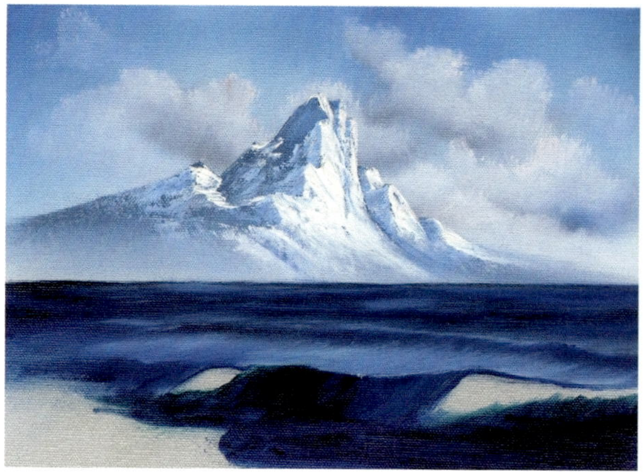

Berg

Für den Berg verwenden Sie eine Mischung aus Preußischblau und Mitternachtsschwarz. Streichen Sie die Farbe flach auf der Palette aus und schneiden Sie mit der langen Kante des Spachtels ein Farbröllchen ab.

Mit viel Druck und sehr wenig Farbe legen Sie den Bergkamm an und ziehen dann die Farbe mit dem 2-Zoll-Pinsel bis zum Fuß des Berges hinunter. Akzente setzen Sie mit Titanweiß auf dem Palettenmesser. Ziehen Sie die Farbe an der vom Licht beschienenen rechten Bergseite nach unten. Üben Sie nur so viel Druck aus, dass die Farbe „bricht". Verwenden Sie eine Mischung aus Titanweiß, Phtaloblau und Mitternachtsschwarz und tragen Sie diese auf der im Schatten liegenden Bergseite auf. Mit einem sauberen, trockenen 2-Zoll-Pinsel tupfen Sie über die Farbe im unteren Bereich des Berges. Achten Sie dabei auf die Winkel.

Wasser

Skizzieren Sie grob die große Welle im Vordergrund mit Preußischblau auf dem Filbertpinsel. Ergänzen Sie den Bereich zwischen dem Horizont und dem Kamm der großen Welle mit einer Mischung aus Preußischblau und Karmesinrot auf dem 2-Zoll-Pinsel. Nehmen Sie mit demselben Pinsel Phtalogrün auf, um die Welle weiter auszugestalten. Lassen Sie die beiden transparenten „Augen" der Welle UNBEMALT! Mit Titanweiß auf dem Fächerpinsel und langen, waagerechten Strichen fügen Sie die kleinen, weiter im Bildhintergrund liegenden Wellen ein. Tragen Sie das Titanweiß auch auf den Kamm der großen Welle auf. Entfernen Sie überschüssige Farbe vom Fächerpinsel, setzen Sie ihn am Kamm der kleinen Wellen an und ziehen Sie die Farbe mit kleinen, geschwungenen Strichen nach hinten. Achten Sie darauf, dass Sie nicht den ganzen dunklen Untergrund bedecken. Genauso verfahren Sie nun am Kamm der großen Welle.

Mischen Sie Titanweiß und ein wenig Kadmiumgelb und „reiben" Sie die Farbe mit dem Filbertpinsel in das „Auge" der großen Welle. Dann ziehen Sie die Farbe nach außen und setzen sie auch auf den Wellenkamm. Nach außen hin wird die Farbe automatisch dunkler, da sie sich mit der Untergrundfarbe vermischt. Bei dem kleinen „Auge" der Welle gehen Sie in gleicher Weise vor. Mit einem sauberen, trockenen 2-Zoll-Pinsels verblenden Sie die beiden „Augen", dann streichen Sie vom Kamm zum Ansatz der Welle. Für das Wasser, das über die „Augen" der Welle schwappt, nehmen Sie mit dem Fächerpinsel eine Mischung aus Phtalogrün und Preußischblau. Achten Sie darauf, dass sich die Welle „rundet", wenn Sie vom Wellenkamm zum -ansatz streichen. Mit Titanweiß auf dem Fächerpinsel setzen Sie Glanzlichter. Mit der Gelb-Weiß-Mischung ergänzen Sie am Wellenkamm einen hellen Rand.

Mischen Sie Titanweiß, Phtaloblau und Karmesinrot, um damit den dunklen Hintergrund, vor dem später die Gischt sprühen wird, zu gestalten. „Reiben" Sie die Farbe kreisförmig mit dem Filbertpinsel ein. Mit einer Mischung aus Titanweiß und Kadmiumgelb auf dem Filbertpinsel setzen Sie Lichtreflexe auf die Schaumkronen. Verblenden Sie diese Partie mit einem sauberen, trockenen Filbertpinsel, die Gischt mit einem sauberen, trockenen 2-Zoll-Pinsel.

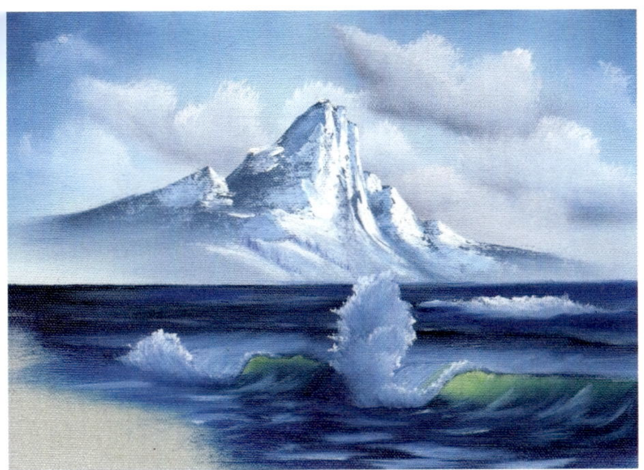

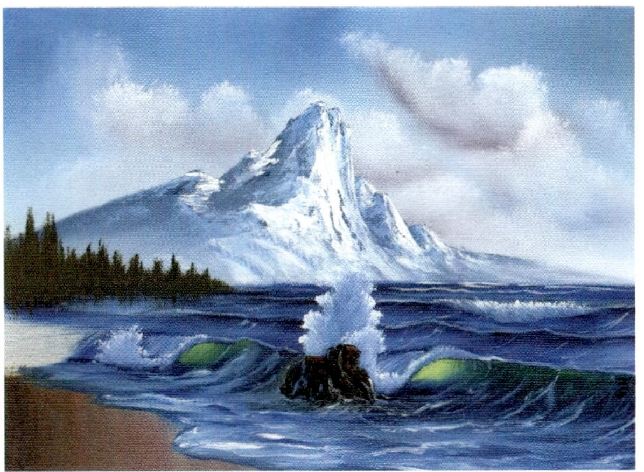

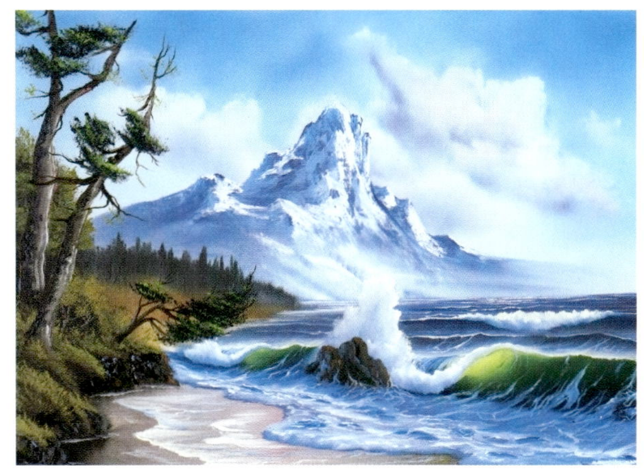

Die Schaummuster innerhalb der Welle entstehen mit Titanweiß und dem Fächerpinsel. Für die Rundung der Welle setzen Sie einige schwungvolle Striche. Mit einer Mischung aus VanDykeBraun und Dunkelsiena auf dem Spachtel malen Sie einen Stein ins Wasser. Auf der rechten Seite des Steines setzen Sie mit einer Mischung aus Dunkelsiena, Ockergelb und Hellrot Akzente. Mit dem Fächerpinsel und Titanweiß lassen Sie das Wasser zu Füßen des Steines wirbeln. Den Strandabschnitt gestalten Sie mit Dunkelsiena, VanDykeBraun und Karmesinrot auf dem 2-Zoll-Pinsel und langen, waagerechten Strichen. Verwenden Sie den Schriftenpinsel, um kleine Details im Wasser zu ergänzen. Mit verdünntem Titanweiß und Kadmiumgelb bringen Sie die Wasserlinie am Horizont zum Glitzern; mit Titanweiß und Phtaloblau akzentuieren Sie die kleinen Wellenkämme und erzeugen Schaummuster im Wasser. Mit verdünntem Preußischblau fügen Sie direkt unterhalb der Wasserfläche eine dunkle Linie am Strand ein. Verblenden Sie den Strandbereich sanft mit einem 2-Zoll-Pinsel.

Vordergrund
Mit dem Fächerpinsel und einer Mischung aus Saftgrün, Mitternachtsschwarz und VanDyke-Braun tupfen Sie auf der linken Bildseite entlang des Horizontes kleine Bäume auf die Leinwand. Halten Sie den Pinsel dabei senkrecht. Mit Dunkelsiena und VanDykeBraun auf dem 2-Zoll-Pinsel fügen Sie unterhalb der Bäume einen Landstrich sowie Klippen hinzu. Mit dem Spachtel betonen Sie die Ränder der Uferregion. Ziehen Sie die Farbe mit dem 2-Zoll-Pinsel nach unten und streichen Sie für die Spiegelungen sanft quer darüber.

Mit einer Mischung aus Ockergelb und Dunkel-sienna auf dem 2-Zoll-Pinsel setzen Sie im Uferbereich unterhalb der Bäume einige Glanz-lichter. Die kleinen Grasflächen fügen Sie mit dem Fächerpinsel und einer Mischung aus Saftgrün, Kadmiumgelb und Ockergelb hinzu. Mit einer Mischung aus VanDykeBraun sowie Saftgrün ergänzen Sie kleine Bäume und Büsche. Glanzlichter auf Bäumen und Büschen setzen Sie mit dem 1-Zoll-Pinsel und verschiedenen Mischungen aus Saftgrün und den Gelbtönen. Gestalten Sie einzelne Büsche und Bäume und achten Sie besonders darauf, dass Sie nicht die gesamte dunkle Untermalung bedecken.

Für den hohen Baumstamm verwenden Sie den Filbertpinsel und VanDykeBraun. Kleinere Äste fügen Sie mit Flüssigschwarz auf dem Schriftenpinsel hinzu. Die Blätter deuten Sie mit Saftgrün und VanDykeBraun auf dem Fächerpinsel an.

Letzte Feinheiten
Mit Titanweiß auf dem Fächerpinsel betonen Sie den Übergang zwischen Wasser und Land im Hintergrund. Mit einer Mischung aus Phtaloblau, Titanweiß und Farbverdünner auf dem Schriftenpinsel lassen sich Wasserlinien entlang der Klippen im Vordergrund einfügen. Verwenden Sie diese Farbmischung auch für kleine Kräuselungen am Strand und über dem Stein aufspritzendes Wasser. Mit der Spachtelspitze „ritzen" Sie kleine Äste und Zweige in die Büsche hinein.

Dieses Bild ist eine echte Herausforderung, aber der Mühe wert. Signieren Sie Ihr Meisterwerk und seien Sie stolz darauf!

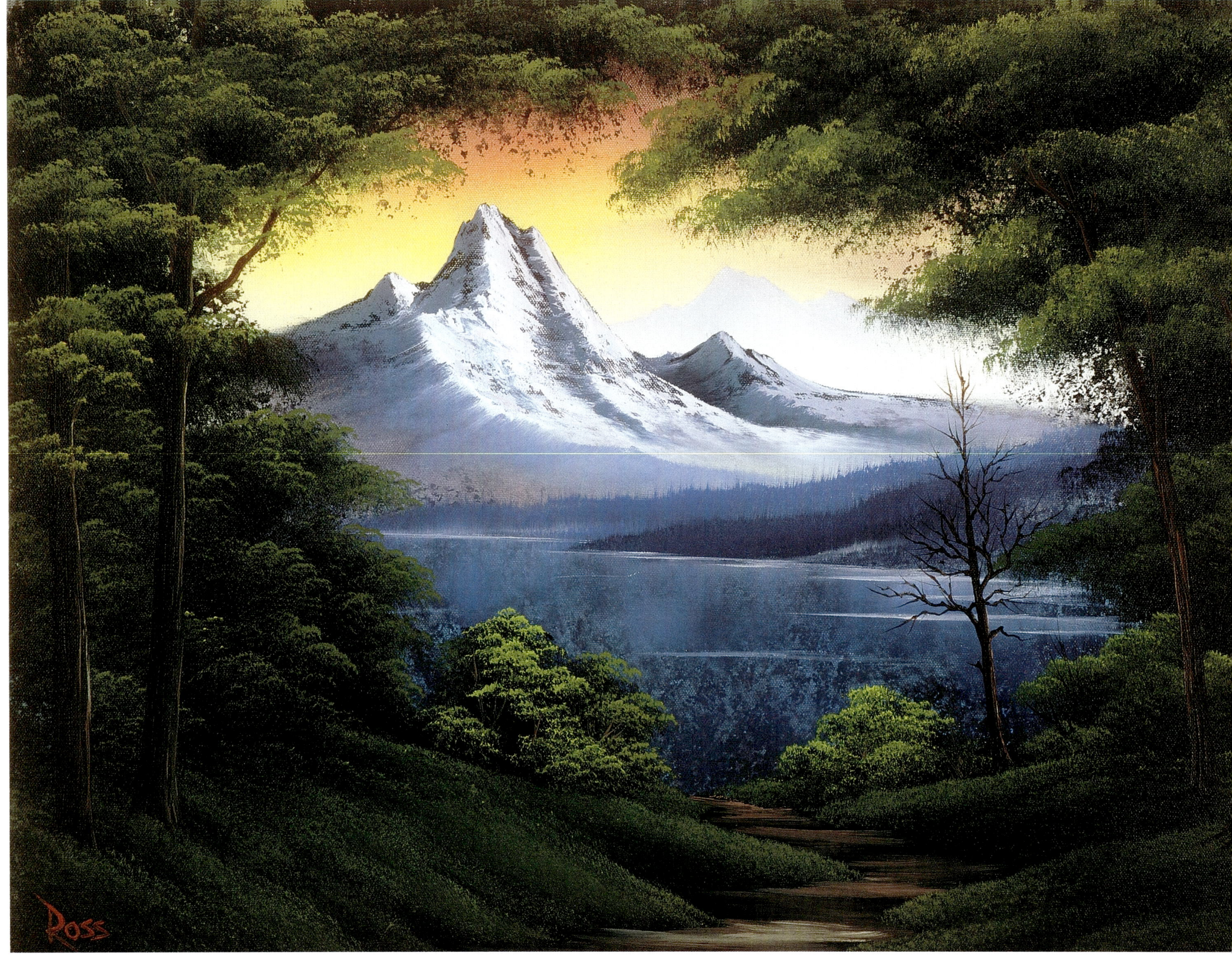
Ross

Material

2-Zoll-Pinsel	Preußischblau
Fächerpinsel Nr. 6	Mitternachtsschwarz
Schriftenpinsel Nr. 2	Dunkelsiena
Farbspachtel Nr. 10	VanDykeBraun
Gesso Schwarz	Karmesinrot
Flüssigweiß	Saftgrün
Flüssigtransparent	Kadmiumgelb
Titanweiß	Ockergelb
Phtalogrün	Indischgelb
Phtaloblau	Hellrot

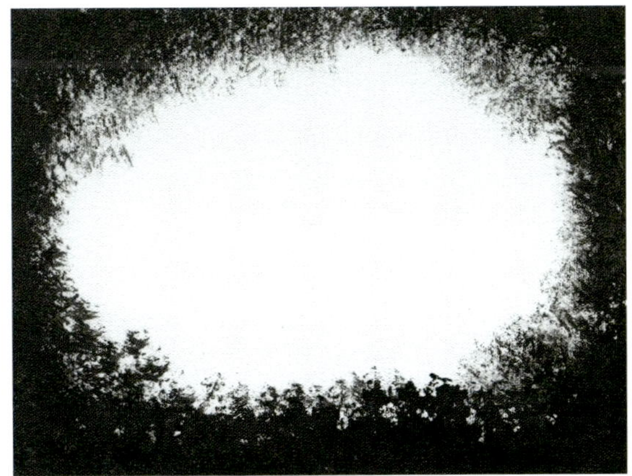

Grundieren Sie zunächst die dunklen Bildpartien mit Gesso Schwarz und verwenden Sie hierfür einen Naturschwamm. Im Zentrum sollte die Leinwand unbemalt bleiben. Lassen Sie das Gesso Schwarz VOLLSTÄNDIG TROCKNEN.

Sobald der Untergrund trocken ist, tragen Sie eine HAUCHDÜNNE Schicht Flüssigtransparent auf die Leinwand auf. Das Flüssigtransparent darf NICHT TROCKEN sein, wenn Sie weitermalen.

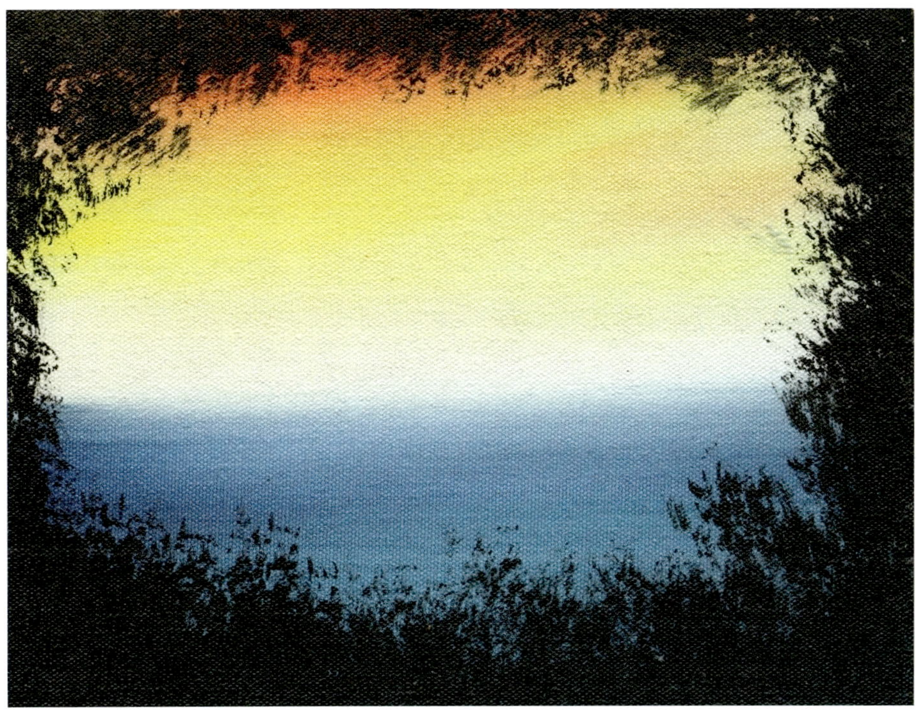

Himmel und Wasser

Nehmen Sie mit einem sauberen, trockenen 2-Zoll-Pinsel etwas Indischgelb auf. Beginnen Sie genau über dem Horizont mit sich kreuzenden Strichen für den Himmel. Ohne den Pinsel zu reinigen, nehmen Sie Ockergelb auf und setzen nach oben hin weitere sich kreuzende Striche auf die Leinwand. Anschließend geben Sie auf die obere Himmelspartie etwas Karmesinrot. Mit langen, waagerechten Strichen verblenden Sie den Himmel. Nehmen Sie mit einem sauberen, trockenen 2-Zoll-Pinsel eine Mischung aus Phtaloblau und Phtalogrün auf. Mit langen, waagerechten Strichen legen Sie die Wasserfläche im unteren Teil der Leinwand an.

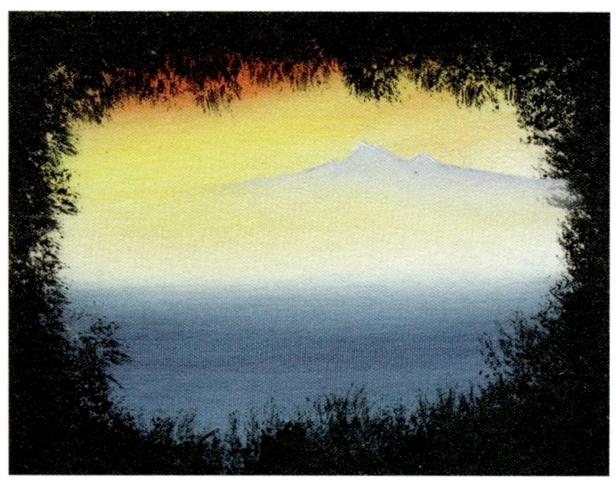

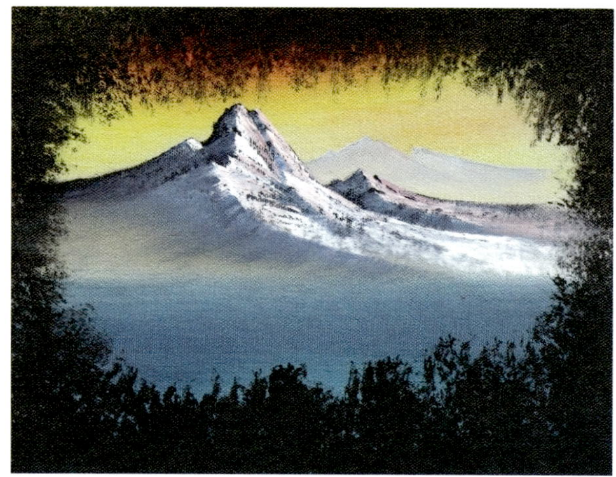

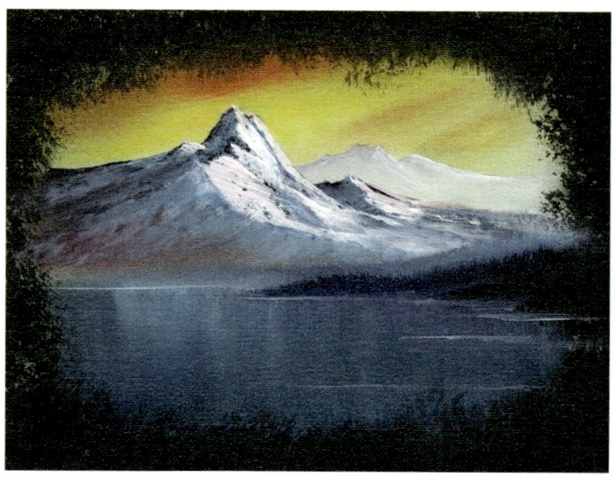

Berge

Die Berge werden mit einer dunklen Lavendelmischung aus Karmesinrot, Preußischblau und Mitternachtsschwarz gemalt. Für den kleinen, im Hintergrund liegenden Berg geben Sie zu dieser Mischung etwas Titanweiß hinzu. Ziehen Sie die Farbe auf Ihrer Palette ganz flach aus, halten Sie den Spachtel senkrecht und schneiden Sie mit der langen Kante des Spachtels ein Farbröllchen ab. (Wenn Sie das Palettenmesser ganz senkrecht halten, liegt das Farbröllchen exakt auf der äußeren Kante.) Mit festem Druck formen Sie nun den kleinen Berggipfel. Dann ziehen Sie die Farbe mit dem 2-Zoll-Pinsel hinunter bis zum Fuß des Berges.

Für die größere, dunklere Bergkette weiter im Vordergrund verwenden Sie den Farbspachtel sowie die dunkle Lavendelmischung. Ziehen Sie auch in diesem Fall die Farbe mit dem 2-Zoll-Pinsel hinunter bis zum Fuß des Berges. Betonen Sie den Berg mit einer Mischung aus Titanweiß, Mitternachtsschwarz und etwas Hellrot. (Mischen Sie die Farbe dabei nicht zu stark durch!) Nehmen Sie mit der langen Kante des Palettenmessers erneut ein Farbröllchen auf. Setzen Sie es an der vom Licht beschienenen rechten Seite der Bergspitze an und ziehen Sie es nach unten. Üben Sie nur soviel Druck aus, dass die Farbe „bricht“ und folgen Sie immer den Winkeln. Verwenden Sie eine Mischung aus Titanweiß und Preußischblau und tragen Sie diese auf der im Schatten liegenden Bergseite auf. Üben Sie erneut nur so viel bzw. wenig Druck aus, dass die Farbe „bricht“.

Mit einem sauberen, trockenen 2-Zoll-Pinsel tupfen Sie über die Farbe im unteren Bereich des Berges. Achten Sie dabei auf die Winkel. Anschließend heben Sie die Farbe leicht an, indem Sie mit dem Pinsel in diesem Bereich ganz sanft von unten nach oben streichen. Auf diese Weise entsteht der Eindruck, als wäre der Fuß des Berges in Dunst gehüllt.

Hintergrund

Mit einer Mischung aus Titanweiß, Phtaloblau und der „Bergmischung“ auf dem 2-Zoll-Pinsel gestalten Sie die Gebirgsausläufer zu Füßen des großen Berges. Halten Sie den Pinsel waagerecht und tupfen Sie nach unten. Mit ganz kurzen, nach oben gerichteten Strichen lassen sich winzige, entlang der Hügelkette liegende Baumwipfel andeuten. Nun nehmen Sie mit dem 2-Zoll-Pinsel erneut von der Farbmischung auf und setzen den Pinsel flach auf der Leinwand auf. Ziehen Sie die Farbe senkrecht nach unten ins Wasser, um dort die Hügelkette zu spiegeln. Anschließend streichen Sie leicht quer darüber. Wenn Sie diesen Schritt mit Titan-weiß auf dem 2-Zoll-Pinsel wiederholen, werden die Spiegelungen intensiver.

Wellen und Kräuselungen ergänzen Sie mit dem Spachtel und einer Mischung aus Flüssigweiß und Hellrot. Setzen Sie die Klinge gerade an und üben Sie festen Druck auf die Leinwand aus. Achten Sie darauf, dass die Linien parallel zur oberen und unteren Leinwandkante verlaufen.

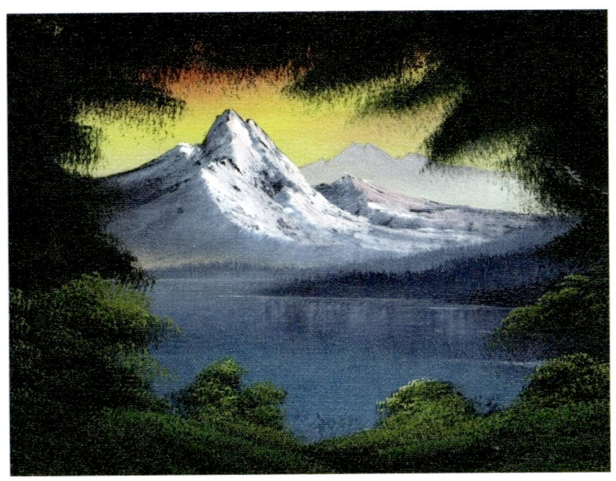

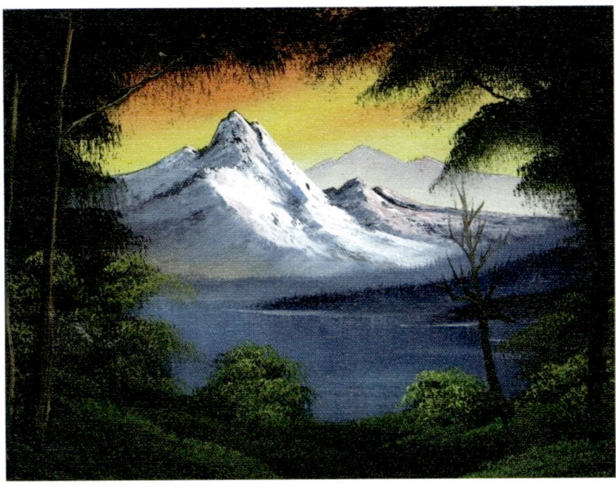

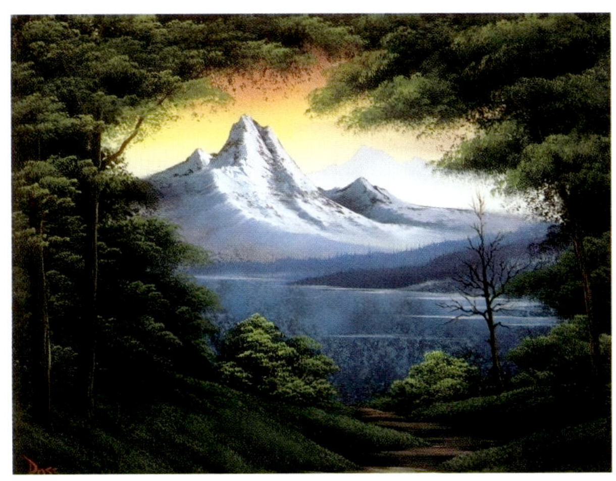

Vordergrund
Fügen Sie zu der bereits angemischten „Bergfarbe“ etwas Saftgrün hinzu und legen Sie mit dem 2-Zoll-Pinsel Bäume und Grasflächen im Vordergrund an. (Beachten Sie, wie die Grundierung aus Gesso Schwarz dem Bild Tiefe verleiht.) Ohne den Pinsel zu säubern, tupfen Sie ihn im 45°-Winkel in verschiedene Mischungen aus den Gelbtönen, Saftgrün und etwas Hellrot. (Selbstverständlich können Sie Farbverdünner oder Flüssigweiß zum Verdünnen verwenden.) Lassen Sie den Pinsel bei jedem Tupfen nach vorne in die Farbe „gleiten“ (so nehmen die Borstenspitzen reichlich Farbe auf). Halten Sie den Pinsel waagerecht und tupfen Sie nur mit einer Ecke nach unten, um die Bäume zu betonen. Arbeiten Sie in Schichten und gestalten Sie dabei einzelne Bäume und Laubbüschel.

Mit dem 2-Zoll-Pinsel nehmen Sie die Gelbmischungen auf und tupfen die Farbe nach unten auf die Leinwand. Auf diese Weise setzen Sie auf den zarten Grasflächen Akzente. Achten Sie dabei auf den Verlauf des Geländes.

Bäume
Tippen Sie den Fächerpinsel in Farbverdünner und nehmen Sie eine dunkle Mischung aus VanDykeBraun und Dunkelsiena auf. Dann ziehen Sie eine Seite der Borsten durch eine mit Titanweiß versetzte hellere Braunmischung. Auf diese Weise ist der Pinsel doppelt gefüllt. Halten Sie den Pinsel senkrecht, die helle Seite zeigt nach rechts. Nun ziehen Sie die Farbe für Stämme der im Vordergrund liegenden Bäume nach unten.

Verwenden Sie eine verdünnte Braunmischung auf dem Schriftenpinsel, um kleine Äste und Zweige zu ergänzen. (Wenn Sie mit dem Schriftenpinsel Farbe aufnehmen, verdünnen Sie die Mischung bis sie eine tintenähnliche Konsistenz aufweist. Zu diesem Zweck tippen Sie den Pinsel in Farbverdünner und ziehen ihn dann durch die Farbmischung. Dabei drehen Sie den Pinsel langsam, damit die Borsten eine Spitze bilden.) Malen Sie die Stämme mit nur wenig Druck. Wenn Sie den Pinsel beim Malen drehen und ein wenig hin und herwackeln, werden Ihre Baumstämme schön knorrig aussehen.

Nehmen Sie mit dem 2-Zoll-Pinsel verschiedene Mischungen aus den Gelbtönen, Saftgrün und etwas Hellrot auf. Mit der Pinselecke ergänzen Sie das Laub an den Bäumen im Vordergrund. Nun fügen Sie noch einzelne Äste, Zweige und Laubbüschel hinzu.

Letzte Feinheiten
Mit einer dünnflüssigen Braunmischung auf dem Fächerpinsel und waagerechten Strichen legen Sie abschließend den Weg an. Nun ist Ihr Bild bereit für die Signatur!

Um diese anzubringen, verwenden Sie eine verdünnte Farbe Ihrer Wahl auf dem Schriftenpinsel. Schreiben Sie nur Ihre Initialen, den Vornamen, Nachnamen oder Ihren vollständigen Namenszug auf die Leinwand! Sie können neben der Signatur auch eine Datierung anbringen.

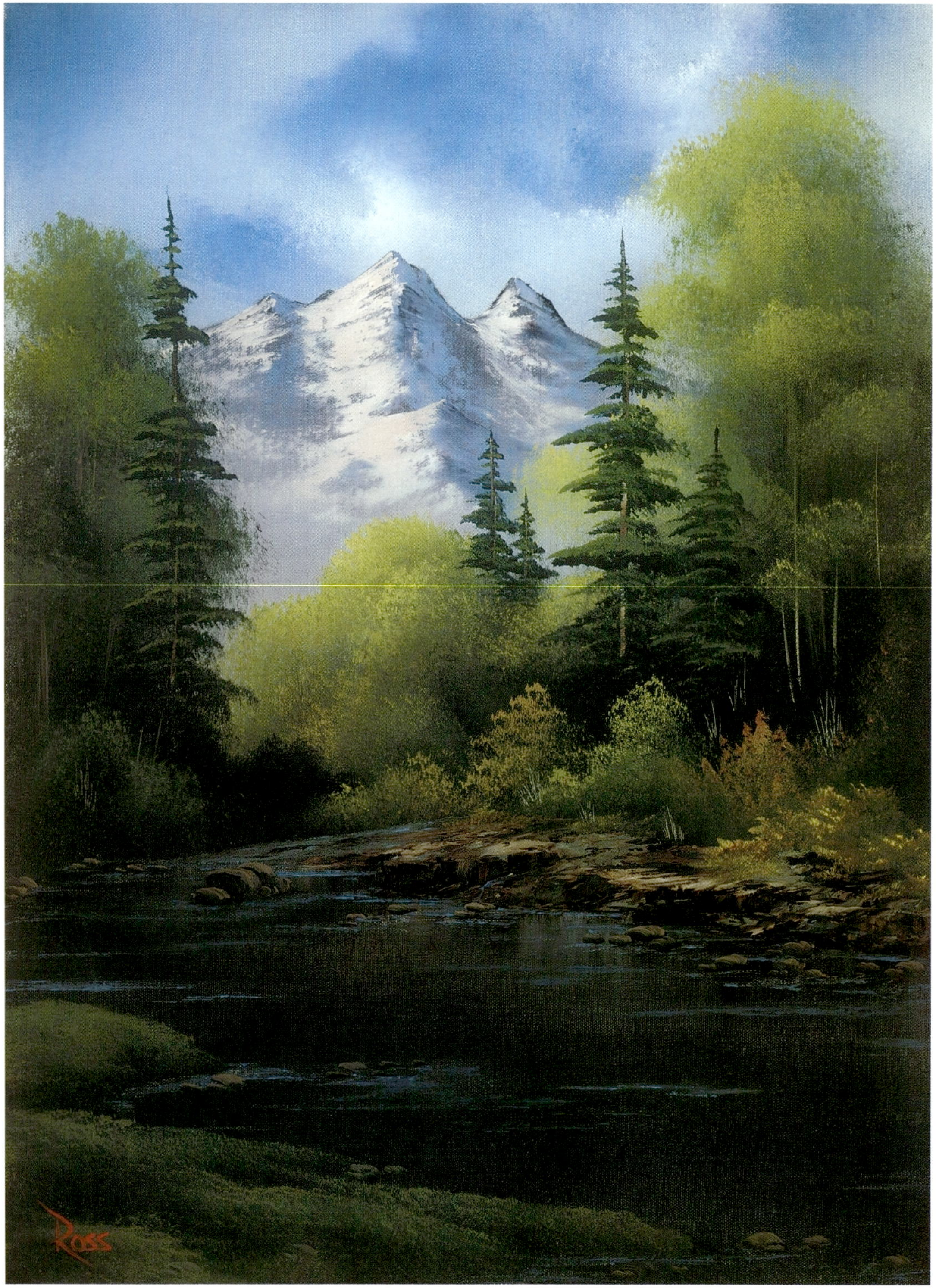

Material

2-Zoll-Pinsel
2-Zoll-Mischpinsel
Filbertpinsel Nr. 6
Fächerpinsel Nr. 6
Schriftenpinsel Nr. 2
Farbspachtel Nr. 10
Flüssigweiß
Flüssigschwarz
Titanweiß
Phtalogrün
Phtaloblau

Preußischblau
Mitternachtsschwarz
Dunkelsiena
VanDykeBraun
Karmesinrot
Saftgrün
Kadmiumgelb
Ockergelb
Indischgelb
Hellrot

Nehmen Sie den 2-Zoll-Pinsel und bedecken Sie mit langen, waagerechten und senkrechten Strichen die obere Hälfte der Leinwand mit einer gleichmäßig dünnen Schicht Flüssigweiß, die untere Hälfte mit einer gleichmäßig dünnen Schicht Flüssigschwarz. Arbeiten Sie dabei vor und zurück, so erreichen Sie eine gleichmäßige Verteilung der Farbe auf der Leinwand. Verwischen Sie die beiden Farben leicht am Horizont. Die Farben dürfen NICHT TROCKNEN, bevor Sie mit dem Malen beginnen.

Himmel

Nehmen Sie mit einem sauberen, trockenen 2-Zoll-Pinsel einen Hauch Phtaloblau auf. Beginnen Sie in der linken oberen Leinwandecke mit sich kreuzenden Strichen für den Himmel.

Tupfen Sie den 2-Zoll-Pinsel erneut in Phtaloblau und legen Sie dann mit einer nach unten gerichteten Pinselecke die Grundform der Wolken an. Dann verblenden Sie die Konturen mit sich kreuzenden Strichen. Mit einer lockeren Aufwärtsbewegung „schütteln" Sie die Wolken auf. Mit etwas Titanweiß auf einem sauberen, trockenen 2-Zoll-Pinsel deuten Sie die hellen Bereiche des Himmels an. Mit dem Mischpinsel und sich kreuzenden Strichen verblenden Sie zunächst diese hellen Bereiche, dann den gesamten Himmel.

Berge

Für den Berg verwenden Sie den Spachtel und eine Mischung aus Mitternachtsschwarz, Karmesinrot, Phtaloblau und VanDykeBraun. Ziehen Sie die Farbe auf Ihrer Palette flach aus, halten Sie den Farbspachtel senkrecht und schneiden Sie mit der langen Kante des Spachtels ein Farbröllchen ab. Formen Sie mit festem Druck den Berggipfel. Wenn Sie mit der Grundstruktur des Gipfels zufrieden sind, entfernen Sie mit dem Palettenmesser die überschüssige Farbe. Dann ziehen Sie die Farbe mit dem 2-Zoll-Pinsel hinunter bis zum Fuß des Berges.

Mit einer Mischung aus Titanweiß und kleinen Anteilen Mitternachtsschwarz und Hellrot betonen Sie den Berg. Nehmen Sie nun mit der langen Kante des Spachtels erneut ein Farbröllchen auf. Setzen Sie das Palettenmesser an der Bergspitze an (achten Sie dabei genau auf die Winkel) und ziehen Sie es an der linken, vom Licht beschienenen Seite nach unten. Üben Sie nur so viel Druck aus, dass die Farbe „bricht". Mischen Sie Titanweiß, Phtaloblau und etwas Mitternachtsschwarz und tragen Sie die Farbe auf die im Schatten liegende Bergseite auf. Üben Sie erneut nur so viel bzw. wenig Druck aus, dass die Farbe „bricht".

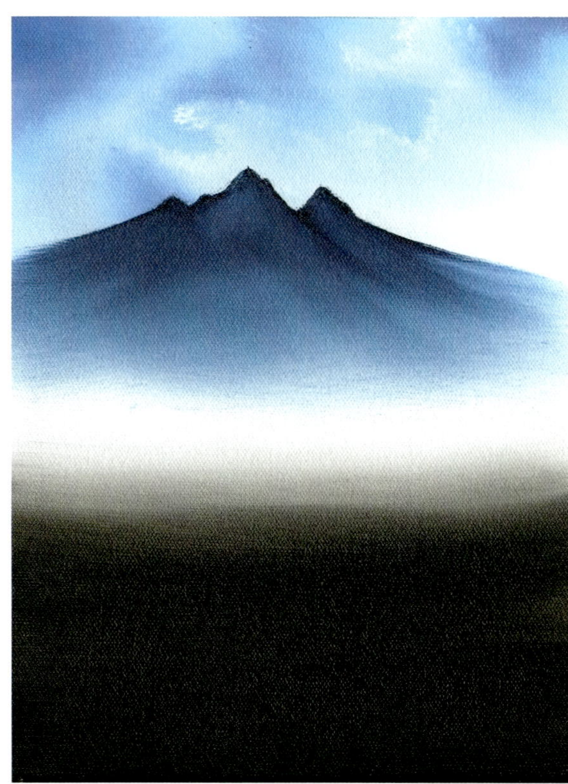

Verwenden Sie einen sauberen, trockenen Mischpinsel und klopfen Sie damit auf die Farbe am Fuß des Berges (achten Sie auf die Winkel). Dann heben Sie die Farbe leicht an, indem Sie mit dem Pinsel sanft von unten nach oben streichen.

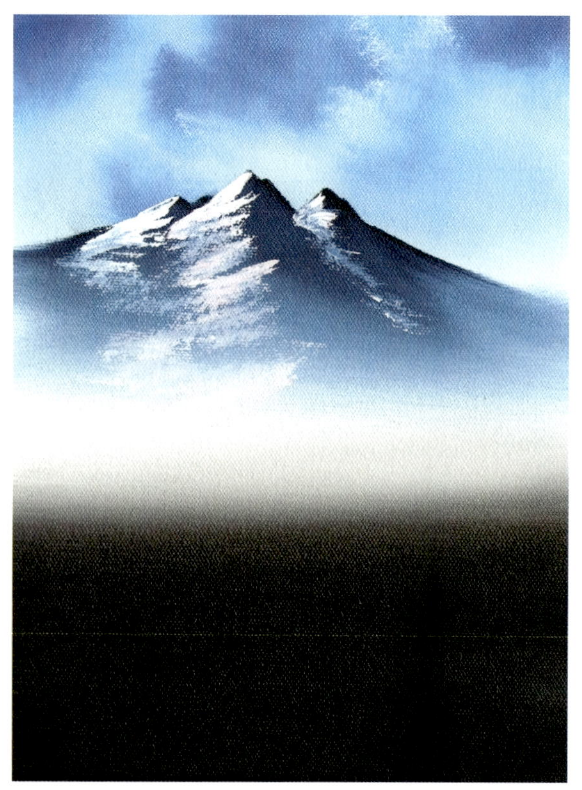

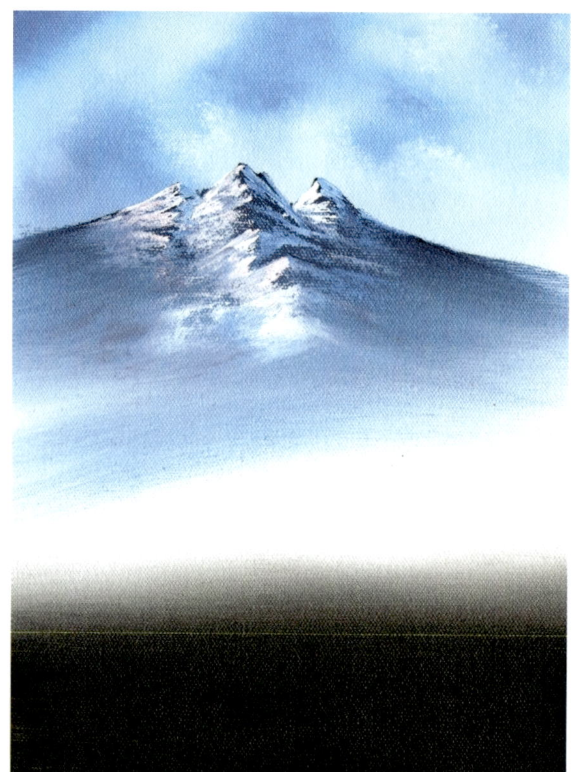

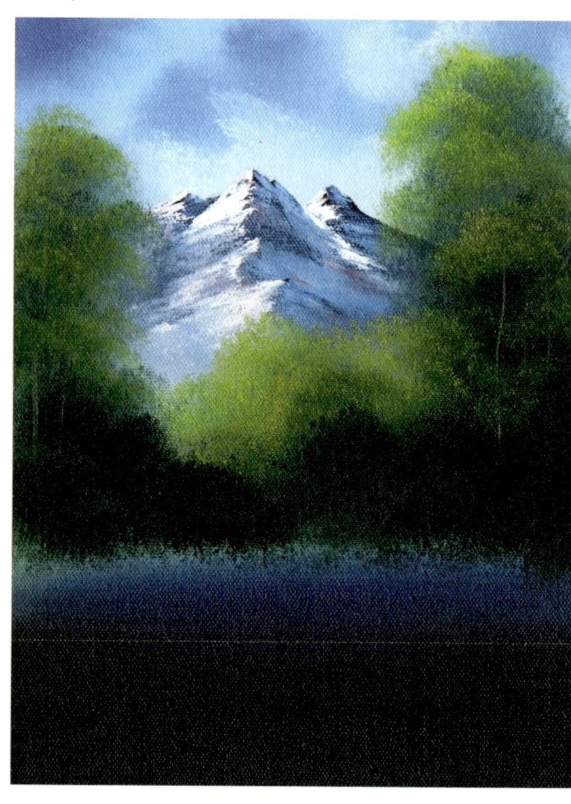

Bäume und Büsche

Tupfen Sie die Borsten eines sauberen, trockenen 2-Zoll-Pinsels in eine Mischung aus der dunklen „Bergfarbe“ und Saftgrün. Arbeiten Sie sich in den Vordergrund und ergänzen Sie mit nur einer Ecke des Pinsels die Grundformen von Büschen und Bäumen.

Ergänzen Sie Äste und Zweige an den Bäumen mit einer Mischung aus Dunkelsiena und einem Hauch Titanweiß auf dem Schriftenpinsel. (Wenn Sie mit dem Schriftenpinsel Farbe aufnehmen, verdünnen Sie die Mischung bis sie eine tintenähnliche Konsistenz aufweist. Zu diesem Zweck tippen Sie den Pinsel in Farbverdünner und ziehen ihn dann durch die Farbmischung. Dabei drehen Sie den Pinsel langsam, damit die Borsten eine Spitze bilden.)

Mit einem sauberen, trockenen 2-Zoll-Pinsel nehmen Sie etwas Preußischblau für das Wasser auf. Beginnen Sie am unteren Leinwandrand und arbeiten Sie mit langen, waagerechten Strichen nach oben. Auf diese Weise verbindet sich die Farbe mit der dunklen Grundierung aus Flüssigschwarz.

Nehmen Sie mit dem 2-Zoll-Pinsel verschiedene Mischungen aus Kadmiumgelb, Indischgelb, Ockergelb und etwas Hellrot auf, um die Bäume und Büsche zu betonen. Konzentrieren Sie sich dabei ganz auf Form und Gestalt. Überlassen Sie nichts dem Zufall.

Nadelbäume

Für die Nadelbäume nehmen Sie mit dem Fächerpinsel eine Mischung aus Mitternachtsschwarz, Preußischblau, VanDykeBraun, Phtalogrün und Karmesinrot auf. Dabei sollten die Borsten eine scharfe Kante bilden. Halten Sie den Pinsel senkrecht und berühren Sie die Leinwand leicht, um die Mittelachse jedes Baumes festzulegen. Mit einer Ecke des Pinsels tupfen Sie die zarte Baumkrone. Arbeiten Sie vor und zurück, während Sie sich weiter nach unten arbeiten. Je mehr Sie sich dem Fuß des Baumes nähern, desto mehr Druck üben Sie auf den Pinsel aus (die Borsten biegen sich dabei nach unten). Auf diese Weise werden die Zweige immer ausladender.

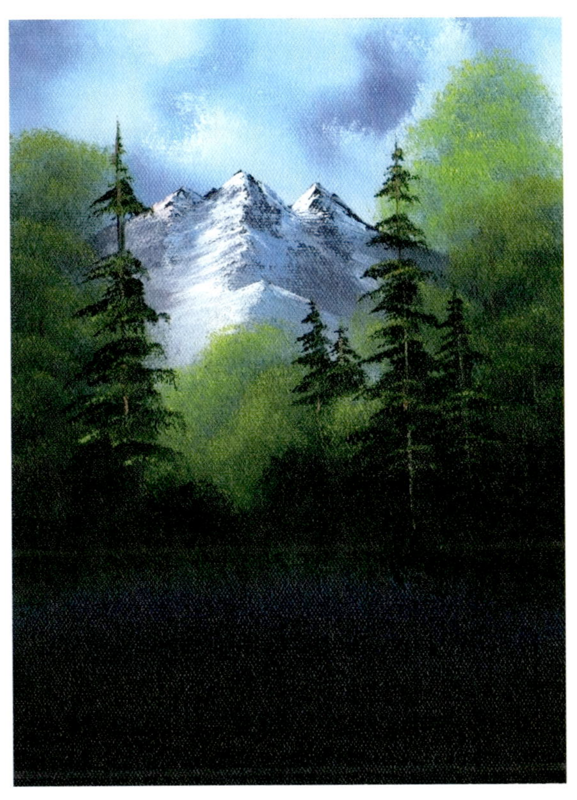

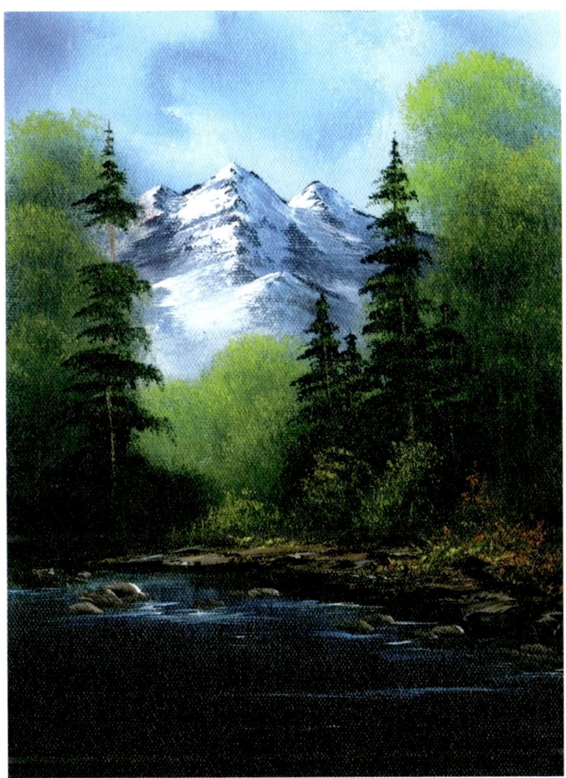

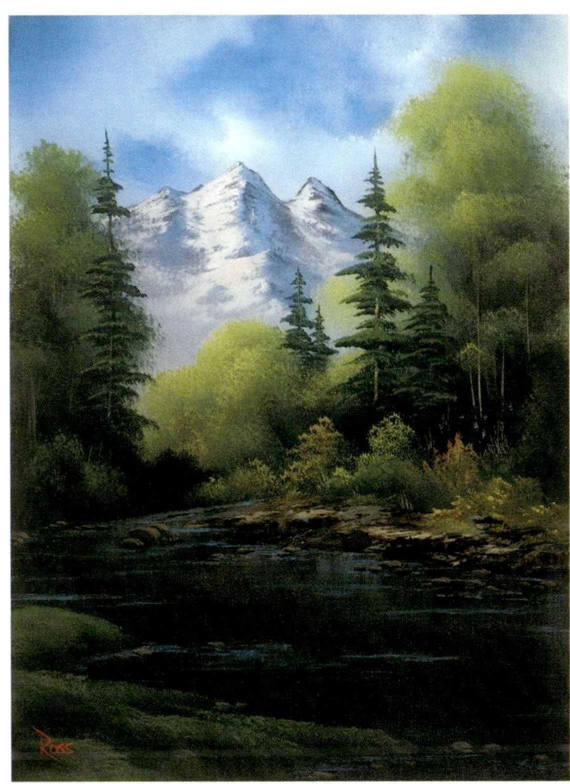

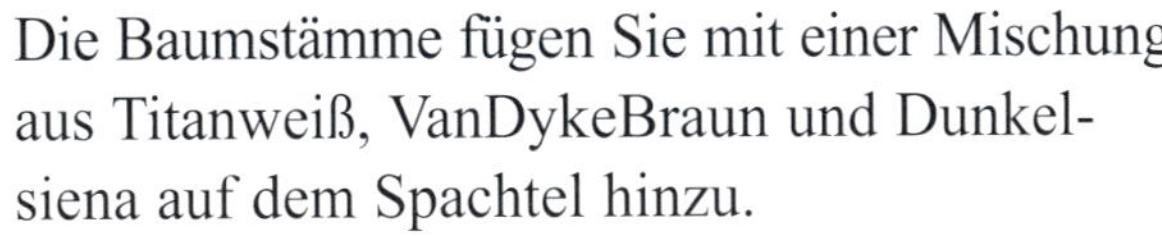

Die Baumstämme fügen Sie mit einer Mischung aus Titanweiß, VanDykeBraun und Dunkelsiena auf dem Spachtel hinzu.

Mischen Sie die dunkle „Baumfarbe“ mit allen Gelbtönen und betonen Sie die Zweige leicht mit dem Fächerpinsel.

Land und Wasser

Um die Uferzone zu gestalten, nehmen Sie mit dem Spachtel ein Farbröllchen VanDykeBraun auf. Mit einer Mischung aus Titanweiß, VanDykeBraun und Dunkelsiena auf dem Spachtel setzen Sie Akzente. Üben Sie nur so viel bzw. wenig Druck aus, dass die Farbe „bricht“. Mit der grünlichen Akzent-Farbmischung auf dem Fächerpinsel ergänzen Sie das Laub am Ufer.

Mit dem Filbertpinsel nehmen Sie eine dünne Mischung aus Mitternachtsschwarz und VanDykeBraun auf und ziehen EINE Seite der Borsten durch eine dünne Mischung aus Titanweiß, VanDykeBraun und einem Hauch Mitternachtsschwarz. Mit der hellen Seite des Pinsels nach OBEN gestalten Sie mit jeweils einem einzelnen geschwungenen Pinselstrich die kleinen Felsen und Steine im Wasser.

Nehmen Sie mit einem sauberen, trockenen 2-Zoll-Pinsel etwas Titanweiß auf, halten Sie den Pinsel waagerecht und ziehen Sie die Farbe von den Uferbänken nach unten. Dann streichen Sie locker quer über das Wasser. Linien und Kräuselungen ergänzen Sie mit einer Mischung aus Titanweiß und Phtaloblau auf der Spachtelkante.

Verwenden Sie die dunkle Farbmischung für die Nadelbäume auf dem 2-Zoll-Pinsel und legen Sie die Uferregion im Bildvordergrund an. Akzente setzen Sie mit verschiedenen Gelb-Grün-Mischungen auf dem 2-Zoll-Pinsel. Arbeiten Sie in Schichten und konzentrieren Sie sich auf den Verlauf des Geländes.

Letzte Feinheiten

Ergänzen Sie Felsen und Steine im Wasser mit den Brauntönen auf dem Filbertpinsel sowie letzte Wasserlinien und Kräuselungen mit einer Blau-Weiß-Mischung auf dem Spachtel. Vergessen Sie nicht, Ihr Meisterwerk zu signieren!

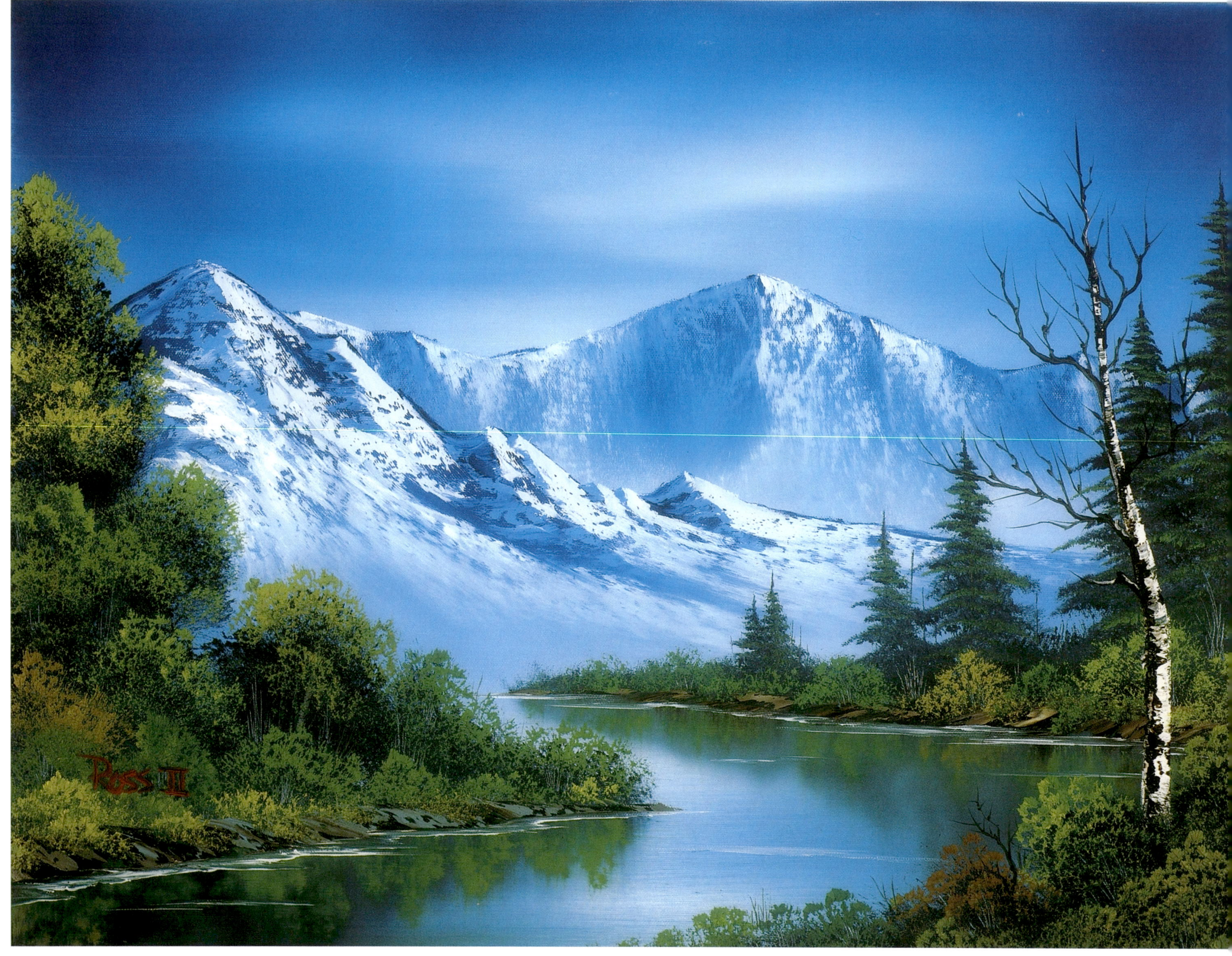

ANMUTIGE BERGE

Material

2-Zoll-Pinsel
1-Zoll-Pinsel
Fächerpinsel Nr. 3
Schriftenpinsel Nr. 2
Farbspachtel Nr. 10
Flüssigweiß
Titanweiß
Phtaloblau
Preußischblau
Mitternachtsschwarz
Dunkelsiena
VanDykeBraun
Karmesinrot
Saftgrün
Kadmiumgelb
Ockergelb
Hellrot

Bedecken Sie zunächst die ganze Leinwand gleichmäßig mit einer dünnen Schicht Flüssigweiß und verwenden Sie hierfür den 2-Zoll-Pinsel. Tragen Sie die Farbe in langen, waagerechten und senkrechten Strichen auf und streichen Sie vor und zurück, um sicher zu gehen, dass die Farbe gleichmäßig verteilt ist. Ganz wichtig: Das Flüssigweiß darf NICHT TROCKEN sein, wenn Sie anfangen zu malen.

Himmel

Tupfen Sie die Borsten des 2-Zoll-Pinsels in ein wenig Phtaloblau und Preußischblau. Beginnen Sie am oberen Leinwandrand, mit sich kreuzenden Strichen den Himmel zu malen, und arbeiten Sie abwärts. Lassen Sie einige Bereiche um den Horizont als Lichtquelle frei. Legen Sie nun im unteren Teil der Leinwand die Wasserfläche an. Hierfür nehmen Sie mit dem 2-Zoll-Pinsel erneut die beiden Blautöne auf. Arbeiten Sie vom unteren Leinwandrand zum Horizont hin sowie von außen nach innen mit langen, waagerechten Strichen. Wenn Sie das Zentrum frei lassen, entsteht der Eindruck schimmernden Lichts auf dem Wasser. Mit einem sauberen, trockenen 2-Zoll-Pinsel und sich kreuzenden Strichen verblenden Sie den Himmel. Anschließend streichen Sie mit langen, waagerechten Strichen über die gesamte Leinwand.

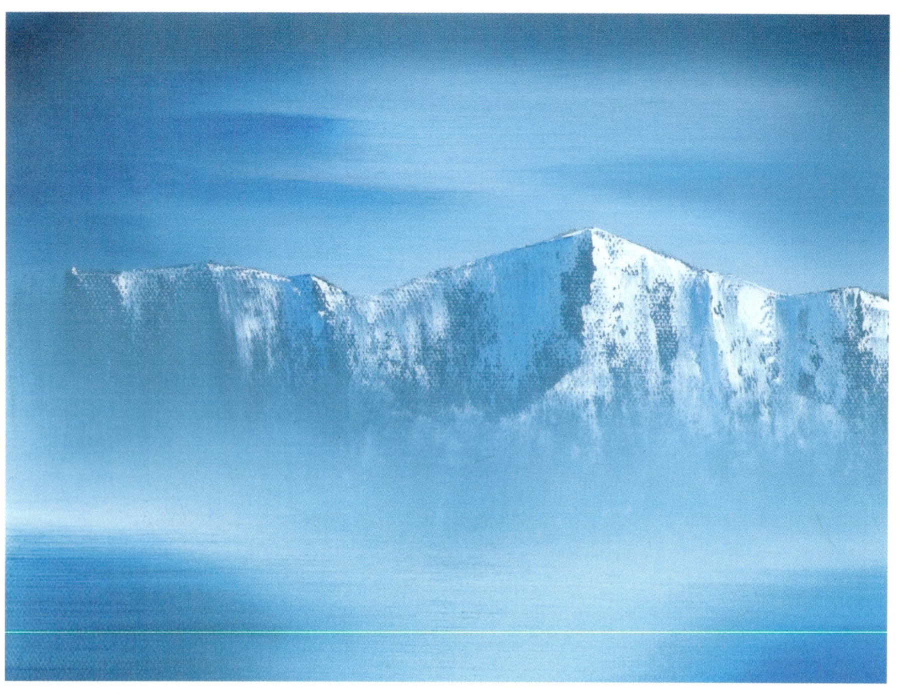

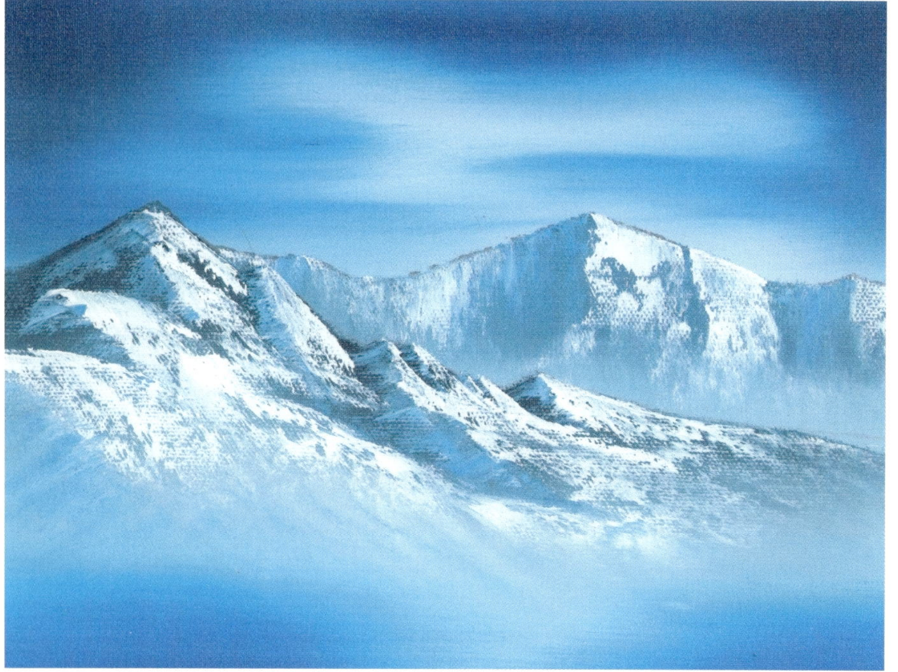

Berge

Verwenden Sie den Spachtel und eine dunkle Mischung aus Mitternachtsschwarz, Preußischblau, VanDykeBraun und Karmesinrot, um das Gebirgsmassiv im Hintergrund zu malen. Ziehen Sie die Farbmischung auf Ihrer Palette ganz flach aus, halten Sie den Spachtel senkrecht und schneiden Sie mit der langen Kante des Spachtels ein Farbröllchen ab. Formen Sie mit festem Druck die obere Kante des Gebirgszuges. Mit dem Spachtel entfernen Sie überschüssige Farbe. Ziehen Sie die Farbe mit dem 2-Zoll-Pinsel hinunter bis zum Fuß des Berges und gestalten Sie die einzelnen Felsen. Betonen Sie die Felsen mit einer Mischung aus Titanweiß und der dunklen Farbmischung des Gebirges. Nehmen Sie mit der langen Kante des Spachtels erneut etwas Farbe auf. Setzen Sie das Palettenmesser an der vom Licht beschienenen rechten Seite der Bergspitze an und ziehen Sie es nach unten. Üben Sie nur so viel Druck aus, dass die Farbe „bricht“ und folgen Sie immer den Winkeln. Verwenden Sie eine Mischung aus Preußischblau und der Akzentfarbe und tragen Sie diese auf der im Schatten liegenden Bergseite auf. Üben Sie erneut nur so viel bzw. wenig Druck aus, dass die Farbe „bricht“. Mit einem sauberen, trockenen 2-Zoll-Pinsel tupfen Sie über die Farbe im unteren Bereich des Berges, um den Eindruck von Dunst zu erwecken. Dieser lässt sich auch mit etwas Titanweiß auf dem kleinen Fächerpinsel und kleinen kreisförmigen Strichen erzeugen.

Wiederholen Sie diese Schritte, um den weiter im Vordergrund liegenden Berg zu gestalten. Formen Sie die Bergspitze erneut mit der dunklen Farbmischung auf dem Spachtel. Dann ziehen Sie die Farbe mit dem 2-Zoll-Pinsel nach unten zum Fuß des Berges. Mit Titanweiß auf dem Spachtel setzen Sie Akzente, Hellblau verwenden Sie für die Schatten. Tupfen Sie über die Farbe im unteren Bereich des Berges, dann heben Sie die Farbe leicht an, indem Sie mit dem Pinsel in diesem Bereich sanft von unten nach oben streichen. Und schon liegt der Fuß des Berges wieder im Dunst.

Hintergrund

Für die Nadelbäume im Hintergrund nehmen Sie mit dem Fächerpinsel eine Mischung aus Preußischblau, Saftgrün, Karmesinrot, VanDykeBraun und Titanweiß auf. Berühren Sie die Leinwand nur leicht, um die Mittelachse des jeweiligen Baumes festzulegen. Mit einer Pinselecke malen Sie die kleinen Baumkronen. Tupfen Sie vor und zurück und üben Sie nach unten hin zunehmend Druck aus (die Borsten biegen sich dabei nach oben). Auf diese Weise werden die Zweige immer ausladender.

Mit derselben Mischung auf dem Fächerpinsel fügen Sie die kleinen Büsche unterhalb der Nadelbäume hinzu. Mit einem sauberen, trockenen 2-Zoll-Pinsel ziehen Sie die Farbe senkrecht nach unten ins Wasser. Für die Spiegelungen streichen Sie leicht quer darüber.

Nehmen Sie mit dem Spachtel etwas VanDykeBraun auf, um die Uferregion anzulegen. Akzente setzen Sie mit einer Mischung aus Dunkelsiena und Titanweiß. Nehmen Sie mit dem Fächerpinsel eine Mischung aus Kadmiumgelb und etwas Phtaloblau (ergibt Grün) auf und betonen Sie damit die Hintergrundbäume. Mit VanDykeBraun, Dunkelsiena und Titanweiß auf dem Spachtel deuten Sie die Baumstämme an. Verwenden Sie die Grünmischung auf dem 1-Zoll-Pinsel, um Büsche unterhalb der Nadelbäume zu betonen. Konzentrieren Sie sich dabei auf die jeweilige Form und Gestalt. Denken Sie auch an die Spiegelungen im Wasser.

Mit einer Mischung aus Flüssigweiß und einem Hauch Phtaloblau auf dem Spachtel „ritzen" Sie Wellen und Kräuselungen ein.

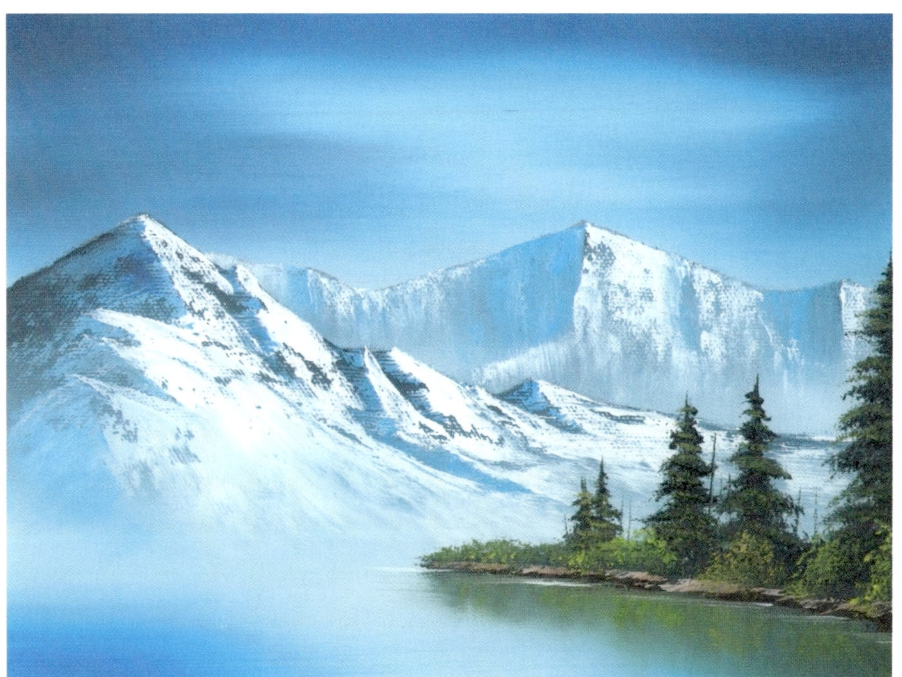

Vordergrund
Legen Sie die großen Laubbäume und das Laubwerk im Vordergrund mit einer Mischung aus Mitternachtsschwarz, VanDykeBraun und ein wenig von der Grünmischung auf dem 2-Zoll-Pinsel an. Spiegeln Sie die Bäume im Wasser, indem Sie die Farbe mit dem 2-Zoll-Pinsel gerade nach unten ziehen. Mit VanDykeBraun auf dem Spachtel ergänzen Sie die Baumstämme und Äste im Vordergrund, mit Hellbraun setzen Sie Akzente.

Die Laubbäume und Büsche betonen Sie mit Mischungen aus Phtaloblau, den Gelbtönen und ganz wenig Hellrot auf dem 1-Zoll-Pinsel. Ziehen Sie diese Farben bis ins Wasser, dann streichen Sie leicht quer darüber.

Arbeiten Sie die Uferzone mit VanDykeBraun auf dem Spachtel aus. Danach setzen Sie mit einer hellen Braun-Weiß-Mischung einzelne Glanzlichter und „ritzen" Wellen und Kräuselungen mit Flüssigweiß auf dem Spachtel ein. Nehmen Sie mit dem Spachtel erneut VanDyke-Braun auf und malen Sie die große Birke im Vordergrund. Betonen Sie den Stamm mit Titanweiß auf dem Spachtel. Kleinere Äste ergänzen Sie mit verdünntem Braun auf dem Schriftenpinsel.

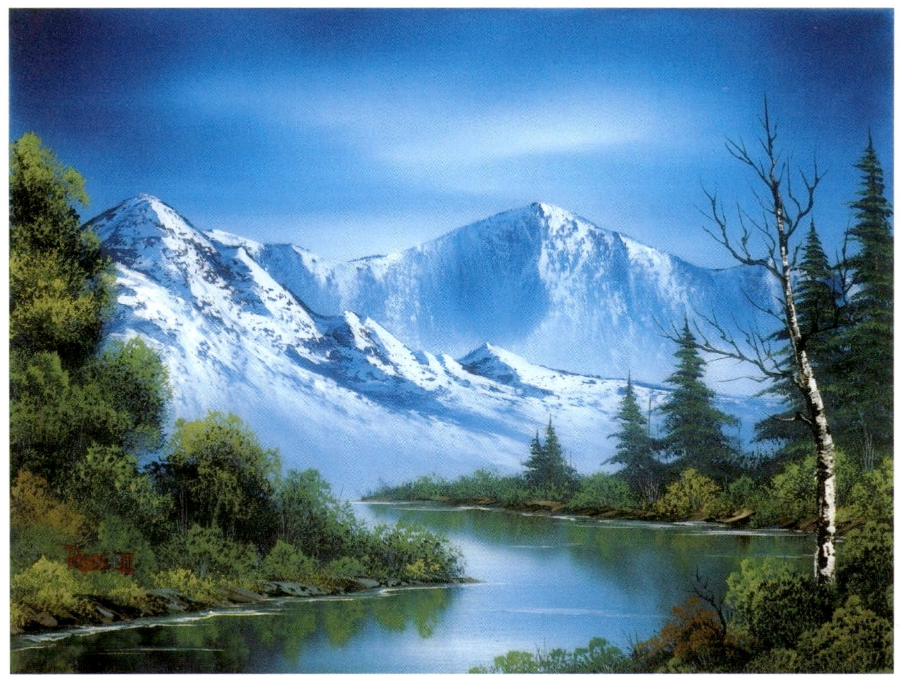

Letzte Feinheiten
Verwenden Sie die dunkle Baummischung auf dem 2-Zoll-Pinsel, um letztes Laubwerk hinzuzufügen.

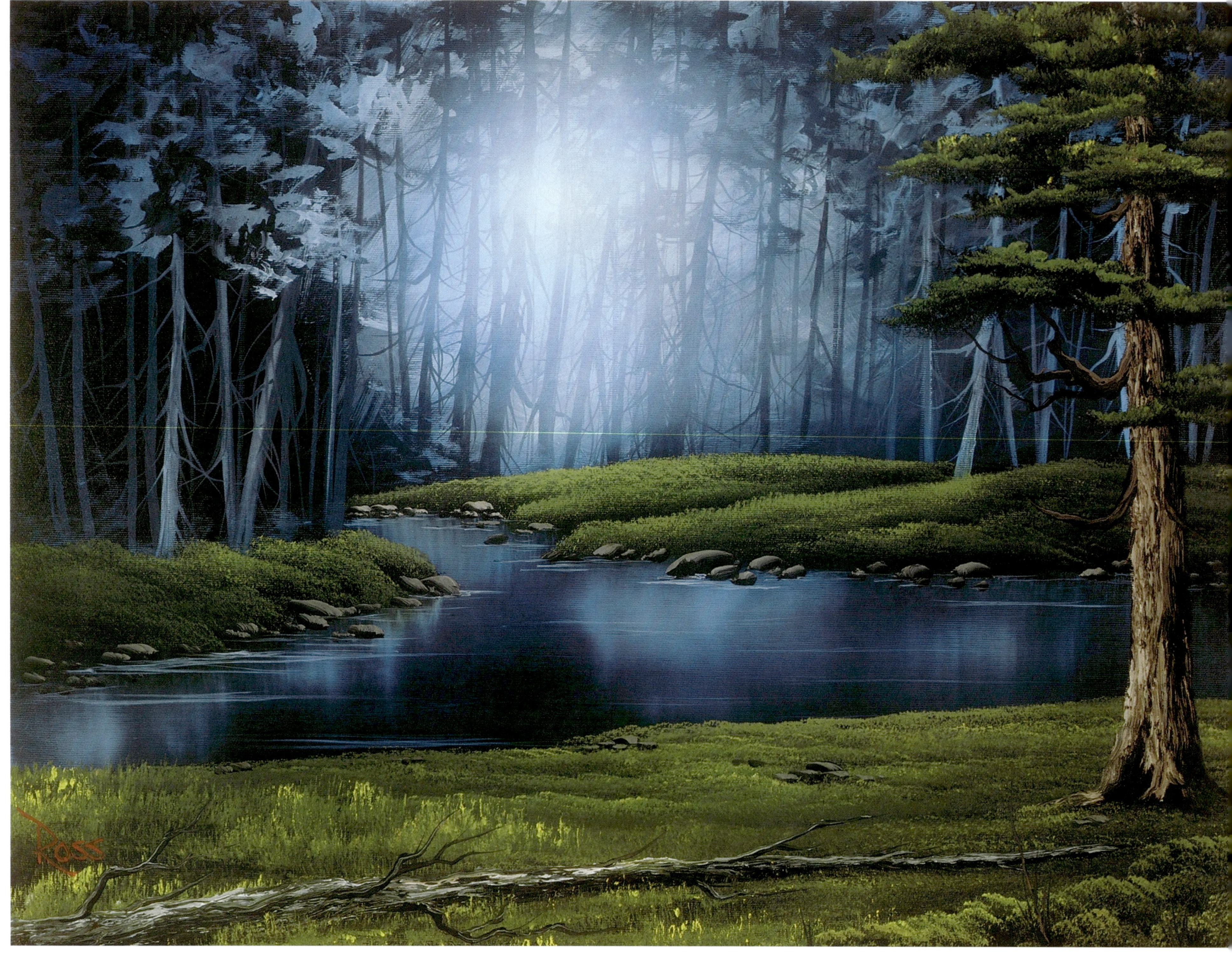

FLUSS IM WALD

Material

2-Zoll-Pinsel
Filbertpinsel Nr. 6
Fächerpinsel Nr. 6
Schriftenpinsel Nr. 2
Farbspachtel Nr. 10
Gesso Schwarz
Gesso Weiß
Gesso Grau
Flüssigtransparent
Titanweiß
Phtaloblau
Preußischblau
Mitternachtsschwarz
Dunkelsiena
VanDykeBraun
Karmesinrot
Saftgrün
Kadmiumgelb
Ockergelb
Indischgelb
Hellrot

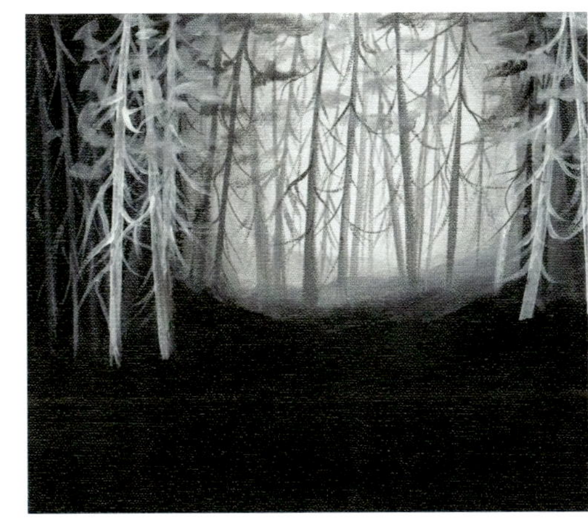

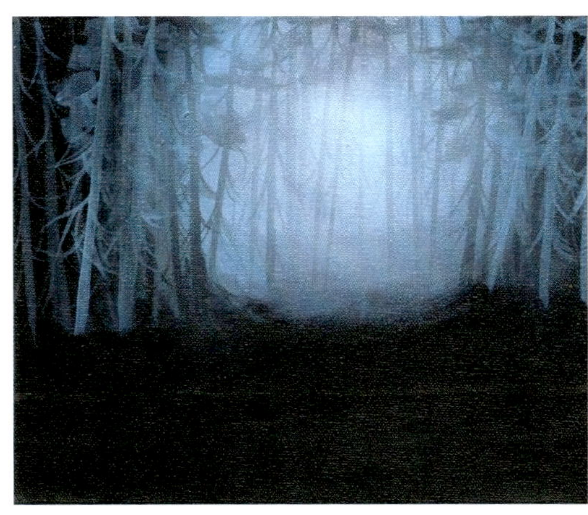

Benutzen Sie einen Schaumschwamm, um eine dünne, gleichmäßige Schicht Gesso Schwarz auf die Leinwand aufzutragen. Anschließend muss das Gesso Schwarz VOLLSTÄNDIG TROCKNEN.

Sobald die Grundierung trocken ist, legen Sie mit einem Schriftenpinsel sowie Gesso Schwarz, Weiß und Grau Baumstämme, Äste sowie Zweige oberhalb des Horizontes an. Lassen Sie die Leinwand wieder VOLLSTÄNDIG TROCKNEN, bevor Sie fortfahren.

Ist der Trocknungsvorgang abgeschlossen, nehmen Sie den 2-Zoll-Pinsel und tragen eine HAUCHDÜNNE Schicht Flüssigtransparent auf die Leinwand auf. (Flüssigtransparent sollte ÄUßERST sparsam aufgetragen und regelrecht in die Leinwand eingerieben werden! Das Flüssigtransparent erleichtert nicht nur das Auftragen der festeren Farben. Vielmehr brauchen Sie auf diese Weise nur sehr wenig Farbe und erzielen dabei eine lasierende Wirkung.)

Das Flüssigtransparent darf NICHT TROCKNEN, bevor Sie mit dem Malen beginnen.

Himmel

Nehmen Sie mit einem sauberen, trockenen 2-Zoll-Pinsel etwas Phtaloblau auf. Setzen Sie den Pinsel am oberen Rand der Leinwand an und arbeiten Sie von dort nach unten. Mit sich kreuzenden Strichen gestalten Sie den Himmel. (Beachten Sie, dass die Konturen der Bäume dank der transparenten Farbe sichtbar bleiben.) Nehmen Sie mit dem 2-Zoll-Pinsel etwas Preußischblau auf und dunkeln Sie die oberen Ecken der Leinwand mit sich kreuzenden Strichen ab.

Belassen Sie das Preußischblau auf dem Pinsel und reiben Sie die Farbe fest in den unterhalb des Horizontes liegenden Teil der Leinwand ein. Anschließend verblenden Sie diesen Bildbereich mit langen, waagerechten Strichen.

Mit der Ecke eines sauberen, trockenen 2-Zoll-Pinsels nehmen Sie nun Titanweiß auf und fügen die helle Partie in der Mitte des Himmels ein. Arbeiten Sie von innen nach außen. Verwischen Sie die äußeren Ränder der scheinbaren Lichtquelle, dann verblenden Sie leicht den gesamten Himmel.

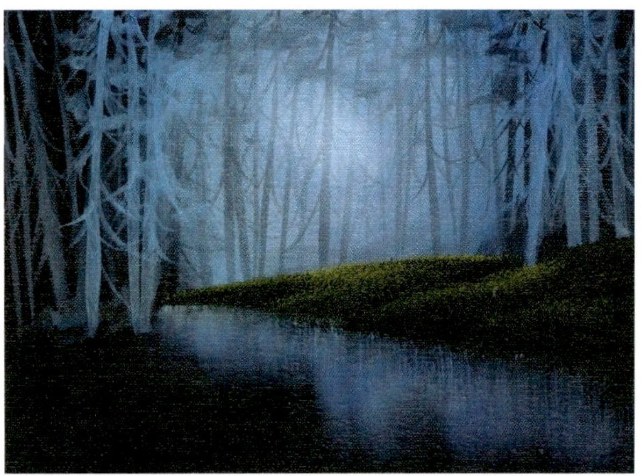

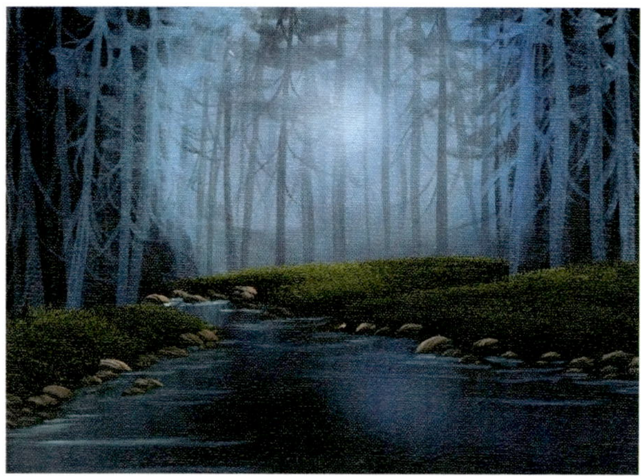

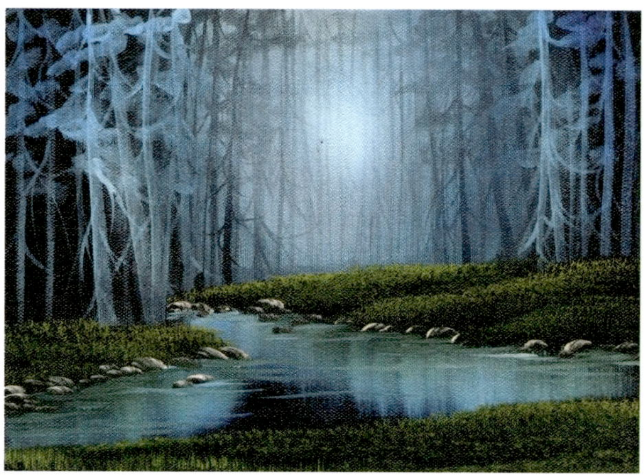

Hintergrund
Stupfen Sie die Borsten des 2-Zoll-Pinsels in eine Mischung aus Mitternachtsschwarz, Preußischblau, Karmesinrot, VanDykeBraun und Saftgrün. Grundieren Sie die Grasfläche unter den Bäumen, indem Sie nach unten tupfen.

Verwenden Sie verschiedene Mischungen aus den Gelbtönen, um die Grasfläche zu betonen. Tupfen Sie den 2-Zoll-Pinsel im 45°-Winkel in die Farbe und lassen Sie den Pinsel dabei vorwärts in die Farbe „gleiten". (So nehmen die Borstenspitzen reichlich Farbe auf.) Setzen Sie den Pinsel waagerecht auf der Leinwand an und tupfen Sie die Glanzlichter nur leicht mit nach unten gerichteten Strichen auf. Arbeiten Sie in Schichten und gestalten Sie sorgfältig das Gelände.

Wasser
Mit ein wenig Titanweiß auf einem sauberen, trockenen 2-Zoll-Pinsel ziehen Sie die Farbe von der Grasfläche gerade nach unten, damit die Wasserfläche entsteht. (Beachten Sie, wie sich das Weiß mit dem bereits auf der Leinwand befindlichen Preußischblau verbindet.) Für die Spiegelungen streichen Sie leicht quer darüber.

Mittelgrund
Verwenden Sie die dunkle Farbmischung für die Laubbäume auf dem 2-Zoll-Pinsel und fügen Sie unter den Bäumen Gras und Laub hinzu. Verwenden Sie erneut Mischungen aus allen Gelbtönen und ein wenig Hellrot auf dem 2-Zoll-Pinsel, um die Grasfläche zu betonen.

Felsen und Steine
Mischen Sie mit dem Spachtel Mitternachtsschwarz, VanDykeBraun und Dunkelsiena und geben Sie zu dieser dunkelbaunen Farbmischung etwas Farbverdünner. Dann stellen Sie einen hellbraunen Farbton her, indem Sie Titanweiß mit den Brauntönen mischen. Verdünnen Sie auch diese Mischung.

Für die Felsen und Steine an den Rändern des Gewässers nehmen Sie mit dem Filbertpinsel etwas von der dunkelbraunen Farbe auf. Dann ziehen Sie eine Seite der Borsten durch die hellbraune Farbe, um den Pinsel doppelt zu füllen. Die helle Seite des Pinsels muss nun nach oben zeigen. Mit jeweils einem einzelnen geschwungenen Pinselstrich malen Sie die kleinen Felsen und Steine und stellen dabei Licht und Schatten dar. Verwenden Sie den Schriftenpinsel und eine dünne Mischung aus Titanweiß und Phtaloblau, um Wellen und Kräuselungen im Wasser zu ergänzen.

Vordergrund
Dehnen Sie die Grasfläche bis in den Vordergrund über die gesamte Bildbreite aus. Zu diesem Zweck grundieren Sie die Fläche zunächst mit der dunklen „Laubfarbe" auf dem 2-Zoll-Pinsel. Ohne den Pinsel zu reinigen, nehmen Sie verschiedene Gelbmischungen auf und setzen damit einzelne Akzente. Wenn Sie den Pinsel kurz nach oben ziehen, wird das Gras höher. Denken Sie daran, in Schichten zu arbeiten und den Geländeverlauf sorfältig zu gestalten.

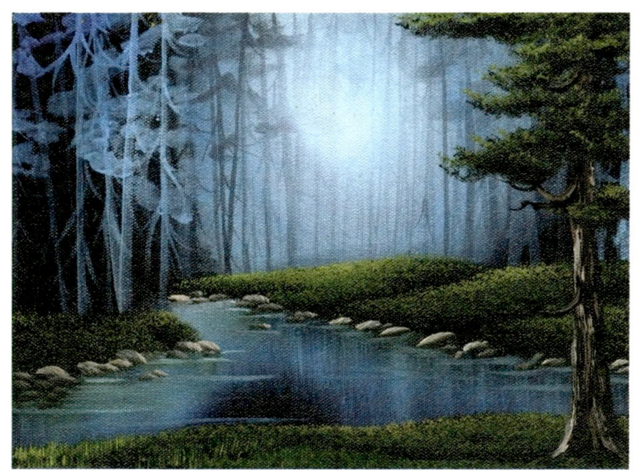

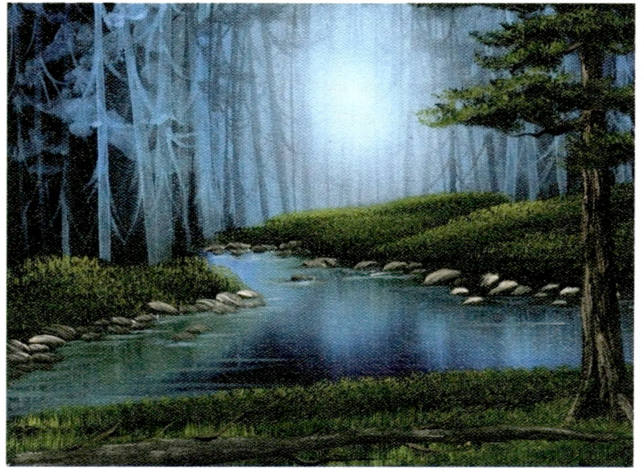

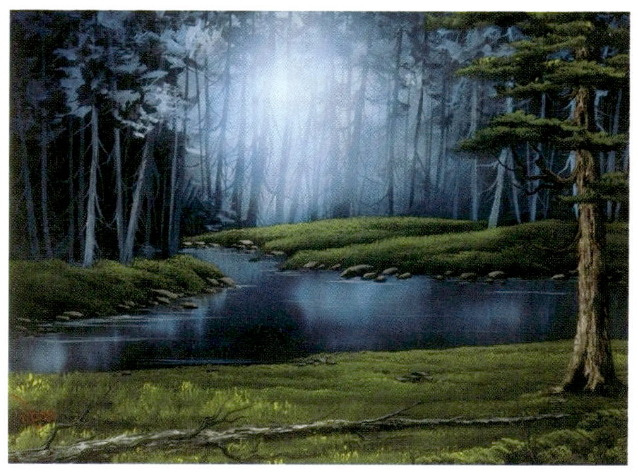

Großer Baum im Vordergrund
Mischen Sie VanDykeBraun und Dunkelsiena derart, dass eine scharfe Kante entsteht. Dann nehmen Sie die Farbe mit dem Fächerpinsel auf, halten den Pinsel senkrecht und setzen ihn dort an, wo sich die Baumspitze des großen Baumes im Vordergrund befinden soll. Dann ziehen Sie die Farbe für den Baumstamm nach unten. Betonen Sie die linke Seite des Stammes mit einer dünnen Braunmischung auf dem Filbertpinsel. Verwenden Sie verdünntes VanDykeBraun auf dem Schriftenpinsel für kleine Äste und Zweige.

Das Laub des Baumes ergänzen Sie mit einer dunklen Mischung aus Mitternachtsschwarz, Preußischblau, Saftgrün und Karmesinrot auf dem Fächerpinsel. Ohne den Pinsel zu reinigen, nehmen Sie die Gelbtöne auf und fügen mit einem Aufwärtsstrich einzelne Glanzlichter hinzu.

Umgestürzter Baum
Nehmen Sie mit dem Fächerpinsel die dunkle „Baummischung“ auf. Halten Sie den Pinsel waagerecht und legen Sie den umgestürzten Baum mit einem schwungvollen waagerechten Strich an. Dann nehmen Sie mit dem Pinsel eine Braun-Weiß-Mischung auf und betonen die Oberseite des Baumstammes.

Verwenden Sie erneut verdünntes VanDyke-Braun auf dem Schriftenpinsel, um Äste und Zweige am Stamm zu ergänzen. Akzente setzen Sie mit einer verdünnten Mischung aus Titanweiß und VanDykeBraun auf dem Schriftenpinsel.

Letzte Feinheiten
Verwenden Sie die dunklen Farbmischungen der Laubbäume auf dem 2-Zoll-Pinsel und platzieren Sie einen Busch in der unteren Leinwandecke. Fügen Sie Ockergelb auf dem Pinsel hinzu und tupfen Sie einzelne Glanzlichter auf den Busch.

Verwenden Sie verdünnte Braunmischungen auf dem Schriftenpinsel und deuten Sie kleine Stöcke und Reisig an. Dann ergänzen Sie mit Dunkel- und Hellbraun auf dem Filbertpinsel letzte Felsen und Steine. Nun ist Ihr Meisterwerk fertig!

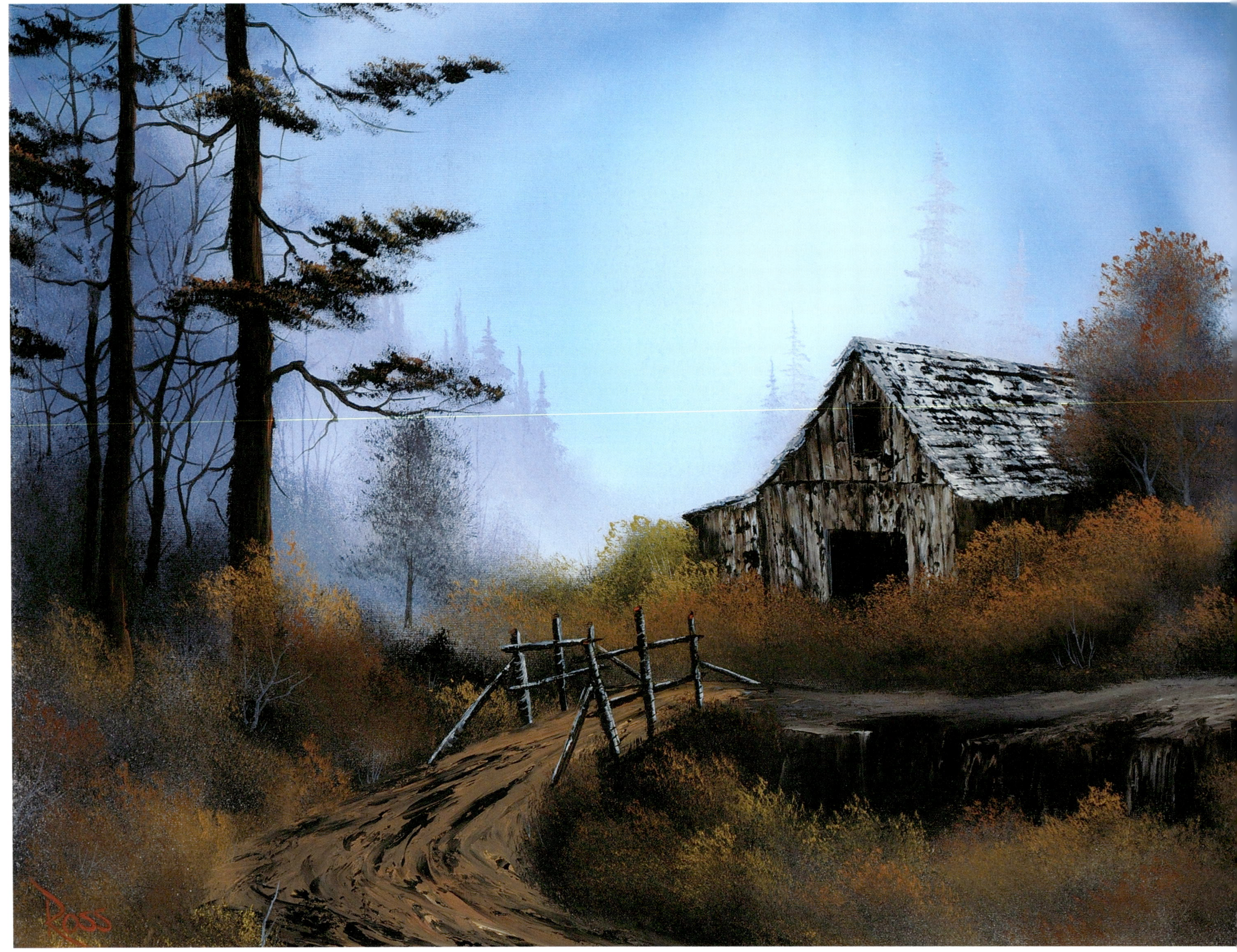
Ross

VERGANGENE TAGE

Material

2-Zoll-Pinsel	Dunkelsiena
Fächerpinsel Nr. 6	VanDykeBraun
Schriftenpinsel Nr. 2	Karmesinrot
Farbspachtel Nr. 10	Saftgrün
Flüssigweiß	Kadmiumgelb
Titanweiß	Ockergelb
Preußischblau	Indischgelb
Mitternachtsschwarz	Hellrot

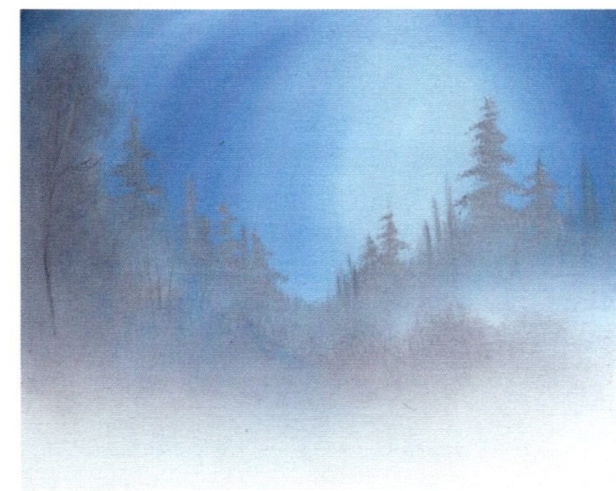

Tragen Sie mit dem 2-Zoll-Pinsel eine dünne Schicht Flüssigweiß in langen, waagerechten und senkrechten Strichen auf die gesamte Leinwand auf. Arbeiten Sie vor und zurück und achten Sie darauf, dass die Farbe gleichmäßig über die Leinwand verteilt ist. Das Flüssigweiß darf NICHT TROCKEN sein, wenn Sie anfangen zu malen.

Himmel

Nehmen Sie mit dem 2-Zoll-Pinsel einen Hauch Phtaloblau auf. Stupfen Sie den Pinsel fest auf die Palette – so verteilt sich die Farbe gleichmäßig in den Borsten. Von der Mitte des Himmels ausgehend, tragen Sie die Farbe mit diagonalen, schwingenden Strichen auf. Mit sich kreuzenden Strichen fügen Sie dann etwas Phtaloblau um das Zentrum sowie eine Mischung aus Preußischblau und Mitternachtsschwarz in den Randbereichen der Leinwand hinzu.

Mit dem 2-Zoll-Pinsel und sich kreuzenden Strichen tragen Sie im hellen Zentrum des Himmels Titanweiß auf. Verwischen Sie die Farbe nach außen, dann verblenden Sie den Himmel mit einem sauberen, trockenen 2-Zoll-Pinsel und sich kreuzenden Strichen.

Hintergrund

Nehmen Sie nun mit dem Fächerpinsel eine Mischung aus Karmesinrot, Phtaloblau und Titanweiß auf. Halten Sie den Pinsel senkrecht und tupfen Sie nach unten die winzigen Nadelbäume auf die Leinwand. Mit einer Ecke des Pinsels ergänzen Sie die Zweige an den deutlicher sichtbaren Bäumen. Die Pinselborsten sollten sich dabei nach unten biegen.

Mit einem sauberen, trockenen 2-Zoll-Pinsel stupfen Sie fest in die Farbe im unteren Bereich der Bäume, anschließend heben Sie die Farbe leicht an.

Mit der Lavendelmischung auf dem 2-Zoll-Pinsel gestalten Sie die Laubbäume im Hintergrund. Für die Baumstämme verwenden Sie dieselbe Farbmischung und den Schriftenpinsel. (Tippen Sie die Borsten zuerst in Farbverdünner, sodass die Farbe eine tintenähnliche Konsistenz hat. Während Sie den Pinsel durch die Farbe ziehen, drehen Sie ihn langsam.) Üben Sie nur wenig Druck aus, wenn Sie die Baumstämme malen. Wenn Sie den Pinsel drehen und leicht hin und her wackeln, sehen die Baumstämme schön knorrig aus. Malen Sie in Schichten und fügen Sie der Lavendelmischung immer mehr Mitternachtsschwarz hinzu. Schaffen Sie im unteren Bereich den Eindruck von leichtem Nebel, indem Sie dort mit dem Pinsel tupfen. Die Bäume betonen Sie mit verschiedenen Mischungen aus allen Gelbtönen und Hellrot auf dem 2-Zoll-Pinsel. Mit der Spachtelspitze deuten Sie einige Baumstämme an.

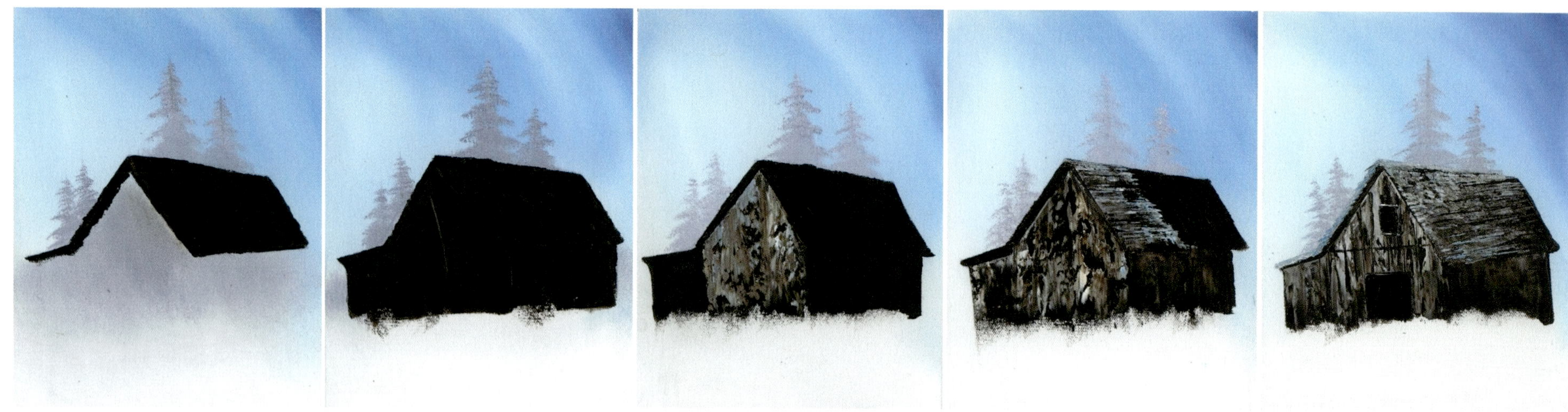

Scheune

Entfernen Sie mit einem sauberen Spachtel die Farbe an der Stelle von der Leinwand, an der die Scheune stehen soll. Nehmen Sie mit dem Farbspachtel etwas VanDykeBraun auf und malen Sie zunächst den hinteren Giebel, dann die Vorderseite des Daches. Anschließend widmen Sie sich der Front sowie der Seite der Scheune. Achten Sie dabei stets auf die Winkel.

Verwenden Sie eine Mischung aus Titanweiß, Dunkelsiena, VanDyke-Braun und Phtaloblau auf dem Palettenmesser, um die Vorderseite der Scheune zu akzentuieren. Üben Sie gerade so viel Druck aus, dass die Farbe „bricht". Dort, wo das Gebäude dunkler erscheinen soll, kommt weniger Titanweiß zum Einsatz.

Damit die Scheune schön alt aussieht, fügen Sie mit VanDykeBraun auf dem Spachtel senkrecht verlaufende Latten hinzu. Dann ziehen Sie die Farbe mit einem sauberen, trockenen 2-Zoll-Pinsel nach unten aus, damit das ganze weicher erscheint.

Nehmen Sie mit dem Spachtel eine Mischung aus Titanweiß und Mitternachtsschwarz auf und setzen Sie auf dem Dach einige Akzente. Tür und Fenster geben Sie in VanDykeBraun hinzu. Jetzt ist die Scheune fertig. Fügen der bereits fertigen Lavendelmischung etwas Mitternachtsschwarz und VanDykeBraun bei, nehmen Sie mit dem 2-Zoll-Pinsel Farbe auf und tupfen Sie die Bäume sowie die Büsche rings um die Scheune auf die Leinwand. Mit Gelbtönen auf dem 2-Zoll-Pinsel setzen Sie auf Bäumen und Büschen Akzente. Die Baumstämme ergänzen Sie mit verdünnter Farbe auf dem Schriftenpinsel.

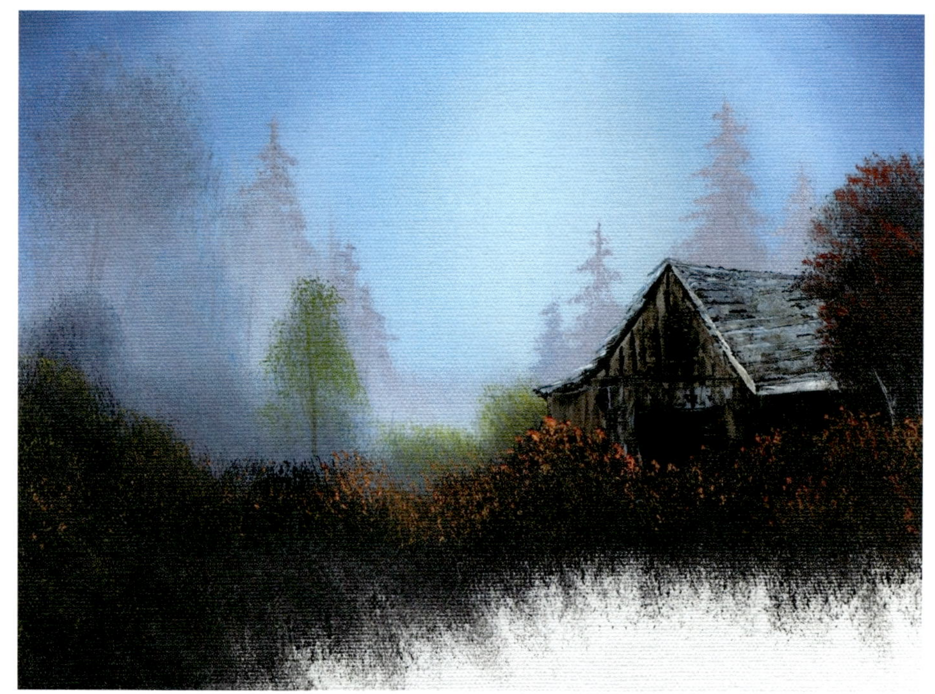

Vordergrund
Den Weg im Bildvordergrund malen Sie mit VanDykeBraun auf dem Spachtel. Achten Sie genau auf die Winkel.

Arbeiten Sie in Schichten und setzen Sie auf die Büsche und Bäume im Vordergrund einige Akzente. Die Brücke und den zur Scheune führenden Weg grundieren Sie mit VanDykeBraun auf dem Farbspachtel. Akzente setzen Sie mit einer Mischung aus Dunkelsiena, Titanweiß und Ockergelb auf dem Palettenmesser. Üben Sie nur so viel bzw. wenig Druck aus, dass die Farbe „bricht" und beachten Sie wieder die Winkel.

Die kleinen Büsche am unteren Bildrand grundieren Sie mit dem 2-Zoll-Pinsel. Für Akzente verwenden Sie Gelbtöne. Die Brückenpfeiler werden mit VanDykeBraun auf dem Spachtel gemalt und anschließend mit einer Mischung aus VanDykeBraun und Titanweiß betont.

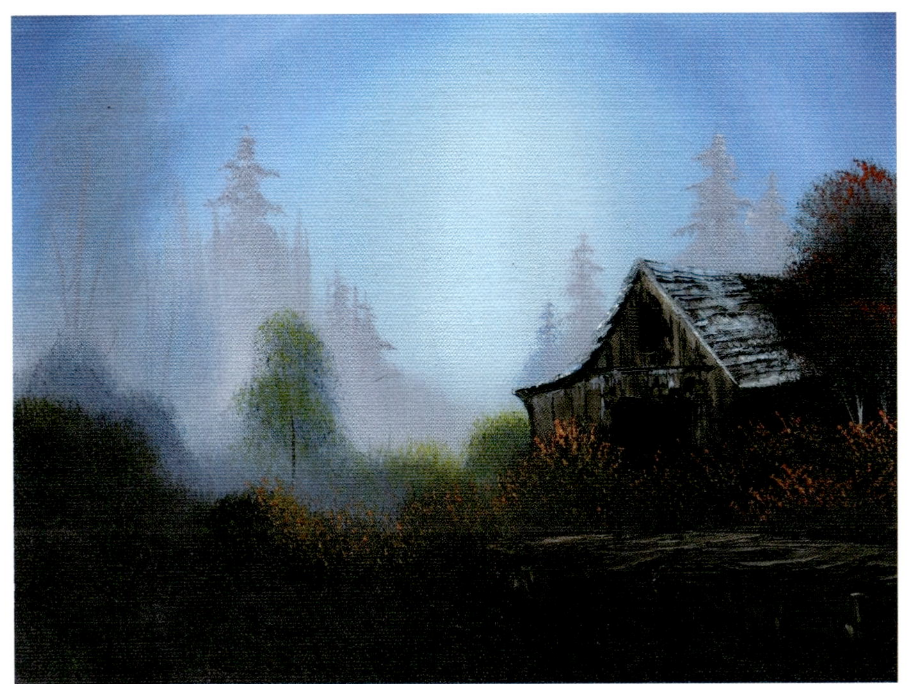

Bäume
Nehmen Sie eine Mischung aus VanDykeBraun und Dunkelsiena mit dem Fächerpinsel auf. Halten Sie den Pinsel senkrecht, setzen Sie ihn am oberen Bildrand an und fügen sie mit leichter Hand die links im Vordergrund liegenden großen Baumstämme hinzu.

Mit verdünntem VanDykeBraun auf dem Schriftenpinsel ergänzen Sie die Äste und Zweige an den Stämmen. Wenn Sie Ihren Pinsel beim Malen drehen und leicht hin und her wackeln, sehen sie schön knorrig aus.

Für das Laub der großen Bäume verwenden Sie eine Mischung aus Mitternachtsschwarz und VanDykeBraun auf dem Fächerpinsel. Die Pinselborsten sollten sich dabei nach oben biegen. Ohne den Pinsel zu säubern, fügen Sie Ockergelb hinzu, um einige Akzente zu setzen.

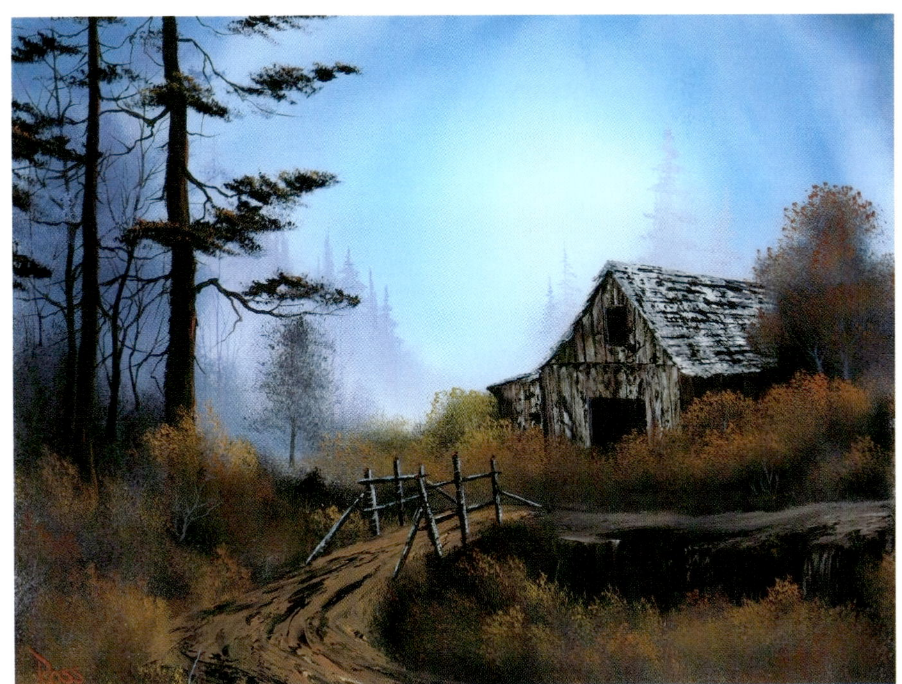

Letzte Feinheiten
„Ritzen" Sie mit der Spachtelspitze kleine Stöcke und Reisig ein und ergänzen Sie andere kleine Details mit verdünnter Farbe auf dem Schriftenpinsel. Jetzt ist Ihr Bild bereit für Ihre Signatur.

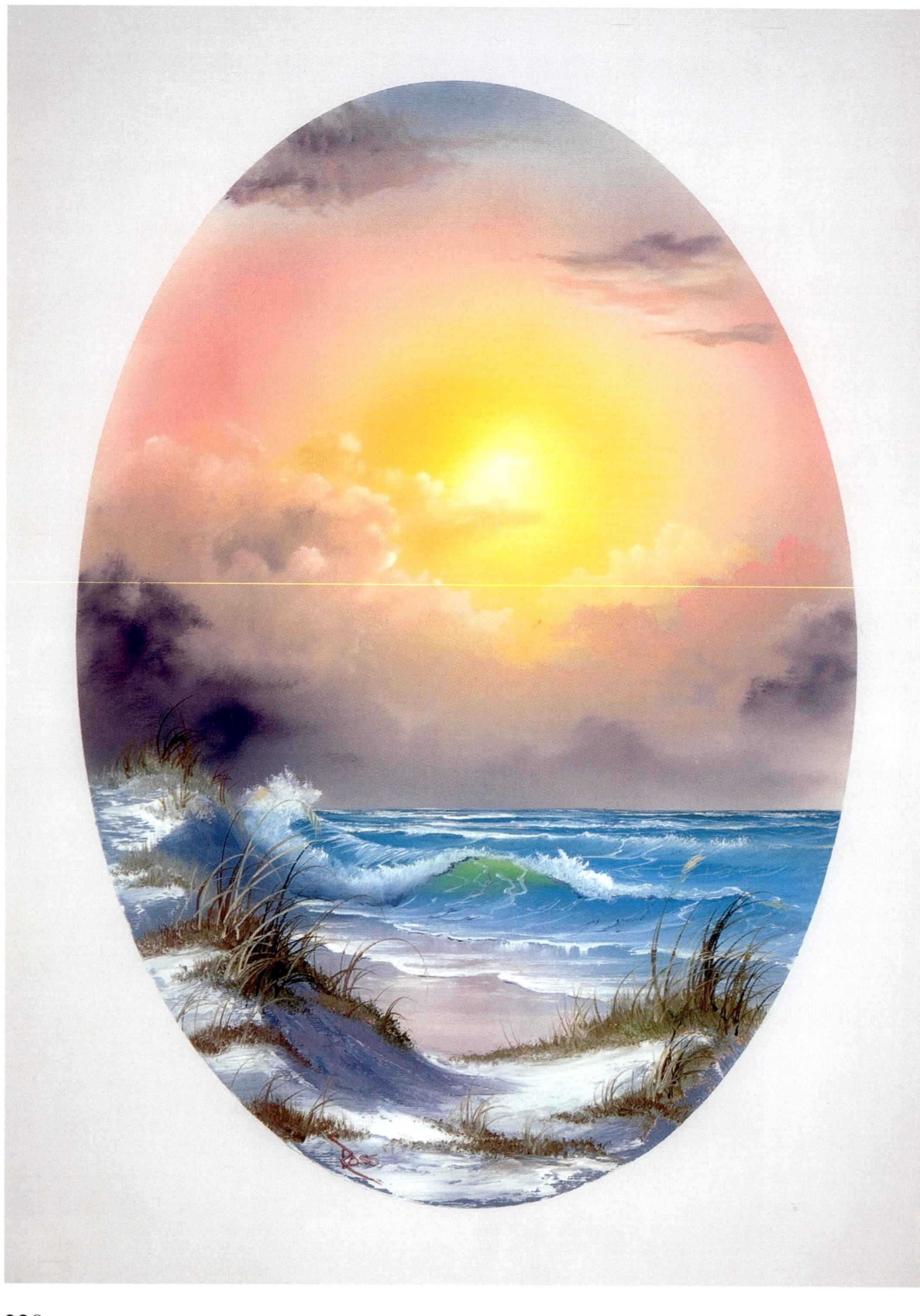

Material

2-Zoll-Pinsel	Mitternachtsschwarz
1-Zoll-Pinsel	Dunkelsiena
Filbertpinsel Nr. 6	VanDykeBraun
Fächerpinsel Nr. 6	Karmesinrot
Schriftenpinsel Nr. 2	Saftgrün
Farbspachtel Nr. 5	Kadmiumgelb
Klebefolie	Ockergelb
Flüssigweiß	Indischgelb
Titanweiß	Hellrot
Phtaloblau	

Schneiden Sie zunächst ein Stück Klebefolie passend auf das Format Ihrer Leinwand (ca. 18 x 24 cm) zu. Dann schneiden Sie mittig ein Oval aus (ca. 16 x 20 cm) und bedecken die Leinwand mit der so vorbereiteten Folie.

Nehmen Sie den 2-Zoll-Pinsel zur Hand und grundieren Sie die freie Leinwandfläche mit einer dünnen gleichmäßigen Schicht Flüssigweiß. Machen Sie lange waagerechte und senkrechte Striche und arbeiten Sie vor und zurück, um sicherzustellen, dass die Farbe gleichmäßig auf der Leinwand verteilt ist. Das Flüssigweiß darf NICHT TROCKEN sein, wenn Sie mit dem Malen beginnen.

Himmel

Nehmen Sie mit dem 2-Zoll-Pinsel eine Mischung aus Kadmiumgelb und Indischgelb auf. Stupfen Sie den Pinsel fest in die Farbe, damit sich diese gleichmäßig in den Borsten verteilt. Beginnen Sie dort, wo das golden schimmernde Zentrum des Himmels entstehen soll, die

Farbe mit sich kreuzenden Strichen auf die Leinwand aufzutragen. Ohne den Pinsel zu reinigen, nehmen Sie etwas Ockergelb auf und arbeiten in gleicher Weise nach außen weiter.

Mit einem sauberen, trockenen 2-Zoll-Pinsel nehmen Sie nun etwas Karmesinrot auf. Setzen Sie den Pinsel im äußeren Bereich des Himmels an und tragen Sie die Farbe mit sich kreuzenden Strichen bis in die goldene schimmernde Mitte des Himmels hinein auf. Verwenden Sie eine Mischung aus Karmesinrot und ganz wenig Phtaloblau und malen Sie mit sich kreuzenden Strichen im oberen Teil des Himmels weiter. (Beachten Sie, wie sich alle Farben mit dem bereits auf der Leinwand befindlichen Flüssigweiß vermischen). Verblenden Sie den Himmel mit einem sauberen, trockenen 2-Zoll-Pinsel.

Malen Sie mit Titanweiß auf der Fingerspitze einen Kreis für die Sonne. Dann streichen Sie mit einem sauberen, trockenen 2-Zoll-Pinsel leicht darüber.

Mit dem Fächerpinsel nehmen Sie eine Mischung aus Kadmiumgelb und Karmesinrot auf. Malen Sie mit einer Ecke des Pinsels kleine Kreise, um die Wolken direkt vor der Sonne zu formen. Verwenden Sie eine Mischung aus Titanweiß und einem Hauch Kadmiumgelb sowie Ockergelb auf dem Fächerpinsel und setzen Sie an die Oberkante der Wolken einige Lichter. Anschließend verblenden Sie das Ganze mit einem sauberen, trockenen 2-Zoll-Pinsel.

Fügen Sie weitere Wolken hinzu und benutzen Sie zu diesem Zweck unterschiedliche Mischungen aus Titanweiß, Kadmiumgelb, Ockergelb und Hellrot auf dem Fächerpinsel. Arbeiten Sie in Schichten und fügen Sie immer wieder Glanzlichter hinzu. Anschließend verblenden Sie die Farben mit einem sauberen, trockenen 2-Zoll-Pinsel.

Für die dunklen Wolken über dem Horizont verwenden Sie eine lavendelfarbene Mischung aus Karmesinrot mit einem kleinen Teil Phtaloblau auf dem 2-Zoll-Pinsel. Nun verblenden Sie noch einmal sorgfältig den gesamten Himmel.

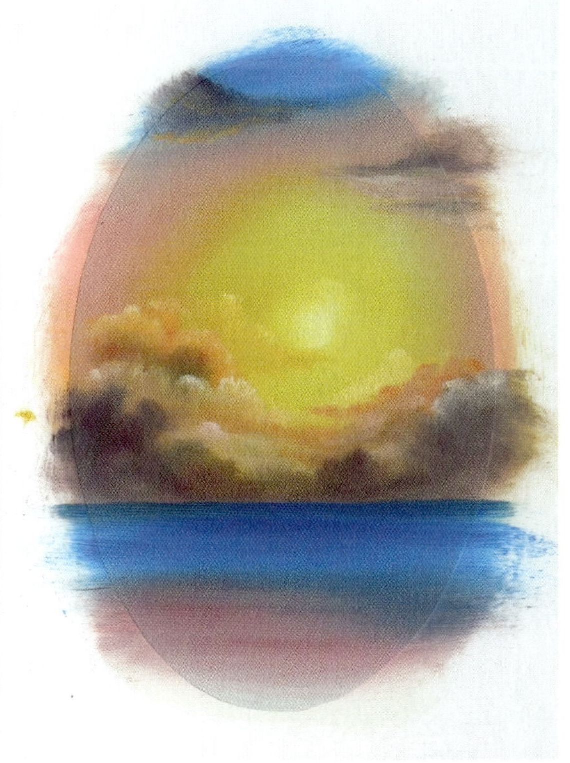

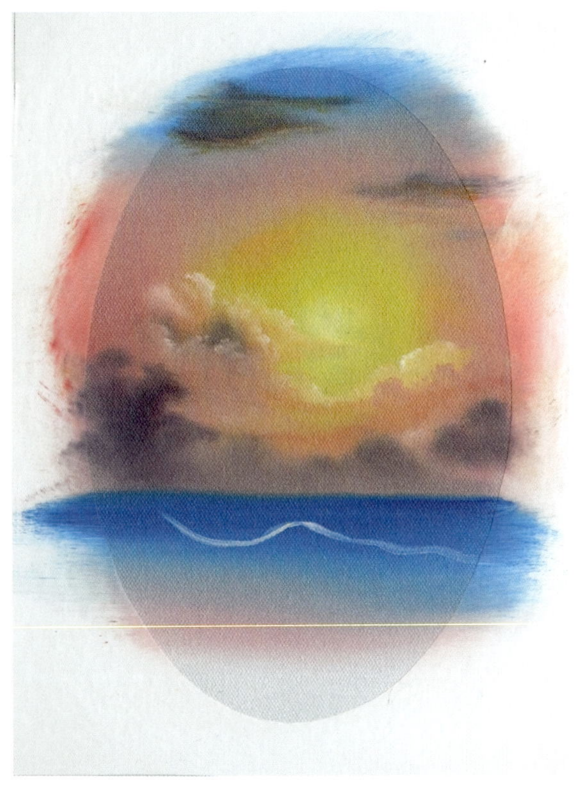

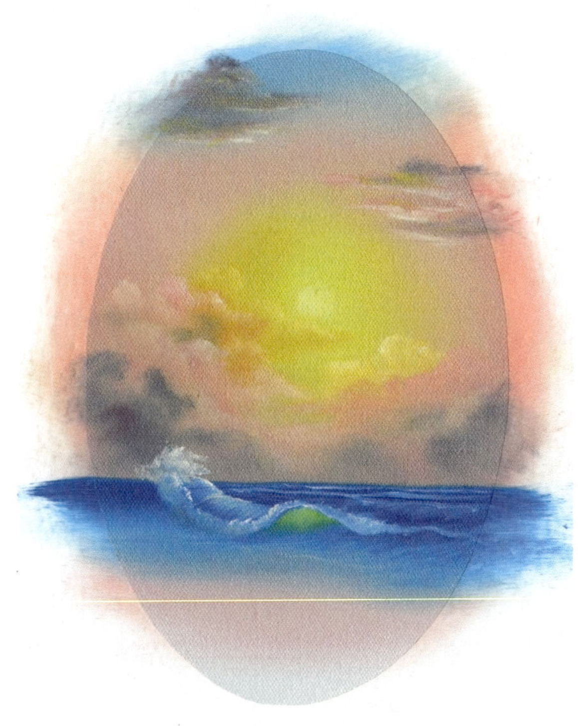

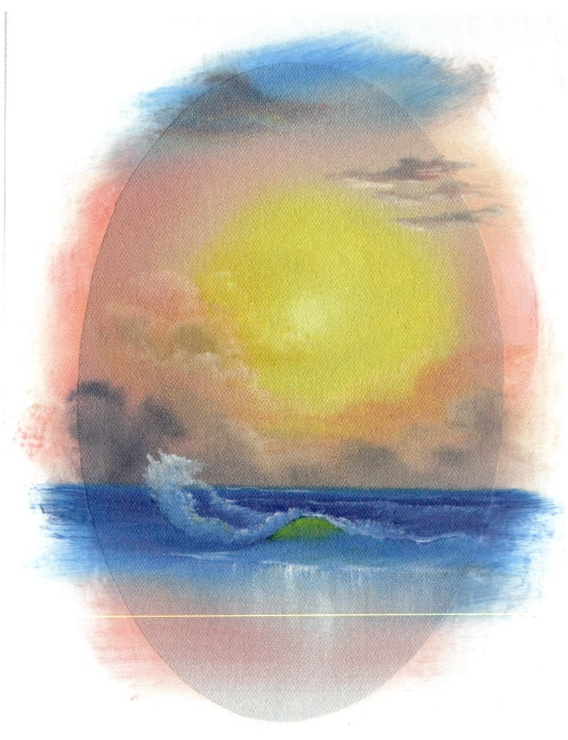

Wasser im Hintergrund
Beginnen Sie nur wenig unterhalb des Horizontes. Nehmen Sie Phtaloblau mit dem 2-Zoll-Pinsel auf und legen Sie die Wasserfläche mit langen, waagerechten Strichen im unteren Teil des Ovals an. Wenn Sie sich dem unteren Rand nähern, fügen Sie einen Hauch Karmesinrot zu dem bereits auf dem Pinsel befindlichen Phtaloblau hinzu. Mit Titanweiß auf dem Fächerpinsel skizzieren Sie lediglich die Grundform der großen Welle.

Dann führen Sie mit dem Fächerpinsel einige ruckartige Striche aus, um die Wellenkämme im Hintergrund zu gestalten. Nehmen Sie einen sauberen Fächerpinsel und ziehen Sie die kleinen Wellenkämme mit kurzen Strichen zurück, um sie auf diese Weise zu verschmelzen. Zerstören Sie dabei auf keinen Fall die dunkle Untergrundfarbe, die Wellenkämme und Wellen voneinander abgrenzt.

Große Welle
Mit Titanweiß auf dem Fächerpinsel ziehen Sie das Wasser der großen, sich brechenden Welle herunter. Achten Sie hierbei besonders auf den Blickwinkel!

Mit einer Mischung aus Karmesinrot, Phtaloblau und Mitternachtsschwarz auf dem Filbertpinsel und kleinen kreisenden Pinselstrichen malen Sie die Schatten der Schaumkrone. Nun nehmen Sie mit dem Filbertpinsel etwas Titanweiß auf. Mit kleinen, nach oben schwingenden Pinselstrichen setzen Sie einige Glanzlichter auf die Schaumkronen. Mit der oberen Ecke eines sauberen, trockenen 2-Zoll-Pinsels verblenden Sie die Unterseite der Schaumkrone mit der Schattenpartie.

Das „Auge“ der großen Welle malen Sie mit einer Mischung aus Titanweiß und etwas Kadmiumgelb, die Sie mit einer Ecke des Fächerpinsels und kleinen kreisförmigen Strichen in die Leinwand reiben. Danach verblenden Sie das „Auge“ mit der oberen Ecke eines sauberen, trockenen 2-Zoll-Pinsels.

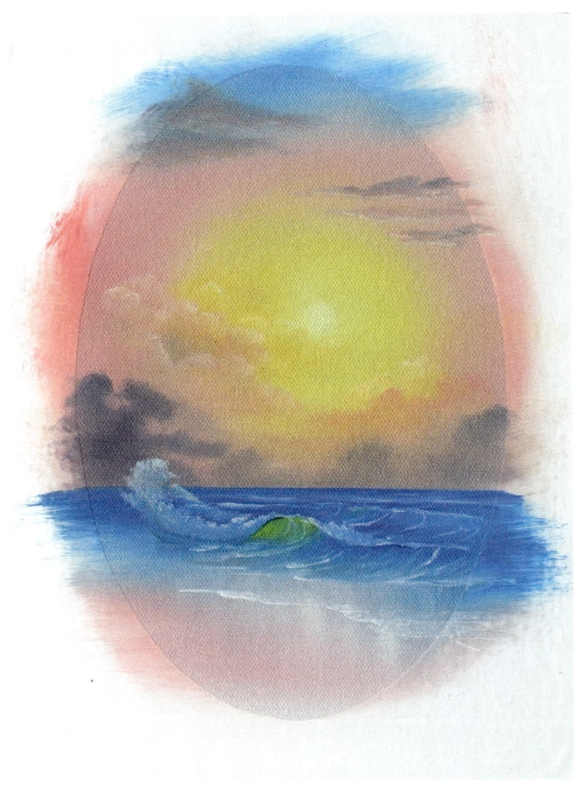

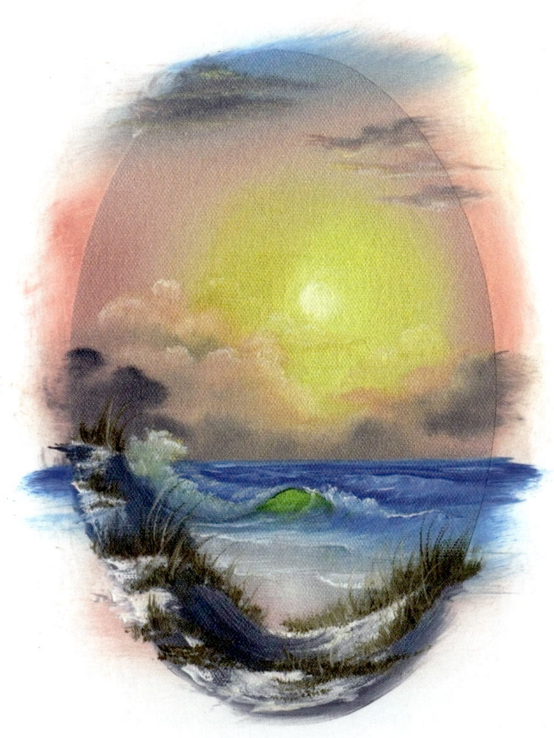

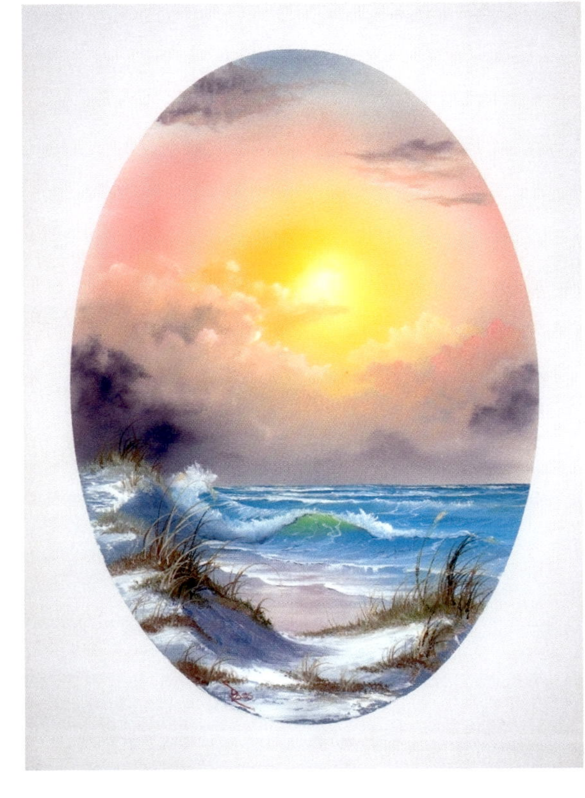

Strand
Nehmen Sie mit der langen Kante des kleinen Spachtels ein wenig Titanweiß auf. Halten Sie den Spachtel waagerecht und drücken Sie fest auf, um mit langen, waagerechten Strichen die Wasserlinie am Strand festzulegen. Ziehen Sie die Farbe mit einem sauberen Fächerpinsel in Richtung der großen Welle zurück.

Mit Titanweiß auf dem Fächerpinsel deuten Sie die Spiegelungen am Strand an. Dann streichen Sie mit einem sauberen, trockenen 2-Zoll-Pinsel leicht quer darüber. Mit dem kleinen Palettenmesser fügen Sie die zweite Wasserlinie am Strand hinzu und ziehen die Farbe dann mit dem Fächerpinsel zurück.

Mit verdünntem Titanweiß auf dem Schriftenpinsel fügen Sie kleine Details in den Schaumkronen hinzu. (Verdünnen Sie die Farbe, bis sie eine tintenähnliche Konsistenz aufweist, indem Sie den Pinsel zuerst in Farbverdünner tippen. Drehen Sie den Pinsel langsam, während Sie Farbe aufnehmen, sodass die Borsten eine Spitze bilden.) Nur mit den Borstenspitzen und ganz wenig Druck ergänzen Sie die letzten kleinen Details im Wasser.

Sanddünen
Die Form der Dünen legen Sie mit einer dunklen Mischung aus Mitternachtsschwarz, VanDykeBraun, Dunkelsiena, Karmesinrot und Titanweiß auf dem Fächerpinsel an.

Mit verschiedenen Mischungen aus Titanweiß, einem Hauch Hellrot und der Lavendelfarbe auf dem Spachtel setzen Sie Glanzlichter. Mit Saftgrün und VanDykeBraun auf dem Fächerpinsel und aufwärts gerichteten Strichen ergänzen Sie den Ansatz des Seegrases. Die langen Gräser und den Strandhafer ziehen Sie mit verdünnten Mischungen aus Dunkelsiena und Titanweiß auf dem Schriftenpinsel nach oben. Mit Titanweiß auf dem Fächerpinsel verblenden Sie die Ansätze der Grasbüschel mit den Dünen.

Letzte Feinheiten
Entfernen Sie die Klebefolie – und schon ist Ihr Gemälde fertig!

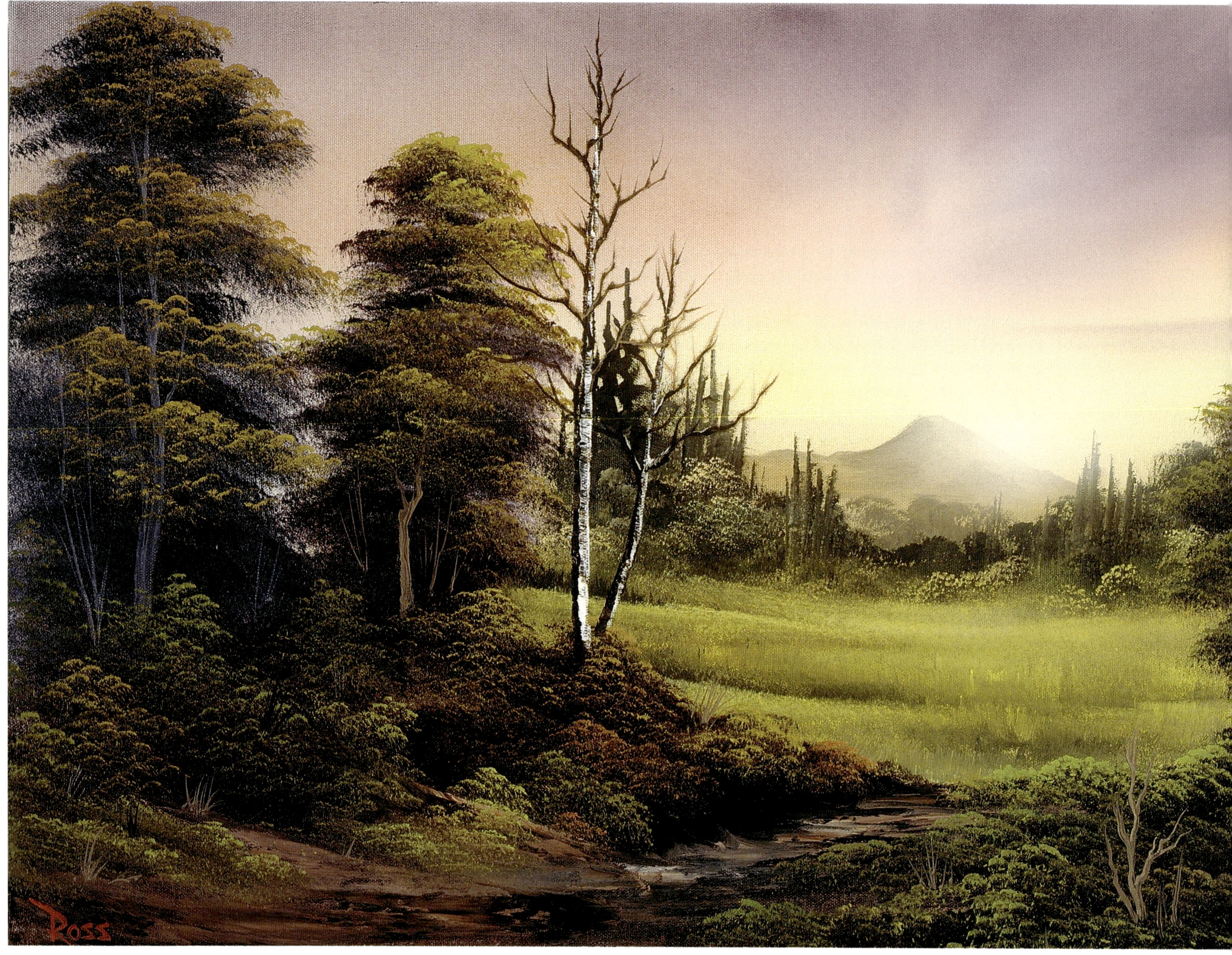
Ross

Material

2-Zoll-Pinsel	Mitternachtsschwarz
Fächerpinsel Nr. 6	Dunkelsiena
Schriftenpinsel Nr. 2	VanDykeBraun
Farbspachtel Nr. 10	Karmesinrot
Gesso Schwarz	Saftgrün
Gesso Grau	Kadmiumgelb
Flüssigtransparent	Ockergelb
Titanweiß	Indischgelb
Phtaloblau	Hellrot

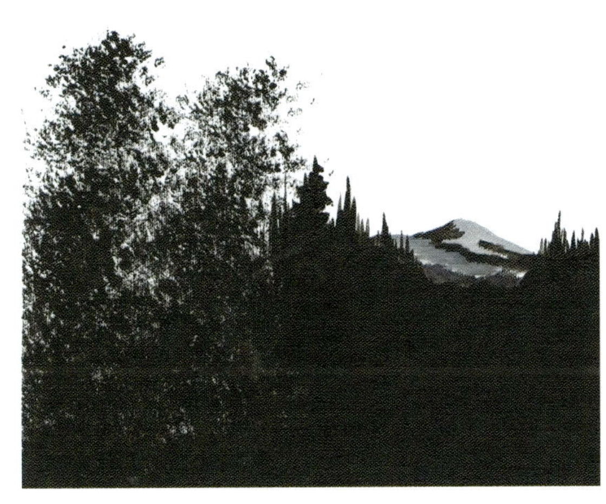

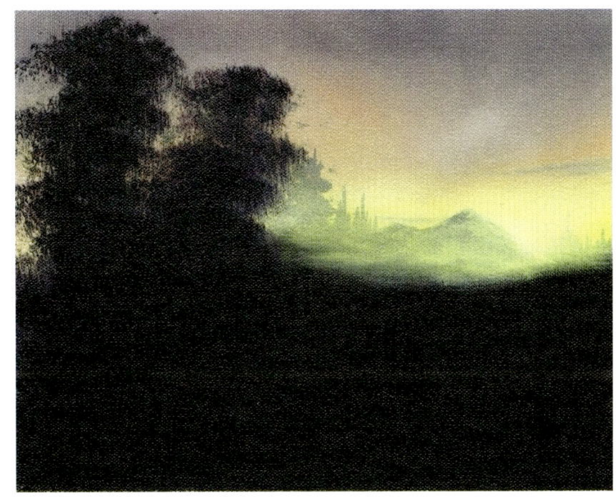

Verwenden Sie ein Schaumschwämmchen sowie Gesso Grau (für die im Licht liegenden Partien) und Gesso Schwarz (für die Schattenflächen), um den Berg und die Schattierungen im Hintergrund anzulegen. Für die Bäume im Vordergrund kommen Gesso Schwarz und ein Naturschwamm zum Einsatz. Lassen Sie die Grundierung VOLLSTÄNDIG TROCKNEN, bevor Sie weiterarbeiten.

Anschließend nehmen Sie einen 2-Zoll-Pinsel und bedecken die gesamte Leinwand mit einer SEHR DÜNNEN Schicht Flüssigtransparent. (Flüssigtransparent sollte ÄUßERST sparsam aufgetragen und regelrecht in die Leinwand eingerieben werden! Das Flüssigtransparent erleichtert nicht nur das Auftragen der festeren Farben. Vielmehr brauchen Sie auf diese Weise nur ganz wenig Farbe und erzielen dabei eine lasierende Wirkung.)

Himmel

Nehmen Sie mit dem 2-Zoll-Pinsel ein wenig Indischgelb auf. Beginnen Sie am oberen Ende der Leinwand und tragen Sie die Farbe mit sich kreuzenden Strichen für den leuchtenden Himmel auf. Ohne den Pinsel zu reinigen, überarbeiten Sie den Himmel zunächst mit Ockergelb, dann mit Hellrot (alternativ ist auch Karmesinrot möglich). Arbeiten Sie dabei von unten nach oben und mit sich kreuzenden Strichen.

Mithilfe Ihres Farbspachtels stellen Sie nun eine Lavendelfarbe her. Zu diesem Zweck mischen Sie auf Ihrer Palette Karmesinrot mit einem Hauch Phtaloblau und nehmen die Farbe mit demselben Pinsel auf. Mit weiteren sich kreuzenden Strichen gestalten Sie die oberste Himmelspartie.

Säubern und trocknen Sie die Borsten des 2-Zoll-Pinsels und nehmen Sie ein wenig Titanweiß auf. Mit sich kreuzenden Striches malen Sie von der Mitte des Himmels nach außen. Verblenden Sie den gesamten Himmel mit dem 2-Zoll-Pinsel und langen, waagerechten Strichen.

Hintergrund

Verwenden Sie die Lavendelmischung auf dem 2-Zoll-Pinsel, um die großen Laubbäume sowie den gesamten unteren Bildbereich zu verblenden.

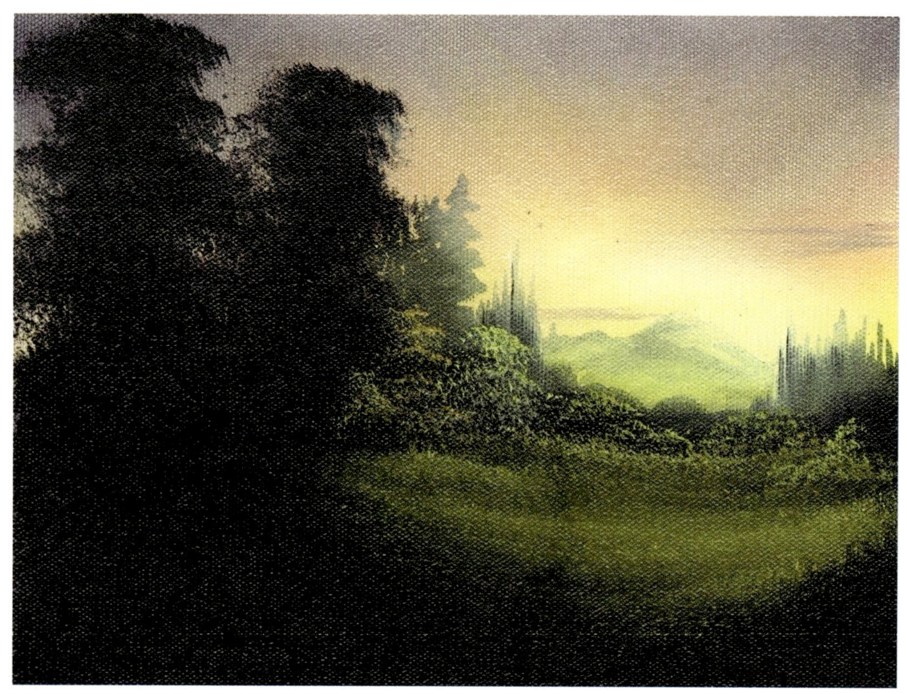

Nehmen Sie mit einem sauberen, trockenen 2-Zoll-Pinsel verschiedene Mischungen aus Saftgrün, den Gelbtönen und kleinen Mengen Hellrot auf. Mit nur einer Ecke des Pinsels setzen Sie Akzente auf die kleinen Bäume und Büsche im Hintergrund.

Nun tupfen Sie den 2-Zoll-Pinsel im 45°-Winkel in die Gelbmischungen, um die weichen Grasflächen unterhalb der Bäume und Büsche im Hintergrund zu gestalten. Lassen Sie den Pinsel jedesmal leicht vorwärts in die Farbe gleiten. (Auf diese Weise füllen sich die Borstenspitzen mit reichlich Farbe.) Halten Sie den Pinsel waagerecht und tupfen Sie leicht nach unten. Arbeiten Sie in Schichten und gestalten Sie sorgfältig den Verlauf des Geländes. Achten Sie zugleich darauf, dass Sie nicht die gesamte dunkle Untermalung bedecken, damit die Grasflächen möglichst samtig erscheinen.

Vordergrund

Nehmen Sie mit dem 2-Zoll-Pinsel etwas von der lavendelfarbenen Mischung auf und tupfen Sie die noch fehlenden Bäume im Vordergrund auf die Leinwand.

Ergänzen Sie die Stämme der Bäume im Vordergrund mit dem Schriftenpinsel und einer Graumischung aus Titanweiß, VanDykeBraun sowie Mitternachtsschwarz. (Wenn Sie mit dem Schriftenpinsel Farbe aufnehmen, verdünnen Sie die Mischung, bis sie eine tintenähnliche Konsistenz aufweist. Zu diesem Zweck tippen Sie den Pinsel in Farbverdünner und ziehen ihn dann durch die Farbmischung. Dabei drehen Sie den Pinsel langsam, damit die Borsten eine Spitze bilden.) Üben Sie nur geringfügigen Druck auf den Pinsel aus, wenn Sie die Stämme gestalten.

Die Laubbüschel der Bäume und Büsche im Vordergrund sowie das Blattwerk betonen Sie mit der Grün-Gelb-Rot-Mischung. (Sie können auch kleine Mengen Phtaloblau hinzugeben.) Setzen Sie hierfür nur eine Ecke des 2-Zoll-Pinsels ein. Arbeiten Sie in Schichten und konzentrieren Sie sich dabei auf Form und Gestalt der einzelnen Bildelemente.

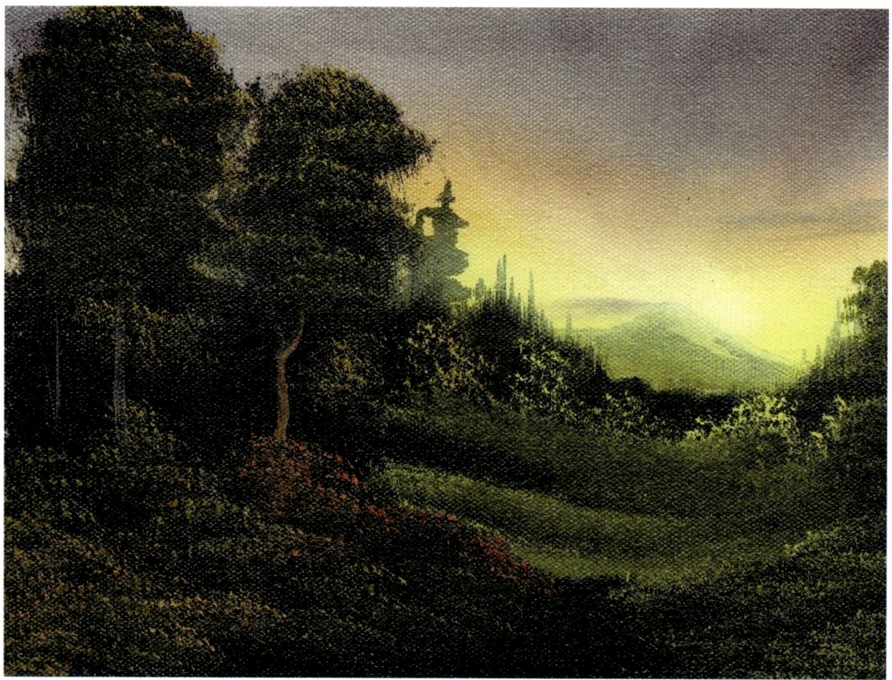

Den Weg fügen Sie mit einer Mischung aus VanDykeBraun und Dunkelsiena auf dem Spachtel hinzu. Ziehen Sie die Mischung auf Ihrer Palette ganz flach aus und schneiden Sie mit der langen Kante des Spachtels ein Farbröllchen ab. (Wenn Sie das Palettenmesser ganz senkrecht halten, liegt das Farbröllchen exakt auf der äußeren Kante.) Nun halten Sie den Spachtel waagerecht und malen den Weg mit kurzen, waagerechten Strichen. Im Hinblick auf eine korrekte Perspektive lassen Sie die waagerechten Striche nach unten hin länger werden. Mit einer Mischung aus Titan-weiß, VanDykeBraun, Dunkelsiena und etwas Hellrot auf dem Spachtel setzen Sie Akzente. Üben Sie nur so viel Druck aus, dass die Farbe „bricht".

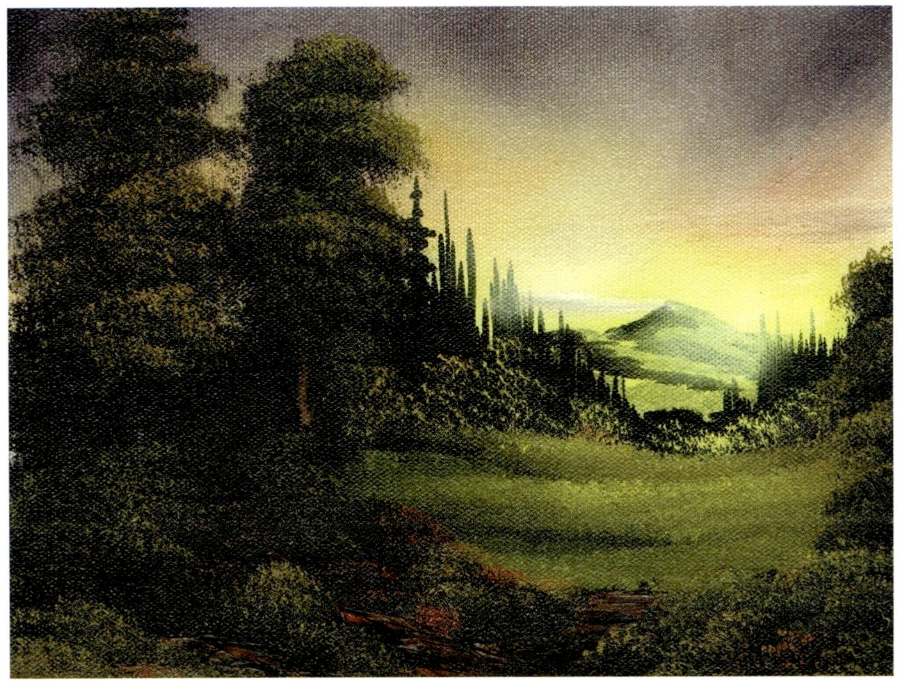

Setzen Sie mit der Grün-Gelb-Rot-Mischung auf dem 2-Zoll-Pinsel noch weitere Akzente im Vordergrund: so auf die kleinen Bäume, Büsche und das Laubwerk. Arbeiten Sie in Schichten und gestalten Sie sorgfältig einzelne Äste, Zweige und Laubbüschel. Achten Sie auch in diesem Fall darauf, dass Sie nicht die gesamte dunkle Untergrundfarbe übermalen.

Mit ein wenig dunklem Braun auf dem Spachtel fügen Sie die großen Birkenstämme hinzu. Betonen Sie die rechte Seite der Stämme mit etwas Titanweiß, das Sie mit dem Spachtel in kurzen, leicht geschwungenen waagerechten Strichen auftragen. Mit stark verdünntem dunklen Braun auf dem Schriftenpinsel fügen Sie die kleineren Zweige und Äste hinzu. Wenn Sie den Pinsel hin und her wackeln, erhalten die Stämme ein richtig knorriges Aussehen.

Letzte Feinheiten

Verwenden Sie eine verdünnte Mischung aus Braun und Titanweiß auf dem Schriftenpinsel, um abschließend noch einige kleine Stöcke sowie Reisig zu ergänzen. Vergessen Sie nicht Ihr Bild zu signieren!

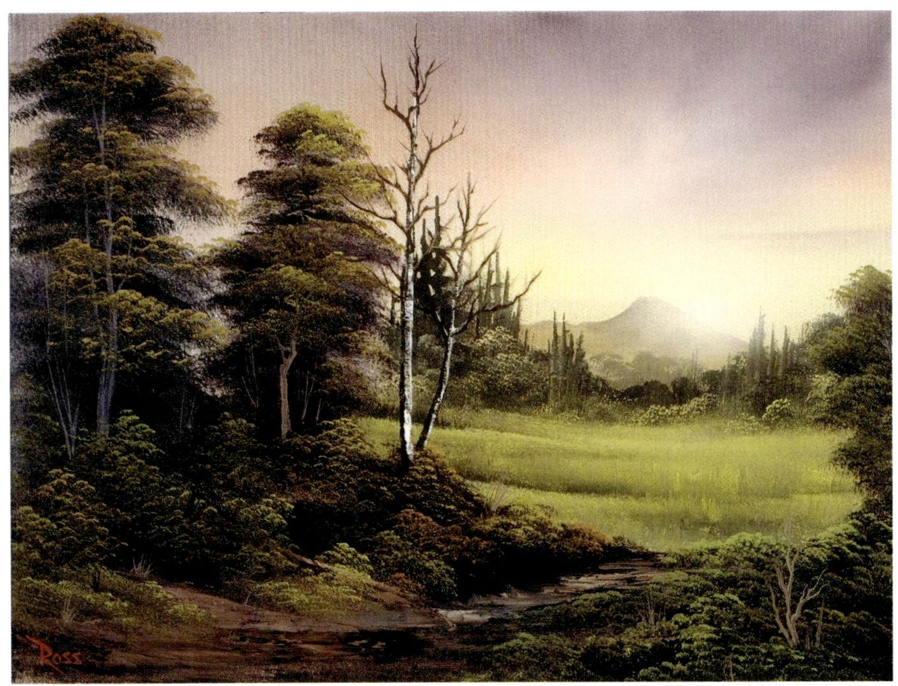

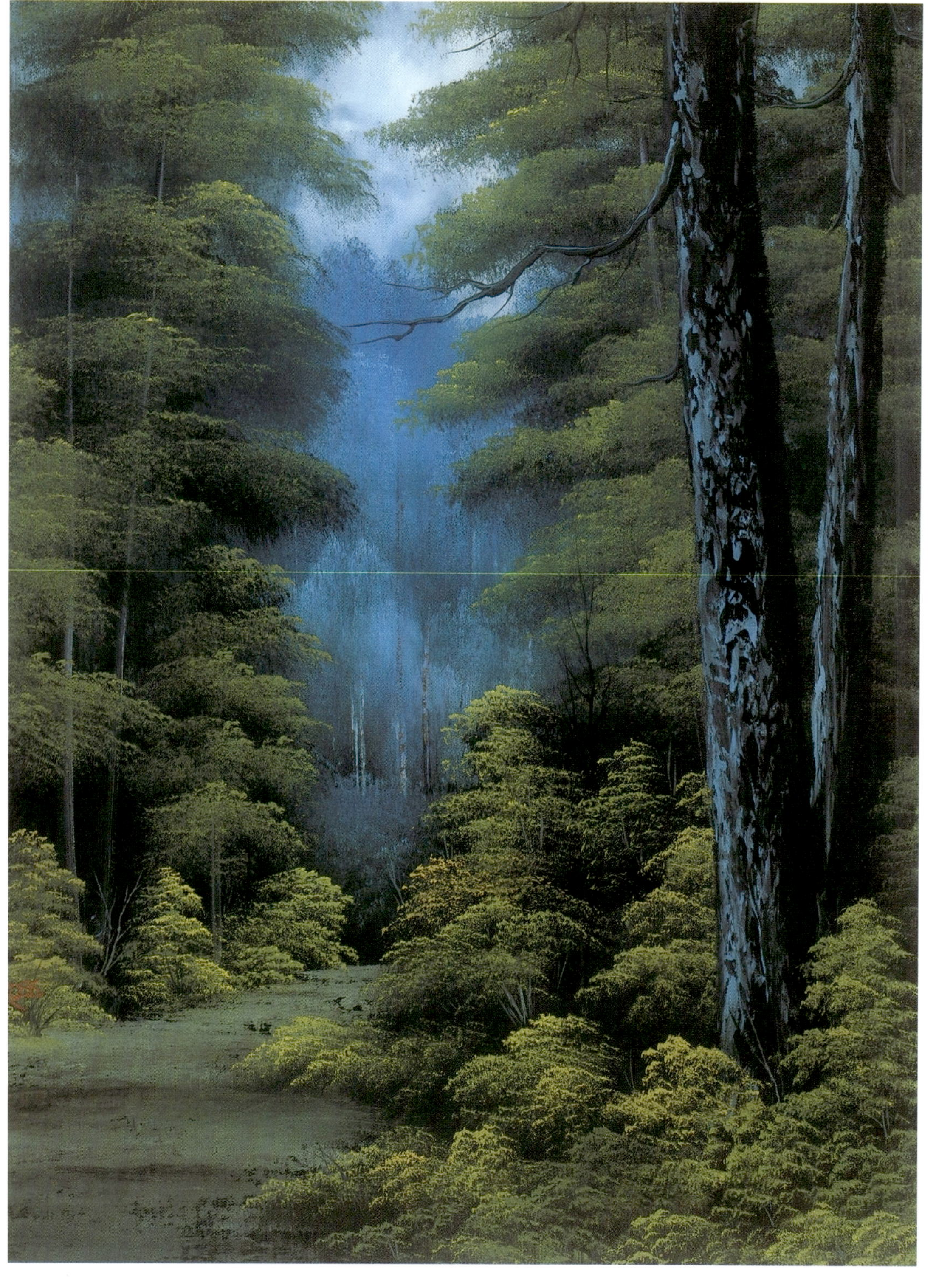

Material

2-Zoll-Pinsel	Mitternachtsschwarz
Fächerpinsel Nr. 6	Dunkelsiena
Schriftenpinsel Nr. 2	VanDykeBraun
Farbspachtel Nr. 10	Karmesinrot
Gesso Schwarz	Saftgrün
Flüssigweiß	Kadmiumgelb
Flüssigtransparent	Ockergelb
Titanweiß	Indischgelb
Preußischblau	Hellrot

Tragen Sie mit einem Schaumschwamm eine dünne, gleichmäßige Schicht Gesso Schwarz auf die Leinwand auf. Anschließend lassen Sie die Grundierung VOLLSTÄNDIG TROCKNEN.

Nehmen Sie nun den 2-Zoll-Pinsel und bedecken Sie die gesamte Leinwand mit einer HAUCHDÜNNEN Schicht Flüssigtransparent. (Flüssigtransparent sollte ÄUßERST sparsam aufgetragen und regelrecht in die Leinwand eingerieben werden! Das Flüssigtransparent erleichtert nicht nur das Auftragen der festeren Farben; vielmehr brauchen Sie auf diese Weise nur sehr wenig Farbe und erzielen dabei eine lasierende Wirkung.)

Verwenden Sie weiterhin den 2-Zoll-Pinsel und bedecken Sie das Flüssigtransparent mit einer dünnen, gleichmäßigen Schicht einer Mischung aus Preußischblau und kleinen Mengen Saftgrün sowie VanDykeBraun.

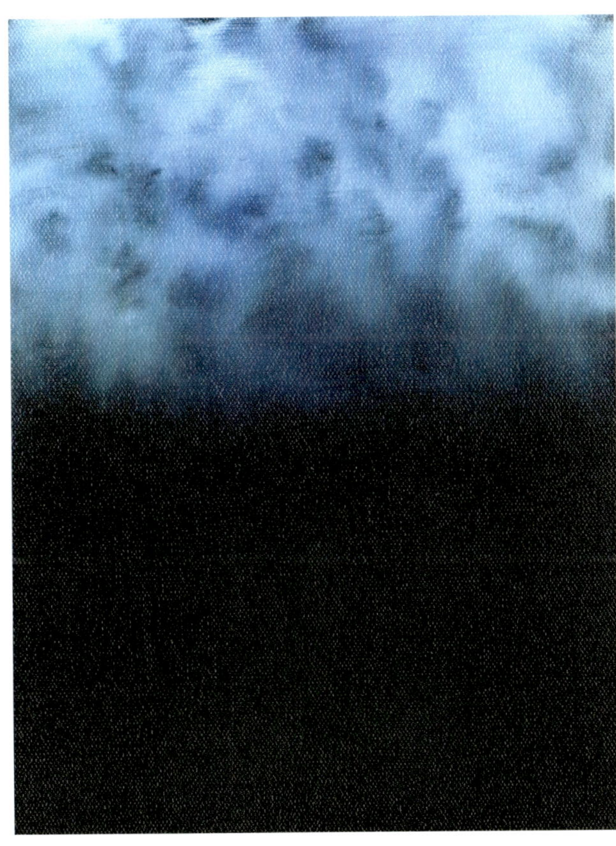

Himmel

Nehmen Sie mit beiden Seiten des Fächerpinsels Titanweiß auf und zaubern Sie mit locker wirbelnden Strichen Wolken an den Himmel. Mit der Ecke eines sauberen, trockenen 2-Zoll-Pinsels und kreisförmigen Strichen verblenden Sie die Unterseite der Wolken. Anschließend verblenden Sie den gesamten Himmel.

Hintergrund

Halten Sie den 2-Zoll-Pinsel senkrecht und tupfen Sie seine Spitze in kleine Mengen Preußischblau, Mitternachtsschwarz, VanDykeBraun und Karmesinrot. Dann legen Sie die Bäume im Hintergrund an. Geben Sie der Farbmischung etwas Titanweiß bei und fügen Sie eine zweite Baumreihe hinzu.

Ohne den Pinsel zu reinigen, nehmen Sie Titanweiß auf und betonen die Form der einzelnen Bäume. Setzen Sie auch hier wieder nur die Pinselspitze ein. Konzentrieren Sie sich auf die Form und überlassen Sie nichts dem Zufall. Achten Sie darauf, dass Sie nicht die gesamte dunkle Untermalung bedecken, da die Kontraste dem Bild Tiefe verleihen und sich die einzelnen Formen vor diesem Hintergrund abheben.

Mit dem Spachtel und einer Mischung aus Titanweiß, VanDykeBraun und Dunkelsiena ergänzen Sie die Baumstämme an den Bäumen im Hintergrund. Ziehen Sie die Mischung ganz flach auf Ihrer Palette aus, halten Sie den Spachtel senkrecht und schneiden mit seiner langen Kante ein Farbröllchen ab. (Wenn Sie das Palettenmesser ganz gerade halten, liegt das Farbröllchen exakt auf der äußeren Kante.) Setzen Sie den Spachtel senkrecht an und berühren Sie die Leinwand nur leicht, um die einzelnen Stämme anzudeuten.

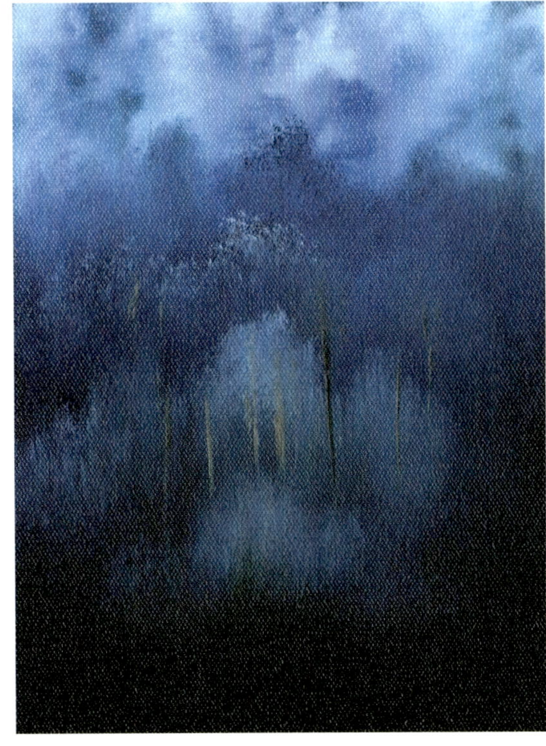

Verblenden Sie die Stämme und beseitigen Sie harte Konturen, indem Sie die Farbe an dieser Stelle mit einem sauberen, trockenen 2-Zoll-Pinsel nach oben ziehen.

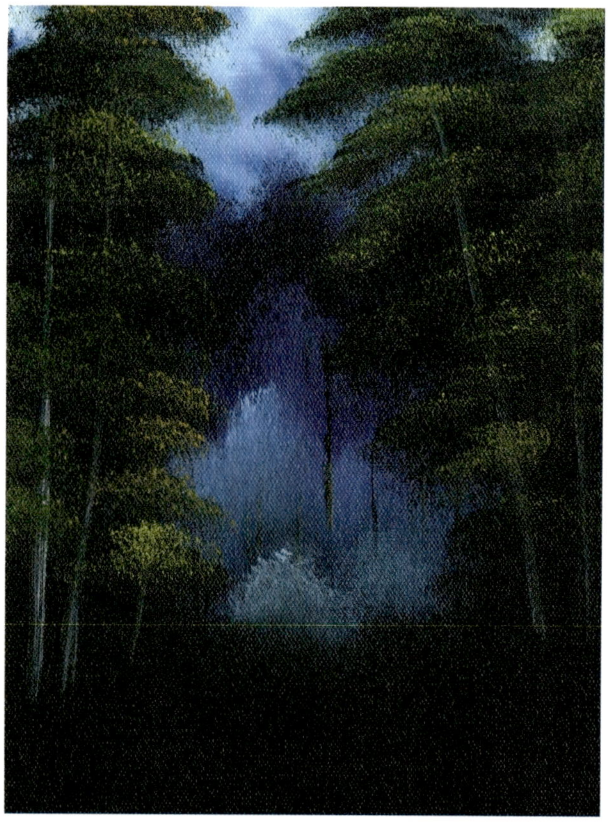

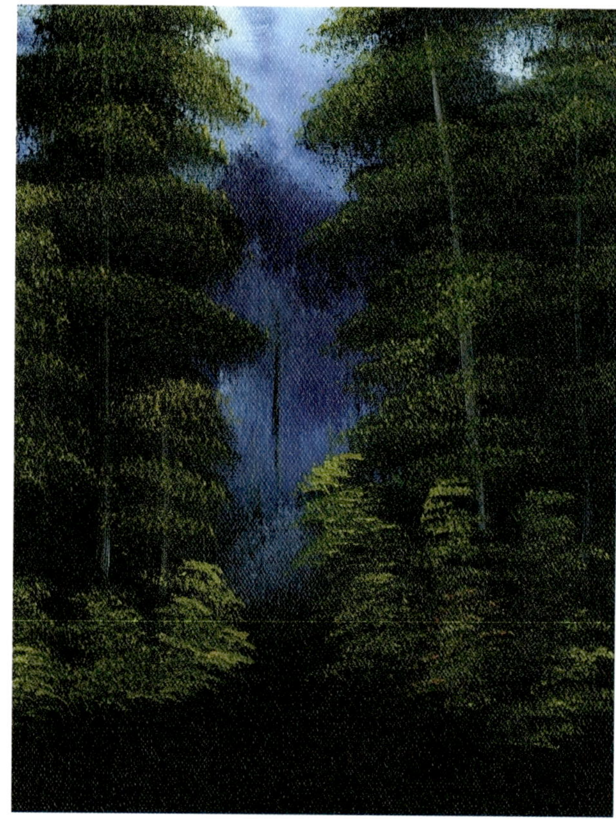

Mittelgrund
Nehmen Sie mit dem 2-Zoll-Pinsel eine dunkle Mischung aus Mitternachtsschwarz, VanDykeBraun, Preußischblau, Karmesinrot und Saftgrün auf. Arbeiten Sie vom oberen Leinwandrand nach unten und legen Sie die größeren Bäume im Bildmittelgrund an.

Nehmen Sie mit einem sauberen Fächerpinsel beidseitig Titanweiß auf und ziehen Sie anschließend EINE Seite der Borsten durch VanDyke-Braun. Halten Sie den Pinsel senkrecht – die weiße Seite der Borsten muss in Richtung der imaginären Lichtquelle zeigen –, setzen Sie ihn an der Spitze jedes Baumes im Bildmittelgrund an und ziehen Sie ihn gerade nach unten zur Wurzel. Üben Sie immer mehr Druck auf den Pinsel aus, dann werden die Stämme nach unten hin breiter. (Beachten Sie, dass durch das doppelte Füllen des Pinsels jeder Stamm in einem einzigen Strich gemalt und betont werden kann!)

Nehmen Sie mit dem 2-Zoll-Pinsel Farbe auf (halten Sie ihn dabei im 45°-Winkel) und tupfen Sie die Borsten in verschiedene Mischungen aus der dunklen „Baumfarbe", Saftgrün, allen Gelbtönen und etwas Hellrot. Lassen Sie den Pinsel dabei richtig in die Farbe „gleiten". Nur mit der Ecke des Pinsels betonen Sie die Bäume im Bildmittelgrund. Vergessen Sie nicht, sich auf jede einzelne Form zu konzentrieren.

Büsche und Weg
Verwenden Sie dieselben Farben, um die Bäume zu betonen, sowie Flüssigweiß, um die Mischungen zu verdünnen und aufzuhellen. Mit dem 2-Zoll-Pinsel malen Sie die unter den größeren Bäumen stehenden kleinen Büsche. In der Folge ergänzen Sie diverse Buschreihen und verleihen Ihrem Bild auf diese Weise Tiefe. Nehmen Sie mit dem Spachtel eine Mischung aus Titanweiß, VanDykeBraun, Dunkelsiena und etwas Karmesinrot auf. Halten Sie den Spachtel waagerecht und fügen Sie mit

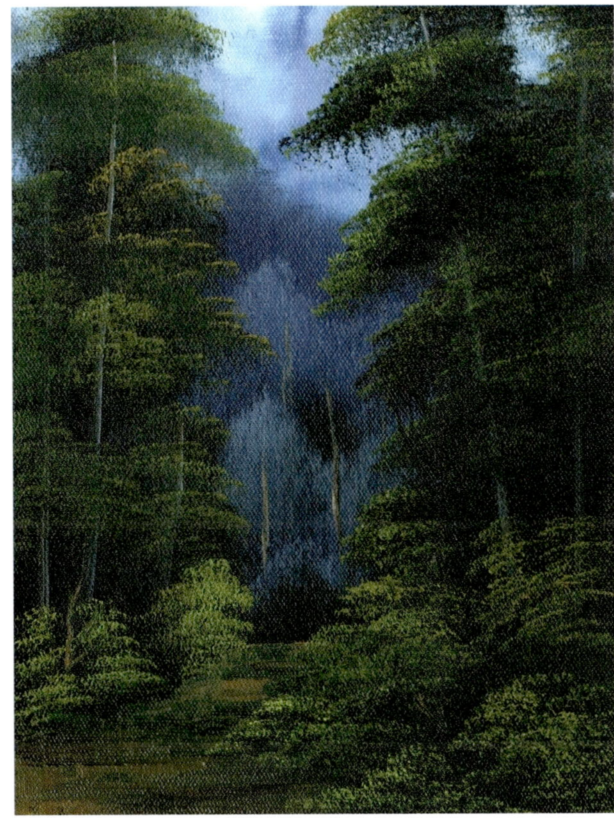

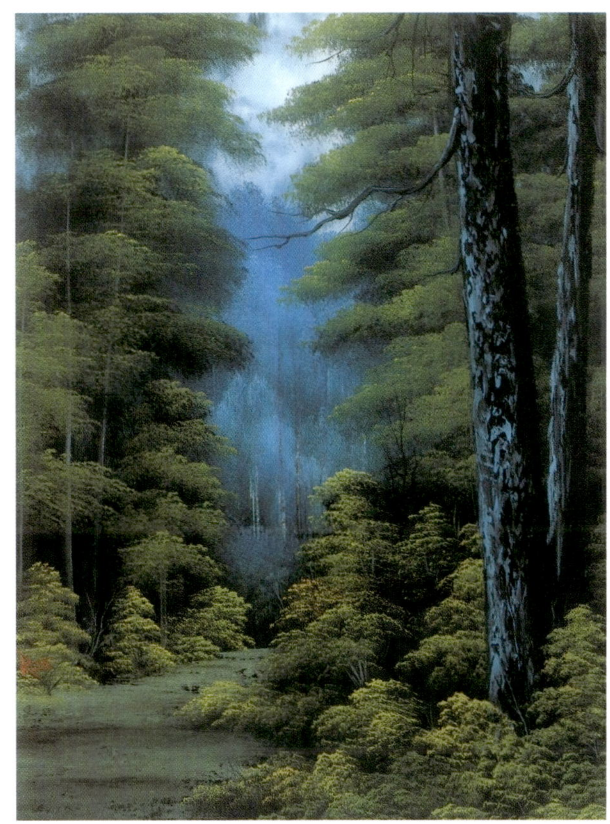

kurzen, waagerechten Strichen den Weg ein. (Damit die Perspektive stimmt, muss der Weg nach vorne hin immer breiter werden.) Fügen Sie etwas Titanweiß zu der Mischung und setzen Sie einzelne Glanzlichter auf den Weg.

Verwenden Sie den 2-Zoll-Pinsel sowie die Weiß-Gelb-Grün-Rot-Mischung und tupfen Sie die Büsche am Rand des Weges.

Verwenden Sie eine Mischung aus VanDykeBraun und Titanweiß auf dem Schriftenpinsel, um kleinere Details an den Büschen zu ergänzen. (Wenn Sie mit dem Schriftenpinsel Farbe aufnehmen, verdünnen Sie die Mischung, bis sie eine tintenähnliche Konsistenz aufweist. Zu diesem Zweck tippen Sie den Pinsel in Farbverdünner und ziehen ihn dann durch die Farbmischung. Dabei drehen Sie den Pinsel langsam, damit die Borsten eine Spitze bilden.) Üben Sie nur wenig Druck aus, wenn Sie die Stämme, Äste, Zweige, Stöcke und Reisig gestalten.

Große Bäume im Vordergrund

Nehmen Sie mit dem Spachtel eine Mischung aus Mitternachtsschwarz und etwas VanDykeBraun auf. Für die größeren Stämme halten Sie den Spachtel waagerecht und nutzen die gesamte Klingenbreite. Setzen Sie den Spachtel am oberen Ende an und ziehen Sie ihn gerade nach unten. Für die kleineren Stämme im Vordergrund halten Sie den Spachtel senkrecht und nutzen die gesamte Länge aus. Betonen Sie die Stämme mit einer Mischung aus Titanweiß, Mitternachtsschwarz und Preußischblau auf dem Spachtel. Verwenden Sie ein dünnes Schwarz-Braun auf dem Schriftenpinsel, um kleinere Äste und Zweige zu ergänzen. Anschließend geben Sie etwas Titanweiß hinzu und setzen einige Akzente.

Letzte Feinheiten

Nehmen Sie mit dem 2-Zoll-Pinsel eine Gelb-Grün-Mischung auf und tupfen Sie zuletzt die Büsche im Vordergrund auf die Leinwand.

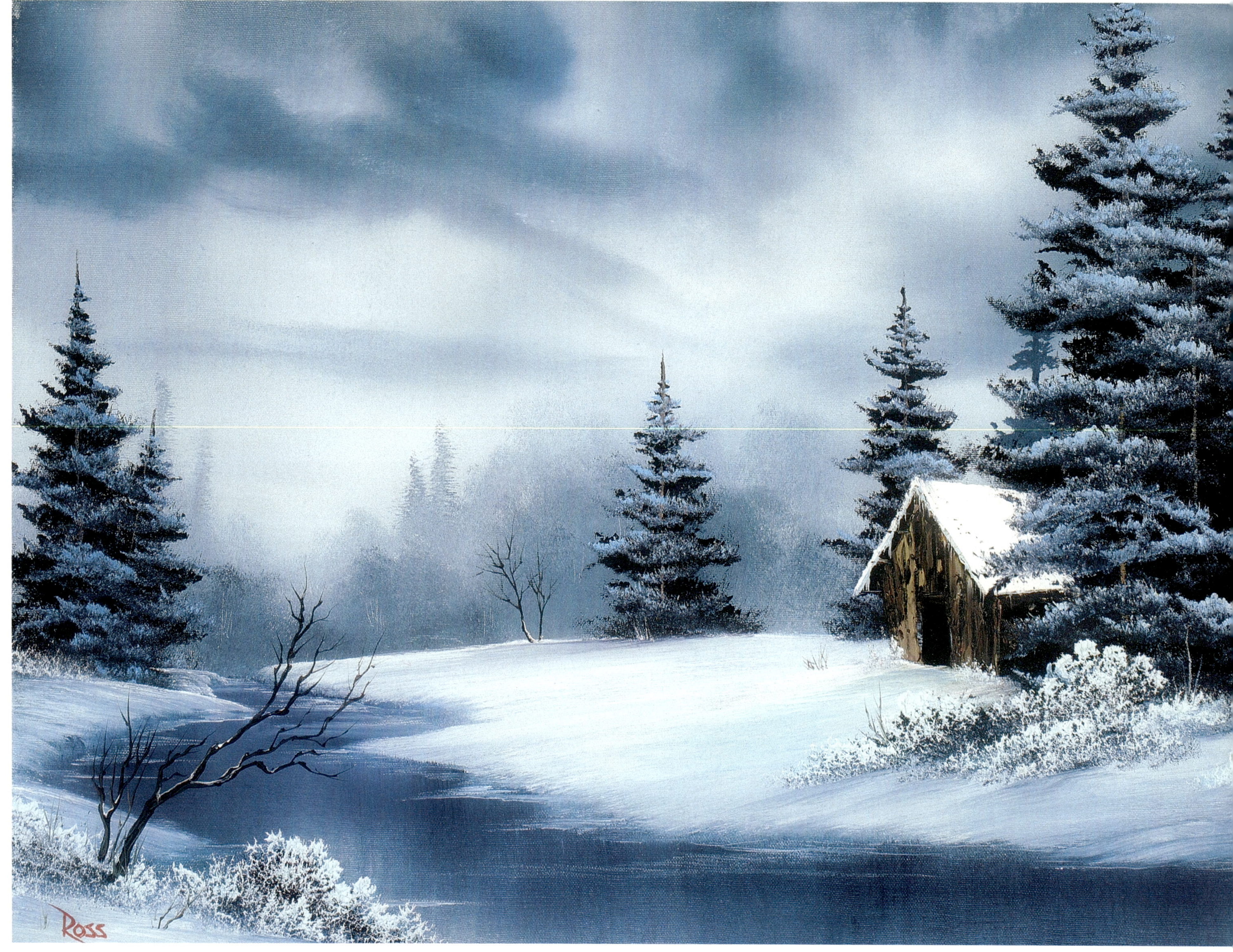
ROSS

VOR DEM SCHNEEFALL

Material

2-Zoll-Pinsel	Phtaloblau
1-Zoll-Pinsel	Preußischblau
2-Zoll-Mischpinsel	Mitternachtsschwarz
Fächerpinsel Nr. 6	Dunkelsiena
Schriftenpinsel Nr. 2	VanDykeBraun
Farbspachtel Nr. 10	Karmesinrot
Flüssigweiß	
Titanweiß	

Bedecken Sie zunächst die ganze Leinwand gleichmäßig mit einer dünnen Schicht Flüssigweiß und verwenden Sie hierfür den 2-Zoll-Pinsel. Tragen Sie die Farbe in langen, waagerechten und senkrechten Strichen auf und streichen Sie vor und zurück, um sicher zu gehen, dass die Farbe gleichmäßig verteilt ist. Und denken Sie daran: Das Flüssigweiß darf NICHT TROCKEN sein, wenn Sie anfangen zu malen.

Himmel

Nehmen Sie mit dem 2-Zoll-Pinsel eine Mischung aus Mitternachtsschwarz und Preußischblau auf (nur ganz wenig). Beginnen Sie am oberen Ende der Leinwand und tragen Sie die Farbe mit sich kreuzenden Strichen für den Himmel auf. Mit der gleichen Farbmischung grundieren Sie den unteren Teil der Leinwand mit langen, waagerechten Strichen.

Halten Sie einen sauberen, trockenen 2-Zoll-Pinsel senkrecht und nehmen Sie mit der oberen Ecke der Borsten eine kleine Menge Titanweiß auf. Mit dieser oberen Ecke tupfen Sie die Wolken auf. Verblenden Sie die Unterseite der Wolken mit sich kreuzenden Strichen des Mischpinsels.

Nehmen Sie mit dem 2-Zoll-Pinsel ein weiteres Mal die Mitternachtsschwarz-Preußischblau-Mischung auf. Halten Sie den Pinsel senkrecht und tupfen Sie die dunkleren Wolken auf die Leinwand. Verblenden Sie den gesamten Himmel mit langen, waagerechten Strichen.

Hintergrund

Nehmen Sie mit einem sauberen, trockenen 2-Zoll-Pinsel die dunkle Farbmischung vom Himmel auf und tupfen Sie mit einer Pinselecke die kleinen Bäume und Büsche im Hintergrund auf die Leinwand.

Die großen, im dunstigen Hintergrund liegenden Nadelbäume ergänzen Sie mit der dunklen „Himmelsfarbe“ und dem 2-Zoll-Pinsel. Ziehen Sie die Borsten beidseitig durch die Blau-Schwarz-Mischung, sodass sie eine scharfe Kante bilden. Beginnen Sie am Fuß des jeweiligen Baumes. Halten Sie den Pinsel senkrecht und drücken Sie eine Seite der Borsten gegen die Leinwand. Währen Sie so nach oben arbeiten, verringern Sie den Druck auf den Pinsel und es entsteht eine spitz zulaufende Baumkrone. Stellen Sie erst die eine, dann die andere Seite des Baumes fertig.

Tupfen Sie nun im unteren Bereich der Bäume mit einem sauberen, trockenen 2-Zoll-Pinsel in die Farbe und heben Sie sie anschließend leicht an, damit der Eindruck von Dunst entsteht. Dann verblenden Sie den unteren Teil der Leinwand mit langen, waagerechten Strichen.

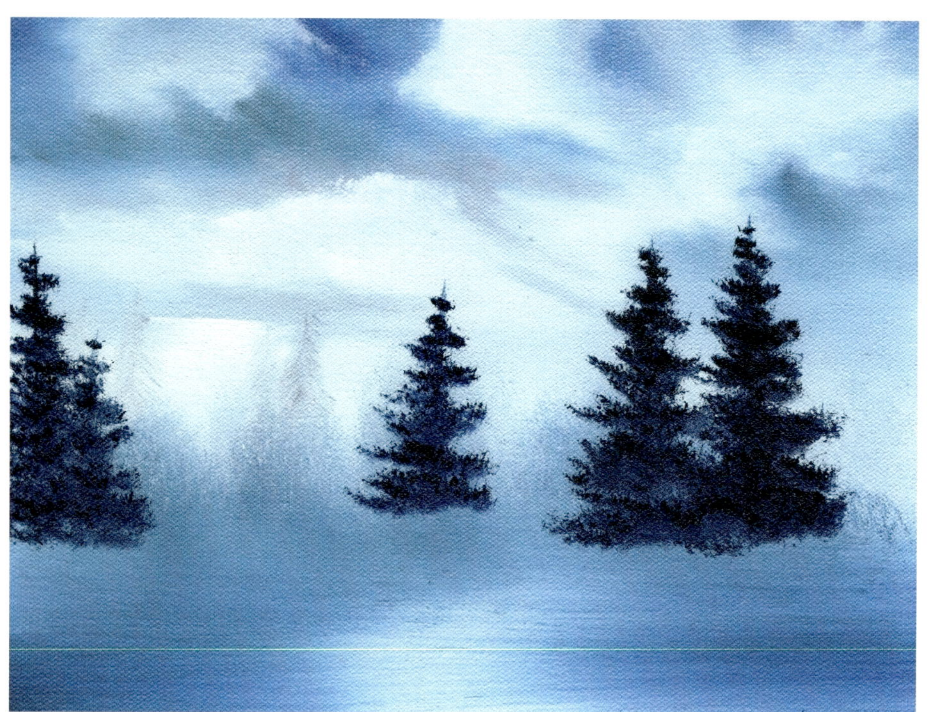

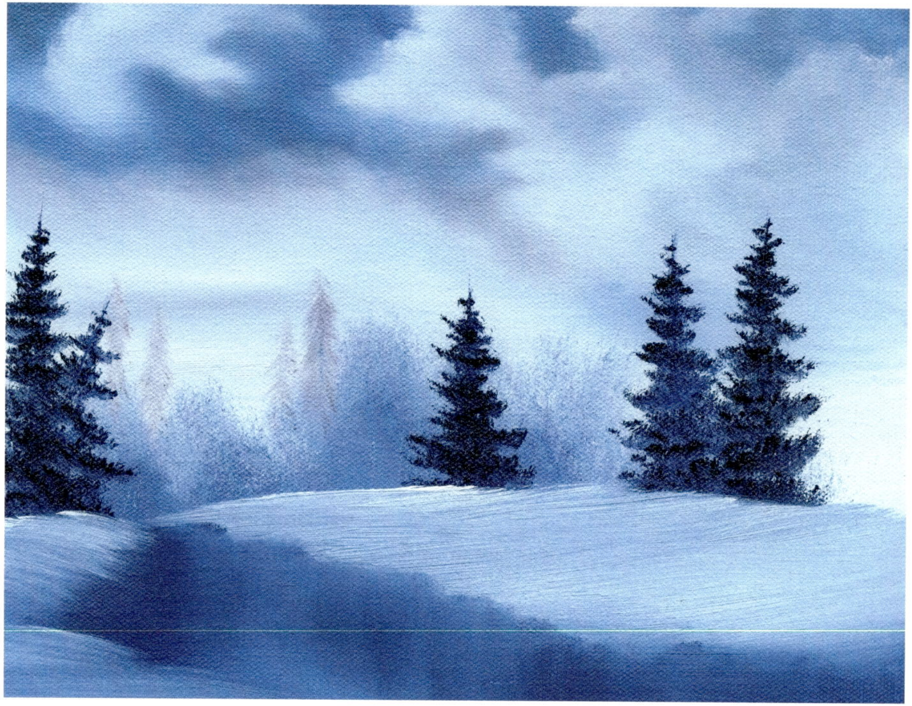

Mittelgrund
Für die größeren Nadelbäume nehmen Sie mit dem Fächerpinsel eine Mischung aus Preußischblau, Karmesinrot und Mitternachtsschwarz derart auf, dass die Borsten eine scharfe Kante bilden. Halten Sie den Pinsel senkrecht und berühren Sie die Leinwand nur leicht, wenn Sie die Mittelachse des jeweiligen Baumes festlegen. Mit nur einer Ecke des Pinsels beginnen Sie, die kleine Baumkrone zu malen. Tupfen Sie abwechselnd links und rechts. Je weiter Sie nach unten kommen, je mehr Druck üben Sie aus. Die Borsten müssen sich nach OBEN biegen. So werden die Zweige unten automatisch breiter und ausladender.

Nehmen Sie mit dem 2-Zoll-Pinsel Titanweiß auf und halten Sie den Pinsel waagerecht. Mit schwingenden, waagerechten Strichen fügen Sie den Schnee unter den Bäumen im Mittelgrund ein. Wenn Sie mit dem Pinsel etwas von der dunklen „Baumfarbe“ aufnehmen, die schon auf der Leinwand ist, werden dadurch automatisch Schatten im Schnee entstehen. Konzentrieren Sie sich auf den Landschaftsverlauf.

Nehmen Sie mit dem 2-Zoll-Pinsel erneut die dunkle „Baumfarbe“ auf (Preußischblau-Karmesinrot-Mitternachtsschwarz). Halten Sie den Pinsel waagerecht und ziehen Sie die Farbe für die Spiegelungen nach unten ins Wasser. Dann streichen Sie leicht quer darüber. Verwenden Sie Titanweiß auf dem Fächerpinsel und ergänzen Sie die schräg abfallenden Schneewälle am Ufer.

Mit einer Mischung aus Phtaloblau, Titanweiß und etwas Flüssigweiß auf dem Fächerpinsel malen Sie Schnee auf die Zweige der Nadelbäume.

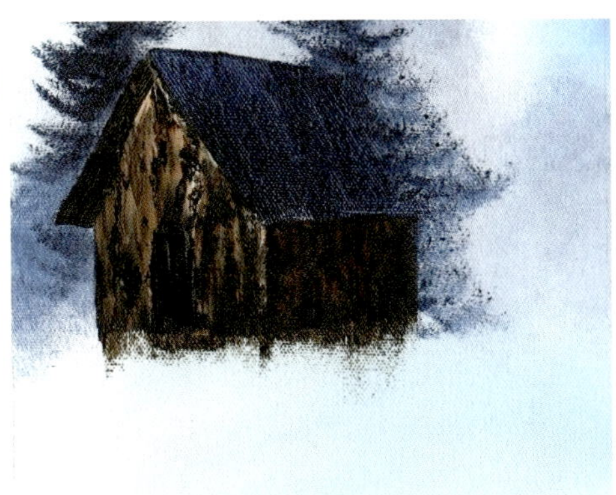
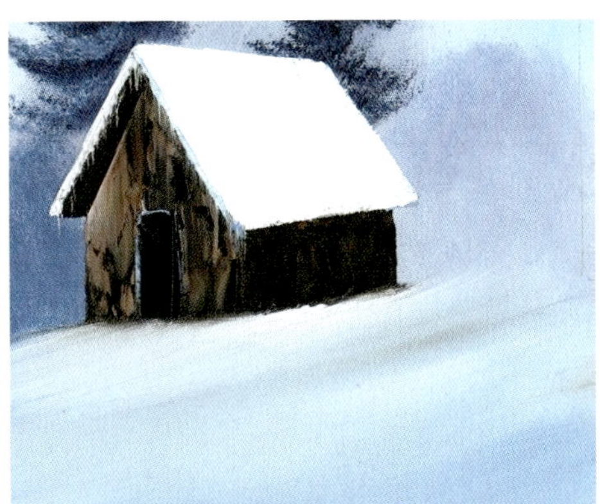
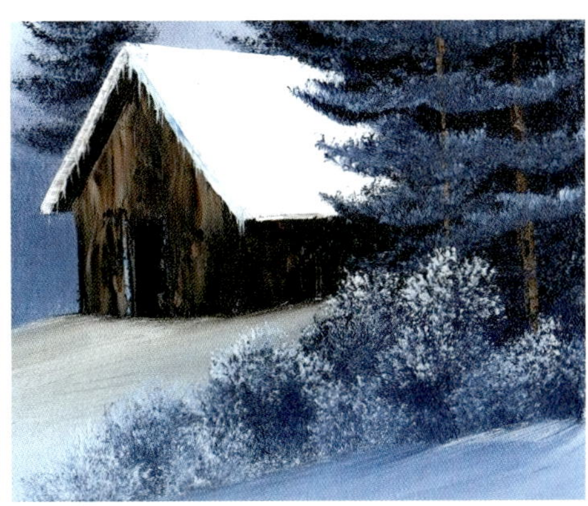

Hütte
Entfernen Sie mit einem sauberen Spachtel die Farbe an der Stelle der Leinwand, an der die Hütte stehen soll. Nehmen Sie mit der langen Kante des Spachtels VanDykeBraun auf, indem Sie die Farbe ganz flach auf Ihrer Palette ausziehen und ein Farbröllchen abschneiden. Malen Sie zunächst die hintere Dachkante. Dann ziehen Sie die Vorderseite sowie die Seitenwand herunter. Verwenden Sie eine marmorne Mischung aus Dunkelsiena und Titanweiß, um die Front zu betonen. Üben Sie nur so wenig Druck aus, dass die Farbe „bricht". Mit einer dunkleren Braun-Weiß-Mischung betonen Sie die Seitenpartie. Mit VanDykeBraun ergänzen Sie Holzlatten sowie Eingangstür. Fügen Sie das schneebedeckte Dach mit Titanweiß hinzu. Vergessen Sie nicht, auch die hintere Dachkante mit ein bisschen Schnee zu versehen. Entfernen Sie überschüssige Farbe im unteren Bereich der Hütte mit einem sauberen Spachtel. Nehmen Sie mit dem Fächerpinsel Titanweiß auf und fügen Sie den Schnee um die Hütte herum hinzu.

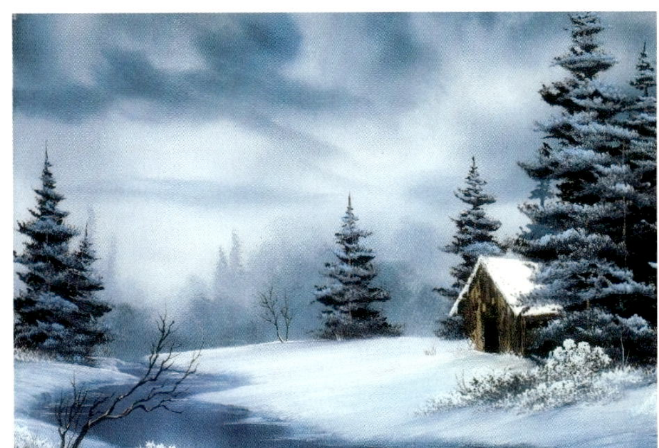

Vordergrund
Die großen, weiter im Vordergrund liegenden Nadelbäume gestalten Sie mit der dunklen „Baumfarbe" auf dem Fächerpinsel. Akzente werden mit der Blau-Weiß-Mischung gesetzt. Die vom Hüttendach hängenden Eiszapfen ergänzen Sie mit Flüssigweiß auf dem Schriftenpinsel. Die kleinen Bäume und Büsche im Vordergrund malen Sie mit der dunklen „Baumfarbe" auf dem 1-Zoll-Pinsel. Um die kleinen Bäume und Büsche zu betonen, tippen Sie den 1-Zoll-Pinsel in Flüssigweiß oder Farbverdünner. Halten Sie den Pinsel senkrecht und ziehen Sie ihn mehrmals in eine Richtung durch Titanweiß. Die so gerundete Ecke muss nach oben zeigen, wenn Sie nun die einzelnen Bäume und Büsche betonen.

Die Schneefläche soll sich von den kleinen Bäumen und Büschen bis in den Vordergrund des Bildes ausdehnen. Verwenden Sie zu diesem Zweck Titanweiß auf dem Fächerpinsel und gestalten Sie damit auch den Übergang von Wasser und Uferzone. Mit einer Mischung aus Flüssigweiß und etwas Phtaloblau auf dem Spachtel „ritzen" Sie Wasserlinien und Kräuselungen ein.

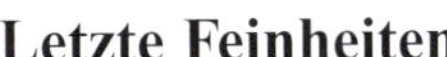

Letzte Feinheiten
Mit einer zuvor verdünnten Braunmischung auf dem Schriftenpinsel fügen Sie ein paar kleine Stöcke und Reisig hinzu. Vergessen Sie nicht, Ihr fertiges Meisterwerk zu signieren!

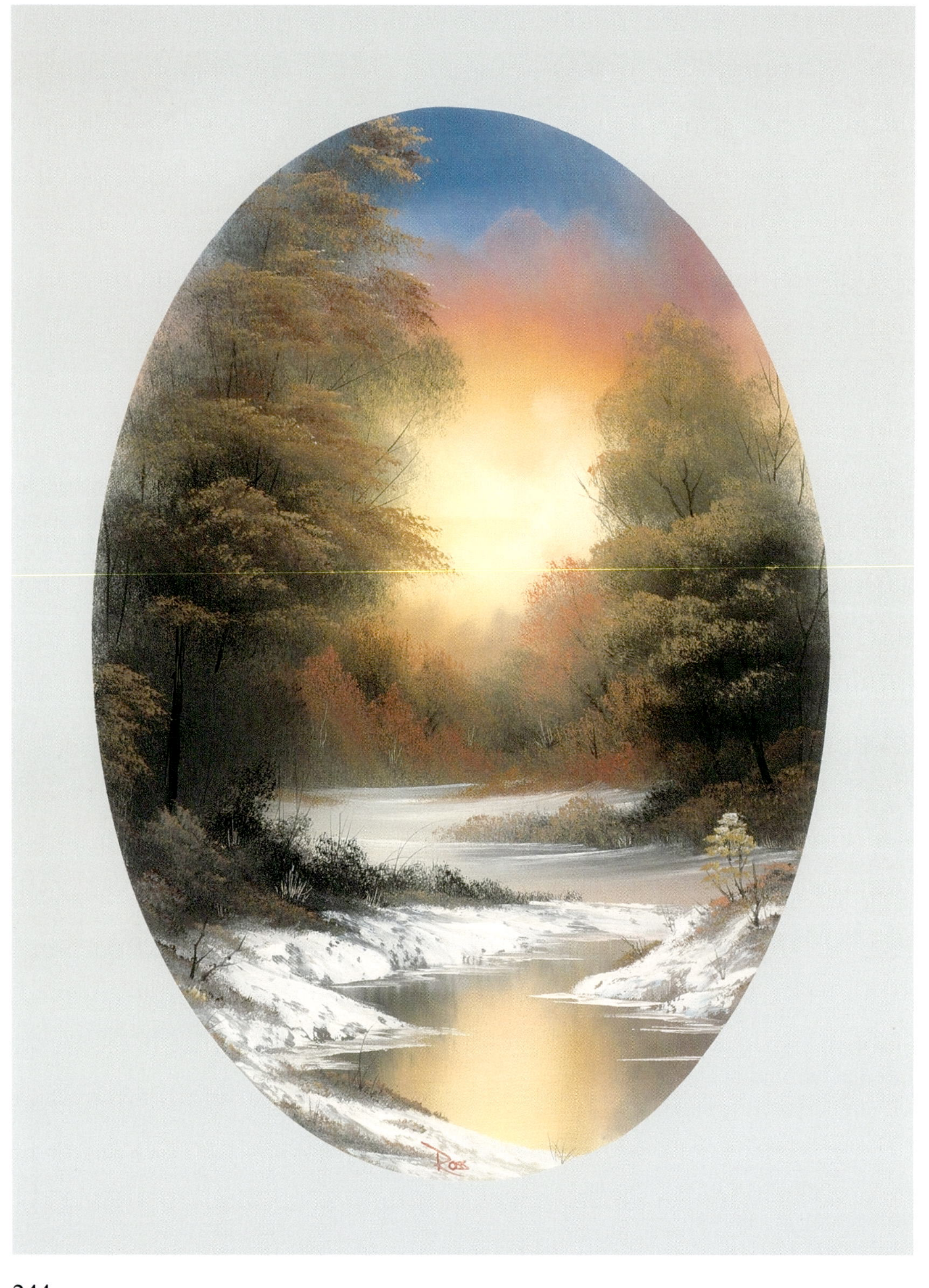

Material

2-Zoll-Pinsel	Preußischblau
1-Zoll-Pinsel	Mitternachtsschwarz
1-Zoll-Rundpinsel	Dunkelsiena
kleiner Rundpinsel	VanDykeBraun
Fächerpinsel Nr. 6	Karmesinrot
Schriftenpinsel Nr. 2	Kadmiumgelb
Farbspachtel Nr. 10	Ockergelb
Klebefolie	Indischgelb
Flüssigweiß	Hellrot
Titanweiß	

Schneiden Sie ein Stück Klebefolie passend auf das Format Ihrer Leinwand (ca. 18 x 24 cm) zu. Dann schneiden Sie mittig ein Oval aus (ca. 16 x 20 cm) und bedecken die Leinwand mit der so vorbereiteten Folie.

Tragen Sie mit dem 2-Zoll-Pinsel und langen, waagerechten und senkrechten Strichen eine gleichmäßig dünne Schicht Flüssigweiß auf die freie Leinwandfläche auf. Arbeiten Sie vor und zurück, damit die Farbe gleichmäßig auf der Leinwand verteilt wird. Das Flüssigweiß darf NICHT TROCKEN sein, wenn Sie anfangen zu malen.

Himmel
Nehmen Sie mit dem 2-Zoll-Pinsel etwas Indischgelb auf und verleihen Sie der im Zentrum liegenden Himmelspartie mit sich kreuzenden Strichen einen goldenen Schimmer. Ziehen Sie die Farbe senkrecht nach unten, damit sich Farbe bzw. Himmel im Wasser spiegeln.

Nun stupfen Sie den 2-Zoll-Pinsel in eine Mischung aus Kadmiumgelb und einem Hauch Hellrot und arbeiten mit sich kreuzenden Strichen weiter nach außen. Für die Spiegelung im Wasser ziehen Sie die Farbe wieder senkrecht nach unten.

Mit einem sauberen, trockenen 2-Zoll-Pinsel nehmen Sie eine Mischung aus Preußischblau und Mitternachtsschwarz auf und setzen sich kreuzende Striche am oberen Himmelsrand auf die Leinwand. Verwenden Sie einen weiteren sauberen und trockenen 2-Zoll-Pinsel, um den Himmel zu verblenden. Zu diesem Zweck setzen Sie den Pinsel an der hellsten Stelle an und arbeiten von dort nach außen.

Mit Titanweiß auf einem sauberen, trockenen 2-Zoll-Pinsel malen Sie im hellsten Bereich des Himmels kleine Kreise. Mit senkrechten Strichen dehnen Sie das Weiß bis ins Wasser hinein aus. Jetzt verblenden Sie Himmel und Wasser.

Mischen Sie Titanweiß mit einem Hauch Hellrot und tragen Sie die Farbe in kleinen Kreisen mit dem 1-Zoll-Pinsel auf. So gestalten Sie die Wolken. (Benutzen Sie diese Wolken zur Abgrenzung von Gelb und Blau. Schließlich wollen Sie ja keinen grünen Himmel.)

Die Unterkanten der Wolken verblenden Sie mit der Spitze des 2-Zoll-Pinsels und kreisförmigen Strichen. Jetzt ist Ihr Himmel fertig.

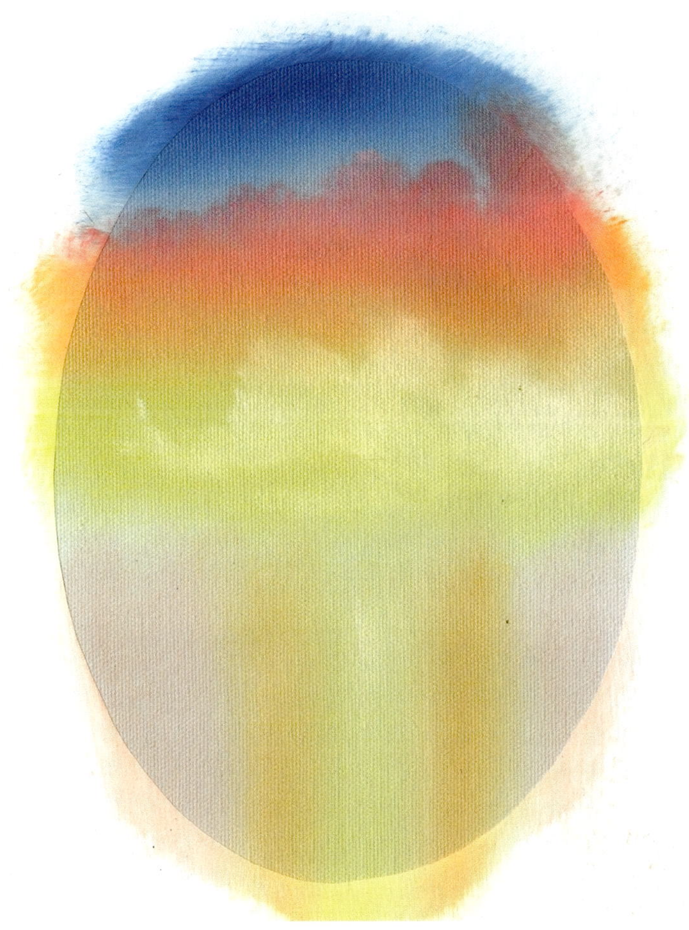

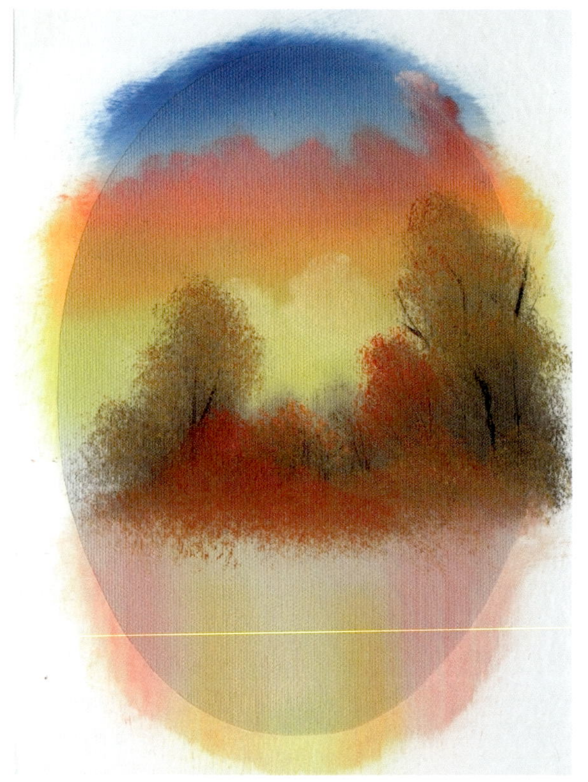

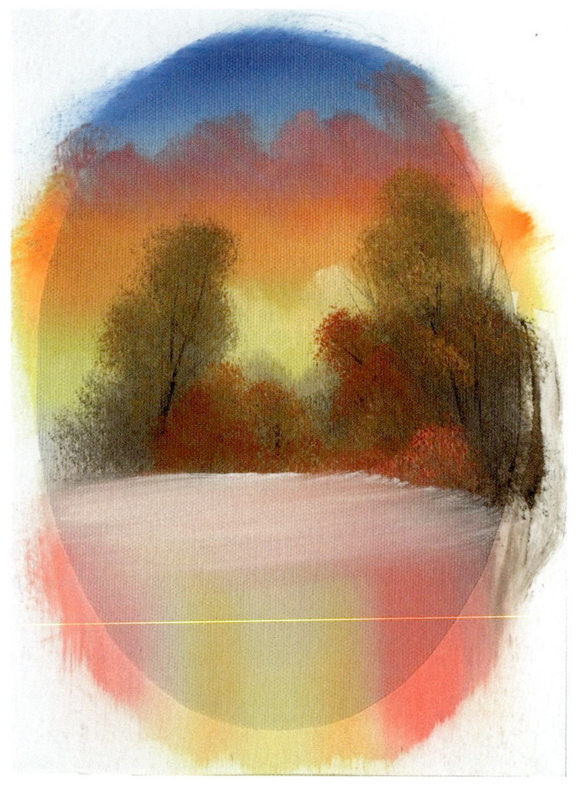

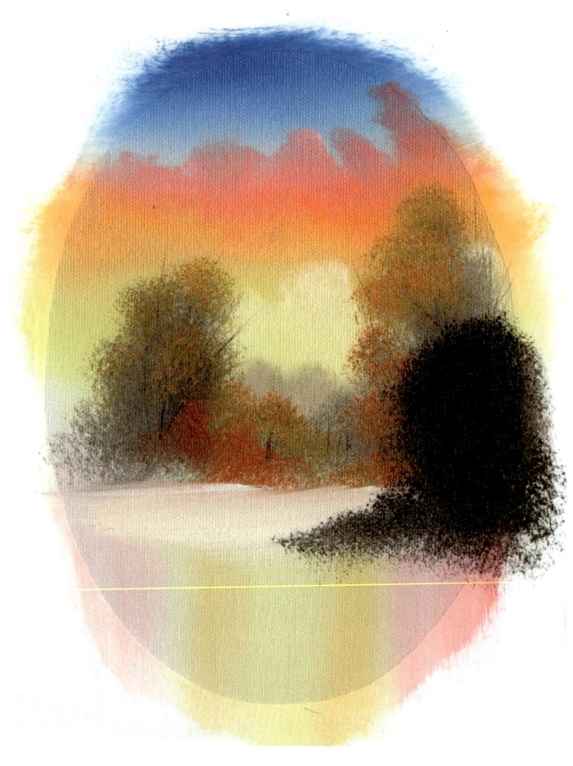

Hintergrund
Nehmen Sie mit dem großen Rundpinsel eine Mischung aus Mitternachtsschwarz, Dunkelsiena, Preußischblau, VanDykeBraun und Karmesinrot auf. Tupfen Sie (mit den Pinselborsten nach unten) die Bäume im Hintergrund entlang des Horizontes auf die Leinwand. Beginnen Sie am Fuß des jeweiligen Baumes und arbeiten Sie von dort nach oben. Üben Sie beim Malen unterschiedlich starken Druck auf den Pinsel aus, um die Bäume im Bild zu staffeln.

Die Stämme der im Hintergrund liegenden Bäume deuten Sie nur leicht mit Mitternachtsschwarz auf dem Schriftenpinsel an. (Tippen Sie den Pinsel zunächst in Farbverdünner, sodass die Farbe eine tintenähnliche Konsistenz aufweist. Dann drehen Sie den Pinsel, während Sie ihn durch die Farbe ziehen, damit die Borsten spitz zulaufen.) Üben Sie beim Malen nur wenig Druck aus. Wenn Sie den Pinsel dabei drehen und hin und her wackeln, werden Ihre Baumstämme schön knorrig aussehen. Mit der Spachtelspitze lassen sich die Baumstämme im Hintergrund „einritzen".

Stupfen Sie den kleinen Rundpinsel in verschiedene Mischungen aus allen Gelbtönen und etwas Hellrot. Arbeiten Sie in Schichten und setzen Sie auf den Hintergrundbäumen einzelne Lichter (dabei tupfen Sie nach unten).

Nehmen Sie mit dem 2-Zoll-Pinsel Titanweiß auf. Achten Sie sehr genau auf den Geländeverlauf, wenn Sie mit langen, waagerechten Strichen die schneebedeckte Fläche unter den Bäumen hinzufügen. Der Pinsel darf dabei durchaus etwas von der „Baumfarbe" in die Schneefläche ziehen. So entsteht eine interessante Schattenwirkung.

Arbeiten Sie sich in Schichten in den Vordergrund und fügen Sie weitere Bäume sowie die schneebedeckte Bodenfläche hinzu. Mit den Gelbmischungen auf dem Rundpinsel setzen Sie auf den Bäumen einzelne Akzente. Mit dem Fächerpinsel ergänzen Sie kleine Büsche und Grasflächen.

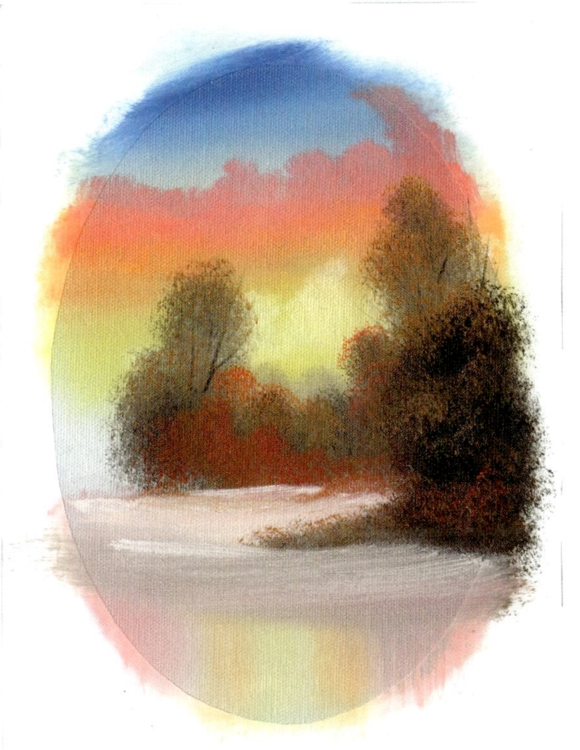

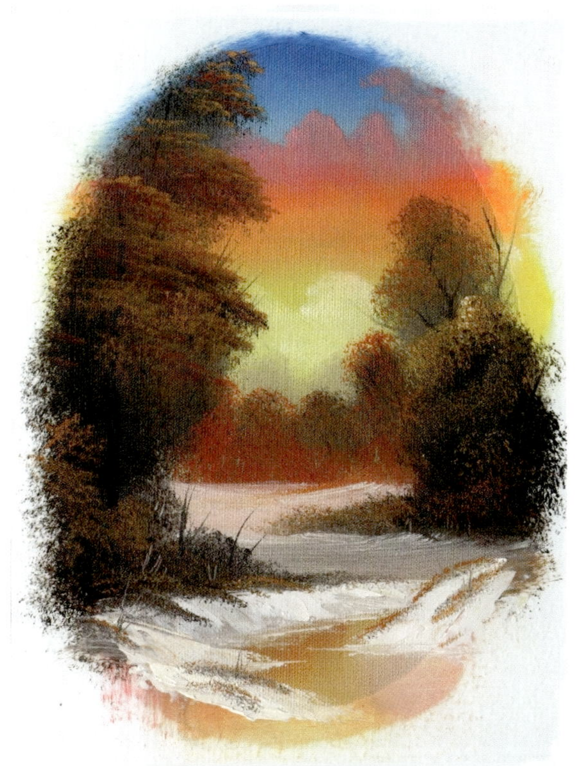

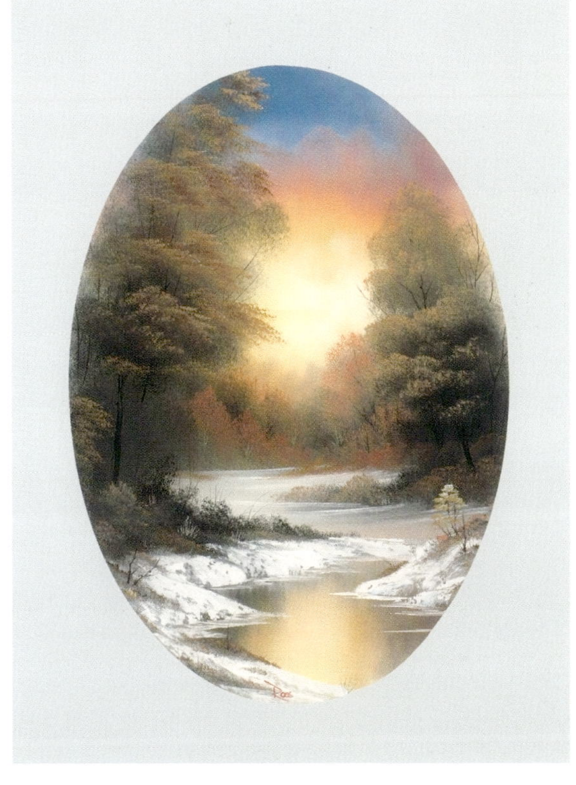

Vordergrund
Verwenden Sie die „Baumfarbe“ auf dem 1-Zoll-Rundpinsel, um die großen Bäume und Büsche im Vordergrund anzulegen. Mit verdünntem Mitternachtsschwarz auf dem Schriftenpinsel ergänzen Sie die Stämme und mit den Rot-Gelb-Mischungen auf dem kleinen Rundpinsel betonen Sie das Laubwerk. Mit dem 2-Zoll-Pinsel fügen Sie unter den Bäumen im Vordergrund etwas Schnee hinzu.

Wasser
Nehmen Sie mit dem 2-Zoll-Pinsel etwas von der „Baumfarbe“ auf und ziehen Sie das Wasser mit senkrechten Strichen nach unten. Dann streichen Sie leicht quer darüber. Mit etwas Titanweiß auf dem Spachtel verleihen Sie dem Schnee unter den Bäumen entlang des Wasserlaufs einige Glanzlichter. Achten Sie stets auf die Winkel. Mit Flüssigweiß auf der Spachtelkante fügen Sie Wasserlinien hinzu. Die Uferzone ergänzen Sie mit der dunklen Farbmischung auf dem 2-Zoll-Pinsel; Akzente setzen Sie mit Titanweiß auf dem Spachtel. Mit dem Fächerpinsel fügen Sie noch einzelne Graspartien hinzu.

Letzte Feinheiten
Verdünnen Sie die dunkle Farbmischung und ergänzen Sie mit dem Schriftenpinsel Stöckchen und Reisig; mit den Gelbmischungen auf dem Fächerpinsel folgt das Laubwerk. Wenn Sie mit Ihrem Bild zufrieden sind, entfernen Sie vorsichtig die Klebefolie.

Jetzt dürfen Sie wirklich stolz sein! Signieren Sie Ihr Bild mit dem Schriftenpinsel und einer dünnflüssigen Farbe Ihrer Wahl. Schreiben Sie entweder nur Ihre Initialen, Vor- oder Zunamen oder signieren Sie mit Ihrem vollständigen Namen. Setzen Sie Ihre Unterschrift in die linke oder rechte Ecke – manch ein Künstler signiert sogar in der Mitte der Leinwand! Sie haben die Wahl. Sie können auch das Entstehungsdatum Ihres Bildes angeben. Wie auch immer Sie sich entscheiden: Wichtig ist, dass Sie auch bei diesem Bild wieder viel FREUDE AM MALEN hatten.

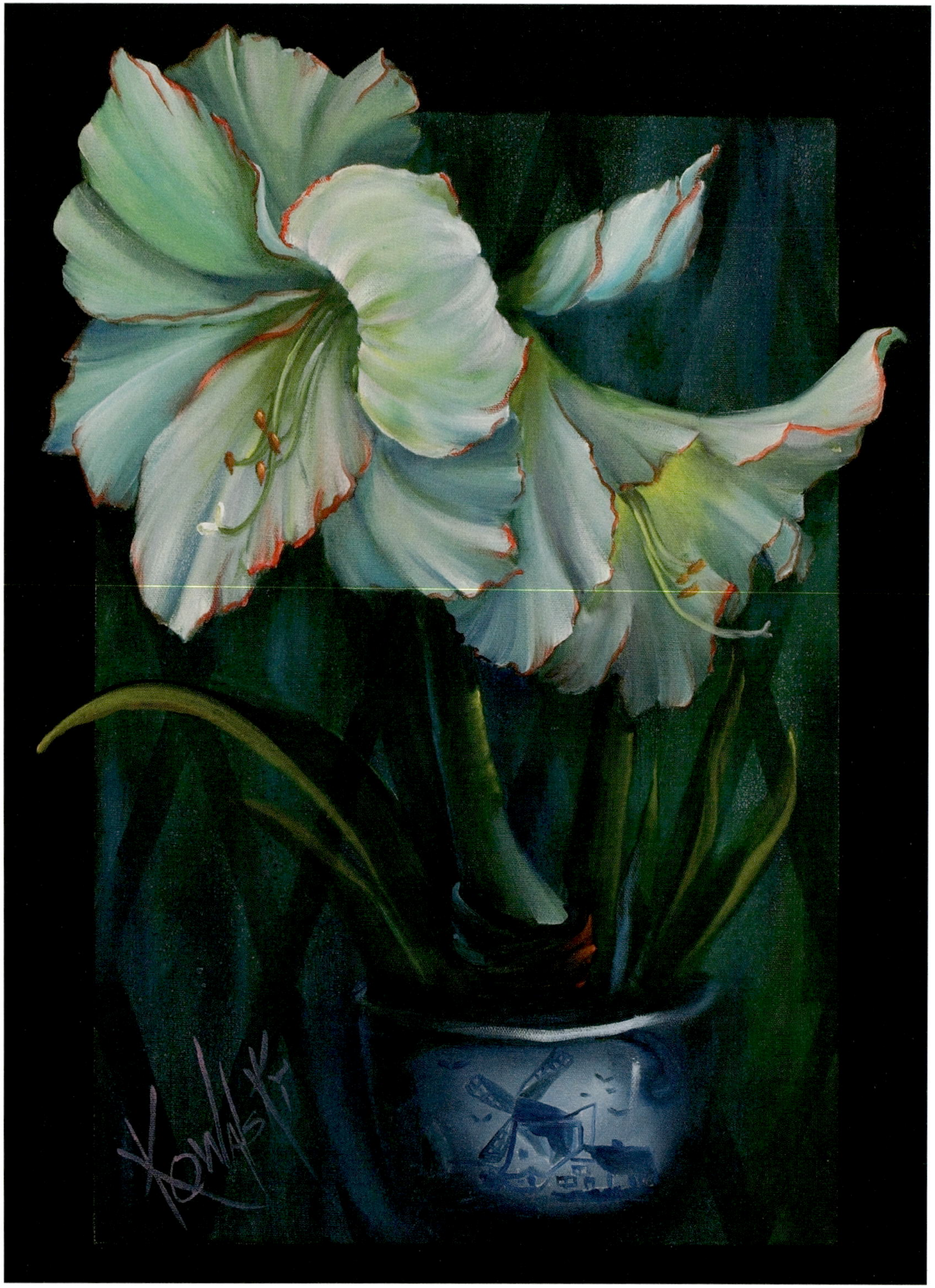

Material

1-Zoll-Landschaftspinsel
¾-Zoll-Blumenpinsel
½-Zoll-Blumenpinsel
Blumenfilbertpinsel
Blumenrundpinsel (klein)
Blumenfächerpinsel
Schriftenpinsel Nr. 2
Gesso Schwarz
Blumenöl

Softölfarben

Karmesinrot
Kadmiumgelb hell
Kadmiumorange
Kadmiumrot hell
Kadmiumrot mittel
Mauve
Saftgrün
Titanweiß
Türkis
Ultramarinblau

Leinwand 18 x 24 cm
Abreißpalette
Klebeband

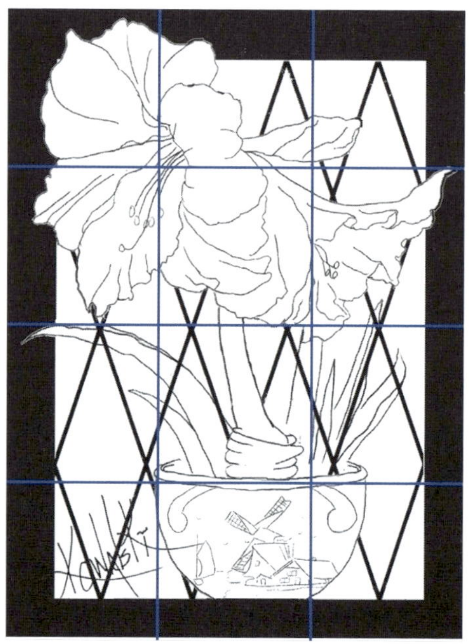

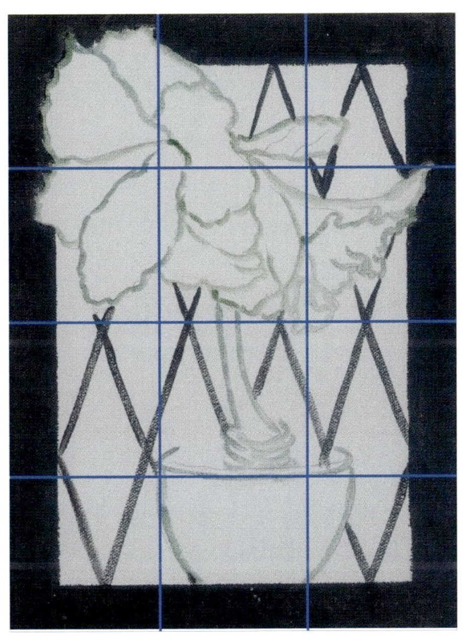

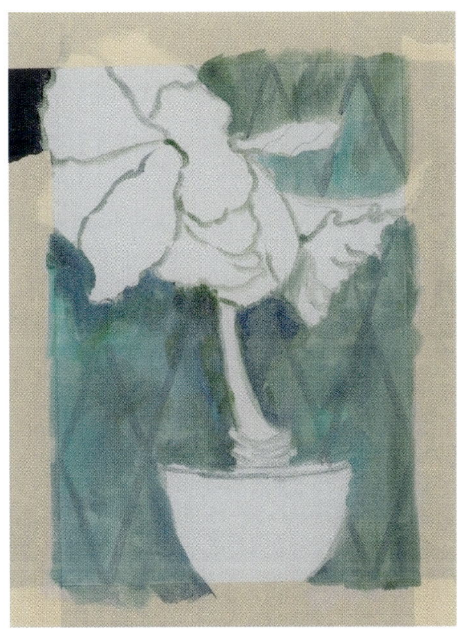

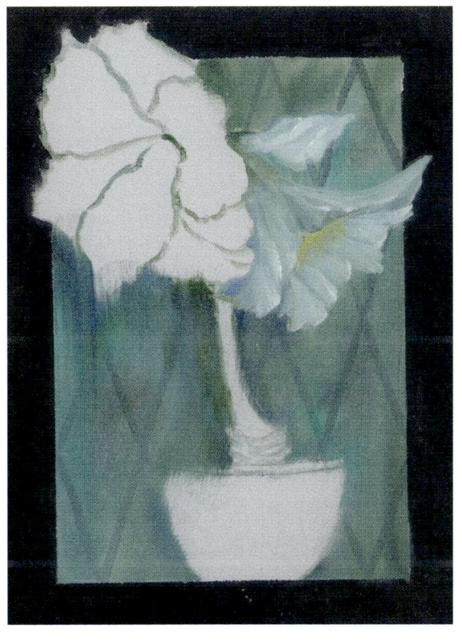

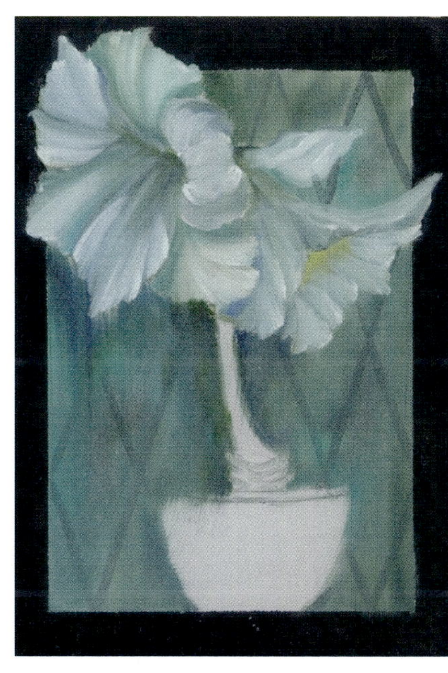

Nehmen Sie einen Schaumschwamm und tragen Sie mit Gesso Schwarz einen rund 5 cm breiten Rand für den Fensterrahmen sowie ein rautenförmiges Muster für die Fenstergitter auf die Leinwand auf. Lassen Sie das Gesso vollständig trocknen.

Mit verdünntem Saftgrün auf dem kleinen Rundpinsel skizzieren Sie locker die Amaryllis und den Übertopf im Delfter Stil.

Den Rand des Übertopfes kleben Sie zum Schutz mit Klebeband ab. Mit dem 1-Zoll-Pinsel und mit Blumenöl verdünnten Mischungen aus Ultramarinblau, Saftgrün, Türkis, Mauve und Titanweiß gestalten Sie den Hintergrund. Anschließend entfernen Sie das Klebeband.

Tönen Sie Titanweiß mit verschiedenen Mischungen aus Ultramarinblau, Saftgrün und Türkis ab und ergänzen Sie mit dem ¾-Zoll-Pinsel erste Knospen bzw. Blütenblätter. In die Mitte der halbgeöffneten Blüte geben Sie ein wenig Kadmiumgelb hell. Tragen Sie die Farbe mit langen, fließenden und sich überlappenden Strichen zur Blütenmitte hin auf.

Verwenden Sie weiterhin den ¾-Zoll-Pinsel und die Titanweißmischungen und gestalten Sie die Amaryllis – Blütenblatt für Blütenblatt – weiter aus. Tragen Sie die Farbe mit langen, fließenden und sich überlappenden Strichen – immer zur Mitte der jeweiligen Blüte hin – auf.

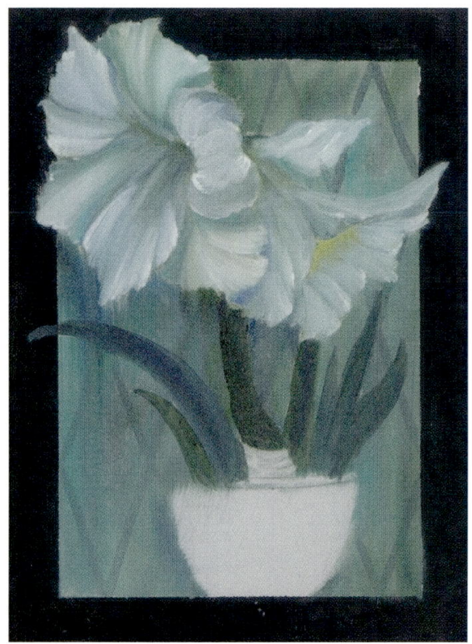

Ergänzen Sie die verschatteten Blütenpartien mit Ultramarinblau und Saftgrün. Danach fügen Sie mit dem ¾-Zoll-Pinsel den dicken Blütenschaft sowie die spitz zulaufenden Blätter mit Mischungen aus Ultramarinblau, Saftgrün und Kadmiumgelb hinzu.

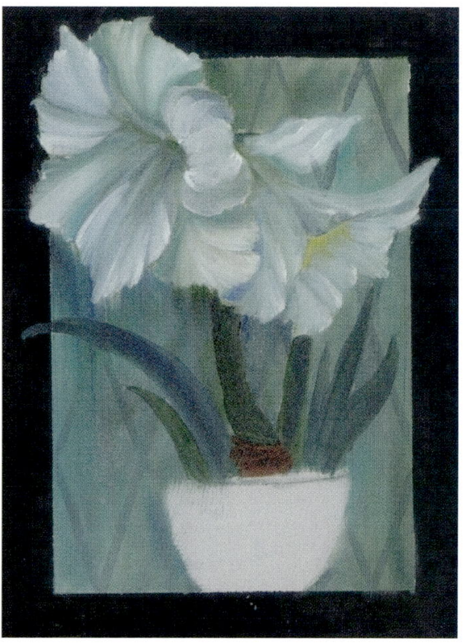

Für die im Ansatz sichtbare Amarylliszwiebel mischen Sie aus gleichen Teilen Karmesinrot und Saftgrün einen Braunton. Mit Kadmiumorange setzen Sie Akzente.

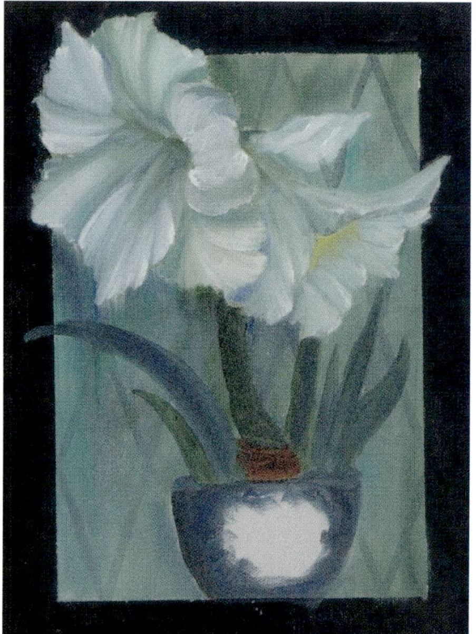

Mit dem ½-Zoll-Pinsel und lockeren, sich kreuzenden Strichen malen Sie die dunkle Fläche des Übertopfes. Hierfür verwenden Sie eine Mischung aus Ultramarinblau, Saftgrün, Türkis, Mauve und ein wenig Titanweiß.

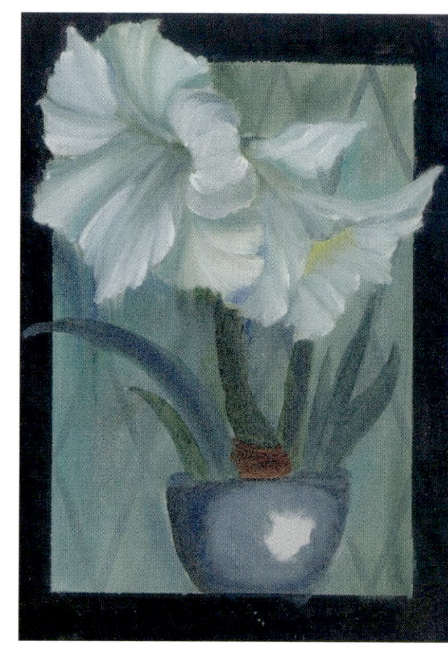

Geben Sie nun noch mehr Titanweiß zu der Mischung und ergänzen Sie mit sich kreuzenden Strichen den etwas helleren Teil des Topfes.

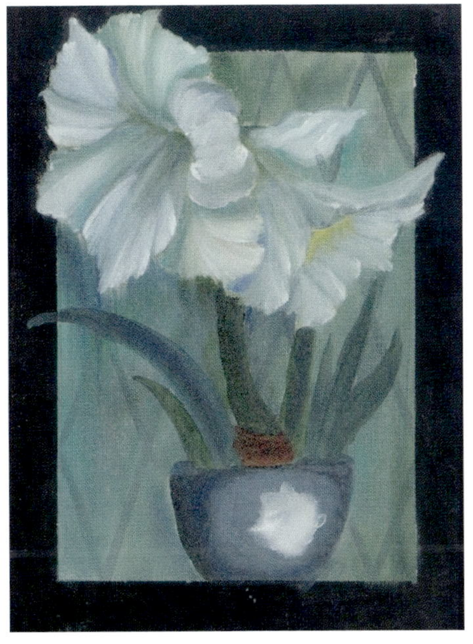

Für die hellste Partie des Übertopfes tönen Sie Titanweiß mit einem Hauch Kadmiumgelb ab. Tragen Sie die Farbe erneut mit lockeren sich kreuzenden Strichen auf.

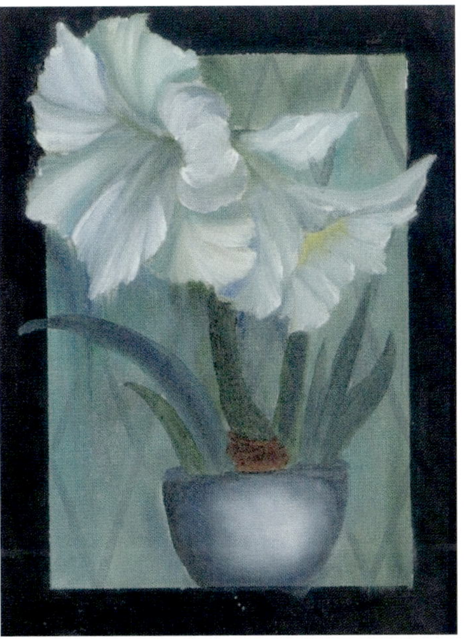

Mit einem sauberen, trockenen Pinsel, sich kreuzenden Strichen und nur wenig Druck verblenden Sie die Farbe des Übertopfes und streichen danach noch einmal mit dem Fächerpinsel locker schwingend darüber.

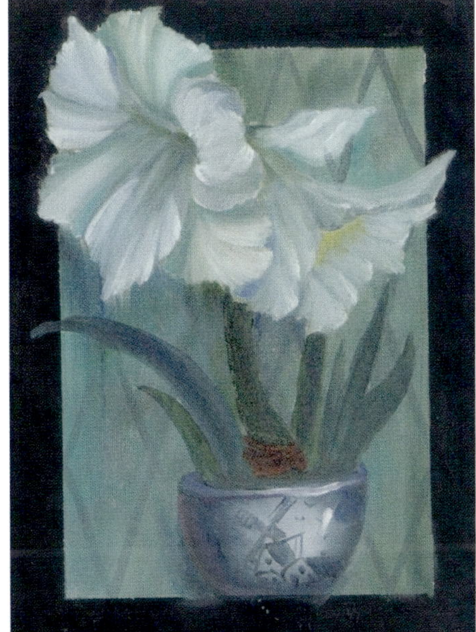

Das Delfter Motiv gestalten Sie mit dem kleinen Rundpinsel und Ultramarinblau. Die Glanzlichter auf dem Übertopf setzen Sie mit reinem Titanweiß. Die Staubblätter ergänzen Sie mit dem Filbertpinsel sowie Saftgrün und Kadmiumgelb. Für die Spitzen der Staubgefäße verwenden Sie Kadmiumorange.

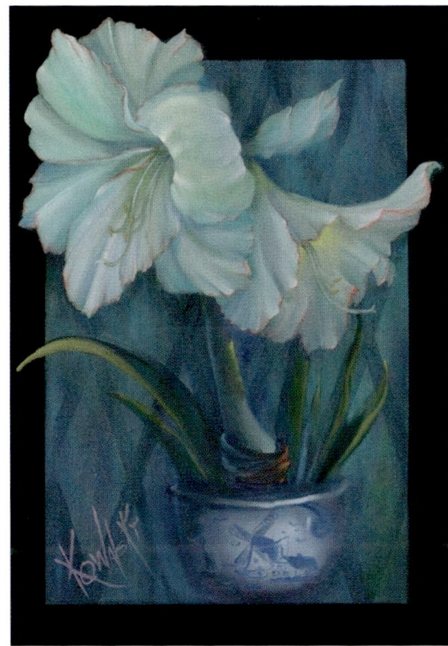

Abschließend betonen Sie die Blätter mit ein wenig Kadmiumgelb und den Ansatz des Blütenschafts mit Titanweiß. Verwenden Sie den Schriftenpinsel mit einer verdünnten Rotmischung (Karmesinrot, Kadmiumrot hell und mittel), um damit die Blütenblätter zu umranden und Ihr Meisterwerk zu signieren.

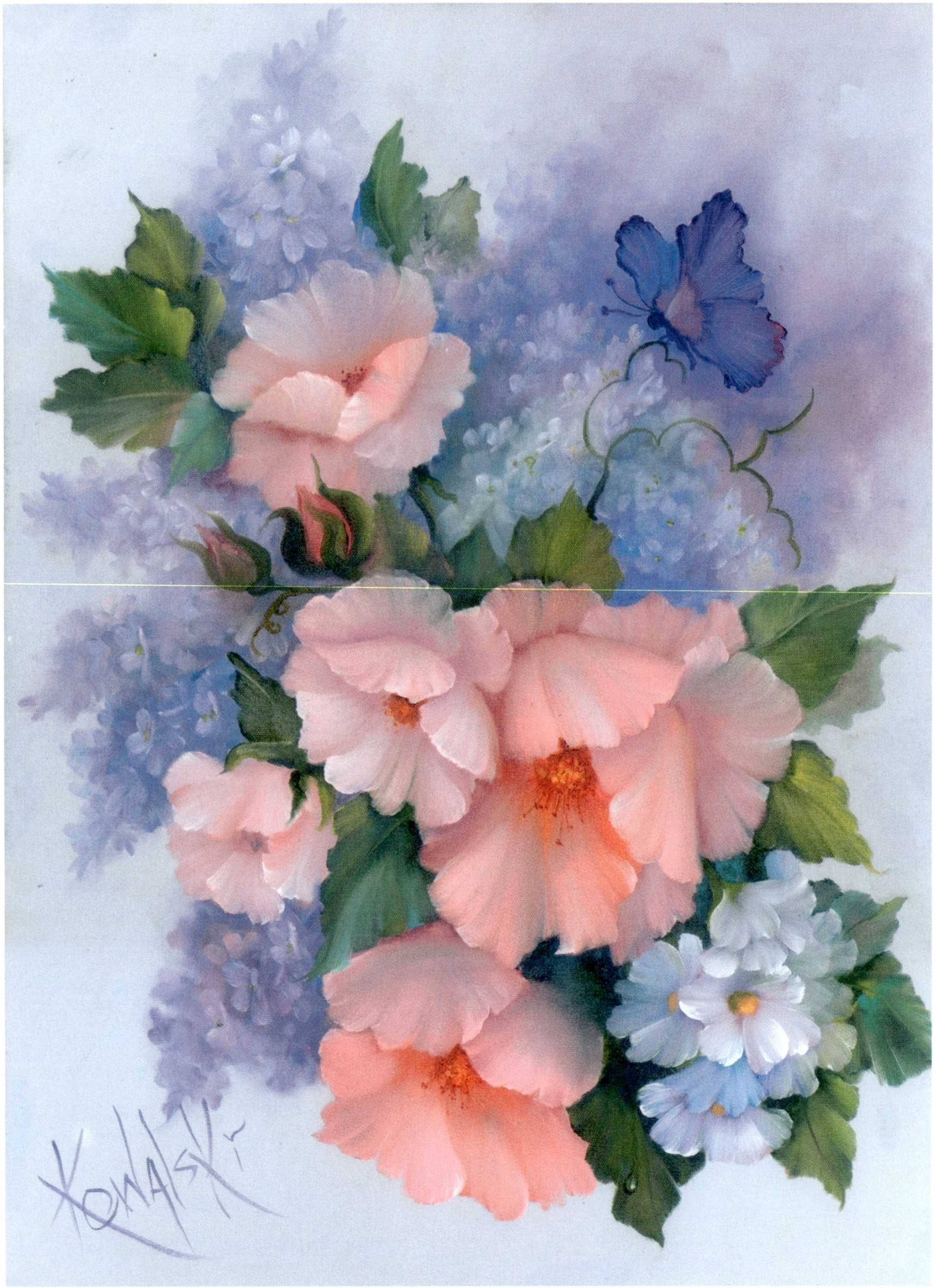

Material
1-Zoll-Landschaftspinsel
¾-Zoll-Blumenpinsel
½-Zoll-Blumenpinsel
Blumenfilbertpinsel
Blumenrundpinsel (klein)
Schriftenpinsel Nr. 2
Blumenöl
Flüssigopal

Softölfarben
Karmesinrot
Kadmiumgelb hell
Kadmiumorange
Altrosa
Blumenrosa
Mauve
Saftgrün
Titanweiß
Türkis
Ultramarinblau

Leinwand 18 x 24 cm
Abreißpalette

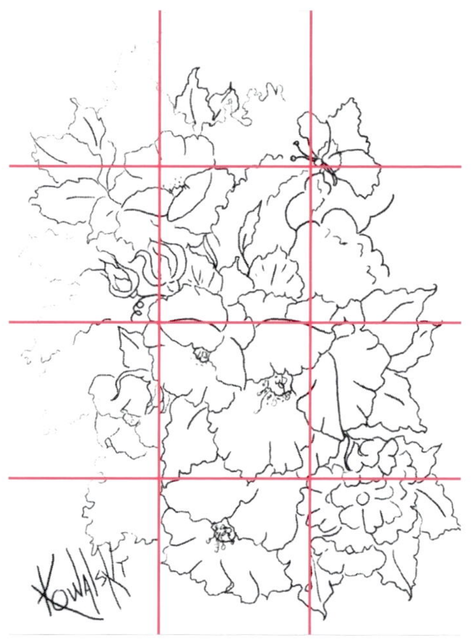

DUFTIGER BLUMENSTRAUSS

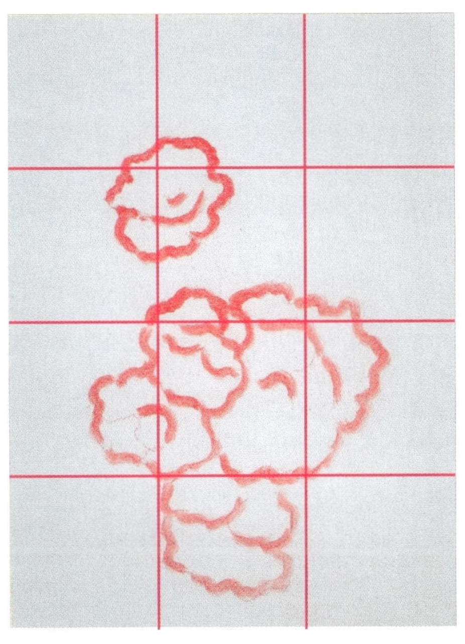

Skizzieren Sie die Anordnung der Blumen mit verdünntem Rosa auf dem kleinen Rundpinsel grob auf der Leinwand. Mit dem 1-Zoll-Pinsel fügen Sie im Hintergrund etwas Flüssigopal hinzu.

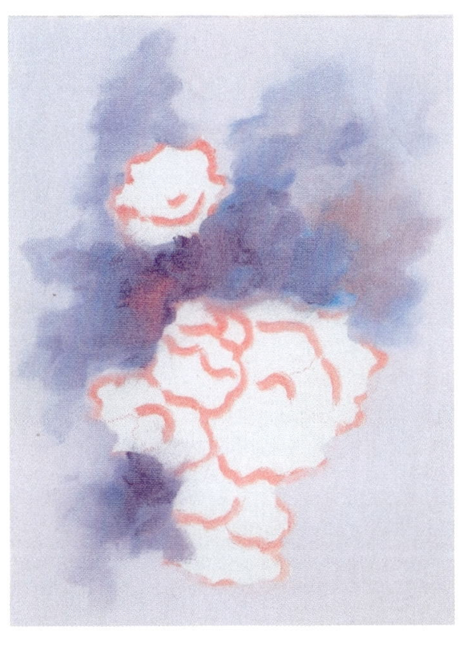

Für die Fliederdolden verwenden Sie verschiedene Mischungen aus Mauve, Türkis, Ultramarinblau und Altrosa auf dem ½-Zoll-Pinsel. Tragen Sie die Farbe mit lockeren, sich kreuzenden Strichen auf.

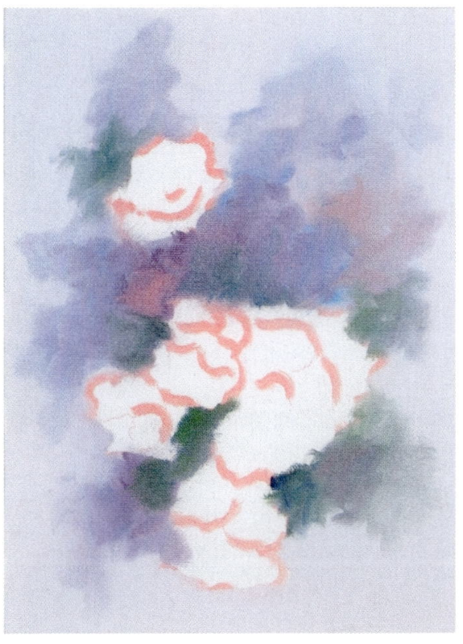

Das Blattwerk ergänzen Sie mit verschiedenen Mischungen aus Ultramarinblau und Saftgrün. Anschließend deuten Sie mit dem Filbertpinsel und Titanweiß einzelne Fliederblüten an.

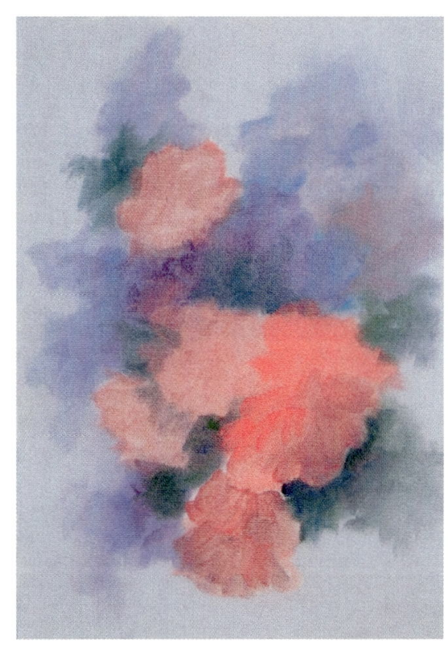

Nun malen Sie die drei Blüten in der linken Bildhälfte mit verdünntem Altrosa. Für die Blüten auf der rechten Seite verwenden Sie Blumenrosa.

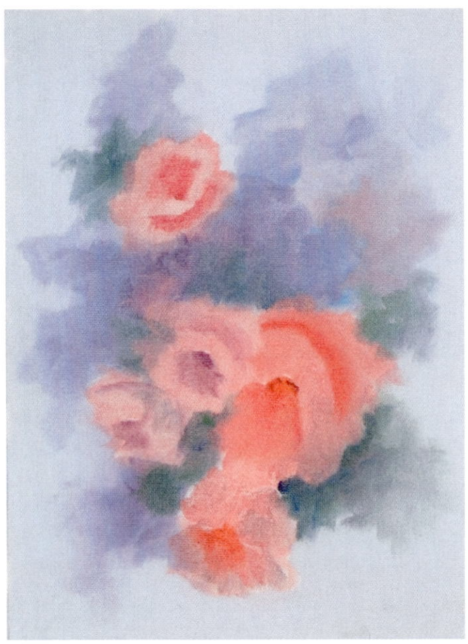

Die Schattenpartien ergänzen Sie mit einer Mischung aus Karmesinrot und Mauve. Für die beiden Blüten in der rechten Bildhälfte mischen Sie Karmesinrot und Kadmiumorange. Tragen Sie die Farbe von der Mitte nach außen hin auf und verblenden Sie sie mit einem sauberen, trockenen ½-Zoll-Pinsel.

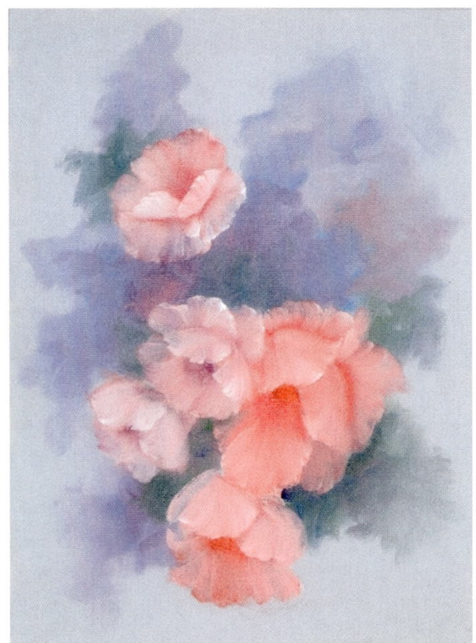

Mit Titanweiß auf dem ½-Zoll-Pinsel betonen Sie die Blüten – ein Blütenblatt nach dem anderen. Setzen Sie den Pinsel am äußeren Rand des Blütenblatts an und ziehen Sie die Farbe mit sich locker überlappenden Strichen zur Blütenmitte.

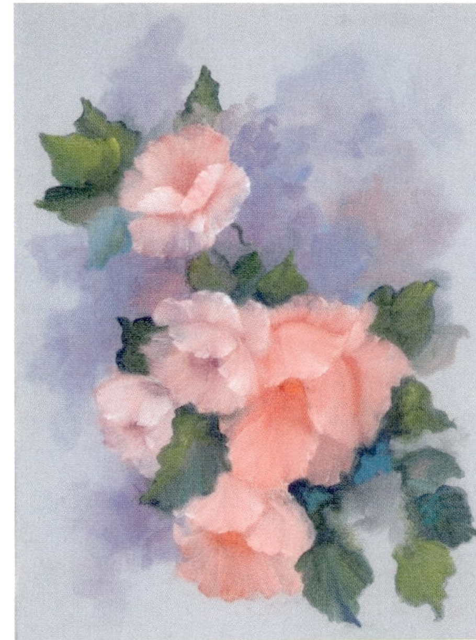

Fügen Sie nun mit Mischungen aus Saftgrün, Ultramarinblau und Kadmiumgelb hell weitere Blätter hinzu. Dann ergänzen Sie die gebündelten kleineren, hellen Blüten, indem Sie Mauve, Türkis und Titanweiß zu den Farbmischungen für die Blätter geben.

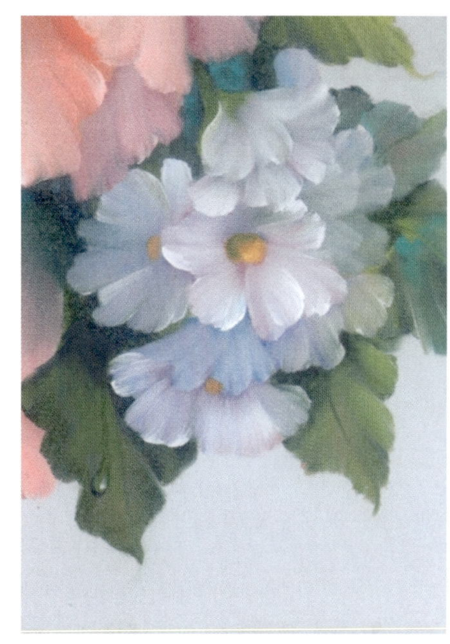

Betonen Sie die kleinen Blüten mit Titanweiß auf dem Filbertpinsel. Für die Blütenstände verwenden Sie eine Mischung aus Kadmiumgelb hell, Kadmiumorange und Saftgrün.

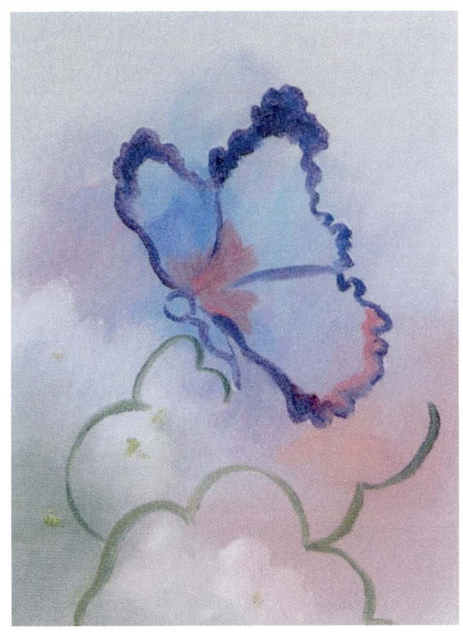

Den Schmetterling skizzieren Sie mit dem kleinen Rundpinsel und einer dünnen Mischung aus Mauve und Ultramarinblau. Am Flügelansatz und an der äußeren Kante der unteren Flügel fügen Sie nun Blumenrosa hinzu.

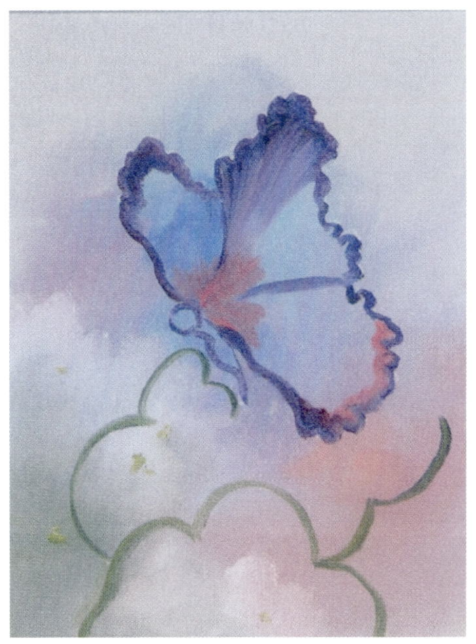

Mit einem sauberen, trockenen Filbertpinsel ziehen Sie die bläuliche Farbe mit leichtem Druck zum Körper des Schmetterlings hin. So entsteht der Eindruck von Transparenz.

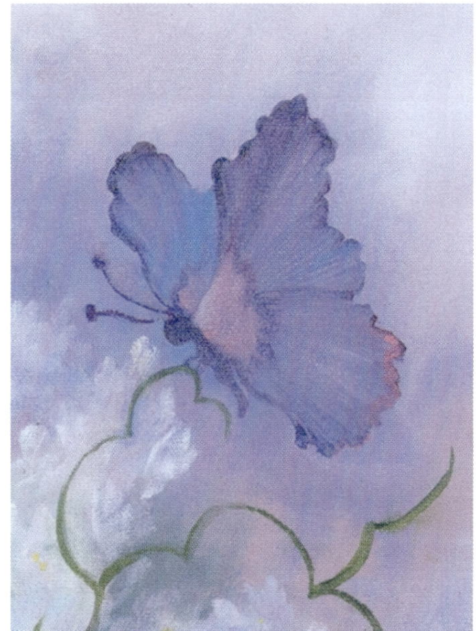

Verwenden Sie erneut den kleinen Rundpinsel und die dunkle Farbmischung aus Ultramarinblau und Mauve, um den Körper, die Beine und die Fühler des Schmetterlings zu ergänzen.

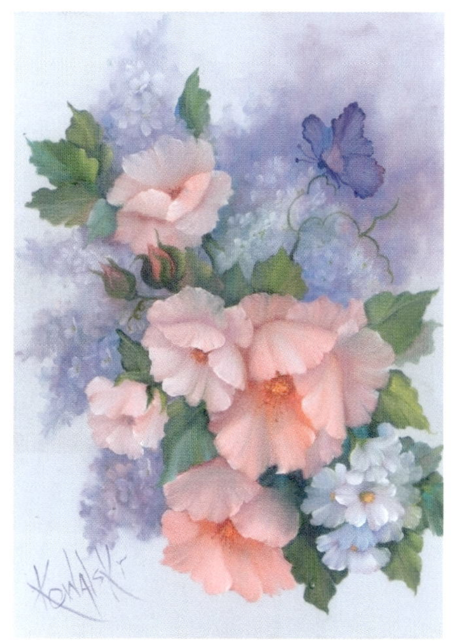

Abschließend fügen Sie noch einige Details, wie Knospen, Stängel, Ranken und Wassertropfen hinzu. Und nun vergessen Sie auf keinen Fall, Ihr Bild zu signieren. Verwenden Sie hierfür den Schriftenpinsel und eine verdünnte Farbe Ihrer Wahl.

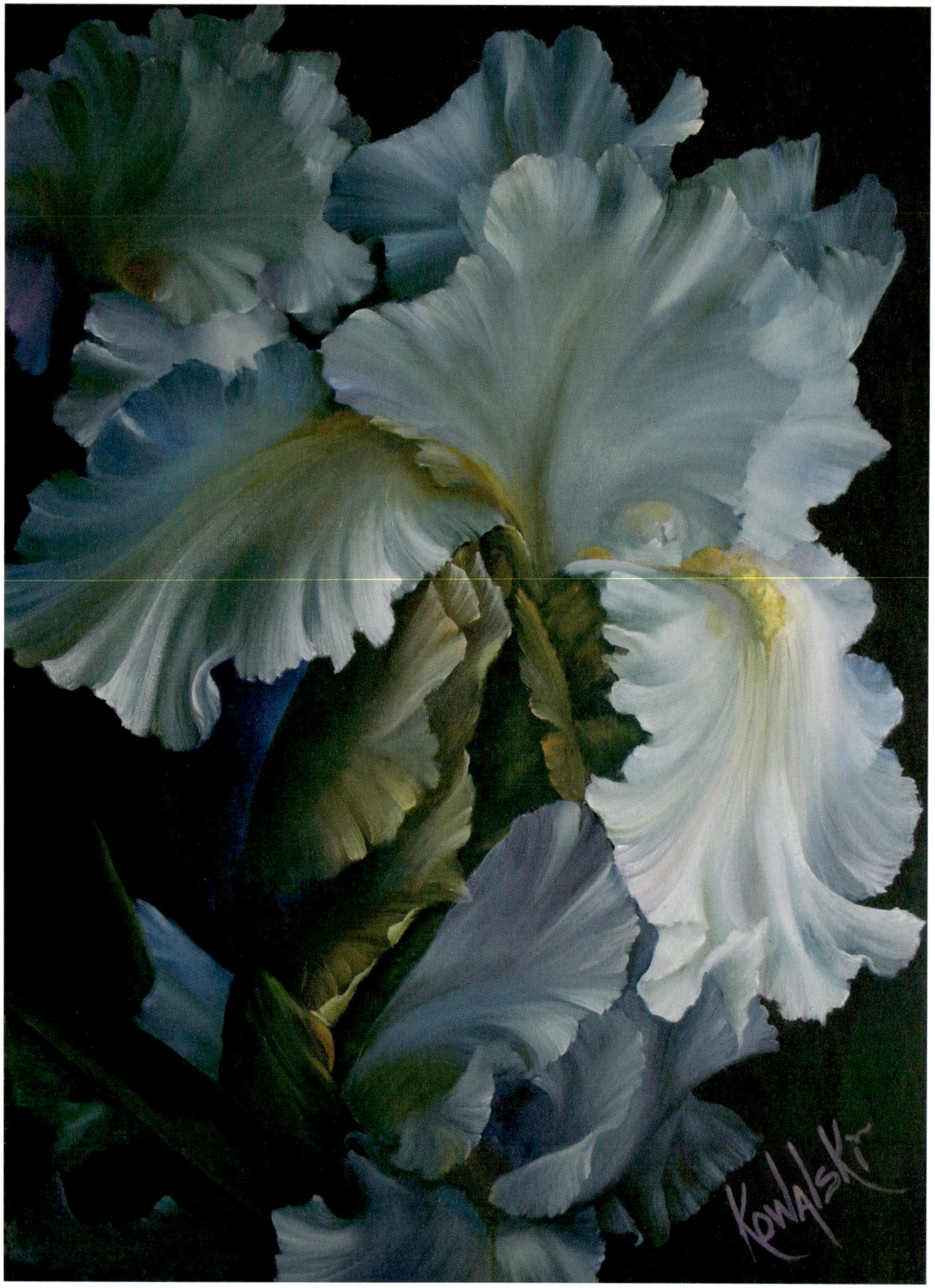

Material

1-Zoll-Landschaftspinsel
¾-Zoll-Blumenpinsel
½-Zoll-Blumenpinsel
Blumenfilbertpinsel
Blumenrundpinsel (klein)
Schriftenpinsel Nr. 2
Gesso Schwarz
Blumenöl

Mauve
Saftgrün
Titanweiß
Türkis
Ultramarinblau

Leinwand 18 x 24 cm
Abreißpalette

Softölfarben

Kadmiumgelb hell
Kadmiumorange

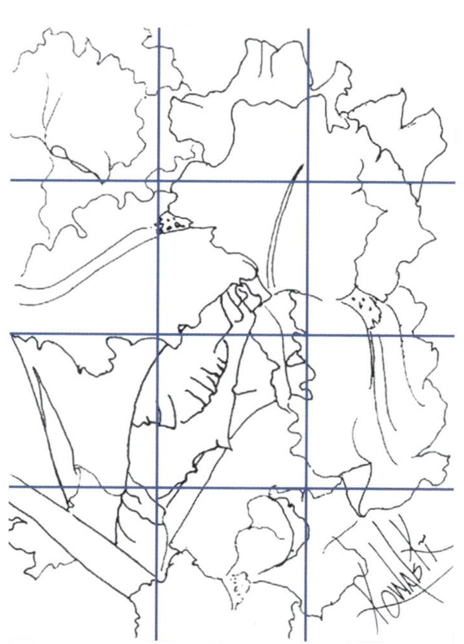

MITTERNÄCHTLICHE IRIS

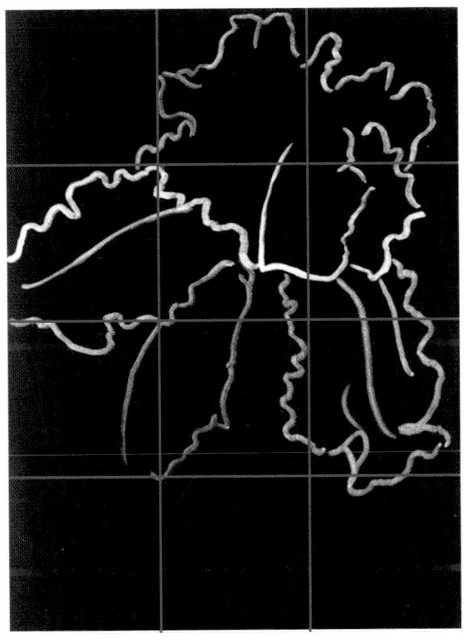

Tragen Sie zunächst mit einem Schaumschwämmchen eine dünne, gleichmäßige Schicht Gesso Schwarz auf die gesamte Leinwand auf und lassen Sie die Grundierung vollständig trocknen. Dann skizzieren Sie die Iris mit einer dünnen Mischung aus Weiß und Farbverdünner auf dem kleinen Rundpinsel.

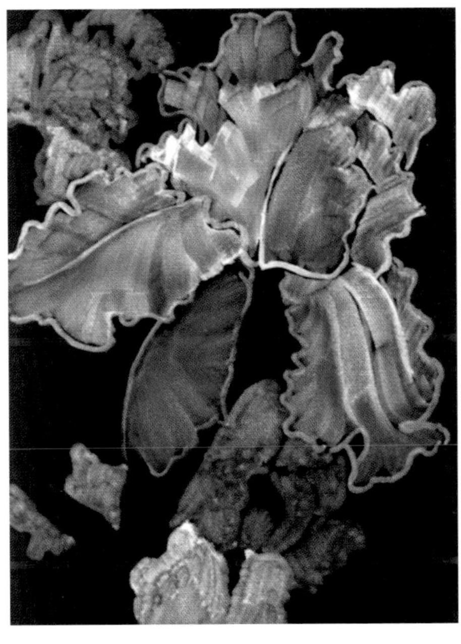

Verwenden Sie den ¾-Zoll-Pinsel und eine dünne Mischung aus Titanweiß und geruchlosem Verdünner und legen Sie locker die die Grundstruktur der Iris sowie der Knospe an. Anschließend tragen Sie mit dem 1-Zoll-Pinsel ein wenig Blumenöl im Hintergrund auf. (Sparen Sie die Blüte dabei unbedingt aus.)

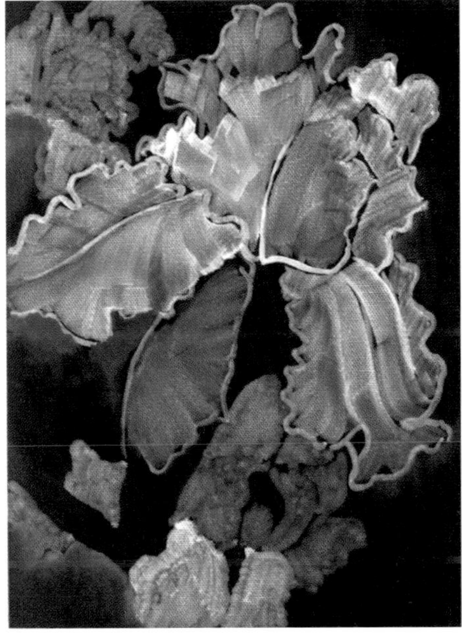

Stellen Sie verschiedene Mischungen aus Titanweiß, Türkis, Mauve und Ultramarinblau her und tragen Sie diese in kleinen Mengen im Hintergrund mit dem 1-Zoll-Pinsel auf.

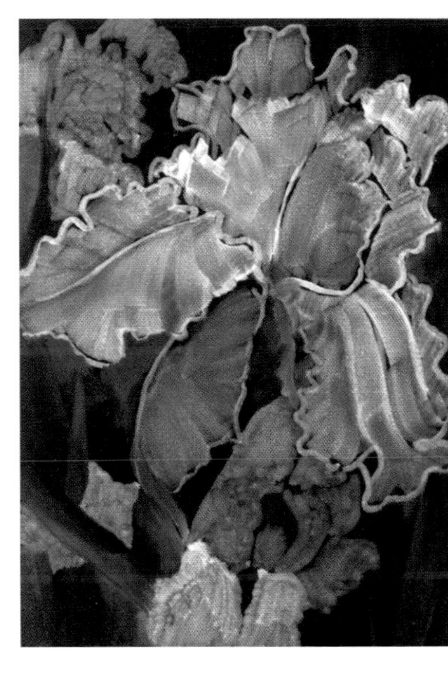

Blätter und Stängel malen Sie mit dem ¾-Zoll- und/oder dem ½-Zoll-Pinsel sowie mit den Farben Ultramarinblau und Saftgrün. Mit einem Hauch Kadmiumgelb hell setzen Sie Akzente.

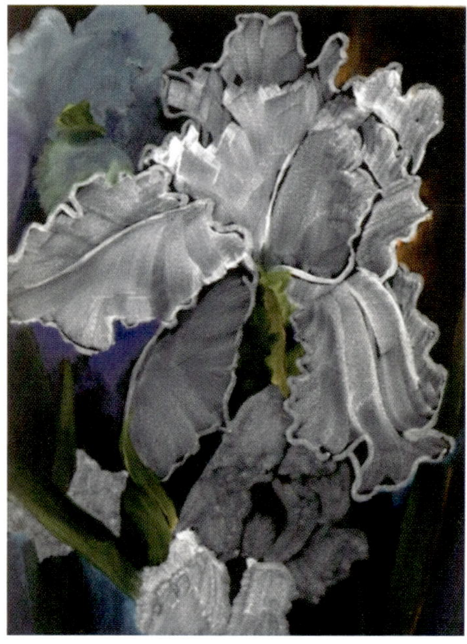

Verwenden Sie weiterhin den ¾-Zoll- und den ½-Zoll-Pinsel, um den Hintergrund der Iris ...

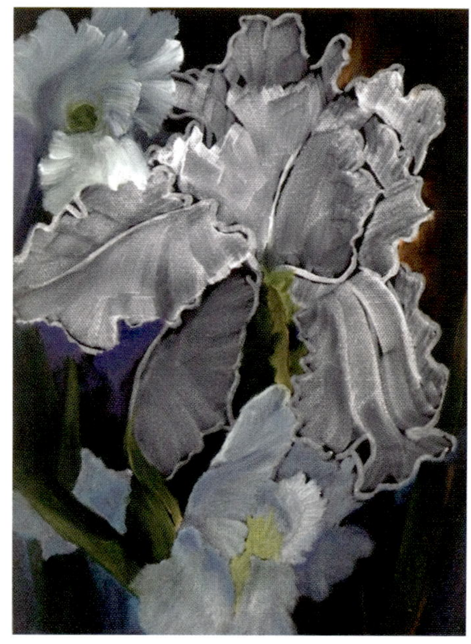

... sowie die leicht verschwommen erscheinende Irisblüte im Vordergrund zu gestalten. Dabei kommen verschiedene Mischungen aus Titanweiß, Ultramarinblau, Saftgrün und Türkis zum Einsatz. Fügen Sie etwas Kadmiumgelb hell im Innern der Irisblüte hinzu.

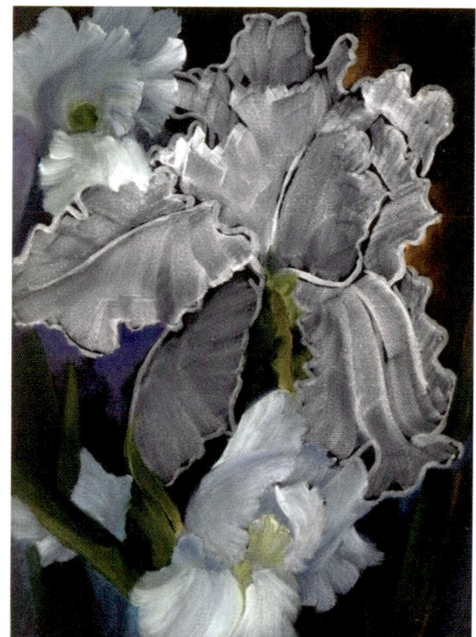

Mit ein wenig Titanweiß arbeiten Sie die Akzente an den Blüten im Hintergrund heraus.

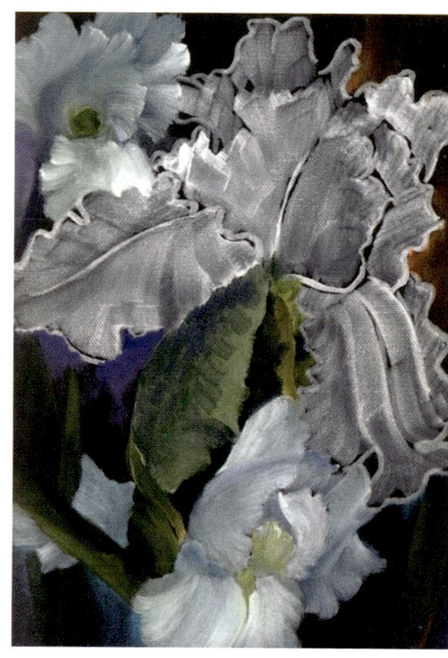

Für die Knospe verwenden Sie nun eine dunkle Mischung aus Saftgrün, Ultramarinblau, Kadmiumgelb hell und Titanweiß.

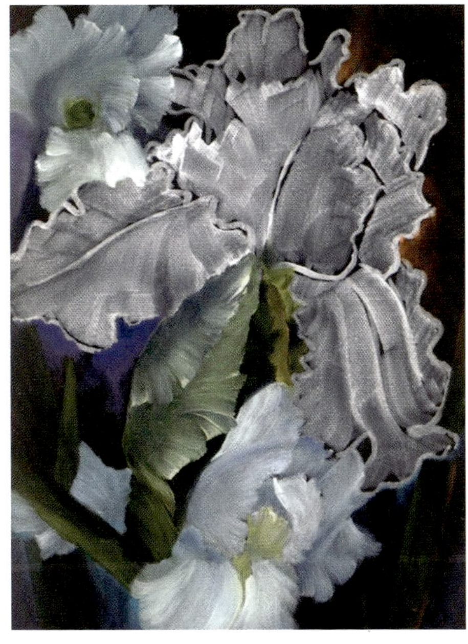

Vervollständigen Sie die Blüten im Hintergrund, die Knospe sowie das Blattwerk, indem Sie dort mit Farbmischungen aus Titanweiß und Kadmiumgelb hell letzte Akzente setzen.

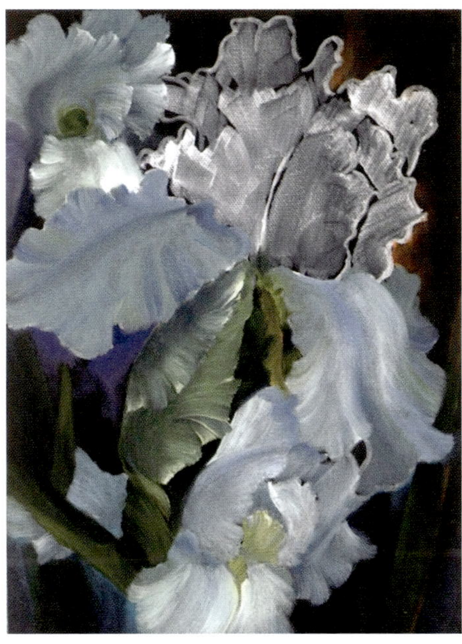

Nun malen Sie die große Iris im Vordergrund – immer ein Blütenblatt nach dem anderen. Verdünnen Sie die Farbe so stark wie nötig und verwenden Sie verschiedene Mischungen aus Titanweiß, Ultramarinblau, Saftgrün und Türkis auf dem ½-Zoll- sowie auf dem ¾-Zoll-Pinsel.

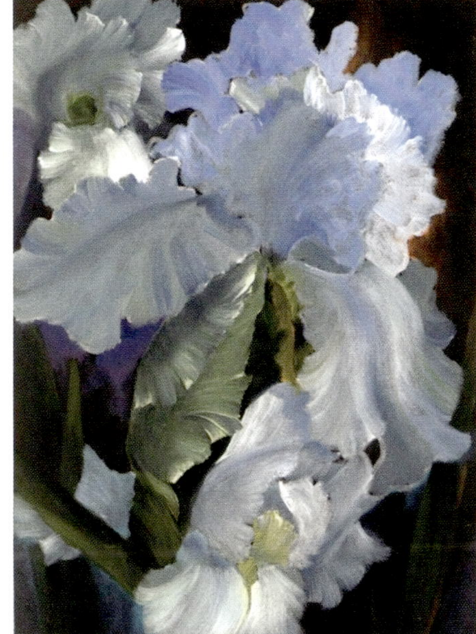

Setzen Sie den Pinsel jeweils am äußeren Rand jedes Blütenblatts an und ziehen Sie die Farbe mit langen, fließenden Strichen zur Blütenmitte hin.

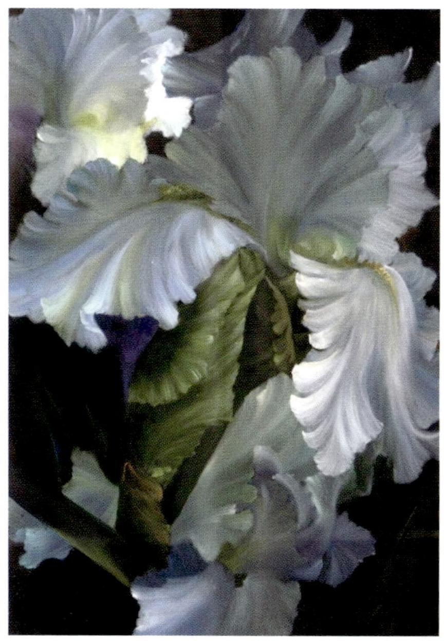

Abschließende Akzente setzen Sie mit Titanweiß und Kadmiumgelb hell. Für Schattenpartien verwenden Sie Titanweiß, Ultramarinblau und Saftgrün. Die leuchtenden Bärte ergänzen Sie mit einer Mischung aus Saftgrün und Kadmiumgelb hell. Mit einer Mischung aus Titanweiß und Kadmiumgelb hell betonen Sie die Bärte.

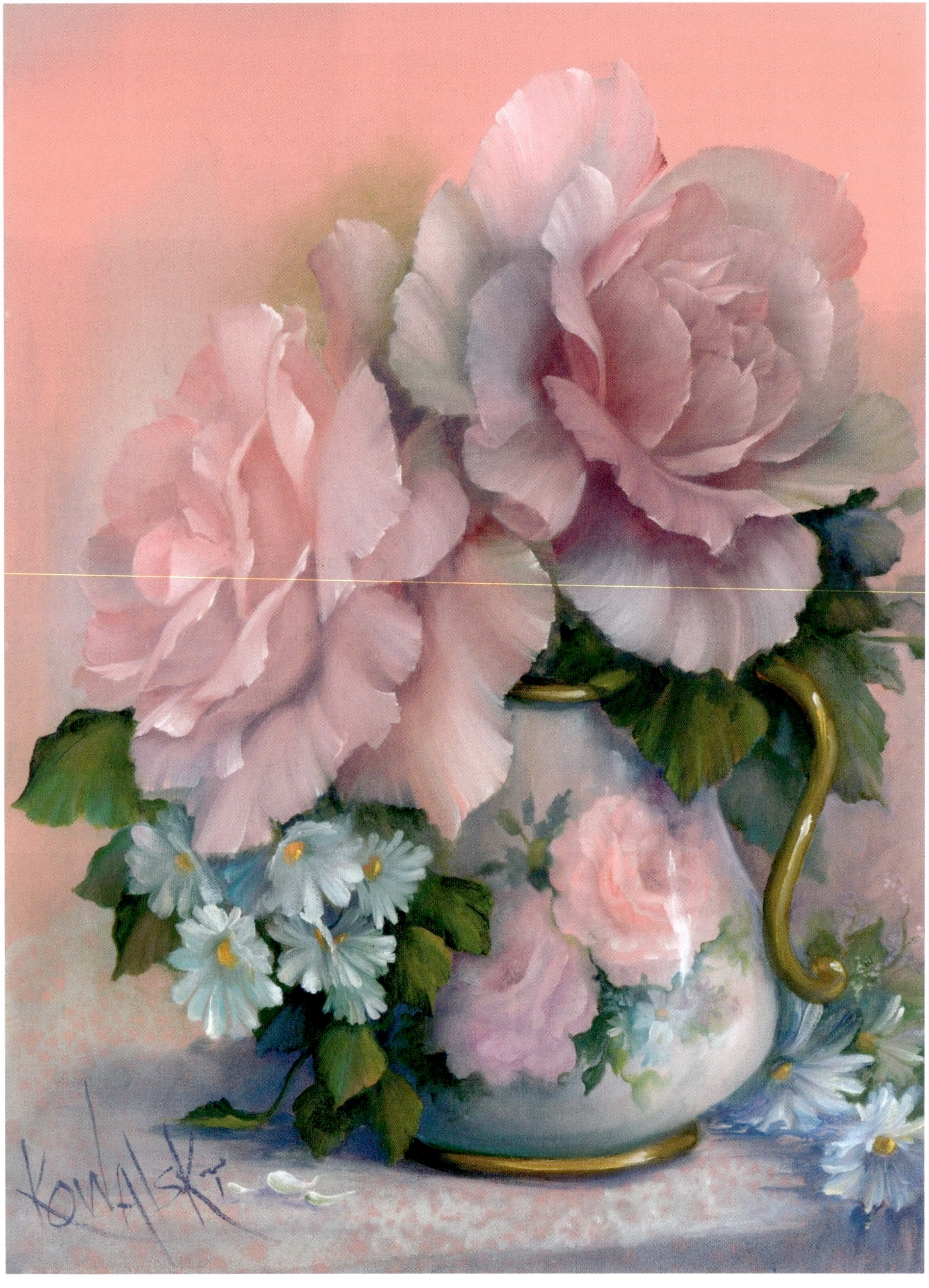

Material

1-Zoll-Landschaftspinsel
¾-Zoll-Blumenpinsel
½-Zoll-Blumenpinsel
Blumenfilbertpinsel
Blumenrundpinsel (klein)
Schriftenpinsel Nr. 2
Blumenöl

Softölfarben

Karmesinrot
Kadmiumgelb hell
Kadmiumorange
Altrosa
Mauve
Saftgrün
Titanweiß
Türkis
Ultramarinblau

Leinwand 18 x 24 cm
Abreißpalette
Acrylsprühfarbe (Pink)
Papierspitzendeckchen
Klebeband

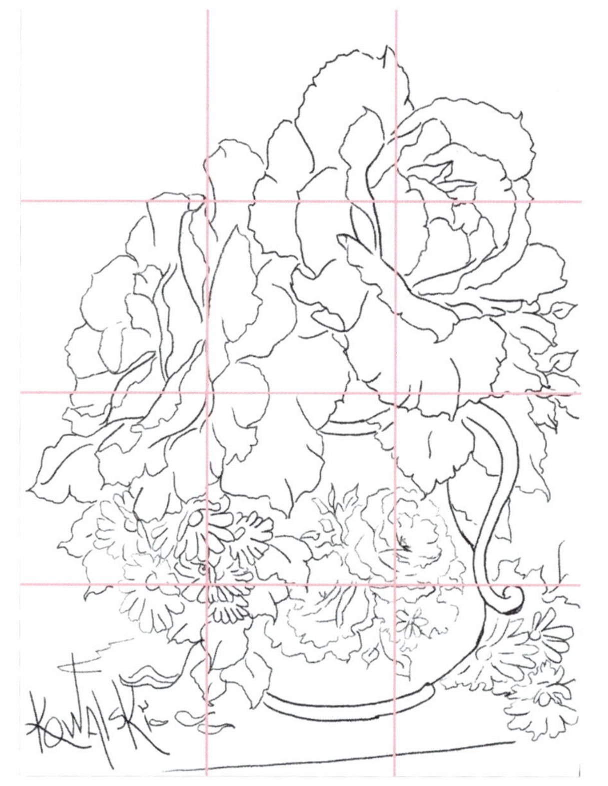

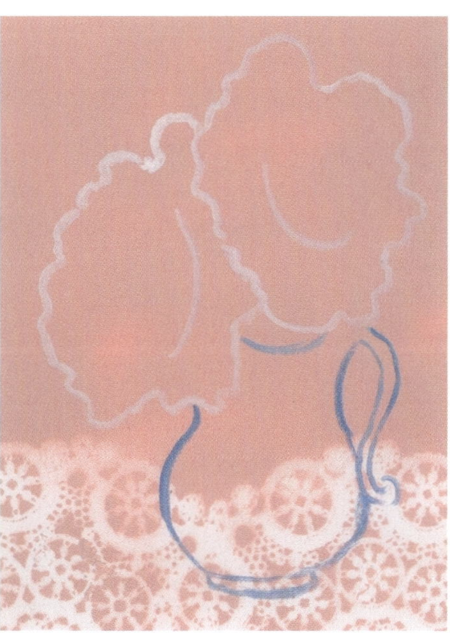

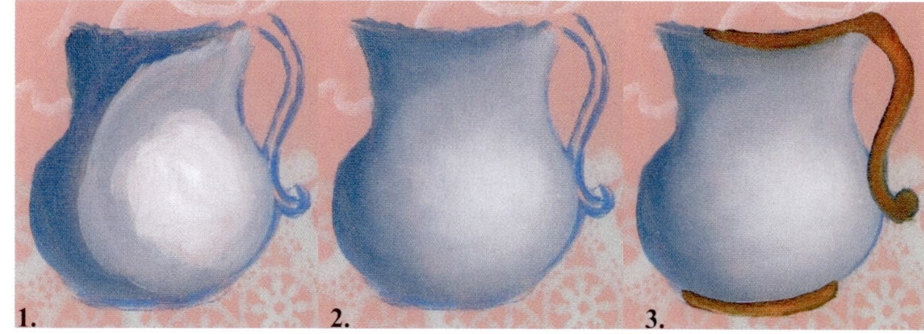

Krug mit goldfarbenem Henkel und Fuß

1. Mit dem ¾-Zoll-Pinsel, einer Mischung aus Ultramarinblau, Türkis, Saftgrün und Mauve sowie einem Hauch Titanweiß malen Sie mit sich kreuzenden Strichen die dunkle Gefäßpartie. Für die helleren Bereiche fügen Sie immer mehr Titanweiß hinzu, für die hellste Partie auch etwas Altrosa.

2. Mit einem sauberen, trockenen Pinsel verblenden Sie die Farben. Dann streichen Sie mit dem Fächerpinsel noch einmal mit schwungvollen, waagerechten Strichen darüber, um harte Konturen zu beseitigen.

3. Für die Vergoldung verwenden Sie den Filbertpinsel und eine Mischung aus Kadmiumorange und Saftgrün.

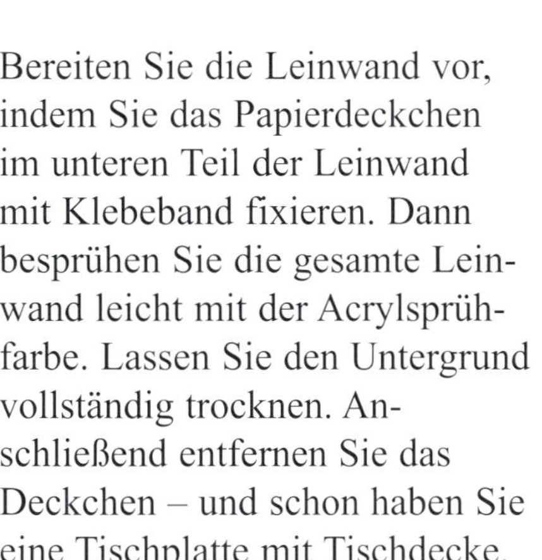

Bereiten Sie die Leinwand vor, indem Sie das Papierdeckchen im unteren Teil der Leinwand mit Klebeband fixieren. Dann besprühen Sie die gesamte Leinwand leicht mit der Acrylsprühfarbe. Lassen Sie den Untergrund vollständig trocknen. Anschließend entfernen Sie das Deckchen – und schon haben Sie eine Tischplatte mit Tischdecke.

Tragen Sie einen Hauch Blumenöl auf die gesamte Leinwand auf. Danach verwenden Sie eine dünne Mischung aus Ultramarinblau und Blumenöl auf dem kleinen Rundpinsel, um den Henkelkrug locker zu skizzieren. Für die Konturen der beiden großen Rosen verwenden Sie verdünntes Titanweiß.

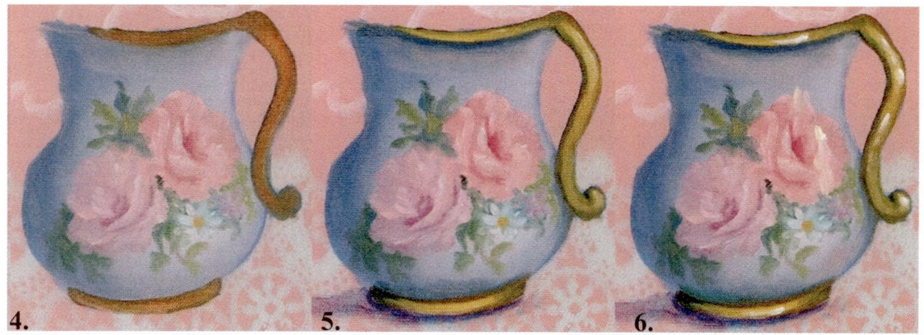

4. Verwenden Sie den ½-Zoll-Pinsel und den Filbertpinsel, um die Rosen und kleinen Blumen mit verschiedenen Mischungen aus Altrosa, Mauve, Saftgrün, Kadmiumgelb und Titanweiß hinzuzufügen. Mit einem sauberen, trockenen Fächerpinsel verblenden Sie die Farben.

5. Für die hellen Partien der Vergoldung verwenden Sie eine Mischung aus Kadmiumgelb und Titanweiß.

6. Mit reinem Titanweiß setzen Sie einzelne Glanzlichter.

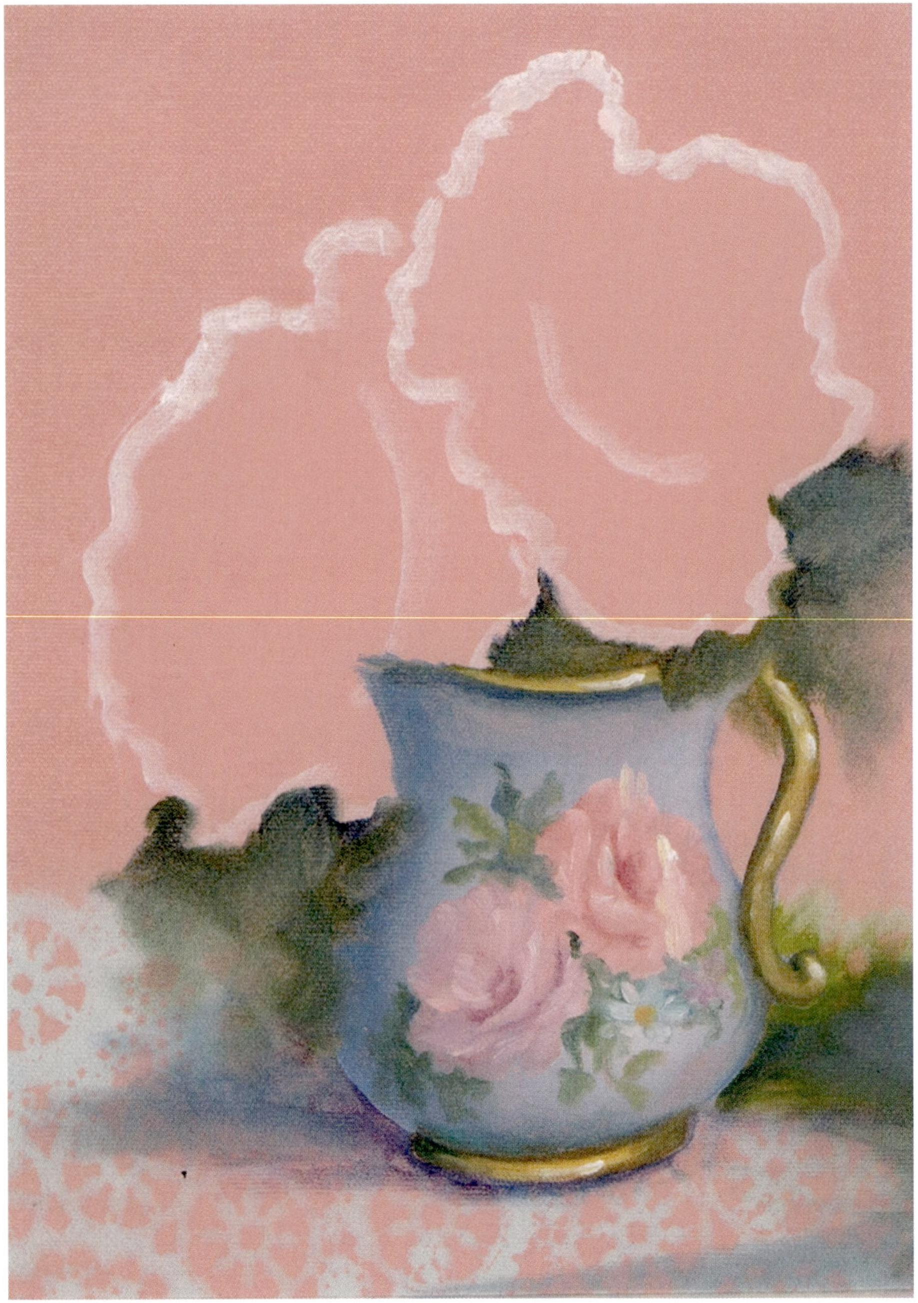

Nachdem der Krug fertig ist, nehmen Sie mit dem ¾-Zoll-Pinsel Mischungen aus Ultramarinblau und Saftgrün auf und skizzieren das Laubwerk.

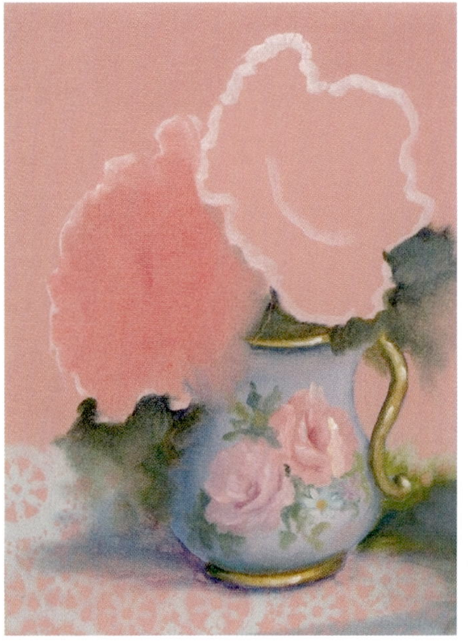

Die erste Rose gestalten Sie locker mit dem ¾-Zoll-Pinsel und mit Blumenöl verdünntem Altrosa.

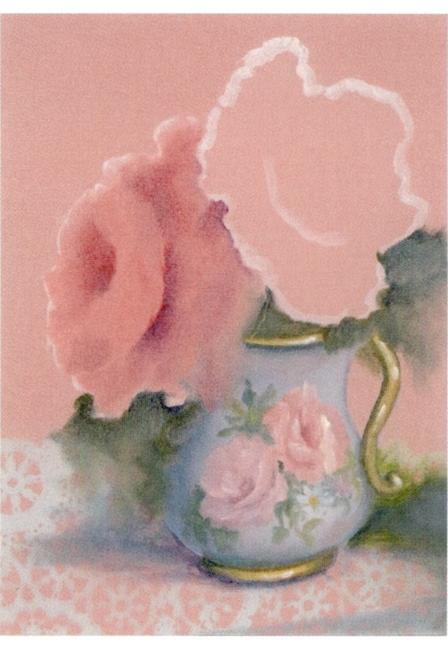

Die dunkleren, leicht verschatteten Blütenpartien ergänzen Sie mit Karmesinrot.

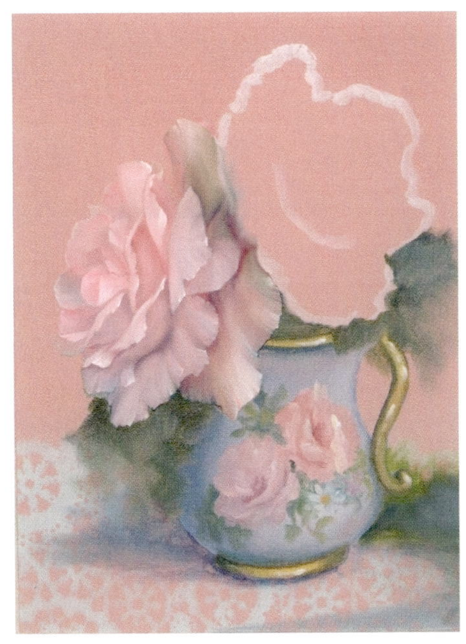

Für einzelne Blütenblätter verwenden Sie Mischungen aus Titanweiß und Altrosa. Letzte Details fügen Sie an der Rosenblüte mit Titanweiß hinzu.

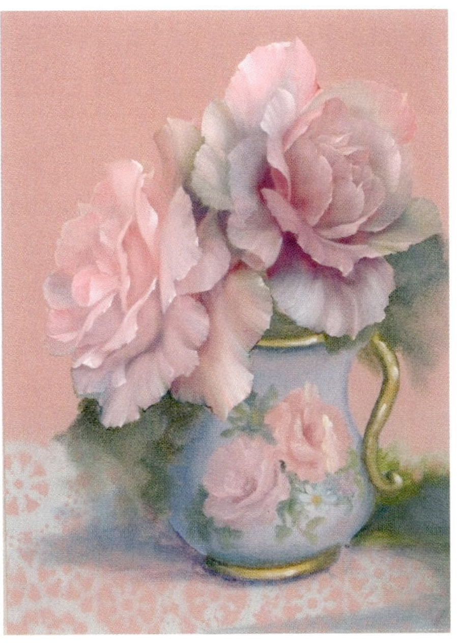

Auch die zweite Rose malen Sie mit verdünntem Altrosa. Für die dunkleren Blütenbereiche verwenden Sie in diesem Fall eine Mischung aus Karmesinrot und Mauve. Lassen Sie den Pinsel locker über das Blattwerk gleiten, sodass es fast transparent wirkt.

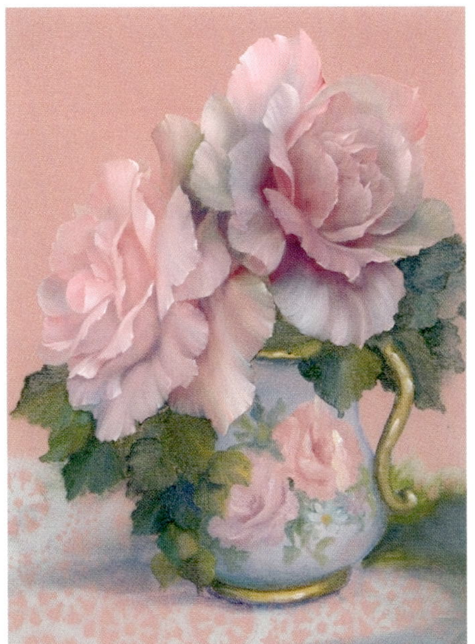

Nachdem Sie mit der zweiten Rose fertig sind, arbeiten Sie das Blattwerk weiter aus und ergänzen mit Mischungen aus Ultramarinblau, Saftgrün, Kadmiumgelb, Karmesinrot und Türkis einzelne Blattbüschel.

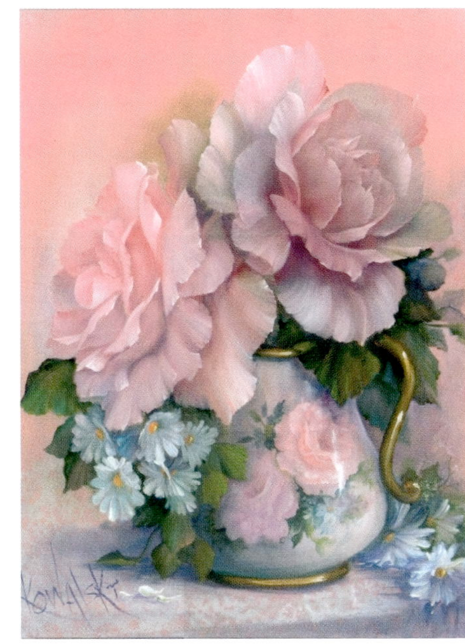

Zum Schluss fügen Sie noch ein paar Gänseblümchen hinzu. Dann signieren Sie Ihr Meisterwerk voller Stolz!

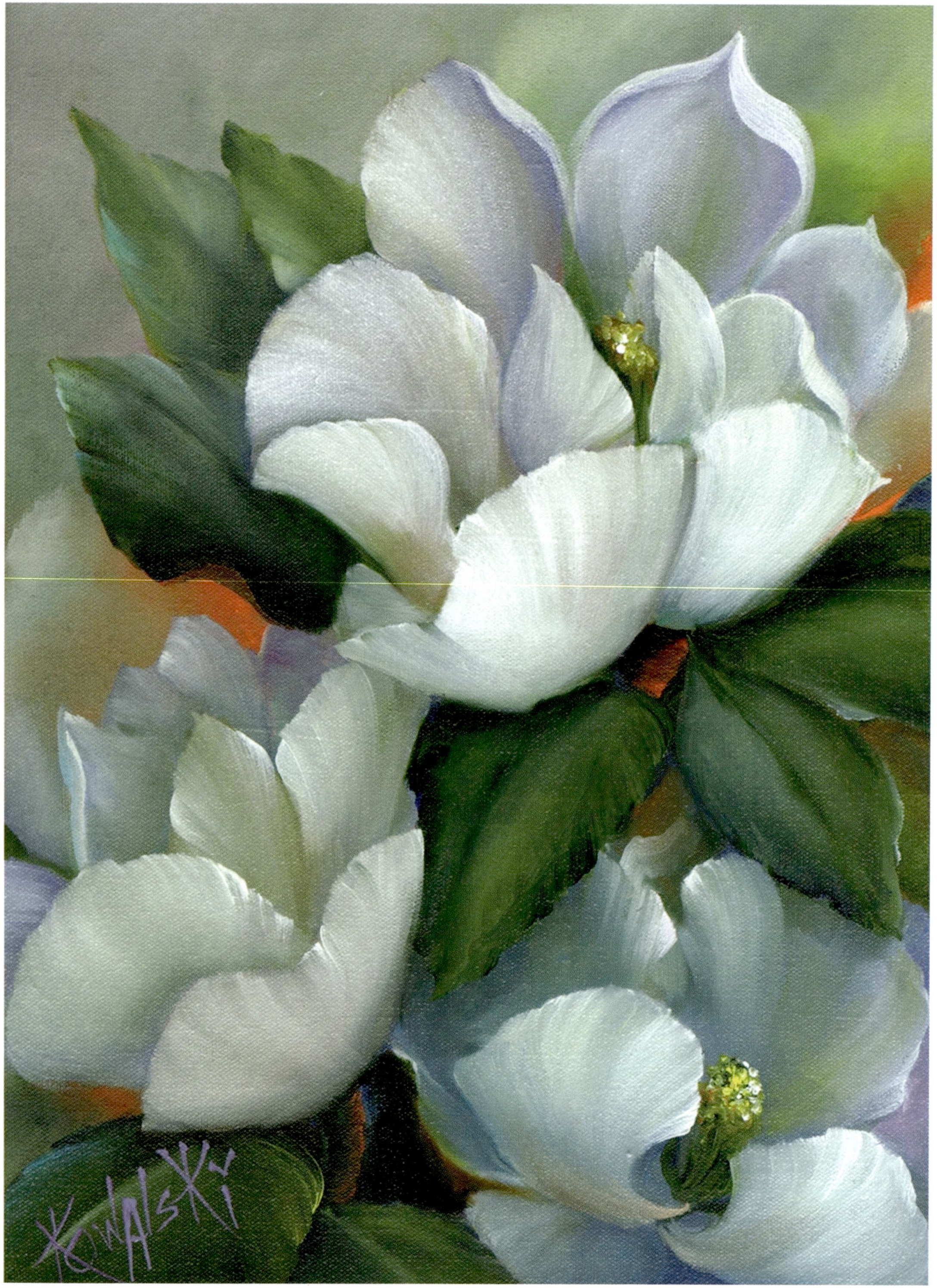

Material

1-Zoll-Landschaftspinsel
¾-Zoll-Blumenpinsel
½-Zoll-Blumenpinsel
Blumenrundpinsel (klein)
Schriftenpinsel Nr. 2
Blumenöl

Softölfarben

Karmesinrot
Kadmiumgelb hell
Kadmiumorange
Elfenbeinschwarz
Mauve
Saftgrün
Titanweiß
Türkis
Ultramarinblau

Leinwand 18 x 24 cm
Abreißpalette

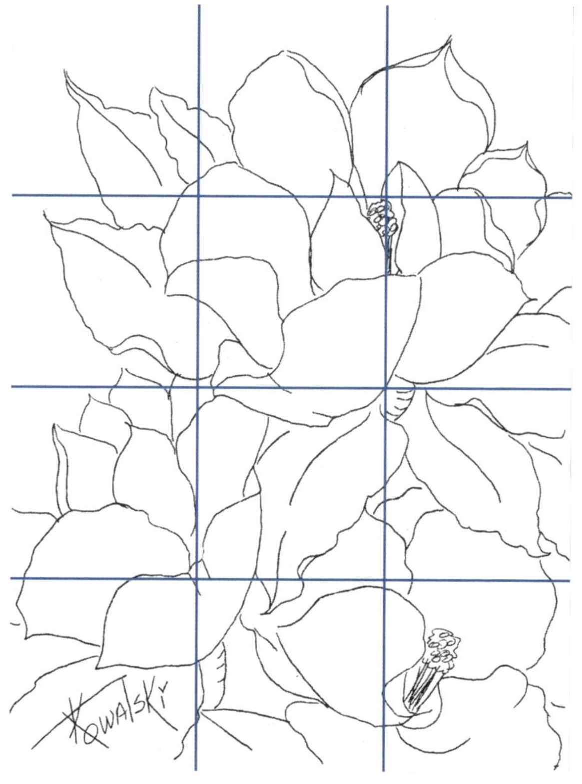

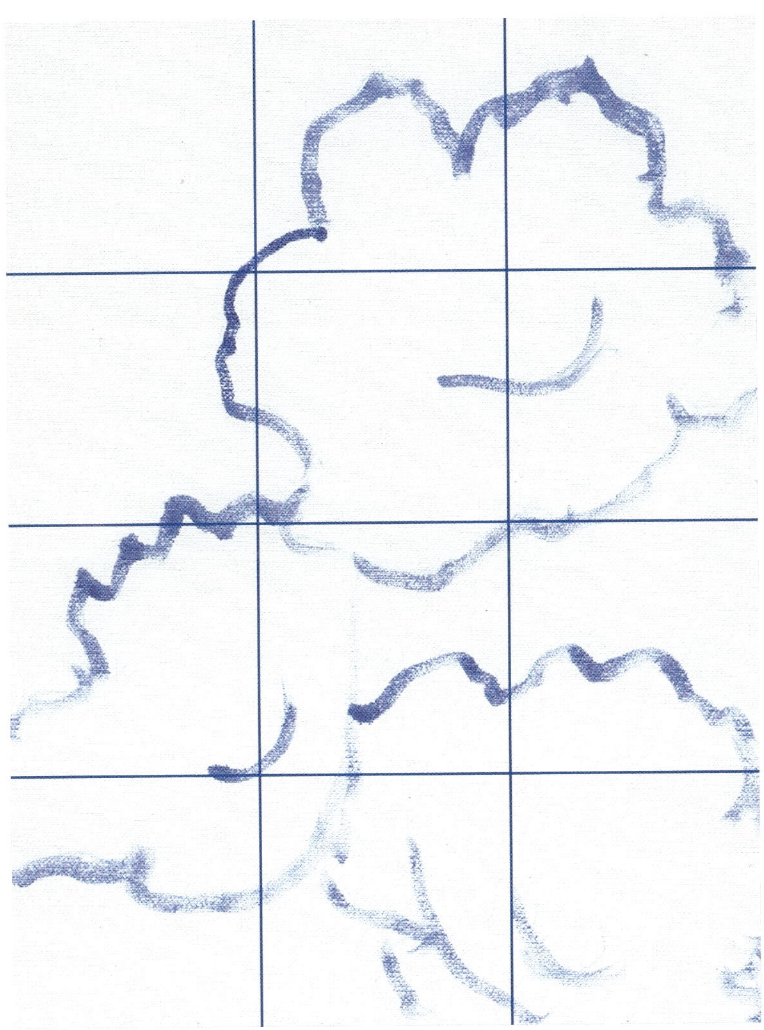

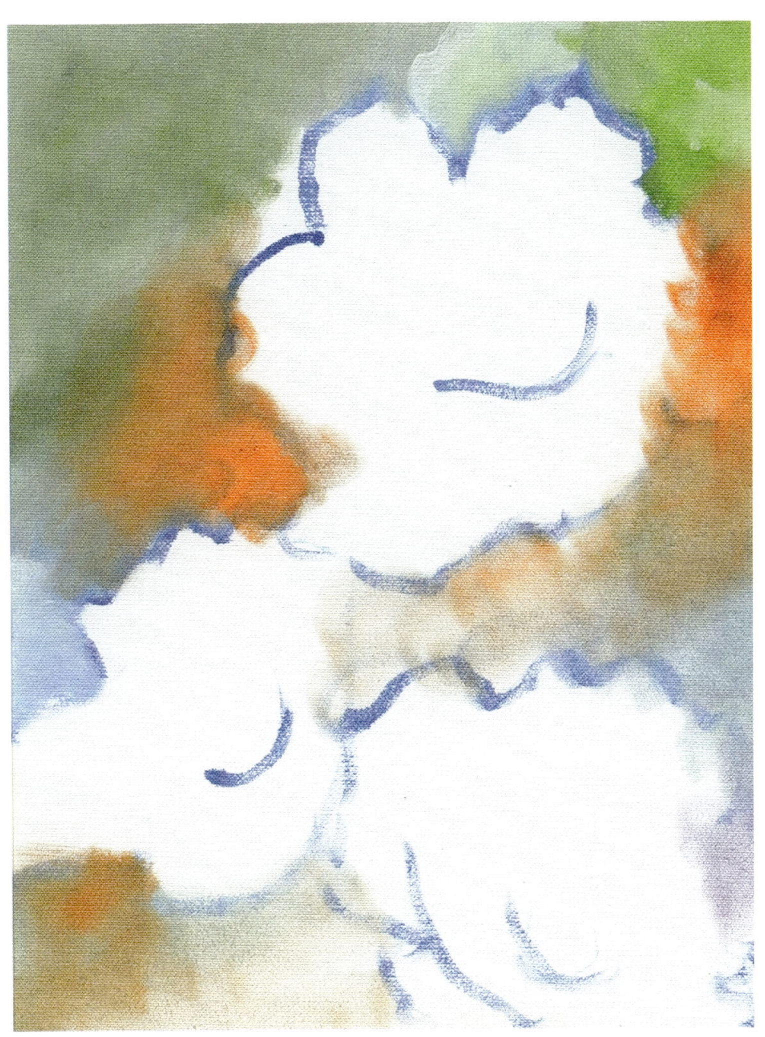

Die Weiße Magnolie lässt sich ganz einfach auf die Leinwand zaubern: Sie brauchen diese zunächst lediglich in 12 Bereiche zu unterteilen. Mit dem kleinen Rundpinsel und einer sehr dünnen Mischung aus Blumenöl und Ultramarinblau skizzieren Sie dann drei große Magnolienblüten. Mit dem 1-Zoll-Pinsel und verschiedenen verdünnten Mischungen aus dem Blumenöl und Titanweiß, Elfenbeinschwarz, Ultramarinblau, Saftgrün und Kadmiumorange gestalten Sie den Hintergrund. Tragen Sie die Farben mit sich kreuzenden Strichen auf die Leinwand auf. Verblenden Sie den Hintergrund leicht mit einem sauberen, trockenen ¾-Zoll-Pinsel.

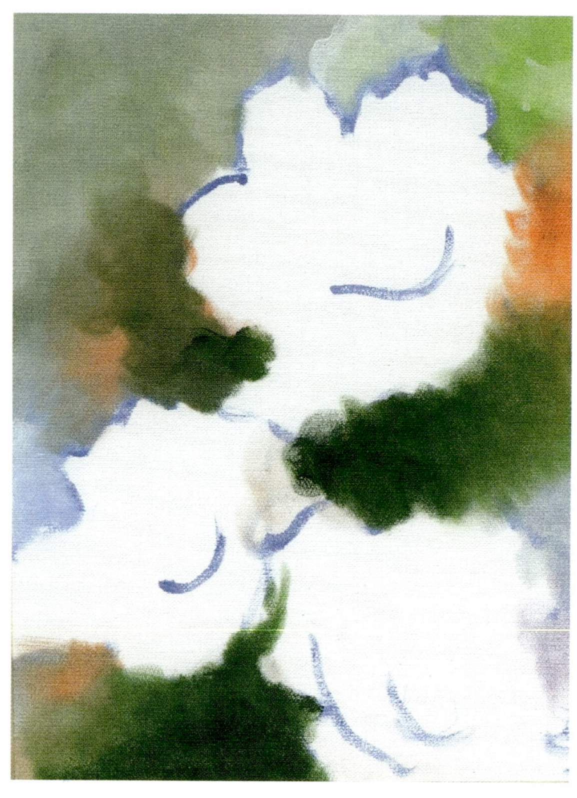

Malen Sie mit dem ¾-Zoll-Pinsel und verschiedenen Farbmischungen aus Saftgrün, Ultramarinblau und Kadmiumorange die Grundstruktur der großen Magnolienblätter. Tragen Sie die Farbe mit lockeren, sich kreuzenden Strichen um die Magnolien herum auf.

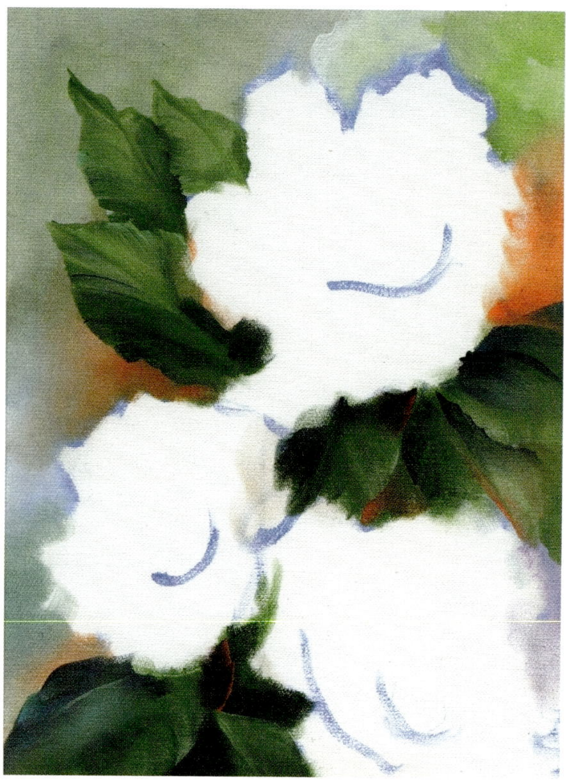

Nun wird jedes der großen Blätter im Detail ausgestaltet. Wenn Sie möchten, können Sie mit dem kleinen Rundpinsel und einer sehr dünnen Mischung aus Ultramarinblau und Blumenöl zunächst die Anordnung der einzelnen Blätter skizzieren. Anschließend arbeiten Sie jedes einzelne Blatt mit dem ½-Zoll- und dann mit dem ¾-Zoll-Pinsel aus. Die entsprechende Farbe mischen Sie aus Saftgrün, Ultramarinblau, Kadmiumgelb und Titanweiß.

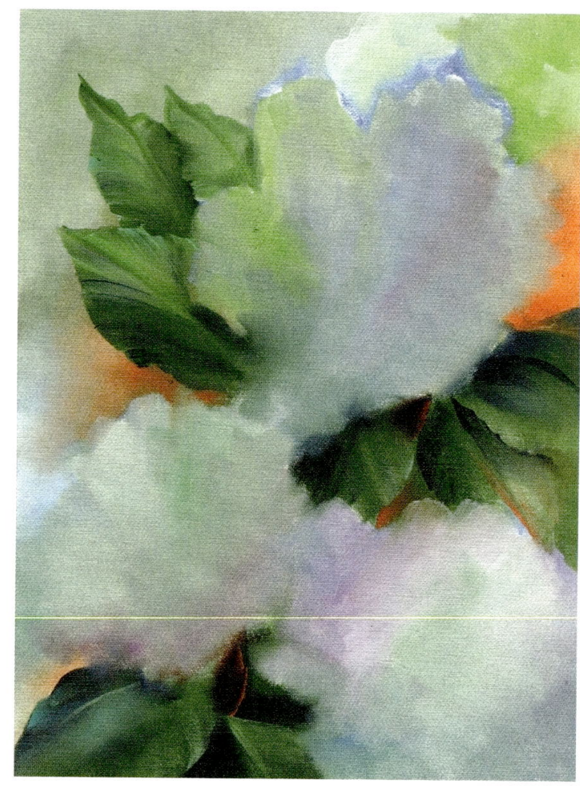

Für die Magnolienblüten tragen Sie erst einmal mit dem ¾-Zoll-Pinsel verschiedene, sehr dünne Mischungen aus dem Blumenöl, Titanweiß, Elfenbeinschwarz, Ultramarinblau, Saftgrün, Mauve und Türkis auf die Leinwand auf. Vervollständigen Sie jede einzelne Magnolienblüte, indem Sie Blütenblatt für Blütenblatt mit Glanzlichtern versehen.

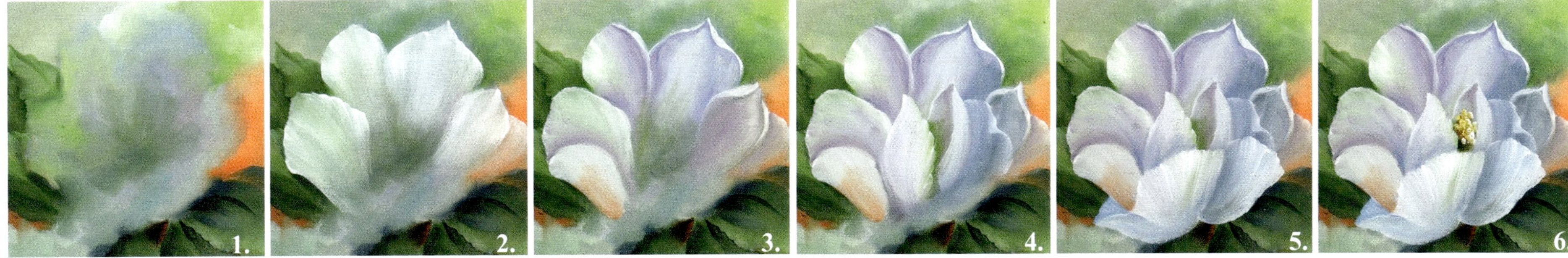

1. Tragen Sie auf jede Magnolienblüte eine Mischung aus verdünntem Titanweiß, Elfenbeinschwarz, Ultramarinblau, Saftgrün, Mauve und Türkis auf.
2. Etwas weniger Weiß mischen Sie bei, wenn Sie das dunkle Innere jeder Blume malen. Mit dem ¾-Zoll-Pinsel setzen Sie auf jeder Magnolie einzelne Glanzlichter.
3. Mit langen, fließenden und sich überlappenden Strichen tragen Sie – ein Blütenblatt nach dem anderen – Titanweiß zur Blütenmitte hin auf.
4. Schattieren Sie die Blütenblätter mit Mauve, Ultramarinblau und Kadmiumorange und fügen Sie Titanweiß für die Glanzlichter hinzu.
5. Ergänzen Sie bei jeder Blume die vorderen Blütenblätter und tragen Sie dabei die Farbe von der Blattspitze zum Blattansatz hin auf. Mit ein wenig Türkis malen Sie die Schatten.
6. Für die Staubgefäße nehmen Sie den kleinen Rundpinsel und eine dunkle Mischung aus Saftgrün, Karmesinrot und Kadmiumorange. Dann setzen Sie mit Kadmiumgelb und Titanweiß einzelne Glanzlichter.

Zum Abschluss arbeiten Sie letzte Blätter ein und setzen noch einige leuchtende Akzente. Dann fügen Sie mit dem Schriftenpinsel und sehr dünnen Farbmischungen auf den Magnolienblättern das feine Äderwerk hinzu. Mit einer dünnen Mischung aus dem Blumenöl und einer Farbe Ihrer Wahl signieren Sie schließlich stolz Ihr Meisterwerk!

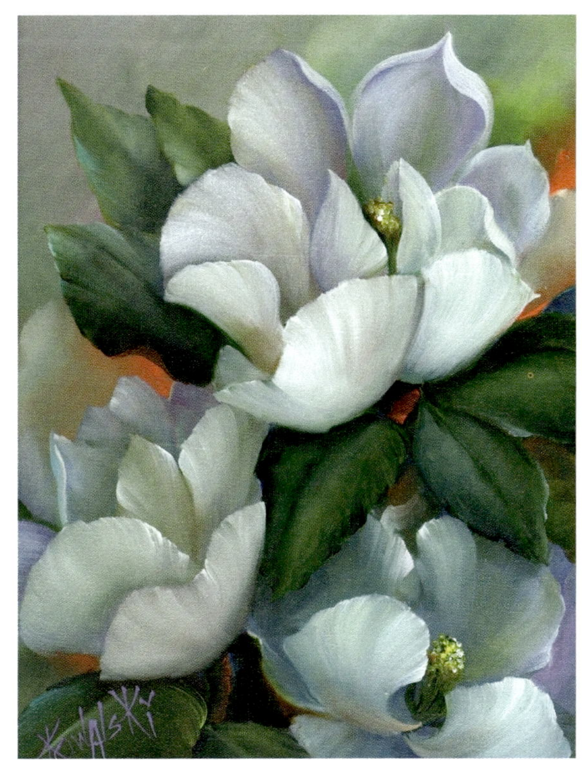

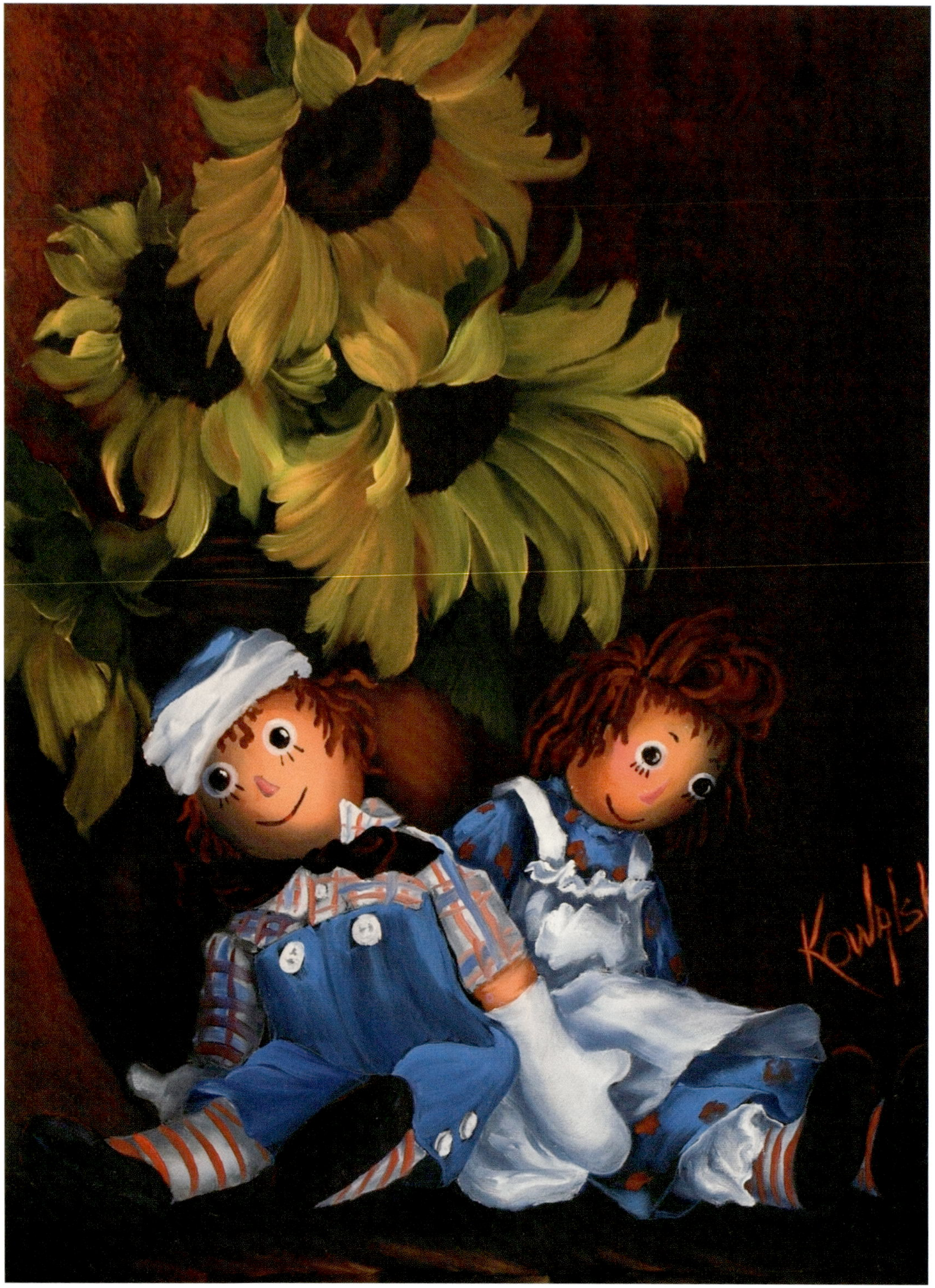

Material

1-Zoll-Landschaftspinsel
¾-Zoll-Blumenpinsel
½-Zoll-Blumenpinsel
Blumenfilbertpinsel
Blumenrundpinsel (klein)
Schriftenpinsel Nr. 2
Gesso Schwarz
Blumenöl

Softölfarben

Karmesinrot
Kadmiumgelb hell
Kadmiumrot mittel
Elfenbeinschwarz
Saftgrün
Titanweiß
Türkis
Ultramarinblau

Leinwand 18 x 24 cm
Abreißpalette
Plastikfolie
Schneiderpapier (optional)

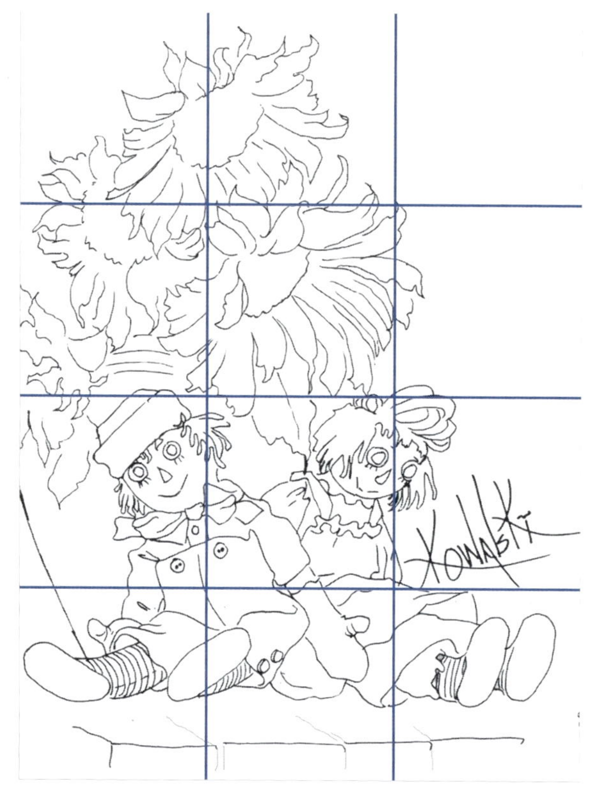

BESTE FREUNDE

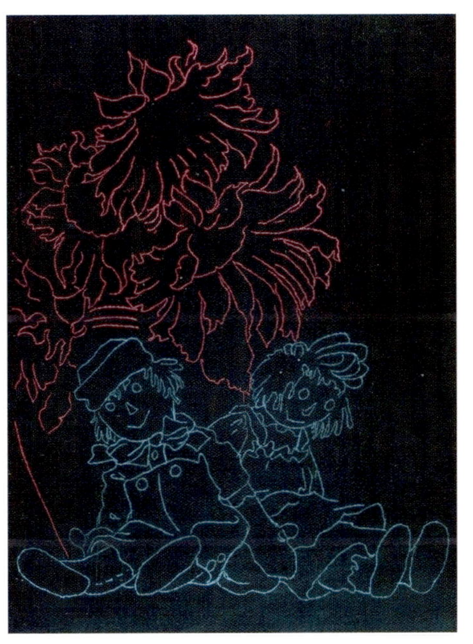

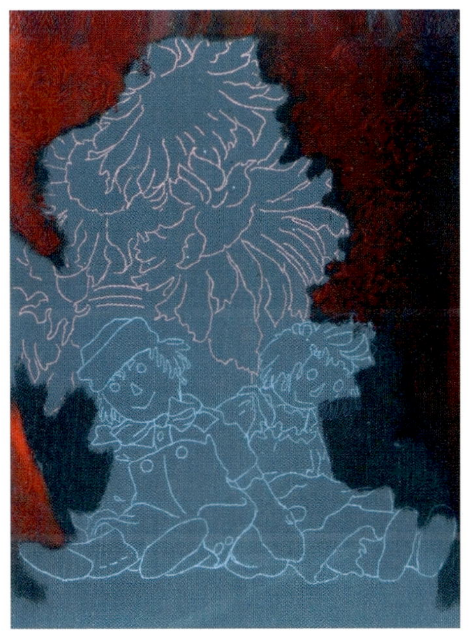

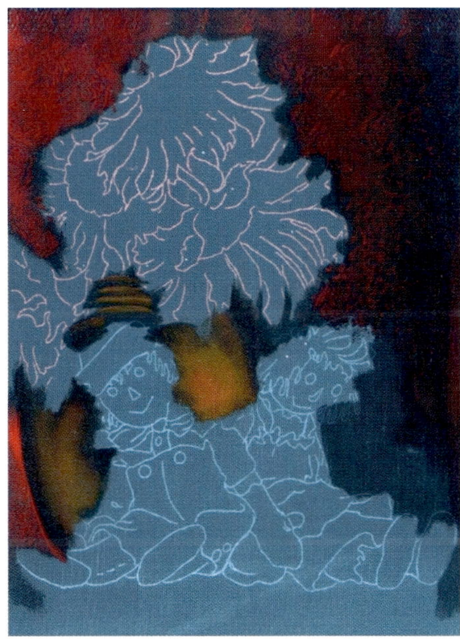

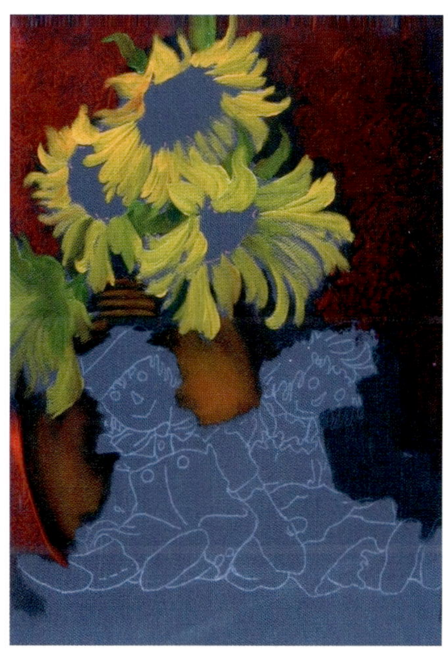

Nehmen Sie ein Schaumschwämmchen zur Hand und bedecken Sie die gesamte Leinwand mit einer dünnen Schicht Gesso Schwarz. Lassen Sie die Grundierung vollständig trocknen. Dann skizzieren Sie die beiden Puppen sowie die Blumen mit verdünnter Farbe auf dem kleinen Rundpinsel. (Alternativ können Sie das Motiv mithilfe von Schneiderpapier auf die Leinwand übertragen).

Für den Hintergrund verwenden Sie den ¾-Zoll-Pinsel und ein wenig Blumenöl. Arbeiten Sie von hell nach dunkel. Beginnen Sie oben links und fügen Sie etwas Kadmiumrot mittel hinzu. (Das Licht fällt hier von rechts ein, der Bereich im Hintergrund rechts liegt im Dunkel.)

Tupfen Sie mit zerknüllter Plastikfolie auf die noch feuchte Hintergrundfarbe, sodass ein leicht marmorierender Effekt eintritt. Dann mischen Sie zu gleichen Teilen Saftgrün und Karmesinrot und malen mit dem ½-Zoll-Pinsel die tönerne Blumenvase. Fügen Sie auf der hellen Vasenseite (rechts) etwas Kadmiumorange hinzu, auf der dunklen (links) ein wenig Ultramarinblau.

Mit dem ½-Zoll-Pinsel und verschiedenen Mischungen aus Kadmiumgelb hell, Kadmiumorange, Saftgrün und Karmesinrot legen Sie die Sonnenblumen an. Geben Sie gerade so viel Blumenöl hinzu, dass die Farbe eine gute Fließeigenschaft aufweist.

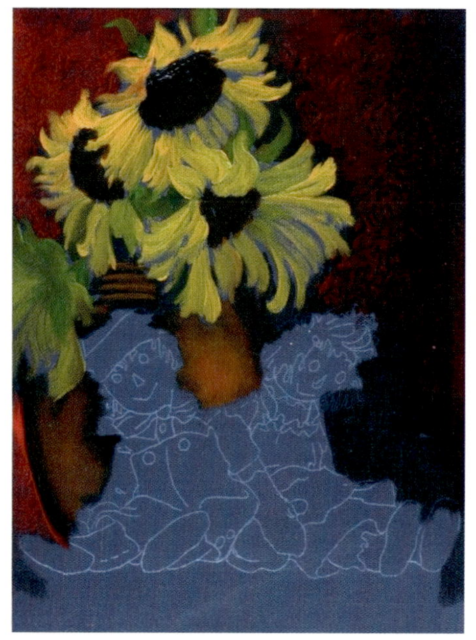

Fügen Sie nun die braunen Röhrenblüten in der Mitte des Blütenstands der jeweiligen Sonnenblume mit dem ½-Zoll-Pinsel hinzu. Verwenden Sie hierfür eine Mischung aus gleichen Mengen Karmesinrot und Saftgrün.

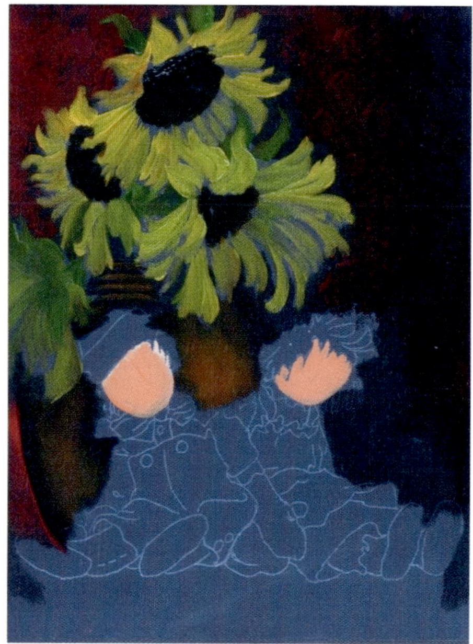

Die Gesichter der Puppen malen Sie mit dem ½-Zoll-Pinsel und einer aus Titanweiß und Kadmiumorange zu gleichen Teilen gemischten Farbe.

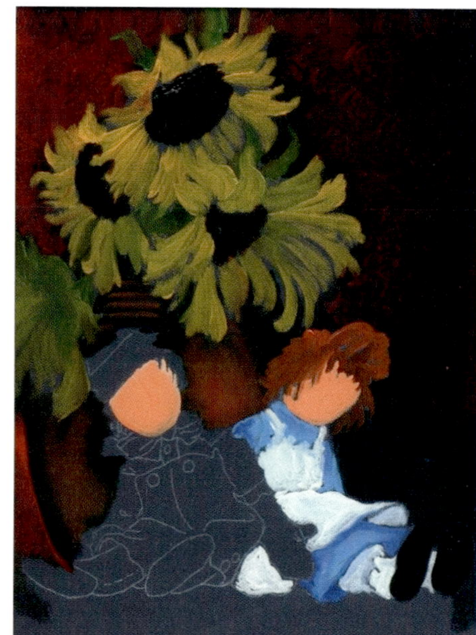

Für die blaue Kleidung mischen Sie Ultramarinblau und Türkis. Die Schuhe malen Sie mit Elfenbeinschwarz.

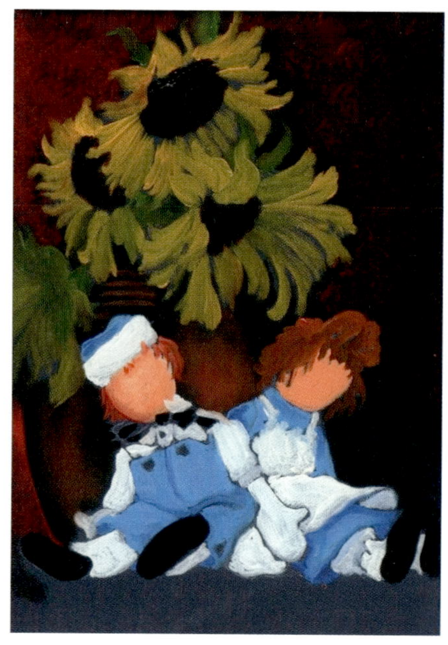

Für die weißen Kleidungselemente wird Titanweiß mit Kadmiumgelb und -orange abgetönt. Für die dunklen Schattierungen fügen Sie der Mischung etwas Ultramarinblau hinzu und tragen die Farbe mit dem ½-Zoll-Pinsel (evtl. auch mit dem kleinen Rundpinsel) auf.

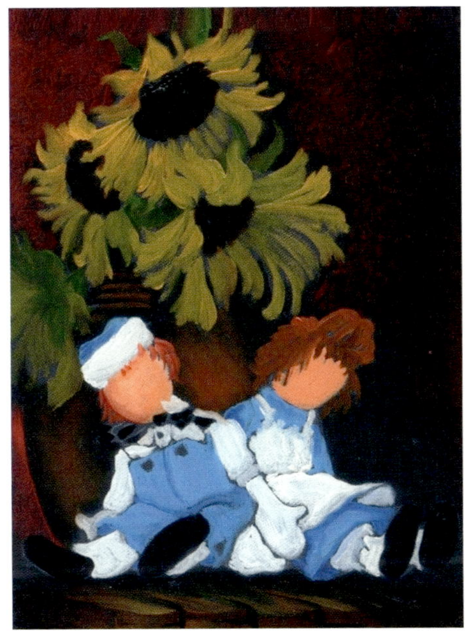

Verdünnen Sie die braune Farbmischung mit etwas Blumenöl und tragen Sie die Farbe mit dem ¾-Zoll-Pinsel auf, um die hölzerne Tischplatte anzudeuten. Mit verschiedenen Mischungen aus Kamiumorange und -gelb setzen Sie einzelne Akzente.

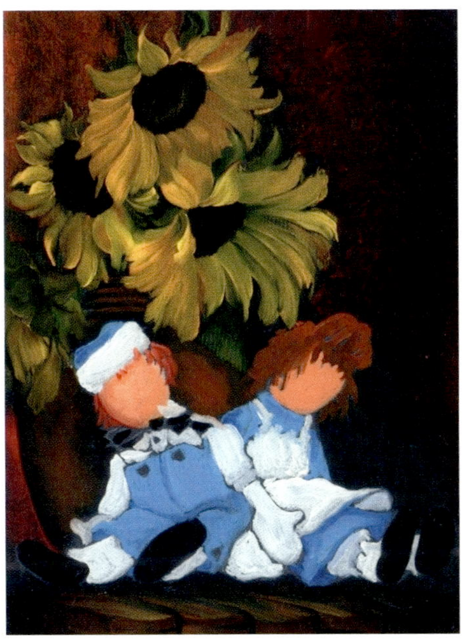

Mit Saftgrün und Ultramarinblau arbeiten Sie das Blattwerk der Sonnenblumen weiter aus und fügen hinter der Puppe Raggedy Ann ein neues Blatt ein. Betonen Sie die Sonnenblumen mit verschiedenen Mischungen aus Kadmiumgelb und Titanweiß.

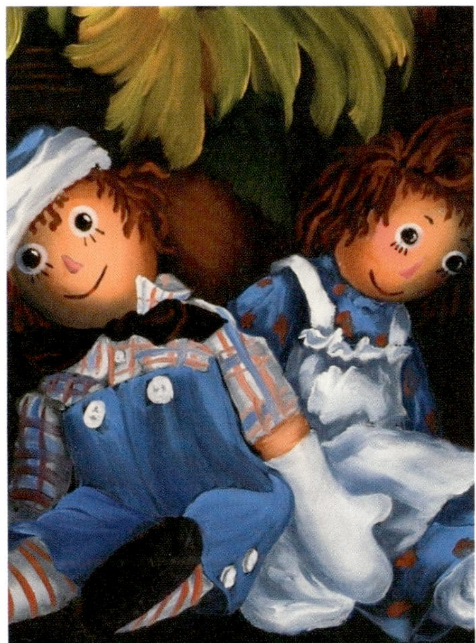

Für die Schatten auf den aparten Puppengesichtern verwenden Sie Ultramarinblau, für Anns rosige Wangen ein wenig Karmesinrot. Dann nehmen Sie den kleinen Rundpinsel und ergänzen noch einige Details: Andys Pullover (mit Kadmiumrot mittel und Ultramarinblau), die roten Blumen auf Anns Kleid, die Augen (mit Elfenbeinschwarz und Titanweiß) sowie Nase und Mund mit einer Mischung aus Karmesinrot und Titanweiß.

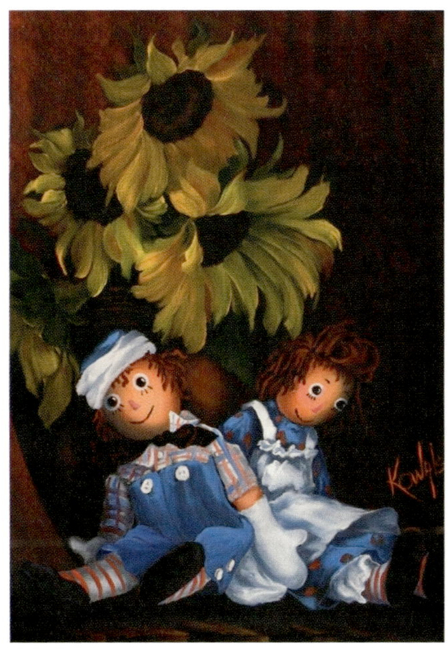

Für das Puppenhaar kommt die Braunmischung zusammen mit Kadmiumorange zum Einsatz. Die Knöpfe sind Titanweiß und die Streifen auf der Socken ergänzen Sie mit Kadmiumrot mittel. Zum Schluss signieren Sie Ihr Meisterwerk und freuen sich an Ihren neuen Freunden!

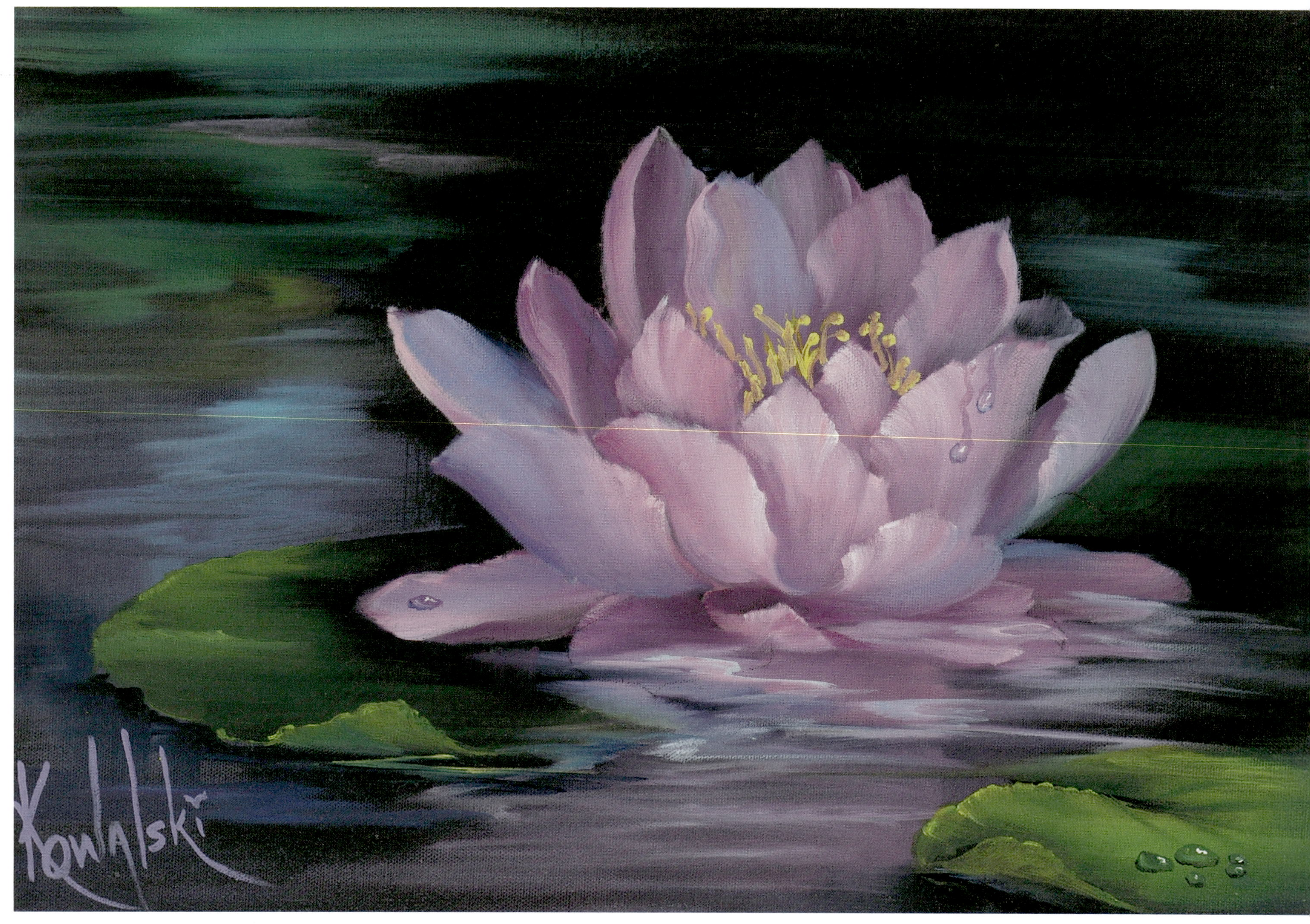
Kowalski

MAGENTAFARBENE WASSERLILIE

Material
1-Zoll-Landschaftspinsel
¾-Zoll-Blumenpinsel
Blumenrundpinsel
Schriftenpinsel Nr. 2
Gesso Schwarz
Blumenöl

Softölfarben
Kadmiumgelb hell
Magenta
Mauve
Saftgrün
Titanweiß
Türkis
Ultramarinblau

Leinwand 18 x 24 cm
Abreißpalette

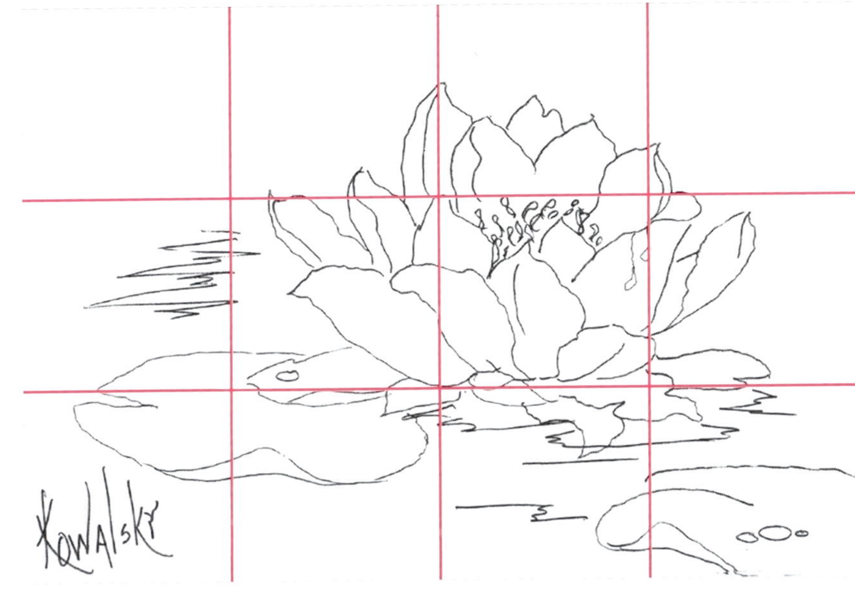

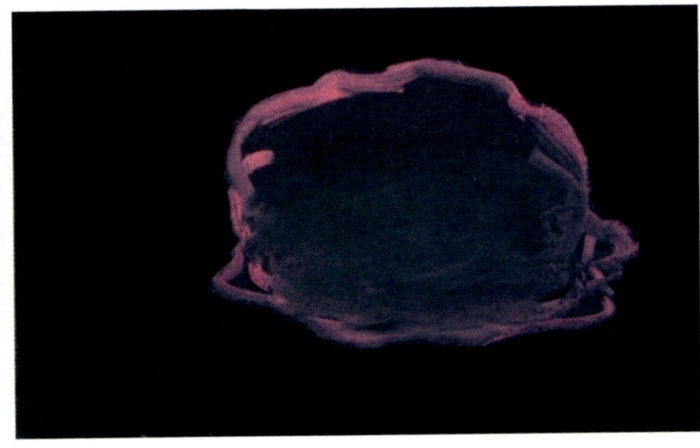

Nehmen Sie einen Schaumschwamm und tragen Sie auf die gesamte Leinwand Gesso Schwarz auf. Lassen Sie die Grundierung trocknen. Mit dem kleinen Rundpinsel und verdünntem Magenta skizzieren Sie locker die Wasserlilie.

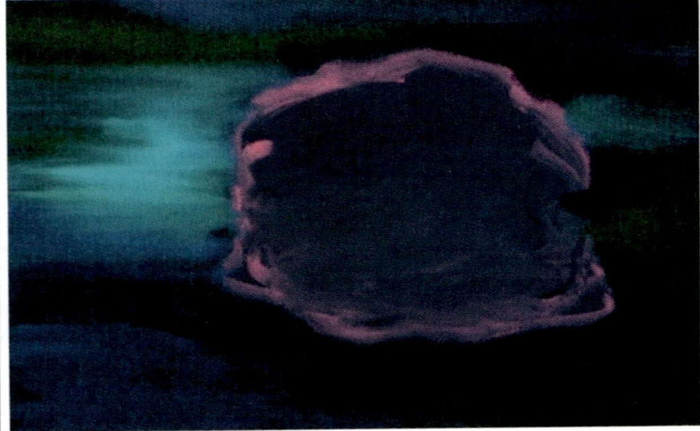

Mit dem 1-Zoll-Pinsel tragen Sie einen Hauch Blumenöl auf die Leinwand auf. Dann arbeiten Sie den Hintergrund mit verschiedenen Farbmischungen aus Saftgrün, Ultramarinblau, Mauve, Türkis und Magenta aus. So entsteht die Wasserfläche.

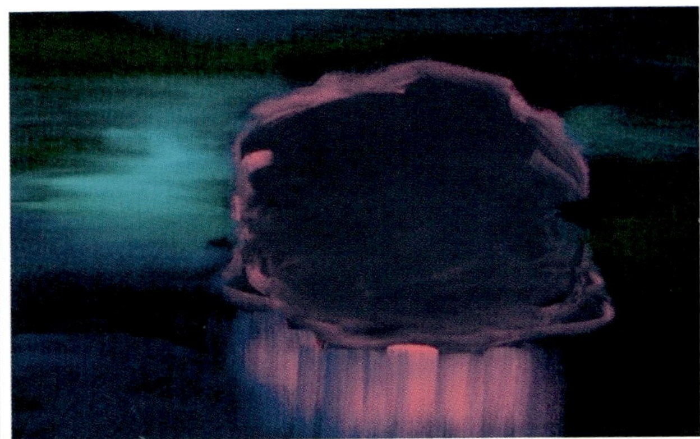

Verwenden Sie einen sauberen, trockenen Pinsel und verblenden Sie die Wasserpartie mit langen, waagerechten Strichen. Da die Blüte der Wasserlilie magentafarben wird, ziehen Sie diese Farbe für die Spiegelung im Vordergrund mit senkrechten Strichen nach unten ins Wasser.

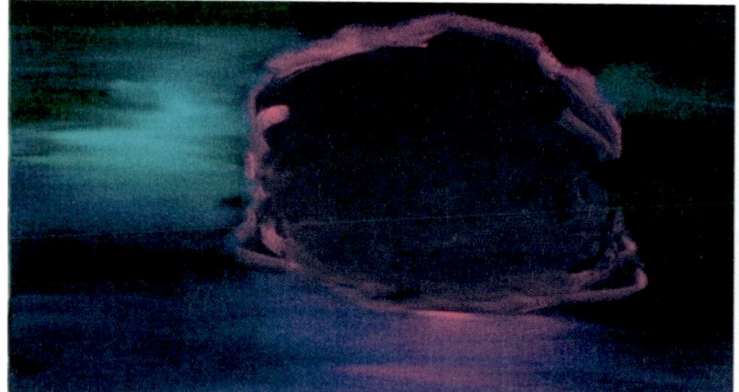

Streichen Sie mit einem sauberen, trockenen 1-Zoll-Pinsel und langen, waagerechten Strichen leicht quer darüber.

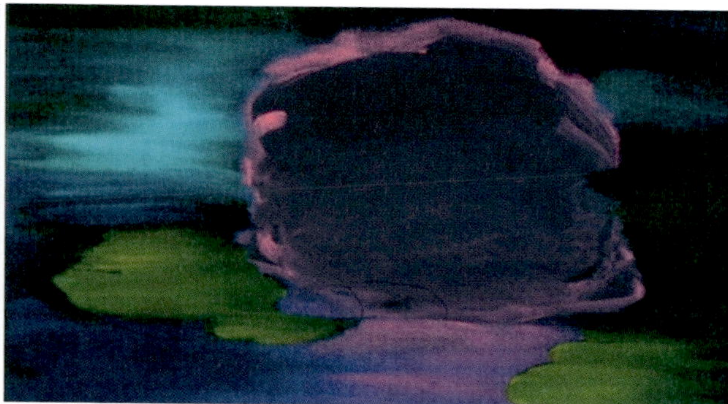

Mit Mischungen aus Ultramarinblau und Saftgrün auf dem ¾-Zoll-Pinsel fügen Sie die Seerosenblätter hinzu.

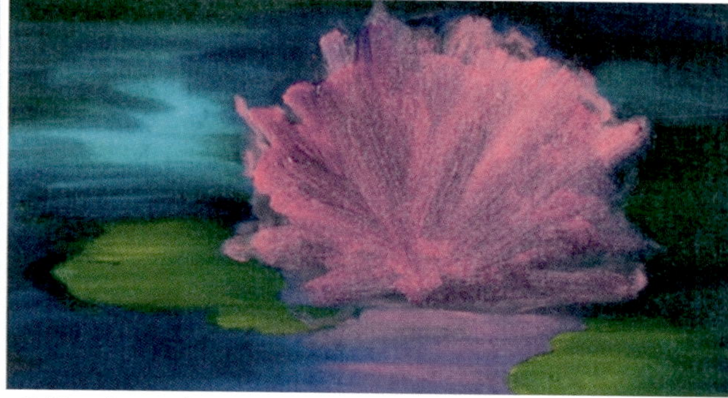

Mit einer dünnen Mischung aus Magenta und Blumenöl gestalten Sie die Wasserlilie weiter aus. Tragen Sie die Farbe mit lockerem Strich zur Blütenmitte hin auf.

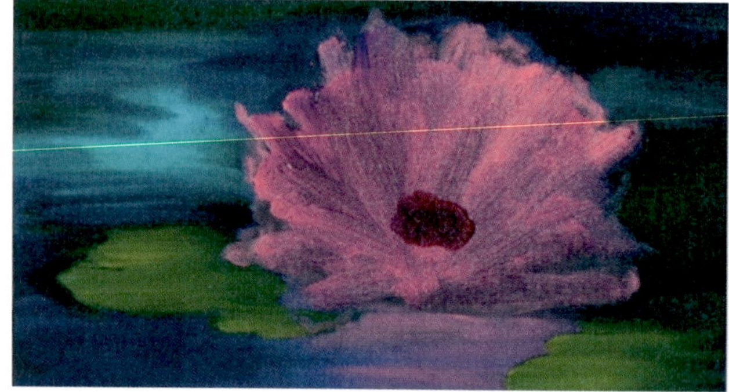

Geben Sie ins Zentrum der Blüte ein wenig Mauve ...

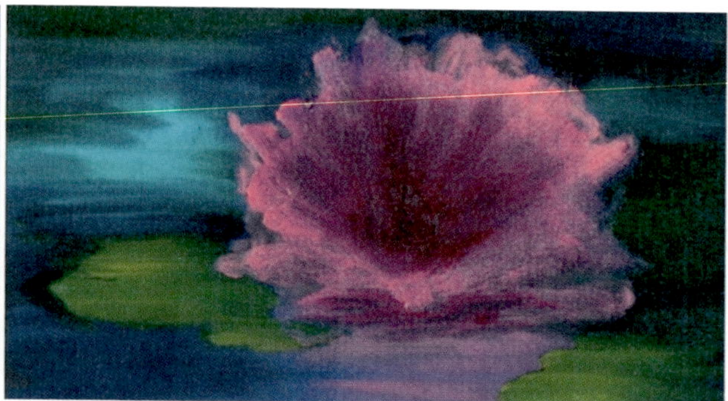

... dann ziehen Sie die Farbe nach außen zum oberen Blütenrand hin, um sie zu verblenden.

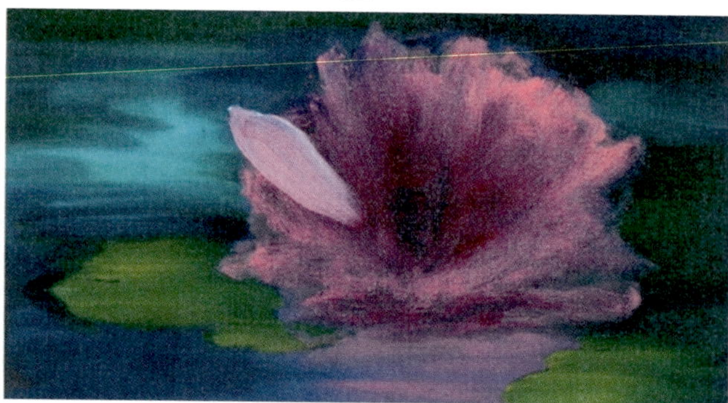

Mit dem ¾-Zoll-Pinsel und verschiedenen Mischungen aus Magenta, Titanweiß und Türkis betonen Sie die hinteren Blütenblätter.

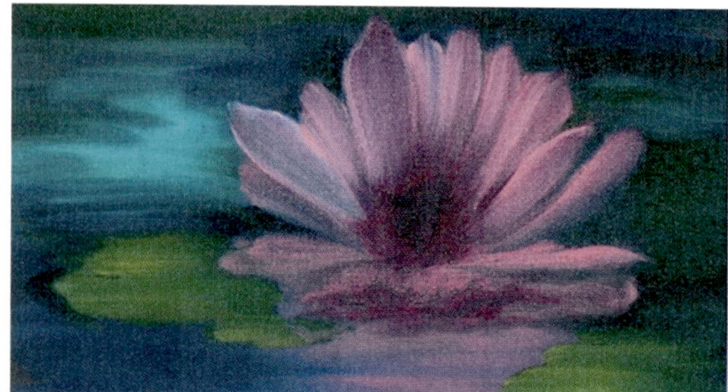

Tragen Sie die Farbe mit lockeren, sich überlappenden Strichen zur Blütenmitte hin auf.

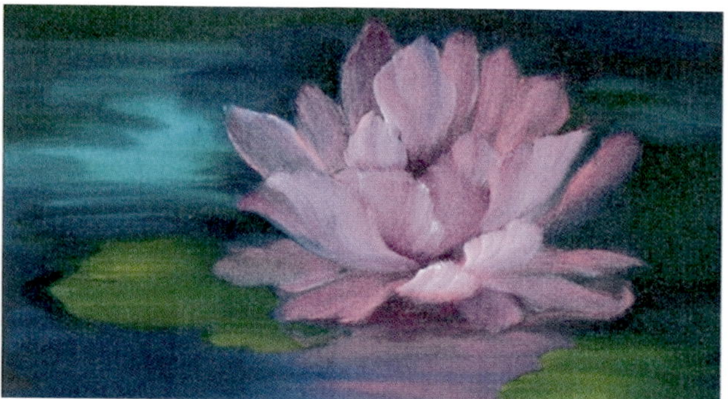

Arbeiten Sie weiter in den Vordergrund und setzen Sie auf den vorderen Blütenblättern einige Akzente.

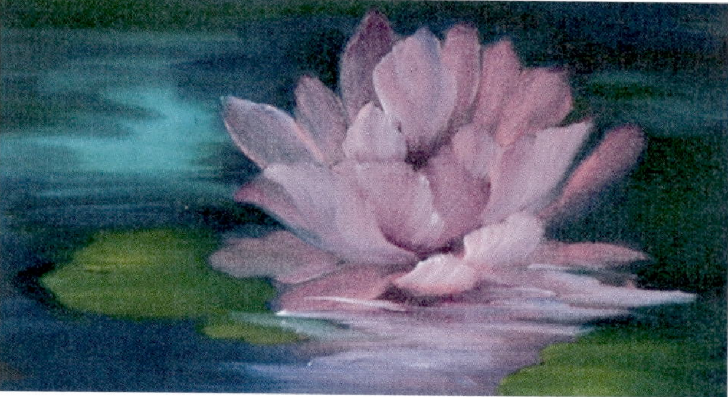

Mit Mischungen aus Titanweiß, Magenta und Türkis auf dem ¾-Zoll-Pinsel „wirbeln" Sie das Wasser am unteren Blütenrand auf.

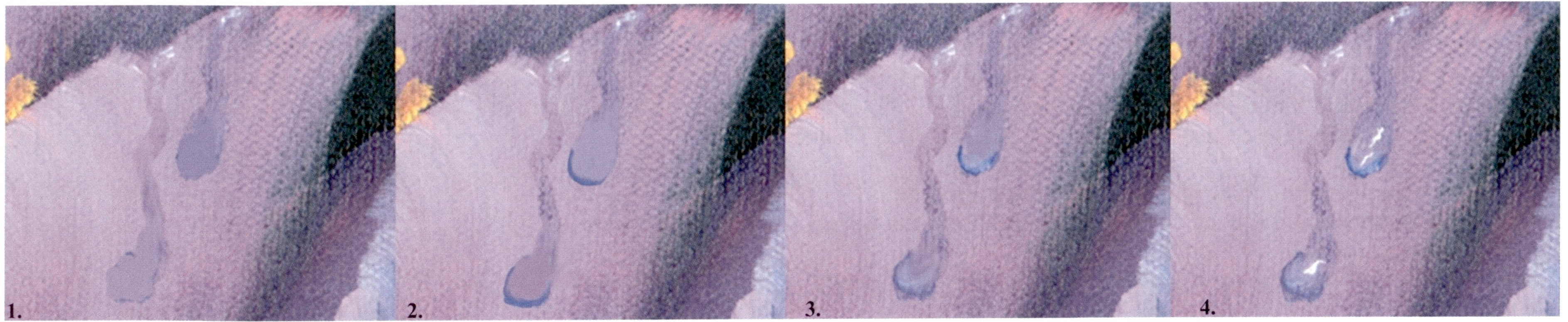

Das Malen von Wassertropfen

1. Legen Sie den Wassertropfen mit dem kleinen Rundpinsel und einer dunklen Farbmischung an.
2. Ergänzen Sie dunklere Schattierungen.
3. Dann fügen Sie den hellen Bereich hinzu ...
4. ... und setzen zum Schluss ein oder zwei Glanzlichter.

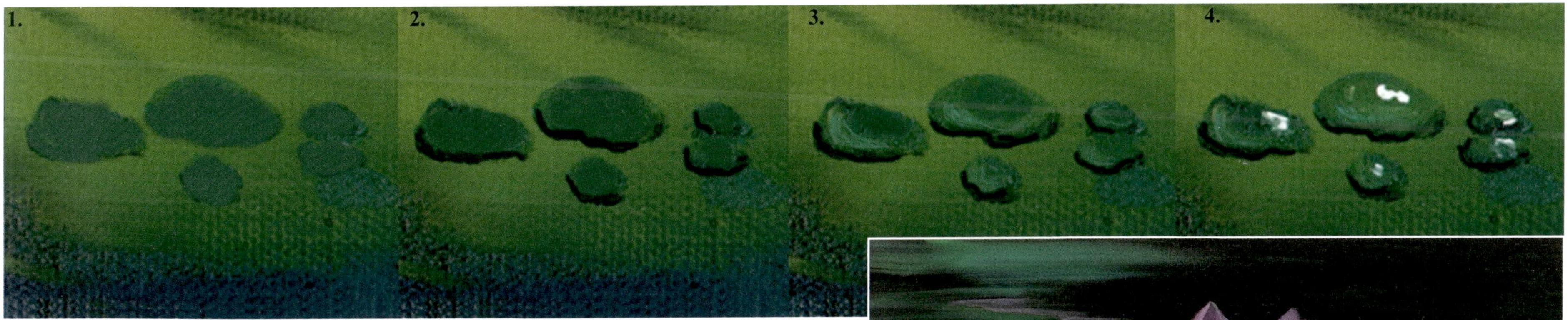

Für die Staubgefäße verwenden Sie den kleinen Rundpinsel und verdünntes Kadmiumgelb. Betonen Sie die Blätter mit Kadmiumgelb auf dem ¾-Zoll-Pinsel. Dann nehmen Sie den kleinen Rundpinsel und fügen die Wassertropfen hinzu. Mit dem Schriftenpinsel und einer verdünnten Farbe Ihrer Wahl signieren Sie Ihr poetisches Bild.

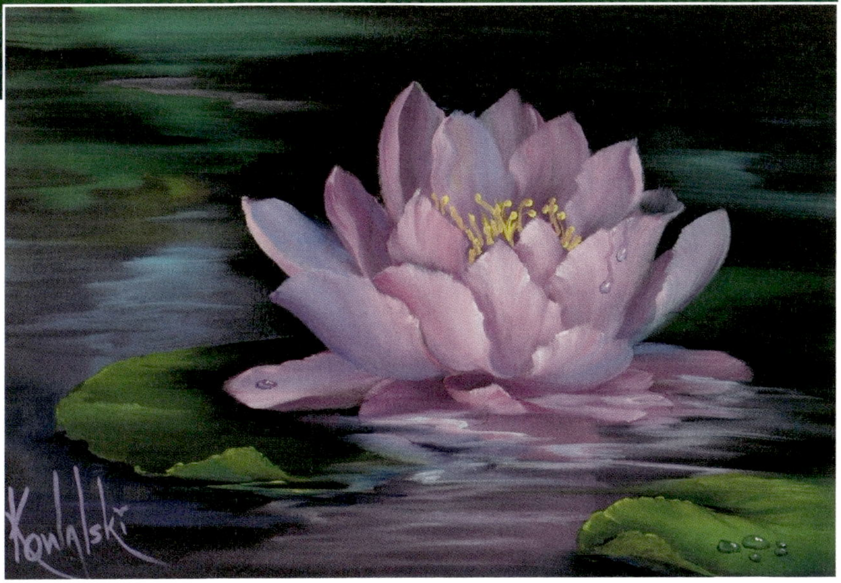